又譚국학총서 6

부여 백제전설 연구

文讀국학총서 6

부여 백제전설 연구

지은이 황인덕
발행일 1판1쇄 2021년 11월 30일 1판2쇄 2022년 10월 15일 발행인 이진숙
펴낸곳 충남대학교출판문화원 주소 대전광역시 유성구 대학로 99
전화 042-821-6045 홈페이지 http://www.cnupress.co.kr E-mail cnupress@cnu.ac.kr

ISBN 979-11-6503-136-7 94810
979-11-6503-010-0 (세트)

정가 20,000원

又譚국학총서 6

부여 백제전설 연구

황인덕

충남대학교출판문화원

머리말

백제의 마지막 수도였던 부여는 백제 역사와 문화의 꽃이 만개했던 곳이자, 피었던 꽃이 한꺼번에 장렬하게 진 곳이기도 하다. 화려한 꽃일수록 지고 난 흔적을 오래 유지하기가 어려운 것인가? 화려하고 장엄하고 역동적이던 백제의 역사와 문화는 유유한 사비강에 깊이 잠겨버린 듯, 오늘날 남아 전하는 유물과 유적은 한산하기만 하다. 그러나 물질문화는 세월을 견뎌내기 어렵지만 지역민의 기억으로 보존된 '언어문화'는 끈질긴 생명력을 유지하며 지워지지 않는 흔적으로 남아 역사와 문화의 한 자락씩을 잡고서 지금까지 버티고 있다. 바로 부여의 산과 강과 바위와 마을 곳곳에 백제와 관련되어 전해지는 지명과 전설이 그런 것들로, 우리가 이들 자료를 가볍게 볼 수 없는 이유이다.

충청지역을 지역 연고로 둔 구전설화 전공자로서, 부여의 설화-즉 주로 전설-은 일찍부터 저자의 오랜 관심 대상의 하나가 되어 왔다. 거기에다 부여는 저자의 은사님의 한 분이신 거암(巨巖) 박계홍(1937~1988) 선생님의 고향이기도 하고(규암면 나복리), 저자의 대학원 시절 은사님의 지도로 『한국구비문학대계』 조사단에 참여하면서 구비문학에 대한 유다른 경험을 맛보게 해준 곳이기도 하다. 이러한 인연으로 하여 부여의 구전설화에 대한 관심은 자연스럽게 저자에게 하나의 의무처럼 부과된 과제일 수밖에 없었다. 이제 이 책은 개별 논고를 찾아 읽는 번거로움이라도 덜어보고자 저자가 그동안 틈틈이 학술지에 발표해온 논고들을 한곳에 정리해본 것이다. 논문의 수량으로는 얼마 안 되지만, 각각의 설화 주제를 개별적으로 다루는 과정에서 여러 번 현지를 방문하며, 다각도로 자료를 조사하고, 접근 방법을 모색하며 고심해온 전체 햇수로 보면 짧지만도 않은 기간이라 하겠다.

부여 설화는 문헌설화든 구전설화든 거의가 전설이고, 그 내용 면에서 대부분 단편적인 수준에 머물고 있다. 이 때문에 이들 설화자료를 다룰 때에는 일반적인 설화-민담-를 다룰 때처럼 작품[text] 혹은 문면을 중심으로 하여 세밀하게 분석하는 문예적 연구에 치중하기에는 한계가 있다. 이에 따라 자연히 작품 외적 측면들을 중시하면서, 그 나름의 설화적 의의를 확인하는 방향에서 주로 대상을 다룰 수밖에 없다. 그러다 보니 전체적인 연구가 자연히 방법 중심이라기보다 연구 대상 중심으로 지향하게 되었다. 이러한 기조 위에서, 저자로서 오래전의 문헌 자료가 있는 경우 이를 긴요하게 참고하면서도, 되도록 개별 연구 대상에 따른 특징을 고려한 이해를 추구하되, 가능하면 대상의 시간적이고 공간적인 전체상을 추구하려는 관심을 잊지 않고자 했다. 대상의 전체상 이해를 꾀한다는 것은 실은 방법이라기보다 당위이고, 어느 분야를 대상으로 한 연구이든 하나의 이상에 가까운 목표일 수밖에 없다고 할 수 있다. 그것은 현전 구전 자료만이 아닌 문헌 자료가 촘촘하게 뒷받침해 줄 때 가능한 것이기 때문에 말처럼 쉬운 것이 아님을 저자는 잘 알고 있다. 따라서 여기에 수록된 많은 논고들이 그러한 미비점을 많이 안고 있는 것으로, 그러한 연구 목표는 이 책에서 바람직하게 달성한 것이라기보다 그렇게 해야 할 것임을 저자 스스로 다짐하는 의미가 더 크다는 뜻이라고 말하고 싶다.

다만 이 저서에서 저자는 설화의 현지성과 현지공간성에 주목하는 것으로써 그러한 미비점을 다소나마 보완하면서 설화가 현지에서 여전히 살아 전승되고 있음을 보여주려는 관심을 놓지 않으려 했다. 몇몇 글에서 설화의 배경이 되는 산, 강, 바위, 고개 등 장기지속적인 영향 요인을 자세히 살피면서, 그것이 지역민들에게 주는 생활조건으로, 그리고 경관(landscape)으로서 어떻게 영향을 주고 있는지를 자세히 관찰하고자 한 것은 그러한 관심의 결과라 할 수 있다. 실상 부여 일대의 설화라고 하지만, 그것을 문학적 표현물로서만 대하면 이해의 범위와 깊이가 크게 축소되고 만다. 그러나 그것이 지닌 지역전설로서의 성격과 특징을 역사상황과 지리적 배경을 고려하면서 접근하면 좀 더 생생한 지역전설로서의 입체적 이해가 가능할 수 있게 된다. 본 저서에서 저자가 주력한 것도 이 방면의 이해를 넓혀 보려는 데에 있다는 점을 말해두고 싶다.

이 책에서 부여 전설의 몇몇 유형을 다루었다고 하지만, 이로써 이 방면 연구가 마무리되었다는 뜻은 결코 아니다. 그럼에도 이제 저자가 본 저서를 펴내는 것은 어느덧 정년을 맞은 처지로서 여기저기 흩어져 있는 산만한 논고들을 재정리해보는 일면, 부족한 글들이나마 이들을 모아 저자 나름의 한 단락을 지워두는 것도 신예 연구자들의 새로운 연구에 작은 도움이 되지 않을까 하는 생각에서이다. 더 숙고할 문제가 있다고 여겨지는 한두 편은 일단 유보하고, 그동안 발표한 논고를 모두 여기에 실었다.

출판에 애써준 충남대학교 출판문화원의 호의와 수고에 고마움을 표한다.

2021년 11월

황인덕 삼가 씀

목 차

백제설화 연구 성과의 점검과 전망

'백제패망' 전설로 본 백제사, 백제사 의식

천정대(天政臺) 전설의 역사성과 지역성

천정대전설의 역사성과 지역성(속)

부여 사비강(泗沘江) '배돛대…' 이야기 연구 – 생태학적 관점에서의 접근

천방사(千房寺)전설과 백제 말기 역사 상황

의자왕(義慈王) 말기 망국예조(亡國豫兆)류 기사의 예조담(豫兆談)적 성격 일고

부여 낙화암 전설의 형성과 전개

부여 '자온대' 전설의 형성 배경과 후대의 변이

의자왕 관련 전설의 전개 양상

전설로 본 위례산성과 백제사와의 관련성

사찰전설로 본 백제 불교사의 전개

백제설화 연구 성과의 점검과 전망

1. 머리말

백제사에 대한 총체적이고 체계적인 접근의 필요성이 높아짐에 따라 다면적 관점에서의 백제사의 실체와 성격을 이해하는 일이 더욱 절실한 과제로 다가오게 되었다. 이에 따라 백제사를 초점으로 하여, 그것의 이해에 도움을 줄 수 있는 여러 분야들을 개척해 나가는 일면, 이들 분야 상호간의 연대성을 높이는 문제가 긴요하게 요청되고 있다. 백제학이라는 화두를 두고 관련 학문의 분야 확장과 연대의 심화가 한 차원 높은 단계에서 이루어져야 할 필요성이 높아지고 있는 것이다. 이를 위해서는 우선 각 분야마다 과거와 현재를 정리, 점검하고 앞으로의 전망과 과제를 가늠해보는 일이 필요하다고 본다. 이 글은 설화문학이라는 분야를 통하여 백제사 · 백제문화 이해에 기여할 수 있는 가능성과 방향 탐색을 의중에 두고, 무엇을, 어떻게 다루어야 할 것인지를 점검해 보려는 의도에서 마련되었다. 백제 설화가 무엇인가 하는 기초적인 문제부터 생각해보는 것으로부터 시작하여, 이들을 구분하는 기준은 무엇이며, 여기에 나열할 수 있는 설화 종목에는 무엇이 있는지를 일별해 보기로 한다. 그리고 이들에 대한 그동안의 연구 성과를 정리하고, 앞으로의 연구 방향에 대한 전망을 꾀해보고자 한다.

2. 백제 설화의 개념과 범위

(1) 백제 설화의 개념

어디까지를 백제 설화로 규정할 것인가. 우선 생각해 보아야만 할 이 문제는 일견 간단한 듯하지만 그렇지만은 않은 측면이 있다. 설화는 유동성을 띠기 때문에 귀속개념을 쉽게 정하기 어려운 점이 있는 데에다 백제사 혹은 백제문화라는 개념도 간단하지가 않기 때문이다. 창작문학은 창작자의 국적과 작자의 의식이 중요하다면 설화는 발생의 국적과 전승자의 의식이 중요하게 참작되어야 한다. 이를 고려하여 백제 설화성을 띠는 것을 다음과 같이 나열할 수 있다.

(1) 660여년 이상 지속된 백제 시대에 발생되고 전승된 것
(2) 마한 시대에 발생하여 뒤에 백제 설화 속에 흡수된 것
(3) 후백제 시대에 발생된 것
(4) 백제 밖에서 전래되어 전승된 것
(5) 백제 밖에서와 함께 백제권에서 일반화되어 널리 전승되어온 것

백제라는 뜻을 엄밀히 적용할 경우 1)이 본디 의미에 충실한 백제 설화가 될 것이다.[1] 같은 이유로 2)는 마한 설화로 설정해야 할 것이다. 그러나 마한은 뒤에 백제의 일부로 백제에 흡수되어 백제문화 속으로 동화되었고, 이들은 상호 연속성이 강하기 때문에 마한의 설화도 백제 것으로 포함시킬 수 있다.

한편 후백제는 백제적인 것을 이념의 기반으로 삼은 나라였다. 이들은 거의 동일한 지역을 무대로 하여 상당 기간 동안 정신적 · 이념적으로 같은

---

[1] 백제 설화를 백제라는 나라와 관련된 것이거나, 백제와 관련된 것으로 본디부터 이야기된 것으로 한정해서 이해하려는 태도를 보인 강현모의 관점에 해당하는 자료가 대략 이 부류에 속할 것이다(강현모, 「백제 설화의 연구-저항 설화를 중심으로-」, 『비교민속학』 20집, 2001. 2, 292쪽).

문화 전통을 유지해왔다. 따라서 백제적인 전통성을 고려할 때 후백제는 백제와의 깊은 연대성을 인정할 수 있다. 그러나 의식사로서는 그렇다 해도 정치사적으로는 이미 큰 거리가 있으므로 마한과 백제와의 관계가 보여주는 것과 같은 수준의 밀접성을 인정하기는 어렵다. 이러한 차등을 고려할 때, 후백제 설화는 백제 설화 속에 포함되긴 하되 백제적인 설화로 부르는 것이 합리적일 것으로 본다. 더 나아가, 4)와 5)의 백제 설화도 가능할 수 있고 이들의 수용문제도 고려될 필요가 있다. 발생문제만을 주목한다면 이들은 외래설화가 되는 셈이다. 그러나 설화는 유동성을 강하게 지니는 것이므로 발생에 의한 소유권 못지않게 향유 행위를 중시한 소유권의 기능을 함께 고려할 필요가 있다. 유동성이 강해 발생과 전승에 따른 지역적 소속 문제를 쉽게 판별하기 어려운 민담의 경우가 더욱 그렇다. 백제 밖에서 발생한 것이라 해도 그것이 백제 땅에 옮아와 이미 백제적인 것으로 정착되었을 때 그것을 백제 설화가 아니라고 하기 어렵다. 이들 설화-소위 광포 설화-의 국적 문제는 정확히 말해 국제적 공유개념에 속하는 것이 될 것이다. 그러므로 이들의 경우 굳이 소속 문제를 한정하자면 구전 과정에서 소유국들의 전통 속에 동화된 정도를 고려할 필요가 있다고 하겠는데, 그러나 그 점이 늘 명확히 드러나는 것은 아니라는 데에 난점이 있다. 이것은 설화의 소유권을 말할 때는 수용과 향유를 고려할 필요가 있음을 말해주는 것으로, 이에 따라 백제 설화의 범위는 좁고 엄밀하게 적용할 경우도 있지만, 동시에 느슨하게 적용할 필요성도 있음을 알 수 있다. 이에 대한 용어로 백제적 설화, 또는 백제 문화권 설화, 이를 더 줄여 백제권 설화란 이름을 사용할 수 있을 것이다.

그런데 이와 함께, 백제와 어느 정도로든 관련을 맺고 있는 설화로는 이것 외에도 백제가 아닌 다른 나라에서 형성되어 전승되는 것도 있을 수 있다. 그것이 본디 백제로부터 전래된 것이라면 그것도 물론 백제 설화가 되겠지만, 백제 밖에서 발생하여 전승되는 것이라면 그것은 외국 설화일 뿐,

엄밀한 의미에서의 백제 설화는 아니다. 그렇기는 하나, 이는 백제사의 이해에 간접적인 관련을 갖는 것이므로 이들 자료도 백제에 대한 이해를 위하여 일정한 의의를 지니는 것으로 다룰 수 있고, 이를 우리는 '백제 관련 설화'라고 부를 수 있을 것이다.

이로써 보면, 백제사 · 백제 문화와 직간접적인 관련을 맺고 있는 설화는 백제 설화 · 백제권 설화 · 백제 관련 설화란 말이 모두 가능하게 된다. 백제 설화는 마한 · 백제 시대에 발생한 것이라면, 백제권 설화는 백제 시대에 백제 밖에서 전승되어 정착된 것이거나, 백제의 정치사가 끝난 뒤 백제 문화권 속에서 널리 전승되면서 백제 문화의 일부가 되어온 설화를 폭넓게 가리키는 용어가 된다. 그리고 그 범위 너머에 있는 백제 관련 설화도 인정할 수 있다. 이것도 백제사 이해에 관련이 있고, 의미 있게 활용될 수 있어야 할 것이다. 이런 용어상의 특성을 고려하여 이 글에서는 엄격한 의미로서의 '백제의 설화'라는 뜻보다는 다소 완화된 의미의 '백제권 -백제 문화, 백제 역사의 영향권- 의 설화'라는 의미로서 백제 설화라는 말을 쓰기로 한다.

(2) 백제 설화의 범위

그렇다면 백제 설화에는 어떤 것들이 있을 수 있는지를 보기로 한다. 자료를 구분하는 기준은 여러 가지가 가능하겠는데, 나름대로의 의미를 지니는 것으로 다음과 같은 기준을 설정해볼 수 있다.

(1) 구비역사 자료(oral history) / 구비설화 자료(oral tale)
(2) 기록 자료 / 구전 자료
(3) 직접 자료 / 간접 자료
(4) 신화류 / 전설류 / 민담류
(5) 국내 자료 / 국외 자료
(6) 마한 자료 / 백제 자료 / 후백제 자료

1)은 자료가 갖는 역사성과 표현성을 주로 주목하여 나눈 것이다. 사건과 관련된 예조담이나 보고담 및 전설의 일부와 증언 자료가 사료로서의 직접적 관련성이 높다면 신화와 민담은 간접적 관련성을 보여준다고 할 수 있다. 3)은 백제적인 요소를 얼마나 짙게 구체적으로 보여주고 있는가가 기준이 된다. 경우에 따라 이 점이 구체적이고 뚜렷이 드러나는 것이 있는가 하면 아주 희미하고 단편적으로만 나타나는 예도 많이 있을 수 있다. 4)는 일반적으로 구비문학에서 취하는 설화 구분방식을 따른 것이다. 다만 유의해야 할 것은 여기에서 단편적인 구비역사 자료는 포함시킬 영역이 마땅하지 않지만, 그렇다고 이를 소홀히 할 수 없다는 점이다. 이는 전설 속에 넣어 다룰 수 있을 것이다.

이제, 실효성을 고려하면서 이들 관점들을 되도록 포괄성 있게 압축하여 자료의 범위를 다음과 같이 정리할 수 있을 듯하다.

1. 신화
   - (1) 구전 자료 : 국내 자료
     - 국외 자료 : 중국 자료
       - 일본 자료
       - 기타 자료
   - (2) 기록 자료 : 국내 자료
     - 국외 자료 : 중국 자료
       - 일본 자료
       - 기타 자료
2. 전설 (구분 항목은 '신화'와 같음)
3. 민담 (위 '전설'과 같음)

3. 백제 설화 자료의 점검

그러면 이제 위에서 마련한 자료 구분의 틀을 토대로 하여 구체적인 백제 설화의 구분 항목을 설정하여 실제로 접할 수 있는 다양한 자료의 양상을 점검해 보기로 한다. 먼저 항목을 나열하면 다음과 같다.

(1) 신화
- 창세 신화
- 일월생성 신화
- 자연형성 신화
- 인간재창조 신화
- 거인영웅 신화
- 무조(巫祖) 신화
- 당(堂) 신화

(2) 전설
- 사물전설 :
  - 자연 : 산 / 봉우리 / 강 / 들 / 둠벙 / 샘 / 나루 / 바위 / 고개 / 길
  - 식물 : 나무
  - 인공물 : 토목 : 못 / 洑
    - 건물 : 집터 / 궁궐 / 사우 / 절 / 정자
    - 묘
    - 성
    - 우물
- 인물전설 :
  - 임금
  - 장군
  - 고승
  - 충신
  - 효자
  - 열녀
- 사건전설

민속전설

(3) 민담

환상담

이상탄생담

생태 관련 설화

생활담

그럼 다음으로, 나열된 유형의 주요 항목들을 확인하면서 그에 대한 탐색 가능성을 개괄적으로 점검해 보기로 한다. 우리나라의 창세신화는 '창세가'나 '베포도업침'과 같은 일부 무가에서만 보이고 있다. 이로 보아 오래 전에는 전국적으로 더 활발하게 전승되어왔을 것으로 보이나 현재는 전승력이 많이 약화된 상태인데, 이 가운데 '베포도업침'은 제주도의 초감제 무의에서 불려지는 것이어서 주목된다. 백제권에서는 아직 이것이 발견되지 않고 있는데 가능성을 탐색하는 일은 필요하다고 본다.

일월생성 신화는 본디 창세신화에서도 등장하는 내용이다. 그러나 흔히 '일월이 된 오누이' 설화가 이 신화로서도 이야기되고 있음[2]을 고려하여 별도 항목으로 논할 필요가 있다고 본다. 이것이 전국 광포 설화인 점을 유의하면 굳이 백제와의 관련성을 말하기는 어려울 듯하다. 그러나 이것이 신화성을 벗어나 민담으로 전환되는 과정에서 백제적인 요인이 작용하지 않았는가 하는 문제는 일단 비교적인 시각에서 고려해볼 필요성이 있지 않을까 여겨진다.

자연형성 신화는 창세신화의 잔영이라 할 수 있다. 대개 단편적인 수준으로 표현되고 있음이 보통인데 '군산과 고군산이 나뉜 유래'담을 하나의 예로 들 수 있다. 이 유형은 전국적인 분포를 보이는 것이어서 지역성이나 역사성을 주목한 이해를 위해서는 앞으로 더 많은 조사가 필요하다고 이해된다. 인간재창조 신화도 이런 점에서 비슷한 사정을 보여준다. 이는 세계적 광포성을 보여주고 있는 데에다 유형성이 단조로워 백제적 요소를 말하

[2] 나경수, 「남매일월설화의 신화론적 고찰」(『한국언어문학』28, 1990) 참조.

기가 어려운 상태이다. 지역에 따른 전승 유형의 세밀한 조사와 비교를 수행하면 백제적인 것의 발견이 가능할 수도 있을 것이다.

거인영웅 신화는 흔히 마고할미 신화로 알려진 것인데 이는 모권시대의 산물이리라는 점에서 그 역사가 오래된 것이고, 지역에 따른 차이를 뚜렷이 밝히기가 어려운 대상의 하나라 할 수 있다. 이에 대하여 주로 전국적인 분포양상을 확인하고 그 내용을 검토하는 정도의 이해에 머물고 있음은 이런 사정과 관련이 있다고 이해된다. 그렇다고 해도 이는 제정(祭政) 분리 이전 단계 여성상의 설화적 반영을 보여주고 있다는 점에서 신화사에서 매우 중요한 의의를 지니고 있다. 다만 전승사가 오래인 만큼 문화와 지역적 차이도 어느 정도로든 변화가 있었다고 할 수 있고, 이 점을 고려한 지역적 비교연구가 필요하다고 본다. 실제 백제지역에만 한정해도 이 설화의 주인공 이름은 지역에 따른 차이를 보여주고 있어[3] 그러한 접근의 가능성을 암시해 주고 있다.

당(堂)신화는 현재 수많은 사례가 남아있어 다양성을 보이면서 전승되고 있다. 이는 공동체 신앙과 설화의 기본 단위라는 점에서 신앙과 설화의 지역성을 이해하는 데에 중요한 의미를 지닌다고 할 수 있다. 그리고 백제는 이미 마한의 전통인 집단신앙과 관련하여 소도(蘇塗)를 특징적인 문화의 하나로 갖고 있었다. 그것이 신성장소였던 만큼 제의가 있었을 것임은 물론, 신화도 뒤따랐을 것이다.[4] 현재는 이 제의와 관련된 구전설화를 거의 잃어버린 상태지만, 그것과 현행 당제와의 관련성을 고려하면서 그 원형을 찾는 데에 노력을 기울일 필요가 있다. 아직 이에 대한 사례 보고는 없는 실정이나, 구체적으로 이런 예의 하나로 부안 내소사 일대는 바로 소도의 현장일 가능성이 있는 곳으로 이해된다. 이 문제의 해명은 신앙의 이해를 위해서도

---

3) 제주도에서는 선(설)문대할망, 전북과 충청 일부 지역에서 개양할매, 혹은 갱기할매로 불리는 것이 그것이다.

4) 이점과 관련하여 소도의 존재와 기능을 제의와 신화의 이해에 적극 연관시킨 최근의 다음 업적이 주목된다(김두진, 『한국고대의 건국신화와 제의』, 일조각, 1999).

중요하겠지만, 어쩌면 마한의 국조신화나 거인신화를 밝히는 데에도 의미 있는 기여를 하게 될지도 모른다.

다음으로 전설 쪽을 보기로 한다. 자연전설은 소박한 만유정령적 사고를 반영하는 예가 많아 관련설화도 광포성과 일반성을 많이 띠고 있어 백제의 고유성을 찾는 일이 쉽지가 않다. 그러나 이 경우에도 역사와의 관련성이나 상상력을 통해 드러나는 생태적 요인을 주목하면 그런 요인이 검출될 가능성이 없지 않을 것이고, 그것을 지역적 특징과도 연결지을 수 있을 것이다. 이 가운데 백제사와 관련하여 주목함직한 것은 산 전설 가운데 '떠내려온 산' 이야기이다. 이는 아주 원초적 사유를 보여주는 설화이고 광포성을 보이는데, 한·중·일에 함께 전승되고 있어 주목되는 점이 있다. 더욱 이것이 중국 양자강의 조엽문화(照葉文化)권에서 유래한 것이리라는 주장이 제기되고[5] 있어 영향과 전파와 관련하여 또 다른 관심을 끌게 한다. 만약 이것을 전파의 결과로 본다면 당연히 중국과 가까운 백제나 마한이 중요한 역할을 했을 것으로 보인다. 따라서 이러한 관점을 고려하면서 이 문제의 해명을 위한 국내 지역들 사이의, 그리고 더 나아가 한·중 및 한·일 간의 비교연구에 대한 관심이 요구된다.

옛날부터 교통과 교류지점으로서 중요한 기능을 달성한 것이 나루였고, 이는 여러 측면에서 설화를 낳을 수 있는 가능성을 높게 지니고 있는 곳이기도 하다. 잘 알려진 것으로 도미나루 전설과 곰(고만)나루 전설이 있다. 위치상의 중요성만큼이나 이들 나루에는 중요한 전설이 덧붙여져 있는데, 그 중요성에 비추어 아직 밝혀지지 않은 점도 많다. 백제사 이해에서 이들 전설에 실린 짐이 얼마나 큰 것인지를 잘 말해준다고 할 만하다.

시야를 확대하면 강, 혹은 강과 관련된 설화도 중요한 대상의 하나가 된다. 이 분야에서 가장 중요한 것은 백제가 가장 오래 도읍을 한 곳이자 마지막 멸망까지 지켜본 부여 사비강이 될 것이다. 어느 면 사비강에서 백마강

---

5) 熊谷 治, 「アジアの流れ島傳說について」, 『한국·일본의 설화 연구』, 인하대학교 출판부, 1987.

으로의 변화 그 자체가 이곳에서 겪은 백제사의 변천을 말해주는 것으로, 이처럼 백제사의 영욕을 함께 간직한 곳이기에 사비강은 거기에 부수된 자연물(바위)이나 인공물(사찰)들에 대한 여러 전설까지를 함께 거느리고 있다. 그런 만큼 이들 전설은 백제사를 이해하는 데에, 그리고 백제가 망한 뒤 백제에 대한 일반인의 인식을 함께 이해하는 데에 좋은 대상이 된다. 사비강의 역사는 백제가 도읍하기 이전부터 있어왔던 것인데, 이러한 모습의 전설적 반영으로 '사비강 이무기와 지네' 전설 같은 경우를 하나의 예로 들 수 있다. 또한 그보다도 더 오래되었을 듯한 '떠내려온 산' 전설도 금강 일대 여러 곳에서 대할 수 있어 주목되기도 한다. 설화의 대상으로서 여러 측면을 다 가지고 있는 것이 부여와 사비강이다.

식물의 경우는 고목(느티나무·은행나무)이 거의 유일한 예가 아닐까 한다. 대개 마을 중심에서 있으면서 생장 기간이 천년을 넘는 고목은 오랜 역사를 지니고 있게 마련인데, 드물게는 백제와 관련된 이야기를 반영하는 것[6]도 찾아볼 수 있어 이런 점에 유의한 자료의 관찰이 필요하다.

인공물에는 여러 가지가 있을 수 있고, 그 자체가 유력한 역사의 증거물들이면서 설화를 동반할 수 있는 것들이다. 이 가운데 성·묘·절·못 등을 대표적인 예로 들 수 있다. 성의 역사는 매우 오래인데 여기에는 으레 '장수남매의 힘겨루기' 전설이 붙박혀 있어 주목된다. 이는 우리나라의 대표적인 광포 전설의 하나로서 발생의 시대성과 지역성을 밝히기가 어려운 상태이다. 어쩌면 이는 '성 쌓기'가 국가적으로 매우 중시되었던 상고대 어느 시절 여성까지 성 쌓기에 동원하여 경쟁적으로 작업을 추진했던 실제 사실에서 발단된 것이 아닐까 여겨지기도 한다.

묘 전설도 오랜 사례를 보여주는 것의 하나이다. 흔히 대하게 되는 말무덤의 존재는 일상 속에서 전설에 의한 역사 해명의 필요성을 자극하는 적절한 예가 되어주곤 한다. 이와 관련하여 더욱 중요한 것은 아기장수와 관련

---

6) 공주 갑사 입구의 고사목 느티나무와 부여군 내산면 죽동의 은행나무가 그 예이다.

한 '장수무덤' 전설(아기장수 전설)이다. 우리나라의 대표적인 전설 유형이자 광포 전설의 하나인 아기장수 전설은 관련 논문이 많이 산출되었음에도 아직 그 발생 배경과 시대적 성격에 대해서는 밝혀진 것이 거의 없는 상태이다. 그런데 이 전설은 전라도 쪽에서는 흔히 '우투리' 이야기로 불리고 있음으로 보아, 다른 지역에 비하여 특별한 의미가 있는 것으로 짐작된다. 이 점을 단서로 하여 전승 지역과 내용상의 차이점을 주목하면 위 전설의 역사성과 지역성의 해명과 백제와의 관련성을 이해하는 데에 어떤 중요한 기여를 하게 되지 않을까 기대된다.

연못이나 보(洑)는 고대 국가의 생산과 경제활동을 직접 반영하는 매우 중요한 유적이 된다. 이 때문에 오래되고 중요한 역할을 했던 보에는 흔히 '도깨비보' 전설, 혹은 '사람을 제물로 쌓은 보' 전설이 결부되어 전승되곤 한다. 농사와 보의 중요성에 비추어 이 설화가 전국적으로 광포화되어 있음이 일반화된 현상인데, 이 설화를 국가의 존재 해명과 연결해보려는 관심이 필요하다고 본다. 벽골제(碧骨堤)가 보여주듯 연못 전설의 경우도 그 역사적 중요성이 보와 비슷하다고 할 수 있다. 이들 전설에 대해서는 인류학적 연구에 그치고 있는데[7] 역사적 고고학적 연구가 병행됨으로써 더 깊고 넓은 이해가 가능할 것으로 본다.

샘(우물) 전설은 일견 단순해 보이지만 중요한 전설을 낳고 있는 예를 자주 대할 수 있어 가볍게 볼 수 없는 의의를 지니고 있다. 샘은 이른 시기에 왕궁을 짓고 마을을 이룰 때부터 필수적으로 요구된 것일 뿐 아니라 성을 쌓고 절을 짓는 데에도 긴요한 것이었다. 이러한 중요성으로 하여 샘은 일찍부터 전설 형성의 중요한 대상이 되었을 뿐만 아니라, 지금도 강한 전승력을 유지하고 있는 것이 많아 백제사 이해를 위해 유의함직한 것이 많다. 위례산성 용샘과 백제 수호룡 전설은 백제 용신 신앙이나 샘 전설이 매우 오

---

7) 김화경, 「인주설화의 연구」, 『전이와 수용』, 학문사, 1986.
이임범, 「인신공희 전설 연구-가옥·제방·종 전설을 중심으로-」, 경희대 교육대학원 석사 논문, 1990.

래된 것임을 알게 해주는 일례이다. 그리고 수많은 곳에 전해지고 있는 '장군샘'(장군수) 전설도, 성이나 샘을 중심으로 이루어진 이른 시기부터의 군사 훈련이나 승려의 무술단련 활동과의 관련성을 지니고 있다고 보여, 이러한 관점에서 주목하면 이해에 도움이 될 듯하다.

인공물 가운데 설화로서의 양으로 볼 때 중요한 부류로서 사찰 전설을 들 수 있다. 불교는 백제 시대의 국교 역할을 해왔기 때문에 신앙과 사상 면에서 중요하다 할 수 있는데, 설화 쪽에서 볼 때에도 신앙담으로서의 독자적인 중요성을 뚜렷이 지니고 있다. 절의 역사가 오래일 뿐만 아니라 그 유형도 다양하여 백제사와의 접점을 많이 제공해줄 수 있는 이점이 있다. 익산 미륵사, 계룡산 갑사, 보령군 미산면의 성주사 관련 전설의 경우 백제사의 이해에 중요한 자료를 제공하고 있음은 익히 알려진 사실이다. 백제는 일찍부터 불교를 받아들여 절을 세웠기 때문에 불교를 수용하고 절을 짓는 과정에 많은 전설을 낳았을 것으로 여겨진다. 절 관련 전설은 건물·불상·탑·탱화·종 등 수많은 유형으로 구분하여 살필 수 있는데,[8] 특히 백제사와 관련하여 절의 창건배경과 과정에 대한 전설을 주목하는 것은 백제 불교사 이해에 중요한 단서를 찾는 데 유익할 것으로 본다. 그리고 불교의 전파 과정에서 강한 저항을 받았던 것으로 표현되고 있는 신라 쪽의 전설과 비교하면 더욱 도움이 될 것이다.

인물 전설은 아주 빈약한 상태이다. 무왕·의자왕·진훤 등 몇 사람의 임금과 함께 백제 멸망기에 활동한 소수의 충신과 장군 등 제한된 인원으로 인물 전설이 한정되고 있다. 인물 전설이 백제의 멸망과 관련되어 편재 현상을 보이는 결과이다. 그러나 영향력 있는 사건 중심으로 역사를 반영하고 전달하는 구전설화의 본질을 주목한다면 이는 자연스런 현상으로 이해할 수 있다. 적국 장수 소정방 이야기가 지역 전설로서 깊이 박혀 있음은 전설이 역사를 냉혹하게 반영할 수밖에 없는 예가 될 것이다. 역사의 첨예한 부

---

[8] 황인덕, 「충청지역 사찰 전설의 유형 분류」, 『봉계남용호박사 화갑기념논총』, 간행위원회, 1997.

면을 중심으로 전설화되고 있기 때문에 부정적 인물로서의 의자왕과 긍정적 인물로서의 계백·흥수·성충 등에 대한 인물담이 뚜렷한 대조를 보이며 실현되고 있다. 특히 부정적 인물의 대표로서 의자왕에 대한 이야기는 지명과 전설로 도처에 전승되고 있다. 신라에 비할 때 흔하게 볼 수 있는 고승전설이 별로 나타나지 않고 있음은 이상할 정도이다. 미륵사의 창건을 지휘한 것으로 나타나는 지명(智命)법사와 당나라 유학승으로 소개되고 있는 단 한 명의 승려가 전설화의 대상이 되고 있는 정도이다. 굳이 백제 시대를 벗어난 데에서 찾아본다면 아도화상·진표율사·검단선사·낭혜화상 등을 더 들 수 있다. 통일신라 이후를 주목할 경우 백제지역과 관련한 고승전설에서 빼놓을 수 없는 것이 원효와 의상의 수행활동을 말해주는 전설이 광포화되고 있는 점이다. 이 두 사람의 전설은 전국에 편재되어 있어 그 선후 관계를 정확히 밝히기가 어려운 실정이지만, 이들의 백제와 고구려 지역에 대한 순회 수행활동은 일정 부분 정치적 의도가 개재된 것이라 할 수 있다. 백제인은 불교를 널리 믿었기 때문에 백제가 망한 뒤 이 지역에서 선풍을 높이고 이로써 불교계를 안정시키는 일은 곧 유민들의 인심을 안정시키는 적절한 수단이 되었을 것이다. 소정방이 백제를 침공할 때 이미 이점에 관심을 보인 바가 있음을 유의하면, 그러한 가능성을 이들 고승들의 전설 및 사찰 전설을 함께 주목하면서 탐색해 보는 일은 어느 정도로든 의미 있는 일이 될 것이다.

끝으로 민담을 보기로 한다. 민담은 신화나 전설과 달리 환상성을 띠며 개별적인 전승으로 지속되어온 것이기 때문에 발생의 역사를 밝히기가 어렵고 시대와의 구체적인 관련성을 이해하기가 쉽지 않다. 따라서 백제 민담의 특징 논의는 앞으로 많은 자료가 조사되고 정리된 뒤에나 가능할 것이다. 이런 과정에서 특정 자료의 특정 지역에서의 발생 빈도가 잦다거나, 유형과 내용상의 특징을 뚜렷이 드러내보일 때, 이러한 문제에 대한 단서를 마련할 수 있게 될 것으로 기대된다. 이와 관련하여 야래자 전설을 백제적인 특징으로 이해하려는 시도[9]는 하나의 시론으로서 주목된다. 그리고 우렁색시 설화를 김포 쪽에서 처음 시발된 것이 아닌가 보려는 관심[10]은 현재로선 가설 단계를 벗어나기 어려워 보이지만 역시 관심을 가지고 음미해 볼 필요가 있을 듯하다.

이상, 백제 설화가 성립될 수 있는 분야를 나누고, 각각의 분야에 해당되는 실제적인 자료 가운데 두드러진 것을 중심으로 소개하면서 가능성을 탐색해 보았다. 이로써 보면 백제 설화를 신화·전설·민담으로 나눌 때, 자료 면에서 전설이 가장 풍부하며 쉽게 접할 수 있는 대상이라 할 수 있다. 전설에 비하여 신화는 자료가 상대적으로 적은 편이고 반대로 민담은 자료는 많지만 백제와의 관련성을 성과 있게 다루기가 쉽지 않은 것임을 알게 된다.

4. 자료 수집과 연구 성과의 정리

(1) 자료 수집 현황

백제 설화에 대한 단편적인 관심은 고려시대 이래 역사서와 민족지를 통하여 지속적으로 있어 왔다. 그리고 다른 면으로 부여 관광객들에 의해서도 산발적으로 이루어지기도 했다. 조룡대 전설이나 낙화암 전설 같은 것들을 현지인에게 듣고 기록·소개하려 한 선인들의 역사 회고적 기록물에서 이를 널리 확인할 수 있다. 단편적이고 제한적이긴 하지만 이들 자료가 갖는 역사적 의의는 매우 중요하다.

그러나 '백제적'인 것을 찾아 널리 정리하겠다는 의욕에서 공주나 부여와 같이 백제사에서 특별한 위치를 지니는 지역의 설화를 널리 수집하여 자료집으로 간행하려는 관심은 비교적 근래에 이르러서야 이루어졌다. 이는 백

9) 서대석, 「백제신화 연구」, 『백제논총』, 백제문화개발연구원, 1981.
10) 강재철, 『김포의 설화』(단국대학교 교육대학원 설화조사반, 1999) 서문 참조.

제적인 것을 설화를 통하여 찾으려 했다는 점과, 관련 자료를 집중적으로 정리하려 했다는 점에서 단편적인 수준에 머물렀던 전시대에 비하여 어느 정도의 진전을 보여준 것이었다. 이런 관심을 비로소 실현한 것이 『부여의 고적과 전설』(최상수, 1955)과 『백제의 전설』(홍사준, 4289년)이었다. 이들 자료집은 '부여'를 중심으로 한 지역의 백제사와 관련이 있는 전설들을 두루 소개해 보이려 한 것이다. 이러한 특정 지역성과 백제적 성격을 고려한 것으로 이에 이어 나온 것이 『한국전설대관-백제고도 공주지역편-』(임헌도, 1973)이었다. 이 자료집은 지역성을 고려하려는 관심을 유지하면서 자료의 범위를 확장하려 한 점에서는 홍사준의 자료에 비하여 진전된 것이라 할 만하지만, 자료의 역사적·지역적 특성이 제대로 실현되지 못한 것이 약점이다. 그러나 더 중요한 약점은 기록자에 의한 윤색이 너무 심해 학술자료로서의 가치를 거의 상실하고 있다는 사실이다.

이후 자료의 백제성을 내세우는 자료집은 더이상 이어지지 못했다. 그러나 백제성을 표방하지는 않았다 해도, 넓게 볼 때 백제 문화권에 속하는 여러 지역성을 내세우면서 백제적인 것을 확인하고자 하는 노력은 각급 행정기관에서 편찬하는 간행물을 통해 계속 이어져 왔다. 이러한 관심 속에서 백제 설화를 대하는 관심은 꾸준히 지속되어왔고, 이는 그 나름 백제사 관련 설화의 저변 확대라는 의미와 무관한 것이 아니라 할 수 있다. 그러나 이들 자료는 대략 제한된 지역의 동일 유형담들을 반복하여 정리하는 수준을 별로 벗어나지 못했고, 그로 인해 질적 발전은 거의 이루지 못하였다.

80년대를 전후하여 추진된 『한국구비문학대계』(82권) 조사사업은 구전설화에 대한 현지조사의 중요성을 일깨우는 데에 결정적인 영향을 주었고, 이는 백제 문화권 일대의 설화 조사에도 일정한 기여를 했다. 백제권의 영역을 충남북과 전남북을 중심으로 경기도까지로 잡는다면, 이로써 정리된 관련 자료집은 38권에 달한다. 지역 전체에 대한 전반적인 전승 상황을 조사해내는 데에는 미달한 상태이지만, 이는 자료조사의 수준을 높이고 지속 조사의 가능성을 보여주었다는 점에서 설화사적으로 매우 중요한 의의를 띠는 것이다. 이 사업은 학계 쪽에는 설화의 자료 수집과 연구를 촉진하는 결과를 낳았고, 일반인들에게는 자료 조사의 시급성과 자료의 객관성에 대한 중요성을 일깨워주는 데에 기여하였다. 그리고 이것은 이후 각급 행정관청과 여러 연구 단체를 자극하여 구비문학 자료를 조사하게 하는 데에 중요한 자극제가 되었다. 이 사업의 영향으로 심지어 동호인 단위의 조사단체도 생겼는가 하면,[11] 개인적인 관심과 의욕을 촉발시켜 『부여의 구비설화』(1995)[12] 『구전설화집1-용담댐수몰지역 설화-』(1998)[13] 등의 자료집 간행으로 이어지기도 했다.

그런가 하면 지역성을 띤 설화 연구를 통한 조사가 이루어지기도 했다. 이들 자료는 주로 학위 논문의 형식을 띠면서 부록으로 자료를 수록하는 방식을 취하고 있다. 이들 연구는 특정 지역의 자료를 정리한다는 소극적인 의미를 넘어, 때로 새로운 자료를 조사하여 정리한다는 더 적극적인 의의를 성취하기도 했다.

결과적으로, 백제 설화의 자료조사는 급속한 양적 확대에 비하여 질적 향상은 미약하고 더딘 모습을 보여주고 있다. 이는 무엇보다도 자료의 제한성과 독자성을 규정하기가 어려운 설화 본디의 특성을 반영하는 것이 될 것이다. 몇 곳의 특정 지역을 제외하고는 백제적인 것을 드러내는 자료의 집중적 조사가 어려운 데에 따른 결과이다. 그러므로 문제의 타결을 위해서는 백제 관련 설화의 자료조사를 집중화하는 일면, 백제 설화의 개념을 '백제 것'보다는 '백제적인 것'으로 넓혀 자료를 대하는 것이 필요할 것이다. 그리고 무엇보다도 자료의 지속적이고 체계적인 조사 노력이 병행되어야 한다는 점이 중요하다고 본다.

---

11) ≪하늘아, 소리야≫, 한국방송통신대학 대전·충남 설화민요연구회, 2000. 6집.
12) 김균태·강현모 편, 보성문화사, 1995.
13) 황인덕 편, 학예인쇄사, 1998.

(2) 연구 성과의 정리

설화의 여러 유형과 소재를 나열하고 백제 설화로 연구될 수 있는 유망한 대상들을 점검해보았다. 이제 더 실질적인 문제로서 그동안 있어 온 백제 설화 관련 연구 성과를 중요한 것 중심으로 정리하고 그 성과를 살펴보기로 한다. 정리와 더불어 그 한계점도 함께 언급하기로 한다.

1) 신화

신화와 관련된 연구 성과 가운데 백제적인 것을 찾는다면 우선 건국신화를 주목하는 것이 순서일 것이다. 그런데 백제 건국신화는 형상적 표현의 정도가 미약하여 다른 나라 건국신화들에 비하여 연구자들의 관심도가 약했을 뿐만 아니라 비중 있는 연구물의 산출도 훨씬 뒤에 와서 이루어졌다. 부여와 고구려 및 신라의 건국신화가 금세기 초부터 주목되기 시작했음에 비하여 백제 신화는 거의 60년대 들어서면서 주목할 만한 연구가 이루어졌음을 주목하면 그 차이가 잘 드러난다.

백제 건국신화는 문학적 표현의 정도가 미약한 이유로 문학적 관심보다는 주로 역사학 쪽에서 먼저 관심을 보였고[14], 문학적 관심에서의 연구라 해도 본격신화로서보다 전설로 규정되어 연구되는 현상을 보여주기도 했다.[15] 그런가 하면 어학 쪽에서도 관심을 보여 비류는 부여와, 온조는 백제(십제)와 같은 의미이며, 이는 곧 부여족의 온조씨라는 뜻으로 비류와 온조는 왕을 뜻하는 고유명사가 아니라고 보는 주장이 제기되기도 했다.[16] 이런 가운데 백제 건국신화에 대한 초기의 연구는 역사학 쪽이 주도하면서 주로 설화 형성의 역사배경과 형성계통의 해명에 관심을 보임으로써 신화의 기반 이해에 도움을 주었다. 역사학 쪽에 비하여 문학 쪽에서의 연구는 70년

---

14) 이홍직, 「백제 건국설화에 대한 재검토」, 『국사상의 제문제』 6, 1960.
김상기, 「국사상에 나타난 건국설화의 검토」, 『건대 사학지』5, 1964.

15) 현용준, 「한국 신화의 구조에 대한 일고」, 『이숭녕선생 고희기념 국어국문학논총』, 1977.

16) 박은용, 「백제 건국설화의 이두사적인 고찰」, 『이재수교수 환력기념논총』, 1972.

대 후반에 들어서면서 비로소 비중 있는 연구가 이루어졌으며, 이로써 신화적 사유와 서사문학적 원리의 해명 등 문학으로서의 본질적인 문제들이 비로소 정면으로 관심의 대상으로 부각될 수 있었다.[17] 그리고 좀 더 나아가 문헌신화 자료의 범위를 넓히면서 '신화사'적 관점에서의 백제 신화의 체계를 정립하려는 노력을 보여주기도 하여, 이 방면의 이해에 일정한 진전을 이루었다.[18] 80년대를 지나면서 역사학 쪽에서의 연구는 문헌자료에 대한 정밀한 독해를 추구하면서, 제의와 종교 등에 대한 인류학과 민속학적 시각을 폭넓게 원용하는 일면, 인접국 사이의 정치 사회적 이해와 병행하여 더욱 포괄적이고 종합적인 연구를 지향하는 추세를 보여주었다.[19] 이런 추세는 90년대로 진입하면서 더욱 활발해졌고, 전반적으로 앞 단계에 비하여 연구 수준을 한 단계 높였다고 할 수 있다. 이러한 역사학 쪽에서의 시야 확장은 문학 쪽에 대하여서도 연구 관점의 기반을 다지는 데에 도움을 주었고, 이러한 배경 위에서 문학 쪽의 연구는 90년대로 들어오면서 전 단계에 비하여 다소 활기를 띠게 되었다. 이 시기 이후 최근까지의 연구 동향은 민족신화의 전개 양상을 거시적으로 주목하는 일면 그에 따른 백제 신화가 지니는 건국신화로서의 구조와 세계관을 중심으로 종합적인 이해를 추구하는 방향으로 나아가고 있다.[20] 이 방면의 연구 결과는 요컨대 범부여계 신화 체계 속에서의 백제 신화의 위치와 성격 파악, 백제의 성립 과정 및 정치사의 변동 과정과 신화의 관련성 해명, 신화 문면에 함축된 세계관과 사유의 규

---

17) 현용준, 「한국 신화의 구조에 대한 일고」, 『이숭녕선생 고희기념 국어국문학논총』, 1977.
김화경, 「온조신화 연구」, 『인문연구』 4, 영남대 인문과학연구소, 1983.

18) 서대석, 「백제신화 연구」, 『백제논총』 1집, 백제문화개발연구원, 1985.
서대석, 「백제의 신화」, 『진단학보』 60, 1985.

19) 주요 연구 성과로 다음 논문들을 들 수 있다 : 노명호, 「백제의 동명신화와 동명묘」, 『역사학 연구』10집, 전남대 사학회, 1981. 「백제 건국신화의 형성과 성립배경」, 『백제연구』 20집, 1989. 김두진, 「백제 건국신화의 복원 시론」, 『국사관논총』 30, 1990. 「백제시조 온조신화의 형성과 그 전승」, 『한국학논총』 13, 1991. 국민대 한국학연구소. 이종태, 「삼국시대의 시조인식과 그 변천」, 국민대 박사논문, 1996. 임기환, 「백제 시조 전승의 형성과 변천에 대한 고찰」, 『백제연구』 28, 1998.

20) 지병규, 「고대 건국신화의 계통적 연구」, 충남대 대학원 박사 논문, 1993.
이지영, 『한국 신화의 신격 유래에 관한 연구』, 태학사, 1995.
한재룡, 「한국의 고대 건국신화 연구」, 대구대 박사논문, 1997.

명 등의 방면에서 수행되어왔고, 그 실질적인 결과는 대략 다음 세 가지로 압축할 수 있다. 백제 신화는 기본적으로 부여계에 속하면서도 고구려와의 정치적 대립과 갈등을 겪으면서 온조신화에 이어 새로이 구태(仇台)신화가 형성되고 전승되어 나갔다는 점,[21] 백제의 왕권신화는 처음에는 동명신화가 전승되었으나 뒤에 무왕대에 이르면서 변화를 보여주었으며, 전자가 천부지모의 원리임에 비하여 후자는 수부지모(水父地母)를 원리로 한다는 것,[22] 그리고 비류와 온조가 물과 산, 혹은 농경문화와 수렵문화를 각각 상징한다는 점[23]이 그것이다.

이제까지의 백제 건국신화 연구는 문면을 중요시하는 것 못지않게, 그것을 둘러싼 주변적인 조건들을 널리 주목하고 깊이 해석하는 데에서 신화적 성격을 해명하려는 방향으로 주로 진행되어왔고, 이로써 많은 성과를 거둘 수 있었다. 이로 인해 백제 건국신화만의 단독 연구보다는 인접국의 신화를 포함한 종합 연구를 통한 연구가 많았고, 신화학적 접근보다는 역사학이나 인류학적 시각이 강조된 연구가 더 많았다. 하나의 기현상 같기도 하지만, 그러나 이것이 백제 건국신화의 약점이면서 특성임을 피할 수 없다면, 우리는 이런 점을 더 철저하게 인식하여 그것을 장점으로 전환하는 노력이 앞으로도 더욱 필요하다고 본다. 현재의 추세가 그렇듯, 어차피 문면(text) 외적 측면을 중시하는 쪽에서의 문제의 타개가 기대된다고 볼 때 문맥(context) 집중적인 연구에 좀 더 과감히 나서는 일면, 그것을 원용하여 문면에 숨어있는 신화적 논리를 투시해내는 노력이 지속적으로 요구되는 것이다. 따라서 앞으로 백제 건국신화 연구의 성패는 문헌비판의 정밀성을 높여나가면서 이들 설화를 산출해낸, 그리고 이들이 기록된 다양한 문맥적 요인들-정치·사회·신앙·민속·종교 등-을 찾아내 상호 연결짓는 관점의 참신성에 좌우된다

21) 이와 관련하여 그동안의 연구 성과들을 종합적으로 정리한 것으로 이지영의 『한국 건국신화의 실상과 이해』(2000. 5. 월인)가 있다.

22) 위 서대석의 논문 참조.

23) 위 현용준과 김화경의 글이 이에 해당된다.

고 하여 지나치지 않을 듯하다.[24)]

백제 문화권 신화의 일부로서 주목할 수 있는 것의 하나로 무가 쪽을 들 수 있다. 무가는 그 역사성의 오램임을 고려할 때 신화적 의의와 지역적 의의를 동시에 함축하고 있는 분야로 주목되어 이해될 수 있는데, 그 첫 업적으로 『제석무가 연구』(서대석, 1980)를 들 수 있다. 무가 전승의 권역을 지역별로 나누고 그 신화적 성격을 밝히려는 시도를 처음으로 시도했다는 점에 이 저서의 선구적인 의의가 인정된다. 이에 이은 업적으로 『서사무가 바리공주 연구』(홍태한, 1997)와 『전남무가의 연구』(이경엽, 1997)를 이에 관련된 성과로 들 수 있다. 전자는 바리공주의 전승 지점에 따른 특징을 몇 가지로 구분하고 그 특징을 살피는 작업을 연구의 일부로 포함시켰는데, 이 가운데 서울과 충청도를 '중서부권'으로, 전라남북도 일대를 '전라도권'으로 나누어 상호 차이점을 고찰한 것이 특히 주목된다. 전라도권은 신화 줄거리가 소략하고 묘사가 단순한 데에 비하여 중서부권의 그것은 불교와의 관련성을 강하게 보이며, 이승에서의 선행(善行)을 강조하고 있고, 신을 중심으로 한 의례성이 강하며, 공식적인 관용구의 사용이 빈번하다는 등의 차이점이 있음을 구체적으로 들고 있다.[25)] 이런 특징은 그대로 백제의 지역적 특징론으로 연결하여 음미할 가치가 있다고 볼 수 있다. 전라도는 세습무가 발달한 지역임을 고려하면, 이 지역 무가의 연구는 백제지역 일부의 문화적 특성 이해에 도움을 줄 수 있는 이점이 인정되는데, 전자에 비하여 후자는 씻김굿만을 대상으로 하여 집중적으로 분석을 꾀한 것이다. 이 연구는 극적 의례성·음악의 서정성·판소리와의 관련성이 전라도 무가의 외형상의 특징임을 주목하면서, 제석본풀이를 중심으로 본 신화적 성격을 주목할 때 음악성 혹은

---

24) 1989년에 김열규에 의해 백제 신화 연구의 방향 점검 문제가 논의된 자리에서 그가 제시한 연구 방향은 오행사상이나 성수체계, 혹은 민속적 관념을 신화 및 신화적 사유와 연결해 보는 일, 부여계 신화로서의 의미망을 중시하여 백제적인 것을 이해하는 일, 이런 시각에 유의하되 무속원리를 중요시하여 신화적 성격을 이해하는 일 세 가지였다. 어느 경우든 문맥을 중시하는 방법들임을 공통으로 하고 있다.

25) 위 논문, 2장 3절 참조.

유희성의 발달로 인한 서사적 내용과 줄거리의 체계성이 미약한 점, 신적 인물의 존재와 대립상이 미약하여 종교적 신성성을 강하게 드러내지 않고 있는 점, 인물의 행위를 통해 볼 때 종교적 가치보다 현세적 복락을 지향하고 있는 등의 특징이 있음을 언급하고 있다.[26] 이는 무가 자료의 지역적 성격을 부분적으로 언급한 수준의 논의를 넘어 자료의 지역적 한계를 분명히 규정하면서 무속신화의 지역성을 더욱 명확하게 다루었다는 점에서 어느 정도 진전된 성과로 인정할 수 있다. 그러나 무가를 신화로서 보면서 그 연구 성과를 평가하려는 이 글의 입장에서 볼 때, 무가를 무가로서보다 신화로서의 성격을 좀 더 부각시켜 다룰 때 그 본디의 특징이 더 분명히 드러날 수 있을 것으로 기대된다.

신화의 또 다른 분야로 당(堂) 신화가 있고, 일정 지역성을 표방하여 이루어진 성과로 『전남의 당신화 연구』를 들 수 있다. 이는 이제까지 별로 주목을 받지 못해온 분야에 대한 본격적인 연구라는 점에서 일단 주목된다. 당 신화의 여러 성격을 종합적으로 이해하고 자료를 모아 정리했을 뿐만 아니라 한 지역의 특징 이해를 지향했다는 점 등 여러 면에서 그 성과를 평가할 수 있겠지만, 무엇보다도 당 신화 이해를 체계화하고 이 방면의 이해를 위한 발판을 마련했다는 점에서 중요한 연구사적 의미를 지닌다. 그러나 이 연구는 일정한 성과를 거둔 일면 문제점도 함께 드러냈다고 할 수 있다. 당 신화는 신화로서의 성격과 기준을 정하기 어려운 잡다하고 복잡한 성격을 보여주는데, 이를 판별하고 구분하는 이론적 기준을 어떻게 마련할 것인가 하는 근본적인 물음을 함께 제기했다는 점들이 그것이다. 그리고 신화를 문면 중심으로, 그리고 전승 현상 중심으로 접근하여 그 의미와 기능을 다각도로 해명하지 못하고 대체로 표면적인 이해에 머물고 만 것도 다른 하나의 미비점이다.[27]

---

26) 이경엽, 「전남무가 연구」, 전남대 대학원 박사 논문, 1997.

27) 그런 점에서 한 마을의 당 신화를 다면적으로 관찰하여 다룬 다음 논문은 이 방면에 한 모범을 보였다고 할 수 있다 : 유여종, 「경기도 안산 잿머리 마을신화 연구」(이대 대학원 석사논문, 1998)

2) 전설

전설은 신화에 비하여 전승 대상을 분명히 지니고 있고 증거물에 따른 설화의 사례도 다양하게 유지하고 있어 신화에 비하여 백제사·백제 문화와의 접점이 더 넓은 편이다. 그런데 실제로는 이러한 대상과 사례의 다양성에 비례하여 백제 문화와의 관련성이 균형 있게 연구되지는 못했다고 할 수 있다. 이제까지 이 방면의 연구 결과는 대체로 인물전설, 사물전설로 크게 압축하여 정리할 수 있다. 인물전설은 무왕(서동), 진훤을 중심으로 다루어져 왔고, 사물전설은 주로 곰나루 전설이나 천정대 전설 등 백제의 도성과 관련된 유적과 유물에 대한 것이 관심의 축이 되어왔다.

먼저, 인물전설로서 무왕 설화와 진훤 설화는 백제적인 것과 관련하여 거의 독점적인 지위를 차지하다시피 해왔고, 이런 추세는 지금도 변함이 없다고 할 만하다. 그 설화 내용의 허구성과 역사상의 중요성으로 하여 일찍부터 주목을 받아온 무왕 전설은 역사와 문학 쪽 모두에서 많은 성과를 낳아왔다. 이 설화에 대하여 본격적인 관심을 보인 이는 이병도였고,[28] 그는 무왕(서동)은 동성왕이며 무강왕은 무녕왕의 와전이고 이 설화는 백제·신라 사이에 결혼동맹을 맺었던 동성왕 때의 중요한 역사사실이 반영된 것이되, 임금의 이름만이 와전된 것이라고 보는 등, 이 설화의 핵심적인 문제를 모두 거론하였다. 이에 이어, 이 설화의 역사와의 관련성, 인물의 실체, 설화의 형성과 발전 등 인물전설로서 중요시될 수 있는 문제들을 두루 거론하고 자세하게 다룬 연구가 사재동에 의해 이어졌다.[29] 그는 뒤이어 이 설화의 형성과 전개 문제와 관련하여 역사와의 관련성을 더욱 정밀하게 논의하면서 변이와 영향 관계를 후대의 부여 무왕 탄생담, 그리고 후백제 진훤 전설에까지 연장하여 해석함으로써 위 설화의 계통성과 변이 양상을 보는 시야를 더욱 넓혀주었다.[30] 한편 비슷한 무렵 익산 미륵사에 대한 관심의 고조와

28) 이병도, 「서동설화에 대한 신고찰」, 『역사학보』1, 1952.
29) 사재동, 「서동설화 연구」, 『장암지헌영선생 화갑기념논총』, 1971.
30) 사재동, 「무강왕 전설의 연구」, 『백제연구』 5·6호, 1974.

더불어 이 설화에 대하여 미륵사 관련 설화로서의 성격을 강조하여 이해하려는 논문이 뒤이어졌고, 무왕전설에 대해서는 이를 미륵사 창건 연기설화로 형성되어 후대에 허구성이 확대되고 역사사실이 부회된 것으로 보려는 관점이 제기되었다.[31] 그리고 서동의 실체를 무왕으로 보되 '내복에 산다 설화'와 '미륵설화'에 비중을 두고 설화로의 형성과 성격을 주로 살피려 한 관점도 있다.[32] 그런가 하면 이 설화가 백제 무왕 때의 사실이 아니라는 점을 중시하여 일부 문헌 기록을 증거로 삼아 고조선의 기준왕인 무강왕으로 보는 것이 합리적이라는 의견도 있고, 선화와 서동의 이야기는 마한 건마국의 무강왕 이야기로, 미륵사 창건담은 백제 무왕의 일로 나누어 이해하려는 관점도 제기되었다.[33] 한편, 위 설화의 설화적 기반과 민속성을 중시하면서 분석적 고찰을 꾀한 것도 있는가 하면,[34] 역사에 견인되어 윤색되기 전의 문면을 재구하고 그 본래의 설화적 성격을 밝히려는 논문도 나왔다.[35]

이상으로 보면, 무왕 전설 연구는 밀도 있는 연구들로 하여 상당히 깊은 이해가 진척되어왔음을 알 수 있다. 그렇지만 아직도 많은 문제점과 의문점을 남기고 있는 것이 또한 위 전설이기도 하다. 이런 의문점은 위 설화가 지닌 허구성과 문면의 불안정성에 비례하는 것으로 여겨진다. 예컨대 위 설화에서 관련 인물을 무왕, 아니면 무녕왕, 혹은 고조선왕 기준(箕準)을 뜻하는 무강왕으로 볼 것이냐 하는 초보적인 문제가 불명확한 상태로 남아있어 심도 있는 이해를 불안정하게 하는 요인이 되고 있다. 따라서 이 문제는 위 설화가 지닌 역사성의 이해에 매우 중요한 의미를 지닐 뿐만 아니라, 설화의 형성과 전개과정, 그리고 갈래적 성격과 역사적 기능이나 의의와도 직결되

31) 송재주, 「서동요의 형성 연대에 대하여」, 『장암지헌영선생 화갑기념논총』, 1971.
조명렬, 「익산지역의 백제설화」, 『마한백제문화』 3, 1979.
32) 현승환, 「서동설화와 무왕의 등극」, 『설화와 역사』, 집문당, 2000. 11.
33) 김성기, 「무왕조·서동요 배경담 연구, 『한국언어문학 』46, 2001. 5.
34) 홍석영, 「미륵사지의 연기설화고」, 『마한백제문화』 1, 마한백제문화연구소, 1975.
35) 황패강, 「서동요 연구」, 『신라문화』 3·4, 1987.

어 있어 좀 더 신중하게 고려할 필요가 있다. 이점에 대한 분명한 위치를 나름대로 설정한 뒤에 체계적인 접근의 틀이 마련되고서야 비로소 논리적 안정감이 확보된 연구가 가능할 것으로 전망된다.

무왕 전설과 비슷한 수준에서 지속적으로 관심을 끌어온 역사인물담의 다른 하나가 진(견)훤 전설이다. 일찍이 손진태에 의해 한·일간의 비교적 관점에서 연구가 시작된 이래 산발적인 연구가 이어져 왔으나, 종합적이고 획기적인 연구는 김화경에 의해 이루어졌다.[36] 그의 노력에 의해 이 설화의 한·중·일 전승 양상, 전승권, 중국 쪽에서의 발생과 한국으로의 전래, 백제 문화와의 관련성 등 중요한 문제들이 거론되었다. 특히 이 설화가 백제권에서 진훤 전설로 정착된 것은 농경사회적 전통이 확립되어 반영된 것으로 보고자 했다.[37] 이 연구는 한 유형의 설화가 역사 문화사의 이해를 위해 어느 정도의 역할을 수행할 수 있는가를 잘 보여주었다는 점에서도 그렇지만, 더 나아가 백제의 문화적 기반과 그 변화 과정을 설화와 긴밀히 연관지어 이해하고자 했다는 점에서도 진훤 설화의 백제 역사·문화사적 이해에 매우 큰 의의를 지니는 업적이라 할 수 있다. 그러나 그점을 긍정적으로 평가하는 데에 결코 인색할 수 없다고 해도, 백제 건국설화에서 진훤 설화로의 이행을 제한된 하나의 설화 유형으로 해명하고자 한 것은 논리상 무리라고 여겨진다. 그리고 설화의 발생과 전승권, 그리고 지역적 변이를 거시적으로 다루는 등 전체적으로 호한한 논리의 틀 속에서 과제를 다루고 있음에도, 30편에 불과한 정도의 자료에 의존하고 있는 점도 결론의 설득력을 확보하는 데에는 미흡해 보인다. 진훤은 후백제를 반 백년 가까이 다스린 일국의 국왕이었다. 이점에 유의하면 그에 대한 기존의 문헌 중심의 설화 자료는 단순한 것이 아니며, 여러 층위를 이루고 있다고 가정할 수 있고, 따라서 진훤

---

36) 김화경, 「백제 문화와 야래자 설화의 연구」, 『백제논총』 1, 1985. 한편 최근 백제 쪽 야래자담의 기반을 중시하면서 진훤이야기가 왕권설화로 성립되어 나간 과정을 다룬 글도 있다(「견훤 탄생담의 연구」, 『설화와 역사』, 집문당, 2000. 11).

37) 이는 야래자 전설을 마한의 신화로 보려는 서대석의 관점과 통하는 것이다.

설화의 설화적 이해에는 자료에 대한 검토가 선행될 필요가 있다.[38] 그런가 하면 진훤은 전국을 누비며 전쟁으로 한평생을 살다시피 한 전쟁영웅이었다. 이로 인해 진훤 전설은 전국 곳곳에 산재해 전승되는 지역설화성을 띤다는 점을 중요한 특징의 하나로 보여주고 있다. 따라서 이 점을 주목함으로써 전설의 의미 세계와 기능에 대한 이해를 넓혀나갈 필요가 있다고 할 수 있는데, 이러한 관심이 90년대에 들어서면서 실현되기 시작했다. 박현국은 이런 점에 착안하여 백제권의 자료를 중심으로 살피면서 안동권 진훤 설화의 차이점을 주목하고 그 결과를 지역적 성격과 관련지어 이해하고자 했다.[39] 이에 대한 시도적인 관심을 보였다는 데에서 연구사적 의의를 지닌다고 할 수 있다. 이에서 더 나아가 임재해는 더 넓은 지역의 자료를 참고하여 진훤 전설의 전승 양상에 대한 이해의 영역을 넓히고자 했다.[40] 이러한 관심은 뒤에 황인덕에 의하여 자료의 범위가 더욱 넓어지게 되었다.[41] 그러나 현재의 관심 수준은 지역적 전승 양상이나 표현세계의 특성을 제대로 밝히는 데에까지는 나가지 못하고 있다. 그럴 수 있기 위해서는 앞으로 더욱 광범위한 지역에 대한 더 자세한 자료조사가 뒤따라야 할 것으로 본다. 한편으로, 진훤 전설은 그 역사적 비중과 함께 신화와 전설의 복합체로서 설화사에서 차지하는 위치의 중요성으로 하여 자연스럽게 여러 관점을 통한 연구를 유발하기도 했다. 야래자의 정체가 지렁이로 나타나고 있음은 지속적인 의문점으로 남아 있는데, 이에 대하여 지렁이가 본디 용이었으리란 견해가 서로 다른 각도에서 제기된바 있다.[42] 그런가 하면 삼국사기와 삼국유사의 진훤 전설은 기록자의 부정적 인식과 평가가 개재된 것이며, 이

38) 이러한 점을 중시하여 사재동이 진훤전설의 형성과정을 자세히 논한바 있다. 「견훤 전설의 형성에 대하여」, 『어문논지』 3, 1978.

39) 박현국, 「견훤설화고」, 『중앙민속학』3, 중앙대학교, 1991.

40) 임재해, 『민족신화와 건국영웅들』, 천재교육, 1995.

41) 황인덕, 「구전 자료로 본 견훤 전설의 현지성과 역사성」, ≪전 견훤묘 학술조사 보고서≫, 충남대학교 백제연구소, 1997. 9.

42) 정병헌, 「백제 설화의 유형적 고찰」, 『성곡논총』25 (하), 1994. 1008~1011쪽 참조.
노성환, 『한일 왕권신화 연구』, 울산대학 출판부, 1995.

에 따라 위 설화를 구성하는 주요 화소도 부정적 시각에서 어느 정도의 변이와 윤색이 이루어졌을 것으로 보려는 관점도 있다.[43] 이는 위 설화에 대한 문헌 중심의 이해를 한 단계 진전시킨 결과로 평가된다. 한편 더욱 최근에는 야래자 전설의 일본 전파를 주목하는 것으로써 진훤 전설에 대한 기반 이해의 폭을 넓히려는 관심을 보여주기도 했다.[44]

백제사와 관련을 갖는 전설은 많지만 이 가운데 백제사와 직접 관련이 있는 것은 주로 공주와 부여 주변의 자연이나 역사유적에 집중되어 있다. 이 가운데 공주 곰나루 전설은 어학과 문학 양쪽에서 함께 관심을 보인 대표적인 예가 된다. 백제가 북방 부여계 민족이므로 곰신앙을 가져온 결과 곰설화가 정착했을 것이라는 소박한 논의가 오랫동안 유지되어 왔으나, 고마나루가 '북쪽 나루'를 가리키는 보통명사일 뿐이며, 곰의 존재가 공주에서만 나타나는 이유를 합리적으로 설명하기 어렵다는 반론이 제기됨으로써, 공주와 곰과의 관련성 문제는 새로운 수준으로의 진전을 요구하게 되었다. 이에 대하여 공주 곰전설의 발생은 설화의 내용으로 볼 때 공주 천도 이전 이 지역의 선주민인 곰토템족이 한성에서 천도해온 백제인을 수용해들였지만, 그러나 결국 공주를 버리고 또 다른 토템신앙을 지닌 부족이 선주하고 있는 부여로 다시 옮긴 역사 과정을 반영한 것으로 보려는 관점이 제기되었다.[45] 역사와 설화 내용을 정밀하게 대응시킨 점에서 진일보한 논의이지만, 위 곰전설의 내용이 만주족의 일족인 어룬커족의 그것과 흡사한 모습을 보이고 있다는 점에서, 그 독자성을 일방적으로 강조하는 데에는 문제점이 있다. 이에 이어 좀 더 많은 자료를 참고하여 '사람과 곰의 교혼' 화소를 중심으로 다룬 같은 필자의 최근 논문[46]은 이런 약점을 해소하고 있을 뿐만 아니라 '인웅 혼인' 화소의 지속과 변화를 파악하는 데에도 기여하고 있다.

---

43) 강재철, 「한국 사서설화(蛇婿說話) 속의 비상인물화의 양상」, 『한중일 설화 비교연구』, 민속원, 1999.

44) 이헌홍, 「夜來者傳承의 移住神話的 성격과 古代 韓日關係」, 『한국문학논총』 26, 2000. 6.

45) 김균태, 「공주지역의 곰전설고」, 『설태박요순선생 화갑기념논총』, 1987.

46) 김균태, 「곰나루 전설의 변이와 의미」, 『설화와 역사』, 집문당, 2000. 11.

한편, 그와 동시에 위 글은 '인웅 혼인' 화소의 변화상을 설화사적으로 더 명료하게 해명할 필요가 있다는 또 다른 과제를 제기했다고도 볼 수 있다. 결과적으로, 곰나루 전설의 깊이 있는 이해를 위해서는 대상 자료와 시야를 더 넓히고 문제에 대한 이해의 논리를 더욱 정교하게 다듬어 나가는 일이 요구된다고 이해된다. 곰설화의 더 많은 사례 수집을 통하여 지역적 차이 및 내용상의 비교를 꾀하는 일면, 역사의 진전에 따른 양식성의 해명에 유의하여 접근하는 일이 필요하다.

백제의 멸망을 초래한 부여는 망국의 충격이 컸던 것만큼, 단편적이긴 하지만 전설도 적지 않게 남아있다. 낙화암·조룡대·망팽이방죽·천정대·문동교·유왕산·낙화암 전설 등이 일부 예가 되는데, 이런 중요성으로 하여 이 지역의 전설은 비교적 깊은 주목을 끌어왔다. 이들 연구 성과는 연구 과제의 확인과 주제의 개괄적인 소개를 의도한 것과[47] 세부 주제에 대한 예각화된 연구로 구분할 수 있다. 백제 부흥 전쟁 관련 전설을 집중적으로 다룬 것[48]이나 백제 말기 전설 가운데 백제인의 저항의식을 보여주는 자료를 주로 다룬 것[49]이 그 한 예가 된다. 그런가 하면 천정대 전설에 대하여 증거물을 중심으로 한 다양한 현지 전승 양상을 중시하면서 접근한 것,[50] 백마강의 생태적 조건에 초점을 두고 전설의 형성과 변이를 다룬 '사비강 배돛대' 이야기 연구도 비슷한 예로 들 수 있다.[51] 그리고 부여를 중심으로 한 사물전설과 역사 인물전설을 종합적으로 다루면서 백제사의 전설적 반영과 설화 전승층의 백제사에 대한 인식 문제를 포괄적으로 다룬 논문도 있다.[52] 백제

---

47) 여러 유형을 개괄적으로 다룬 정도이긴 해도 현지 전승 자료를 중시하고자 한 연구로 다음과 같은 논문을 참고할 수 있다. 최래옥, 「현지조사를 통한 백제 설화의 연구」, 『한국학논집』 2, 한양대학교, 1982. 김균태, 「부여 지역의 설화 연구」 『역사민속학』 3, 역사민속학회, 1993.

48) 신영명, 「백제 광복전쟁 이야기의 의미와 구조」, 『어문논집』 26집, 고려대 국어국문학과, 1986.

49) 강현모, 「백제 설화의 연구」, 『비교민속학』 20, 비교민속학회, 2001. 2.

50) 황인덕, 「천정대전설의 지역성과 역사성(속)」, 『백제연구』 25, 1995.

51) _____, 「부여 사비강 '배돛대…' 이야기 연구-생태학적 관점에서의 접근-」, 『백제연구』 31, 2000.

52) _____, 「백제 패망 전설로 본 백제사, 백제사 의식」, 『백제연구』 24, 1994.
임재해, 「백제 멸망 설화에 나타난 왕정의 모순과 국가의식」, 『역사민속학』 7, 1997.

패망의 전설적 표현과 그것이 주는 오늘날의 의미를 다룸으로써 설화의 살아있는 모습을 드러냈다는 데에 이들 논문들의 의의가 있다. 부여는 백제사와 관련하여 특별한 위치에 있을 뿐만 아니라 참고할 만한 기록전설과 구전설화가 그래도 다른 곳보다 많이 남아있는 곳이다. 구전자료를 적극적으로 확보하면 문헌자료를 보완하고 극복할 수 있는 가능성이 많다고 할 수 있다. 문헌과 구전, 그리고 현재의 전승 배경과 그것의 변화상까지를 입체적으로 연결지으면 미시적인 관점에서든 혹은 거시적으로든 새로운 성과를 거둘 수 있는 여지가 넓은 것이 이 지역의 설화이다. 부여나 공주와 같은 도성이 아니라도 백제 관련 전설은 있을 수 있고, 백제사의 어떤 특수성이나 특이성이 있었던 곳일수록 이런 가능성은 높을 수밖에 없다. '도미진 전설'[53]이나 '식장산 전설 연구'[54] 등도 그러한 하나의 예가 될 것인데, 이 외에도 드러나지 않은 자료에 대한 지속적인 관심과 발굴 노력이 요구된다.

사물전설로서 중요한 또 다른 분야가 사찰전설이다. 백제와 관련된 종교 가운데 중심이 되는 것은 무엇보다도 불교이고, 이는 수많은 불교전설을 낳았는데 이 가운데에는 백제사를 반영하는 것이 상당수 있을 것으로 짐작된다. 사찰은 특수한 생활공간임으로 하여 거의 모든 것이 전설의 대상이 된다고 할 수 있을 정도로 다양한 유형이 전승되고 있다.[55] 그럼에도 흥미 있는 전설만을 대상으로 삼아 이를 읽을거리로 소개하려는 정도의 관심에서 크게 벗어나지 못하고 있는 것이 이 방면의 전반적인 연구 수준이다. 백제불교의 독자적인 역사와 특성을 주목하면서 관련 전설을 찾아내고 살피면 백제 불교사의 이해와 관련하여 중요한 특징을 발견할 수 있으리라 기대되는데,[56] 아직 이런 문제에 대한 좁은 관점에서의 구체적인 고찰로까지 진

53) 노태조, 「도미전승의 유통양상」, 『어문연구』 21, 1991.

54) 황인덕, 「식장산의 지리·역사적 배경과 식장산 전설」, 『어문연구』 28, 1996. 12.

55) 관련 논문으로 황인덕의 「충청지역 사찰전설의 유형 분류」(『봉계남용호박사 화갑기념논총』, 1997. 10.)가 있다.

56) 이와 관련된 것으로 「황인덕의 사찰 전설로 본 백제 불교사의 전개」(『국문학과 불교』, 한국고전문학회, 1997. 3)를 들 수 있다.

입하지 못하고 있는 실정이다. 불교의 수용 동기·불교의 전래과정·사찰의 정착과정·왕실과의 관련·전란기의 승려의 역할 등은 불교사와 관련된 중요한 주제들이고 바로 사찰전설을 통해 이러한 불교사의 주된 맥락을 짚어낼 수 있으리란 점을 예견해볼 수 있다.

유적전설성을 띠고 전승되는 남매장수 힘겨루기 전설은 우리나라 광포전설의 하나인데 일찍이 이것을 백제 설화로 보려는 주장이 제기되어 흥미를 끈다. 최래옥에 의하면 이 설화의 주된 전승 지역은 다름 아닌 충남북 일대이며, 이로써 볼 때 이것을 백제 때 발생한 것으로 볼 수 있다는 것이다.[57] 합리적인 문제 제기라고 하겠는데, 더 구체적인 논증으로 설득력을 높이는 일이 요구된다고 본다. 이를 실증할 수 있다면 백제사와 설화를 아울러 이해하는 좋은 예가 될 것이다. 따라서 이를 부정하려 하지 말고 좀 더 자세히 살피는 일이 필요할 듯하다.

3) 민담

민담의 분포는 흔히 전국성을 띠며, 나아가 동양적이고 세계적인 범위를 보이는 것이어서 백제적인 것을 논하는 다른 분야에 비하여 깊은 연구가 더욱 어렵다. 그만큼 가장 미개척 분야가 이 방면이기도 한 셈이다. 그러나 드물기는 하지만 이 방면과 관련지을 수 있는 성과물이 전혀 없는 것은 아니다. 신화성을 띠는 민담으로 백제 신화를 다룰 때 중요하게 언급된 야래자 설화가 바로 그것이다. 서대석은 이 이야기를 백제 쪽에 주로 전승되는 줄다리기 민속과 연관지어 이해하면서, 줄다리기의 줄은 용을 상징하는 것으로 야래자 이야기의 야래자가 주로 용이나 용의 변이형인 지렁이로 등장하는 것은 줄다리기 민속과 관련된 상상이라고 보고자 했다.[58] 이는 백제 설화론으로서도 의의를 지니는 것이면서, 백제 문화의 뿌리 격인 마한의 설화

---

57) 최래옥, 『한국 전설의 연구』, 일조각, 1981.
58) 서대석, 「백제의 신화」, 『진단학보』 60, 1985.

를 거론한 것이란 점에서 더욱 주목된다. 그러나 야래자 설화가 벼농사의 중심지가 아닌 중국의 북부 지방에도 전승되고 있다는 점에서 이것을 곧바로 마한 고유의 것으로 인정하는 데에는 의문을 제기할 수 있다. 또 다른 예로 우렁색시 설화를 들 수 있다. 박경희는 이 설화가 중국의 절강성과 한국의 호남지방에 집중적으로 분포되어 있고, 해양을 통한 이들 두 지역의 교류가 일찍부터 있었을 것임을 들어 이 설화는 쌀농사를 매개로 절강성 부근에서 한반도로 전래되었을 것으로 보고자 했다.[59] 벼농사의 역사가 매우 오래임을 고려하면 이것을 백제권 설화로 다루 수 있는 가능성이 있다고 여겨진다. 그러나 민담은 자료의 분포권이 넓어 특정 자료의 지역성을 한정하는 일이 쉽지가 않다. 그런 만큼 이것이 백제적인 것인지의 여부를 판정하기까지는 신중을 기할 필요가 있고, 그만큼 자료 조사의 광범성이 아주 긴요한 과제가 된다고 볼 수 있다.

5. 연구 과제와 관점의 전망

이상, 백제 설화 연구에 따르는 개념 문제, 설정 가능한 분야와 실질적인 주제의 확인, 연구성과의 정리와 평가 등 몇 가지 항목으로 점검해 보았다. 이제 결론 삼아 백제 설화라는 포괄적인 주제로 연구를 수행하는 데에 전체적으로 기본이 되면서 긴요한 과제들을 총괄적으로 점검하는 것으로 글을 마무리하기로 한다.

(1) 자료 조사의 확장

첫째, 전반적인 자료 조사의 확장과 심화 문제이다. 설화 연구는 전승자

59) 박경희, 「한국 우렁각시 설화의 연구」, 단국대 국어교육학과 석사 논문, 2000. 6. 54~55쪽 참조.

들의 기억에서 존재하는 이야기를 모아 거기에 담긴 문학적, 역사적 가치를 밝히는 것을 주된 과제로 하는 연구 분야이다. 그럼으로써 문헌자료가 지니는 미비점을 보완하고 좀 더 생생한 표현과 의식, 그리고 기억에 의한 기록을 되살려내는 것이 그 목표이자 주된 역할이다. 문헌자료는 언제나 한계를 지니고 있고, 양적으로 늘 부족할 수밖에 없는 것이므로 구비자료의 필요성은 언제 어디서나 요구되게 마련이다. 고대사 전반이 그렇지만 특히 백제사의 경우 기록의 한계점이 아주 크기 때문에 구비자료의 중요성이 더욱 긴요하게 제기될 수밖에 없음은 다시 말할 여지가 없다.

그럼에도 신화, 전설, 민담 어느 분야를 보아도 자료의 한계와 그로 인한 지역적 특징의 이해가 부족한 현상을 보여주고 있다. 과제의 지역 범위가 좁으면 좁은 대로, 넓으면 넓은 대로 자료의 필요성은 중요하다. 작은 범위의 주제는 이해의 심도를 높이기 위하여 세밀한 조사가 필요하다면, 전승 분포의 개략을 이해하기 위해서도 자료의 조사가 요구된다. 전자는 세분화된 연구 주제에 따른 소용에서 행해지는 것이므로 주로 연구자의 개별 조사로 실현될 수 있는 것이지만, 후자처럼 범위가 커질수록 광범한 조사, 대량 조사, 표본 조사의 필요성이 높아진다. 이러한 조사의 필요성이 특히 설화를 통해 문화사의 거대한 틀을 그어 보고자 한 야래자 전설 같은 경우에 아주 긴요한 것임을 우리는 위에서 보았다. 제한된 고고 유물로 당시대의 역사 상황이나 지역의 고유성을 만족스럽게 단정하기 어려운 것처럼, 구비자료도 주어진 과제의 범위와 수준에 따라 요구되는 양과 정도가 다를 수밖에 없다.

특히 백제권 지역을 대상으로 백제적인 것의 개략적인 조사를 목표로 한 조사를 꾀해야 할 경우 전반적인 표본 조사의 중요성은 더욱 커지게 된다. 이제까지 '부여권'이나 '익산권'을 중심으로 한 설화는 상당한 정도로 이해의 진전이 있었고 그에 따라 현지조사도 이루어졌다. 그러나 더 넓은 마한권이나 백제권이라는 권역 개념에서는 이루어진 정도가 많이 미약했다. 물론 지역 범위가 넓어지는 데 따라 과제를 명확히 한정하기가 어렵고 가시적 성과를 쉽게 이루기가 어려울 것임도 예상할 수 있다. 그러나 아직은 자료가 제대로 드러나지 않고 있는 데에다 비교 이해의 시야가 좁아 잘 보이지 않는 것일 뿐, 그것이 없는 것은 아닐 것이다. 그러므로 아직은 다소 막연한 수준으로 두고서라도, 그것에 도달하려는 노력은 지속적으로 행해져야 한다고 본다. 그리고 그것을 위하여 현 단계의 기존 자료를 널리 정리하는 일면, 이를 바탕으로 다시 표본조사가 이루어진 뒤, 다시 연구자의 관심과 연구 주제에 따른 세부적인 조사가 계획되고 수행되는 것이 목표에 도달하는 바람직한 순서가 될 것이다. 이러한 연구가 진행됨으로써, 자료의 분포상·전파와 변이·역사와의 관련성·지역 문화와의 상관성 등의 과제가 작은 대상에서부터 큰 대상으로 나아가면서 밝혀질 수 있을 것이고, 더 먼 목표인 백제권 설화의 모습도 어느 정도 드러날 수 있을 것으로 본다.

(2) 비교 연구의 확장과 심화

두번째로는 비교 연구의 관심 확장이라는 점을 들 수 있다. 마한권, 혹은 더 넓게는 백제권 설화의 독자성이나 특성의 이해는 결국 인접 권역과의 비교 연구로 하여 드러날 수밖에 없다. 백제권 설화에 대한 비교적 관점에서의 이해는 크게 볼 때 백제권 설화와 직·간접적인 영향을 주고받은 권역과 영향을 받지 않은 권역과의 그것으로 구분할 수 있을 것이다. 이 가운데 더 우선적이고 긴요한 과제가 되는 것은 물론 영향을 받은 권역이다. 이러한 비교는 다시 두 가지 방향으로 나누어 이해할 수 있다. 백제권 내부의 비교와 외부의 비교가 그것이다. 내부의 비교는 종적 비교와 횡적 비교를 고려할 수 있다. 전자는 마한과 백제와의 비교이고, 후자는 백제권에 속하는 여러 지역들의 지역성을 고려한 비교이다. 야래자 설화를 '마한'적인 것으로 보면서 그것이 농경생활의 확립과 함께 '백제' 것으로 전환되어 확장되었다고 보는 관점은 이러한 예를 보여주는 하나의 좋은 예가 될 것이다. 그와 동시에, 백제권이라 해도 작게 보면 문화의 수준 차이나 역사의 특수한 영향으로 인한 지역적 특성이 드러날 수도 있을 것이며, 이 또한 빠뜨릴 수 없는 관심 사항이다.

외부적 비교는 백제와 신라를 중심으로 하여 부여와 고조선과의 비교까지가 포함되어 이루어져야 할 것이다. 이러한 시야에 의한 비교는 초기 백제적인 것을 밝히는 데에는 물론 백제적인 것이 본격화되어 나간 시기의 독자성을 밝히는 데에도 큰 도움이 될 것이다. 이러한 관심을 다각화한다면 종교·사상, 그리고 정치·역사와 연대하여 이해하는 데에 '설화'는 다방면에서 성과 있는 역할을 달성할 수 있을 것으로 본다. 불교 설화 가운데 불교의 '수용'과 관련된 설화의 경우 백제와 신라가 상당한 차이를 보여주고 있음을 한 예로 들 수 있다. 불교 수용 과정에서 신라는 저항이 심했던 반면 백제는 대체로 그점이 약하게 나타나는데, 설화에서의 이러한 차이는 곧 양국 불교 수용의 정치적, 사상적 실상과 밀접히 관련되어 있다고 볼 수 있다. 백제·고구려·신라 건국신화의 비교 연구도 삼국 사이의 정치권력이 성립된 배경상의 특성을 밝히는 데에 유익한 시사를 줄 수 있을 것이다. 외부적 비교 이해의 좀 더 넓은 범위는 중국과 일본 등 해외 이국과의 비교이다. 한국 설화 연구사에서 이국과의 비교 연구는 이미 적지 않은 역사를 쌓아왔고, 그동안 상당한 성과를 낳았다.[60] 그러나 백제라는 특정 시대를 주목한 비교는 이루어지지 못했다. 백제와 중국, 그리고 일본과의 밀접한 문화적 영향 관계를 고려하면 이들 삼각 구도 속에서 주고받은 영향에 대한 연구는 충분히 성립 가능한 것이자 중요한 과제가 된다. 이 가운데 특히 백제·중국 간 비교 연구의 의의는 양쪽 사이의 교류가 황해를 중심으로 시작된 때부터 성립되었다고 할 수 있고, 그 역사가 오래된 것임을 인정할 수 있다. 이러한 관점에서 볼 때, 위에서 이미 말한 〈떠내려온 산〉 이야기는 동아지중해

---

60) 손진태의 『한국 민족설화의 연구』(을유문화사, 1947), 성기열의 『한일 민담의 비교 연구』(일조각, 1979) 등을 대표적인 성과로 들 수 있다.

권[61] 설화로 규정하여 이러한 시야에서 다룰 수 있을 것으로 본다. 그렇게 볼 때, 바로 그 중심에 백제가 있었던 사실을 부각시켜, 그 전파 과정과 문화적 의의를 말할 수 있을 것이다.

(3) 연구방법의 다양화

다음으로 언급해야 할 것은 연구방법의 다양화 혹은 심화 문제로서, 이 가운데 우선 고려할 수 있는 것이 다원적 접근방법의 필요성이다. 설화는 언어적 표현물로서의 독자성을 지니기도 하지만 그것은 동시에 문화의 여러 분야 가운데 하나를 보여주는 것일 뿐으로 그것의 깊은 이해는 곧 문화의 인접한 분야들에 대한 이해와 병행될 때 이루어질 수 있다. 더욱이 백제권 설화처럼 과거의 현상을 주로 다루어야 할 경우 다른 분야와의 연대적 접근의 필요성은 더욱 높아지게 된다. 고고·인류·민속·종교·문헌·언어·역사·정치학 등이 상호 연대의 필요성이 비교적 높은 분야가 될 것이다. 마한 혹은 그 이전 단계 거주민의 상상 세계를 이해하는 데에 '바위 그림'이 중요한 위치를 지니는 것처럼, 문학적 표현이 희미한 백제 건국신화의 이해에 당시의 국가 제의는 아주 긴요한 도움을 주고 있음이 그 예이다. 백제 고분 출토 유물 등 백제권의 고고 유물을 통해 신화적 사유를 찾는 고고 신화학적 접근도 긴요하다고 여겨지는 것이다.[62] 이러한 연구는 고고 역사에만 한정되는 것은 아니며 기록 역사 시대에도 여전히 유효하다. 필자는 천방사(千房寺) 전설에 대하여 관심을 기울인 일이 있는데, 이는 전쟁사로서의 당시 역사와의 관련성을 주로 관련짓는 일면, 불교사에 대한 이해도 얼마간 참고하여 수행한 것이었다. 그러나 역사 쪽에 비하여 당시의 불교사는 밝혀진 것이 거의 없어 비중 있는 논거를 가져와 적극적인 해석을 해내기가 어려웠다.

---

61) 이 용어는 윤명철에 의해 적극 모색되고 있다. 이에 대한 그의 논문 「고구려 말기의 해양활동과 동아지중해의 질서재편」(『국사관논총』 53, 1994)이 참고된다.

62) 이에 대한 선도적인 연구의 한 예로 사재동의 「무녕왕릉 문물의 서사적 구조」(『백제연구』 12, 1981)를 들 수 있다.

이에 대한 이해에 고고학적 발굴의 진전이 기대되는 이유이다. 이처럼, 설화와 다른 분야를 관련지어 이해하는 것은 설화 자체의 이해를 위한 일도 되지만, 동시에 인접 분야에 대하여 문제점을 제기하고 연구의 단서를 자극하는 역할도 할 수 있다는 점에서 그 의의를 찾을 수 있다.

두번째 과제는 설화의 역사적 연구를 보다 정교화하는 문제이다. 설화를 역사적으로 접근하는 관점은 이미 오래 전부터 중요한 방법론의 하나로 정립되어 왔고,[63] 이는 설화에 대한 포괄적 접근을 위하여 가장 유력한 방법이라 할 수 있다. 더욱, '백제권 설화' 처럼 역사가 특정될 때 이런 관점의 필요성은 더욱 중요해진다. 역사적 관점은 개별 설화를 이해하는 데에도 필요하지만 더 적극적으로는 설화 자체의 역사를 전체적으로, 그리고 합리적으로 이해하기 위한 목적에서 그 필요성이 더 요구된다. 흔히 설화사를 말할 때, 신화시대·전설시대·민담시대로 구분하곤 하는데 이러한 구분이 과연 무리가 없는 것인지, 그리고 백제, 혹은 한국의 설화사에 이를 적용할 때 그것은 어떤 모습을 보이는지를 설화의 존재와 특성을 주목하여 정립하는 일이 요구된다. 이러한 문제를 역사의 여러 단계와 관련지으면서 설화의 의미와 기능을 해석해내는 정교한 논리의 틀을 정립하는 문제가 좀 더 진전된 설화 연구를 위해 긴요하다고 본다.

이와 함께 끝으로 고려할 문제는 새로운 연구 관점의 모색으로 설화 세계의 영역 확대와 의미 이해를 꾀해나가는 일이다. 이와 관련된 연구방법은 여러 가지가 있을 수 있겠으나 특히 역사적 연구에 치중된 결과 지나치게 설화가 문면 중심, 혹은 과거 현상으로만 이해되기 쉬운 우려를 고려하면, 설화의 현재적인 모습 또는 살아있는 모습을 주목하는 연구가 긴요할 것으로 본다. 그리고 여기에는 현장 중심의 연구나 생태학적 연구와 같은 방법이 강조될 필요가 있다고 본다. 백제권 설화의 많은 수는 오늘날까지 전승

63) 소위 유희머리즘(euhemerism)이 그것으로, 신화와 전설이 대부분 역사사실의 반영이라고 보고 설화의 역사적 기반을 밝히는 데 주력하는 연구 관점을 말한다.

이 지속되고 있고, 이들은 옛날의 백제적인 것일 뿐만 아니라 오늘날의 백제적인 것이기도 하다. 오늘날의 백제적인 것은 오늘의 역사현실을 반영하는 것이며, 이점을 이해하는 것은 바로 설화의 생명력과 역사성을 제대로 이해하는 것이기도 하다. 이를 위해서는 설화의 전승 현장을 직접 접하고 이야기의 살아있는 모습을 발견해내고 관찰하는 데에 힘써야 한다. 현장론적 연구, 또는 현장 중심적 연구는 연행론(performence-centerd approach)과 상황론(contextual method)을 합친 것으로, 연행 현장을 미시적으로 관찰하는 연행론과 전승 현장을 주목하는 상황론의 장점을 종합하는 것을 지향한다.[64] 이것을 잘 이루어낼 수 있다면 위 연구 관점은 설화의 살아있는 현상을 이해하는 데에 유용한 방법이 될 것으로 여겨진다.[65] 생태론 연구 관점도 기본적으로는 위 연구 관점과 서로 통하는 것이다. 그러나 설화의 발생과 변화 및 쇠퇴 과정에 대하여, 설화를 감싸고 있는 환경에 주목하여 연구하는 것을 지향한다는 점에서 상황론과 더 많은 공통점을 공유한다고 할 수 있다.[66]

(이 논고가 발표된 뒤의 연구 성과까지를 더 넓게 다룬 저자의 다른 글로는 『백제 관련 설화자료집』(충청남도역사문화연구원 편, 2010)에 실린 〈총론〉을 참고해 주시기 바람.)

---

64) 임재해, 「민속 연구의 현장론적 연구」, 『정신문화연구』 (봄호), 한국학중앙연구원, 1984. 66쪽.

65) 이에 대한 실제 연구가 임재해의 『설화작품의 현장론적 분석』(지식산업사, 1991)에서 부분적으로 이루어졌다.

66) 이에 대한 연구의 예로 황인덕의 「부여 사비강 배돛대… 이야기 연구」(『백제연구』31, 2000. 2)를 들 수 있다.

'백제패망' 전설로 본 백제사, 백제사 의식

1. 역사전설과 역사 이해

백제문화 이해에 남다른 애착과 관심을 지녔던 홍사준은 백제 고도를 찾는 이들에게 '눈으로 확인하려 하기보다 마음으로 느끼고 가야 할 곳'임을 늘 강조했다고 한다. 이 말은 백제사와 백제문화의 화려했던 과거 실상과는 달리 눈으로 확인되는 것은 그런 기대에 미치지 못하는 오늘날의 모습과, 그로 인한 백제사 이해의 난점을 잘 대변해 주는 것이지만, 다른 면으로 이는 패망국으로서의 백제사 연구의 방향이 어떠해야 할 것인지를 적절히 암시해 주는 말이기도 하다. 패망국으로서의 역사를 전제하면서 백제사·백제문화의 이해를 꾀하는 한, 그것의 실현 방향은 두 가지 각도로 귀착될 것이다. 깨어지고 묻혀있는 불완전한 유물이나마 되도록 많은 자료를 확보하여 온전한 모습을 재구해 내는 일과, 간접적 사료가 지니는 의미의 깊이와 폭을 직접 사료 수준으로 극대화시켜 이해하는 노력이 그것이다. 전자는 묻혀있는 유적과 유물의 발굴에 의해 성취될 수 있는 것이라면, 두 번째 측면을 위해서는 국내외적인 비교적 관점을 넓히는 일이 요구되는 것이면서, 역사학 이외의 다양한 분야와의 제휴를 통한 이해도 하나의 방법일 수 있을 것이다.

백제사 이해에 활용할 수 있는 간접사료의 하나에 역사전설이 있다. 일정한 역사사실을 표방하면서 과장되어 이야기되는 전설이다. 유물이나 기록물 등 유형의 사료에 비해 전설사료는 말로 이야기되는 것일 뿐이므로 사료로서는 매우 불안정하고 부정확한 사료일 수 있다. 말하는 사람마다 달리 전해지고 취향에 따라 보태고 빼면서 이야기되는 것이니 그렇게 이해될 만도 하다. 그러므로 아무리 문학적으로 묘하게 엮어지고 세련되게 표현된 전설을 많이 찾아 모은다 해도 그것은 역사의 실질적 이해에는 별다른 도움을 주지 못한다고 볼 수도 있다. 열 마디 과장된 전설보다 확실한 유물 한 가지가 역사의 실상 이해에 더 유익하다고 보는 것이 많은 역사학자들이 생각하는 사료에 대한 시각이 아닐까 여겨진다.

그러나 역사전설을 이렇게만 보는 것은 사료와 역사가 무엇인지를 제대로 모르는 단견이라 할 수 있다. 역사는 어떻게 존재하는가? 사료와 그 해석이라고 간단히 말할 수 있다.[1] 사료는 어떻게 존재하는가? 무한대이다. 그럼 해석은 어떤가? 그 또한 무한대로 존재할 수 있다. 역사는 사료의 집적이 아니며 그것의 이해이며 해석이다. 사료가 역사 속으로 끌어들여지기 위해서는 그것에 대한 일정한 해석이 가해져야만 한다. 해석되고 이해됨으로써 사료는 비로소 역사화될 수 있다. 그러므로 역사를 구성하는 데에 더 중요한 것은 사료라기보다 해석이다. 우리는 사료만 발굴하면 그것의 해석이 거의 저절로 이루어지는 것처럼 여기기 쉽지만 그것은 부분적으로만 그럴 뿐이다. 이미 그와 유사하거나 인접된 사실에 대해 잘 알고 있기 때문에, 일정 사료의 의미를 우리는 쉽게 이해하는 것일 뿐이며, 이미 그에 대한 관심을 지니고 있는 사료이기에 그러한 관심과 부합되는 데에서 사료의 의미를 쉽게 알게 되는 것일 뿐, 사료의 가짓수가 많은 것만큼이나 그것의 다중적인 의미 이해 또한 다양할 수 있다는 점을 이해할 필요가 있다.

---

[1] 헤겔이 역사에는 '과거의 인간행위의 전부'와 '그것에 관해 우리가 지금 재구성하는 서술이나 설명'의 두 가지 의미가 있다고 했을 때 (차하순, 『歷史의 本質과 認識』, 학연사, 1988, 8쪽), 여기에서의 '사료'는 곧 전자의 뜻 즉 과거사실이라는 의미로 쓴 것임.

역사전설을 이런 관점에서 보면 어떠한가? 역사전설은 일정한 역사적 사실을 소재로 한 이야기이다. 그러므로 그 속에는 이미 특정 '사료'가 전제되어 있다. 역사전설은 사료만이 아니라 사료에 대한 일정한 이해와 해석이 가해진 것이다. 그런 의미에서 전설은 사료의 역사화를 보여준다. 이는 다시 말해 역사전설은 사료와, 그것에 대한 해석을 동시에 보여주는, 또 다른 의미로서의 사료가 되는 셈이다. 이처럼 역사전설이 사료적 측면과, 그것에 대한 해석 측면으로서의 양면성을 동시에 보여주고 있다는 것은 여기에서의 전설 소재, 즉 사료가 그 역사를 향유하고 공감하는 모든 집단 구성원들에게 깊은 의미를 지닌 역사란 사실을 뜻하는 것이다. 뿐만 아니라, 그러한 역사화는 개인 차원의 관심소관에 머무는 것이 아니며, 사회나 민족 차원으로 집단화된 것이다. 그러므로 전설을 사료로서 확장하고 역사 속에 끌어들이는 자세가 필요하다. 그래서 역사 이해의 시각을 더 확장할 필요가 있다. 이러한 관점에서 역사전설이 정당하게 다뤄질 때 역사전설의 전설적 의미가 문학 쪽에서 성과 있게 이해될 수 있음은 물론, 전설화된 역사 또한 역사학 쪽에 대해 독자적인 기여를 할 수 있게 된다.

역사전설은 물론 역사사실 그대로가 아닌 주관적으로 인식되어진 사료이다. 그러므로, 구전과정이 오랜 것일수록, 그리고 전설적 형상성이 뚜렷한 것일수록 주관적 인식화의 정도가 크게 실현된 것이고, 그만큼 전설로서의 주관화된 의미가 높게 이루어진 것이다. 여기에서, 전설적 전환이 강하게 실현됐다는 것은 전설적 관점에서 볼 때 그것의 사료적 가치가 낮아졌다는 사실과 반드시 배치되는 것만은 아니다. "입에서 입으로 反復하여 傳承됨으로써 事實은 程度의 差異는 있으나 强力하게 또 大體로는 空想的으로 歪曲되고 말거나 또는 抹殺되고 마는 것"[2)]이 아니라 다만 사실성의 모습이 모호해졌을 뿐이다. 전설에 담긴 역사성은 전설적 전환이 강함에 비례하여 약화되는 것이 아니라 문학적 표현의 세례를 입어 달라진 것일 뿐이다. 그

---

2) 베른하임(조기준 역), 『史學槪論』, 서울, 정연사, 1954. 150쪽.

것도 부분적으로는 변했지만 무의미하게 변했거나, 핵심마저 완전히 달라진 것은 아니다. 완전한 허구처럼 달라진 전설이라 해도 그것은 역사를 결코 벗어난 것이 아니며, 그것은 그것대로의 독자적인 역사성을 반영하고 있다. 이 경우 독자적인 역사성은 전승집단의 일정한 역사인식 태도가 반영된 것으로서의 그것이다. 그리고 여기에서 역사인식은 물론 문학적 표현을 통해 구현된 것이므로 전설에서의 역사성은 인식화된 것으로서 주목되어야 하며, 그런 태도가 보여주는 특징으로서의 역사성의 의미가 중시되어야 한다. 전설이 보여주는 역사성과, 그것의 사료적 가치는 이런 특성이 전제될 때만이 옳게 파악될 수 있게 된다.

이렇게 구비적 표현세계로 전환되어 나타난 역사성은 그것대로의 독자적인 의미를 지니는 것으로, 실제의 사실과 동떨어진 것만도, 모호한 유사역사성인 것도 아니다. 그것은 오히려 전설을 전승시키는 다수 상민과 밀착되어 있고, 그만큼 현실 삶에 요구되는 역사관에 근접된 측면을 보여주게 된다. 그리고 일단 이렇게 전설화된 역사는 개인적 인식태도로서의 역사관이 아닌 일반적 시각으로서의 역사를 보는 관점을 반영해 보인다. 이러한 일반적 시각으로서의 역사관은 객관적인 사실에서 출발한 것이면서 전설화 과정에서 역사사실의 어떤 측면이 더욱 강조되어 표현되는 것이기 때문이다. 일정한 역사사실을 토대로 상민의 관점에서 인식되는바, 사실의 개연성이 더욱 강조되는 쪽에서 역사사실이 이해되고 논의되는 것이 전설 속의 역사가 되는 셈이다. 그러므로 전설 속의 역사는 실제 있었던 역사보다 더 개연성을 띨 수 있고, 그것의 의미는 보편성 있게 이해될 수 있게 된다.

전설 속에 스며있는 역사성은 이처럼 오랜 기간에 걸쳐 집단화되고 중민(衆民)화된 것이며, 또한 그만큼 그 나름대로 보편성을 확보한 것이기도 하다. 역사는 단순히 객관적으로 밝혀지고, 사실로서 있는 역사가 있는 반면, 다수 상민들에게까지 널리 관심 가져지고 이야기되는 역사도 있다. 전설 속의 역사가 그것이다. 전설화된 역사는 믿어지고 실천되어지는 역사이다.

믿어진다는 것은 사실의 합리성이나 명료성에 의해서만 가능한 것이 아니다. 그것이 전승집단 일반의 감성적 성향과 부합될 때에만 비로소 이야기되어지는 역사가 될 수 있다. 상민적 공감대와 접합됨으로써 주어진 역사는 이야기되어지는, 전설적 역사가 될 수 있는 것이다. 전설 속의 역사가 지니는 역사성의 이러한 보편성은 그것이 역사를 바라보는 전승집단의 응축된 의식, 혹은 무의식적 욕구까지를 반영해 보이는 것[3]임을 뜻한다는 사실을 주목해야 한다. 그리고 이런 점으로 하여 전설의 역사성은 오랫동안 지속, 보존되어 나갈 수 있게 된다. 또한, 같은 이유로 하여 전설의 역사성은 하나의 '역사상'으로 집약되어 전승 담당층의 의식 속에 깊이 각인되고, 거의 범시대적인 역사적 공감을 제공해줄 수 있게 된다고 할 수 있다. 폭넓은 전승층의 심정적 공감을 오랫동안 획득함으로써 전설의 내용과 그 의미는 이미 전승집단의 내면적인 삶의 태도와 가치관의 일부로 깊이 녹아들게 되며, 이로써 역사사실은 일정한 역사상으로서 전승집단의 삶 속에 융화되고 일상화될 수 있게 된다. 그런 점에서, 백제전설의 의미는 과거로서의 백제사를 바라보는 눈이기도 하지만, 동시에 그것은 미래의 삶에 요구되는 역사관을 예견해주는 것이기도 하다. 그러므로 백제사, 백제사 인식의 이해를 위해서는 드러나지 않은 사실의 계속적인 탐구도 필요하지만, 이처럼 믿어지고 있고 이야기되고 있는 역사를 주목하는 것도 그 못지않게 중요하다. 그것은 살아있는 역사를 찾는 일의 하나이기 때문이며, 살아있는 역사의 의미를 이를 통해 찾을 수 있기 때문이다. 백제전설의 전설화 정도와 내용상의 특징을 살핌으로써 백제 역사, 백제 인식의 이런 점을 이해할 수 있다는 점에 역사전설에 관심을 갖는 의의가 있다.

백제전설은 백제사 전 기간 동안의 시공간 속에서 형성, 전승되어온 전설 모두를 포함한 것이다. 따라서 백제전설을 망라하면 사건사 중심의 백제 역사가 어느 정도 재구될 수 있을 것이다. 그리고 여기에 포함되는 전설 전체

---

3) 예컨대 어떤 지역전설이 신화적 성격까지 띠고 전승되는 경우가 그것이다.

는 위와 같은 시간과 공간에 따라 적절히 분류될 수 있고, 그에 따른 적합한 방법에 의해 그 의미 이해도 가능할 것이다. 이 가운데 시간을 축으로 하여 대상을 다룰 경우 이해의 시각을 넓게 확보할 수 있는 이점이 있는 반면, 역사전설이 지니는 역사성을 제대로 검출해 내기 어렵다는 약점이 있다면, 공간을 축으로 한 이해를 꾀할 경우 대체로 위와 반대되는 결과를 낳는 약점을 극복하기가 어려워진다.

이 글은 백제전설을 대상으로 삼아 백제사가 어떻게 전설과 관련되어 표현되고 있고, 그에 의한 백제사 인식이 어떤 모습을 보이며, 그 의미가 무엇인지를 주된 관심으로 삼아 다뤄 보려는 것이다. 그러므로 자연히 백제전설과 백제사와의 관련성을 위에서 말한 후자의 각도에서 보아나가게 되겠는데, 이런 관점에 서면서도 특히 백제사를 반영해주는 전설 가운데에서도 '백제패망'이라는 역사적 사건과 관련된 전설에 관심을 한정하여 다루기로 한다. 백제사 관련 전설자료를 종합할 때 무엇보다도 위 사실과 관련된 전설이 집중적이고도 다양하게 전해오고 있음을 주목해서이다. 백제의 고도였던 부여에는 특히 백제패망 사실과 관련된 전설이 다수 전승되고 있다는 사실의 언급과 함께 이들 몇몇 전설 유형의 내용과 의미를 다룬 글이 있었고,[4] 이는 백제패망 전설의 의의를 특정 지역과의 관련 속에서 확인하는 데에 일정한 기여를 하고 있다. 그러나 역사전설의 특징을 역사와의 밀착된 관계 속에서 찾으면서 전설적 의미를 이해하기 위해서는 전설 자료를 일정 지역만으로 한정하거나 제한적인 자료만을 대상으로 하는 데에 그치지 말고 자료를 전면화하고 지역의 제한을 넘어 자료 전체를 종합할 수 있는 포괄적인 관점에서 과제를 다룰 필요가 있다. 그럼으로써 백제패망 사실의 전설화 양상과 이를 통해 표현되는 백제사 인식의 밀도 있는 관찰이 기대될 수 있게 된다.

---

4) 김균태, 「부여지역의 설화 연구」, 『역사민속학』 제3호, 역사민속학회, 1993.

2. '백제패망' 사실의 전설화 유형들

백제패망 전설군(傳說群)은 어느 것이나 백제패망이 진행된 일정한 시간 위에서 산출된 이야기들이다. 이 시간 속에서 일어난 중요한 역사적 사실(인물과 사건)들의 특징적인 면들이 인상적으로 부풀려져 일련의 백제패망 전설군을 이루고 있다. 이들 전설군이 전설적으로 전환된 정도, 그리고 개별 유형담들의 전후 관계를 깊이 주목함으로써 역사의 전설적 표현 양상과 그 의미가 드러날 수 있겠는데, 이에 앞서 관심 둘 문제는 패망 사실의 어떤 측면이, 어떻게 어느 정도 전설화되고 있는가를 개략적으로 살피는 일이다. 패망사를 구성하는 여러 역사적 단계들이 전설화되고 있는 표면적인 양상을 검토하는 일은 전설로서 구현된 역사를 재구할 수 있고, 이로써 전승집단이 백제 패망사를 받아들이고 있는 인식시각을 파악하는 데 유익한 지침이 된다.

관련 전설자료들을 살필 때 백제패망 전설군은 패망을 예조하는 내용에서부터 패망 결과에 대한 설명에까지 이르고 있는데, 전설화되고 있는 양상에 따라 이들 전체 전설들을 몇 가지 부류로 나눌 수 있다. 이제 이들을 시간적 전개과정에 따라 몇 가지로 나누어 정리하면 다음과 같다.

(1) 패망 예조 전설

여기에 속하는 전설은 구전자료로는 찾아보기 어렵고 거의가 기록자료만으로 국한되어 나타나고 있다. 삼국사기에 이에 관련된 많은 예화들이 잘 기록되어 있다. 삼국사기 가운데 〈본기〉 속에는 천재지변의 사례가 자주 기록되고 있음을 볼 수 있는데, 이 가운데에서도 백제 말 의자왕 때에 이들 사례가 집중적으로 나타나고 있어 그것이 예사롭지 않은 관심에서 주목되고 기록화된 것임을 짐작하게 한다. 의자왕 때의 기상재해까지 포함하여 이 변들을 모두 정리하면 무려 20여 가지나 나타나고 있어 다른 나라의 패망 관련 예조 사실과는 크게 다른 모습을 보여주고 있다. 이는 당시대의 특징적인 상황에 따라, 전설로 증폭된 모습을 잘 보여주는 것이라 하겠다.

이처럼 예조전설이 활발하게 전승될 수 있었던 것은 사실 자체가 갖는 전설화의 힘이 컸기 때문이었다고 이해된다. 전설적 사실이 전설화될 수 있는 범위가 전설적 자장(磁場)이라고 한다면, 모든 전설적 사실은 각각의 일정한 전설적 자장을 지니게 마련인데, 위 이야기들은 패망의 현실과는 직접적 관련이 적은 내용들임에도 이처럼 그와 관련한 중요한 위치에 나열되고 있음은 곧 위 사건이 미친 충격이 매우 심각했기 때문이었을 것이다. 사건의 전설적 자장이 컸던 데에서 사건과 관련된 전설화로 상승될 수 있었던 것이 이들 부류의 전설들이었다고 할 수 있다. 그러나, 그와 동시에 이들 내용은 사실과의 가시적인 관계를 직접적으로 보여주지 못하고 있는 데에서 전설적 자장력의 지속력이 약하게 마련이고, 마찬가지로 이점으로 하여 전설로서의 지속력을 길게 유지하지 못했다고 할 수 있다. 그러나 이 부류의 전설군은 후대와는 달리 전설화된 초기일수록 중요한 의미를 발휘했다고 여겨지는 것으로, 이점의 의미는 별도로 논의를 진전시켜야 될 것이다.

(2) 전쟁 초래 이유

예조전설 다음 단계로 구분되는 것은 전쟁이 초래된 이유에 대한 전설군이다. 나당연합군이 쳐들어오는 빌미를 준 중요한 계기에 대한 설명을 이루는 내용들이 이 단계 전설에 속한다. 이들 부류 전설군으로 분류되는 내용들은 그 주제가 단순하다. 왕의 잘못이나 왕실의 분규로 원인이 돌려지고 있음이 그것이다. 이에 속한 예화는 크게 두 가지로 나뉜다. (1)임금이 향락에 도취한 생활을 했다는 내용의 부류와 (2)임금과 그 처남과의 반목으로 결국 처남이 임금을 죽였다는 내용의 전설이 그것이다. 이 가운데 후자의 예화는 다양하지 못하며 대개 단일 유형담으로만 전승되고 있다. 왕이 자형(姊兄)임에도 왕으로부터 별다른 혜택을 받지 못하던 처지의 처남이 왕비를 통해 청탁을 붙이려고 했으나 이에 호의적인 반응을 얻어내지 못한 데 앙심을 품고, 왕에 대한 복수를 음모하다가 낮에는 인중왕(人中王), 밤에는 수중왕(水中王)이 되어 나라를 다스리는 왕에게 밤에 말머리(馬頭)를 미끼로 접근하여 용이 된 왕이 낚아 올려지는 비운을 당했다는 것이 그 줄거리이다.[5] 이 유형담의 내용은 당시의 역사 상황에 견주어 볼 때 상당히 비약된 내용을 보여주고 있다고 보이지만, 백제 말 의자왕 당시 왕과 왕비 사이의 불안정했던 상황, 그리고 더 나아가서는 친족과 처족까지를 포함하여 상호 복잡하게 얽힌 왕실의 내분과 갈등 관계를 상당 부분 반영하여 이루어진 전설로 이해된다. 이처럼 위 이야기가 단순유형만으로 전승되고 있음에 비해 전자는 다양한 각편을 보여주고 있다. 대왕포와 대왕암전설,[6] 희녀대전설,[7] 낚시바위와 궁골전설, 황화산 황화대전설, 화산리 꽃뫼전설, 야화리 들꽃뫼전설 등이 그 예이다. 이들 예화는 전승 지점이 다양한 것과 함께 전승 지점도 넓은 지역에 미치고 있다.

그리고 전설의 내용은 한결같이 화려하고 사치스런 분위기에서 탐락으로 지냈다는 내용으로 귀착되고 있음을 보여준다. 갖은 기화이초를 심어놓고 철마다 궁녀들과 놀았다거나,[8] 낚시질을 하면서도 바로 가까운 곳에는 집을 지어놓고 궁녀들을 대기케 했기 때문에 궁(宮)골이 되었다는 등[9]의 전설 내용들이 이를 말해준다. 곳곳마다 유락 장소가 있고, 가는 곳마다 환락을 극한 것처럼 이야기되고 있는 것이 이들 유형군의 전설들이다. 어느 경우나 일락 일변도의 방탕하고 음일한 생활태도를 과장하여 이야기하려는 데 초점이 주어진 결과라 하겠다.

---

5) 특정 증거물 없이 부여 일원에 널리 전승되는 전설임.
6) 부여읍 왕포리 대왕암에 전승되는 전설.
7) 부여읍 현북리 희여티 마을에 전승되는 전설.
8) 논산군 채운면 용화리·야화리·화산리의 여러 곳에 전승되는 전설.
9) 논산군 성동면 우곤리 월외 도치메에 전승되는 전설.

(3) 내침 과정

다음 과정은 적군의 내침과정을 보여주는 전설군이다. 나당연합군이 백제를 침공한 적군이었는데, 이 가운데 전설로 구체화되고 있는 것은 신라 쪽의 김유신보다도 주로 당나라 쪽의 소정방이다. 이는 당시 소정방의 활동이 두드러졌기 때문임도 있었겠지만, 당나라 쪽이 실제 이상으로 평가되고 과장되어 인식된 결과라 할 수 있다. 이에 속하는 예화는 많지는 않은데 천방사(千房寺)전설, 오성산(五聖山)전설, 문동교(問童橋)전설, 군장동(軍藏洞)전설, 조룡대전설 등이 그 예이다. 소정방이 군산항 부근 천방산 밑에 정박할 때 안개 때문에 곤란을 겪었는데, 산신치성을 드리며 천 채의 절을 짓겠다고 약속을 하자 안개가 걷혔다는 것이 천방사전설[10]이고, 소정방이 금강 하류에 도착하여 안개 속에서 길을 헤매던 중 오성산에 올라 바둑을 두고 있는 다섯 노인을 만나 부여로 가는 길을 물었으나 이에 부답(不答)하므로 노인들의 목을 치고 길을 찾아갔다는 것이 오성산전설[11]이다. 문동교전설[12]은 소정방이 임천면 칠산 부근에서 꿈속에서 보았던 금송아지를 만나 이를 따라갔으나 결국 좌절하고 되돌아서서 행군을 계속했다는 내용이다. 파진산(破陣山)에서 가까운 큰 골짝이 있는데 겉에서 보기와는 달리 안쪽으로 갈수록 깊고 넓어 소정방이 만 명의 군사를 숨겨 두었다는 내용이 군장동전설[13]이고, 병풍을 치고 말을 타고 소정방이 섬과 함께 바다를 건너와서 소래산(蘇來山)이라고 한다는 내용이 소래산전설[14]이다. 소정방의 존재가 높이 평가되어 이야기되고 있기도 하지만, 일면 신이한 이적으로 하여 그의 백제 진격을 방해하고 시험하는 내용도 함께 나타나고 있다.

---

10) 전북 군산시 천방산 관련 전설.

11) 전북 옥구군 성산면 오성산과 관련된 전설.

12) 부여군 임천면 금성산과 관련된 전설.

13) 부여군 석성면에 있는 것으로 추정되는 군장동에 관련된 전설. 이 전설은 『신증동국여지승람』에 수록되어 있다.

14) 경기도 안산시 소래동 소래산 관련 전설.

(4) 백제 측의 응전

나당군의 공격에 대한 백제의 응전상황은 전설상으로 그다지 자세히 전해지고 있지 못하다. 계속 도전해오는 관창을 잡아 처형했다 하여 관창(官昌)골이라 했다가 뒤에 관동이 되었다는 관동(官洞)유래담[15]이나, 계백장군과 그 부하 장수들이 전몰하여 장사를 지냈다는 궁장골 말무덤전설,[16] 연합군에 의해 백제군이 최후 방어선인 나성까지 밀렸을, 때 군돌 뒷산 장군봉을 군사들이 열을 이루어 빙빙 돌아 군사가 많은 것처럼 보이게 함으로써 적을 위협했다는 군돌전설,[17] 4개의 군량창고가 있었으나 계백장군이 패색이 짙어지자 군량고를 모두 불태워 버려 농지가 되고 말았다는 전설[18] 등이 그 예이다. 기대되는 전승자료가 많을 듯하지만 실제로는 미약한 정도로만 나타나고 있다. 개별 사실들의 내용 면에서도 구체적인 전황을 자세히 보여주는 자료가 적으며, 대응의 결과 면에서 승리보다도 패배한 모습을 주로 반영하고 있다.

(5) 도성의 함락

적군이 도성에 들어오고, 왕과 왕족을 체포하는 단계까지의 과정을 보여주는 전설이 여기에 속한다. 소정방이 수중왕인 용을 낚고 나서 무사히 도성에 입성할 수 있었다는 소위 조룡대전설, 임금이 어떤 곳으로 도피했는지를 알지 못해 고심하다가 고명한 점술가인 '망괭이'를 위협하여 임금을 체포했다는 망괭이방죽전설,[19] 의자왕이 주장산(珠藏山)을 넘어 도망간 마을이라 하여 주자왕리(走慈王里)라 했다는 자왕리(自旺里)전설,[20] 계룡산의 절에 피

---

15) 논산군 연산면 관동리의 지명유래담.
16) 논산군 연산면 송정리에 전해지고 있음.
17) 부여읍 염창리 군돌에 전승되는 전설.
18) 부여읍 증산리 연화에 전승되고 있는 전설.
19) 부여읍 석목리에 전해지는 전설.
20) 부여읍 자왕리에 관련된 지명유래담.

신해 있던 왕자 융이 적군에게 항복한 곳이어서 고왕암(古王庵)이라 했다는 고왕암전설,[21] 융이 잡혀갈 때 그가 타던 말이 슬피 울다가 죽었으므로 마명암(馬鳴庵)이라 했다는 마명암전설,[22] 임금이 잡히자 당황한 3천 궁녀들이 도망쳐 옷바위에 올라 강물에 투신했으며, 그때 궁녀들이 입에 머금고 있다가 뱉은 대추씨가 바위 주위에 많이 떨어져 지금까지 이곳에 대추나무가 많이 자생하고 있다는 옵배전설,[23] 그리고 이와 흡사한 내용의 낙화암전설 등이 그 예화들이다. 나라가 망한 뒤 책을 넣어 보관했다는 책바위 유래담[24]도 그 예의 하나가 될 것이다. 이들 설화군은 소정방의 궁성 침공이 아무런 저항 없이 이루어진 것만은 아니며, 일정한 장애와 저항을 극복하고서야 가능했음을 말해준다. 특히 낙화암 전설과 같은 예는 패망을 매우 충격적인 사건으로 받아들인 데에서 전설화된 것임을 보여주고 있다.

(6) 패전 결과

나라를 잃은 후의 역사는 당나라와 관련된 사실이 주로 전설화되고 있다. 백제 유민들이 끌려가는 임금을 바라보며 절을 했다는 망배산 전설,[25] 역시 끌려가는 왕과 신하들을 바라보며 이별을 안타까워했으며 이로 인해 맞보기 민속이 생겼다는 전설[26]이 그 예이다. 패전 뒤의 일이 주로 당나라와 관련되고 있음은 실제 역사사실과 일정한 관련이 있는 것으로 이해된다.

(7) 패전 이유

전쟁상황과 관련한 패전의 직접적인 원인이라 할 만한 전설이 뚜렷이 나

21) 공주군 계룡면 양화리 고왕암에 관련된 전설.
22) 공주군 계룡면 양화리 마명암 관련 전설.
23) 부여읍 중정리 옵배에 전해지는 전설.
24) 부여읍 용정리 책바위에 전해지는 전설.
25) 부여읍 양화면 내성리와 수원리 경계에 있는 산에 전해지는 전설.
26) 부여읍 양화면 암수리와 원당리 경계에 있는 유왕산 관련 전설.

타나고 있지는 않다. 다만 이점은 넓은 시야에서 볼 때 임금의 실정을 말해주는 전설의 일부로 나타나고 있다고 할 수 있는데, 그러나 그것이 전쟁을 긴박하게 예측하면서 구체화되고 있는 이야기라는 점에서 이를 패전 이유를 설명하는 전설로 따로 구분하여 이해할 수 있다. 이에 속한 것으로는 백제의 충신(혹은 계백)이 임금으로부터 배척을 받아 쫓겨난 뒤 바위에 몸을 숨기고 궁성의 정세를 염려하며 엿보았다는 엿바위전설[27]과, 간신에게 몰린 충신이 숨어 지내면서 산에 올라 날마다 임금이 계신 곳을 바라보며 근심했다는 망신산(望宸山)전설[28] 등이 있다. 위와 같은 전설 내용은 곧 이들이 조정에 중용되지 못했기에 패전에 결정적 이유가 되었다는 인식을 반영하는 것으로, 이는 결국 백제의 충신을 배척한 데에 패망의 중요 이유가 있다는 좀 더 넓은 백제 패망사 인식에 뿌리를 두고 있는 것이라 할 수 있다.

백제패망 전설군은 이처럼 7개 정도의 작은 구성단위 유형들로 나뉘고 있는데, 이는 어느 특정 부분에 대한 과장적 형상화를 지향하는 전설적 표현의 특징에 의한 것이다. 제한된 시·공간적 범위 안에서 사실과의 관련성 위에서 이야기되는 것이 전설이므로 그럴 수밖에 없다. 그러므로 백제패망이라는 포괄적 주제와 관련된 역사전설의 전체 궤적을 파악하기 위해서는 이들 전설 유형들을 모두 모아서 관찰해야 한다. 이들 유형들을 종합하면 시간이라는 기준 위에 전후 일관된 관련성을 잘 보여주고 있다. 이러한 전후 관련성을 다시 요약하면 패망사실에 대한 원인→상황→결과로 압축된다. 일정한 역사사실과의 관련성이 의식되어 전설화된 것이기에 시간상의 순차 관계가 잘 살아나고 있음은 자연스런 일이다. 그러나 중요한 것은 이러한 일반화된 시간 속에서 역사의 구체적인 상황들이 어떻게 이해되고 전설화되어 나가고 있는가에 있다. 전설을 통한 역사의 주관화와 표현의 실질적인 모습을 여기에서 관찰할 수 있기 때문이다. 바로 이런 모습들을 살피

27) 부여군 규암면 규암리 규암(窺岩)에 관련된 전설.
28) 부여군 은산면 내지리 망신산에 관련된 전설.

는 것이 다음 과제가 될 것이다.

3. '패망예조' 유형담의 전설적 기능

위 전설은 일정한 수효의 부분담들로서 통일성 있는 '백제 패망사' 이야기를 구성하지만, 그러나 각 부분담들은 각각의 독자적인 역사적 시간의 산물이다. 이들은 형성되어온 과정도 다르지만 변화되어 나온 양상도 다르다. 시시각각 달라져온 상황에 전설이 민감하게 반응한 결과이다. 모든 이야기는 변화의 과정 위에 존재하는 것이지만, 특히 전설의 경우 시간의 추이와 밀접한 관련성 속에서 전승력이 변화되어 나가는 모습을 잘 보여주는 것이라 하겠다.

위 부분담들 가운데 첫번째 위치에 있는 예조담군은 이런 관점에서 이해할 때, 그것이 지니는 다른 부분담군과의 논리적 관련성 면에서, 그리고 그것이 차지한 시간 속에서 수행했던 역할 면에서 아주 중요한 위치에 있다고 할 수 있다. 위 부분담군은 오늘날의 구전현황에서는 나타나지 않으며, 다만 옛 문헌인 삼국사기를 통해서만 볼 수 있다. 구전전설로서는 이미 생명력을 잃은 것이며, 따라서 오늘날의 시점에서 백제패망 전설을 다룰 때 별다른 의미를 지니지 못한다고 할 수 있다. 그러나 현재는 전승력이 소멸되었지만 위 전설의 소재가 발생했던 당시에는 매우 중요한 의미를 실현했다고 할 수 있다. 상황의 추이에 민감한 전설로서 볼 때 상황이 뚜렷하게 부각되고 있지 못하며, 전승력을 고정시켜 줄 증거물이 없기 때문에 상황 변화와 시간의 지속에 따라 전승력을 잃어버린 것일 뿐이다. 위 부분담군의 중요성은 이처럼 상황 변화의 민감성을 잘 반영하면서 전설로서의 기능을 발휘하고 있다는 점에 있다.

전설은 사실과 사물의 '예외적임'에 의한 느낌의 충격에서 발생한 것으로, 그것의 존재 내력이나 변화해온 유래에 대해 설명하려는 관점에서 형상성이 구체화된다. 이러한 '전설화의 힘'은 소재(사물이나 사실)에 대한 관심의 정도, 그것이 지니는 의미의 중요성, 사태 변화의 충격성 등에 의해 좌우된다. 이런 요건들의 비중이 높을수록 전설화의 힘이 클뿐더러, 전설적 표현 나름의 합리적 근거를 설득력 있게 갖추어 설화화되려는 경향을 보여준다. 백제패망 전설은 위에서 열거한 세 가지 요건들을 매우 높은 수준에서 공유하고 있다. 그만큼 이 사실은 그때 백제인들에게 매우 충격적이고 비상한 일로 이해되었을 것이다. 왕과 왕자를 비롯한 만 수천 명의 백제인이 당나라에 끌려갔을 정도이니 그 정황의 처절성을 넉넉히 짐작할 수 있다. 이런 역사현실에 의한 당시대인들의 비상한 심리적 충격은 백제패망 사실을 단순한 현실세계에서만 받아들여 이해하기 어려웠을 것이며, 그 결과 이와 같은 신비적 요소를 통한, 사실의 강한 합리적 설명 욕구가 이러한 유형의 이야기를 필요로 했다고 할 수 있다. 사실을 전제로 한 전설에서, 소재의 중요성에 따라, 이와 같은 예조담이 아니면 그것의 현실적이고 합리적인 이해와 수용이 어려웠던 결과라 할 수 있다. 전설 소재의 특성과 그 전설화 유형의 밀접한 관련성이 여기에 있다고 하겠다.

위 예조담군은 위와 같은 특징으로 하여 백제인의 패망이 사실로 굳어지는 시간적 추이와 밀접한 연관 속에서 전설화의 길을 걸었다고 이해된다. 양국의 전황이 불확실할 때에는 위 이야기 역시 위 문면과는 달리 유동적인 상태의 소문담 정도로 전파되어 나갔을 것이며, 나라의 패망사실이 확실해지면서 더 뚜렷한 이야기로 부각되고 더욱 강한 전승력을 획득하게 되었을 것이다. 백제 쪽에서 본 위 이야기는 일단 상황이 이처럼 분명히 확정되는 것과 때를 같이 하여, 패망사실의 충격으로부터 벗어나면서, 사실을 합리적으로 받아들여 나가는 과정에서 소재의 역사화에 따른 이야기로서의 독자적인 역할을 수행했다고 할 수 있다. 이처럼 점차 백제의 '패망'이 역사적 사실로 고정화되어 나가면서, 위 예조담군은 상황의 영향에 의한 '소재의 동화력'으로 하여 다양한 개별 유형담을 형성시켰을 것으로 이해된다. 소문담의 동화력과 함께 그것이 지니는 상황성, 분위기성의 중요함을 이로써 잘 확인할 수 있다고 하겠다. 여기에서의 이러한 강한 동화력으로 하여 위 유형담은 점차 더욱 신비화되어 이해되는 추세를 보여나갔을 것이고, 이에 비례하여 사실의 역사화도 더욱 분명히 다져질 수 있었다고 할 수 있다. 위 유형담군 가운데 오합사(烏合寺, 烏舍寺, 烏會寺) 붉은말(騂馬) 사건, 암탉이 참새와 교미한 사건, 세 발이나 되는 큰 고기 사건, 궁중의 괴성(怪聲) 사건, 사비강이 붉은 색을 띤 변고, 폭풍우가 불고 세 절에 벼락이 떨어진 사건, 검은 구름이 용처럼 공중에서 서로 싸웠다는 내용이나, 노루 같은 개 한 마리가 서쪽에서 강가에 와서 왕실을 향해 짖다가 사라진 사건 등의 예화들[29]은 이처럼 동화력에 의해 특정 소재가 비슷한 유형담으로 확장되어나간 모습을 보여준다고 이해된다. 하나의 중요한 사건·사실에 대한 관심이 높아짐으로써 일견 사소해 보이는 소재가 쉽게 비슷한 사례로서 동일한 상상력 속에 견인된 셈이다. 위에 나열한 사실들은 그 자체로만 주목하면 일견 특이하게 주목됨직한 면이 없어 보인다고 할 수 있는 것들이다. 그런데도 이처럼 괴이한 것으로 기록되고 있다는 사실은 다름 아닌 당시대의 특별한 역사상황에 의해 일반인의 눈에 이것이 특이한 사건으로 비쳐졌던 것임을 충분히 짐작할 수 있다. 특별한 상황이 특정 소재를 이상한 이야기로 전환시키고 있는, 소문담의 성격에 위 전설군의 설화적 기능이 크게 의지하고 있는 셈이다.

그런데 이들 유형담군은 이처럼 단순히 백제 측의 관심만을 반영하고 있는 것만은 아니다. 이들 내용 속에는 전승국인 신라(당나라를 포함한) 쪽에서 본 당시 상황에 대한 전설적 대응 시각도 포함되어 있음을 유의해야 한다. 위와 같은 유형담군은 설화적 효용 면에서 볼 때 이와 같은 이야기의 형성·유포를 강력히 기대했다는 뜻이 된다. 그런 점에서 볼 때, 위에서 든 것과 같은 예화가 보여주는 소재상의 특징은 어느 면 신라 측의 관심에서 적극 주

29) 모두 『삼국사기』 「백제본기」 '의자왕'조에 기록된 내용들이다.

목되고 관찰되었던 결과에 의한 것이라고도 할 수 있을 듯하다. 신라 쪽에서 이런 이야기류가 지니는 소문담으로서의 효용을 적극 이용하기 위하여 상당 정도 이들을 계획적으로 관찰하고 기록한 것이 아니었나 볼 수 있는 것이다. 이런 관점이 무리한 것이 아니라고 한다면, 위 예화 중 상당수는 신라 측의 이런 의도성에 의해 더 크게 과장되고 윤색되었거나 변조된 측면도 없지 않다고 볼 수 있다. 여우떼가 궁중에 들어왔으며, 흰여우(白狐)가 상좌평(上左平)의 책상에 올라앉았던(19년 2월)는 일이나, 이상한 말을 외치고 다니던 귀신이 들어간 땅속을 파보니 거북의 등에 '백제는 둥근 달 같고 신라는 초승달과 같다'는 문구가 적혀있었다는 이야기(20년 6월)와 같은 예[30]는 특히 이렇게 볼 수 있는 가능성을 짙게 보여준다. 이들 이야기는 소재의 기이함이나 내용의 교묘함을 주목할 때, 예사로운 사건이 전쟁상황에서의 불안감이나 전설적 동화력으로 하여 손쉽게 이야기로 번져나갔을 다른 예들과는 다르다고 이해된다. 이들은 사실의 단순한 과장적 이해를 넘어 조작된 측면이 강한 설화로 보아야 할 듯하다. 이렇게 이해할 때, 전자는 당시 좌평으로 상징되는 정치적 핵심세력의 무질서와 부패상 또는 의자왕의 실정을 암시적으로 비판하려는 것으로 이해할 수 있을 것이다. 그리고 후자 역시 의자왕의 지나친 전횡을 비판하고 백제 패망의 당위성을 여론화하려는 두 가지 목적을 위해 교묘하게 꾸며진 이야기라고 볼 수 있을 듯하다. 신라 쪽의 안목에 의한 설화의 이러한 변조나 과장이 어느 정도 이루어졌는지는 자세히 알기 어렵다. 그러나 백제 쪽에서 구전되기 시작한 이들 이야기가 백제인들 못지않게 신라인 쪽에 의해 더욱 관심 깊게 주목되고 과장적으로 구전되고 기록될 수 있었음은 의심의 여지가 없다고 하겠다. 신라 쪽에서 볼 때 백제의 패배는 백제 쪽 못지않게 예외적인 사실로 이해되었을 것이고, 그만큼 이 사실에 대한 근거는 초경험적인 방면에서 구해짐으로써 더욱 합리적으로 이해되었을 것이기 때문이다. 백제 멸망 직전까지 백제·신라 양국의 국

30) 앞 주와 같음.

력에서 신라는 늘 열세였고, 이러한 상황에서 신라는 종교적 상징성을 끌어들이는 등의 방편을 이용하면서 국면의 전환을 위해 부단한 노력을 기울여 왔음을 우리는 신라사를 통해 잘 확인할 수 있다. 당시 신라가 지향한 우선적인 정치적 과제는 백제 극복이었다고 할 수 있고, 이러한 상황과 결부되어 신라사회에는 백제에 대한 대결의식이 점증되어 나가다가, 7세기 초에 이르면서 이런 감정이 극도의 증오감으로 상승되어 나갔던 것으로 보인다. 이렇게 조성되어 있는 적대감에다 정치 노선이 여기에 뒷받침됨으로써 당시 신라인의 백제에 대한 정서 속에는 백제가 안고 있는 약점이 곧 위와 같은 패망 관련 예조담으로 받아들여질 소지를 매우 높게 지니고 있었다고 할 수 있다. 이에 대한 적절한 하나의 예가 황룡사 9층탑의 건립과 관련된 백제패망 예조담이다.

백제의 아비지(阿非知)라는 목공을 초청해다 탑을 세우던 중, 절의 기둥을 세우던 날 아비지가 백제가 망하는 꿈을 꾸게 됨에 의아심이 들어 일을 멈추고 있는데, 갑자기 천지가 진동하고 어두워지는 속에서 노승(老僧)과 장사(將士)가 기둥을 세우고 사라지더라는 것이 이 이야기의 내용이다.[31] 백제를 포함한 인접국의 패배를 기원할 목적으로 짓고자 한 위 탑의 건축과 관련된 신라인의 소망을 반영해주는 것이 위 전설이라 할 수 있다. 아비지가 꾼 꿈은 백제인으로서의 그것이지만 실제 그런 꿈을 실현할 수 있음을 현실로 보여준 것은 신라인의 의식 쪽에서 실현되고 있다. 그런 점에서 아비지의 꿈은 곧 신라인의 무의식적 소망을 은연중 반영한 것이라 할 수 있다. 위 이야기에서 반영된 욕구는 당시대 신라인의 백제에 대한 일반적인 정서를 반영한 것으로, 그러한 하나의 특수한 예가 위 이야기였다고 이해할 수 있다. 이러한 정서적 분위기는 백제패망 현장에서 위와 같은 예조전설을 접하게 되면서 더욱 확실한 현실로 느껴졌을 것이며, 이로써 이야기를 더욱 과장시켜 받아들이게 되었다고 볼 수 있다.

---

31) 『삼국유사』 「권제3」 '탑상'조 참조.

위 이야기가 이후 더욱 그럴 듯한 실제사실로 고정되어 나간 데에는 이것이 기록화되는 과정이 또 다른 계기가 되어주었다고 이해된다. 이들 이야기가 당시대 이후 백제 쪽과 신라 쪽 모두에서 어느 때이든 기록화될 수 있는 일정한 계기가 있었으리라고 이해되지만, 특히 이것이 신라 쪽의 관심에서 오늘날과 거의 비슷한 내용으로 기록화될 수 있었던 것은 통일신라 이후의 어느 때가 아니었던가 여겨진다. 그리고 이러한 계기에서 위 이야기들은 좀 더 분명하게, 그리고 더욱 합리적으로 의식되어 나갔을 것이다.

나아가, 이 이야기들이 오늘날과 같은 모습으로, 더욱 〈의자왕본기〉라는 엄정한 서술체재 속에서 중요한 사료로 기록될 수 있었던 것은 무엇보다도 고려시대에 와서 이루어지게 되었다는 사실을 빠뜨릴 수 없다. 이것은 이전 시대까지 비역사화 자료로 남아왔거나, 역사기록화 되었다 해도 역사서로서의 체재성이 덜 다듬어졌을 위 사실이 이를 계기로 하여 더욱 엄격한 역사의 일부가 될 수 있었음을 의미하는 것이다. 이점에 있어 주목해야 할 것은 삼국사기에서의 위 기록이 이러한 위치를 차지할 수 있었던 것은 삼국사기의 역사 서술이 앞선 통일신라시대의 역사관을 계승하는 관점에서 이루어지고 있기 때문이라는 점이다. 이런 관점으로 하여 위 전설군은 통일신라 때의 기록이 거의 그대로 수용되어 역사서 속에 기술되었을 뿐만 아니라 삼국사기가 지니는 정사서(正史書)로서의 체제로 하여 이 이야기들은 〈의자왕본기〉라는 전후 서술맥락 속에서 사실로서의 필연성이 더욱 돋보일 수 있게 되었다고 할 수 있다. 이러한 사서로서의 체재성과 함께 그것에 부응하는 역사 서술자들의 신라 중심적, 그리고 합리적·교훈적 사관으로 하여, 어느 면 이러한 이야기의 사료 채택과 그 기술 과정에는 고려시대 이전에 역사로 기록화된 것보다도 이들 설화자료들이 더 널리 취합되고 깊은 비중으로 이해되어 서술되었다고도 볼 수 있을 것이다. 다른 경우에 비해 〈의자왕〉조에 드러나는 백제 망조(亡兆)담이 발생 회수에서 월등히 많이 나타나고 있는 점이나, 그것이 특히 패망 직전인 의자왕 19~20년 동안에 집중적으로 나타나고 있음에서 이런 사정을 잘 짐작할 수 있다.

이렇게 볼 때, 불확실한 사실이 분명한 사실로, 전설적 측면이 강한 것이 실제 사실로 더욱 강하게 인식되어온 것이 우리의 역사 과정에서 보여준 위 이야기의 역사였다고 할 수 있다. 이것은 곧 패전국 역사가 감수해야 하는 운명의 한 단면이라고 할 수 있을 듯하다. 위 전설군은 불확실한 사실에 대한 하나의 전설화, 그것도 상황 변화에 극히 민감하게 작용하여 발생한, 이야기로서는 짧은 생명력만에 그쳐야 했던 이야기들이었다. 그러나 그것은 그것을 가볍게 이야기했던 백제 유민들의 의사와는 무관하게 승전국 쪽에 의해 깊이 주목되어 역사의 중요한 일부로 고정되게 되었다. 사소해 보이는 전설이 역사적 상황에 따라, 그리고 패전국이냐 승전국이냐에 따라 얼마나 상반되게 이해되고 깊이 주목될 수 있는가를 잘 보여주는 예가 된다. 오늘날 이들 전설군들은 백제 후예들의 기억에서 잊혀진지 오래다. 그럼에도 그것이 기록으로 생생히 전해져 구전으로 살아있는 이야기보다 더 소중한 대접을 받고 있다. 패전국의 역사와 그 역사 이해의 중요한 약점이 전설을 통해 노출되고 있음을 확인해 주는 예가 될 것이다.

4. '승전과 패전' 책임자의 전설적 확인

예조담, 혹은 소문담으로서의 백제패망 전설의 일부인 예조담이 전쟁이라는 소재의 충격성과 민심에 대한 민감성을 예민하게 반영하여 패망전설로서 중요한 기능을 수행하고, 나아가 승전국 쪽에서 그것이 확실한 역사기록물로 정착됨으로써 후대 역사에까지 미치는 영향이 어떤 것인지를 살폈다.

그러나 위 전설군은 전설 소재의 상황 변화를 예민하게 반영해 주는 장점을 지닌 반면, 소재에 대한 전설 전승집단의 좀 더 지속적이고 집약적인 의식을 보여주는 데에는 한계를 지닌다. 따라서 위 전설의 이러한 측면은 이야기 줄거리 가운데 상황성에 대한 민감성은 덜하다 해도, 오랜 전승을 통하여 거의 고정화된 전승력을 뚜렷이 지니고 있는 측면을 주목하는 데에서 찾을 필요가 있다. 이러한 부분이 오랜 구전 과정 속에서 앙금화된 위 전설의 가장 핵심 부분인 셈이고, 그만큼 이 속에는 위 사실에 대한 전설 전승집단의 관심과 인식이 깊이 농축되어 있다고 할 수 있다.

전설적 표현은 소재로서의 사건이 지속되어나간 시간에 대해 등가적인 관심을 보여주기보다 집중화된 관심을 보여주며, 부분의 강조적 표현을 지향한다. 때문에 전설은 사건이 초점화되어 표현되며, 그만큼 전설의 의미는 서사성 이전에 초점화가 이루어지는 방향과 양상에 주어져야 된다. 그리고 전설의 주제도 서사의 연속성 속에서 도출되는 것이라기보다 초점화되어 강조되는 내용에 의해 이해될 필요가 있다. 그리고 이런 부분이야말로 주어진 전설의 주제와 표현성이 가장 집약적으로 드러나는 곳이란 점에 유의하여 이해할 필요가 있다. 백제패망 전설은 사실로 굳어진 것에서 출발한 이야기이고, 따라서 이처럼 사실의 고정성을 더욱 확실한 것으로 다지면서 이야기하며, 그러는 데에서 이야기로서의 흥미를 얻으려는 데에 전설로서의 일차적인 관심이 있다고 할 수 있고, 그만큼 바로 이러한 점에 주목하면서 백제패망 전설의 전설적 표현 양상을 살필 필요가 있다.

사실의 고정성을 강조하면서 이야기함으로써 전설적 진실성을 분명히 하고 이야기로서의 흥미를 높이려는 관심을 달성하기 위해서는 위 전설에서 전쟁에서의 승자와 패자를 분명히 가르고, 각각의 주체가 누구이며, 지고 이긴 모습과 그 책임을 자세히 확인하려는 관심 쪽으로 이야기가 펼쳐지게 마련이겠는데, 우선 이기고 진 주체는 소정방과 의자왕으로 나타나고 있다. 여기에서, 패자를 의자왕으로 나타내고 있음에 유의함직하다. 나당연합군 가운데 소정방만을 내세워 백제침입의 결정적인 역할을 한 것처럼 이야기하고 있는 것은 크게 볼 때 당시의 실제 전황과 거의 합치되는 것일 수 있다. 그러나 소정방은 백제 함락의 결정적인 상황에서 주도적인 구실을 한 것으로뿐만 아니라, 시종 백제 침공과 관련하여 전설화의 중심 인물로 주목을 끌고 있고, 이와는 반대로 백제 침공에 또 다른 역할을 수행한 김유신을 포함한 신라 쪽 군사의 역할은 거의 전설화되지 못하고 있다. 역사사실의 충실한 반영이 아닌 편중된 반영이라 하겠는데, 이는 신라에 비해 당나라 쪽, 그리고 김유신에 비해 소정방의 존재가 당시대인의 의식 속에 과대평가된 결과일 것이다. 난데없는 침공을 감행한 10만 이상의 당나라군이 백제 쪽에서 볼 때는 충격적 존재로 받아들여졌을 것이고, 그 우두머리인 소정방은 곧 영웅적인 존재로 부각되기에 충분했을 것이다. 당나라 또는 중국 쪽에 대한 사대적 관습이 여기에 보태져 후대에 이르면서 위 전설에서 당나라와 소정방의 능력은 더욱 상승되었던 반면, 소정방의 빛에 가려 신라와 김유신은 그렇지 못했다고 할 수 있다.

이때의 전쟁상황 속에서 소정방이란 인물이 과대평가된 모습을 보여주는 다른 좋은 예로 '정뱅이' 유래담을 들 수 있다. 정뱅이(정방리)는 백제부흥군과 신라가 치열한 싸움을 벌였던 진현성(眞峴城)과 가까운 마을인데, 소정방이 진현성에서 백제군을 이긴 뒤 이 마을로 지나가다가 (혹은 이 마을에서 자고 가다가) 마을 이름을 자신의 이름을 따 정방리라고 하라고 하여 그 후 그렇게 불리게 됐다고 한다. 그런데 이곳 진현성을 지키고 있던 복신(福信)이 싸움을 벌인 적군은 기록에 나타나듯[32] 소정방이 아닌 유인궤(劉仁軌)였다. 그런데도 이 싸움은 소정방에 의해 지휘된 것처럼 이야기되고 있고, 거기에 그치지 않고 소정방이 이 마을과도 아주 밀접한 관련이 있는 것으로까지 그려지고 있다. 유명해진 소정방이란 이름으로 하여 유인궤라는 실제 인물이 가려지고 영향력이 강한 인물로 바뀌어 전설화되고 있다.[33] 소정방이란 인물의 이미지가 크게 과장화된 결과 전설적 인물로서 널리 영향력을 미쳤던 모습

---

32) 『삼국사기』「백제본기」'의자왕'조의 관련 기록은 아래와 같다.
"福信等 以眞峴城臨江高嶮當衝要 加兵守之 仁軌夜督新羅兵 薄城板堞 比明而入城 斬殺八百人"
한편, 진현성과 가까운 '정뱅이'는 현재 대전시 서구 용촌동에 속해 있다.

33) 이것이 혹 당시 소정방이라는 유명 인물을 가장한 당나라군의 전략적 속임수에 의한 결과일지 모른다 해도, 그 의미는 마찬가지이다.

을 잘 확인할 수 있다.

패망에 관련된 두 세력이 소정방과 의자왕이라는 구도로 압축되어 소정방은 승자로서 그 능력이 이처럼 높이 평가되어 나타난다면, 반대로 의자왕은 극도로 나쁜 이미지로 비하되고 있다. 인물의 어떤 특징을 더욱 과장적으로 그림으로써 인물상을 더 뚜렷이 부각시키는 전설적 표현의 특징을 잘 보여주는 결과이다. 백제 도성에 접근하는 동안 소정방이 백제군으로부터 매우 심각한 도전을 받았다는 내용의 전설은 거의 보이지 않는다. 역사기록에는 금강입구에서, 그리고 도성 삼십리 밖에서 큰 접전이 있었음을 밝히고 있듯,[34] 금강 입구를 통과한 당나라 군사가 아무 저항을 받지 않고 일사천리로 쳐들어온 것만이 아니었음은 당시의 전투기록을 통해 알 수 있다. 그럼에도 황산벌에서와 같은 불꽃 튀는 접전이 보이지 않고 있다. 심각한 접전상황을 전설로 담고 있지 못하다는 것은 소정방의 위력을 간접적으로나마 긍정하는 태도를 보여주는 것이라 할 수 있다. 심한 접전은 아니라 해도 당군 내지 소정방에 대한 저항의식마저 없었던 것은 물론 아니다. 천방사(千房寺)전설·오성산(五聖山)전설·문동교(問童橋)전설·조룡대전설 등은 소정방의 백제 침입 과정에 일정한 저항이 있었음을 짐작케 한다. 이들 전설들은 소정방의 입성을 쉽사리 허용하지 않으려는 위 전설 전승집단의 일정한 의식 속에서 산출된 것이라 할 수 있다. 그러나 이것은 그 정도가 신이 화소를 통해 드러나고 있음이 말해주듯, 전승집단의 그런 의식이 현실체험 위에서 적극화된 것이 아닌, 막연히 무의식적 차원에서 표현된 것이다. 신이 체험을 동원하면서 소정방에 대한 저항의지를 이렇게 간접적으로만 드러내고, 결국 그것이 좌절되고 마는 것으로 그리고 있다는 것은 소정방이라는 존재의 능력을 다시 긍정하는 결과를 보여준 것이기도 하다. 이런 측면이 가장 잘 드러나는 것이 조룡대전설이다. 백제 도성 탈환의 결정적인 시점에서 용 때문에 소정방이 곤경에 처하게 되었다는 것은 위 전설 전승집단의 무의식적 부정

34) 『삼국사기』 「백제본기」 '의자왕'조 참조.

의식의 표현이지만, 그러나 결국 끝까지 버틸 수 없었다는 것으로 귀결되고 있는 것과 함께 그런 결과가 전설적 증거물 위에 새겨진 구체적인 흔적을 통해 인정될 때, 그의 영웅적 위력은 한결 강한 이미지로 전승자의 기억 속에 인상지어지게 된다.

전쟁의 승자를 영웅화하는 것이 위 전설적 인물표현의 뚜렷한 모습인 것과 동시에 위 이야기는 반대 인물, 즉 패배자를 철저히 비하된 인물로 그리고 있다는 점을 주목해야 한다. 승자의 위용도 패자가 참패한 상황과의 대비를 통하여 더욱 뚜렷해지는 것이기에 상호 대비적 묘사가 요청되었다고 하겠다. 여기에서 전자는 자연히 의자왕일 수밖에 없었겠는데, 관련 전설들은 패배의 책임을 그 한 사람에게 돌려 한껏 부정적인 인물상으로 전설화시키고 있다. 전설을 통한 의자왕의 부정적 이미지는 음일향락(淫逸享樂)과 친족간 불화한 모습으로 압축되며, 주로 전자의 예가 잘 확인되고 있다. 앞에서 예화를 나열해 보였듯, 위 예는 여러 곳에서 확인되고 있고 또 매우 과장되게 표현되고 있다. 산에 온갖 꽃을 심어 놀이동산을 만들어 놓고 철 따라 궁녀와 잔치를 벌이고 놀았다는 예가 논산군 은진면과 채운면에만도 4곳에 달한다.[35] 낚시바위에 앉아 낚시질로 소일하며 옆에 궁녀들이 머무는 궁을 지어놓고 향락에 도취하곤 했다는 예[36]는 더욱 과장된 사례라 할 수 있다. 의자왕의 실정 모습 가운데에서도 향락에의 탐닉은 삼국사기에서도 가장 뚜렷이 기록되고 있는 예임을, 주목할 때 이는 전혀 무근거한 것은 아니라고 하겠는데, 이점이 특히 전설에서 집중적으로 표현되고 있음은 다른 측면에 비해 이것이 전승집단의 흥미를 가장 손쉽게 끌 수 있는 내용이자 쉽게 기억되는 주제이기 때문이었을 것이다. 의자왕은 역대 백제 임금 가운데에 뛰어난 자질을 보여준 인물의 한 사람이었다고 할 수 있음에도,[37] 전설을 통해서는 가장 저열한 임금의 한 사람으로 매도되는 대표적인 예가 되고 있

35) 주 8) 참조.

36) 주 9) 참조.

37) 『삼국사기』 「백제본기」 '의자왕'조의 "事親二孝 與兄弟以友 時號海東曾子"란 기록이 이를 말해준다.

는 셈이다. 그에 대한 이러한 표현은 이에 그치지 않는다. 더 나아가 대왕포(大王浦)[38]에서 궁녀들과 놀다 소정방의 갑작스런 공격을 받아 임금은 도망하고 궁녀들은 창황히 도망가 모두 투신하고 말았다는 전설에서는 적의 내침까지도 모를 정도로 음일향락에 빠졌던 것으로 그리고 있어 그런 점을 더욱 극단적으로 보여주고 있다. 궁녀가 투신했다는 것도 바로 이런 상황 문맥에서 이해할 때 비로소 그 주제가 제대로 이해될 수 있음을 유의할 필요가 있다. 그것은 겁에 질린 결과였던 것으로, 이것을 임금에 대한 충성심의 발로라고 보면 상황과 관련된 본디의 전설적 의미를 제대로 이해할 수 없다. 삼천궁녀에서의 3천이라는 숫자 관념도 바로 이러한 위기 상황에서 목숨을 버린 사실에 대한 아쉬운 심정이 후대에 극단적으로 과장되어 뜻 없이 표현된 것이며, 따라서 이는 당시의 임금이 부정적으로 이야기되던 상황과 관련지어 이해되어야 할 것으로, 결코 상상을 역사로 받아들일 수 없는 것이다. 희녀대전설 역시 이에 대한 또 다른 적절한 예가 된다. 희녀대(戱女臺)는 본디 흰고개라는 뜻의 '희어티' 지명이 백제사에 대한 부정적 의식에서 억지스런 한자로 탄생된 이름이다. 그런데도 이 이름이 현지 주민들에게는 희녀대, 즉 임금님이 궁녀들을 희롱하며 놀던 곳이라는 의미로 익히 이해되고 있다. 임금에 대한 음일향락 이미지가 백성들에게 깊이 새겨진 결과 지명까지 영향을 받아 변하고 만 것이다. 이런 현상이 어느 일면적인 강조를 통한 인물 이해의 극단적 모습을 보여주는 것이기도 하지만, 이는 결국 당시 백성들이 백제패망의 책임자에 대해 느꼈던 실망과 분노가 얼마나 강했는가를, 그리고 오랫동안 이어져 왔는가를 잘 보여주는 것과 다르지 않다.

당시 왕과 왕실에 대한 이러한 반감은 이것 외에 친족 간의 불화를 노출해 보여주는 예도 있어 흥미롭다. 임금의 처남이 자신을 알아주지 않는 데에 앙심을 품고, 임금이 밤이면 수중임금이 되어 물속에 산다는 비밀 사실을 왕비로부터 알아내 백마를 미끼로 용을 낚아 결국 임금이 죽고 말았다는

38) 지금은 대왕포(大旺浦)로 표기되고 있다.

이야기가 그것이다. 의자왕의 실제 생애와 견주어볼 때 이 이야기가 의자왕 전설로 이야기되고 있음은 심한 허구화를 보여주는 것이라 하겠는데, 그것은 당시 왕실 내부에서 있었던 권력투쟁의 혼란상과 복잡한 이해다툼 관계에 대한 상민들의 적극적인 비판의식이 반영된 결과라 이해된다. 좀 더 구체적으로, 그것은 의자왕비 군대부인(君大夫人)의 정치적 영향력의 강화에 따라 왕서(王庶)족들의 위상은 높아졌음에 비해 소외된 처지에 있었던 처족들의 불만 표출로 인해 빚어졌을 왕실의 내분상[39]을 반영하는 것이자, 이러한 불안상황을 백제 멸망의 한 원인으로까지 받아들였을 당시 백성들의 비판의식을 보여주는 것으로 이해할 수 있을 것이다. 의자왕 만년에 집중적으로 나타나는 여러 이변이 이처럼 정국에 의한 불안상황과 유관한 것이라면, 위 전설은 당시 조정에 대한 백성들의 불안감을 매우 강도 높은 표현으로 전환하여 보여준 것이라고 보아야 할 것이다.

이상에서, 전쟁 결과를 역사적 사실로 긍정하려는 백제전설 전승집단의 태도가 승자와 패자를 어떻게 규정짓고 있고, 그런 대립되는 두 세계가 보여준 각각의 모습을 어떻게 묘사해 보이고 있는지를 살폈다. 이런 모습의 확인은 전쟁패망에 대한 전설을 통한 원인 규명의 분명한 한 시각이라 할 수 있다. 여기에서 보여준 이러한 전설화가 사실의 과장이란 점에서는 역사사실 자체에서 크게 벗어난 것이라고도 할 수 있지만, 그러나 오히려 그것은 주어진 문제에 대한 나름대로의 합리성을 지니는 사실성의 판단이고 개연성 있는 과장이란 사실이 중시되어야 한다. 주어진 역사사실의 이러한 압축적인 구도에 의한 판단과 그것의 과장적 표현은 이것이 어느 개인적 의식의 반영이 아니라 전승집단 전체의 일반화된 관점에서 이해되어 판단되고 강조되어진 것이기 때문이다. 일정한 사실을 소재로 한 전설에서 사실성이 사실로 강조되어 과장됨으로써 실현되는 전설 표현의 역사적 의미가 여기에 있다고 할 수 있을 것이다. 과장화되어 표현되는 역사 구성의 핵심이 어

39) 이점에 대해서는 김수태의 「百濟 義慈王代의 太子册封」(『百濟硏究』 제33집, 1992) 참조.

디까지나 개연성 있게 이야기된다는 점이 그것이다. 이로써, 역사전설은 사실성이 지니는 진실성을 더욱 분명히 정립할 수 있게 되고, 허구화에 의한 전설의 문학적 의미를 더욱 그럴듯한 것으로 지탱시켜 줄 수 있게 된다.

5. '패배 거부' 심리의 다양한 표현들

전설의 형상화는 일차적으로 사실의 실제성을 더욱 강조적으로 확인하려는 방향에서 이루어지고 그것대로의 의미가 있지만, 한편으로 전설은 확장된 사실의 이면에 대한 관심을 통해 문학적 의미를 실현해 보이고 있기도 하다. 전설은 인간의 한계를 손쉽게 긍정함으로써 인간의 능력을 과소평가하고 인간 밖의 힘을 더 중시하여 그리려는 성향을 보이지만, 그러나 이러한 인간상의 묘사에는 동시에 인간의 가능성이 함께 제시되곤 한다. 인간의 능력을 부정하려 하는 일면 더 높은 수준의 인간상으로의 상승을 촉구하며, 그것을 위한 가능성을 인간에게 보여주는 것이 전설이기도 하다. 다만 이 가능성은 주어진 조건의 해결을 전제로 해서만 가능하다. 역사에는 가정이 허용되지 않는다고 하지만 그것이 늘 통용되는 것이 역사전설이다. 역사전설에서 이점이 허용된다는 것은 다름 아닌 확정된 역사사실의 강조가 아닌 그것의 번복 가능성, 혹은 거부하려는 의식의 반영이다. 가정법에 의한 역사의 개변과 극복이 가능하다는 사실을, 그리고 그것을 기대하는 심리의 반영이 강하게 나타나고 있음을 전설을 통해 잘 볼 수 있다. 가정법에 기초하고 있는 만큼 이러한 관점에서의 역사 이해는 주관성이 잘 드러나는 역사인식의 관점이며, 그만큼 비판의식과 실천의지에 접근된 의식으로서의 역사를 보는 시각을 좀 더 뚜렷이 보여주는 것이 된다. 고정된 사실을 두고 번복 가능성을 말하는 것은 꿈이고 허구이지만 그것을 자유로이 드러낼 수 있는 데에서 표현으로서의 역사 이해, 문학적 역사인식의 적극적인 실현은 오히려 기대될 수 있다. 자율적인 역사인식의 자유로운 전설화가 이로써 가능한 것이고, 또한 이로써 허구적 흥미를 더 크게 실현할 수 있게 된다.

전설적 표현을 통해, 이처럼 드러난 사실을 주관적으로 받아들이고 부정하려는 욕망은 사실 자체가 그것의 전승집단과 맺는 관련성으로 하여 더욱 높아지고 강화될 수 있다. 어떤 전설의 전승력이 민족을 단위로 할 만큼 광포화되어 있는 경우는 그것의 전승집단이 민족임으로 하여 거기 내재된 욕망은 민족의식의 보편적인 측면을 보여주는 것이 될 것이고, 또한 그것의 전승력도 이점에 뿌리를 두는 것이라면, 지역적 특징을 뚜렷이 보여주는 전설은 지역적 특징과 관련된 전승집단의 심리적 성향을 반영하는 것이고, 이런 외적 조건이 전설 전승력을 더욱 강화시켜주는 힘이 되어준다고 할 수 있다. 백제패망 전설이 보여주는 패망 사실을 부정하고자 하는 소망심리의 표현은 이렇게 볼 때 전설 일반의 특징에다 이 전설 전승지역이 지닌 역사적·지역적 특징이 겹친 데에서 더욱 강하게 드러날 수 있었다고 할 수 있다. 위 전설군의 전승집단은 백제역사 · 백제문화에 모두 어느 정도의 동질성을 공감하고 있는 사람들이며, 이러한 공감도의 차이에서 이런 의식에 따른 전설 유형이 구분된다고 할 수 있다.

이러한 이해 시각에서, 전승집단의 백제패망 거부의식의 전설적 표현은 그 의식의 강도 면에서 몇 가지 단계로 구분하여 이해할 수 있다. 우선, 이것이 가장 약한 정도로 나타나고 있는 경우를 들 수 있는데, 앞에서 소개했던 소정방의 내침 과정과 관련이 있는 전설유형들이 여기에 속한다. 오성산 전설이 우선 이런 측면을 잘 보여준다. 금강어구까지 진입한 소정방이 갑자기 짙은 안개로 더 이상 상류 쪽으로 진입을 하지 못하고 뭍으로 올라와 헤매던 중에 바둑을 두는 노인들을 만나 길을 물었는데, 여러 번 물어도 대답을 않다가 죽이려고 위협을 해서야 겨우 말을 했으며, 소정방이 분풀이로 노인들을 죽이고는 산을 내려와 진격을 계속했다는 것이 그 내용이다. 노인들이 나타난 것은 소정방의 진로를 막고자 한 뜻이라 하겠는데, 그 위치와 기능이 예사 이야기의 경우와는 다른 데가 있다. 여기에 등장하는 신선은 신비한 능력을 지닌 탁월한 인물이며, 누구에게 패하거나 좌절하지 않는 모습으로 나타나는 것이 보통이다. 그런데, 여기에서는 그러한 신성성과는 전혀 다른 모습으로 그려지고 있다. 신선을 등장시킨 것은 외부의 침략에 대한 거부감의 표현이 될 것인데, 그럼에도 결국 좌절하고 마는 모습으로 그리고 있는 것은 그러한 거부의식을 적극적으로 펴보일 수 없는 한계를 긍정한 것이라 이해된다. 침략에 대한 실질적인 저항 경험에 의해 이루어진 이야기라기보다 무의식 속에 잠복되어 있는 소망을 전설로 실현해 보인 결과이기 때문이라 할 수 있다.

비슷한 모습을 보여주는 또 다른 예가 문동교(問童橋)전설이다. 소정방이 금강을 거슬러 오르던 중 문득 꿈속에 나타난 노인이 소정방의 백제 침공이 결코 성공할 수 없을 것이라고 말하면서 그 대신 금송아지를 가져가라고 했는데, 꿈을 깨고 보니 들판에 금송아지가 노는 것이 보여 이를 따라가노라니 갑자기 어디로 없어졌고, 이에 근처에서 놀던 어린아이가 소정방을 산으로 유인했는데, 그때 그만 새벽닭이 우는 바람에 아이가 사라져 버리고, 소정방의 유인책은 좌절되고 말았다는 내용이다. 여기에서 금송아지는 소정방의 계속적인 진격을 거부하려는 심리를 표현하기 위한 신이한 매개물로 상상된 것이라 이해된다. 그러나 이에 의한 소정방 유인은 성공하는 듯하다가 결국 좌절하고 마는 것으로 그려지고 있다. 앞에서와 같이 이 역시 저항과 거부의식이 소박한 환상적 차원에서만 실현되는 데 그치고 있음을 보여주고 있다.

이와 관련된 예를 가장 선명하게 보여주는 것이 백마강 조룡대전설이라 할 수 있다. 조룡대전설은 금강의 자연생태적 환경과의 긴밀한 관련성 속에서 형성된 이야기로 보이며[40], 뒤에 여기에서의 '용'이 임금의 숭고한 이미

---

40) 이 이야기의 출발이 백마강 속에 이무기(또는 용)가 살고 있다는 사실과 관련이 있으리란 사실이 그것임.

지와 관련을 맺게 되어 임금의 신성성을 강조하는 이야기로 그 의미가 넓어지고 그에 따라 기능 면에서도 크게 확장된 설화라 할 수 있다. 절대권력자인 왕의 권위가 점차 높아지게 되면서 이 설화에 대한 전승집단의 관심과 믿음은 더욱 높아졌을 것이며, 이러한 추세 속에서 이 이야기는 당시 백제 도성의 백성들에게 임금의 권위를 심어주는 데에 매우 강렬하고 인상적인 수단이 되어주었을 것이다. 이처럼 백제의 왕권과 뗄 수 없는 설화로서의 위치를 차지하게 되면서 위 전설은 자연히 백제역사, 백제왕권과 관련된 백제인의 의식을 표현하는 적절한 수단이 되어주었다고 할 수 있다. 이런 점에서 볼 때, 백제 도성 점거의 최후 보루를 소정방과 용과의 대결로 제시한 것은 당시 상황과 관련하여 매우 자연스런 구성이었고, 그런 만큼 양자간의 대결은 바로 당시의 급박한 상황을 매우 함축적으로 응축하고 있다고 할 수 있다. 이러한 상상력이 상황성과 맺고 있는 관련성이 매우 직접적이고 압축적으로 제시되고 있는 점이 앞에서 예로 든 전설들과의 차이점이기도 하다. 이러한 현실상황이 긴박하게 상징적으로 제시되고 있는 것만큼이나, 위 전설의 내용 또한 이런 분위기가 잘 살아나고 있다. 용과 소정방이 서로 필사적인 대결을 벌였다는 긴박한 묘사 내용이 조룡대 위에 낚싯줄 흔적으로 뚜렷이 남아있음이 그것이다. 그 흔적의 뚜렷함과 더불어 용이 흘린 핏자국도 있다고까지 이야기되고 있음은 두 세력 사이에 벌어진 사투의 치열한 분위기를 참으로 효과적으로 상상케 해주고 있다. 이 이야기는 소재와 표현 모두에서 백제가 패했던 가장 치열한 상황을 더없이 긴박감 있게 보여주고 있는 것이면서, 동시에 그것에 대한 저항감을 같은 수준에서 그려 보인 것이기도 하다.

이러한 저항의식이 조금 다른 모습으로 표현되고 있는 것이 망괭이전설이다. 여기에는 숨막히는 전쟁상황과 관련된 백제인의 위와 같은 의식이 더 강화된 모습으로 나타나고 있다. 이 이야기는 두 개의 삽화로 이루어져 있다. 소정방이 정보 제공을 거부하는 '망괭이'를 위협하여 마침내 의자왕이 도망간 곳을 알아내고 말았다는 것과, 이 사실을 알고 격분한 군중들이 몰려가 망괭이를 짓밟고 그의 집을 불태워 버렸으며, 집터까지 파헤쳐 그곳이 방죽이 되었다는 내용이 그것이다. 백제 임금이 성이 함락되자 일단 도피한 것은 사실의 반영이라고 보이지만,[41] 이것을 토대로 하여 임금이 도주한 곳을 몰라 소정방이 애를 태웠다는 방향으로 이야기가 이끌리고 있음에서부터 이 이야기는 백제의 패망을 거부하려는 의식이 구체화되고 있음을 보여준다. 나아가, 입을 열지 않으려는 '망괭이'의 태도를 통해 그 점이 희망적으로 지속되어 나가다가 결국 좌절되는가 하면, '망괭이'를 완전히 파멸시키고 마는 혹독한 보복행위에서 그러한 의식이 극단화되어 폭발되고 있다. 이 집단 보복 행위야말로 적에 대한 직접적 행동이 아닌 대리투사 방식을 빌어 실현되고 있지만, 억눌려 있는 집단적 불만감을 가장 강력하고도 극적으로 표현해 보인 것이 될 것이다. 이는 결국, 표면적으로는 현실을 긍정할 수밖에 없다는 의식을 받아들이면서도, 그와 병행하여 백제인의 무의식 속에 소정방으로 인식된 당나라(부분적으로는 신라까지를 포함한)라는 외세에 대한 거부감이 매우 뿌리 깊게 자리잡고 있었음을 보여주는 것이다.

이상에서 살핀 예화들에서 우리는 상황의 변화, 그리고 지역적 특징과 긴밀한 유기적 관련 속에서 때와 장소에 따라 발생되어 나간, 백제패망을 부정하고자 하는 심리를 바탕에 깐 전설적 표현의 특징을 잘 확인할 수 있다. 첫째 단계 이야기에서 오성산 산신이 등장하고 있음은 이 산이 이 부근에서 금강과 가까이 접해있는 데에다, 가장 높은 산이라는 점으로 하여 여러 면에서 중요시되었기 때문이었을 것이다. 소정방을 유인한 '금송아지'가 성홍산성 근처로 가다가 사라졌다는 상상 역시 성홍산성이 강고한 요새라는 특징이 이 부근 백제인의 의식 속에 크게 의식된 결과 무의식적으로나마 소정방에 대한 효과적인 견제 효과를 높이려는 욕구의 소산이라 할 수 있다. 도

41) 참고로 『삼국사기』 「백제본기」 '의자왕'조를 보면 "遂與太子孝 走北鄙"라 하여 북쪽으로 도피한 것으로 기록되고 있고, 구전으로는 공주로 도피했다가 잡혔다고도 한다.

성의 함락에 직면한 위기 상황에서 수중의 용이 나타나 백제인의 그러한 절박한 심리적 욕구를 반영해준 것은 전설적 상상력의 자연스런 결과라 하겠지만, 풍우가 대작하고 운무가 자욱하여 도저히 강을 건널 수 없었다는 정도로 허구화되고 있음에서도 그런 점을 확인할 수 있다. 강폭도 좁고 깊이도 얕은 강을 두고 마치 바다라도 건너는 듯한 상황으로까지 묘사하고 있음은 곧 그와 같은 상상을 펼침으로써 나라의 파멸을 예기하면서 거기에 대해 정신적 대응을 해야만 했던, 백제인의 잠재된 패배 거부 욕구가 컸음을 뜻하는 것이라 할 수 있다. 모두 상황에 따른 전설적 표현의 정도와 양상을 잘 보여주고 있다.

6. '패배 부정' 욕구의 적극적 반응

앞 장에서 살핀 내용은 백제패배 사실에 대한 거부의식이 간접화되어 표현된 예들이었다. 그런데 위 백제패망 전설군 가운데에는 이처럼 무의식적 소망을 소극적으로 표현하는 정도에서 백제사에 대한 관심이 머무는 것만은 아니며, 현상에 대한 더 적극적인 표현을 통해 그러한 의식의 실현 욕구를 드러내고 있음도 동시에 관찰할 수 있다. 앞장에서 살핀바 패망거부 욕구가 여러 유형의 전설로 표현된 것은 막연한 소망의 반영은 되지만 현실적 체험에 바탕을 둔 적극적인 극복의지로서의 '백제패망' 부정 욕구의 표현은 못 된다. 앞의 표현이 소망과 꿈의 차원이라면 뒤의 그것은 현실인식에서 도출된 실천의지라 할 수 있다. 전설로 드러나는 이러한 의지야말로 역사사실에 대한 뚜렷한 의식을 보여주는 것이 될 것이다. 역사의 문학화, 역사의 전설화를 통해 실현되는 백제에 대한 역사의식을 가장 강하게 실현해 보이는 예가 되는 셈이다.

백제패망 전설군 가운데에서도 위와 같은 역사 인식 태도는 백제패망에 대한 관심을 가장 집약적으로 드러내 보이는 쪽에 집중되게 마련이다. 위 이야기군에서 이 부분은 다름 아닌 패망을 초래케 한 책임자와 그 원인을 판정하는 곳일 수밖에 없다. 사건이 발생하여 상황이 끝난 뒤 그것에 관심을 갖는 경우 누구의 책임으로 왜 그것이 발생했는지에 관심이 집중되는 것이 당연한 것처럼, 백제패망 사건에 대한 백제인의 최종적이고 핵심적인 관심은 의자왕의 어떤 실책으로 전쟁이 초래됐는지에 모아지는 것이 당연한 일이다. 또한, 그만큼 이점에 대한 과장적 인식은 '충신'에 대한 깊은 관심과 전설화로써 드러난다. 백제패망이 당시 조정의 충신들이 버림받고 중용되지 못했기 때문인 것으로 귀착되고 있음이 그것이다.

패망과 그것의 예방 가능성을 이러한 구도로 보는 태도는 이미 삼국사기를 통해서도 드러나고 있다. 이 문제에 있어 전설과 역사가 일치되고 있는 셈이다. 삼국사기에는 3충신이라 할 만한 성충·홍수·계백이 패망사건과 긴밀한 관련을 맺으면서 적절한 상황 속에서 충신으로서의 구실을 다하는 것으로 나타나고 있는데, 앞의 두 사람은 왕의 실정을 바로잡고자 간언하다가 투옥되거나 유배를 당한 처지에서도 임금에게 충언을 하는 것으로, 그리고 계백은 상황이 이미 결정적으로 기울고 있음을 알았으면서도 결사항전을 감행하다 전사하는 것으로 각각 서술하고 있어, 이들이 백제 패망사와 관련하여 3충신으로 쉽게 지칭될 수 있는 인물들임을 뚜렷이 보여주고 있다. 그런데 이처럼 역사기록에는 세 인물의 충신다운 모습이 개별적으로 뚜렷이 제시되고 있음에 비하여 전설의 경우는 이들 인물의 상호 구별이 그처럼 뚜렷하지 못하며, '충신'과 '계백'으로만 구분되어 주로 전설화가 이루어지고 있다. 큰 활약과 뚜렷한 공적으로 계백이 당시 패망사건을 전후하여 널리 알려진 인물이었음에 비해 다른 두 인물은 패망사를 계기로 비로소 상민들에게 이름이 알려지게 되었기 때문이었을 것이다. 이에 따라 계백은 별도로 인물전설화 되어 이름이 과장화되어 전해지지만, 계백까지를 포함하여 두 인물은 단지 '충신' 또는 백제 충신이라는 막연한 명칭으로 불리며, 인물로서의 성격 역시 구체적인 모습으로 드러나지 못하고 있다. 충신 개개인의 이름이 망각된 채 막연히 '충신'이라는 포괄화된 명칭이 강조되고 있음은 이 명칭이 당시의 위기상황 속에서 그 의미가 강조된 결과 어느 정도 상징성까지를 띠면서 사용되었다는 뜻이다. 이런 사실은 곧 당시 백제인의 의식 속에 그만큼 충신의 존재가 백제패망의 충격으로 인해 백제의 운명에 영향을 줄 수 있는 인물로서 중요하게 이해되었음을 말해준다. 지금의 부여군 충화면이 옛날 8명의 백제 충신이 난 곳이라 하여 전에 팔충면(八忠面)이라고 했다는 것도 이런 관점을 뒷받침해주는 예가 될 것이다.

백제패망 역사와 관련하여 충신들의 존재와 능력에 대한 더 적극적인 관심의 전설적 표현은 이들의 행동이 묘사되고 있는 예화에서 확인해볼 수 있다. 그 한 예가 백충(百忠)재 전설[42]이다. 백제 충신들이 이 재를 넘어 다녔다거나, 그 위에 모였다고 해서, 또는 백 명의 충신이 넘었다 하여 생긴 이름이라고 그 유래가 전해지고 있다. 일정한 근거에 토대를 두고 전해진 전설이 아닌가 여겨지지만, 백 명의 충신이란 방향으로의 전설화는 바로 당시 상황이 빚어낸 관념의 상징성을 반영하는 것이라 할 수 있다. 이보다 더 구체적인 예로 다음 전설을 들 수 있다.

> 백제 말 3충신이 慧悟和尙에게서 神術을 배워 나라를 지키고자 사비성으로 갈 때 돌을 각자 하나씩 가져다 지석리 근처에 놓고 나라에 대한 충성을 맹세했다. 그래서 表忠岩이라고도 한다 하며, 뒤에 支石里가 되었다.[43]

충신들의 충성 표시 행위가 매우 과장되게 그려지고 있는 것과 함께 모두 대단한 장수형 인물로서의 모습으로까지 드러나고 있다. 충신의 이미지가 깊은 관심에서 받아들여진 결과 전설적 인물로 과장화된 결과라 하겠다. 비슷한 관점에서 충신의 행동이 묘사되고 있는 예를 엿바위 전설과 망신산 전

42) 부여군 옥산면과 서천군 문산면 사이에 있는 고개.
43) 충화면 일원에 전해지는 이야기이다. 송영구(宋榮龜)가 1946년에 지은 『支石洞志』(필사본) 「古事」편에도 같은 내용이 기록되어 있다.

설에서 더 볼 수 있다. 규암면의 규암(窺岩) 즉 엿바위라는 이름은 임금에게 쫓겨난 백제 충신이 이 바위에 몸을 가리고 강 건너 조정의 분위기를 엿보며 임금님이 국사를 잘 펴나갈 것인지를 걱정한 데에서 유래된 이름이라고 한다. 충신의 존재가 절실한 때였음에도 충신이 탄압을 받아 몸을 사려야만 했을, 시국에 대한 불안심리가 반영된 이야기라 할 수 있다. 망신산 전설 역시 비슷한 내용으로 되어있다. 간신에게 몰린 백제 충신이 이곳에 숨어 살면서 이 산에 올라 날마다 임금님이 계신 곳을 바라보며 근심했다는 것이 그 내용이다. 도성이 잘 보이는 높은 산에 매일 올라 망배했다거나 근심했다는 내용으로서, 충신의 충성심이 간절한 모습으로 그려지고 있다.

이런 예들을 종합할 때, 결국 당시 조정에서 충신에 대한 배척과 탄압이 매우 심했으며, 이것이 국사를 그르친 중요한 실책이었음을 백제인들이 널리 공감했었으리란 사실을 잘 짐작할 수 있다. 그리고 이런 공감 위에서 충신의 존재, 그리고 그들의 충성스런 행위가 과장적으로 표현되어 나가게 되었을 것이고, 이에 따라 백제 땅 도처에 충신전설이 발생되고, 이들 이야기들은 '백제 충신'이라는 상징화된 명칭으로까지 그 의미가 확대되었다고 이해된다. 이는 왕의 실정을 우회적으로 지적하고 있는 것이지만, 충신이 배척되지 않았다면 상황이 극복될 수도 있었으리란 희망감을 현실성 있는 시각에서 보여주는 것이 될 것이다.

같은 백제 충신 개념의 연장선에 있으면서, 개인의 뛰어난 능력에 대한 기대감이 집중되어 탁월한 인물로 전설화되고 있는 예로 계백장군을 들 수 있다. 당시 충신 가운데 계백장군만이 유달리 전설적 형상화의 구체성을 확보하고 있음은 앞에서 언급했듯, 일차적으로 그의 두드러진 활약상 때문이었겠지만, 또 다른 이유는 이 이야기가 주로 전승되고 있는 충화면 천등산 일대가 그와 어떤 연고가 있기 때문이 아닌가도 여겨진다. 전설을 통해 이곳에 그가 거주했던 것으로 이야기되고 있음이 이를 짐작하게 한다. 앞에서 살폈던 3충신과 8충신 이야기도 위 지점과 가까운 마을에서 이야기되고 있는 점을 주목할 때, 백제 충신의 중심 인물이 본디 계백장군이 아니었던가 여겨지며, 3충신에 더한 8충신의 의미도 그가 영웅적 인물로 전설화되는 것에 크게 힘입어 더욱 허구적으로 과장된 것으로 이해할 수 있다. 계백장군 전설[44]을 요약하면 다음과 같다.

> 천등산은 이곳에서 멀리 떨어진 부여읍에서도 잘 바라보이는 산인데, 어느 날 밤 백제 임금이 보니 마치 하늘에 등을 매단 듯 이곳에서 이상한 불빛이 비치고 있는 것이 보였다. 왜 그런지 신하더러 알아보도록 하니 계백장군이 이 산에서 범을 데리고 살면서 범의 눈빛으로 등불을 삼아 공부를 하느라고 불빛처럼 멀리 비치는 것임을 알게 되었다. 이에 임금이 그를 중신으로 앉혔다.
>
> 하루는 그의 모친이 화살을 쏜 뒤 화살보다 먼저 말을 달려 목표지점에 도착할 수 있겠느냐면서 그럴 수 있을 때에만이 벼슬길에 나가야 한다고 했다. 계백이 화살을 쏜 뒤 말을 달리는 순간 범이 나타나 그를 태우고 화살보다 더 빨리 목표 지점에 도달했다.
>
> 그가 천등산 위에서 달리노라면 뭇 소나무가 풀처럼 쓸렸으며, 천등산에 그의 발자국이라고 하는 장수발자국이 있고 그가 마셨다는 우물터도 있다.

인물의 자질이 매우 비범하게 표현되고 있는 데에서 계백장군이 얼마나 영웅시되어 전설로 전승되어 왔는지를 잘 볼 수 있다. 여기에서도 이야기의 배경이 궁성과 먼 곳임에도 그곳에서 잘 보이는 지점으로 되어있고, 그로 인하여 임금님과 계백장군이 쉽게 관련될 수 있었다는 점이 주목된다. 이야기 속의 자연배경이나 범과의 관계 설정은 자연스러운 것일 수 있다 해도, 그로 인하여 임금에게 발견되고 높은 벼슬에 중용될 수 있었던 것으로 결과가 귀착되고 있는 것은 계백장군이 출사하게 된 계기를 암시적으로 반영해 주는 것으로 이해함직하다. 다른 충신 전설에서 충신이 임금에게 주목되지 못하는 것으로 그려지고 있음에 비할 때, 이런 모습으로 표현되고 있음은—

44) 역시 충화면 지역에 전승되는 내용들이다.

물론 여기에는 계백이라는 인물의 탁월성이 과장적으로 이해된 결과에 힘입은 측면도 있겠지만—그의 출사 과정과 정치활동이 순탄했었음을 말해주는 것으로 이해할 수 있을 듯하다. 이와 함께, 계백장군이 임금에게 알려질 수 있었던 계기를 위와 같이 설정한 것은 당시 많은 인물들이 국사를 깊이 우려하고 충성심 발휘의 의욕을 강하게 지니고 있었으나, 예외적인 경우가 아니고서는 그것의 실현이 매우 어려웠다는 의미를 함축하고 있다고 이해된다.

이상에서 살핀 백제 충신상, 그리고 그런 능력을 구체적으로 보여주는 뛰어난 장군상의 과장적 묘사와 전설화는, 그것이 다름 아닌 백제 망국 책임자인 임금의 실정을 엿보면서 충성심 실현의 기회를 도모하려는 모습으로 그려지고 있다는 점에서, 이들 전설에는 백제패망을 부정하려는 백제인의 심리적 욕구가 직접적으로 노출되고 있다는 점을 주목해야 될 듯하다. 이미 언급했듯, 이들 이야기는 패망 책임자 당사자와의 현실적인 관계를 주된 관심으로 하여 실질적인 정치적 참여라는 가장 실질적인 방법에 대한 강한 의욕을 주로 드러내 보이고 있다는 점에서, 그리고 전설을 통한 백제패망을 부정하려는 욕구를 직접적이고 현실감 있게 드러내 보인 것이란 점에서, 거기에 반영된 역사의식의 중요성을 음미해야 될 것으로 본다. 여기에서 우리는 위에서 드러나는 것 이상의 더 강력한 패망 부정 욕구의 가능성을 생각해볼 수도 있겠으나, 현실적으로 드러나는 자료는 여기에 머물고 있다. 이것은 패망사를 부정하려는 욕구가 약한 탓이라기보다, 어느 면 전승집단의 일반적인 정서적 성향이란 점에서 이해되어야 하지 않을까 한다.

7. 백제 패망사 의식의 의미

'백제패망' 사실은 백제 역사 전 기간 가운데에서도 백제인과 백제의 후예 모두에게 가장 깊이 주목을 끄는 사건일 수밖에 없고, 그러기에 그것은 역사학 쪽의 관심 소관에만 머물 수 없으며, 전설 쪽에서 볼 때도 매우 중요한 이야기 소재가 될 수밖에 없다. 백제문화권에 전승되고 있는 백제전설이라 할 만한 자료들 가운데에는 이 사건과 관련된 것이 주를 이루고 있음은 자연스런 현상이다. 그만큼 이들 자료는 문학을 통한 백제사 · 백제사 인식의 이해와 직접적인 관련을 맺고 있다는 점에서, 위와 같은 측면을 중시한 관점에서 중요시되어 다뤄질 필요가 있다.

역사전설을 다루는 의의는 역사와 전설 내용이 어떻게 대응되는가를 아는 데에도 필요하겠지만, 역사의 전설적 표현방식이 무엇이며 그로써 드러내려는 역사의 의미가 무엇인가, 그리고 그것이 발전적인 역사를 열어나가는 데에 던지는 시사점은 무엇인가를 음미하는 데에 있다고 할 수 있다. 전설로서의 역사는 이야기되는 역사이며, 그로써 그것은 늘 살아있는 역사일 수 있다. 백제 패망사는 끝난 지 오래지만 그에 대한 전설적 역사는 끝나지 않았다. 오히려 더욱 생생히 되살아 오늘날까지 전해지고 있다. 역사전설이 전승력을 지니고 있다는 것은 거기에 담긴 역사가 끊임없이 기억되고 이해될 필요가 있다는 것을 말해주는 것이다. 백제의 부흥을 위해 싸우다 숨진 영혼들이 마을 주민의 꿈에 나타나 이들을 위로하는 제를 지냈더니 마을에 질병 재액이 없어졌다는 은산 별신제 유래담이나, 호암사 승려의 꿈에 상복 차림의 임금이 나타나 패망의 억울함을 호소하는 백제 임금 현몽 체험담은 역사전설이 단순한 전설로만 끝날 수 없음을 잘 보여준다. 오히려 이는 전설이 역사 속에 지속적으로 기억되어 나가야 하며, 진지한 태도로 재음미되어야 할 필요성을 단적으로 말해주고 있다. 과거의 의미를 오늘의 역사 속에 비판적으로 용해시켜 발전적으로 재생해야 할 것임을 간접어법으로 보여주는 데에 역사전설의 의미가 있다고 할 수 있다.

백제패망 전설 유형들을 종합하면 패망의 원인 분석과 그에 대한 잠정적인 대안이 함께 드러나고 있다. 의자왕의 실책과 함께 충신들의 열렬한 애국심을 선명하게 대조적으로 묘사해 보이고 있음이 그것이다. 백제패망 전설군에서 요약되는 역사적 의미의 핵심이 곧 여기에 있다. 역사전설에서 얻는 교훈은 결국 '확인'과 '반성'이다. 의자왕의 실책을 분명히 확인하면서 충신들의 훌륭함을 강조하는 쪽에서 전설의 역사적 의미를 음미하는 일이 그것이다. 이러한 단순 논리에 의한 역사 이해가 물론 분석적이지 못한 한계를 지니고 있기는 하다. 그러나 그렇게 표현될 수밖에 없는 이유까지를 합리적으로 구명하는 것이 전설을 통한 역사 이해이다. 의자왕이 실제 이하로 부족하게 묘사되고, 백제 충신들이 실제 이상으로 과장되고 있는 것은 패망 사실이 지니는 중요성 때문이다. 있는 사실을 철저히 확인하자는 것이 전자의 표현에 담긴 뜻이라면, 아쉬운 점을 깊이 반성하자는 뜻이 후자의 의미라고 할 수 있다. 이 두 측면은 상호 대립적이면서 또한 보완적이다. 어느 한 쪽을 결하고는 다른 쪽의 표현이 제대로 살아나기 어렵다. 두 측면이 결합됨으로써 그 나름의 역사 이해의 합리성을 유지할 수 있게 되고, 설득력 있는 교훈을 확보할 수 있게 된다.

백제패망 역사의 근거를 위와 같은 구도로 포착하는 데에서 주목되는 중요한 의미의 또 다른 측면은 역사의 주체를 다름 아닌 '인물'로 귀착시키고 있다는 점이다. 역사를 그르친 것도, 그것을 회복시킬 수 있었던 것도 모두 인물의 역할로 이해하고 있다. 삼국사기 같은 역사서에 기록된 중요한 백제패망 전설 자료들인 패망예조 전설류가 구전전설에서는 볼 수 없음이 이를 말해준다. 예조전설들이 그처럼 강조해 보였던 패망의 숙명관이 오늘날의 전설에서는 말끔히 배제되고 있다. 이로써 보면 전설에서 중요한 것은 인물 중심의 역사관임을 알 수 있다. 인물 중심의 정도가 아니라 철저히 위인 중심, 영웅 중심적 역사관 위에 서있는 것이 전설이라 할 수 있다. 낭만주의적 역사관은 결국 인물의 가능성에 대한 무한한 신뢰에 바탕을 두고 있다. 나라가 위기에 처할 때마다 이인(異人)전설이 증폭되어 전승되는 것도 상민들이 지닌 역사관의 이러한 측면에서 이해할 수 있다. 앞에서 우리는 백제 충신의 한 사람인 계백이 더없이 비범한 인물로 묘사되고 있음을 보았다. 인물의 이러한 묘사는 위에서 말한 이인이나, 역사와 숙명적인 관계를 안고 태어나는 '아기장수'의 모습과 먼 거리에 있는 것이 아니다. 잘못된 역사를 언젠가 아기장수가 바로잡아주기를 기대하는 희망에서 그것이 끊임없이 전설화되고 있듯, 잘못된 백제패망 역사를 부정하고자 하는 희망감이 백제 충신들을 그처럼 과장된 모습으로 전설화했다고 이해된다.

여기에서 우리는 백제패망 전설에서의 백제 역사 책임자에 대한 부정적 의식이 결코 완전부정이 아니며 긍정의 가능성을 내포한 부정임을 알게 된다. 그것은 역사의 숙명론을 인정하려는 것이 아니라 다만 현상으로서의 운명을 과장화하여 음미하려는 의식이다. 따라서 숙명론을 인정하지 않으려는 위와 같은 시각 속에는 아직도 우리가 살아가는 데에 소용될 수 있는 바른 역사의식이 살아있다는 사실을 이해할 수 있게 된다. 결국 이러한 가능성을 깊이 생각해 보는 계기를 갖자는 데에 백제패망 전설을 거론하는 의의가 있다고 하겠다.

천정대(天政臺) 전설의 역사성과 지역성

1. 머리말

부여의 특징을 두 가지로 간단히 요약하면 자연풍광이 수려하다는 것과 백제 멸망의 상처를 지닌 도읍지라는 점으로 요약될 수 있을 듯하다. 부여에 전설이 많은 것도 이점으로 이해될 수 있다. 수려한 경관을 지녔다는 특징이 전설이 발생될 수 있는 일차적인 기반을 이루고 있고, 여기에 백제패망이라는 특수한 역사적 상황이 겹침으로써 전설 형성의 또 다른 호조건을 조성해 주고 있다. 천혜의 자연여건이 전설 형성의 내적 근거가 되어준 셈이다. 부여지역 전설의 중요한 특징이 여기에 있다고 할 수 있고, 이는 이 지역 전설 이해의 방향을 가늠하는 데에 의미 있는 단서로 음미될 필요가 있다.

위와 같은 특징을 유의하면서 부여지역에 전승되는 전설들을 주목할 때, 특히 눈에 띄는 하나의 예로 천정대(天政臺)전설을 들 수 있다. 위 전설이 전해지고 있는 천정대는 우리에게 잘 알려져 있는 조룡대(釣龍臺) 북쪽으로 강을 거슬러 약 2킬로쯤 되는 곳의 강변에 수려한 절벽을 이루고 있는 암벽의 일부로, 천정대전설의 형성과 더불어 붙여진 것으로 보이는 이름이다. 위치상으로는 이곳이 부여읍에 아주 근접되어 있긴 하지만, 다른 예에 비하여 여기에 전해지는 전설은 널리 알려지지 못한 편이다. 전설 내용이 백제 멸망의 급박한 상황에서 얼마간 벗어나 있다는 점과 함께, 이 지점이 아직 부여 관광코스의 하나로 개발되지 못해 외부로 알려질 기회가 적었기 때문이라 할 수 있다. 그렇지만, 위 전설은 이처럼 겉으로 보기와는 달리 내용을 들여다보면 백제 정치 제도사의 중요한 한 국면을 선명하게 반영하고 있음이 쉽게 확인된다. 그리고 바로 위 전설이 간직하고 있는 이러한 중요성으로 하여 천정대전설은 일찍부터 역사학 쪽의 깊은 관심을 끌어왔고, 백제의 정치제도사 이해와 관련하여 그 의미가 거듭 중시되어 왔음을 볼 수 있다.[1] 그러나 천정대전설이 백제사와 맺고 있는 이러한 중요성이 깊은 관심에서 다루어지고 있는 추세와는 대조적으로 정작 위 이야기를 전설로서 받아들여 이해하려는 관심은 이제까지 전혀 주어지지 못해 왔다. 기록으로든 구전으로든, 지금까지 전해지고 있는 천정대 이야기의 본질은 역사사실 자체가 아닌 전설이다. 따라서 위 이야기를 구비설화 자체로서 온전하게 이해하기 위해서는 이것을 전설 양식으로서의 문학으로 받아들여 그 의미를 주목할 필요가 있다. 위 전설은 단순히 역사사실을 충실히 보고하는 것이 아니라 백제인들이 사실 아닌 전설이라는 양식으로 전환하여 표현하고 전승해온 형상적 인식의 오랜 소산이며, 그런 만큼 이 전설은 사실로서의 역사성도 도외시할 수 없지만, 전설로서의 표현이 지니는 의미의 비중도 그 못지않게 깊이 주목될 필요가 있다. 그러는 데에서 위 이야기는 역사사실의 단순한 보고 이상의, 전설화된 역사이야기로서 지니고 있는 가치와 의미의 정당한 이해와 평가가 기대될 수 있게 되고, 이야기로써 백제사 이해에 기여할 수 있는 독자적인 의의를 얻을 수 있게 된다.

천정대전설은 '지역전설'이면서 '고정전설'성을 띠고 있다. 그래서 유동전설성을 띠는 지역전설의 많은 예와는 달리 이 전설은 독자적 유형으로, 이곳에만 전해지고 있다.[2] 특정 시대의 특수 사실과 관련된 역사적 성격을 띠

---

1) 아래 주 2) · 3) 참조.

고 있기 때문이다. 이런 사실은 곧 위 전설이 전설의 전승지역과 맺고 있는 관련성 면에서 지역적 특징과 독특성을 잘 확보하고 있다는 사실과 함께, 역사적 독자성과의 관계 또한 그 못지않게 긴밀하게 연관된 데에서 성립된 전설임을 말해주는 것이다. 동시에 이러한 특징은 위와 같은 두 가지 측면이 깊이 주목됨으로써 위 전설에 대한 바람직한 이해가 기대될 수 있음을 뜻하는 것이기도 한데, 따라서 이를 위해서는 위 전설의 형성과 관련된 백제시대의 정치사적 배경을 깊이 주목하는 것과 함께, 위 전설의 전승력이 유지되고 있는 일정 지역의 환경배경을 예의 관찰하면서 전설의 내용을 살피는 일이 요구된다. 그러면서도 특히 여기에서 더욱 중요시할 문제는 후자이다. 전설 형성의 역사적 계기는 일회적 사실로 그치지만 환경배경은 전설 형성의 역사적 계기를 마련해주는 단계에는 물론, 그 이후까지 그것의 전승집단에게 지속적인 영향을 주기 때문이다. 따라서 전설의 이러한 측면을 잘 이해할 수 있기 위해서는, 전설 형성의 계기에 대해서 뿐만이 아니라, 되도록 전설이 지닌 유동적인 생명 현상 자체를 깊이 주목하여 관찰하려는 시각이 요구된다. 일정한 전설 소재가 그 소재를 문화 속에 동화하는 전승집단과 맺고 있는 관계를 공간적으로 서로 밀접한 관련 속에서 주목하는 것이 그것으로서, 지역적 특징을 강하게 지니는 지역전설일수록 이런 관점에서의 이해가 더욱 중요하기 때문이다. 이 글은 위 전설이 보여주는 역사전설, 그리고 지역전설적 성격을 함께 주목하여 관찰하되, 전설 증거물과 관련된 전설의 현지성이라는 측면에 좀 더 깊이 유의하면서 전설로서의 특징과 의미를 이해해 보고자 한다.

---

2) 천정대전설이 백제시대의 정치적 관행인 남당(南堂)에서 유래된 것이며, 이런 관행이 신라 쪽에도 있었다는 주장(이병도, 『韓國古代史硏究』, 일조각, 1976)이 있지만, 이것이 백제 정치사와 관련된 중요성과 전설 증거물과 맺고 있는 독자성을 주목할 때, 백제설화로서의 위 전설이 보이는 고유성이 감소되는 것은 아니라 할 수 있다. 이 전설이 『삼국유사』에서부터 주목되어 기록되고 있음이 위 전설의 이러한 독자성과 함께 역사적 가치를 말해주는 것이 될 것이다.

2. 전설 형성의 역사적 배경

천정대전설은 증거물의 자연적 특징이 역사적 특수성과 만남으로써 전설화된 것임을 앞에서 말했다. 특정 자연물이 역사화됨으로써 위 전설은 전설 형성 단계에서부터 역사와 뗄 수 없는 관련을 맺으면서 전설로서의 기능을 수행해 왔다고 할 수 있다. 그러므로 위 전설의 의미를 이해하는 데에는 역사와의 관련성을 주목하지 않을 수 없게 되는데, 우선 이 문제부터 관심을 기울여 보기로 한다.

천정대전설은 백제 때 재상감을 뽑을 때 유력한 후보자 몇 명의 이름을 적어 상자 속에 넣고 지금의 천정대라 불리는 바위 위에 놓은 뒤, 얼마간 있으면 최적임자의 이름 위에 하늘로부터 도장이 찍히게 되어 그를 재상으로 삼았다는 내용이다. 그리고 그곳의 바위를 임금바위와 신하바위라고도 부르게 되었다는 내용이 덧붙여져 전해지기도 한다. 위 내용에서 보는 것처럼, 이 전설은 대체로 줄거리가 단순하며, 다른 일반 전설들에 비해 허구적 과장도 비교적 적은 편이다. 그리고 주제도 정치와 관련된 아주 실제적이고 구체적인 내용으로 설정되고 있다. 이로써 볼 때 이 전설은 많은 전설이 그렇듯, 어디에서 흘러와 정착된 유동전설이 아닌, 실제의 사실을 바탕으로 이루어진 고정전설임이 분명해 보이며, 이런 사실성의 중요성으로 하여 일찍부터 문헌에 기록될 수 있었다고 여겨진다.

이점은 이야기의 증거물인 천정대를 볼 때에 더욱 강한 설득력을 확보할 수 있다. 지금 천정대에 가 보면 전설과 관련된 특별한 흔적이 남아 있지 않다. 가파르게 솟은 높은 바위절벽이 있고 위쪽과 아래쪽에 인공으로 대강 다듬은 것 같은 느낌이 들 정도로 약간 펀펀한 모습을 보이고 있는 정도일 뿐, 그 이상 전설의 내용을 설득력 있게 뒷받침해 줄 만한 구체적인 증거가 있는 것이 아니다. 바위의 펀펀한 곳이 일정 높이를 두고 상하로 위치해 있어 이것이 임금바위 신하바위라고 한다고 하는데, 그런 유사성을 뒷받침해 주는 것은 바위의 특정 부분이 편편하다는 점과, 그 부분이 높은 곳과 낮은 곳으로 나뉘어 있다는 차이 외에 다른 점이 거의 없다. 그래서 바위를 보면서 이야기의 내용에 어렴풋한 공감을 느낄 수도 있기는 하지만, 그러나 과연 이런 험한 곳까지 임금님이 올라왔었을까 하는 의아심을 누구나 쉽게 갖게 된다. 한마디로, 우리 주위에서 흔히 보는 '거북바위'나, 가깝게는 천정대 부근에 있는 '조룡대'의 경우에 비해 증거물과 전설 내용과의 유사성이 낮다고 할 수 있고, 그만큼 두 요소의 필연적 결합에 의한 강한 전설적 설득력을 주지 못하는 것이 천정대전설이라고 할 수 있다. 이런 사실은 결국 위 전설의 성립이 증거물의 특이성에 이끌려 이루어졌다기보다, 전설 내용 자체가 갖는 역사·시대적 중요성에 의해 형성되었을 것임을 말해준다. 이처럼, 증거물의 특이성이 아닌, 당시대의 역사·문화적 영향력의 자연스런 반영 결과가 천정대전설이라는 사실은 곧 이 전설이 그만큼 특정 역사사실과 아주 깊이 닿아 있음을 뜻하는 것이며, 이렇게 볼 때, 위 전설이 백제 정치문화가 보여준 자랑할 만한 하나의 미덕으로 후대인들에게 주목되어 왔던 것도 일면 수긍할 만한 일이라 하겠다. 그러므로, 우선 이러한 각도에서 위 전설 형성의 역사적 배경과 동기에 대해서부터 주목하는 일이 필요해 보인다. 사실의 허구적 과장이 곧 역사전설이므로, 이 둘 사이의 필연적 관계를 이해하고 여기에서 전설의 의미 이해로 나아가기 위해서는 우선 이점을 소홀히 할 수가 없다.

천정대전설을 백제의 정치제도가 독특하게 반영된 결과로 본다면, 이 전설의 정치적 관련성이 백제 정치제도의 뚜렷한 특징으로 부각되고 중요하게 인식됨으로써 가능했을 것인데, 그렇다면 그것이 언제 어떤 배경에서 가능했을까가 문제가 된다. 고구려와 신라에는 일찍부터 '제가회의(諸加會議)', '대등회의(大等會議)'라 할 만한 귀족회의체가 있었듯, 백제에는 '率'들로 구성된 '제솔회의(諸率會議)'체가 있어 왔고, 당시의 이 회의는 주로 남당(南堂)에서 열렸던 것으로 논의되고 있다.[3] 그리고 이 남당을 중심으로 한 회의는 시대적 변화에 따라 처음에는 왕이 주재자가 되었으나 점차 왕권의 강화에 따라 왕을 대신하여 왕 다음 서열인 좌평(佐平)이 주재하게 되었다고 한다.[4] 바로 이런 사실과 관련하여 천정대전설을 볼 때, 몇 사람의 재상 적임자의 이름을 써서 봉해 바위 위에 놓아두는 방식을 취했다는 내용이 주목된다. 여기서 재상이란 명칭 자체는 물론 후대의 역사성이 반영됨으로써 바뀐 것이라 해도, 이 명칭이 지니는 의미는 분명히 임금 다음 위치라는 뜻이 충분히 함축되어 있다고 여겨진다. 따라서 위 전설은 위와 같은 인물이 갖는 정치적 위치와 중요성이 잘 인식되었던 시대에, 그에 대한 선출방식의 공정성이 비교적 높이 확보되었거나 아니면, 그러한 방식이 요구될 만큼 정치상황이 위기에 처했던 어느 특정 무렵에 산출된 것으로 이해하는 것이 합리적이라 여겨진다. 그리고 이에 대한 이해를 위해서는 백제시대의 통치제도를 살피는 일이 필요하다고 이해된다.

백제의 최고 귀족계급은 5좌평으로 대표되는데, 전지왕(腆支王)때에 상좌평(上佐平)의 명칭이 보이는 것으로 볼 때 이것이 '재상'의 개념에 어느 정도 접근한다고 볼 수도 있을 듯하다. 그러나 백제시대 초·중기까지는 왕의 전제권이 강하게 발휘되어 이들 5좌평제의 영향력이 그다지 큰 비중을 차지하지 못했다는 점과 함께, 사비 천도 시대 전반기까지도 왕권과 왕명을 봉행하는 22부제를 중심으로 정치가 주로 운영되었던 사실[5]을 중시할 때, 5좌평의 정치적 위상과 5좌평을 대표하는 인물에게 부여된 정치권력은 그다지 강력한 수준이 아니었다고 이해된다. 그런데, 이러한 5좌평제의 정치적 위상과 기능은 무왕(武王)이후에 행해진 것으로 보이는 6좌평제로의 확대 개편을 고비로 하여 크게 달라진 것을 주목할 필요가 있다. 성왕의 관산성 전투에서의 패전 결과 왕의 권위가 크게 떨어져 위덕왕이 어렵게 왕위에 오를

[3] 노중국, 『百濟政治史硏究』, 일조각, 1988, 103쪽 참조.
[4] 같은 책, 106쪽 참조.
[5] 같은 책, 174쪽 참조.

수 있는 처지였음[6]을 고려하면, 이와는 반대로 당시 귀족들의 정치적 발언권은 더욱 강화되어 나갔을 것이다. 사비 천도 이후부터 지배귀족들도 종래까지 세력을 떨쳤던 주요 씨족들이 탈락되고 새로운 신흥귀족들이 대거 등장하여 소위 팔대성(八大姓)을 이루었던 것도 달라진 상황에서 새롭게 강화된 신흥귀족 세력들의 강화된 입지를 보여주는 것이라고 이해된다.[7] 바로 이러한 시대배경 위에서 종래 5좌평이 6좌평으로 재편되었고, 바로 이점은 백제 후기 정치사와 관련하여 깊이 주목함직하다. 물론 이것이 혹 중국이나 신라의 직제를 참고한 데에서 나온 것일 수 있다 해도, 오랫동안 지켜왔던 5좌평제를 이때에 와서 개편하고자 했다는 것은 단순히 자릿수 하나를 늘이는 정도의 의미에 그치는 것이 아니며, 그 이상의 정치적 동기와 이유가 담겨 있다고 보아야 한다. 그것은 종래 22부제에서 일반 서정을 관장했던 외관(外官) 제부(諸部)의 중추를 이루고 있던 사군부(司軍部)·사도부(司徒部)·사공부(司空部)·사구부(司寇部)의 직사(職事)와 이들의 직무가 중복되고 있음[8]에서 알 수 있다. 종래 귀족에 대해 형식적인 대접을 해주기 위해 설치했던 것이 5좌평이었다면, 이제는 실질적인 정치권력이 부여된 실권부서로서의 6좌평으로 격상된 것임을 말해준다고 할 수 있다. 이러한 변화는 앞선 시대와는 다른, 사비 시대의 정치현실에서 중요 귀족계층의 정치적 발언권이 그만큼 커진 데에 따른 자연스런 결과라고 이해되며, 이로써 6좌평제가 정치 운영의 중심을 차지하게 되고 중요 국사를 논의·집행해 나감으로써, 종래 22부제와는 달리 실권귀족들이 정치적 주도권을 행사해 나갈 수 있게 되었던 것으로 보인다.[9]

---

6) 관산성전투가 끝난 뒤, 왕자 여창(餘昌)이 3년 후에 비로소 성왕의 뒤를 이어 위덕왕으로 즉위하는 것으로, 그리고 당시 귀족들이 여창의 잘못을 강하게 비판하고 있는 것으로 기록하고 있음에서 이런 정황을 짐작할 수 있다(앞의 책, 181~182쪽 참조).

7) 이점과 관련, 노중국은 이들 8대성이 당시의 최고 귀족 가문으로서 사비시대 후기 정치의 핵심 위치를 이루어 나간 것으로 보고 있다(앞의 책, 187쪽 참조).

8) 앞의 책, 189쪽 참조.

9) 이 무렵의 백제의 정치상황을 노중국은 6좌평 중심 체제로 규정하여 이해하려는 태도를 보이고 있다(앞 주와 같음).

이처럼 정치적 위상이 높아진 만큼 이들 회의체에 대한 일반인들의 인식도 또한 더욱 높아졌을 것임과 함께, 이에 따라 자연히 이들을 대표하는 인물의 지위와 권한도 높아졌을 것이다. 그리고 왕명의 출납과 관련된 중요 업무를 관장하고 있는 것이 내신좌평(內臣佐平)이라는 점에서 내신좌평은 곧 당시의 수석좌평이었다고 이해된다.[10] 『일본서기』에 사택지적(砂宅智積)이 대좌평(大佐平)으로 기록되고 있음[11]도 이것이 내신좌평의 이칭으로서, 이는 이 시대에 내신좌평의 지위와 권력이 격상된 사정을 말해주는 또 하나의 증거라고 할 수 있다. 이로써 우리는 그가 다름 아닌 이들 최고 귀족회의의 의장이었을 것이며, 바로 그의 이러한 정치적 위상이 유다르게 인식된 결과, 사실의 전설화를 통해 백제 당시대의 구체적인 관명을 이미 까마득히 상실한 채 후대적 관념에 익숙한 '재상'이라는 명칭으로 불리게 되었을 것임을 어렵지 않게 유추할 수 있다. 무엇보다도, 당시대 정치제도사의 이런 측면이 위 전설 속에 기본적으로 반영되어 있다고 이해된다.

나아가, 이처럼 정치적 위상과 역할이 높아진 만큼 수석좌평의 선출방식 역시 전에 비해 어느 정도로든 달라질 필요가 있다고 여겼을 것이고, 이점도 위 전설에 미친 영향을 준 좀 더 구체적인 또 다른 측면이었다고 이해된다. 종래 5좌평제 때의 그것이 그다지 특별하다고 볼 수 없는 관행화된 것이라는 의미를 짙게 띠었다면, 여기에서는 그에 대해 더 특별하고 예외적인 방식이 요청되었다고 할 수 있고-구체적이고 직접적인 동기는 어떤 것이었든-이런 요구도에 의해 지금의 천정대라는 특별한 장소에서, 특별한 방식에 의한 인물선출 방식이라는 수단으로 나타나게 된 것이라 보아진다. 말하자면 현재의 부여군 세도면에 '남당산'이 있고 여기에 유왕산(留王山)이 있는 사실이 백제 5좌평제 무렵까지의 이른바 남당제의 흔적을 보여주는 것이라면, 천정대는 6좌평제에 의한 수석좌평의 위상 강화에 따라 수석좌평을 선

10) 앞의 책, 190쪽 참조.

11) 『日本書紀』「皇極紀」元년 2월조에 "去年 大佐平智積卒" 이란 기록이 있다(앞의 책, 209~210쪽 참조).

출하는 장소의 중요성이 더욱 중요시된 결과로써 선정된 곳이라고 이해할 수 있다. 그리고 선출방법을 다수 의견이 아닌 하늘의 뜻에 따라 결정했다는 것도 그러한 인물의 권위와 존엄성을 높이기 위한 일종의 상징행위로 볼 수 있게 된다. 위 전설에서 나타나고 있는 임금바위, 신하바위라는 명칭도 전설적 과장이 보태진 것이라 이해된다.

그런데, 위 전설에서 보이는 천인(天印)화소의 숨은 뜻을 백제 최 말기의 정치상황과 좀 더 깊이 관련지어 주목할 경우, 위 전설 형성의 직접적인 동기가 이러한 각도에서만 이해될 것만은 아니며, 오히려 그것은 효과적인 전제적 통치를 위해 교묘하게 선택된 정치행위로 이해될 수도 있을 듯하다. 말하자면 이것을 당시 대좌평 선출에 따른 혼란을 막아 정치적 안정을 도모하고 왕 혹은 왕을 중심으로 한 정치실권자들의 이익을 실현하려는 의도에서 나온 방법이라고 보는 것이 당시의 정치적 배경과 더욱 부합되는 해석이라고 볼 수 있다는 점이다. 지방귀족의 성장과 세력 재편의 결과 좌평의 수가 늘고 권한이 강화되었던 일면, 왕족의 권력집중화로 인해 정치적 대립과 정국의 불안정이 더욱 높아졌던 것이 백제의 최 말기 정치현실이었던 사실[12]을 우리는 위와 같은 정치행위를 이해하는 데에 고려할 필요가 있다. 의자왕이 왕자 41명을 대거 좌평에 임명한 것은 정치적으로 보아 대단한 파행이며 독단이 아닐 수 없다. 이러한 상황은 필연코 귀족층 좌평들과 왕족층 좌평들과의 대립과 갈등을 낳았을 것이며, 특히 상좌평을 중심에 둔 암투와 대립이 더욱 심각하게 드러날 수밖에 없었을 것이다. 이런 상황과 결부지어 볼 때 위 천인화소를 핵심으로 한 '정치실권자는 하늘의 뜻으로 결정한다'는 정치관행은 인위(人爲)를 천정(天定)에 가탁한 고도의 정치적 책략으

12) 의자왕이 즉위한 뒤 왕권의 강화를 추진하는 과정에서 왕제 및 귀족들을 제거함으로써 왕족과의 충돌과 대립을 낳았던 일(김수태, 百濟 義慈王代의 太子冊封, 『백제연구』 23, 충남대학교 백제연구소, 1992, 163쪽 참조.)이나, 즉위 17년 1월 왕의 庶子 41명을 좌평으로 삼아 식읍을 주었던 것(『삼국사기』 28, 의자왕 17년)과 같은 일련의 정치 행위는 결과적으로 좌평의 존재와 정치적 위상에 큰 변화를 주었을 것이며, 이는 곧 당시 통치세력 사이의 세력 관계가 극히 불안정한 것이었음을 말해주는 것이다.

로 고안된 것이라 할 수 있다. 비정상적으로 커진 좌평들의 권위를 임금이 제대로 통제·조정할 수 없었던 데에서 최고 실권자를 선택하는 데에 이처럼 주술적인 방법을 동원할 필요가 있었고, 그 효과적인 방법으로서 호암산(虎巖山)이 선택되었을 것이다. 이러한 의례의 특이성을 수행하기 위해서는 비일상적인 방법과 장소가 요구되는데, 호암산은 우선 세속공간인 도성에서 어느 정도 떨어져 있으면서 너무 멀지 않은 적당한 거리에 있다. 그리고 인적이 닿기 어려운 험산인 데에다 경승이 특이하여 보는 이의 신비감을 자아낼 수 있는 조건을 지니고 있다. 임금바위와 신하바위로 나뉘는 바위의 특이함도 그러한 느낌을 높이는 데에 도움을 주고 있어, 전반적으로 이러한 자연조건은 '천정' 의례의 중대성과 존엄성을 연출해내는 데에 적절한 기능을 달성했다고 할 수 있다. 결과적으로 이렇게 볼 때, 이는 그 무렵 헝클어진 정치상황에서 대좌평 선출을 위한 하나의 고육지책으로 고안된 것임을 말해주며, 이와 같은 관점에서 본다면 위 천정대전설은 태평시대 정치문화의 산물이라기보다, 강화된 대좌평의 역할에 따른 정치적 갈등과 왕족 내부의 분열상의 반영일 수 있다고 할 수 있다.

어떤 관점이 당시의 정치상황과 정확히 부합되는지 쉽게 단정하기는 어려워 보인다. 구전에 의하여 일반화된 표현을 지향하는 전설로써 정확한 사실을 파악하기가 쉽지 않기 때문이다. 지금 전하는 전설도 역사사실의 주관적 해석이자 어느 일면의 과장에 의한 인식이라는 점에서 전설을 통한 역사사실의 정확한 실증적 확인은 일정한 한계를 지닐 수밖에 없다. 다만 지금은 자세한 내용을 잃어버린 지난 역사상황에 대하여 개연성 있는 추정을 추구하는 것일 뿐으로, 전설 쪽에서 볼 때 중요한 것은 위 역사사실이 지닌 높은 전설형성력이다. 그것이 역사적으로 긍정적으로 평가될 만한 이유에 의해서였든, 아니면 그와는 정반대의 정치적 동기에 의한 것이었든지, 사실 자체가 지니는 높은 정치사적 비중과 함께 거기에 동반된 천인(天印) 화소의 신비성으로 인해 천정대에서 행해진 독특한 정치 행위는 당시부터 이미 백성들로부터 큰 관심을 끌기에 충분했을 것이다. 더욱, 위와 같은 두 가지의 소재적 기반을 지닌 천정대전설이 주는 사실성을 더욱 높이는 데에 천정대라는 자연물의 외형적 특징은 또 다른 구실을 해주었다고 할 수 있다. 전설은 사실임을 표방하면서도 초경험적 경이성이 강조됨으로써 설화적 흥미성을 추구하는 설화 갈래[13]이자, 증거물의 그럴듯함으로 하여 더 높은 단계에서 현실감 있는 허구적 형상성을 확인하고자 하는 측면과 더불어, 행위나 사건이 보여주는 예외성이나 중요성으로 하여 전설적 흥미가 더욱 높아지는 특성을 지니고 있다. 이에 비추어 볼 때 위 전설은 독특하고도 초경험적인 화소, 그리고 내용 및 증거물의 모든 측면에서 사실에서부터 전설로의 전환력을 높게 갖추고 있었다고 볼 수 있고, 결국 이로써 '천정대전설' 혹은 '정사암(政事岩)'전설은 단기간에 영향력 있는 전설로 성립되고 오랜 기간에 걸쳐 강한 전승력을 발휘할 수 있었다고 할 수 있다. 그리고 이처럼 전설적 전승력이 강함에 따라 천정대라고 불리기 전의 천정대라는 자연물과 관련되어 있어왔던 전설이나 혹은 천정대전설이 형성된 뒤에 독자적으로 발생될 수 있었던 전설들까지도 점점 '천정대'전설 속으로 흡인되는 현상을 빚게 되었을 것이고, 이로써 점점 천정대전설은 양적으로 많아지고 전승 범위에서도 확장되어 나갔을 것이다. 전설 소재의 역사적 중요성에 의해 전설적 의미도 확대되고, 그것이 전승력이 약한 주변의 다른 전설들에까지 미치고 있음을 보여주는 결과이다. 더 나아가, 이러한 영향력은 후대에 이 전설이 기록화됨으로써 지속력을 더 강하게 발휘하는 데에 또 다른 힘으로 작용했다고 할 수 있다. 전설의 소재가 지니는 역사적 비중으로 하여 구전설화가 기록화되고, 이 기록은 다시 구전설화에 또 다른 간접적인 영향을 미치게 된, 역사적으로 중요하게 인식되는 전설 전승의 복합적인 관련성을 보여주는 특징적인 예를 위 전설은 우리에게 보여주고 있는 것이다.

---

13) 임재해, 『민속문학의 이해』(문학아카데미, 1994), 328~329쪽 참조.

3. 기록전설의 검토

천정대전설은 구비(口碑)로도 전승되어 왔지만 그 못지않게 역대 여러 문헌을 통해서도 지속적인 관심 속에 전승되어 왔다. 위 전설이 백제사와 관련된 중요한 고적의 하나로 주목되어 왔다는 증거인데, 몇몇 문헌을 볼 때 기록된 문면이 일치되고 있지만은 않고 있음이 주목된다. 기록하는 대상이 지니는 중요성에 대한 인식은 공통이지만, 기록할 소재를 받아들여 기록하는 시각은 조금씩 달리 나타나고 있음을 보여준다. 현전 자료를 볼 때 천정대전설을 기록한 가장 이른 문헌은 『삼국유사』로 드러나고 있다. 여기에 기록된 내용은 다음과 같다.

> "또 호암사에 정사암이 있다. 나라에서 재상감을 의논할 때면 뽑힐 만한 3~4명의 이름을 써 봉해서 바위 위에 놓았다가, 잠시 뒤 이름 위에 도장이 찍힌 사람이 재상이 되었으며, 이 때문에 그런 이름이 붙여졌다."[14)]

위 전설의 줄거리는, 현재 천정대전설 증거물의 증거력이 과대 혹은 과소하게 평가되지 않는 전승지역에서 전해지고 있는 위 전설 내용과 가장 흡사하다. 천정대전설이 전승 위치에 따라 변화가 심하게 나타나고 있음을 주목할 때, 이 이야기는 천정대와 비교적 가까운 곳에서 전해진 내용과 근사한 것이라 이해된다. 이와 관련지어 주목해야 할 것은, 이 전설이 호암사라는 절과의 관련성이 의식되어 기록화되고 있다는 점이다. 다른 기록과는 달리 여기에서만 정사암이 호암사에 위치해 있는 것으로 기록되고 있음이 그것을 말해준다. 이것은 일연이 지닌 불교적 취향을 반영한 것이라고도 할 수 있겠지만, 일연이 참고한 기록이 위 천정대전설과 호암사와의 관련성을 잘

---

14) "又虎嵓寺有政事嵓 國家將議宰相 則書當選者名三四 函封置嵓上 須臾取看名 上有印跡者爲相 故名之" 『삼국유사』 권2 「남부여」 '전백제'

알고 기록된 것이거나, 아니면 호암사가 있는 호암리의 지리적 사정을 잘 알고 있는 인물이 들려준 것을 일연이 기록한 것이었기 때문이라고 여겨진다.

이와 함께 또 하나 관심을 끄는 것이 '정사암'이란 명칭이다. 편의상 천정대전설이라 했지만, 그러나 위 전설의 각편들을 보면 이것으로 고정되어 있지 않고 다양하게 불리고 있으며, 이것이 위 전설이 보여주는 명칭상의 특징이기도 하다. 이 가운데에서도 오늘날까지 구전되고 있는 위 전설 가운데 이 명칭은 어디서도 발견되지 않고 있다. 정사암이란 명칭은 '천정대'란 이름에 비해 전설이 지닌 역사적 실제성에 좀 더 다가선 것이라 할 수 있다. 이처럼 추상화된 명칭이라 할 수 있는 천정대가 아닌, 구체적이고 사실적인 명칭이 전설의 제명으로 쓰이고 있음도 위에서 말한 위 전설 문면이 보여주는바 이것이 전승 지점의 국지성과 호암사와의 깊은 관련성이라는 특징 위에서 포착된 이야기였던 데에서 자연스럽게 가능할 수 있었을 것으로 보인다.

이들 몇 가지 사실들을 종합해 보면, 위 전설 기록은 호암사를 비롯한 부여지역의 불교 사정을 잘 아는 인물에 의해, 비교적 역사적 사실성에 가깝게 위 이야기를 주목하고 기억하여, 불교적 취향이 중시된 쪽에서 기록된 것이라고 이해된다. 그리고 이렇게 볼 때, 호암사가 오랜 역사를 거치면서 존폐를 거듭하는 과정에서 지금은 그 이름조차 잃어버리고 말았지만, 적어도 호암사 쪽에서는 정사암이라는 명칭을 백제시대 당시부터 익히 썼을 것이고, 위 이야기가 전설로 증폭되어 나간 상당히 후대까지도 이 명칭은 호암사를 중심으로 존속되었으리라 여겨진다.

다음 『세종실록』「지리지」의 경우를 보자.

> "고을 북쪽에 가파른 암벽이 있고, 암벽 위에 대가 있는데, 아래로는 긴 강이 흐르고 강가에는 모랫벌이 있다. 말로 전해오기를 옛날 백제 때, 사람을 쓸 때마다 군신이 재계한 뒤 사람 이름을 적어 대위에 놓고 모랫벌에서 둘러서서 공손한 자세로 천제가 금 글자로 낙점하기를 기다렸다. 그런 뒤에 임금이 인물에게 작위를 내렸는데, 이 때문에 그곳을 천정대라고 부르게 되었다."[15]

위 문면은 천정대의 위치를 그 자체로서 소개하고 있는 점에서 불교적 관점이 묻어있는 앞의 경우와는 차이를 보여준다. 그리고 그것에 비해 전설의 배경은 물론, 내용 소개가 훨씬 자세하다. "(바위 아래) 모래밭에서 (재계한 군신들이) 공손히 둘러서서 기다려 하늘에서 금 글자로 낙점하기를 기다렸다"는 것과 같은 내용은 요즈음의 천정대전설에서 찾아보기 어려운 자세한 표현이다. 이처럼 전승 배경과 더불어 전승 내용을 자세히 소개할 수 있었음은 이것이 『삼국유사』의 그것과는 전혀 별개로, 기록 당시 부여지역에서 전승되고 있던 이 전설을 자세히 듣고 기록한 결과였기 때문이었을 것으로 보인다. 그리고 실제 이러한 사정에 따라, 위 기록은 이것이 구전되는 이야기였음을 밝히고 있다. 불교와는 무관한 관점에서 현지 전설을 전설답게 듣고 기록한 것이라는 점에서 위 기록은 개별 전승유형의 하나로 의미를 지니는 것이면서, 내용상의 상세함을 잘 유지하고 있어 천정대전설의 후대적 전승 양상과의 비교 이해에 유익한 다리 구실을 해주고 있다는 점에서도 중요한 위치에 있다고 하겠다. 이에 이어 기록된 또 다른 예가 『동국여지승람』에 수록된 것이다.

> "고을 북쪽 십여 리 되는 곳의 강 북쪽이 마치 깎아지른 듯한데, 바위가 있어 대처럼 생겼는데 밑으로는 강물이 흐른다. 말로 전하기를, 백제 때 재상 벼슬을 제수할 때, 뽑힐 만한 인물의 이름을 써 봉한 뒤에 바위에 놓아두었다가 얼마 있다가 열어 보아 이름 위에 도장자국이 있는 사람을 재상으로 삼았으며, 그래서 그런 이름이 붙여졌다고 한다. 혹은 정사암이라고도 부른다."[16]

위 문헌은 동원된 어휘와 묘사어구가 대부분 앞에서 본 두 문면의 그것과

15) "縣北有絕巘 巘上有臺 下有長江 江渚有白沙汀 諺傳 昔百濟時 每用人 君臣齋戒 錄人名置臺上 環拱白沙汀 以待天帝金字落點 然後王乃爵人 故謂之天政臺" 『세종실록』「지리지」 '부여현'

16) "縣北十里許 江北絕巘 有巖如臺 下臨江水 諺云 百濟時欲拜宰相 則書當選者名 函封置巖上 須臾取看名上有印迹者爲相 故名 或稱政事巖" 『동국여지승람』 권18 「부여현」 '고적'

겹치고 있음을 보아 이 두 자료를 참작하면서 취사선택하여 기록한 것임을 쉽게 알 수 있다. 천정대의 설명 부분은 주로 『세종실록지리지』를 참고하되 내용을 약간 축약하여 고쳐 쓰고 약간 부분을 보충했으며[十里許], 전설의 내용에서는 『삼국유사』를 따르되 일부분을 삭제하기도 했다[或三四(名)]. 이로써 보면 위 문면은 『삼국유사』의 내용에 더 비중을 두고 취사선택했다고 하겠는데, 그러면서도 전체 제목은 『세종실록지리지』의 '천정대'를 취하고 있다. 전설로서의 의미를 긍정하되 세세한 표현을 피하고 간략화를 기하려는 절충적 태도를 보여주고 있다고 하겠다.

이상에서 살핀 세 가지 자료의 특징과 의의를 다시 요약해 보면 먼저, 『삼국유사』의 기록은 전설의 증거물 및 그 증거물이 있는 곳과 전설 전승자가 밀착된 상태에서 우러나온 자료로 이해된다. 이에 따라서 전승지역 및 전승계층상에서 제한성을 뚜렷이 보여주며, 그만큼 전승유형상으로도 같은 특징을 보여주는 자료라 할 수 있다. 이에 대해 『세종실록지리지』의 경우는 위에서 보여준 전승지점과 전승계층, 전승집단상의 특수성과 제한성을 벗어나 일반화된 전승유형에 가까워진 모습을 보여준다. 『삼국유사』에서 보이는 "재상감을 의논할 때", "3~4명"과 같은 사실적 측면이 보여주는 구체성을 잃고 "사람을 뽑아 쓸 때마다[每用人]" 천정대가 이용되었다고 기록된 것이 위 전설의 그러한 측면을 말해주는 적절한 예이다. 이는 역사적 특수 사실로서의 의미가 짙은 이 화소가 이미 구전과정을 통해 구체성을 잃고 막연한 내용으로 변이된 결과임을 잘 보여준다. 이로써 보아, 위 전설은 전승지점상으로 볼 때에도 천정대 옆이 아닌 지금의 부여읍 부근이었으리라 여겨진다. 끝으로 『동국여지승람』의 경우는 대상을 전설로서 대하고 기록하되 간략화된 소개를 지향하려는 태도를 보여주었다. 이는 전설로서의 발전적 인식이라기보다 단순한 절충식 기록에 그친 것이라 할 수 있고, 이 때문에 하나의 전승유형으로서 볼 때 위 문면은 뚜렷한 특징을 보여주지 못하고 있다.

이후 1700년대 중후반기 『여지도서』[17]와 『충청도읍지』[18], 그리고 1800

년대 말의 『대동지지』[19]와 같은 지지류 문헌에 천정대전설이 계속 기록됨으로써 부여와 관련된 지역전설로서의 의미를 지속해 왔다. 그러나 이들 기록들은 같은 내용을 거의 그대로 옮겨 적는 데에 그치고 있을 뿐, 그 구전전설로서의 구체성을 살려 기록하지는 못하고 있다. 『삼국유사』와 『세종실록지리지』의 수준을 더 진전시키지 못한 것이 『동국여지승람』이라면, 『동국여지승람』에서 한 걸음도 진전된 안목을 보여주지 못하고 있는 것이 그 이후 지리지류의 천정대전설이다. 전설의 현지사정에 대한 관심이 지속적으로 가해지지 못했을 뿐만 아니라, 선행 기록의 습관적인 답습에서 벗어나지 못함으로써 자료 면에서나 기록자의 관점 어느 쪽에서도 새로운 모습을 제시하지 못한, 문헌자료의 한계점을 잘 드러내주고 있다고 할 수 있다. 이는 전설 이해에서 문헌자료가 지니는 공통적인 한계점을 보여주는 것이라고도 할 수 있는 것으로, 천정대전설의 살아있는 모습을 관찰하기 위해서는 다름 아닌 현전 구전 자료를 주목해야만 할 필요성을 말해주는 것이기도 하다.

4. 맺음말

천정대전설은 어느 면에서 사소한 이야기에 지나지 않아 보이기도 한다. 그러나 전설의 성격과 거기에 담겨있는 역사를 함께 고려하면, 지역전설적 측면과 함께 백제사의 중요한 상황이 결합되어, 결코 과소평가할 수 없는

17) 『여지도서』「부여」 '고적'조에 기록된 내용은 아래와 같은데 『동국여지승람』과 거의 흡사하다 : "在縣北十里 有岩如臺 下臨江水 百濟時 欲拜宰相 則書當選者名 函封置岩上 少須取看則 名上有印跡 拜以爲宰相 故名曰天政臺 或稱政事岩"

18) 정조 때 편찬된 것으로 추정되는 『충청도읍지』 권1 부여조에 실린 내용은 앞 주의 그것과 완전히 일치된다.

19) 『대동지지』상, 「부여」편에 실린 천정대전설은 아래와 같이 매우 축약된 모습을 보여주고 있다 : "虎岩山頂 江北絶巘 有岩 下臨江水"

설화문화적 비중을 지닌 전설임을 우리는 알게 된다. 이 연구는 위 전설의 의미를 주로 지역전설과 역사전설적 측면을 함께 이해하려는 쪽에서 접근을 꾀해 본 것으로, 여기에서는 우선 전설 형성의 역사적 기반과 함께 문헌에 전해지는 후대 기록자료들에 나타난 전설적 성격과 특징을 살펴보았다.

천정대전설은 증거물과 맺어진 사실 소재 자체가 지니는 일반인의 높은 정치·사회적 관심도와 더불어 거기에 동반된 천인(天印) 화소가 주는 신비감으로 하여 이른 시기에서부터 전설화되어 구전되었다고 이해된다. 또한, 위와 같은 전설 형성의 기반 위에 천정대라는 전설 증시(證示)물로 확인되는 그럴듯함이 위 전설의 전설적 실감성을 더욱 높여 주었다고 이해된다. 그만큼 증시물, 내용, 독특하고도 초경험적인 화소 등 여러 측면에서 천정대전설은 전설 형성과 전승상의 조건을 적절히 구비하고 있고, 이런 특징으로 하여 위 전설은 지역에 따른 다양한 전승유형을 낳으면서 지속적인 전승력을 유지해올 수 있었다고 할 수 있다.

천정대전설은 내용이 지닌 정치적 의미의 중요성으로 하여 이른 시기부터 여러 문헌에 지속적으로 기록되어 왔다. 이 가운데 『삼국유사』 소재 자료가 전설의 전승집단, 전승지역상의 제한적 특징과 이에 따른 전승유형상의 독자성을 보여주고 있다면, 『세종실록지리지』의 경우는 좀 더 일반화된 유형성에 가까운 모습을 보여주고 있다. 또한, 『동국여지승람』의 경우는 이전의 문헌 자료를 참고한 절충식 기록에 머물러 전설 인식의 새로운 수준을 보여주지는 못했다. 이후 조선 말기에 이르기까지 위 전설은 지지류에 지속적으로 기록되어 왔으나 이전 단계에서 보여준 독자적인 이해 시각이나 특징을 실현하지는 못했고, 이에 따라 역사전설로서의 실질적인 전승양상을 파악하기에는 일정한 한계를 드러낼 수밖에 없었다.

천정대전설의 역사성과 지역성의 이해에 초점을 둔 이 글은 아직 미완성 상태이다. 논제의 설정된 목표를 달성하기 위해서는 앞으로 전설 형성의 조건과 전승 유형, 전승 유형의 전승양상, 전설에 반영된 역사성과 그 의미 등의 문제가 더 살펴져야 할 것이다. 이런 점들은 후속 논문을 통해 다루어 나가기로 한다.

[호암산 아래 호암(범바위)]

천정대전설의 역사성과 지역성(속)

1. 머리말

이 소고는 이미 발표된 논문에 이어지는 글이다. 같은 이름으로 발표한 앞선 글에서 저자는 주로 천정대전설의 형성 배경을 살피고 기록으로 정착되어온 천정대전설의 성격과 특징을 검토한 바 있다.[1] 이는 천정대 전설이 지니는 역사전설·지역전설적 성격 가운데 주로 역사전설적 측면에서의 이해를 도모하고자 한 것이었다.

그러나 앞글을 마무리하면서 언급했듯[2], 기록자료를 통한 천정대전설 이해의 한계점을 벗어나기 위해서는 위 전설이 현지에서 구전되는 모습을 주목하여 전설적 의미 이해를 확장하지 않을 수 없다. 그리고 이를 위해서는 지금까지 전승 현지에서 전승되고 있는 위 전설의 전승유형을 구체적으로 열거하고 이들 유형들의 특징을 전승 현지와의 관련성 위에서 관찰해 나갈 필요가 있다.

---

1) 황인덕, 「천정대 전설의 역사성과 지역성-형성배경과 기록전설 자료의 고찰」, 『백제의 종교와 사상』, 충청남도, 1994.

2) 앞 주), 102쪽 참조.

2. 전설 형성의 조건과 전승유형

그런데, 이에 대한 구체적인 작업에 앞서 살펴야 할 것이 있다. 위 전설의 성립을 가능케 한 역사성과 지역성에 깊이 유의하면서, 위와 같은 토대 위에서 실현되는 전설로서의 내용적·전승적 특성을 더 깊이 살피고, 이런 토대 위에서 전승유형의 형성 및 전승과 관련된 기본적인 성격과 방향을 점검하는 일이다.

전설의 증거물 즉 전설 소재-혹은 제재-는 어느 것이든 전설 형성의 가능성을 잠재적으로 지니고 있다면, 전설 전승집단은 전설 소재에 대해 전설적 의미를 부여할 수 있는 또 다른 잠재력을 늘 지니고 있고, 이 두 관계가 선택적으로 조응함으로써 전설은 가능하게 된다. 전설은 이처럼 일정한 사물과 인간간의 언어를 매개로 한 관계의 산물이며, 이러한 다양한 상호 관계 가운데에 선택된 어느 특정한 관계가 구전력을 확보함으로써 이야기로 정착된 결과이다. 여기에서 전설 소재는 단순히 전설형성을 가능케 해준다는 점에서만 그 의의가 확인되는 것만은 아니다. 전설 소재가 보여주는 외형적 특징과 전설 내용이 지니는 특징은 그대로 소재와 내용의 결합에 의한 전설의 생명력을 결정하는 중요 요소로 작용하게 된다는 점에서 더 중요한 전설로서의 의미를 지닌다. 전설은 증거물이 지닌 특징에 전설이 지니는 영향력이 결합된 결과이고, 전설적 전승력의 기본적인 힘도 여기에 좌우된다고 할 수 있다.

[천정대(왼쪽 큰 바위 상단부, 일명 임금바위)]

고정된 사물로서의 전설 증거물과 역사가 만나 전설이 생성될 수 있는 계기는 여러 경우가 있을 수 있고, 따라서 하나의 증거물은 단일 유형의 전설로만 고정되지 않을 수도 있다. 중요한 것은 소재와 내용의 전설적 결속이 어떻게, 얼마나 강하게 마주치고 있으며, 전설적 영향력이 어느 정도인가 하는 문제이다. 이들 요소들이 독자적 특징을 잘 유지하면서 상호 결속력을 강하게 발휘하면 할수록 전설로서의 진실성을 강하게 확보할 수 있고, 전설적 전승력도 강하게 지속될 수 있으며 내용상의 변이 가능성은 약화되는 것이라면, 그와 반대의 환경에 놓일 때 위와는 반대 현상을 보여줄 수 있는 가능성이 크다고 할 수 있다. 천정대와 관련된 천정대전설이 오랫동안 지속적인 전승력을 확보해 왔던 것도, 기본적으로 증거물과 전설 내용이 상호 긴밀한 결속 관계를 유지해 왔다는 점에서 이해될 수 있다.

여기에서, 위에서 말한 전설 구성 요소가 서로 결속될 수 있는 여러 가능성들을 세분해서 이해해볼 수 있을 것이다. 우선 증거요소는 증거능력이 강한 쪽에서부터 약한 쪽에 이르는 여러 관계를 가정할 수 있다. 전설의 소재

즉 증거요소가 전설화되는 내용을 뒷받침해줄 수 있는 외면상의 유사성이 아주 높은 경우에서부터 비교적 낮은 경우에 이르기까지 여러 단계로 나눌 수 있음이 그것이다. 이들의 상호 유사성이 높을수록 전설의 생성력이나 점착력은 높아지게 되고, 전승력 또한 강하게 유지될 수 있다.

이와 함께, 전설 전승자들과 그 소재가 맺고 있는 공간적·시간적 관계의 빈도가 높고 낮은 관계를 주목할 수 있다. 전설화의 동기는 증거물과 전설화의 주체인 인간이 마주침으로써 가능하게 된다. 증거물에 대해 전설의 전승 주체들이 쌓은 상상력의 누적에 의해 전설은 발생될 수 있다. 그리고 생성된 전설의 전승력과 전파력 또한 전설 소재가 전설 전승의 주체와 접하는 기회가 얼마나 잦은가 하는 물리적 조건에 큰 영향을 받게 된다.

다음, 전설 소재와 관련을 맺게 되는 전설 내용의 경우는 그것이 얼마나 일반화된 것인가 그렇지 않은가—예컨대 보편화된 화소인가 아닌가—또, 그것이 역사적으로 크게 주목을 끌 수 있는 사건에 속하는 것인가 그렇지 않은가—예컨대 역사적 사건, 위인, 특이 인물—그리고 지역 주민들의 삶이나 관심과 깊은 관계를 맺고 있는가 그렇지 않은가 하는 등의 몇 가지 측면으로 구분할 수 있을 것이다.

이렇게 잠정적으로 나눠본 위 전설 형성에 긴요한 두 요소들의 세부적인 사항들 가운데, 두 요소가 서로 좋은 조건끼리 만나게 되면 그만큼 특색 있는 전설이 형성될 수 있게 되고, 전승력도 강하게, 그리고 지속적으로 확보될 수 있다면, 그렇지 않은 조건끼리 만날 경우 이와는 반대의 현상을 보여주게 된다.

전설은 이처럼 증거력을 갖는 구체적인 사물과 그것에 의미를 부여하는 특정 사실, 그리고 이들을 감싸고 있는 전승집단의 생활여건과의 밀접한 조응 관계에 의해 성립되고 의미와 전승력이 결정되고 구체화된다. 전설의 내용은 위에서 나열한 여러 조건들이 상호 유동적인 관계 속에서, 민감하게 작용하면서 구성되는 것이기 때문에 전설은 자연히 내용상의 유형성이 유동적일 수밖에 없다. 여기에다, 전설 전승집단의 특징 및 더 작게는 전설 화자의 개성까지를 함께 고려한다면 전설의 이러한 전설화 과정상의 유동성은 더욱 커지고 다양해지게 된다.[3] 그런 점에서 전설, 특히 지역전설은 민담과는 달리 고정된 유형이 의식되어 이야기된다기보다, 전설을 감싸고 있는 전승 조건에 따라, 이야기로 성립되고 구전되는 양상이 늘 유동적인 상태에 놓이게 된다. 민담이 대체로 고정된 유형(type) 내에서 화자의 개성이 발휘되는 것이라면, 전설은 전설을 감싸고 있는 환경에 따라 달리 이야기되는 특징을 크게 보여준다. 이런 사실은 곧 전설의 이해에서 전설 형성의 요건들과 그것들의 가변적 상황이 중요하게 고려되어야 할 것임을 뜻하는 것이기도 하다.

그렇다면 이제 이러한 일반론에서 좀 더 나아가 전설 형성의 요건들과 이들 요건들의 가변적 상황을 고려하면서, 위 전설로 관심을 옮겨 전설 형성의 근거와 특징을 주목하기로 한다.

모든 전설을 결정하는 요소는 크게 전설의 내용, 증거물의 증거능력, 증거물의 위치, 전승집단(혹은 전승자)으로 구분할 수 있다. 전설의 성립이 이들 환경요소들 간의 특정 관계에 의해 특정 시기에 이루어지는 것이라면, 그것의 전승 역시 이들 요소들 간의 다기다양한 관계에 의해 결정된다. 이 가운데 우선 전승 내용은 잘 알려진 것, 기억하기 쉬운 것, 내용이 복잡하거나 길지 않으며, 특이하고 원형적 사고에 닿아 있는 것 등의 조건을 지닐수록 전설 형성에 적합한 것일 수 있다. 그리고 증거물은 증거력이 전설 내용을 잘 뒷받침해줄 수 있을 만큼 형태상의 특이성이 뚜렷하며, 되도록 희귀성을 잘 띠는 것일수록 전설 소재로서 적합하다고 할 수 있다. 전설화되고 있는 모든 증거물은 모두 인간의 생활과 어떤 관련을 맺고 있으며, 일정한 물리

[3] 천정대전설의 전승양상과 전설적 의미에 대한 좀 더 깊은 이해를 위해서는 이러한 측면들까지지가 함께 고려될 필요가 있을 것이다. 그러나 이 글은 전설의 소재 즉 증거물과 관련을 맺고 있는 전승 집단을 대체로 '마을' 수준으로 설정하고 마을들의 특성(지정학적·생태학적 특징 등)을 유의하여 관찰하려는 것이므로, 이들 작은 단위의 문제들에까지 깊은 관심을 기울이지는 않기로 한다.

적 거리를 유지하고 있다. 전설 증거물은 그것을 전설화하여 받아들이는 전승집단과 가까운 거리에 있을수록 전설화될 가능성이 높고, 전승력을 강하게 유지할 수 있는 가능성이 높아진다. 그러므로 증거물이 여러 사람에게 잘 보이는 곳에 위치해 있다는 것은 전설로서 높은 전승력을 확보하고 그것을 지속시키는 데에 아주 큰 역할을 하게 된다. 끝으로 전승자 또는 전승집단은 되도록 전설을 비판적으로 인식하기보다 감성적으로 수용하려는 태도일 때, 전설의 전승력은 쉽게 확산되고 오래 지속될 수 있게 된다.

이러한 기준에 유의하면서 천정대전설의 '전승조건'을 주목해 보면 다음 몇 가지 특징을 보여준다.

(1) 전설의 내용이 초시대적 보편성을 띤다기보다 증거물에 따른 강한 제약을 띠고 있으며, 일반적이기보다 특수적이다. 그리고 초경험적인 측면이 약하며 널리 알려진 보편화된 유형이 아니어서 기억이 비교적 어려운 편이라 할 수 있다.

(2) 증거물이 지닌 증거능력이 뚜렷하지 못하여 전승력을 강하게 유지·보존하기가 어렵다.

(3) 증거물의 위치가 편벽되어 있어 전설 증거물과 지역 주민들과의 교류 기회가 적다.

이상과 같은 조건을 종합하면 위 전설의 생존 모습과 전승 방향을 결정하는 특징이 다음 몇 가지로 정리된다.

첫째, 전설 유형의 독자성으로 하여 전설의 줄거리가 특정 사실과 긴밀하고 구체적인 관련성을 맺고 있으며, 이 때문에 전설 형성의 계기가 역사적 상황에 긴밀하게 매어 있다. 그리고 같은 이유로 하여 일반 유동전설들처럼 전승과 정상의 이주성을 띠지 못하며, 그만큼 구전에 따른 이야기의 변이가, 자유로운 상상보다는 전설과 전승지역과의 관련성에 크게 영향을 받게 된다.

둘째, 주로 위 (1)과 (2)로 인하여, 위 전설은 허구적 상상력을 폭넓게 반영하기가 어렵다. 또, 이로 인해 전설적 공감과 설득력을 전국적으로 광포화된 전설에서처럼 깊고 넓게 확보하기가 어렵다.

셋째, 주로 위 세번째 조건에 의해 전설의 광포화가 어렵고, 따라서 전승지점마다, 그리고 전승자마다의 자의적 이해의 가능성이 크게 드러날 수 있다.

이들의 특징에 의해 위 전설은 그 소재가 특정 시대의 산물로서 보편성을 획득하기가 어렵고, 주된 화소가 기억하기에 쉽고 널리 일반화되기 어려우며, 전설증거물과 전설과의 결속 정도가 높지 못하고, 증거물이 궁벽한 곳에 위치해 있어 전승력의 확산이 어렵다는 등의 환경조건을 이루고 있다. 또한 이로 인해 천정대전설의 전설화 방향은, 허구성의 자유로운 확장보다는 사실적 이해가 강조되는 쪽에서 전승집단에 의해 수용되려는 경향을 보이며, 전승 범위가 좁고, 전승지점의 특징에 따라 전승유형이 다양한 모습으로 실현될 것이라는 등의 몇 가지 중요한 전승 방향과 전승유형의 특징을 예측할 수 있게 된다.

그리고 더 나아가, 이는 위 전설의 전승력을 지탱해온 가장 중요한 요인이 전설 증거물과의 거리임을 의미하는 것이며, 바로 이러한 특징에 따라 전승유형을 나눌 때 유형들의 성격이 비교적 뚜렷이 나타나게 될 것임을 뜻하는 것이다. 실제 위 전설의 유형들을 볼 때 이점이 잘 드러난다. 이미 살폈던 앞선 시대 문헌 기록에서 보았던 '재상'·'정사암'·'3~4'명이라는 등의 역사적 구체성을 보여주는 중요한 요소들[4]은 오래전에 탈락하여 흔적만을 남기고 있지만, 천정대라는 증거물은 전승유형들에 따라 정도 차이는 있지만 일관되게 기억되고 있음이 그것이다. 시간 아닌 공간개념을 중심으로 유형의 설정이 이루어지고 있다고 하겠다.

이에 따라, 위 전설의 유형은 전설증거물과 전승집단과의 관계에 따라 몇 개의 권역에 따라 전승유형을 나눌 수 있다

전승력의 핵이 되는 가까운 지점에서부터 전승력이 단절되는 먼 권역까지가 전승력이 유지되는 범위라 하겠는데, 위 전설의 경우 이들 권역과 그

[4] 이런 사항들에 대한 변이 모습은 주2)의 글 3장 참조.

에 따른 전승유형을 크게 다음과 같이 3가지로 구분할 수 있다.

[1] 증거물을 익숙하게 알고 있어, 증거물을 중심으로 전설이 형성되고 전승되는 경우

전설의 내용이 증거물과 긴밀히 연관되어 있고, 이런 점이 강조되어 이야기되며, 이에 따라 증거물의 구체성을 더욱 뚜렷이 보여주는 임금바위·신하바위가 흔히 언급된다. 그리고 이와 병행하여 이야기의 신성성 내지 초경험성이 강조되어 전설화되는 성향을 보여준다. 뿐만 아니라, 증거물에 대한 신뢰감으로 본디 천정대전설 유형이 아닌 다른 유형담까지 파생되는 데까지 나아가기도 한다. 관련 유형담들 가운데 전승력을 가장 강하게 유지하고 있다. 이 유형을 증거물 중시형이라고 부를 수 있다.

[2] 전설 증거물에 대한 이해 정도가 [1]에 비해 약해 증거물의 명칭과 그 개략적인 특징만을 알고 있는 경우

분명히 알고 있는 증거물의 이름과 전설의 내용을 일치시켜 이해하려는 관심을 보이면서 이야기되는 권역이다. [1]의 영향에 의한 전승이지만 증거물의 뒷받침을 강하게 받지 못해 이야기의 내용이 증거물과 관련된 사실의 신성성이 중시되는 쪽보다 역사 사실의 실제성과 현실성을 강조하는 쪽으로 줄거리가 진행되려는 경향을 보인다. 또 증거물의 증거력에 덜 의존하기 때문에, 이 유형의 전승은 주로 유식층을 중심으로 이루어진다. 증거물의 증거능력이 약해짐에 따라 때로 천정대 명칭유래가 엉뚱한 방향으로 해석되기도 한다. 이 유형을 사실 중시형이라고 명명할 수 있다.

[3] 전설의 증거물에 대해 거의 모를 뿐 아니라 증거물의 명칭에 대해서도 잘 모르고 있는 경우

이 때문에 전설의 내용이 증거물이나, 증거물과 관련된 명칭의 영향을 받지 않고, 거의 전승지역의 특성이나 전승자의 관심에 따라 자의적인 방향에서 이해되고 있다. 혹 전승자 스스로는 증거물의 이름을 바르게 알고 있는 것으로 믿고 있고, 전설의 내용도 거기에 맞춰 이야기하고 있기도 하지만, 그러나 실제와는 전혀 다른 이해를 보여준다. 전승력이 다른 유형들에 비해 가장 미약하다. 이 유형을 현지 중시형이라고 규정할 수 있다.

천정대전설이 구전현지에서 위와 같은 전승유형들로 나뉘고 있다는 사실은 이 글에서 확인된 중요한 결과의 하나라 할 수 있다. 특히 세번째 전승유형은 이제까지의 전설 연구 일반을 통해 깊이 관찰되지 못했던 측면을 드러내 보이는 것으로, 이는 전설의 전승력과 유형성 두 가지 면에서 전설 특유의 유동적 성격을 잘 보여주는 것이라는 점에서 일반적인 현지 구전 양상을 주목한 전설 이해에 유익한 지침이 되어줄 수 있을 듯하다.

3. 전승유형과 전승양상

이제, 위에서 살핀 지역별 권역에 따른 전승유형들의 내용상의 특징과 전승양상을 실제의 여러 예화들을 주목하면서 확인해 나가기로 한다[5].

유형 [1]은 전설 증거물이 전제되고, 그에 대한 신뢰감에서 전승력이 유지되는 경우로, 천정대가 있는 산에 가장 근접해 있는 지역인 호암리에서 발견되는 전승자료가 이에 해당된다. 이 유형의 특징은 대략 다음 두 가지로 압축할 수 있다. 전설의 주요 줄거리가 『삼국유사』에서 보여준 것에 근접된 역사사실의 옛 모습에 비교적 근접된 내용을 보여주고 있다는 점과, 증거물을 배경으로 하여 전설적 과장이 비교적 짙게 실현되고 있다는 사실이 그것이다. 아래 예화가 그 적절한 예이다.

5) 전승유형들의 전승지점과 전승현지에 대해서는 [부록]을 참고할 것.

[예화1] 하늘에서 정사를 정해준 천정대

[천정대가 큰 임금바위·작은 임금바위로 되어 있다는 점과 그 형태를 먼저 말한 다음] 그래서 옛날에, 에, 그, 원제 적에 했는지는 몰르나 전설에 내려오기는, 거기다가서 잉금이, 잉금을 서루 헐라구 허니까아, 거기다가 해놓구, 이름을 써서 해놓구서, 저어쪽서부터 저 거시기 왜 규암보구서 윳바위라구 허거던? 엿바위라구. 그래거 가 거기서 엿보구. 누가 그랬다구, 그런 전설이 있어요. [그러고 나서 어떻게 당사자를 결정했느냐고 계속해서 묻자] 그러닝깨 인제에, 거기다 갖다 조옥 해노면 하늘서 네러와서, 에, 증(定)을 헌다는 것이지. 그래 증할 증(定)자가 천증대여. [조사자 : 하늘에서 정해주기 때문에요?] 응. 그렇지 증. 증자[6].

〈임배수(남·66). 1994. 1. 8. 오후 흐림. 부여군 규암면 호암리 자택〉

이야기가 화자가 잘 알고 있는 증거물 제시로부터 시작되고 있고, 이야기의 주된 내용인 인물을 뽑았다는 화소가 이미 알려져 왔던 '재상'이 아닌 임금으로 변이되고 있다. 증거물이 지닌 비중으로 하여 이야기의 중요한 내용이 자연스럽게 달라진 것이다. 이렇게 화소가 달라지고 있는 것은 화소 자체가 너무 구체성을 띠고 있다는 점으로도 설명될 수 있는 것이면서, 이 전설에서 증거물이 전설의 신비성을 유지해 주는 데에 큰 영향을 미치고 있음을 함께 말해준다. 이처럼 이미 알려져 있는 증거물과 전설을 결부시켜 전설적 신비감과 설득력을 적극화하려는 관심에서 멀리 떨어진 '엿바위'[7]까지 동원되었다고 할 수 있다. 천정대 아래쪽에서 신하들이 하늘의 결정이 있기를 기다리고 있었다는, 앞에서 본 예에 비할 때 큰 변화가 아닐 수 없다.

천정대의 임금바위 화소가 전설에 미치는 좀 더 강한 면을 우리는 백제 멸망 당시 임금이 임금바위에 숨었다는, 앞의 것과는 또 다른 유형의 천정대전설을 볼 때 더 잘 확인할 수 있다. 다음과 같은 내용의 이야기이다.

6) 천정대가 위치해 있는 산을 관리하는 분이라며 아랫마을 임돈상(51)씨가 만나보라고 일러준 분이다. 들려준 이야기는 이에 앞서 마을 어귀에서 다른 주민들에게서 들은 것과 흡사했다. 흔히 '천장대'라고들 부르지만 어른들 말에 의하면 '천정대'가 맞다고 하더라고 했다.

7) 호암리에서 엿바위까지는 약 십리 거리이다.

[예화2] 천정대는 백제왕이 피신했던 곳

전설이… 나오는 말이 있지. 그런디… [무슨 이야기인지 들려달라고 거듭 요청하자] 백제 왱이, 부여가 도읍했을 적이. 그 백제 왱이 이 근방이루다 피신을 했어. 피신을 해가지구서 있는디, 무댕(무당)이 백제왕을 일러달라구 무당을 갖다가 죄졌어(족쳤어). 그래서 여기를 일러줬어. 그래서 백제 왱이 잽혔지. [그럼 임금이 천정대에 숨었던 것이냐고 묻자] 웅. 바위에 가 숨었어. 잉금바위서. 거 가보면 층층대가 좋아. 거기 가 숨었어. 피접(피신)했는디 무당다(무당이), 저 여삼[8] 사는 무댕이 있어 [여삼의 위치를 묻는 질문에 답한 뒤] 웅. 그 앞이 가 사는 사램이 있는디. 여자가. 무당여. 죄겨각구 잽혔지[9].

〈강동창(姜東昌·남·83). 1992. 3. 30. 부여군 규암면 호암리 자택〉

이것은 이 마을이 아니면 상상하기 어려운 유형의 전설이라고 할 수 있다. 역사서에는 의자왕의 피신 방향이 공주 쪽이었던 것으로 나타나 있고[10], 당시 왕의 피신과 관련된 전설은 흔히 알고 있듯 〈망괭이방죽〉의 유래담으로 아주 널리 알려져 있으며, 이 이야기에서는 공주로 피신한 의자왕의 행방을 당나라 군사가 족집게 점쟁이로 소문난 '망괭이'를 족쳐 알아냈다는 것이 그 주된 내용이 되고 있다. 이 내용과 관련지어 보면 임금이 직접 여기에 와 피신했다는 전설 표현은 실제로 사실일 수 있는 가능성이 열어 보인다. 그럼에도 이러한 유형담이 이처럼 설득력 있게 이야기되고 있음은 어째서일까. 백제패망 상황이 준 충격에 의한 주변사물의 전설 형성력이 강했던 점도 잠재적인 하나의 요인이 되어주었겠지만, 직접적으로는 역시 이 마을에 친숙하게 알려져 있는 천정대의 일부인 임금바위가 지닌 증거물로서의 전설 흡인력에 의한 결과로 보아야 할 것이다. 본질적으로는 이야기와 무관한 위치에 있었지만 임금바위가 지닌 하나의 상징화된 이미지에 빨려들어 이 지역 주민들에게 깊은 관심거리인 위와 같은 소재가 손쉽게 사실처

---

8) 가까운 부여읍 석목리를 말함.

9) 제보자는 천정대와 가까운 위치에서 오랫동안 살아왔고, 그에 어울리게 천정대와 관련된 문제들에 대해 깊은 관심을 지니고 있었다. 그러나 숙환으로 인해 언동이 많이 불편한 처지라서 어렵게 위와 같은 정도의 이야기를 듣는 데 그쳐야 했다.

10) 『삼국사기』에는 의자왕이 근신을 데리고 밤에 웅진성으로 피난한 것으로 기록되고 있다(「열전」 '태종무열왕'조 참조).

럼 끌어들여져, 설득력을 확보하게 되었다고 보이는 것이다.

결국 이러한 전설유형의 형성과 전승은 호암리만의 독자적인 자연적 특징을 충실히 보여주는 것이다. 백제시대의 일정한 정치행위가 이 마을에서는 그러한 행위의 추상적인 요약인 정사암, 천정대라는 이름보다는 직접적인 현지 증거물 위주로 기억될 수 있었다고 할 수 있다. 그리고 이렇게 고정된 증거물은 그러한 정치행위의 의미를 과장하고 전설화하는 데에 중심적인 기능을 해나가고, 전설의 전승력을 지탱하는 축이 되고 있다고 할 수 있다.

다음 유형 [2]를 보기로 하자. 이 유형은 전설 증거물과 전설 내용이 필연적인 관련성을 맺고 있지 않으며, 따라서 이야기에 증거물이 거론되지 않는 것이 보통이다. 또한 그만큼 이 유형은 앞의 유형 [1]에서 본 호암리와 천정대와의 거리에 비해 훨씬 더 멀리 떨어져 있어, 증거물과 전승자의 거리가 일상생활의 영역을 벗어나 있다. 이에 따라 이들 유형이 전승되는 지역에서는 증거물의 특징보다도 '천정대'라는 명칭에 대해 더 잘 알고 있고(명칭의 일반적인 의미에서 혹 빗나간 경우라 해도), 이야기가 이러한 명칭과 긴밀한 관련성 속에서 전개된다. 그리고 이처럼 전설 내용이 압축된 명칭에 기댄 전승이므로 [1]에 비해 전승력이 약해, 제한적으로만 이 유형담의 전승자가 될 수 있다. 이에 대한 예로 우선 다음의 경우를 보자

> [예화3] 대신들이 천의를 받아 정사한 곳
>
> [범바위 이야기에 이어서] 그라구, 고 밑이는 천정대. 천정대라능 건 어째 그러냐 하면, 백제적이, 미리 그 원로대신덜이 그 정치허능 걸 써. 써서 천정대에다 갖다 둬. 둬서는 여어러, 대, 그 군신들이 주욱 뫼야. 몇몇이 해서 두구서는 여어러 군신덜이 주욱 뫼야. 회 할 적이. 뚜껑을 떠억 떠들구는 거기서는 일기 적응 걸 내놔. 하늘서 '이케 정치를 허라'구 해서 천정대여. 하늘천자 정사정자. 천정대. 천정대. 그래, 에 천정대 밑이 절 익구 그렇지. 지금두 절언 있어[11].
>
> 〈金華鉉(남80). 1994. 1. 8. 부여군 정동리 와봉 자택〉

[11] 화자는 상당한 정도의 한학 실력을 갖춘 데에다 이 마을에서 오래 산 분으로, 인근의 여러 사적이나 부여의 역사에 대하여 깊은 관심을 지니고 있었고, 자신의 주견을 강하게 드러내면서 여러 이야기를 들려주고자 했다.

위 예화의 화자는 천정대 동쪽 강 건너에 면해 있는 마을에 살고 있다. '천정대'라는 명칭은 자신 있게 알고 있었지만 천정대에 임금바위와 신하바위가 있다는 사실은 모르고 있다. 구체적인 증거물 명칭이 아닌, 추상화된 증거물로만 알고 있고, 이야기 줄거리도 그에 잘 어울리는 쪽으로 전개되고 있다. 물리적 거리로 볼 때 위 예화 전승자는 천정대 동쪽 강 건너 지역 주민으로서는 전설증거물과 가장 가까운 마을에 오랫동안 살았지만 증거물이 일상생활권 밖에 위치해 있으므로 증거물의 구체성을 알지 못한 결과, 이처럼 호암리에서와는 크게 다른 내용으로 이야기를 기억하고 있었던 것이다. 또 다른 예를 보기로 하자.

> [예화4] 천정대는 비밀 정치 밀담장
>
> [천정대의 위치를 설명하고는] 그 강 갓이에 우뚝 솟은 바윈데. 그 바위가, 아, 거기를 올라가 보면은, 이룸게 삐쭉허게 생긴 바윈디, 이짝이서는(동쪽에서는) 올러갈 수가 웂구, 어 여기보담은 좁을 것여. 하야튼 이렇게 뾰쪽헌 바위가 묘허게 판판한 게 몇이 앉었을 만하게 자리가 있다구. 그러니까 백제 때, 그 뭣이, 그 나라에서 중요헌 무슨 상이를 할 적이넌, 그 몇몇 사람덜이 거기 와서 밀담얼 허던 곳여. 정치밀담얼 허던…. 그래서 정…그게 하늘서 낸 정치 밀담 그 천정(天政), 천정대라구 이렇게 얘기했다구 그러는디. 거기 가서 보먼…[12].
>
> 〈윤영설(남·68). 1994. 1. 4. 저녁. 청양군 청남면 인양리 자택〉

위 이야기의 화자는 천정대에서 강 건너에 사는 화자였던 앞의 이야기에 비해 강을 건너지 않는, 천정대 북쪽에 있는 마을에 살고 있다. 그래서 천정대와의 물리적 거리는 앞 예에 비하여 더 멀지만 일상생활상의 거리 개념으로 보면 그보다 더 가까운 관계에 있다고 할 수 있다. 이 때문인지 화자는

---

12) 화자는 앞 주에 소개한 화자와 비등한 수준의 학식을 지닌 분이고, 위 이야기를 대하는 자세도 비슷했다. 화자 딴에 중요하다고 여기는 부여의 역사를 말하다가 이 이야기에까지 자연스럽게 관심이 이어졌다. 천정대 이야기는 다른 내용으로 전하는 것도 있지만 그것은 잘못된 것이고 이 이야기가 바른 것이라고 했다. 같은 마을의 다른 화자인 윤문학(남·72) · 전관호(남·72)씨로부터도 똑같은 유형담을 들었다.

천정대를 이미 가본 일이 있고, 어느 정도 잘 알고 있다는 태도로 이야기를 했다. 그러나, "뾰족한 바위가 묘허게 판판한 게 몇이 앉었을 만하게 자리가 있다"고까지 말한 것을 볼 때, 상당히 자세한 관찰을 하고 있다고는 하지만 실제 자세히 보면 이것은 천정대의 위쪽만 관찰하고 만 것이다. 소위 '임금바위' 부분만을 본 것일 뿐, 그 아래 그보다 훨씬 접근하기 힘들고 위태한 절벽을 이루고 있는 '신하바위'는 보지 못한 것이다. 그러니 더더욱 임금바위와 신하바위란 말에 대해서도 모르고 있음이 분명해 보인다. 증거물을 보긴 했지만 부분적인 관찰에 그쳤고, 현지를 가보기는 했지만 일시적인 방문에 그쳤던 데에서 증거물을 증거물답게 받아들인 전설을 알기에는 한계가 있었던 것이다. 한마디로 증거물을 일상생활 속에 향유하는 '호암리'와 같은 지역과는 다를 수밖에 없는 차이점이라 하겠다.

그러므로 이 이야기는 전설 증거물을 증거물답게 이야기하려는 데에서 출발한 것이 아니며, 이야기를 화자 자기대로의 관점에서 관찰하고 판단한 결과를 좀 더 강조하고 합리화하기 위해 증거물이 동원되고 있다고 할 수 있다[13]. 위에서 인용한 부분이 이점을 잘 보여준다. 뾰족한 바위들이 서있고 그 밑에 펀펀한 곳이 있다는 전체 증거물에 대한 부분적인 묘사는 화자가 이 이야기에서 하고자 하는 '밀담장소'였다는 사실과 아주 잘 부합된다. 그리고 이러한 묘사를 천정(天政)이라는 추상화된 주제로 연결시키고 있는 것 역시 자연스럽다고 할 수 있다. 전설의 주제를 함축하고 있는 명칭을 뒷받침하기 위해 증거물을 특징적으로 이해하여 이야기 속에 수용하고 있음을 잘 보여주고 있다.

천정대라는 한자어를 잘 기억하고서 그것의 의미를 증거물을 동원하여 이렇게까지 구체적이고 자신감 있게 말하기란 쉬운 일이 아니라 할 수 있고, 그런 만큼 이런 유형담의 전승자에게는 어느 정도의 기억력과 함께 높

---

13) 증거물에 대한 관심의 이러한 차이는 이 글 4장에서 설정한 위 전설의 전승유형 가운데 첫째와 둘째의 차이와 같은 것이다.

은 이성적 판단력이 요구된다. 이 유형담의 전승자들이 상당한 수준의 학식과 식견을 갖춘 인물들이란 사실은 그러므로 우연한 것이 아니다[14]. 또한 이에 따라, 그만큼 앞에서 말했듯 유형[1]에 비할 때 이 전승 유형의 전승력은 제한되어 있다고 할 수 있고, 이런 사정은 위 예화의 화자와 더불어 화자 김화현의 경우도 다르지 않다. 그런데, 이처럼 같은 유형이라 해도 약간의 지역차이를 보여주고 있다는 점이 주목된다. 위 이야기가 조사된 마을은 생활권이란 측면에서 볼 때 물리적 거리로는 천정대와 더 가까운 거리에 있는 앞에서의 부여읍 와봉리에 비해 좀 더 가까운 거리에 있고, 이점으로 하여 전설의 전승력이 더 강하며, 전승력도 더 일반화되어 있다. 전설의 전승은 증거물과의 물리적 거리가 아닌 생활권으로서의 거리가 중요하게 작용하고 있음을 보여주는 것이라 하겠다.

이러한 주제 중심적 이해 태도는 명칭에 대한 강한 신뢰를 부여하면서 이야기되게 마련인데, 여기서 이런 관심이 극단화될 때 명칭 자체에 대한 새로운 이해 시각까지가 제기되는 예도 있어 주목된다. 다음의 경우를 보기로 한다.

> [예화5] 천정대(天井台)란 명칭은 잘못된 말
>
> 거기다가 그짓말 전설두 있었다구. 천정대. 못정(井)자. 하늘서 낸 못이라구. 못정. 그래서, 워째 그럼 천정대라구 허느냐 허면, 정치… 가령 워떤 사람을 뽑아낼 적이, 국무총리를 [웃으며] 뽑는다둥가 누구를 뽑는다구 헐 적이 그 후보자를 써서 그 샘물이다 느면, 거기 샘이 있는디, 느머넌 글씨가 안 흐려지는 사람 [웃음] 그게 후보자라구 말여. 그러 그랬다는 전설두 익구 그… [그럼 그곳에 샘이 있느냐고 묻자] 그런데 그, 그것언, 그 지금 내가 얘기한 삐쭉한 디 거기는 참 욱고, 거기루 네려가서 바위 새에 가 있는 샴을 그렇게 얘기하는디, 그것 안 맞는 얘기라구 그건. 그렇게 얘기허는 사람두 있넌디, 그건 잘못 얘기라구[15].
>
> 〈윤영설(남·68). 1994. 1. 4. 맑음. 오후. 청양군 청남면 인양리 자택〉

---

14) 화자 윤영설과 김화현이 모두 꽤 높은 수준의 한학 능력을 지닌 인물들임을 주목할 필요가 있다.

15) 앞의 이야기를 하고 난 뒤 잘못 전해진 천정대전설도 있다며 계속 들려준 것이 이 이야기이다.

이 예화 또한 이제까지 드러나지 않았던 것이어서 더욱 흥미를 끌게 한다. 화자는 이 유형담이 잘못된 것임을 예증하기 위해 말을 꺼냈지만, 화자의 그런 태도에 앞서 우리는 이것을 전설의 명칭에 대한 관심이 앞선 데에서 나온, 위와 같은 천정대 유형담의 하나로서 더 깊이 주목할 필요가 있다. 천청(天政)이 아닌 천정(天井)이어서 천정대라는 것이 전설 내용의 요점으로서, 천정대라는 이름의 근거가 여러 가지로 해석되어 왔음을 알게 해주는 예의 하나이다. 그러나, 지금 천정대 부근의 샘물은 호암사 뒤에 아주 소량에 불과한 석간수밖에는 없다. 천정대와 이곳과의 위치가 멀리 떨어져 있는 점에서나 석간수의 양과 암벽으로 이루어진 현지의 여건으로 볼 때 이곳에 샘도 아닌 우물을 생각하기란 어려운 일이다. 결국 위 이야기 화자의 판단대로 이것은 천정(天政)대의 와전이라고 보는 것이 옳아 보인다. 천정대라는 이름의 근원을 깊이 의식한 데에서 나올 수 있는 하나의 전설적 유추인 셈이다. 이는 천정대라는 명칭이 전제되어 이야기로 구전되는 과정에서 그러한 명칭이 일반화된 후에, 명칭 자체에 대한 높아진 관심에서 파생된 하나의 예라 할 수 있고, 결과적으로 이처럼 일반화된 전설 이름이 강조된 데에서 나온 유형의 독특한 한 예라는 점에 그 의의가 있다고 할 수 있다.

다음, 유형[3]을 보기로 한다. 이 유형은 전설의 증거물과도 거리가 멀고, 이야기의 줄거리를 압축한 전설의 이름조차 잊고 있거나 잘못 알고 있으며, 따라서 전설의 증거물은 물론 이름과도 무관한 채 거의 자의적인 안목에서 전설의 대상을 해석하거나 규정지으면서 이야기하려는 유형이다. 이 경우 전설 대상물과 이야기의 전승력이 유지되는 지역까지의 거리는 앞에서 살핀 예들에 비해 가장 먼 관계에 있으며, 또한 전승력도 가장 약하게 나타나고 있다. 다음 예화를 보자.

[예화6] 천정대는 기상을 관측한 곳

[천정대의 위치와 모습을 설명한 뒤] 인제 그 얘긴디. 왜 그 천장대냐 하면, 백제 시절 적이, 에 기상관측을 거기서 했다능 거여 응? [예.] 거기가 쳉명(淸明)허구,

그러구 인제 말하자면 동쪽으루 말허자면 젤 말하… 해돋이와 그 말하자… 젤 먼지 뵌다 이거여. 응? 응? [예.] 저기는 산이 가리구 이쪽이 와서 인저 접쪽이보담 거기가 보기가 낫지? [예.] 그래서 그게 천, 천자앙대. 장자(字)가 그게 말하자면 저어… 그 무슨 장짜가는 몰라. 하여간 하늘 천(天) 대(臺) 대자. 그 그래서 인제 아마 지금 장이라능 게… 그게에… 그게 뭔 장짜가 하여간 있는디 그게. [기상관측 외에 다른 기능은 없었던 것이냐고 묻자] 그렇지. 기상관측이지[16].

〈金香煥(남·67). 1994. 1. 12. 저녁. 청양군 청남면 왕진리 창고개 자택〉

기상을 관측하던 곳이 천정대라고 화자는 알고 있다. 그러면서 천정대의 천(天)자와 대(台)자는 모두 그런 뜻이며 정자도 정(政)이 아닌 '장'자로서, 역시 같은 뜻의 글자라며 확실하게 기억하지 못함을 안타까와했다. 지어낸 이야기가 아닌가 미심쩍어 그 외 다른 기능은 없었던 것이냐고 묻자, 그 자신 어려서 놀기도 했던 곳이라는 말까지 하며 없다고 단언했다. 전부터 '천정대' 유형담과는 별개 유형으로 전해져온 것임이 분명해 보인다.

왜 이런 유형담이 나올 수 있었을까. 화자가 사는 '창고개'가 천정대와 맺고 있는 지리적 여건 때문이다. 이런 유형담이 발견되지 않았던 청남면 인양리와 이 마을과는 이 킬로미터 거리도 채 안 될 정도로 근접되어 있고, 천정대와의 거리도 그와 비슷하다. 이런 점으로만 보면 두 지역이 별 차이가 없지만, 그러나 자세히 보면 차이가 있다. 천정대가 자리잡고 있는 산의 전체 모습과 천정대 자체의 외형상의 특징을 좀 더 잘 볼 수 있다는 점이 인양리와는 다른 창고개의 차이점이다. 인양리에서 보면 천정대가 있는 쪽의 절벽이 보이지 않고 그저 덤덤한 산으로만 보여 천정대가 주는 기묘한 인상을 일상생활 속에 기억하고 음미하기가 어렵다. 이에 비해 창고개에서 천정대 쪽을 보면 천정대와 천정대를 감싸고 있는 산이 더 가깝고 또렷하게 보이며 천정대 쪽의 산과 그 주변 공간과도 분명하게 구분된다. 이처럼 창고개에서 천정대 쪽을 볼 때 확보되는 시야의 특징이 그곳이 사방을 조망하기 좋은

16) 저녁때 들에서 귀가하는 화자를 만나서 들은 이야기이다. 어려서 자주 천정대에 가 놀곤 했다고 한다. 독특한 천정대전설 유형의 하나임이 주목된다. 옛날부터 이런 내용으로 전해왔다고 했다.

곳이라는 느낌을 쉽게 유발시킬 수 있었고, 그것은 곧 천체를 관측했던 곳이라는 상상력으로 쉽게 발전될 수 있었던 데에서 위와 같은 전승유형이 발생될 수 있었다고 이해된다. 이미 천정대라는 본디 명칭의 의미는 잃어버린 채 '천장대'란 명칭을 거기에 맞추려는 그럴 듯한 해석까지 진지하게 가해지고 있음은 현지를 중심으로 한 전설 유형의 형성과 전승 모습을 특징적으로 보여주는 것이라 할 만하다. 지역적 특징으로 하여 전설과 증거물의 명칭까지 자의적으로 해석되고 있는 결과를 잘 보여주고 있는 셈이다.

같은 마을에서 조사된 자료이면서 천정대의 위와 같은 특징을 더욱 뚜렷이 반영하면서 형성된 유형이 아래 예라고 할 수 있다.

[예화7] 천장(정)대는 '등잔걸이'형 바위

[조사자에게 정확한 위치를 분명히 가리켜 보이고자 애쓰는 사이 조사자가 알겠다는 태도를 보이자] 거기가 천장대 이 '등잔걸이'라구 이렇게 그 있어. 그전, 옛날버텀 있어. [왜 그런 이름이 붙었느냐고 묻자] 등잔걸이라능 게 인제 이룹게, 옛날 등잔식 그 식(式)이루다가 바위가 됐다구. [저기 가면요?] 웅. 거 거기 가먼 이렇게 또 [두 손을 펴보이며] 요로오케 멫(몇)이 앉아서 놀만치 판파안하지 바위가. [예.] 이상허게. [다른 화자:거기 가서 고기 잡어.] 거기서, 저 천렵두 가는디 뭐. 테레비 나오잖아, 저어 거기서 촬영 함 번 했다구. 그전이 [편편한 바위를 뭐라고 하느냐고 다시 한 번 묻자] 거기를 등잔바위라능 거여. 등잔바위. 그래각구 [두 손을 펴보이며] 요로오케 똥고소롬허니 사람 한 열 대여섯 명 앉어서 놀만하게. [다른 화자: 좋아요 거기.] [천정대로 가는 길에 대해 자세한 설명을 해준 뒤 '천정대'란 이름은 무슨 뜻이냐고 묻자] 글쎄 그게 당최… [천정대란 이름을 들어보았느냐고 묻자] 들어봤지요. 근디 그 당쵀 천장대… 그래 너무 이렇게 높구 이렇게 편편해서 그게 천자앙대애… 그렇게 예감이 되지 않남? (그런 느낌이 든다는 뜻의 말)[17].

〈50대 중후반의 두 남자. 1994. 2. 8. 오전 청양군 청남면 왕진리 창고개〉

같은 마을에서 이처럼 또 다른 전승유형이 공존할 수 있음은 전설 증거물에 대한 관찰 시각이 다를 수 있고, 그에 따라 상상의 각도가 다를 수 있기

17) 마을 입구에서 시내버스를 기다리던 남자 주민 두 사람에게 천정대 이야기를 청하자 들려준 것이다. 이들 역시 증거물을 천장대로 알고 있었고, 이야기 내용이 다른 마을에서 전혀 발견하지 못한 것이었는데, 이 마을의 특성을 잘 반영하는 유형이라는 점이 주목된다.

때문이다. [예화6]이 천정대를 멀리서 본 시점에서 유발될 수 있는 유형이라면 위 예화는 천정대에 더욱 가까이 다가선 관찰로서만 가능한 유형이다[18]. 가까이 다가가 천정대 절벽의 모습이 등잔처럼 생긴 것을 익숙히 관찰하지 않고서는 이와 같은 전승 유형은 결코 이루어질 수 없다. 이 마을 주민들이 천정대 부근에서 평소 들일을 자주 하는 사이 천정대의 측면을 익숙히 대함으로써 비로소 '등잔걸이'바위 유형담은 성립될 수 있었다고 할 수 있다. 이 역시 전설에 담긴 낯선 역사적 구체성보다 낯익은 일상적 체험이 전설 전승력을 손쉽게 대체하는 모습을 적절히 보여주는 예임은 물론이다.

지역적 특징에 의해 전설유형이 독자적으로 형성되고 있는 예는 이 외에도 더 볼 수 있다.

> [예화8] 천장(정)대는 군사들이 파수본 곳
>
> [여러 명의 좌중 뒤쪽에서 좀 큰 목소리로] 백제 때, 백제 때 말여, 거기서 저어 군사덜이 말여 거기서라미 말여 파수보구 저 저어, 그랬댜. 거기가. [거기서요?] 응. 거기서 말여. 거기서 저어 군사덜이 말여[19].
>
> 〈김재구(남·71). 1994. 1. 12. 오후 흐림. 부여읍 자왕리 경로당〉

이 이야기가 조사된 곳은 천정대에서 동쪽 강 건너쪽 마을인 정동리([예화3] 참고) 와봉에서 약 이 킬로미터쯤 더 동쪽으로 떨어진 마을이다. 와봉에서 볼 때에도 천정대는 생활권에서 먼 곳이니, 이 마을과 천정대와의 관계는 훨씬 더 멀 수밖에 없다. 일상생활권 밖 먼 곳일 뿐만 아니라 가시권을 훨씬 벗어난 위치에 있으니 그곳에 산이 있다는 사실을 아는 정도일 뿐, 그 산에 접근한다거나 별달리 관심 갖을 기회가 거의 없는 것이 이 마을 주민들과 천정대와의 관계이다. 그래서인지 이 지역에서는 우선 천정대의 이름조차

---

18) '창고개' 마을과 연접된 넓은 들이 천정대 가까운 곳까지 이어져 있으며, 이 부근에서 천정대의 옆모습과 함께 전체 모습을 온전하게, 그리고 다양한 거리에서 볼 수 있다는 점이 이 마을의 특징이다. 그리고 바로 이점이 다른 지역의 마을과 창고개가 보여주는 중요한 차이점이다.

19) 열 대여섯 사람의 청중이 모인 자리에서 위 이야기를 아는 분이 있는지를 거듭 확인하여, 오직 제보자 한 사람으로부터, 어렵게 들은 자료이다. 이곳에서도 역시 천장대로 부르고 있었다.

제대로 알고 있지 못해 [예화6]에서와 같이 막연히 '천장대'라고만 부르고 있었다. 더더욱, 열 대여섯 분이나 되는 많은 좌중에서 그런 정도나마 알고 있는 분이 거의 한 명밖에 없었고, 전설의 내용이 전설의 이름과 전혀 무관한 방향에서 이야기되고 있었다. 백제 때 군사들이 그곳에서 파수를 보던 곳이라는 것이다. 이 또한 이곳에서 비로소 발견된 예화이다. 이로써 보면 이 지역에서는 이미 백제사와 일정한 관련을 맺고 있는 천정대 전설의 자세한 내용은 모르는 채, 뜻 없이 와전된 전설 증거물의 명칭을 관습적으로 기억하면서, 마을과 전설 대상물과의 지역적 특성에 의해 거의 단독적이고 임의적으로 위 유형담을 말하고 있는 것임을 알 수 있다. 그런 만큼 이 유형담의 전승에 천장대란 명칭이 끌어들여지고 있는 것은 위 이야기의 전승과 필연적인 관련성 때문에서가 아니다. 그곳에서 이 마을이 있는 동쪽 일대를 볼 때 강이 면해 있고, 더 멀리는 들이 이어져 있어 시계가 넓을 것이라는 정도의 사실로 하여, 이와 같은 방향으로 상상력이 쉽게 유발될 수 있었기에 이러한 유형담이 발생될 수 있었을 것이다.

이런 예로 마지막 경우들을 더 보기로 한다.

[예화9] 천장(정)대는 임금님이 쉬었던 곳

천장대는 그게 원래는 이 무슨 뭐… 무슨 왕이 거기서 장꽌 쉬어서 갔다구 허덩가, 어떻든 그런 그것두 뭐가 있대요[20].

〈임지환(남·54). 1994. 1. 8. 오후 흐림. 부여군 규암면 금암리 장주〉

[예화10] 천장(정)대는 임금님이 노시던 곳

그런 그 전설 들은 것은 있지요. 그 임금님이 그 자주 천장대에 오셔서, 그 옛날에 그 풍류도 즐기고, 그렇게 놀다가, 자주 참 그렇게 했다구 그러지요[21]. [이하 임씨 가문의 먼 조상이 그 곳에서 놀았다는 이야기가 이어졌으나 생략]

〈임규홍(남·58). [예화8]과 같음〉

---

20) 천정대와 그다지 멀리 떨어진 마을이 아님에도 그 이야기를 잘 모르고 있었다. 어떤 책에서 이 이야기를 본 적이 있다고 한 말이 뒤이어졌다.

21) 마을의 고령자로부터 이 이야기를 잘 알 수 있을 듯하다는 사람으로 추천받아 이야기를 듣게 되었다. 마을을 방문한 당일 화자를 만나지 못해 전화통화로 들은 것이다.

두 이야기 모두 같은 마을에서 들은 것이다. 나이가 많지 않은 [예화9]의 화자는 어떤 책에서 이 이야기가 소개된 것을 언뜻 본 적이 있다는 말까지 하면서 위 이야기의 정확한 내용을 기억해 내고자 노력했지만, 위 이상의 진전이 없었다. 이미 오래전에 천정대 전설에서 와전된 내용을 들었을 뿐이고, 그나마 그것이 아주 희미하게만 기억에 남아 있음을 잘 보여주고 있다. [예화10] 만으로 부족하다고 여겨져 화자한테서 다른 분을 추천받은 것이 임윤묵(72)이었고, 그가 더 잘 알 만한 사람으로 추천한 이가 이 마을 임씨가의 종손인 [예화9]의 화자였다. 두 이야기가 비슷한 내용이지만 [10]이 [9]보다 자세하고 분명하게 이야기되고 있다. 두 화자 모두 전설의 증거물을 앞 [3]유형의 여러 경우처럼 '천장대'로 알고 있었으며, 전설 내용과 그것과는 무관하게 이야기하고 있고 그나마 이야기 내용이 단조로운 편이고, 기억하고 있는 정도도 미약했다. 일단 증거물과의 관련성으로부터 먼 거리에 있는 유형담임을 쉽게 알 수 있다. 이야기 가운데 '임금' 화소가 핵심을 이루고 있는 점으로만 보면, 이 유형담은 일면 증거물이 임금바위 신하바위로 구체화되어 나타나고 있는 유형[1]과 관련이 있지 않나 여겨지기도 한다. 그러나 그럴 가능성을 전혀 배제할 수는 없다 해도 '임금바위·신하바위'가 전혀 기억되고 있지 못하며, 더더욱 역사적 구체성을 보여주는 '천정대'를 까마득히 잊은 채 단지 기억하기 쉬운 '천장대'란 명칭으로 이해되고 있음을 유의하면, 여기에서 역사의 구체성과 관련지은 '임금' 화소는 별 의미가 없다고 할 수 있다. 그러므로 이 화소는 [유형1]의 퇴화된 잔영으로서보다 이 마을 주민들이 천정대와 그 주변 산 쪽에 대해 평소 지녀온 일반적인 느낌을 전설로 표현하면서 전설주인공을 의식하는 과정에서 부지불식간에 자연스럽게 끌어들여진 것으로 이해하는 것이 전설의 배경요건과 더 부합되는 해석이다.

위 전설 유형이 이야기되는 자연여건을 볼 때 이점이 잘 이해될 수 있다. 위 유형담이 전승되는 금암리는 천정대와는 상당히 떨어져 있고, 산으로 감싸인 궁벽한 농촌이다. 이러한 자연배경으로 하여 이 마을에서 천정대 쪽에 대하여 갖게 되는 지배적인 인상은 강과 절벽과 좋은 전망을 갖춰 이 마을에서는 볼 수 없는 경치가 좋은 곳이라는 느낌이라 할 수 있다. 따라서 위 유형담을 주목할 때 우리는 '임금'이라는 행위 주체보다 '놀았던 곳'이라는 장소개념이 지니는 전설적 표현의 깊은 뜻에 비중을 두어 이해할 필요가 있다. [예화10]이 이런 점을 잘 보여준다. 화자는 이 이야기를 하면서 뒤이어 자기의 먼 조상이 그곳에 정자를 짓고 풍류를 즐겼다는 사실을 함께 소개하는 쪽으로 이야기를 이어 나갔다. 주위의 자연대상에 대한 일상화되고 보편화된 느낌을 개인의식의 특수성과 관련지어 더욱 인상 깊게 받아들여 이해하려는 전설의 화자 및 전승집단의 의식을 보여주는 것이라 하겠다.

같은 마을에서 확인된 또 다른 유형으로 다음의 예가 더 있다.

> [예화11] 천장(정)대는 신선들이 바둑 둔 곳/군사들이 회담한 곳
>
> 그 있어 거기. 천장대가 있어 거기. [어디에 있으며, 그에 대한 이야기를 들려달라고 하자] 그전이 저어 우리 어려서 보면 호암리 [청자 한 사람이 자신도 그곳에 큰 바위가 있음을 안다고 하자] 예. 그게 천, 그게 천장대요. 거가 천장대 천장대 그 바위석각(바위절벽) 그 거기 인제 금강하구, 금강이 네려가구 익거던? 그 바우 옛날이(에) 보면 막, 그 시퍼런해 가지구 거기, 그 부엥이(부엉이)집두 말여 거기 [청중의 반응에 동조를 표하며] 그런디 거기 옛날이(에) 신선들이 바둑 두구 있다는 디여 거가. 그런디 바위가 가보면 옛날 장수가 걸어댕기던 자욱이 있는 바우가 있어 [손짓을 하며] 요로오케. 발자욱이. [이야기를 마친 뒤, 다시 은산 별신제의 유래를 들려줬다. 그에 뒤이어지는 이야기가 점점 지리멸렬해지기에 조사자가 위 이야기에 대하여 다시 관심을 보이자, 천정대를 좀 더 잘 이해시키려는 관심에서 천정대가 청양 쪽에서 흘러온 까치내가 금강과 만나는 지점쯤에 있다는 설명을 하면서] 그래 거기서, 그 그 백제 때 전쟁할 때 거기서 회담두 허구 그랬댜. 거기서.[22)]
>
> 〈김기덕(남·69). 1994. 2. 8. 청양군 청남면 대흥리〉

---

22) 천정대에서 상당히 먼 거리에 있는 대흥리 경로당에서 천정대 이야기를 청하니 좌중이 천정대전설과는 무관한 청양군 칠갑산 기슭에 있는 '천장리'와 '천장호'를 기억하여 그곳에 가는 방법을 일러주려는 태도를 보여주었다. 이곳이 천정대전설 전승권 밖의 지역임을 알게 했다. 이야기가 한동안 오간 뒤 조사자가 찾는 것이 그것이 아님을 알고 조용하게 앉아만 있던 제보자가 이 이야기를 비로소 꺼냈다. 어렸을 때 천정대와 비교적 가까운 부여군 규암면 금암리에 살았던 일이 있어 그때 천장대란 이

이 유형도 이 마을에서, 위 화자한테서만 들을 수 있었던 내용이다. 그처럼, 전승력이 제한되어 있을 뿐만 아니라 이야기 내용이 단편적이며 이야기와 관련한 증거물의 명칭이 별도로 부여되고 있지 못한 점으로 보아, 이 전설은 오래 전부터, 널리 일반화되어 전승되어온 전설유형이라고 보기 어렵다. 이 이야기에 나오는 '신선' 화소는 어느 면 아주 오래전 백제 때부터 있었던 삼산(三山)의 신인(神人)전설과 뿌리가 닿아있다고 볼 수 있는 가능성도 생각해볼 수 있을 듯하다[23]. 그러나 '신선' 화소가 우리의 문화 속에 매우 깊고 넓게 뿌리박혀 있는 관념이란 사실과 함께, 이 이야기의 전승력이 보여주는 위와 같은 특징을 유의할 때, 위 마을에서 이러한 화소가 전설로 표현될 수 있었던 좀 더 직접적인 계기는 한국인에게 일반화된 신선관념이 오래 축적된 위에, 위 마을에서 보는 천정대의 위치상의, 그리고 외형상의 특징에 의해 유발되었다고 보는 것이 합리적인 이해라 할 수 있다. 바로 앞 예화들에서 보았듯, 경관과 전망이 좋은 곳이 다름 아닌 천정대라는 이 마을 전승집단의 일상화된 의식 위에서 한국인에게 오래도록 익숙해진 '신선 바둑둔 바위' 화소가 손쉽게 떠올려지게 되고 전설적 공감을 얻음으로써 위와 같은 전승유형이 성립될 수 있었다고 여겨진다. 그만큼, 위 유형담은 전설 전승집단의 일상적인 관념이 반영된 결과로 보아야 할 필요성이 높음을 보여주는 것이다.

이 예화에서 눈여겨보아야 할 또 하나의 초점은 이야기 말미에서 천정대가 옛날 백제시절 전쟁시에 회담을 하기도 한 곳이라고 화자가 지나가듯 말

름을 들어보았고, 이야기 내용도 기억나는 것이 있다며 조심스럽게 꺼낸 이야기였다. 그러나 천정대 아닌 천장대로 알고 있었고, 이야기 내용도 천정대와는 거의 관련이 없었다. 이 예화는 이제까지 만날 수 없었던 새로운 자료이다. 전설증거물과 먼 거리에 있는 전승 지점에서 발견되는, 천정대라는 이름의 근거는 전혀 잊은 채 자유로운 관점에서 상상되어 전해진 이야기임을 보여주는 또 다른 예라 할 수 있다. 이야기가 조사된 지점은 대흥리이지만 금암리에 소속시켜야 할 자료이다.

23) 백제 부여 도성 안에 있는 日山·吳山·浮山 세 곳 산에 각각 신인이 그 위에 살면서 백제 전성시대에 서로 날아서 왕래하기를 조석으로 그치지 않았다는 『삼국유사』의 기록을 위 전설과 관련된 자료로 참고할 수 있다.

한 내용이다. 이는 물론 천정대전설의 역사적 사실성이 희미해진 결과 전승집단에 의해 자유로운 표현이 실현되는 또 다른 모습을 보이는 것이지만, 여기에서는 전적으로 전승집단과 전승 증거물과의 독자적 특수성을 반영하는 방향에서의 표현과는 달리 역사적 구체성을 어느 정도 반영하는 쪽에서 그점이 실현되고 있다는 사실이 중요하다. 천정대전설에 반영된 역사가 평상시의 정치상황으로서의 역사라면, 위 전설 유형담의 경우는 전쟁상황으로서의 그것이라는 점이 다르다고 하겠는데, 이러한 차이는 그러나 상호간의 이질성 못지않게 유사성을 보여주는 것이기도 하다. 정치상황으로서의 역사사실이 보여주는 기억하기 어려운 구체성이 전승집단의 기억에서 쉽게 탈락됨으로써, 부여 일대 주민들에게 더욱 쉽게, 그리고 널리 공감되는 '백제패망 전쟁' 사실의 영향력[24]에 의해 위와 같이 '전쟁시 회담장소'라는 약간 달라진 모습으로 나타났다고 할 수 있다. 이런 점에서, 위 예화는 앞 [예화9]·[10]에 비교할 때 위 이야기가 전승되는 지점이 보이는 특수성을 보이는 것이면서, 그것들과는 달리 천정대라는 이름의 뜻은 잊어버렸지만 그 전설 내용까지는 아직 완전히 잊혀지지 않은 모습을 보여주는 것인 셈이다. 그런 만큼 이 유형은 전설 증거물과 관련된 자연적·지리적 특징에 따른 자유로운 상상력의 자유로운 실현과 부분적인 실현 양상을 함께 보여주는 것으로, 위에 든 전체 예화들은 세대간의 간극을 통한 전설 전승력이 변화된 한 모습을 보여주고 있다는 점에서도 그 의미를 주목할 수 있다고 이해된다.

이제까지 천정대전설의 세 가지 전승 유형에 대하여 여러 설화 각편들을 예로 들면서 살핀 결과는 대체로 다음 세 가지 사실을 확인시켜주고 있다. 첫째는 천정대전설이 증거물 혹은 지역적 특징을 깊이 반영하면서 전승되고 있음을 잘 보여주고 있다는 점이다. 유형[1]이 전설의 증거물에 깊이 의

24) 백제 패망전설의 이러한 측면에 대해서는 졸고, 「전설로 본 백제사, 백제사의식」을 참고할 것(『백제연구』 제24집, 충남대학교 백제연구소, 1993).

존되어 전승된다면 [2]는 그것에 부분적으로 의존하면서 전설과 관련된 역사문제에 대해 적극적인 관심을 보여주며, [3]은 증거물을 완전히 떠나 이야기되는 지역의 자연 공간적 특징이 중시되어 전설 형성에 큰 영향을 주고 있다. 유형[1]은 증거물이 고정되어 있어 전승자들의 개별적 취향에 따른 상상력의 발휘가 제한되고 있으며, 그만큼 전승유형이 단조롭다. 이에 비하여 유형[3] 쪽일수록 증거물로부터의 제약에서 벗어나 있어 특정 지역마다의 자연공간적 특징에 따른 전설적 상상력이 자유로이 발휘되고 있으며, 그만큼 다양한 전승유형들을 보여주고 있다. 증거물의 영향에서 멀어짐으로써 오히려 현실적 생활공간과 더욱 긴밀히 밀착된 쪽에서의 관심이나 느낌이 더욱 직접적으로 전설화되고 있다는 점에 이들 유형[3] 쪽의 전설적 의미가 있다고 하겠다. 전승력과 전승범위로 보면 유형[3]은 [1]에 비해 제한적이고 약하지만 위와 같은 점은 [1]이 지니지 못한 강점이라 할 수 있다. 결국 이러한 여러 유형들이 보여주듯 전설 유형의 넓은 영역, 전설 소재화의 다양성, 그에 따른 전설적 의미의 다층성 등 여러 방면에 깊이 뿌리를 내리고 있는 것이 천정대전설임을 알 수 있다.

이와 관련, 두번째는 위 전설 전승유형들의 발생·전승 순서는 대체로 [1]→[3] 과정을 밟았을 것이라는 점이다. 천정대에서 있었던 정치적 행위가 최초 전설로 성립된 것이 사건현장과 증거물이 밀착되어 있는 지점인 호암리에서부터였다면, 천정대의 이러한 증거력이 확장되면서 유형[2]가 성립되었을 것이다. 그리고 이보다 더 뒤에 천정대와 관련된 역사 사실에 대해서도 잘 모르고, 천정대라는 명칭의 뜻조차 희미해진 [2]의 바깥 지점 여러 곳에서 유형[3]이 형성되어 나갔다고 할 수 있다.

끝으로 세번째는 위 전설의 전승유형이 전승 지점에 따라 구분되는 것에 그치지 않고 크게 볼 때 유식층과 무식층으로 구분된다는 점이다. 유형[2]에서는 이러한 구분이 뚜렷하지 않음에 비해 유형[1]과 [3]의 경우에는 이러한 구분이 비교적 분명하게 드러난다. 전설이 증거물에서 출발한 이야기이지만, 증거물에 지나치게 얽매이지 않는 데에서 오히려 자유로운 표현이 가능할 수 있음을 보여준다고 할 수 있다. 유형[2]는 전승자가 유식하기 때문에 증거물과 전설과의 관련성을 크게 중시하지 않으려는 태도를 보여준다면, [3]은 반대로 증거물에 대해 잘 모르기 때문에 증거물 중심의 전설적 사실성을 중요하게 여기지 않는 방향에서 이야기된다. 결국, 알면서도 의도적으로 과소평가하려는 태도가 유형[2]를 가능케 한다면, 모르면서 자기대로의 관심에서 합리화하려는 태도가 유형[3]을 이루게 하며, 이로써 자연히 유식자 층과 무식자 층의 전승유형이 나뉘게 된다.

유형[2]는 유식자의 취향에 따라 전설을 사실처럼 이야기하려는 경향을 보이며, 이에 따라 전설 속에 나타나는 초경험적인 요소 즉 '초월적 경이'[25]를 용인하지 않으려는 쪽에서 이야기된다. 그리고 이 때문에 전설에 등장하는 증거물 역시 전설적 경이를 조장하기 위해 이야기되기보다 경험적 사실을 강조하려는 관심에서 예증되어지고 있다. 앞에서 들었던 [예화3]과 [4], 그 중에서도 특히 [예화4]가 이에 대한 좋은 예이다. 이 이야기에서 화자는 증거물에 대해 비교적 긴 설명을 해보인 뒤, 전설내용을 이야기하고 있다. 그러나 여기에서의 이런 설명은 전설내용을 사실적으로 뒷받침하기 위해 체험적 측면만을 강조한 것일 뿐이다. 화자의 이러한 태도는 '천정'이라는 초경험적인 요소를 통해서도 잘 드러나고 있다. 대신들이 모여 정치밀담을 하고 그것을 하늘에서 낸 정치라고 하여 천정대라고 했다는 화자의 천정대 해석 태도는 '천정' 화소의 신비성을 인정하지 않는 결과이다.

이야기 전승계층상의 차이에 따라 위 두 전승유형은 전승현지에서 양립되기 어렵다고 할 수 있다. 유형[1]이 지배적으로 전승되는 현지에서는 유형[3]이 전승되기 어렵다[26]. 특히 영향력 있는 인물이 있을 경우 더욱 그렇

25) 임재해, 『한국민속학의 이해』, 문학아카데미, 1994. 329쪽.

26) 마을에서 특정 제보자-윤영설-의 존재로 하여 전설의 전승력과 방향이 크게 영향을 받는다고 할 수 있는 지점인 청양군 청남면 인양리의 경우가 이에 대한 좋은 예가 된다. 이 마을의 제보자들은 위 유형담을 들려주기 전후에 거의 한결같이 윤영설에게 가서 자신이 한 이야기를 좀 더 자세히 듣기를 당부했다(실제는 서로의 이야기가 거의 차이가 없음에도). 위 전설에 대해 주민들이 마을에서 학식이

다. 반대로 유형[3]만이 전승되는 경우 유식층에 의한 별도 유형의 전승 또한 어렵다고 할 수 있다. 이것은 위 전설의 전승현지에서 유식층 쪽에서 영향력을 크게 발휘하는 것이기는 하지만, 무식계층도 그 나름의 합리성을 표방하면서 전설을 이야기하기 때문에 유식계층이라 해도 그것을 완전히 부정할 수는 없기 때문이다. 천정대전설의 전승유형이 뒤섞이기 어려우면서도 어느 하나만이 독점적으로 전승될 수 없는 이유가 여기에 있다고 할 수 있다.

이와 함께, 끝으로 주목해야 할 또 다른 사실로, 위에서 살펴온 모든 전승유형들은 그것들이 전승되고 있는 지점들이 지니는 특징과 밀접한 관련을 맺고 있다는 점이다. 여기에서의 이러한 관련성을 우리는 전설증거물이 지니는 '전설형성력'이라는 관점에서 그 의미를 다시 중시하여 이해할 수 있다. 어느 경우이든 전설의 성립은 전설형성력 위에서 가능하다. 전설형성력은 구체적 사물도 될 수 있지만 역사와 문화적 경험이나 상황, 혹은 생태적 환경 등도 가능하며[27], 이들 요인들은 어떤 측면이든 전설 전승지점의 일상적인 삶과 매우 깊은 관계를 맺고 있다는 점을 공통으로 한다. 그리고 위 전설의 경우에도 우리는 이러한 각도에서 전승유형과 의미를 살필 수 있다. 천정대에서의 정치행위를 바탕으로 하여 천정대로 이름이 붙여진 암벽의 그럴듯함이 천정대전설 전승유형[1]을 형성시켜 주었다면, 위 증거물과

높은 윤영설의 이야기를 모범적으로 알고 있음을 말해주는 것이다. 한편, 이런 태도를 보이면서도 화자들은 또한 자신들의 이야기가 윤영설로부터 들어서 안 것이 아니며 전부터 노인들이 그렇게 이야기해왔음을 강조하고 있다. 이로써 보아 윤영설이 알고 있는 위 전설의 전승유형도 그 자신의 독자적인 관점에 의한 것이라기보다 전부터 마을에서 전해왔던 것이라고 보아야 하며, 그가 마을 주민들에게 미치는 영향에 의해 그가 알고 있는 위 전승유형이 좀 더 뚜렷한 유형성을 지닐 수 있게 되었다고 보아야 한다.

한편, 인양리에 최근 세워진 마을 정자 현판에도 인양리와 관련된 자연배경과 역사를 서술하면서 천정대전설도 간략히 기록하고 있음을 볼 수 있다. 그 내용은 주로 고기록을 참고한 것으로, 이는 윤영설이 알고 있는 것과 기본적으로 같은 내용이기 때문에, 위 기록이 주민들에게 새로이 주목되거나 별다른 영향을 주고 있다고는 보이지 않는다.

27) 말 그대로 이는 전설을 이루어낼 수 있는 힘을 가리키는 뜻으로 쓴 말인데, 증거물을 중심으로 한 용어인 '증거물의 흡인력'과는 구분된다. (전설적 흡인력에 대해서는 임재해의 『설화작품의 현장론적 분석』, 지식산업사, 1991. 221~2쪽 참조).

그것을 토대로 한 전설내용으로부터 멀리 떨어진 지점에서는 증거물에 구애받지 않고 제각기 일상적인 삶과 긴밀한 관련을 맺고 있는 여러 가지 요인들이 전설형성의 근거가 되어주고 있다. 이렇게 형성된 것이 곧 전승유형[3]의 여러 예들인데, 전설의 본디 내용과 증거물의 영향이 약화된 결과 자율적인 전설형성력이 실현되고 있다는 점이 중요하다.

이미 앞에서 여러 예화들을 개괄하면서 드러났듯, 이들 근거들은 전설의 전승유형에 따라 다른 몇 가지 양상으로 나타나고 있다. 그 첫째는 역사적 상황에 따른 전설형성력을 들 수 있다. 예화[11]이 그것이다. 이 예화에서 화자는 '천장(정)대'가 신선들이 바둑을 두던 곳이라고 하면서, 백제 때 군사들이 회담하던 곳이라고도 했다. 그런데 군사들이 회담하던 곳이라고 한 말은 첫번째 이야기에 곧바로 이어진 것이 아니고, 은산 별신제 유래담을 이야기하고 난 뒤에 이어진 것이다. 이는 이 마을에서 '천장(정)대'라는 명칭에 대한 전설 형성력이 '신선'화소가 더 강하며 '전쟁'화소는 그보다 약하게 의식되어 왔음을 짐작하게 한다. 여기에서 전설적 상상력이 신선화소만에 그치지 않고 전쟁화소로까지 관심이 번지고 있음은 넓게 볼 때 앞에서 말했듯, 부여 일원에 강하게 남아있는 '백제패망'이라는 역사사실로부터 영향을 받은 결과라 할 수 있는 것이면서, 좀 더 직접적으로는 은산 별신제의 유래담이 함축하고 있는 역사성으로부터의 영향을 더욱 크게 받은 결과라 할 수 있다. 은산과 비교적 가까운 위치에 있는 위 예화가 조사된 마을에서 볼 때, 천정대에 대해서보다 더 관심이 큰 별신제 유래담이 천정대에 대해서까지 간접적인 영향을 미침으로써 위와 같은 쪽으로 상상력이 실현되었거나, 본디의 천정대전설에 대한 기억이 흐려지다가 이런 모습으로 변이되었다고 할 수 있다. 어떻게 보든, 전설이 전승되는 현지의 역사적 체험과 상황이 전설 형성력에 깊은 뿌리를 두고 있음을 잘 보여주고 있다고 하겠다.

두번째는 자연적 배경으로서의 특징을 반영한 결과이다. 예화[6·7·8]이 그 예이다. 천정대가 기상관측소가 있었던 곳이라거나[6], 등잔걸이 모양의 바위라거나[7], 군사들이 파수보던 곳이라는[8] 등의 방향으로 상상력을 발휘하는 것은 이들 각각의 전승유형이 전승되는 지점에서 본 천정대의 자연적 특징을 반영한 결과이다. 각각의 지점에서 볼 때 천정대의 존재가 일정하게 의식되었던 데에서 천정대에 대한 의미부여를 하게 된 것이라면, 보는 방향과 거리에 따라 자연물이 달리 보이기 때문에 의미부여의 시각이 달리 나타나게 된 것이다. 전설이 전승되는 지점마다 각기 달리 보이는 자연물의 특징에 의해 전설형성력도 달리 실현되고 있음을 보여주고 있다.

세번째로, 이와 비슷한 예에 속하면서도 생태학적 관점이라는 약간 다른 각도에서 주목하여 논의할 수 있는 것이 예화[11]을 부분적으로 포함한 예화[9·10]이다. 이들 예화들이 천정대를 신선이 놀던 곳이라거나 임금이 유람하던 곳이라고 의미를 부여하는 것도 넓게 보면 앞에서의 두번째 경우와 같이 천정대가 눈에 비쳐진 자연으로서의 특징에 따른 표현이라 할 수 있다. 따라서 그렇게 비쳐진 특징은 앞의 경우에 비해 개별 전설 전승집단의 삶과 더욱 밀착된 관계에 있고, 이들 전승유형도 그러한 관계의 결과임은 물론이다. 앞에서 이미 말했듯[28], 위 예화들과 같은 방향에서의 전설화는 모두 천정대에 대해 '경치가 좋아 유람하기에 적합한 곳'이라는 느낌이 바탕이 되어 실현된 것이다. 이러한 느낌은 천정대를 특이하거나 유다른 자연물로서만 막연히 대하는 것에서 나온 것과는 다르며, 일상생활의 연장으로서의, 그리고 삶의 실현으로서의 그것에 대한 경험에 토대를 둔 것이다. 그만큼 자연을 막연한 자연으로만 받아들여 전설화한 것과는 달리, 자연을 생활의 일부분 즉 생태적 환경으로 수용한 데에서 실현된 표현이라는 점에서 이 경우는 전설형성력이 생태적 차원에서 이루어지고 있는 예로서 주목할 필요가 있다. 그만큼 전설과 삶이 밀착되어 있음을 좀 더 뚜렷이 보여주는 것이라 할 수 있다.

이로써 볼 때, 천정대전설 전승유형[3]의 전설형성력은 역사적 상황, 자

---

28) [예화 9·10] 참조.

연 배경, 생태적 환경에 의해 지배당하고 있음을 확인할 수 있다. 그리고 이는 곧 위 전설이 개별 전승지점들이 보이는 특수한 삶의 여러 조건과 매우 뿌리 깊게 연결되어 있으며, 그러한 조건을 다각도로 반영하는 데에서 특징과 개성을 지닌 다채로운 지역전설로 전승되어올 수 있음을 보여주는 것이라 할 수 있다.

4. 전설에 반영된 역사성과 의미

이제 계속해서 더 주목해야 할 일은 전설 속에 나타난 역사의 모습을 살핌으로써 전설을 통한 살아있는 역사의 모습에 좀 더 접근하는 일이다. 천정대전설은 특정 역사사실에서부터 출발한 것인 점에서 전설의 형성과정에서부터 일정한 정도의 역사성을 보존하고 있다. 이제 이와 관련하여 더욱 중요한 점은 여기에서의 역사성이 역사를 정태적으로 반영하는 데 그치지 않고 전설 증거물과 전승집단과의 생태적·자연적 거리와 관계의 정도가 모두 다른 데에서 역사의 반영 시각과 정도가 차이를 보여주고 있다는 사실이다. 전설이 역사를 고정적으로만 반영하지 않는다는 것은 전설을 통한 역사 이해 시야의 확장이라는 의미를 지니는 것이라면, 전승환경에 따라 역사를 이해하고 반영하는 정도가 다르다는 것은 전설 속의 역사는 곧 지역 주민의 일상적인 삶 속에서 실현한, 더욱 현실감 있는 역사의식일 수 있다는 점에서 역사전설에서 중요시해야 할 의의를 지닌다.

위 전설의 이런 점을 이해하기 위해서는 먼저 전설을 통한 역사의 반영이 어떻게 나타나고 있는지부터 주목할 필요가 있다. 이 문제는 전설 증거물이 전설 전승에 미치는 영향을 크게 고려하여 이해할 수 있고, 이에 따라 역사성의 실현 양상을 대체로 앞 장에서와 같이 세 가지로 나눌 수 있다.

1) 전설 증거물이 강하게 의식되어 전설이 성립되고 전승력이 지탱되는 경우

전설 증거물이 전승집단의 생활권에 가까이 접해 있어 전설의 전승력이 전설증거물에 대한 신뢰감을 바탕으로 하여 전승되는 경우가 이에 해당한다. 증거물이 전설의 전승에 깊이 개입하기 때문에 전설의 전승에서 대개 증거물이 보여주는 그럴듯함이나 증거 역할이 중시되며, 그대로 그런 측면이 신비화되어 받아들여지기도 한다. 그리고 이처럼 증거물의 확실성으로 하여 전설 내용이 전체적으로 객관성이 강조되면서도 전설의 내용이 지니는 사실로서의 존엄성이 유지되는 방향에서 이야기되고 있다.

앞 장에서 인용했던 [예화1]이 이에 대한 적절한 예이다. 이 이야기의 화자는 "…거기다가서 잉금이, 잉금을 서루 헐라구 허니까아, 거기다가 해놓구 이름을 써서 해놓구서…(중략)…규암(窺岩) 보구서…(중략)…거기다 조옥 해노먼 하늘서 네러와서, 에, 증(定)을 헌다는 것이지…(하략)"라고 말하고 있다. 천정대와 가장 가까운 마을에 살 뿐만 아니라 천정대가 있는 산의 관리인이기도 한 화자가 이야기한 것인데, 화자는 이 전설을 일반인의 수준에 비해 더 존엄한 태도로 받아들여 이야기하고 있음을 잘 확인할 수 있다. 화자는 천정대에 큰임금바위와 작은임금바위가 있다고 말하면서, 재상 아닌 임금을 뽑은 곳이 천정대라고 이해하고 있다. 증거물과 그와 관련된 전설의 내용이 한 차원 격상되어 인식되고 있음을 보여준다. 하늘에서 적임자를 정하는 것을 지켜본 곳이 천정대 부근이 아닌 엿바위(窺岩)라고 예사와는 다르게 설정한 것도 이와 같은 인식태도의 반영이라 할 수 있다. 전설 내용에서 임금의 존재, 그리고 그와 관련된 하늘의 구실이 중점적으로 강조되어 이야기되고 있다면, 엿바위 화소 역시 이러한 분위기에 조응되고 있으며, 이로써 전체적으로 전설적 행위와 내용의 존엄성이 잘 묘사되는 쪽에서 이야기로서의 의미가 실현되고 있다고 할 수 있다. 비슷한 예로, 역시 같은 마을에서 들은 다음 예화를 더 들 수 있다.

[예화12] 천정대는 임금이 여러가지 일을 본 곳

천정대라는 디가 요기 요 요… 기암절벽이거던요. 거기가요? 기암절벽인데 옛날에 백제시대 그 저기 …그으… 그 으른들 말씀에 으하면 백제시대에 나라에 [테이프 교환으로 잠시 녹음 중단] 위태한 일이 익거나 인제 비가 안 와가지구요? 그 인제 그 가뭄이 들어서, 기우제 같웅 거 지낼 때, 그 백제 잉금님이 오셔 가지구 그 여러 가지를 했다는… 그 옛날 으런덜 말씀이 그렇게 전해 네러오더라구요. 그 천정대라는 디 가보면은 뭐 잉금바위두 익구 뭐 여러 가지 바위 기암괴석이 많어요[29].

〈임돈상(남·50). 1994. 1. 8. 오후. 흐림. 부여군 규암면 호암리〉

천정대가 임금님이 정사를 수행하던 곳이라고 기억되고 있음이 앞 예화와 동일하다. 거기에다 천정대가 임금이 기우제를 지내는 등의 중요한 여러 가지 일을 수행한 곳이라고 묘사하고 있다. 중대한 국사가 이곳에서 하늘의 뜻에 의해 정해졌다는 사실은 너무 구체성을 띠는 것이어서 쉬 잊혀졌다고 하겠는데, 그렇지만 기우제를 지내거나 그 밖의 중요한 일을 임금이 이곳에서 행했다는 쪽으로 묘사하는 것은 천정대가 지녀온 존엄처 내지 신성장소라는 의미가 다만 모습만 바뀌어 기억하기 쉬운 쪽에서 표현된 것이다. 이야기 말미에서 임금바위가 있음을 내세워 말한 내용에 대한 신빙성을 강조하고 있음도 같은 이해 수준의 연장임은 물론이다. 천정대에서 여러 가지 국사를 행했다는 것도 임금과 관련된 특수 장소로서의 천정대가 갖는 의미를 강조하려는 의식의 반영이란 점도 함께 유의함직하다.

요컨대, 이상에서 살핀 경우들에서는 전설을 통한 역사의 표현이 '임금'의 존재와 활동상을 부각시켜 인식하는 쪽에서 이루어지고 있고, 이것은 증거물이 전설에 미치는 영향력의 강조에 따른 결과라 할 수 있다. 증거물이 늘 먼저 의식되어 전설의 전승이 이루어짐으로써 전설적 상상력이 그쪽으로 끌리는 쪽에서 주로 발휘되어 나갔던 것으로, 그에 따라 이야기의 내용이 곧 임금님의 존재를 강조하거나 전설 증거물과 관련한 임금의 정치적 행

29) 호암리 길가에서 만난 제보자에게 청해 들은 이야기로, 전설증거물에 대한 관심을 앞세우면서 잘 알고 있는 이야기라는 자세로 이야기했다.

위를 더욱 확대하여 받아들이려는 쪽으로 형상화되려는 경향을 보이고 있는 것이다. 역사를 반영하되 증거물에 의한 영향에 의해, 제한된 방향에서 부분적으로만 실현되고 있다고 할 수 있다.

2) 증거물의 영향력이 [1]에 비해 덜 중시되어 전설이 전승되는 경우

천정대에 대해 알고는 있지만 위 [1]에서처럼 그것이 신비감을 줄 정도로 깊이 의식되지 않고 다소 막연한 수준으로 관심 가져지는 지역에서 전승되는 경우가 여기에 해당된다. [1]에 비해 전설 증거물이 약하게 의식되기 때문에 증거물을 반드시 강조하려 하지 않으며, 전설과 관련된 역사도 주로 전설의 핵심 내용을 중시하는 쪽에서 반영되는 모습을 보여준다. 이러한 유형은 천정대에 대한 깊은 신뢰를 수용하면서 살아온 지역이 아닌, 증거물과 어느 정도 거리를 두고 있는 지역에서 주로 찾아볼 수 있다. 그리고 전설화의 방향은 증거물과 관련된 임금의 존재, 혹은 정치행위가 지니는 역사적 중요성이 중심을 이루는 관심에서 형상적으로 표현되지 않고, 이야기의 중심인물이 재상 혹은 그 이하로 격하되며, 그들의 정치행위 자체가 관심의 초점이 되어 이야기 내용의 중심을 이루고 있다. 증거물이 주는 체험의 생생함과 신비감이 약해져 임금으로까지 격상된 전설적 상상력이 재상 혹은 그 이하의 수준으로 격하됨에 따라, 이야기가 세속적 관점의 수준에서 인식되고 논의되는 것이라 할 수 있다.

전설이 전설증거물에 지나치게 매몰되지 않고 일정한 거리를 두면서 이야기되고 있는 점에서, 이 경우 전설적 신비감이나 신뢰감이 [1]보다 약화되기는 하지만, 전설을 통한 역사에 대한 인식은 그에 비해 훨씬 현실감 있게, 구체적으로 구현되고 있다. 이에 대한 적절한 예로 우선 [예화3]을 들 수 있다. 여기에서 화자는 천정대와 백제 때 정치행위와의 관련성을 전제하는 쪽에서 이야기를 받아들이고 있기는 하다. 그러나 그것이 재상을 선출하는 일과 관련이 있다는 것과는 아주 다르게, 중요한 정치적 사항들을 하늘에 보고하고 결정받는 곳이라는 것으로 이야기되고 있다. 정치행위의 핵심인 '재상선출' 화소가 잊혀지고 상당히 다른 내용으로 바뀌고 있는 것이다. 이것은 전설증거물이 이야기를 강하게 고정시키기 어려운 전설의 전승 상황에서, 본디의 사실적 측면이 기억되고 있기는 하지만 기억하기 쉬운 일반화된 내용으로 역사적 사실성의 초점이 바뀐 결과라 할 수 있다.

비슷한 경우가 [예화4]이다. 앞 예화에서처럼, 여기에서도 우선 화자가 증거물부터 내세워 이야기를 시작하고는 있지만 그것을 임금바위가 아닌 천정대로만 이해하고 있음에서 이야기가 전설적 성격을 벗어나지는 않고 있되, 임금 아닌 조정 중신들에 의한 정치 행위에 초점이 두어진 전설임을 보여준다. 그러면서도 이 이야기에서는 이곳에서의 정치행위와 관련된 '천정' 화소를 누락하고 있어 전설로서의 신비스런 요소가 앞에서의 그것에 비해 약화되어 나타나고 있다는 점이 주목된다. 신비적 측면보다 현실적 관점에서 전설과 관련된 역사를 주목하고 있다는 증거이다. 이와 관련하여 더욱 주목할 것이 "그 몇몇 사람덜이 거기 와서 밀담얼 허던 곳여. 정치 밀담얼 허던… 그래서 정(政)… 그게 하늘서 낸 정치 밀담, 그 천정, 천정대라구 이렇게 얘기했다구"라고 말한 대목이다. 중신들이 이곳에 모여 정치 밀담을 한 뒤 그 결과를 '천정(天政)'이라고 했다는 것이다. 여기에서는 이미 전설적 신비성은 탈색된 채 철저히 세속적인 관점에서 전설적 사실과 역사가 이해되고 있다. 앞의 예화와 동일 수준의 전설적 인식을 보여주고 있으면서 현실감 있는 역사 이해 시각을 더욱 분명하게 드러내고 있다고 할 수 있다.

3) 전설증거물이 의미 있게 주목되지 못하고, 그 명칭도 확실히 기억되고 있지 못한 지역에 전승되는 경우

전설의 성립 배경인 백제사 혹은 정치적 근거를 완전히 잊어버리고, 자연물의 특징에 따라 상상력을 발휘하여 전설이 성립되는 예가 여기에 속한다. 앞에서 보았듯, 천정대와 지리적으로 거리가 먼 지점에서 볼 수 있는 것으로, 전설 증거물이 중요시되지 못해 증거력을 상실함으로써 전설이 화자 나름대로의 상상력에 의해 이야기되는 경우이다. 천정대가 천문을 관측했던 곳이라고 한 [예화6]이나, 백제 군사들이 파수를 본 곳이라고 말한 [예화7]과 같은 예가 이에 해당된다. 이 경우 천정대전설은 전승지역마다의 독자적인 관점이 중요시되어 전설적 형상성이 결정되고 있어, 결과적으로 생동감 있는 역사전설로 출발했던 전설 본디 모습에서 전설적 측면이 상실됨으로써 역사전설로서의 의미를 거의 잃은 것이라 하겠다.

이들 유형들을 종합하면서 전설을 통한 백제사의식을 이해하는 데에 그 나름의 의미를 지니는 것은 첫번째와 두번째 유형이라 할 수 있다. 이들은 임금 중심, 신하 중심의 역사 이해 시각을 보여주고 있으면서 각각 역사상황의 구체성을 어느 정도 반영해 보이려는 관심을 보여준다. [유형1]은 증거물의 영향이 전설의 내용에 가장 큰 영향을 주는 경우로, 그에 따라 전설 속의 행위 주체를 임금으로 격상시키고 그 행위도 주로 임금의 존엄한 모습이 강조되는 쪽에서 이야기되고 있다. 그러나 그러면서도 왕을 서로 하고자 다투어 이 문제를 해결하는 것이 그곳에서 있었던 역사사실의 핵심으로 보고 있는 것은, 그러한 전설 주인공의 존엄성을 훼손하지 않으면서 좀 더 구체적이고 현실감 있는 시야에서 관련 역사사실을 주목하려는 의식의 반영이라 할 수 있다는 점에서 유의함직하다. 전설 증거물이 중시되는 속에서도 전설이 본디 갖추고 있던 역사성의 핵심이 어느 정도 보존되고 있음을 보여주는 것이라 할 만하다. 이와 관련하여 좀 더 주목해야 할 점은 바로 이러한 시야에서의 역사 이해가 더욱 구체적으로 드러나고 있는 두번째 유형이다. 첫째와 셋째 유형이 전설 증거물에 의한 영향의 과대화와 과소화로 전설 본디의 역사내용이나 의미가 과대 혹은 과소평가되고 있다면, 둘째 유형에서는 증거물의 영향이 균형을 이루고 있어 전설 본디의 현실감 있는 역사성이 잊혀지지 않는 쪽에서 전설로서의 기능을 달성해 왔다고 할 수 있다. 역사현실과 밀접한 관련을 맺고 출발한 전설이 그러한 현실감을 상실하지 않고 지속되어 왔다는 점에서 이런 유형을 위 전설의 역사성 이해에서 유의할 필요가 있다면, 더욱 주목되는 것은 이러한 역사성이 정태적으로 답습되지 않고 현실감을 더욱 강하게 반영하는 쪽으로 변이되어 전승되고 있다는 사실이다. 어느 면에서 천정대전설의 역사성은 바로 이 유형에 와서 살아있는 현실감, 생동하는 역사성을 발전적으로 형상화해낼 수 있었다고 할 수 있다. 그리고 이러한 묘사는 실제 전설화되는 과정에서 가려진 역사사실의 좀 더 확실한 모습을 보여주는 것일 수도 있다.

이와 함께 유의해야 할 점은, 이러한 역사 이해의 시각은 그대로 당시 백제정치에 대한 하나의 비판적 인식일 수 있다는 사실이다. 천정대가 정치밀담을 하던 곳이라는 것과 같은 시각에서의 이해가 특히 그렇다. 이 유형담이 주로 유식층을 중심으로 전해지고 있다는 점에서 더욱 그렇게 볼 필요성이 크다고 할 수 있다. 앞에서 문헌소재 천정대 전설에서 '천정(天政)'이라는 정치행위를 긍정적으로 이해했던 것과는 달리, 같은 사실을 두고서 왜 이런 상반된 이해 시각이 나타날 수 있는 것인가? 여기에는 개인적 취향의 반영이란 측면도 있겠지만, 크게 볼 때 백제사에 대한 부정적 역사의식에 의한 결과라 이해할 수 있다. 그리고 이점은 더 크게는 백제사의 패망이라는 더 크고 중요한 역사사실에 의해 간접적으로 영향을 받은 결과라고도 볼 수 있다. 그렇게 본다면, 이 유형담의 전설적 의미는 오늘날의 시점에서만 관심거리가 되고 마는 것이 아니며, 백제사와 관련한 위 전설 전승층의 백제사의식 태도를 확인시켜주는 의미 있는 자료가 되는 셈이다. 그런 점에서 백제사의식의 중요한 일면을 파악하는 데에 위 유형담은 하나의 유의할 만한 대상이 될 수 있을 것이다.

5. 요약과 전망

천정대전설은 어느 면에서 사소한 이야기에 지나지 않아 보이기도 한다. 그러나 전설의 성격과 거기에 담겨있는 역사를 함께 고려할 때 지역전설적 측면과 함께 백제사의 중요한 상황이 결합되어 있어, 결코 과소평가할 수 없는 설화문학적 질량을 지닌 전설임을 우리는 알게 된다. 이 글은 위 전설이 지니는 중요한 두 가지 측면 가운데 주로 지역전설적 특징에 초점을 맞추어 전설로서의 의미를 고찰하고 오늘날까지 살아있는 역사전설이자 지역전설로서의 의의를 확인해 보고자 한 것이다.

위와 같은 관점에서의 천정대전설의 이해를 위해서는 현재 전승되고 있는 여러 유형들과 각편들을 종합하여 전설로서의 특징을 관찰할 필요가 있는데, 위 전설은 전승 증거물과 전설 전승지역과의 물리적, 인문적 환경과 거리 관계에 따라 이해할 때, 세 개의 전승유형으로 구분된다. [1] 전설 증거물과 가까운 위치에서 그것의 영향을 전적으로 받는 지역, [2] 증거물을 알고는 있으나 영향이 절대적이지는 않은 지역, [3] 증거물과 먼 거리에 있어 그것을 거의 모르는 상태에서 전승력을 유지하고 있는 지역이 위 전설 전승을 규정하는 세 가지이며, 이에 따라 각각의 전승유형들은 전설의 내용과 전설화의 방향에서 차이를 보여준다.

위 전설이 지닌 역사전설로서의 좀 더 중요한 측면은 실제의 전승유형에 반영된 형상적 내용으로서의 역사성이라 할 수 있다. 이런 관점에서, 역사의 반영이 구체적으로 실현되는 것은 위 전설 가운데 전설증거물의 강한 영향으로 전설의 내용과 행위 주체가 한층 높게 실현되는 유형과, 증거물의 영향이 적절한 정도로 미침으로써 전설의 내용이 역사적 현실성에 비교적 충실하게 반영되는 전승유형을 통해서이며, 특히 이 가운데 뒤의 예가 전설을 통한 현실감 있는 역사성의 실현이라는 점에서 더욱 중요한 의의를 지닌다고 할 수 있다.

천정대전설의 전승력이 전설 증거물로부터 먼 곳으로까지 확장될 수 있었던 것이 이 전설에 담긴 역사성에 대한 지역민들의 공감 때문이었다면, 전승유형이 다양하게 분기되고 있음은 위 전설이 지역민들의 생활환경과 갖는 관계의 밀접성이 반영된 결과이다. 그러므로 위 전설의 이해는 역사성의 반영 문제도 중요시해야 하지만, 전승지역에 따라 달라지는 측면도 깊이 유념할 필요가 있다. 그것은 위 전설의 이해가 생활 현장에서 구체적으로 살아 움직이는 모습을 확인하는 것이면서, 실질적인 삶을 통한 전설적 의미 부여이자, 잃어버린 역사의 재구이기도 하기 때문이다. 종전에 좁게 알고 있던 것과는 달리 천정대 전설 내용이 '천정(天政)' 화소만 있는 것이 아니고 왕을 선출한 곳, 임금이 제반 중요한 정사를 돌본 곳, 왕이 유람하던 곳, 천정(天井)이 있는 곳, 천문관측소가 있던 곳, 군사가 파수본 곳, 왕이 피난한 곳, 신선이 바둑 두던 곳, '등잔걸이' 형국의 바위 등 여러 화소로도 전해지고 있음은 곧 위 전설이 문자에 얽매이지 않고 지역민의 삶 속에서 실현된 전설적 의미의 다채로운 세계를 보여주고 있다는 증거이다. 오래 전의 문헌에나 남아있는 '정사암(政事岩)' 같은 유식하고 어려운 말은 지금은 다 잊혀졌지만 전승집단 자신들의 삶과 관련하여 절실하고 그럴듯한 상상을 발휘하여 전설을 새로이 전환시키고 자신들의 관심과 의식을 표현하고 있는 결과이다.

이러한 측면은 전설적 표현에 의한 사실과 역사의 새로운 해석이자 발견이라는 점에서도 또 다른 의미를 찾을 수 있다. 천정대와 관련된 위에서와 같은 다양한 기능의 해석은 천정대라는 상징화된 의미에 가려져 주목되지 못해온, 그곳이 실제로 수행해온 그 이상의 다양한 기능과 역사사실을 보여주는 것일지도 모른다. '천정대'로서의 그곳에 대한 이해는 전설화되고 일반화된 의미라면, 이 대상을 각양으로 의식하면서 이야기로 표현하는 시각들은 그것이 기능할 수 있는 가능성을 독특하고 개성적인 관점에서 파악한 것이며, 그런 만큼 이들 시각들을 종합할 때 우리는 천정대란 명칭 이상의, 천정대에 대한 종합적인 의미와 기능에 대한 이해 시야를 넓힐 수 있게 된다. 그리고 이런 각도에서 포착된 그곳의 기능은, 물론 과거의 사실이었을 수도 있지만 미래의 가능성일 수도 있다. 전설은 이처럼 전승집단이 살아가는 환경과 어울리는 쪽에서 사실을 상상적으로 증폭시켜, 있었던 것을 강조적으로 받아들임과 동시에 있어야 할 것을 제시해 보여주며, 바로 이것이 사실과는 다른 문학으로서의 전설의 기능과 가치이기도 하다. 그런 점에서 천정대전설에 대한 이제까지의 논의 결과는 천정대전설이 지니는 의미가 전설 자체로서 이해되는 데에 그칠 수 없으며 좀 더 넓은 관점에서 주목되어야 할 것임을 말해준다. '천정(天政)'이란 사실의 중요성에 의해 천정대전설이 생기고, 이후 '천정대'라는 명칭의 강한 영향력으로 천정대 주위의 주민들은 천정대라는 자연물을 '천정대'로 고정시켜 그 의미를 받아들여 왔다. 그러나 증거물과 전설 전승집단과의 관계에 따라 늘 유동성을 보이는 전설의 특징에 의해, 그리고 구체적인 삶의 경험을 반영함으로써 더욱 전설답게 표현하고자 하는 전설 전승집단의 보이지 않는 욕구에 의해, 천정대전설은 종전에 문헌자료를 통해 보았던 좁은 범위에 머물지 않고 더 넓은 전승유형이 현전되고 있음을 보여주었다. 이는 전승현지와 깊은 관련을 맺고 있는 전설을 현지성에 주목하여 살핀 데에서 얻은 하나의 성과라 하겠는데, 이러한 결과는 그것의 현지성과 관련하여 천정대라는 전설증거물에 대해 전설로서의 이해 범위를 벗어난 데에서 다시 주목해야 할 필요성을 제기한 것이기도 하다.

위 전설에 반영된 전승현지에 따른 전승집단의 다양한 의식의 표현은 곧 그들이 삶의 현장에서 느끼는 현실감의 반영이다. 이것은 곧 천정대라는 자연물이 지역 주민들의 삶과 관련하여 이제까지 실현되어 왔거나, 앞으로 실현되어야 할 기능이자 가치임을 뜻하는 것이기도 하다. 그러므로 앞으로 천정대라는 자연물에 대해 변화를 주고 어떠한 실천적 차원에서의 관심을 갖게 될 경우, 위와 같은 측면이 고려될 필요가 있다는 사실을 유의할 필요가 있다. 천정대에 대하여 위에서 확인한 사실들은 위와 같은 새로운 실천행위를 위한 정보 역할도 할 수 있는 것이면서, 그것의 실천 방향에 대한 의미있는 지침이 되어줄 수도 있을 것이다.

이와 더불어 위 전설의 현지성이 던지는 또 하나의 의의는 전설로 전승되어온 위와 같은 사실들에 대하여 역사학 쪽에서 좀 더 자세한 사실 여부를 확인할 필요성을 제기했다는 점이다. 천정대와 관련된 '정치행위' 이외의 여러 기능들은 실제사실이었을 수도 있던 것이, 특정 정치행위가 지닌 전설적 영향력 때문에 가려져왔을 수도 있다. 그러므로 위에서 전설로 이야기되어온 여러 의미들은 천정대라는 자연물의 좀 더 오래고도 다양한 기능을 알기 위하여 계속 밝혀질 필요가 있다. 그것은 자연물로서의 천정대 이해를 넘어 부여의 역사를 이해하는 데에 필요한 일의 하나이기도 하다. 천정대전설의 전설적 연구는 이 문제에 대해 하나의 단서를 마련해준 데에 불과하지만 지역의 역사, 나아가 부여 역사의 일면을 이해하는 데에 이 문제는 음미할만한 의의가 있다고 여겨진다. 전승집단의 관점에서 중요시되는 역사의 개연성이 증폭되어 과장되는 것이 전설의 특징이자 의미이다. 그러나 그러한 개연성의 뒤편에는 때로 필연성이 숨어있기도 하다. 이러한 측면은 전설의 구체적 현지성이 주목됨으로써 발견될 수 있다는 것을 천정대전설은 말해주고 있는 것으로, 이제 이 문제는 천정대전설이 문학으로서의 전설을 넘어 역사 쪽에 던지는 하나 과제이기도 한 셈이다.

[부 록]

천정대의 위치 및 천정대전설의 전승상황을 조사한 결과를 보이면 다음과 같다.

㉠ 전승력이 유지되지 않고 있는 지점 (단순히 천장대로 와전하여 알고 있는 정도일 뿐 구체적인 내용을 모르고 있는 경우까지가 여기에 속함)
㉡ 유형[3]이 전승되는 지점
㉢ 유형[2]가 전승되는 지점
㉣ 유형[1]이 전승되는 지점

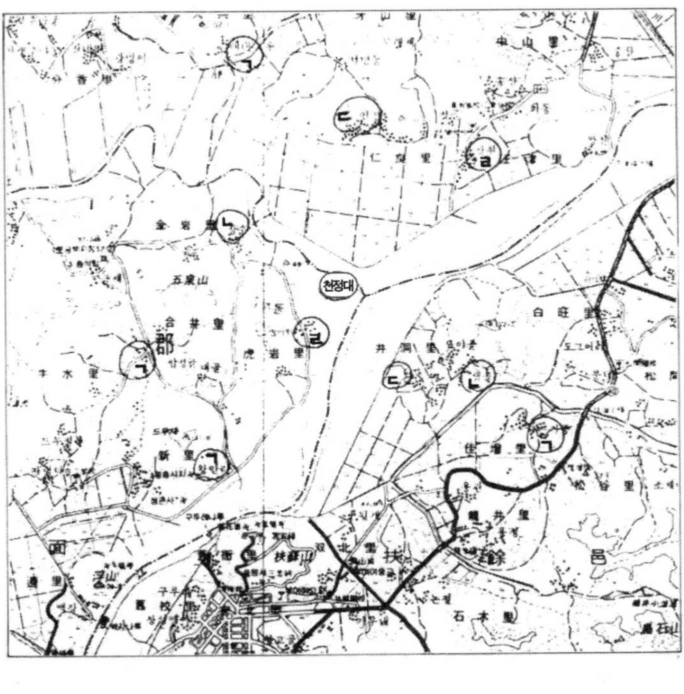

부여 사비강(泗沘江) '배돛대…' 이야기 연구
— 생태학적 관점에서의 접근

1. 생태학적 관점에서의 이야기 이해의 방향

이야기를 생태학적 관점에서 관찰함으로써 얻는 이점은 무엇일까. 그것은 이야기를 이해하되 그것을 현실 삶과의 긴밀한 관련 속에서, 실질적으로 구연되면서, 구체적인 생명력을 유지하는 것으로 이해할 수 있다는 것으로 요약할 수 있을 것이다. 이들 어떤 방향을 지향한 연구이든, 그것들은 작품 중심에서 벗어나 맥락(context) 중심으로 접근하는 방향에 서게 된다는 점을 공통으로 한다. 그리고 이로써 이야기는 생기 있는 말문학으로서의 본질성을 더 많이 드러내주는, 그것만의 강점을 달성하게 된다. 이야기는 근본적으로 글이 아닌 말로 이루어진 것임을 유의하면, 이러한 관점에서의 연구는 보다 넓은 각도에서 깊이 주목될 필요가 있다.

그런데, 좀 거창하게 말하면 생태학적 관점에서의 연구, 그리고 소박하게 말하면 현실 속에서 생명력을 갖고 움직이는 것으로서 이야기를 접근한다고 할 때, 그와 관련된 연구 주제나 방향은 다양하게 실현될 수 있다. '생태학'이나 '생태학적'이라는 말의 범위가 넓은 것만큼이나 용어 적용의 외연이 넓은 것이 곧 이 분야이기도 하다. 이야기에 대한 이러한 접근관점과 관련이 있는 것들을 대략 다음과 같이 몇 가지 분야로 나누어 이해할 수 있다.

1. 화자(teller, storyteller)를 중심으로 한 경우
2. 이야기 구연사회와 전승사회를 중심으로 하면서 화자에 대해서도 주목하는 경우
3. 이야기의 생태환경과 전승사회의 특수성을 고려하면서 화자에 대해서도 주목하는 경우

1.은 본디 이야기꾼의 사회·문화적 위상과 함께 이야기 구연을 통하여 실현하는 기능을 중시하는 인류학 쪽에서 주목되기 시작하여, 점점 설화 표현자로서의 사회·문학·예능적 기능을 중시하는 쪽으로 관심이 깊어지는 추세를 보여주었다.[1] 그리고 2.는 이야기가 구연되고 수용되는 전승사회를 중시하면서 이야기꾼과 이야기 구연, 그리고 전승양상을 함께 고려하는 이해를 추구하는 경향을 보여왔다. 1. 2. 모두 이야기에 대한 구비문학적 관점 못지않는 연구 역사를 지니고 있고, 이 가운데 특히 20세기 중반 이후 활발하게 전개된 2.의 관점은 '이야기'[2] 개념의 폭을 넓히고 이야기 구연의 사회적 의미를 확장하는 데에 의미 있는 기여를 한 것으로 평가된다.[3]

2.에 비하여 이야기의 존재기반을 더 넓은 각도에서 파악하려는 것이 3.이다. 앞의 다른 분야들에 비하여 이야기의 문맥성에 대한 관심의 범위가 넓어진 만큼, 이는 이야기의 존재기반과 의미의 폭을 한층 넓게 이해할 수 있는 이점을 지니고 있다. 그리고 무엇보다도 여기에서는 이야기의 생태환경을 중시함으로써, 이야기의 형성과 변화 과정을 인간의 환경 및 사회 배경과의 유기적 관련성을 가장 깊이 관찰할 수 있다는 장점이 있다. 따라서

1) 우리나라의 경우 유능한 시정(市井)이야기꾼에 대한 기록이 18·9세기에 나타나고 있음을 볼 수 있으나 구연한 이야기 작품이 정리된 것이 별로 없음이 한계점이다. 서양의 경우 이야기꾼에 대한 관심은 주로 인류학자 또는 인류학적 관점에서의 설화 연구 쪽에서 이루어졌다. 19세기 후반 독일의 그림형제(grimms) 같은 인물에 의해 소극적이나마 이야기꾼에 대한 관심이 있어온 이래, 20세기를 넘어오면서 러시아 학자들에 의해 이에 대한 관심이 좀 더 본격화되었다. 이에 대한 과정을 데그 교수가 최근의 저서에서 잘 소개하고 있다(Linda Degh, Biology of Storytelling, *Narratives in Society : A Performer-Centered Study of Narration*, Academia Scientiarum Fennica, Suomalainen Tiedeakatemia, Helsinki, 1995, pp. 50~52 참조).

2) 이 글에서 설화의 갈래 개념을 중시하지 않고 이야기라고만 지칭하기로 한다. 이 글의 취지에 그것이 더 어울리기 때문이다.

3) 이 분야의 연구로는 데그 교수가 대표적이다. 주 1)의 글 54~55쪽에 이에 대한 소개가 잘 되어 있다.

이제까지 별다른 관심이 주어지지 못해왔지만, 이러한 관점에서 문제의식을 가짐으로써 이야기에 대한 이해의 폭을 넓히는 노력이 필요하다고 본다.[4]

이 글은 이러한 관점에서의 이해 가능성을 고려하면서 과제에 대해 접근해 보려는 것이다. 관찰 대상은 '사비강에 배돛대가 보이면 나라가 망할 것이니 마을을 떠라'는 짧은 이야기이다. 위 이야기가 전승되고 있는 곳은 부여읍 서쪽 사비강[5]변에 있는 부여군 규암면 진변리(津邊里) 백강마을을 중심으로 한 그 주면 마을 일대이다. 이 이야기는 전승사물이 두드러져 있지 않아 전승의 폭이 좁은 편이고, 형상화의 정도가 약해 전승력도 강하지 않다. 그러나 외형과는 달리 그것이 담고 있는 역사적·지리적 의미는 작지 않다고 할 수 있다. 그리고 생태학적 관점과 관련하여 더욱 주목할 만한 가치가 있다고 여겨진다.

2. 사비강변의 생태환경적 조건과 이야기의 발생

다른 생물과 마찬가지로 인간은 끊임없는 생태계의 생성과 변화의 영향 속에 생을 지속해나간다. 인간의 생활은 곧 자연생태계 속에 반인공(半人工)의 생태계를 개척하고, 거기에 다시 인공생태계를 건설하여 부단히 적응해 나가는 과정이다. 인간이 생태계의 지배를 받는 것처럼, 인간의 삶이 반영된 이야기도 같은 영향과 지배를 받는다. 그러므로 생태학적 관점에서 이야기를 이해하기 위해서는 이야기의 형성을 가능케 한 자연환경을 주목하는 일이 필요하다. 그리고 그러한 환경을 바탕으로 하여 이야기가 전승되는 범

4) 부분적으로 위와 같은 관점을 고려하는 방향에서 이루어진 글로 다음과 같은 것을 예로 들 수 있다.
임재해, 『설화작품의 현장론적 분석』, 지식산업사, 1991. 7·8장.
황인덕, 「식장산의 지리·역사적 배경과 식장산 전설」, 『어문연구』 제28집, 어문연구학회, 1996. 12. 및 「숫금산전설의 유형성과 전승양상」, 『어문연구』 제29집, 1997. 12.

5) 부여 주변의 금강줄기를 흔히 백마강이라고 부르고 있지만 그에 앞선 이름이 사비강이므로 이를 취해 쓰기로 한다.

위, 즉 마을 혹은 지역사회와 이루고 있는 생태적 측면을 주목할 필요가 있다. 여기에서 관찰 대상이 되는 이야기는 부여 사비강변에 위치한 진변리와 그 인근 마을에서 강물에 대한 체험을 바탕으로 형성된 이야기이다. 그런만큼 이러한 환경이 지니는 생태학적 특성이 어떤 것인지를 주목하면서 생태환경과 이야기 발생의 필연성을 관찰하는 일이 중요하다.

부여 사비강을 보면 조룡대 부근에서 조금 휘어진 강물이 거의 직선으로 흐르다가 진변리(津邊里) 뒷산인 바위로 된 부산(浮山)에 부딪친 뒤 다시 약간 휘어져, 직선에 가까운 완만한 유속으로 흐르다가, 다시 수북정 아래 절벽에 크게 부딪쳐 곡선을 그리며 흐름을 계속한다. 이 가운데 특히 거대한 바위로 된 자온대는 사비강의 흐름을 거의 정면으로 가로막아 유속을 크게 방해하고 있다. 거기에 더하여 그와 면해 있는 규암천이 강의 흐름을 방해하는 데에 가세하는 형세를 이루고 있다. 이 부근의 이러한 형세는 두 가지 변화를 보여주었다. 하류 쪽으로는 강의 유속이 약해져 강줄기가 둘로 나뉘는 변화를 보여준 것이 그 하나이고, 상류 쪽으로는 여름에 큰물이 질 때 가깝게는 1킬로미터가 채 안 되는 진변리 부근까지, 그리고 멀게는 2킬로미터쯤 떨어진 부소산 아래 부근까지 물이 범람케 하는 영향을 준 것이 다른 하나이다. 여기에 다시, 자온대에서 조금 더 내려가면 규암천보다 더 큰 구룡천이 사비강을 밀고 들어와 강의 유속을 더 크게 방해하고, 이 일대 사비강을 범람시키는 원인의 하나가 되고 있다. 이러한 결과 백마강의 흐름 가운데 조룡대 부근에서부터 자온대까지는 가장 수심이 깊으면서 물 흐름의 변화가 비교적 적다는 특징을 이루고 있다. 그러면서 그로 인해 큰물이 질 때는 물의 범람이 심해 홍수피해가 큰 곳이 또한 이 지점이기도 하다. 그래서 홍수 때는 부산 주위의 저지대가 완전히 물에 잠겨 바다를 방불케 할 정도로 인근 규암리 일대는 물론, 부산 뒤쪽 부근의 들에 엄청난 수해를 입히곤 한다.

이곳의 이러한 자연생태계의 특징은 두 가지 면에 영향을 미쳤을 것으로 보인다. 하나는 이곳의 취락을 처음부터 나루마을로 성격지었다는 점이다.

강의 규모가 큰 만큼 아주 옛날부터 사비강은 그 부근에서 농토를 개척하여 마을로 정착하는 데에 큰 장애로 작용했을 것이다. 그러던 이곳 일대가 본격적으로 마을로서의 기능을 발휘하게 된 것은 이 마을이 나루역할을 하면서부터였다고 이해된다. 두 번째는 이러한 자연현상에 의해 자연스럽게 진변리 뒤의 둥근 산을 두고서 '떠내려온 산'이라는 이야기가 생기게 되었을 것이란 점이다. 뜬 산, 또는 떠내려온 산[浮山]이라는 전설은 우연한 상상의 소산이 아니었다고 이해된다. 큰 홍수 때에 드러내 보이는 위 산의 형상을 생생하게 체험한 데에서 자연스럽게 우러난 상상이라고 여겨진다.[6] 생태적 적소(適所)가 거기에 적합한 이야기를 형성시킨 것이다.

한편으로, 사비강의 위 지점은 물이 깊은 데에다, 지리적으로 부여에서 남북으로 통하는 적절한 위치에 있어, 오래 전부터 나루로 발전해왔다. 조금 위로는 구드레나루가 있어 부여와 정산 쪽을 이어주었고, 약간 아래쪽으로는 부여에서 진변리로 이어지는 고성진(古省津)[7] 나루가 있어 은산과 청양 쪽으로 연결되었다. 그리고 더 남쪽으로는 규암나루가 홍산 방향으로 이어지는 길을 마련했다. 이들 세 곳 나루는 부여가 도읍을 이루면서 계속 발전하고 그 지리·군사·경제적 중요성이 부쩍 높아지게 되었을 것이다. 이로써 이들 마을들은 일찍부터 도선마을로 지리적 특성을 갖추게 되고, 점차 통행이 빈번해지는 것과 함께 인가가 늘어났을 것이다. 더불어, 종(從)으로 볼 때도 사비강을 통과하는 금강의 수운 기능이 웅진[공주]을 수도로 했을 때처럼 여전히 중요하게 이루어졌을 것이다. 구드레나루나 고성나루는 화물선이 빈번히 드나들고 때로 일본을 중심으로 한 외국 배들도 자주 오가며 정박하는 등, 국가 경영과 교역상으로 아주 중요한 나루터가 되었을 것이다.

그러나 이들 마을은 이러한 지리적 중요성에도 불구하고 공통적으로 결

---

6) 이러한 상상이 고유한 것인지 외래적인 것인지는 단정하기 어려워 보인다. 만약, 외래적인 것으로 볼 경우라 해도 그것이 백제 지역에 정착되는 데에 위 산은 가장 적절한 대상물이 되어주었을 것으로 여겨진다.

7) 현행 지도에 주로 백강나루로 표기되고 있는 것이 이곳이다. 부여에서 은산 및 청양 방면과 통하는 최단 거리 길이다.

정적인 약점을 벗어나기가 어려웠으리란 점을 주목할 필요가 있다. 홍수의 위험을 늘 안고 살아야만 한다는 점이다. 더구나 백제가 이곳에 정도(定都)했을 때는 기후학상으로 해진기(海進期)이자 습윤기여서 지금보다 강 수위가 전반적으로 더 높았을 것으로 보인다.[8] 그만큼 홍수 피해가 빈번했을 것이고 그로 인한 두려움이 컸을 것이다. 이는 그대로 마을에 사는 주민들의 삶의 방식을 결정하는, 그리고 피할 수 없는 생태적 조건이 되어주었던 것이다. 이 때문에 이곳 주민들은 비가 많이 오거나 홍수가 질 때면 수위를 가늠해 보는 것이 중요한 관심사가 되었을 것이며, 도성에서도 수위를 관측하고 측정하는 관원이 있었을 것으로 여겨진다. 그리고 이곳 일대의 주민들 사이에서는 어떤 자연이나 인공물을 기준 삼아 수위의 정도를 가늠하고, 그에 따른 피해를 나름대로 예측하고 경계하며, 그 공포감을 예견하고 표현하는 이러저러한 '말'들이 경험자들에 의해 자주 이야기되곤 했을 것이다.

지금까지 전해지는 '배돛대가 보이면 나라가 불길하다거나, 나라가 망할 것이라거나, 마을을 떠야 한다'는 이야기는 이렇게 하여 오래 전에 형성되었을 것이다. 그것은 '나루'와 강을 이용한 '수운'이 지배적인 생태환경을 이루고 '배'가 중요한 생활수단을 이루고 사는 마을 사람들에게 '배'를 기준으로 한, 특히 국가 경영상 중요한 '돛'배를 관심사로 한 일상생활 속에 오간 여러 판단과 교훈적 담론들이 어느 정도 일반화되어 정리된 것이라 할 수 있다. 그들에게 배돛대는 강물과 관련한 가장 친숙한 체험대상이었을 것이며, 강물의 수위를 판단하는 가장 적절한 기준이 되었을 것이다. 그래서 마을의 일정 지점을 기준으로 배돛대가 보이고 안 보이는 것은 홍수의 위험신호를 판단하는 기준이 되었을 것이며, 홍수의 엄청난 상황에 대한 상상이 더해져 그러한 예측성과 판단성의 언술들은 곧 마을의 수몰을 예고하는 것이자 건너 쪽에 있는 도성의 멸망이나 나라의 멸망으로까지 과장되어 받아

8) 연구 결과에 의하면 세계적으로 온난기였던 이 무렵 한반도의 해수위는 약 1.5~2m가량 높았을 것으로 보고 있다. 김연옥, 『한국의 기후와 문화』, 이대출판부, 1985. 366쪽.

들여질 수 있었을 것이다.

『삼국사기』에 실린 아래 기록은 부여 사비강 일대에서 오래 전부터 이러한 이야기가 있었을 것임을 충분히 짐작케 한다.

> 유월에 왕홍사의 모든 중들이 바라보노라니, 마치 배돛대가 큰물을 따라 절문으로 들어오는 것 같았다(六月 王興寺衆僧皆見 若有船楫 隨大水 入寺門 : 『삼국사기』 〈백제본기〉 제6 의자왕 20년)

사비강 부근의 생태환경을 모르고서 대하면 이것은 별로 대수롭지 않은, 단순한 홍수에 대한 기록으로 보일 수도 있다. 그러나 이 이야기는 왕홍사 부근에서 진변리에 이르는 사비강의 범람현상이 주민들의 생존을 위협하는 생태환경으로 인식되는 데에서 더 나아가, 그것이 나라의 존망을 결정하는 징조로까지 인식되던 당시의 시대와 사회적 맥락에서 성립된 구전적 이야기 즉 구비작품(oral text)이다. 다만 그것이 백제의 특수한 역사현실과 마주침으로써 좀 더 증폭된 결과를 보여주고 있다는 점이 다를 뿐이다. 앞의 것이 백마강 주변마을의 생태환경만을 반영한 것이라면 뒤의 것은 그것을 기반으로 하되 역사적 현실까지가 보태진 것인 셈이다.

3. 역사현실의 반영으로서의 배돛대 이야기

지역의 생태환경에 기반을 두고 출발한 것이라 해도, 그것은 역사를 거치면서 새로운 영향을 받게 마련이고, 새로운 변이를 낳기도 한다. 백제가 부여에 도읍을 정한 것은 역사적인 일이었을 뿐만 아니라, 이는 사비강 관련 백제이야기를 낳는 데에도 결정적인 영향을 미치기도 했다. 이로써 이곳에서 진행된 백제 역사는 사비강 및 그 주변과 깊은 연관성을 맺고 있는 중요한 몇 가지 이야기를 생산해서 전승시켰다. '천정대 이야기', '자온대 이야기', '조룡대 이야기', '삼천궁녀 이야기', '엿바위(窺岩) 이야기' 등이 그 예들이다. 이들 전설의 탄생은 사비강이 역사의 중요한 역사의 현장이었음을 반영하는 것이다.

사비강에 대한 이야기의 생산은 이러한 특수한 역사적 현장으로서의 중요성에 의한 것도 있지만 평범한 일상적 자연조건으로서의 수준에서 이루어진 것도 있다. 백제 멸망 예조담으로 사비강과 관련된 것이 다른 예가 발견되고 있음이 이를 말해준다. '도성 남쪽 사비하에서 큰 고기가 죽어 떠올랐는데 크기가 세 발이나 되었다'[9] 라거나, '사비하의 물이 핏빛처럼 붉었다'.[10]는 기록이 그런 사례들이다. 이는 사비강이라는 자연이 부여 사람들에게 뗄 수 없는 생태조건으로 깊은 관련을 맺어나갔던 결과이다. 생태적 관련성이 깊어질수록 그 곳에서 발생한 일들에 대한 관심도가 높아지고 의미 해석의 지평도 확대된 것이다. 그런 결과로, 서해에서 물고기떼가 죽은 이변(西海濱小魚出死 百姓食之不能盡)[11]과 같은 사소해 보이는 일도, 백제 멸망과 관련지어 유다른 상징성이 부여되고 중요한 의미로 받아들이게 되었을 것이다. 사비강이 이 지역 사람들에게 불가결한 생활터전이 된 것을 넘어 도성으로까지 자리잡게 되면서, 강에서 일어나는 사건의 의미도 함께 높아졌던 것이다.

그런데 이처럼 백제의 역사를 반영하는 이야기는 역사의 현장성을 띠기 때문임도 있지만, 특정한 이야기가 어떤 역사 사건과의 관련성에 의해 증폭되는 경우도 있다. 위 배돛대 이야기가 그러한 하나의 예가 된다. 여기에서는 이 이야기만을 주목해서 이해해 보기로 한다. 사비강과 관련된 부여의 역사적 사건 가운데 가장 큰 것은 무엇보다도 '멸망'사건이었을 것이다. 역사적 사건은 그와 관련이 있는 이야기의 표현과 전승력을 확대시키는 기회를 낳게 된다. 그리고 사건의 충격은 주변적인 이야기도 본질적인 이야기처

---

9) "王都西南 泗沘河 大魚出死 長三丈"(『삼국사기』「백제본기」 의자왕 19년 5월)

10) "泗沘河水 赤如血色"(『삼국사기』「백제본기」 제6 의자왕 20년)

11) 앞 주와 같음.

럼 확대시키는 힘을 지니고 있다. 그것은 소문담이 지니는 속성이기도 한 것으로, 백제멸망 '예조담'들이 대체로 그러한 측면들을 갖고 있다.

백제의 멸망사건은 바로 기존의 배돛대 이야기의 의미를 더욱 신비스럽게 강조하는 방향으로 증폭시켰다고 여겨진다. 본디 그것은 처음에 객관적 판단 수준에 머문 이야기였을 것이다. 그러다가 백제 말기의 정치적 한계성이 드러나면서 운명적 예조담으로서의 성격을 띠게 되었을 것이다. 그리고 더욱, 멸망 현실이 분명한 현실로 고정되고 민심도 백제로부터 멀어지는 단계에 이르러 그것은 확대된 예조담으로, 예조성이 더욱 강화된 양상으로서 역사현실로 인식되고, 구전되어 나가게 되었을 것이다.[12] 위에서 인용했던 왕홍사 관련 배돛대 이야기는 바로 이런 단계의 예를 보여주는 것이다. 이 이야기는 이 일대에서 일반화된 배돛대 이야기가 왕홍사라는 특수 공간으로 전환된 것이다. 배돛대가 절문 쪽으로 들어오는 것 같았다는 것은 강에 배돛대가 보였다는 정도의 의미에 머물지 않고, 좀 더 깊은 뜻을 담은 표현이다. 배돛대가 보이는 것만으로도 불길한 징조로 여겨졌을 터인데, 그것이 절문으로 들어오는 것 같았다는 것은 곧 홍수에 의한 절의 침해를 암시하는 것이다. 그리고 그 절이 다른 곳도 아닌 임금의 원찰이라는 사실은 결국 그것이 백제 왕실의 몰락을 강하게 예조하는 것임을 의미하는 것이다.

이 이야기가 성립된 것은 왕홍사의 승려들이 백제왕실에 대하여 어느 정도 부정적 의식을 지니고 있었기 때문이었을 것이다. 그리고 그러한 시각을 지닌 인물이나, 그러한 인물로부터 이 이야기를 전해들은 또 다른 인물이, 신라 쪽 사람들에게 사실로서 보고했거나 전문담(轉聞譚)으로 전해주었던 데에서 이 이야기는 역사서에 기록될 수 있었을 것이다. 왕홍사의 중요성에 비추어 백제멸망 후 신라 쪽에서는 부정적인 시각으로 왕홍사와 관련된 이야기를 발견하고자 했을 것이고, 이것은 그에 대한 적절한 예화로서 주목되

12) 이들 백제 말기 소문담의 성격에 대해서는 필자가 한 번 주목해본 일이 있다. 「'백제패망' 전설로 본 백제사, 백제사의식」, 『백제연구』 제24집, 1994. 2. 233~238쪽.

고 기록될 수 있었을 것이다. 이처럼 왕조의 운명이 기울자 이야기도 그것에 대한 합리성을 구하는 쪽으로 조금 변이되었다. 역사적으로 중요한 사물인 만큼, 예사 이야기가 그것과 관련되어 표현되고 그 의미가 더 강화된 것이다. 생태환경에 충실하던 이야기가 역사의 파장으로부터 영향을 받아 달라지는 모습을 위 예화는 잘 보여준다.

4. 역사인물의 영향에 의한 인물일화로의 변모

위와 같은 변화를 보인 위 이야기는 오랜 전승력을 유지해왔을 것이고, 그 후 고려와 조선 중기를 거쳐 오는 동안 이야기 내용상으로 별다른 변화는 없었던 것으로 보인다. 변화가 없었다는 것은 부여라는 도시가 이전에 비하여 역사적으로 그다지 중요한 위치를 차지하지 못했기 때문이었음을 뜻한다. 백제가 멸망한 뒤 부여는 주에서 군으로 격하되었으며(686년), 고려 때에는 군도 되고 현도 되는 변화를 거듭하다가, 조선조 때에는 현으로 강등된 채(1413년) 오랫동안 지방 소도시로서 명맥을 겨우 이어오던 가운데, 1895년에야 다시 군으로 승격되었다. 그런 만큼 부여와 사비강은 인문지리적 비중이 점점 줄어드는 역사를 밟아왔다. 인구가 줄고 나루의 중요성이 덜해졌던 만큼 생태환경상으로도 그 영향력이 얼마간 감쇄되었을 것이다.

이러한 생태환경으로서의 도시적 성격의 변화는 자연스럽게 그에 의해 영향을 받았던 위 사비강 배돛대 이야기에 대한 영향을 주었을 것이다. 나라의 도성이 있을 때는 배돛대의 변화상이 나라의 운명에 대한 예조담으로까지 확대된 상상을 낳을 수 있었겠지만, 환경이 바뀐 지금은 그런 상상이 또 다른 변이를 자연스럽게 요구하게 되었을 것이다. '(홍수가 지고 사비강 하상이 높아져) 배돛대가 보이면 좋지 않다'는 인식은 변함이 없는 것이지만, 그 결과에 대한 해석은 '나라가 망한다'는 미래 예조성이 점차 기억의 아래로 잠복되고, 주민이 살 수가 없다거나 하는, 좀 더 현실적이고 합리적인 내용으로의 변이를 지향하게 되었을 것이다.

그런데, 이러한 이야기 전승력에 의미 있는 변화를 가한 일이 조선조에 들어와서 발생하였다. 그것은 인조 때의 중신이었던 이경여(李敬輿:1585~1657)가 이 마을에 주거를 정하고 살았던 사실로부터였다. 그는 효종 때 영의정을 지낸 인물로 만년에 이 진변리에 집을 마련하여 살면서 호를 백강(白江)이라고 했다. 고명한 분의 뒤에는 전설이 따르듯, 이 마을에서의 그의 행적은 일화를 낳았고 그것의 하나가 아래 이야기이다. 즉, 그가 어느 날 마루에 앉아 강을 바라보면서 자손들에게 '여기서 보아 저 강에 배돛대가 보이거든 이 마을을 뜨도록 해라'는 말을 했다는 것이다. 그리고 지금 이 지역의 주민들이나 백강의 후손들은 위 이야기의 고형(古型)은 거의 잊은 채 이것을 백강 선생의 이야기로만 알고들 있다. 이는 백강이란 분의 영향력이 아주 컸기 때문에 전래적인 이야기가 가려진 결과이다. 더 유명한 존재로 하여 기존의 이야기가 빨려들어 버린 결과, 즉 영향력 있는 존재에 의한 이야기의 흡인 효과를 보여준 것이다.

이 마을에 정착한 백강도 그 이전부터 있어온 이야기를 들어서 알고 있었을 것이다. 그리고 지식인이었던 그는 이것을 비판적인 태도로 수용하였을 것이고, 그것이 지니는 객관적인 뜻에 공감하게 되었을 것이다. 또한 자기대로의 합리적인 판단을 더한 뒤, 좀 더 분명한 자기의 말로 전환하여, 같은 말을 후손들에게 미래의 처세훈으로 들려주었을 것이다.[13] 천여 년 전인 백제 때에 비하여 그가 살았던 시절은 백마강의 하상이 좀 더 높아졌을 것

---

13) 이 문제와 관련하여 이 글의 공개발표장(어문연구학회 99년 추계전국발표대회)에서 김선기 교수는 사계 김장생 선생의 묘를 현재의 장소에 이장할 때, 왼쪽 산줄기 너머로 산이 보이면 좋지 않다는 풍수의 말에 따라 바라보이는 쪽 산에 흙을 돋우고 나무를 심은 뒤에 묘를 썼는데, 오래 뒤에 그곳이 깎여 그 너머 쪽이 보이게 되자 가문에 좋지 않은 일이 발생했다는 일화가 위 이야기와 흡사하다는 점을 들어, 백강과 신독재와의 밀접한 관련성에 유의할 때 이들 두 이야기 사이에 관련성이 있을지 모른다는 조언을 해주었다. 흥미로운 언급이라 하겠는데, 두 인물간의 학연이 밀접하고 이야기의 화소가 약간 비슷한 데가 있기는 하나 사계의 묘는 풍수적 이야기이고 백강의 이야기는 실제적이고 합리적 성격을 띠는 점에서 서로 성격이 다르다고 할 수 있다.

이므로, 전승되어오는 그 말을 객관성 있는 현실 처세담으로 해석할 수 있는 가능성도 더 높아졌을 것이다. 그것은 이야기가 처한 시대적 변화가 또 다른 차원에서 반영된 결과였다. 그리하여 그 이야기는 이제 백강선생의 말로 이해되고, 그 말의 영향력도 새로운 방향에서 해석되었으며, 전승력도 다시 강화될 수 있게 되었다.

중요한 사실은 위 이야기가 특정 인물과 결부됨으로써, 자연설화가 인물일화로 성격 변화를 일으켰다는 점이다. 조정에서 차지하는 정치적 위망으로 하여, 그는 이곳을 중심으로 한 지역사회에서 '도술인물' 전설을 형성해 낸 당사자였다. 그러한 정치사회적 명망으로 하여 그는 지역전설까지 흡인하는 영향을 발휘할 수 있었고, 그러한 이야기가 현실 삶에까지 영향력을 미치게 되었던 것이다.

백강은 조선과 청나라 사이의 외교가 긴장의 연속으로 진행되던 시기에 국사의 중책을 맡아 난국을 헤쳐 나가고자 애쓴 사람이었다. 그는 당시 배청오신(背淸五臣)의 한 사람이었고, 그에 따라 정치적으로 험로를 걸어야만 했을 것이다. 그는 청나라에 사신으로 갔다가 외교적 불화로 인해 일시 억류까지 당했는가 하면, 조정으로부터 영의정을 제수받았으나 저들의 시비로 영중추부사로 강등되어야만 하는 등의 치욕을 감수하면서 유교적 명분론과 민족의식을 함께 고양한 인물이었다. 그에 대한 당시 세인들의 존경심이 컸을 것임을 짐작할 만한데, 그러한 그가 이곳 백강에 집을 짓고 살았다는 사실은 이 지역 주민들에게 큰 힘으로 받아들여졌을 것이다. 그리고 그러한 존경심이 급기야 그를 도술예언자로서 격상시키는 데로까지 나아갔던 것으로 보인다.

저, 기와집이 앞, 들마루 앉어서, 대청마루 앉어서, ―그전이는 강이 짚억거던? 웅. 지끔은, 이, 옛날은 이 목선이라구 있어. 차가 그때는 귀할 땡개. 그래 베 같웅거 뭐 멥 백 석 실어. 큰 배는. 그래 군산, 그 댕이구 그랬는디―그 완령대감이라구 그 백강이씨 그 양반이 그랬댜. "만일 여기서 저, 저 배 돛대 끝이 뵈걸랑 살지 말구 이사 가라"구. [청자: 그가 알덩 게지.] 그렇지…

그, 그 양반이 서울서 조례를 하, 조회 댕길라면 식전이 주름작구 댕겼다는 양반여. 축, 축지법이루.

그 전설이 그, 전우치(田禹治)니 모두, 그 원, 대갬잉개 인제 그 장난꾼덜잉개. 배 타구 오다가두 드닷畝이 뭐 잉어 겉웅 것두 맹길어서 갔다 주먼… 그 대감은 알어 벌써. '너 이눔 무슨 장난치느냐'구 하구, 인제 가라구 보내구서는, 고 근방만 돌게 햐. 재 재게네 집앞이만. 암만 가두 소용 없어. 재게네 집앞만 돌지. [청자: 목가게 축지법으루.] 응. 축지법으루 그렇게… 그런 양반… 얘기가 있어. (1999. 12. 13. 오전. 진변리 백강. 김진호:金辰鎬·81)

축지법으로 어전회의에 참석했다고 이야기되는 데에서 그를 대단한 도술인으로 이야기하고 있음을 알 수 있다. 더욱 그는 당시 전우치가 '잡술'로 장난을 걸어오면 '정술'로 이를 제압했다고 한다.[14] 향촌사회에서 그의 존재가 명망가로서 이해되는 단계를 넘어 비범하고 신비스런 존재로 인식되기까지 했음을 알게 한다. 이러한 표현을 통해 인물을 높이 과장하여 인식하려는 것은 청나라에 대한 적대감이 높아갔던 시대적 분위기도 작용한 결과라고 이해된다. 반청의식이 팽배했던 당시대의 지배적 이념과 백성들의 일반적 정서가 긍정적 인물을 과대평가하려는 욕구를 낳고, 그것이 이러한 '도술' 능력 쪽에서의 상상을 뒷받침해주는 적절한 토대가 되어주었을 것이다. 인물전설로 본 백강 이야기와 시대성과의 밀접한 관련성을 여기에서 확인할 수 있다.

이와 함께 중요시해야 할 것은 인물일화로서의 과장화에 따라 역시 인물일화성을 띠게 된 위 이야기는 예언으로만 그치지 않고 언젠가 실천해야 할 가문의 교훈으로 그 의미가 한층 강조되고 현실화되었다는 점이다. 그리고 실제로 그 이후 그의 후손들이 이를 실천하는 데에 위 이야기는 지속적인 영향력을 발휘해 왔다. 지금 진변리에는 백강의 후손이 한 명도 살고 있지

14) 부여 일대에서는 생존 시기가 서로 다른 인물임에도 전우치와 이경여가 도술로 겨뤘다는 이야기가 파다하게 전승되고 있다. 그리고 전우치는 잡술꾼, 이경여는 정술꾼으로 등장하며, 이경여가 늘 전우치의 잡술을 정술로 억누르고 제압한 것으로 묘사되고 있다.

않다. 모두가 이 마을로부터 상당히 멀리 떨어진 곳으로 흩어져 떠났다. 선조의 말을 이야기가 아니라 행동으로 실천한 것이다. 발표자가 최근에 들은 아래 이야기에서도 그 점이 확인된다.

> 질문자 : 백강선생님이 그 말씀을 하셨다구요?
>
> 화자 : 응. "돛대 끄트머리가, 저 아래 돛대 끄트머리가 마루, 사랑 마루에 앉어서 뵈거던 떠라."
> 근디, 내 선인께서, 우리 아버지?… 께서, 그 신학(新學)을 공부하셨어……(중략)……
>
> 질문자 : 그러면요? 지금 백강 거기 사시다가 어디로 가셨지요? 그 후손이?
>
> 화자 : 그 양반이 뭐라구 했능구 하니, "거기를 뜨되, 부북증남(扶北定南)하라."[15] 부여 북쪽 정산(定山) 남쪽… 그래서 신성리[16]루 들어갔어. 신성리가 거주지여. 규암면 신성리. 거기[백강]서 살다 육이오 전에 갔어요.[17]

백강은 후손들이 이주할 만한 위치까지 대략 가늠해 두고서 떠날 것을 유훈으로 남겼던 것 같다. 그의 말이 예언이 아니라 이 지역 일대의 지리적 특징을 잘 이해한 데에서 나온 객관적인 판단이자 적절한 가르침이었음을 알 수 있다. 그에 따라 그의 후손들에게는 배돛대 이야기가 실천의 의무감까지가 부여된 이야기였던 것이다. 여기에서 우리는 이야기가 변화되는 폭과 함께, 그것이 사람의 실제 삶과 얼마나 깊은 관계를 유지하면서 살아 움직이고 있는지를 새롭게 확인하게 된다.

---

15) 부여 북쪽 정산 남쪽 지역으로 가라는 뜻.

16) 백강마을에서 북쪽으로 약 십여리 쯤 되는 곳임.

17) 이 이야기의 화자는 백강의 후손인 이양수(1919년생)씨로, 자신의 아버지의 생애담에 대한 일부로서 들려준 것임. 그의 아버지는 독립운동에 공이 있는 이종호(1896~1931)라는 분으로, 이사를 한 해는 1917년이었다 함. 위 이야기는 1999년 11월 29일 부여박물관 개관 70주년 기념 "백제전" 개관식에서 이옹으로부터 들은 것임.

5. 오늘날의 변화된 생태환경과 이야기 전승력의 변화

위 이야기의 전승 배경이 되는 생태환경은 옛날과는 달라져왔고, 지금도 계속 달라지고 있다. 그리고 이러한 배경에 의해 형성되고 영향을 받아온 위 이야기도 자연히 변화를 보일 수밖에 없다. 어느 이야기이든 시간과 환경의 영향으로부터 불변인 것은 없다. 그 중에서도 사실성과 허구성이 교차하는 전설성을 띠는 이야기일 경우 이런 현상은 더욱 두드러져 드러나기 마련이다. 이 점을 이해하는 데에 우선 아래 예화를 보기로 한다.

> ……(전략)…… 질문자 : 오늘날의 시점에서 보면 이 마을이 어때요? 가령 그 말씀이 유효한가…?
>
> 화자 : 맞어들어가요. 왜 그러냐 하면은, 비가 시방 현재, 땜 시방 막었지요? 지금요? [예.] 지금 이 금강만 땜이 하나 있지 남한에 한강·금강·영산강·낙동강 강 치구는 요 강만 빼놓구서는 전부가 땜이 멕 개씩 다 있어요. 근디 여가 비가 가뭄비가 많이 오머넌 물이 [마을 앞쪽을 가리키며] 여까장, 여까장 들와요. 그러머넌 여기 저런 지대가 얕은 집덜언 점부 물 들어가요. 시방 땜허구 제방을 핵기 때민에 그렇지, 만약에… 또 시방 현재 나무가… 시방 강이 자꾸 토사 네려와서 시방 토사 파내잖아요? 그러니까 그 분 말이 맞잖아요? 틀링 거 하나두 읎어요. (1999. 12. 13. 오전. 진변리 백강. 김영갑·70)

이 예화는 위 이야기의 사실성을 긍정하는 쪽에서 이야기된 것이다. 화자는 이 마을을 대표할만한 유지급 어른으로 외지의 방문객들에게 마을의 역사와 문화를 말해주는 기회를 자주 경험하는 분이다. 전통 지향적 위치에서 위 이야기에 대한 관심을 대표적으로 보여주는 분이라 할 만하다. 그러한 관심이 높기에 이 분은 이야기를 감싸고 있는 주변환경을 객관적으로 파악하는 시각이 무뎌져 있다. 때문에 과거 인공댐을 막기 전의 사실을 가지고 현실을 이해하고 해석하려는 태도를 보여주고 있다. 이야기의 전승성과 그것에 딸린 인물에 대한 존엄성이 더 비중 있게 의식되어 현실인식이 약화되고 있는 것이다. 이러한 이해 관점과 전승 태도가 위 이야기의 과거 지향적 전승력을 지탱해준다고 할 수 있다.

그러나 이는 위 이야기 전승의 주류적 태도는 아니라 할 수 있다. 위에서 보았듯 그것은 현실적인 생태적 환경에 대한 좀 더 밀도 있는 체험과 인식과는 다소 거리가 있기 때문이다. 그러므로 이를 위해서는 생태환경과 더 직접적인 체험 속에서 사는 무식층의 예사 주민들 말을 들어볼 필요가 있다. 아래의 예화들이 그것이다.

……(전략)…… 질문자 : 그 얘기를 들으신 적이 있으세요? 어르신도요?

화자 : [자신 없어 하는 태도로] 못 들었는디…

질문자 : 못 들으셨어요?

화자 : 못 들었는디… [다소 용기를 내서] 내가 모등 걸 짐작하건대, 돛대가 뵈면 여기 쑥받 된다구 그러셨댜. 쑥밭이 된다구… 돛대가 있을래야 있을 수가 읎지 지금은.

질문자 : 지금은요?

화자 : 다리를 저룧게 질게 놔겄다, 인제 돛대 시구서(세우구서) 올 배가 읎지. 그러구 물두 돛 신(세운) 배가 여기 들어올 물두 욱거던 지금. 여기 여기 규암서 댕기는 쪼꼬만 기선두 접때는 못 와서 걸려 가지구 죽을 욕 보더먼. (1999. 12. 13. 오전. 진변리 백강. 盧承杓·77)

……(전략)…… 질문자 : 어르신들 생각이 어때요? 지금도 그 말씀이 유효하다고 생각되세요?

화자 : 그래… 그전이 이 부락이 어떻게 살었나 알지를 몰르지. 그거를 인제 알으야 그래두 어느 정도 알지… 하여튼 여기 옛날보덤은, 제정 때 그런 때 보덤은 부촌 됐어요. [예.]

질문자 : 그 침수 위험도 좀 덜해진 거여요 그럼?

화자 : 그렇지. 땜 또래, 땜 또래. 땜이, 땜이서 조절을 항개. [예.]
아 여기 쏘내기만 되게 와두 저 뒤가 막 흐연했어요 물이.
(1999. 12. 13. 오전. 진변리 백강. 김길수·69)

……(전략)…… 질문자 : 그 얘기가 그러면 오늘날도 의미가 있는 거여요? 어르신들 생각하실 때?

화자 : 시방은 시방은, 돛대는… 그때만 해두 저 산, 산두 산태 나기 시작허구, 막 산두 벡겨져서, 그렁깨 인제 강바닥이 덜구(자꾸) 며서(메어져서) 인저 돛대가 환히 벼서 인저 그렇게…

그렁깨 앞으루, 앞으루 이, 이 강에 돌아댕기는 돛대가 암 뵈구, 암 보이머넌 그때서 살만하다 하는 소리가 있억거던. 시방 강 파내구 워쩌구 막, 산이 우거지구 그러닝깨는 강이 들구 짚어지닝깨 좀 낫다구 보야지. 그 전기다 대먼. (1999. 12. 13. 오후. 신리 새말. 김원길·72)

위 세 예화의 화자들은 모두 유식함과는 거리가 있고, 농사에만 충실하게 살아온 분들이다. 그 때문에 이들은 투박하지만 앞선 화자보다 현실적인 환경 변화에 보다 충실하게, 그리고 솔직하게 느낌과 판단을 이야기하고 있다. 그만큼 이들의 이야기가 위 이이야기의 현실과 미래에 대한 이해를 좀 더 잘 반영하고 있다고 할 수 있다.

첫번째 이야기는 본디의 주제에서 벗어난 데에서 대답을 하고 있지만, 배돛대 이야기가 쇠퇴할 수밖에 없는 나름대로의 이유를 들어 보이려 하고 있다. 부여대교가 가설됨으로써 돛대가 높은 배가 다닐 수 없게 되었다는 것도 위 이야기의 불합리성을 설명하는 이유의 하나가 될 수 있다. 인공적 생태환경을 들어 위 이야기가 원천적으로 약화될 수밖에 없는 이유로 이해하고 있다. 부여대교가 환히 보이는 위치에서 이를 늘 대하며 사는 화자로서 일상적 현실 체험이 자연스럽게 반영된 인식과 판단의 결과인 셈이다. 두번째 이야기의 화자는 신중한 판단 태도를 보이면서 사비강의 생태조건의 변화로서 더 중요하고 큰 문제를 들어 전승되는 이야기 쇠퇴의 이유로 들고 있다. 위보다 더 합리적이고 객관적인 인식 태도라 할 수 있다. 사비강의 홍수 수위 조절이 대청댐의 건설로 하여 큰 도움을 받게 되었다고 보고 있음이 그것이다. 이에 비하여 세번째 예화는 그동안 치산이 잘 되어 왔기 때문에 백마강에 큰물이 질 가능성이 적어졌다는 점을 들고 있다. 그리고 이에 더하여, 더욱 현실적인 사실로, 현재 사비강에서 준설작업이 진행되고 있음을 예로 들기도 했다.[18] 합리적인 이해이자 현실감 있는 인식 태도를 보여준다고 할 수 있다. 이들 모든 언급들은 조금씩의 차이는 있다 해도, 결국 사비강의 생태환경이 전과는 달라졌으며, 지금도 달라지고 있다는 사실에 대한 나름대로의 분명하고 합리적인 판단을 내리고 있음을 공통으로 하고 있다. 그리고 이러한 태도들은 결국 위 이야기의 변함없는 진실성에 대한 회의론으로 이어지는 것이기도 하다. 오늘날 위 이야기 전승자들의 대부분이 이러한 태도를 지니고 있다고 여겨진다. 당연한 현상이다.

여기에서 나타난 결과는 이야기 전승의 주체들이 무의식적으로 이야기를 전하는 것만은 아니며, 자신이 몸담고 있는 생태환경으로부터 끊임없이 영향을 받으면서 그것을 이야기의 해석 및 전승과 연결하고 있다는 사실을 알게 한다. 이는 이야기 전승자들이 주어진 생태환경과 좀 더 밀접한 관련 속에서 삶을 영위할 때, 그러한 해석이나 전승이 더욱 실감 있게 실현되는 것임을 말해주는 것이다. 현지 화자의 범위를 더 넓히면, 아마도 인용된 것 외에도 그러한 인식과 표현에 영향을 주는 다른 요인들이 더 드러날 것이다. 가깝게는 바로 올해에 사비강물의 범람을 좀 더 완전하게 막기 위하여 백강리를 중심으로 남쪽과 북쪽으로 제방을 증설한 일이 있고, 멀게는 여러 해 전에 이루어진 금강하구둑도 있다. 모두 전보다 달라진 백마강의 생태환경 배경으로서 중요하게 들 수 있는 예들이다. 이러한 것들은 모두 근래 백마강 홍수현상을 감소시키는 데에 직간접적인 영향을 미치는 것들로서, 이러한 현상들이 지속적으로 위 이야기의 신비성이나 합리성에 대한 부정적인 사고와 판단을 자극하는 요인이 되는 것은 자연스런 추세가 될 것이다. 그리고 이로써 전승력이 점점 약화 현상을 보이리란 것이 위 전설의 변화와 전승의 예상되는 추세이다.

---

18) 현재 떠내려온 산 동북 쪽 강변에는 대규모 모래 채취 작업이 진행되고 있다. 이는 부여군청이 업자에게 허가를 내주어 하는 일로 군에 큰 재정 수익이 될 것이다.

요컨대 위 이야기는 내부적으로 고령층 주민의 감소로 인하여 전통 지향적 방향에서의 전승력이 약화되는 일면, 외부적으로는 다양하고 지속적인 생태환경의 변화로부터 갈수록 더 큰 자극을 받아온 것이 왜정 때 이후 지금까지의 변화상이었고, 이러한 추세는 앞으로 더 강해지고 커질 것이다. 이러한 현상이야말로 위 이야기가 전승자들의 의식 속에 살아있는 진정한 오늘의 모습이라고 하여 좋을 듯하다. 이러한 살아있는 모습의 구체적인 실상은 위 이야기의 전승층에 대하여 성·직업·연령·지식·지역·대상에 대한 친숙도 등 여러 가지 요인에 따라 깊이 조사함으로써 좀 더 잘 드러날 수 있을 것이다. 그러나 이 문제를 일단 위에서 든 몇 가지 예화를 통한 제한된 각도에서 파악한다 해도, 이 글에서 지향하는 과제의 핵심을 파악하는 데에는 무리가 없을 것으로 본다.

[부소산 아래 진변리 백강마을]

6. 요약 및 전망

이상에서 살핀 결과를 보면 사비강 배돛대 이야기는 자연의 특징과 그것에 대한 지역 주민의 밀접한 생태적 관계에 의해 성립된 것이었다. 그리고 그러한 관계의 변화는 이야기에도 그대로 반영되어 왔다. 생태적 관점에서 이해하기에 적절한 대상이 위 이야기임을 말해준다.

사비강변에 마을이 생기고 홍수의 피해를 자주 입게 되면서 위 이야기는 성립되었을 것이다. 사비강을 자주 왕래했던 돛단배의 체험이 위 이야기를 낳는 데에 적절한 제재가 되었다. 이 이야기는 처음에 객관적 예측담의 성격을 지니고 출발했을 것이다. 그러다가 백제 말기 정정이 불안해지게 되면서 예언담적 성격을 띠는 쪽으로 변모되었을 것이다. 그리고 다시 백제 멸망이 확정된 후 이 이야기는 왕홍사(王興寺)의 승려들 사이에서 예조담으로서의 성격이 더욱 증폭되고 강조되는 현상을 보였을 것이다. 그런가 하면, 그 훨씬 뒤인 조선조 때 이경여라는 특정 인물의 영향으로 이 이야기는 인물에 견인되어 원래의 모습을 잃고 인물담으로만 정승되는 기현상을 낳았다. 한편, 현대로 오면서 사비강과 그 인근의 생태환경은 많은 변화를 보였으며, 이러한 영향이 위 이야기에 그대로 반영되어 지금은 전통 지향적이기보다 변화 지향적인 방향으로 전승력의 변화가 실현되고 있다고 할 수 있다.

그렇다면 앞으로는 어떻게 변모될 것인가. 사비강변에 인간의 삶이 영위되어온 이래 인간은 그에 대하여 끊임없는 생태적 관련을 맺어왔고, 그 관계가 달라지면서 이야기도 변화를 보여왔던 것처럼, 이러한 변화는 앞으로도 끊임없이 계속되면서 새로운 생태적 관계에 의한 이야기의 변이를 가져오게 될 것이다. 앞으로 사비강의 홍수를 막기 위한 강 주변지역에서의 인공생태환경은 갈수록 보완되어 나가게 될 것이고, 그로써 미래로 갈수록 홍수의 위험에서 거의 완전히 벗어날 수 있는 날이 올 것이다. 그때는 위 이야기의 전승력도 - 특히 강변 쪽에서 벗어난 지역에서는 더욱 - 현저히 약화될 것이다.

그런데, 위 사비강에 대한 인공생태환경을 변화시키는 일은 결코 여기에 머물지 않을 것이란 점을 음미할 필요가 있다. 앞으로 더 큰 규모와 완벽한 기술에 의한 인공생태환경이 부근에 추가되어 본래대로의 강의 상태를 조정하거나 변형시킬 수 있는 날이 올지도 모른다. 이미 금강하구둑으로 인해 큰 돛단배의 운항이 불가능해졌듯이, 그로 인한 변화의 상태가 심화되고 지역주민들에게 큰 영향을 주게 될 때, 또 다른 이야기가 생성될지도 모른다. 그것이 어떤 모습으로 나타날지를 구체적으로 예측하기는 어렵다 해도 대략적인 방향을 예측하는 것까지는 그다지 어렵지 않을 것 같다. 지금과 같은 공업화의 중요성이 일정하게 중시되는 속에서, 지방자치제에 편승한 지역이기주의를 벗어나지 못하는 것이 앞으로 우리나라의 정치 행태의 추세일 것임을 고려하면, 무분별한 개발과 건설로 인하여 이제 얼마 뒤에는 홍수가 아니라 사비강 물의 갈수와 오염 문제로 지역주민들의 관심이 옮겨가게 되지 않을까 짐작할 수 있다. 그렇게 되면 사비강에 대한 생태적 상상력의 기반도 지금보다는 더 많이 바뀌게 될지 모른다.

조룡대 서북쪽에 취수장이 있어 부여 읍민들에게 백마강은 이제 수십 년 전과는 또 다른 각도에서 좀 더 긴요한 관련을 맺게 되었다. 그리고 백마강의 수질 오염 문제는 점점 지역민들의 관심의 초점이 되고 있다. 아직 그것이 그리 심한 수준은 아니어서 지금은 이 문제로 심각한 걱정을 하지 않아도 좋은 단계라 하여도 좋을지 모른다. 그러나 이 시대를 전반적으로 지배해 나가는 개발 논리와 경쟁적 지역이기주의의 확산에 의해 사비강 주변의 인공생태환경은 언제 어떻게 변하여 자연생태환경을 바꿀지 알 수 없다.

그리하여, 그것이 또 다른 이야기의 생성으로 이어지게 될지 어떨지 장담할 수는 없지만, 어느 정도로든 이 지역 주민들의 삶에 미칠 부정적인 영향 결과를 다양한 비판과 상상으로 실현하는 쪽에서 일정한 담론을 형성하게 될 것임은 어렵지 않게 짐작할 수 있다. 따라서, 이 글에서는 현재 상태만 다루는 데 머물렀지만, 위 배돛대 이야기의 변화상을 포함하여 또 다른 이야기의 생성 여부 문제는 이 글과 같은 관찰 시각에서 볼 때, 여전히 의미 있는 관심의 대상이 되어야만 할 것이다. 사비강의 생태환경과 관련된 이야기는, 이미 살핀 것처럼 과거에도 그랬듯, 미래에도 변화하는 생명체로서 변화와 지속을 계속해 나가게 될 것이다. 그로써 위 이야기는 단순하지만 그러나 인간생태와 깊은 관련을 보여주는 이야기로서의 의미를 유지할 수 있을 것이다.

[사비강과 부여읍 일대 지도]

천방사(千房寺)전설과 백제 말기 역사 상황

1. 머리말

이 글은 백제사와 관련을 맺고 있는 천방사전설을 대상으로 하여 설화와 역사를 되도록 긴밀히 연관지어 이해해 보고자 한다. 위 전설이 지닌 설화로서의 내용과 성격을 먼저 확인하고, 그 결과를 역사 쪽으로 연결함으로써 그것의 역사적 의의에 대한 이해를 가능한 한 넓혀 보고자 하는 것이다.

구전설화 쪽에서 볼 때 백제사 관련 자료는 부여에 집중되어 있고, 이들 설화는 대략 백제의 멸망 상황과 관련된 것이 중심을 이루고 있다. 나 · 당의 백제 침공이 백제사에 대해서 뿐만이 아니라 동아시아권에 미친 영향을 고려하면 이는 자연스런 현상이 될 것이다. 역사적으로 영향력이 큰 사건은 다수 언중으로부터 큰 관심을 끌게 마련이고, 관심이 크면 전설적 상상력이 크게 발휘되기 마련이다. 백제 멸망 사건은 백제 유민들에게 오랜 기간 동안 전설적 상상의 마르지 않는 샘물이 되어 주었겠지만, 주변의 다른 나라에게도 비슷한 영향을 주어 역사를 전설로 증폭시키고 그것을 합리적으로 인식하게 하는 힘으로 작용하기도 했다. 그 결과 백제의 '패망' 사실은 비교적 많은 관련 전설을 확보하고 있는 편이다. 구비사료(口碑史料) 쪽에서만이 아니라 기록사료도 그런 점을 보여주고 있다.[1] 이처럼 일정 시기에 치우쳐 있으므로 이들 자료들은 시기상으로 한정성을 보여주며 시대와의 관련성 면에서 다양성을 보여주고 있다. 이런 사실은 곧 전설을 일단 역사사실의 반영이라는 측면에서 주목한다고 할 때, 이들 전설이 백제사를 구체적이고 역동적으로 반영해 보일 수 있음을 뜻하는 것이라 할 수 있다. 또한 그와 함께, 이들 전설은 백제사의 가장 핵심적인 대목의 하나를 이해하는 데에 긴요한 의미를 지니는 것이기도 하다.

이 시기와 관련된 것 가운데 구비전설이면서 구비사료로서의 독자적인 중요성을 지닌 자료의 하나로 천방사전설을 들 수 있다. 이 전설은 설화적 표현이 비교적 단순하면서도 역사유적을 구체적인 증거물로 지니고 있어 설화와 역사의 상호 관련성이 아주 긴밀하게 맺어져 있다. 그리고 이들 관련 유적들은 특정 시대성을 짙게 띠고 있으면서 그 분포 양상도 일정 지역성을 보여주고 있다. 이런 사실은 이것이 백제사 최후기의 급박했던 시대상황과의 밀접한 연관성 위에서 산출된 이야기임을 짐작하게 한다. 또한 그만큼, 위 전설이 지니는 설화로서의 역사적 비중이 큰 것이면서, 백제 최후기 역사의 일면을 밝히는 데에 중요한 의의를 지니는 것임을 알 수 있다. 바로 이런 점을 유의하여 설화성과 역사성을 되도록 긴밀히 관련지어 이해하자는 것이 이 글의 의도이다.

2. 전설의 전승지점 및 특징

먼저 위 전설의 자료 현황을 소개하기로 한다. 이제까지 조사된 사례는 모두 다섯 곳 정도로 나타나고 있다.[2] 지금까지 확인된 위 전설의 전승 지

1) 『삼국사기』「본기」 '의자왕'조 가운데 백제 패맹과 관련된 일련의 예조(豫兆) 현상들을 기록한 것이 그 한 예이다. 이는 멸망 예조를 집중적으로 수집하여-어느 정도 설화화된 것들까지-깊은 관심에서 최대한 자세히 수집하여 정리한 것임을 짐작케 한다. 역사가 승자와 기록자의 관심에 크게 지배당하는 것임을 잘 말해준다 하겠다.

2) 확언할 수는 없지만 이들 전승지점이 일정 지역성을 띠고 있음을 주목할 때 더 이상의 전승 사례가 발

점과 관련 사항들을 일단 표로 정리하면 다음과 같다.

전승지점	관련지명	전설의 전승 현황	참고 내용
(1)전북 군산시 소룡동 · 해망동	천방산 (점방산)	설림산 주변 마을을 중심으로 다소 약화된 상태로 전승되고 있다. 현전 구전담의 내용은 신증동국여지승람에 소개된 것과 비슷하다.	신증동국여지승람에는 천방산에 천방사가 있고 이것이 뒤에 선림으로 바뀌었다가 다시 천방사로 개칭된 것으로 기록되고 있는데, 지금은 천방사가 없고 천방사터를 확인하기도 어렵다. 다만 이 산 아래 마을을 '천바래'라 하는데 그와 관련이 있지 않을까 짐작된다. 현재 천방산 남쪽에 선림산이 있고 이곳에 은적사가 있는데 이것이 천방사의 후신이라는 말도 있다.
(2)충남 서천군 시초면 신농리 절골	천방산 천방사 천방골	전승력이 다소 약화된 상태이기는 하나 지금도 비교적 뚜렷이 전승되고 있다. 군산의 경우와 내용이 비슷하지만 약간의 변이를 보이고 있다.	절이 있는 마을을 속칭 절골이라 부르며 천방사터가 있다. 이곳에서 산 아래 다소 떨어진 곳에 천방골이란 마을도 있다.
(3)충남 보령군 미산면 용수리	천방사터 ·천뱅이	방이 천 칸이어서 천방사라는 정도로 단편적인 내용으로만 이야기가 전승되고 있다.	얼마 전 천방사터 아래 쪽의 와요지가 발굴되었다. 그런데 '천방지유적발굴조사보고서'라는 이름과는 달리 실제의 천방사터는 이보다 백여 미터 위쪽에 있으며 그 터가 더 넓다고 한다.
(4) 충남 청양군 대치면 탄정리 천방골	천방절터 ·천방골	(3)과 거의 같은 수준이다.	'천방사'라 쓰인 시루편이 발견되었다.
(5)충남 공주군 유구면 탑곡리/ 충남 예산군 대술면 방산리	천방산 절골 천방산 천방골	기본적으로 (4)와 거의 같다. 전승력이 많이 약화된 상태이며 탑곡리 쪽에서 좀 더 구체성을 띠고 전승되고 있다.	하나의 산을 두고 공주(남)와 예산(북)에 면한 두 마을에 비슷한 전설이 전승되고 있다. 현재 예산 대술면 쪽의 천방산 아래 마을 근처에는 역사가 오래지 않은 천방사가 있다.

표에서 정리된 내용을 주목할 때 위 전설은 기본적으로 '사찰 유래담'의 성격을 띠고 있음을 알 수 있다. 천방사라는 절의 이름이 중심이 되고, 그와

견될 가능성은 많지 않을 듯하다. 한글학회 편 『한국지명총람』에는 홍성군 구항면의 청광산(靑光山)이 천방산으로도 불리는 것처럼 소개되어 있어 사실 여부를 알아보고자 청광리 경로당을 직접 방문하여 노인들을 통하여 자세히 알아보았으나 전혀 관련이 없다고 했고, 청광산 아래 청광사의 주지(대각화보살, 여·54)에게도 이를 자세히 물어 똑같은 사실을 확인할 수 있었다. 이와는 무관함이 분명해 보인다.

관련된 산·골짝·마을 이름이 보조적인 위치에서 증거 요소가 되어 전설로서의 전승력을 지탱해 주고 있다. 일견 단순해 보이는 내용이지만 자세히 볼 때 위 전설은 다음 몇 가지 측면에서 독자적인 특징을 보이고 있음을 확인할 수 있다.

첫째로 증거 요소 즉 사물과 그와 관련을 맺고 있는 전설이 실제적이고 구체적으로 합치되고 있다는 점이다. 적어도 이들 모든 예에서 절과 관련된 지명과 전설이 실제로 존재했던 절(현재는 절터)의 존재로써 뒷받침되고 있다.[3] 이는 위 전설의 형성이 주관적인 상상의 산물이라거나 전파에 의하여 이루어진 것이 아니며, 일정한 전설 증거물을 바탕으로 분명한 일대 일 대응관계 속에서 형성된 것임을 뜻하는 것으로 볼 수 있다.

둘째로 전설의 명칭과 내용상의 독자성이 뚜렷하다는 점이다. 위 전설 유형은 유화(類話)를 발견할 수 없으며 그것만의 독자적 유형성을 분명히 보여주면서 전승되고 있음이 분명해 보인다. 그리고 뒤에 살피겠지만 위 전설의 내용은 비교적 간단하며, 전승 유형에 따른 내용의 변이도 심하지 않다. 이는 위 전설이 외부에서 전래된 이주전설(移住傳說)이 아니며 독자적으로 형성된 것임을 말해준다.

세번째는 전승 지점이 한정되어 있고 이들 지점들은 지리상으로 분명한 특징을 보여주고 있다는 점이다. 필자가 확인한 결과 현재 전승지점을 보면 전북 군산에서 시작하여 대략 충청남도 내륙을 서남방에서 동북방으로 나누는 대각선을 따라, 비교적 규칙적인 거리를 유지하며 설정되고 있음을 보여준다. 이들 절의 수는 모두 다섯 곳이고 절을 따라 동북쪽으로 선을 그어 나가면 대략 예산 부근까지 이어지다가 멈추고 있다. 그리고 이들 절이 위치하는 지점의 인문지리적 위치를 주목하면 모두 교통상의 요충에 자리잡

---

[3] 위 표에서 제시했듯이 위치가 불분명한 군산의 경우를 제외하고는 천방사와 관련된 곳은 모두 절터의 흔적과 함께 백제 말 통일신라 초기의 기와 조각이 다수 발견되고 있다(이 훈, 「천방 유적 와요에 대한 일고-통일 신라 시대 와요를 중심으로-」, 『역사와 역사교육』 제 3·4합집, 웅진사학회, 1999. 128쪽 참조).

고 있다는 사실을 함께 확인할 수 있다.

그리고 끝으로 줄거리의 내용이나 서술의 정도에서 볼 때, 크게 (1)~(2)와 (3)~(5) 두 부류로 전승 유형이 구분되고 있는 점이다. 전자는 길고 자세한 반면 후자는 짧고 소략하다. 이들의 이러한 차이는 위 전설의 형성에 따른 전쟁상황과 전설형성 지점의 차이가 반영된 것으로 짐작되며, 이 점 앞으로 유의하여 검토할 필요가 있다고 이해된다.

이로써 보면 천방사 전설이라는 독자적인 전설 유형을 낳은 천방사는 시대상으로 뿐만 아니라 지리적으로도 역사상의 일정 시기에 계획적인 의도에서 지어지고, 그로써 역사적으로 독자적이면서 중요한 의의를 지닌 절이었으리란 사실을 쉽게 짐작할 수 있다. 절의 기능이 실제적이고 구체적이었던 것만큼, 그에 대한 전설도 강한 현실성을 반영하는 쪽으로 표현과 기능이 실현되어 나갔을 것임을 예상할 수 있다. 또한 위 전설의 의미가 역사적·지리적 기능이 중시되어 이해될 필요가 있음을 거듭 상기시켜주는 것이기도 하다.

3. 전설의 유형적 성격과 내용

이제 천방사전설의 줄거리에 주목하면서, 내용상의 특징을 검토하고 유형적 성격을 살펴보기로 한다. 지금까지 천방사 전설이 문헌에 나타나는 것으로는 『신증동국여지승람』이 처음 기록이 아닌가 여겨진다. 현전 천방사 전설의 존재를 문헌상으로 확증해 주는 자료이자 위 전설유형의 기본 줄거리를 잘 갖추고 있다고 할 수 있어, 이것을 먼저 주목하여 논의를 전개하는 것이 좋을 듯하다.

[자료1] 전해지는 말에, 신라 장군 김유신이 백제를 침공하고자 당나라에 파병

> 을 요청하자 당나라에서 소정방으로 하여금 배로 12만 군사를 인솔하고 가게 했다. (그가) 도착하여 산 밑에 정박하려고 하는데, 안개가 짙게 끼어 천지가 뿌옇게 어두웠다. 그래서 (김유신이) 산신령께 "만약 안개를 거두어 주신다면 모름지기 천 채의 절을 지어 부처님을 받들어 모시겠습니다"라며 기도를 올렸다. 그러고 나자 그날로 하늘이 맑아졌다. 그런 뒤 산에 올라가 주위를 둘러보니 산세가 아주 좁아 도저히 천 채의 절을 세울 수가 없었다. 그래서 돌 천 개를 배열하여 절 모양만을 갖추고 한 채의 절을 짓고는 이름을 천방사라고 했다. 그 뒤에 선림사로 이름을 고쳤으며, 고려 숙종 때에 근신을 보내 중수하고 불상을 모셨다. 지금은 다시 천방사라고 부르고 있다. (『신증동국여지승람』, 「권34」, '옥구현')[4]

이 자료에서 우리는 천방사전설이 분명한 역사적 사실 위에서 출발하고 있는 것임과 함께, 위 절 이름의 변천과 절 역사의 기복을 대략 파악할 수 있다. 그리고 신라를 이은 고려 조정으로부터 숙종 이후 이 절의 존재가 재인식되는 기회가 부여되었음을 알 수 있다. 그러한 배경을 바탕으로 하고 있기 때문인지 위 기록설화는 줄거리와 내용이 상당히 구체적이고 사실적이다. 초경험적인 상상이나 과장된 표현이 거의 나타나지 않고 있는 점에서 이를 알 수 있다. 한두 가지 화소 외에는 실제 사실에 가깝게 이야기된 전설임을 알게 한다.

한편으로, 위 전승유형은 전설의 사실적 요소가 너무 분명하게 의식된 결과 지나치게 구체화되고 있음을 보여주고 있기도 하다. 일방적 사실성이 과도하게 주장됨으로써 구전에 따른 일반성의 범위를 벗어나고 있는 것이다.[5] 주인공을 나당연합군 또는 소정방이라고 해야 할 것이 김유신으로 나타나고 있음이 그것이다. 뒤에 자세히 논하게 되겠지만, 위 전설은 관련 역사사실로 보아 소정방(당군)이 주인공이 된 이야기임이 거의 분명해 보인다.

---

4) "…諺傳 新羅將金庾信 欲攻百濟 請兵于唐 唐使蘇定方將船率十二萬 來泊于山下 烟霧蔽暗 天地晦瞑 禱于山靈 若使開霽 當建千寺以奉佛 卽日天地淸明 因登山周覽 勢甚窄狹 不可建千寺 只排千石以象寺 建一寺號千房 後改稱禪林 高麗肅宗時 遣近臣重修安佛像 今復號千房"

5) 이를 우리는 전설을 통해 자주 나타나는 '특정 관심의 과도한 주장' 현상으로 규정할 수 있겠다. 전설 주인공과의 지연·혈연이 작용하여 전설 화자가 이를 특정 인물과 지나치게 합리적으로 연관지어 해석하고 사실로 확정하려는 경우로서, 전설 구전 현장에서 흔히 볼 수 있는 현상이다.

그럼에도 주인공이 김유신으로 달라지고 있는 것은 기록 당시 자료 제보자의 폭이 좁았던 결과일 것이다. 지역 유지와 같은 유식한 소수[6], 또는 주인공과 특수한 관련성을 띠는 제보자의 구술 자료에 의존한 결과로 이해된다.

그런데 이 기록 유형과 비교할 때 오늘날 전승되는 위 전설 유형은 다소 변이를 보이고 있다. 절들의 지역적 위치가 다르고, 그에 따른 절들의 역사적 기능이 약간 차이를 보이며, 상당히 오랜 구전 과정을 겪어왔다는 등의 이유를 고려할 때, 이러한 변이를 보이는 것은 자연스런 현상이라 할 수 있다. 우리는 이러한 변이를 통하여 전승집단의 전설 내용에 대한 의식과 전승 지점의 개별적 특징을 이해할 수 있기 때문에 이 점을 의미 있게 주목할 필요가 있다. 변이 현상은 여러 각도에서 관찰될 수 있다. 위 예화와 견주어 오늘날의 전승유형을 살피면 서술된 길이 면에서 짧아지고, 사실 요소의 구체성 면에서 단순화되었으며, 전승집단의 주관화된 가치판단이 뚜렷해지면서 그 나름의 사실성이 강조되고 있는 등의 차이점을 들 수 있다. 길이가 짧아지는 현상은 사실에서 출발한 다소 복잡한 이야기가 기억의 한계로 하여 핵심이 되는 줄거리 중심으로 관심이 집중되어 전승되어 왔기 때문이다. 이로 인해 오늘날 위 전설은 거의 단편화된 모습으로 전승이 유지되고 있다. 아래와 같은 예가 그것이다.

[자료:2] 인제 우리두 인제, 쉬욱게, 인제 어른들한티 들은 전설얘긴디요. 그러면 인자, 나당, 인자 신라하구 인자 당나라하구를 인자 나 · 당이라구 하지요? 그렇지 않겄어요? [조사자: 예.] 인자 여기를 인자 점령, 점령헐라구 인자, [산을 가리키며] 이 산이 인자 이 첨(천)방산 서천서 이게 젤 높은 산이거덩요? 이 산이 이 서천굴(군)내, 이 젤 높은 고지가 되구… 그러면 인자, 그때 당시 인자 비가, 한없이 온다는 얘기여. 그래서 오기 시작하니까, 아까 그 얘기에서 인자 그 산신령이신지, 도사님이신지… 그 참 몰루지요 인자. 이 비가 와서 이 천(千), 절… 오니까 "당신네덜 여기서 절얼 천 칸을 져서 천 번 절얼, 기도럴 허야만이… 그렇게 험으로써 날

[6] 이는 『신증동국여지승람』의 자료 제보자들이 일반 서민층이이라기보다 식자층에 가까운 인물들이었음을 뜻하는 것이기도 하다.

이 든다." 그래서 인자 전설얘기는 그 날이 들어서, 이, 진군을 했다는 그런 전설이 익고… (후략) (2000. 2. 25. 오후. 서천군 시초면 신농리 경로당. 장민영·남 · 68)

[자료:3] 그 첨(천)방산이라구 하는 유래가, 그, 원래 그, 우리 그 당나라군하구 백제군하구 인제, 나 나 · 당 그 저기가 있었잖애요? 그때에 그 강을 건널 때—하나에 전설루 되어진 그런 얘기더라구요—강을 건늘랴니까 이룽게 건늘 수가 없었는데 어떤 스님이 나타나셔가지구 "천 개으 방을 딜여가지구 백일, 말하자면 천일 동안 저 기도를 모셔라. 그러먼 된다"라는 그런 말씀을 하시더래요. 그런데 도저히 어트게 천일 동안 그, 전쟁 당시라 어트게 할 수가 없으니까 그 묘안을 항 게 천 개으 방을 딜여서 거기서 기도를 했답니다. 이룽게 기도를 디리니까 그 길이 열려서 백제를 쳤다라구 하는… 그 중국에 그 저 소정방 있지요? 소정방이 그룽게 했대요. 그룽게 해서…(하략)
(2000. 2. 25. 오전. 군산시 소룡동 은적사 아래 慕山房 주인. 김정숙·여 · 66)

등장인물의 행위를 설명하는 과정에서 사실(史實) 요소의 구체성이 단순화되고 있음이 드러난다. 전설이 주로 상민에 의해 구전되어온 결과라 할 수 있다. 그리고 이 설화유형의 핵심 화소라 할 수 있는 '돌로 시늉만 한 절 천 칸(채)' 요소가 변이되어 천 채를 '완성'한 것으로 바뀌고 있다. 설화의 형식성이 구체성에서 일반성에 가까워진 것이자, 설화의 흥미소가 더 완비되었음을 말해준다. 이러한 변이현상들을 보이면서도, 위 전설에서 사실을 강조하려는 점은 변함이 없다. "방이 천 개였는데 불도 잘 들이고 했다더라"라거나, "소정방이 발길 닿는 곳마다 천 칸(채)[7]의 절을 짓기로 했다."는 등의 표현이 그것이다. 현재 구전되는 예화들에서 드러나는 이러한 현상들은 곧 형식의 일반화와 표현의 주관화를 지향하는 방향으로 나아가면서, 그 나름으로 역사를 재해석하고 그것을 사실화하여 인식하려는 역사전설 일반의 현상을 보여주는 것이라 할 수 있다.

위 전설유형은 역사전설의 이러한 일반적인 현상을 두루 실현해 보이고

[7] 전승지점에 따라서는 천 칸이 때로 천 채가 아닌가 의심되면서 말해지기도 하는 듯하다. 공주군 유구면 탑곡리 김교창(남 · 75. 2000. 2. 22)의 증언 참고.

있지만, 위 설화의 이해와 관련하여 특히 유의해야 할 점으로 두 가지 측면을 주목할 필요가 있다. 첫째는 이야기 속의 주인공의 변이이다. 위 기록전설과는 달리 일반적으로 현전 구전설화는 행위의 주체가 김유신에서 소정방으로 바뀌고 있는 점이다. 이는 사실성이라는 측면에서 볼 때 '특정 인물에 대한 과도한 관심'이 정상 상태로 회복된 결과이다. 그리고 구전에 의한 설화의 진실성 구현이라는 측면에서는 위 전설 전승집단의 일반화된 관심과 역사의식을 반영한 것이기도 하다. 두번째는 주인공의 행위를 실현하는 과정상의 변이이다. 위 기록전설에서는 주인공의 행위 실현 과정에 매개자(媒介者)가 없는 데에 비하여, 일반적인 전승담들에서는 그것이 매개인물을 통하여 실현되고 있다. 소정방 군사를 군산 해안에 정박시켜 무사히 맞아들여야 했을 김유신으로서, 짙은 안개 때문에 고심하다가 그 자신 산신에게 기도를 드리는 방법으로 이를 '스스로' 해결한 것으로 서술되고 있는 것이 『신증동국여지승람』의 기록이다. 그러나 현전 구전담에서는 이 점이 조력자(助力者)의 힘이 매개되는 과정을 거쳐 어렵게 실현되는 것으로 묘사되고 있다. 아래 예문들에서 이를 볼 수 있다.

[자료:4] 소정방이 백제를 치기 위하여 대군을 이끌고 서해를 건너와 금강을 거슬러 오르고자 했다. 그러자 갑자기 하늘이 어두워지고 바람이 불며 파도가 높아져 계속 진군할 수가 없었다. 할 수 없이 천방산 밑에 병선을 정박시키고 묘안을 생각하고 있는데 마침 병영 가까운 곳으로 중이 지나가고 있었다. 중에게 물어보면 묘책이 나올 것 같다는 생각으로 그를 불러오게 하여 방법을 물었다. 그러자 중이 '이곳을 무사히 지나가자면 텃세를 내야 한다'면서 그러려면 '이곳에 천 칸의 집을 짓고 천일제를 지내야만 한다'고 했다. 이에 소정방이 부하들을 시켜 그렇게 하게 했다. 그러고 나서야 그는 무사히 백제 도성으로 진군할 수 있었다. 이 때문에 이 절은 천방사가 되고 뒷산은 천방산이라 불렀다. 이로부터 이 절에는 많은 중들이 거처하게 되었는데, 어쩐 일인지 이 절의 중들은 인근 주민들을 괴롭히고 부녀자를 농락하기도 하는 등 백성들에게 나쁜 짓들을 많이 했고, 그래서 늘 지탄을 받아왔다. 그런 데에다가 이 절에는 빈대가 하도 들끓어 얼마 가지 않아 그만 망하고 말았다. 사람들은 이 빈대를 당나라 군사들이 뿌리고 간 것이라고 여겼고, 그래서

이곳 인근 사람들은 혹 빈대를 보게 되면 "천방사 홀애비 唐病인가!"라는 푸념과 함께 이를 모질게 잡아 죽이곤 한다. ('천방사' 『내고장 서천』)[8)]

[자료:5] 그렇게 인제, 듣는 이야긴데. 백제 말기에 나 · 당 연합군이 침공을 해가 지구 백제가 망항 것은 우리두 역사적으루 들어서 알어요. 그렇게서 망했잖애요? [조사자:예.] 그때 나 · 당 연합군이 이리 상륙을 하는데, 금강 줄기를 타구. 상륙을 하는데, 일기가 아주 사나워가지구서 도저히 이게 상륙을 못 허게 생겼더래요. 그런데 인제 여기서 과거에 그 절이 있어가지구서 중이 있었덩가 본데, '이 첨(천)방산에다가 절얼 천 칸을 지코, 기도를 허야만이 이 하눌이 일기가 개가지구서 비가 멈추구 상륙할 수가 있다. 그래야 백제를 친다.' 그래 그 말을 득구서 여기다가 절을 청(천) 칸을 졌다능 게여요. 그래서 일천 천(千)자 방 방(房)자 천방산이거던요. 명칭이? 그래서 우리가 그걸, 마, 그런 사실이 있능 것이다, 이런 짐작이 가지요. [조사자:그래서 그때 중이 어떻게 했다거나 얼마나 많았다는 말씀은 뭐지요?] 그런데, 그러니까 이 앞에 그, 저, 사는 그 스님덜 아주 노략질 해서 중이 먹구 살었다구 그런 얘기가 있대요 익기는.

(2000. 2. 26. 오후. 서천군 시초면 신농리 경로당. 장현선·남 · 70)

이들 인용문에는 소정방 혹은 나 · 당군이 백제 쪽으로 진군하는 데에 난관을 겪는 과정이 더 힘들게 묘사되며, 그것을 해결하기 위한 방책과 그 실현도 더 힘겨웠던 것으로 나타난다. 그들은 난관 해결을 위하여 중을 만나야만 했고, 절 천 칸을 짓는 것만이 아니라 천일제(千日祭)를 지내야만 했던 것으로 묘사되고 있다. [자료:1]이 김유신 쪽에 치중된 시선에서 서술되고 있다면, 다른 구전자료들은 전승집단의 자의식이 좀 더 분명하게 가해져 있고, 그로써 달라진 시대에서의 변이된 구전설화로서의 모습을 보여주고 있다. 주인공이 '김유신'에서 '소정방'으로 변이된 것은 백제 침공의 중심 세력이 어디까지나 당나라이며, 소정방이 그 중심인물이라고 보는 인식의 소산이다. 그리고 소정방이 어렵사리 문제를 해결하고서야 진격을 계속할 수 있었다는 것은 침략 세력을 대하는 백제 측 상민들의 저항감이 더해진 결과일 것이다. 오랜 구전을 거치면서 전설의 주된 담당층인 상민들 나름의 소박한

8) 서천군 문화공보실, 1981. 188~9쪽에서 요약 인용한 것임.

역사의식이 반영됨으로써 이처럼 변이된 모습을 실현하게 된 것이다. 구체성보다 보편성을 지향하면서 문제의 본질을 핵심적으로 파악하여 가치의식을 분명히 드러내어 사실을 인식하려는 구전설화의 특성을 드러내 보이고 있다.

이상에서 살핀 전승 예화들에는 천방사전설이 실현한 설화적 일반성과 전설적 특수성이 함께 구현되어 있다. 그리고, 이들을 종합할 때, 위 전설 일반유형의 줄거리를 다음과 같이 정리할 수 있다. (1) 소정방이 (2) 백제를 침공할 때 의외의 난관이 따랐으며 (3) 절을 지어주는 노력을 보임으로써 (4) 그것을 극복할 수 있었다. 위와 같은 줄거리로 파악되는 의미가 곧 천방사전설이 구현한 표현의 기본골격이 된다. 그것은, '침략자의 존재→침략과정에 따른 필연적인 난관→비상한 방법의 동원→그것의 극복'으로 다시 압축할 수 있다. 이처럼 간명한 구도로 줄거리와 그 성격이 정리되는 것은 기본적으로 위 전설 전승집단이 지닌 의식의 보편성이 오랜 동안의 전승을 통하여 집약화되어 나타난 결과이다. 이것은 구전적 보편성을 반영한 것이므로 이미 실제사실에서 멀어진 표현사실 즉 사실(寫實)[9]이다.

표현사실이므로 여기에는 백제유민이라는 전승집단의 주관화된 의식이 깊이 배어있다. 이것은 위 전설의 지역성이면서 특수성이기도 하다. 주관적 표현이기는 하지만 그것은 사실요소를 바탕으로 이루어진 것이기 때문에 완전 허구는 아니며, 사실이 허구적으로 강조된 것이다. 그러나 그것은 실제생활을 통하여 구체적으로 인식되고 강조되며 주장되는 것으로서의 역사이다. 그러므로 그것은 오늘날에도 의미를 지니는, 살아있는 현실의식이 스며있는 역사인식이자 표현이며, 따라서 미래까지도 여전히 의미를 실현해나갈 수 있는 역사관이다. 현실 삶에 지속적인 영향을 줄 수 있는, 사실(事實) 이상의 중요성이 담긴 사실(寫實)인 것이다.

---

9) 이는 나경수가 쓴 용어이다. 「진시황의 천하통일과 한국 신화의 변용」, 『아시아 문화』 제14호, 한림대 아시아문화연구소, 1999, 337쪽 참조.

여기에서 표현사실은 침략군의 중심이 소정방(당군)이며, 그는 상당한 난관을 겪은 뒤에 침략 목적을 비로소 달성할 수 있었다는 것으로 요약할 수 있다. 이러한 표현사실은 실제사실의 왜곡이라기보다 강조라 할 수 있다. 단순화하되 핵심을 강조하여 이해하는 것이 전설표현의 주안점이다. 위와 같은 핵심 줄거리로써 실현된 의미는 나와 적과의 관계가 분명해진 점, 그리고 적에 의한 침략사실은 인정하되 실패는 쉽게 수긍하지 않으려는 욕구를 드러낸 점으로 정리된다. 이는 일면으로는 현실의 인식이면서, 다른 면으로 개인적·집단적으로 언제 어디서나 드러나는 자아 보존 욕구의 발현이다. 인식과 욕구로서의 이 두 축은 사람의 삶에 가장 기본이 되고 있다는 점에 그 중요성이 있다. 이처럼 백제유민의 공통된 유대감을 일반화된 줄거리 속에 압축하여 담아 전하고 있는 것이 표현사실로서의 위 전설의 중요한 의미가 되는 셈이다.

4. 전설 발단의 역사 상황

위 전설의 유형성과 의미를 살핀 데 이어, 다음으로 궁금한 문제는 위 전설이 처음 발생하게 된 동기와 배경이다. 역사와 전설 내용을 긴밀히 연관지어 다루는 것이 이 글의 중요한 과제인 만큼 이 문제에 대한 관심은 뒤이어져야 할 당연한 순서가 된다. 구전설화의 기원문제는 명쾌한 결론을 얻기가 어려운 경우가 많은데, 다행히 위 전설은 시대·인물·사건이 비교적 분명하게 드러나 있는 데에다, 사건이 발생한 장소까지 분명하게 구전되고 있는 상태여서 이 점을 밝히는 데에 많은 이점을 지니고 있다. 실제 위 전설은 『신증동국여지승람』에 기록된 것에서 이미 그 형성 동기가 거의 다 밝혀져 있다고 해도 과언이 아니다. 천방사전설 전승 유형이 이것만이 아니며, 그것의 전승과 확산은 소정방이 백제를 침공한 과정과의 지속적인 관련 속에서 이루어져 나갔다고 볼 필요가 있고, 그래서 이야기의 전략적 의도성을 예의 주목해 보아야 하겠지만, 군산에서의 소정방 관련 사실이 위 전승담의 발단이 되었다는 것은 거의 의심의 여지가 없을 것으로 본다. 그러므로 이제 여기에서 필요한 것은 사실의 진위 확정이 아니라, 확정된 사실에 살을 보태어 그 배경과 정황을 좀 더 자세히 드러내고 실감 있는 이해를 돕는 일이 될 듯하다.

6월 21일 덕적도에서 신라 장군 김법민과 7월 10일에 백제 남쪽에서[10] 만나기로 약속한 소정방 군사가 이곳을 떠나 백제 쪽 육지에 닿은 곳은 7월 9일 웅진강 입구였다. 이날 김유신은 황산벌에서 백제군과 대회전을 벌였고, 이로 인해 다음 날 소정방과의 만남이 지연되었다.[11] 그리고 이 사실은 위 『신증동국여지승람』의 전설 내용과는 달리 김유신이 군산의 천방산에 오지 않았을 것임을 의미하며, 따라서 위 전설에 김유신이 등장하는 것은 설화적 표현의 결과임을 말해준다.[12]

그러면 이때 당군(소정방으로 대표되는)이 처음 육지에 닿은 곳은 어디일까. 아래 기록이 이를 명료하게 말해주고 있다.

> (소정방 군사가) 웅진강 입구에 이르니 적병이 강을 따라 주둔하고 있었다. 정방이 동쪽 바닷가로 상륙하여 산으로 올라가 진을 치고서 그들과 크게 싸우자 돛을 올려 바다를 뒤덮을 듯이 몰려들었다. 적장들이 연패하여 사망자가 수천 명이나 되었다… (후략)[13]

당군의 내침에 대비하여 백제군이 웅진강 입구를 가로막듯 차단하고 있

---

10) 당시 7월 10일에 연합군이 만나기로 한 위치가 어디인지는 정확하지 않은 점이 있다. 『삼국사기』「신라본기」'태종'조에는 백제 남쪽이라고만 했는가 하면("吾欲 七月十日 至百濟南"), 『삼국사기』「열전」'김유신'조에는 사비성 아래쪽이라고 했다("吾由海路 太子等陸行 以七月十日 會于百濟都泗沘之下"

11) 이로 인해 소정방이 대노했고, 김유신도 이에 불복, 두 사람 사이에 칼을 빼든 결투가 벌어질 정도로 상황이 악화되었었음을 기록에서 볼 수 있다(『삼국사기』「신라본기」'태종왕' 참조).

12) 주 5) 참조.

13) "至雄津江口 賊兵屯兵據江 定方升東岸 乘山而陣 與之大戰 揚帆蓋海 相續而至 賊師敗績 死者數千人" (『구당서』 '소정방전')

었음을 짐작케 한다. 그러자 소정방은 정면돌파를 하지 않고 강 '동쪽 해안으로 상륙하여 산에 올라' 진을 치고 본격적인 싸움을 벌인 것으로 되어 있다. 병력 면에서 소규모였을 백제군이 대규모였을 당군을 효과적으로 막기 위해서는 넓은 군산바다로부터 금강 입구 쪽으로 충분히 유인해들일 필요가 있었을 것이다. 반대로 당군으로서 보면 대략 군산을 기점으로 하여 더 이상 좁아지는 강 쪽으로 섣불리 진입하는 것은 대병력이 소병력에 포위당할 위험이 커 불리하다고 여겨, 우선 가까운 육지에 상륙하여 최소한의 교두보를 확보하는 것이 급선무라고 판단했을 듯하다. 따라서, 이 지점에서 동쪽 해안으로 상륙하여 가까운 산으로 올라간 것은 당군으로서 볼 때 합리적인 판단이라 할 수 있다. 그렇다면 그 위치가 어디일까. 그것은 바로 천방산을 최고점으로 하여 군산의 서쪽 해안에 길게 면하여 남북으로 늘어선 산지(통칭 천방산)였을 것이다.[14)]

이때 당군이 이 산부터 점거한 것은 백제군의 예봉을 피하고 포위공격의 위험성을 피한다는 점에서도 필요했겠지만, 다른 이유도 있었을 듯하다. 백제를 향한 전투선단의 후방을 살피고 자국군의 경계를 위해서 필요했기 때문이었으리란 점이 그 하나이다. 이 산에 오름으로써 백제 쪽의 병선 상황을 파악하고 주위 상황을 잘 이해할 수 있게 됨은 물론, 자국군의 병력 배치와 이동 계획을 위해서도 결정적인 도움을 줄 수 있는 시야를 확보할 수 있기 때문이다. 이런 점에서 보면 당군으로서 이 산에 오른 것은 아주 유리한 고지를 선점한 것이 된다. 그로써 그들은 비로소 자신감을 갖고 이곳에 진을 치고 전투준비에 들어갈 수 있었을 것이다. 두번째 이유는 위 전설 내용을 볼 때 안개가 끼어 진격을 못했다고 표현되고 있는 점이다. 역사서에는 이 점이 안 나타나지만, 어느 정도는 구전담이 당시의 사실을 담고 있을 수도 있다. 그렇다면, 당군이 천방산으로 올라간 것은 시간을 얻자는 것이 중

---

14) '동쪽 해안으로 올랐다'는 말을 곧 동진강이 남북으로 흐르는 것을 뜻하는 것으로, 그리고 '동안'을 서해에서 보았을 때 동진강의 좌측 해안을 가리킨 것으로 보려는 것(전영래, 「주류성 백강과 부안지방」, 『웅진문화』 제12집, 1999. 12. 83쪽)은 무리한 해석이라 여겨진다.

요한 목적이었을지도 모른다. 바로 당군에게 약점으로 작용했었을 수도 있는 이 '짙은 안개' 화소를 백제 쪽의 관심에서 허구적으로 증폭하여 신비스럽게 표현하고 있는 것이 전설에서 볼 수 있는 내용이다.

천방산에서 있었던 하나의 사건이 바로 천방산의 이러한 중요성에 따라 당군이 이곳을 전략적 기지의 하나로 삼으려는 과정에서 발생한다. 이 산 일대를 점거한 뒤 당군에게 필요한 긴급한 일은 이 부근의 지리를 잘 아는 현지인을 만나는 일이었을 것이다. 그때 안개가 낀 상태였다면 그럴 필요성은 더욱 높았을 것이고, 실제 전승유형에서는 이 부분의 과장을 통하여 당군이 처한 곤경 상황을 더욱 실감 있게 그려 보이고 있다. 이러한 수색 과정에서 아마도 그들은 어느 암자의 중을 만났던 듯하다.[15] 그들은 의도적으로 그에게 접근했을 것이고 그에게 호의를 보이는 일면 유용한 정보를 알아내고자 했을 것이다. 그러나 절 쪽의 태도가 그들의 희망대로 우호적이지만은 않았을 것이고, 어느 면 적대적이기도 했을 것이다.[16] 당군 쪽에서 볼 때 상황이 절박한 만큼 절로부터의 정보 제공과 협조가 긴요했을 것이고, 이때 중을 안심시키고자 그들은 산신이나 불상에 대한 예경을 보였을 듯도 하다. 이러한 상황 속에서, 중의 협조를 유도하는 일면 천방산 일대를 그들의 최초 전략 거점으로 확보하고 이를 계속 유지해 나가려는 두 가지 의도를 고려한 당군의 적극적인 호의 표시가 바로 '천방'사 건립이라는 약속으로 나타났던 것이 아닌가 여겨진다. 그러나 이곳에서의 이 약속은 일단 중을 회유하는 데에는 유효했겠지만, 결국 그 결과는 그럴듯한 핑계에 의한 헛말로 끝나고 말았던 것 같다. 전설에는 절을 지으려고 산에 올라가 보니 자리가

---

15) 이 부근에 아직 천방사터가 확인되지는 않았지만, 이곳은 어로활동 및 수상교통이 발달한 곳이자 국제교류상으로도 중요한 지점이었음을 고려하면 오래전부터 절이 있었을 가능성이 높다. 천방산 북쪽에 통천사가 있었고, 지금의 선림사가 그것을 좀 더 위로 옮긴 것이라는 말이 있는데, 혹시 위치상으로 통천사가 천방사의 전신이었거나, 아니면 그 부근에 별도의 천방사가 있었지 않았을까 짐작된다. 이 부근 어느 곳에 있던 천방사가 뒤에 지금의 은적사로 옮겼다는 말이 있음도 이를 뒷받침해 준다.

16) 당시의 이런 상황을 이해하는 데에는 백제 부흥전쟁 때 승려의 활동이 활발했던 사실을 유의하는 것이 참고가 될 것이다. 더하여, 당시 백제인의 저항정신을 드러낸 '오성산전설'도 같은 관점에서 볼 수 있는 자료로 참고가 된다.

좁아 한 채만을 짓고 나머지는 돌로 시늉만 했다고 한다. 이는 위 약속이 일시적 전략 목표를 실현하는 수준에서 그친 것으로, 본디 실현 불가능한 것일 수밖에 없었던 것임을 말해준다.

이로써 볼 때, 천방사는 당군의 백제 침공 상황 속에서 우연하고도 특별한 계기로 맺어진 것임을 알 수 있다. 이러한 접촉 과정의 독특한 상황이 위 전설 속에는 스며있다고 보아야 한다. 이들 전설 전승지점의 독자성은 분명 그 전략적 중요성 때문이었을 것이다. 그러한 중요한 전략적 의미로 하여 승려와의 접촉과 환심 끌기용 약속을 필요로 했던 것이다. 당군이 백제를 침공하면서 점령한 전략적 요충으로서의 산이나 절, 또는 마을과 길목 등 중요 거점은 아주 많았을 것이고, 이들 지점은 그것들대로의 중요성으로 하여 때로 전설을 낳기도 했다.[17] 그런데 이들 가운데 천방사전설 유형이 제한적으로만 전승되고 있다는 점을 유의하면, 이들 지점들은 그것들만의 공통점이 있었다고 이해된다. 그것은 무엇이었을까. 아마도 저들로서 볼 때, 산을 배경으로 하고 있고, 그와 관련하여 전부터 절이 있어왔거나 절을 짓기에 적합하며, 당군 측으로서 전략상 그곳을 안정적으로 점거하여 지속적으로 지배하고 이용할 필요성이 긴요했다는 점 등으로 요약할 수 있을 것이다. 바로 이런 이유가 당군이 그곳에 접근하는 데에 절을 미끼로 한 과장 약속이라는 특별한 방법을 쓰게 된 이유가 되었을 것이다.[18] 그리고 그 접근 방식의 유사성이 단일 유형의 위 전설을 낳게 한 기반이 되었을 것이다. 이 점이 위 전설 소재의 역사성이 지니는 독자성이자 역사와 만난 특수성이기

---

17) 예컨대 전북 옥구군 성산면 여방리 오성산(五聖山)의 오성전설이 그 한 예이다. 이 산은 천방산에 이어 금강 내륙 쪽으로 더 진입한 위치에서 금강구 일대를 조망하는 데에 가장 좋은 조건을 이루고 있고, 이 산에도 소정방과 관련된 전설이 있음은 당군이 실제로 이곳을 점령했다는 의미일 것이다. 필자가 보기에 이 산은 당군에 의해 천방산 다음으로 점령된 곳이 아닌가 짐작된다. 그러나 이곳의 전설이 '천방사' 유형과는 전혀 다른 것을 보면 전략적·상황적으로 그들과는 다른 의미와 기능을 지녔기 때문으로 이해할 수 있다.

18) 그렇다고 이들 절이 한꺼번에 지어졌다는 뜻은 아니다. 일단 거점이 확보된 뒤에 절 짓기는 약간의 시차를 두고 거의 비슷한 시기에 진행되어 나갔을 것으로 보인다. 이점을 이 글의 공개발표장에서 이현수 교수가 지적했기에 각주로 보완한다.

도 하다.

이렇게 이들 중요 지점에 대한 절 건립 약속을 통한 불교거점과 불교세력의 포섭 방법의 유효성이 확인되자, 그 방법은 거듭 이용되었던 것 같다. 위 전설이 여러 지점에서 발생되고, 전승력을 지속해 나간 사실이 그것을 말해준다. 백제 말기는 불교가 매우 성행했으므로 천방사 건립의 확산은 불교계 쪽만이 아니라 민간 쪽에 대해서도 선전 효과가 있었을 것이다. 당군의 천방사 약속은 분명 사실과 실질이 부합될 수 없는 것이긴 하지만, 이것이 백제민에 대한 저들의 효과적인 전술의 하나가 되면서부터 그것은 더 널리 알려지게 되었을 것이고, 그로써 전설 유형상의 일반성과 표현상의 구체성을 띠어나가게 되었을 것이다. 당군의 이 약속은 저들의 위치에서 볼 때 전시 상황에서 자못 과시적인 태도로 표명되었을 것이지만, 전설 속에서는 당군이 처한 위기 극복의 비상한 수단으로서 고안되고 있는 것으로, 그 의미가 다르게 표현되고 있다. 백제인들의 입에서 구전되어오는 사이 당군에 대한 반감이 깊이 배어든 결과이다.

5. 천방사 위치의 지리적 특징과 절의 전략적 기능

위 전설이 형성된 기반은 전쟁이라는 특수상황이었다. 그러므로 위 전설의 이해는 이 점에 대해서까지 관심을 넓히는 것이 필요하다. 앞에서 말했듯 위 전설은 시대와 인물의 특정성, 전승지점의 제한성, 유형의 독자성 등의 특징을 지니고 있다. 이는 위 전설의 형성에 따른 역사와의 접점이 비교적 분명하고도 구체적이었으리란 사실을 충분히 예상케 한다. 따라서 이들 특징들을 함께 주목하면 전설 전승지점상의 성격과 전설의 내용을 파악하는 데에 도움이 된다. 지금까지 확인된 천방사의 존재는 모두 다섯 곳으로, 이들의 본디 창건 시기와 목적은 조금씩 차이가 있었을 것이다. 그러나 이들이 지어진 시기가 동아시아 국제 질서에 큰 영향을 준 전쟁기였음을 고려할 때, 포괄적으로 이 문제를 전쟁상황이라는 점에 초점을 맞춰 살펴야 할 것임은 다시 말할 나위가 없다. 천방사는 이미 살핀 전북 군산시를 기점으로, 서천군 시초면 · 보령군 미산면 · 청양군 대치면 · 예산군 대술면(공주군 유구면 포함)으로 이어지면서 한 곳씩 자리잡고 있다. 이들 절의 위치를 선으로 연결하면 대략 군산을 기점으로 충청남도 북동쪽으로 이어지는 하나의 사선을 이루고 있어 지리적으로 특수한 형태를 보여주고 있다. 그러면서 '방이 천 개'라는 화소를 기본으로 하여 소정방이 다녀갔다거나, 그의 주도로 지었다는 등의 화소가 거의 공통적으로 나타나고 있다. 이로써 보면 위 절은 나 · 당 연합군, 좀 더 구체적으로는 당나라군의 백제 침략과 관련된 전략적 행위의 결과라는 관점에서 접근해야 할 것임을 거듭 이해할 수 있다. 이제 이들 지점들을 이러한 각도에서 보기로 한다.

먼저 주목할 것은, 이들 절들은 크게 두 부류로 나누어 볼 수 있다는 점이다. 백제 도성을 점거한 전단계와 후단계가 그것으로, 군산과 서천군 시초면의 경우가 전자이고, 보령군 미산면 · 청양군 대치면 · 예산군 대술면이 후자이다. 전자는 심각한 투쟁 과정에서 성립된 것이라면 후자는 점령지에 대한 안정 유지책을 주목적으로 한 것으로 보인다. 전자에 해당하는 두 곳의 경우 기본적인 전략적 목적과 그 실현 과정이 흡사했을 것이다. 현전 전설의 전승 내용이 아주 비슷하고, 위 예화에서 보듯 전승력도 비슷한 강도로 나타나고 있음은 이를 말해준다고 이해된다. 그러나 실제 상황에서는 약간의 차이도 있었을 것이다. 군산의 경우 당군이 절에 접근하기가 비교적 쉬운 편이었다면 그보다 더 내륙 쪽에 있는 서천군 시초면 천방산의 경우는 절 접근에 따른 위험 부담이 더 컸을 것으로 보인다. 이곳 천방산 밑에도 천방사 관련 지명과 전설이 형성되었음은 당군이 이곳을 지나면서 일시 유진(留陣) 혹은 유숙하거나, 적정을 탐지하고 전정을 살펴야 할 필요성이 있었음을 뜻한다. 바로 이 과정에서 저들은 천방산을 정찰했을 것이고, 필시 중과 만나게 되었을 것이다. 그리고 그의 협조를 끌어내기 위하여 예의 '큰 절 건립' 제의를 했을 것이다. 이러한 침략과정의 정황 · 만난 사람의 신분 · 만난 지점의 동일성으로 인해 '천방'이라는 같은 수단이 거듭 이용되었던 듯하다. 이 지점 일대는 지형이 복잡하고 산이 많기 때문에 당군으로서는 전략 수립을 위한 여러 정보의 획득이 더욱 긴요했을 것이고, 그런 만큼 중에 대한 접근 자세와 약속 제의 자세도 더 적극적이었을 것이다.[19] 현전 전설을 보면 이 지점에서 당군이 처한 상황은 비가 오고 천둥이 쳐 심한 곤경에 처한 것으로, 그리고 곤경 타개 방법에 대한 당군 측의 조언 요청에 대해서도 좀더 당당한 태도를 보여준 것으로 묘사되고 있다. 군산에 비할 때 이곳은 백제 도성에 더욱 접근된 지점인만큼 백제인의 외세에 대한 반감이 더 강하게 표현된 결과라 할 수 있다.

다음으로 보령군 미산면의 천방사부터 그 위쪽 지점들은 당군이 일단 사비성을 점거하고 난 뒤에 대민 접촉이 이루어졌던 것으로 여겨진다.[20] 이에 따라 전단계들의 경우와는 달리 천방사는 전에 비해 변화된 상황 속에서 다소 달라진 기능을 실현하게 되고, 이것이 천방사 전설에도 영향을 주었다고 이해된다.[21] 이는 사비성 함락 후에 이어진 백제부흥군 활동과의 관련성을 주목하여 이해할 필요가 있다. 660년 7월 18일 의자왕을 항복시키고

---

19) 이곳에 전해지는 위 전설을 보면 다소 유다른 점을 발견하게 된다. 천방사와 관련이 있음이 분명해 보이는 '천방골'이란 마을은 천방산의 발치에 해당하는 국도변 야산 밑에 있는데, '천방사터'는 그 곳에서 약 1.5킬로 정도 떨어진 천방산 중턱 높은 곳에 자리잡고 있는 것이다. 이는 천방골이란 마을 아래 쯤에 당군이 주둔해 있으면서 중을 데려와 이곳에서 서로 환담하면서 천방에 대한 제의도 했을 것임을 말해주는 것으로 짐작된다. 면담 현장을 지목하며 자신 있는 태도로 제의를 하다 보니 바로 그 마을에 짓겠다는 뜻으로 받아들여지게 되고, 이로써 마을이 천방골이 되었던 것으로 보인다. 그러나 일을 착수하면서 절을 짓는 데에 더 알맞은 장소인 천방산 중턱으로 자리를 잡게 되었던 것 같다.

20) 나당군이 사비성을 공격해올 때 네 길로 나누어 진입했다고만 되어 있을 뿐 그 경로가 어디인지는 분명하지 않다. 도성 서쪽이 강으로 되어 있음을 유의할 때 서쪽의 마지막 공격로가 강이었다면 그 밖의 주된 공격로는 동쪽방면이었을 것이다.

21) 사비도성 함락 전까지는 상황의 급박성으로 인해 중과의 만남이 필연적으로, 그리고 문제의 해결을 위한 절 건립 제의가 파격적으로 제시되는 것이 전설의 주된 내용을 이루고 있음에 비하여, 도성 점거 이후 단계의 전설은 그런 내용이 거의 나타나지 않고 있다. 이는 구전력의 약화 현상이기도 하겠지만, 각각의 절 건립단계가 보여주는 상황의 차이가 반영된 결과이기도 하다고 여겨진다. 전 단계는 전황이 급박한 상태였기에 전설의 줄거리도 심각한 내용으로 나타났다면, 후 단계는 전황이 비교적 덜 급박했던 데에서 전설적 표현도 덜 심각하게 실현되었던 것으로 보이는 것이다.

난 뒤, 백제 유민에 대한 당나라군의 무도한 탄압과 학대에 반발하여 항복군의 대열을 이탈한 흑치상지(黑齒常之) 같은 인물이 중심이 되어 충청남도 서북부를 거점으로 삼아 부흥군의 활동이 시작되었고, 이로부터 이 지역 일대는 시종 부흥전쟁의 중심지가 되었다. 이로써 보면 일단 도성을 함락시킨 연합군 측으로서 볼 때 남쪽의 서천군 혹은 주류성(시초면의 천방사까지를 포함하여)[22]과 북쪽의 임존성을 축으로 한 이 지역 일대는 부흥군의 활동을 약화시키고 민심을 안정시킬 필요성이 시급했을 것이다. 이러는 와중에 도성이 함락되고서 한 달이 훨씬 지난 8월 26일에 소정방은 드디어 군사를 보내 부흥군의 근거지인 임존성을 공격하게 한 것으로 되어 있다. 이로써 볼 때, 당군으로서는 이들 지역을 중심으로 한 부흥군의 활동을 충분히 파악하고 있었을 것이고, 이에 따라 군사적 공격 이전에 모종의 선무공작이 행해졌을 것임을 짐작할 수 있다. 그런데 당시 이들 부흥군 가운데에는 승려들이 중요한 세력을 이루고 있음으로 하여, 이제 전황은 달라졌지만 종전의 전략적 기능을 부분적으로 유지해 나가면서 이들에 대한 안정책을 마련할 필요성이 높았던 데에서, '천방절 짓기' 회유책을 그에 대한 효과적인 수단으로 지속해 나가게 되었을 것으로 짐작된다. 그리고 이제 전승(戰勝)자로서의 위세가 한층 높아지는 추세 속에서, 절 건립 과정에 반영된 '소정방'이란 이름의 전설적 영향력도 더욱 강하게 실현되었을 것이다. 소정방이 "발길이 닿는 곳마다 절 천 칸씩을 짓겠다고 했다"는 말이 오늘날의 전설 속에 살아 전해지고 있는 것이나, 그의 이름과 관련된 지명이 남아 있음[23]이 이를 짐작하게 한다.

천방사가 다른 지역이 아니고 충남의 서북부에 치우쳐 있다는 사실이나,

---

[22] 여기에서는 주류성을 한산이나 서천 쪽으로 보는 관점을 따르기로 한다.

[23] 공주군 유구면 탑곡리 '소래절' 마을이 그 좋은 경우이다. 천방사 절터는 이 마을에서 얼마간 떨어진 더 위쪽에 있는데도 절로 들어가는 골짜 입구에 있는 마을 이름이 절이름을 따서 지어진 것이다(소정방이 왔다고 하여 소래사(蘇來寺)라고 한다 함). 천방사의 건립에 따른 소정방이란 이름의 영향력이 매우 컸던 사실을 말해주는 것이다. 한편, 천방사와의 관련을 떠나서도 소정방과 관련된 지명은 더 찾아볼 수 있는데, 이들의 대부분은 소정방이란 인물의 행적과 직접적인 관련이 있다기보다 그의 이름이 주는 영향력이 과장되어 반영된 결과로 보아야 할 것이다.

남쪽에서 북쪽으로 뻗어 올라가면서 배치되고 있음은 곧 백제 부흥군의 활동이 심화되어 나갔던 지역적 상황과 일치되고 있다는 사실을 중요하게 살펴봐야 할 것으로 본다. 더하여, 이러한 현상은 천방사의 위치는 곧 당시 부흥군의 출신지가 주로 충남 서북부란 사실[24]과 함께, 이들의 활동 거점 또한 이와 일치하고 있다는 사실을 확인시켜주는 것이란 점도 주목할 필요가 있다. 또한, 이들 지역에 부흥군이 많았던 사실은 상대적으로 그 지역에 불교의 지역적 토착화가 강하게 실현되었던 결과임을 뜻하는 것이라고 볼 수 있다. 대형 석불의 예술적 우수성을 잘 실현하고 있는 태안 마애불의 존재가 이 지역에 대한 백화도량의 정착과 백제적인 신앙관의 새로운 정착을 의미하는 것[25]이라면, 당시 이러한 불교문화의 높은 수준은 곧 이 지역을 중심으로 한 불교신앙의 확산과 토착화를 뜻하는 것으로 볼 수 있다. 당시의 신앙적 기반이 이처럼 강했던 데에서 부흥전쟁 초기부터 승려-특히 충남 서부지역 중심의-들이 부흥군의 중요한 세력을 이루게 되었을 것이고[26], 이러한 추세로 하여 중 도침(道琛)과 같은 당시 부흥군의 최고 지휘관도 자연스럽게 서부지역에서 나오게 되었던 것으로 볼 수 있다.[27] 승군장(僧軍將)이 부흥군의 최고 지휘자가 되었다는 것은 그가 군사적인 면에서는 물론 일반 백성들에 대하여 최고의 정신적 지도자로서의 지도력을 발휘할 수 있었음을 뜻하는 것이다. 이러한 배경을 주목할 때, 당시 연합군 측에서 보아 바로 이들 승군들의 환심을 사고 이를 민심의 안정으로 연결하려는 노력은 작게는 군사적 목적에서, 그리고 크게는 백제유민에 대한 심리전술로서 가장 중요

---

24) 이는 백제부흥군의 핵심 지휘자였던 흑치상지나 복신·도침·여자진 등이 모두 서북부 출신이었다는 점에서 알 수 있다(노중국, 「백제 멸망후 부흥군의 부흥전쟁」, 『사상사의 재검토』, 1995. 203~216쪽 참조).

25) 강우방, 「태안 백화산 마애관음삼존불고」, 『백제의 중앙과 지방』, 173쪽, 충남대학교백제연구소, 1997.

26) 이때 도침은 독자적인 승군을 거느리고 있었을 것이라는 견해(노중국, 앞의 논문, 216쪽 참조)는 충분히 설득력이 있다고 보인다.

27) 최완수는 도침이 수덕사의 승려였을 것으로 보고 있다(「내포의 불교」, 『내포문화정보』 창간호, 내포문화연구원, 1997. 4. 60쪽 참조).

한 전략이 될 수 있었을 것이다.

천방사의 기능을 이해하기 위하여 이들 절의 위치를 표시해 보면 다음과 같은 모습을 보인다.

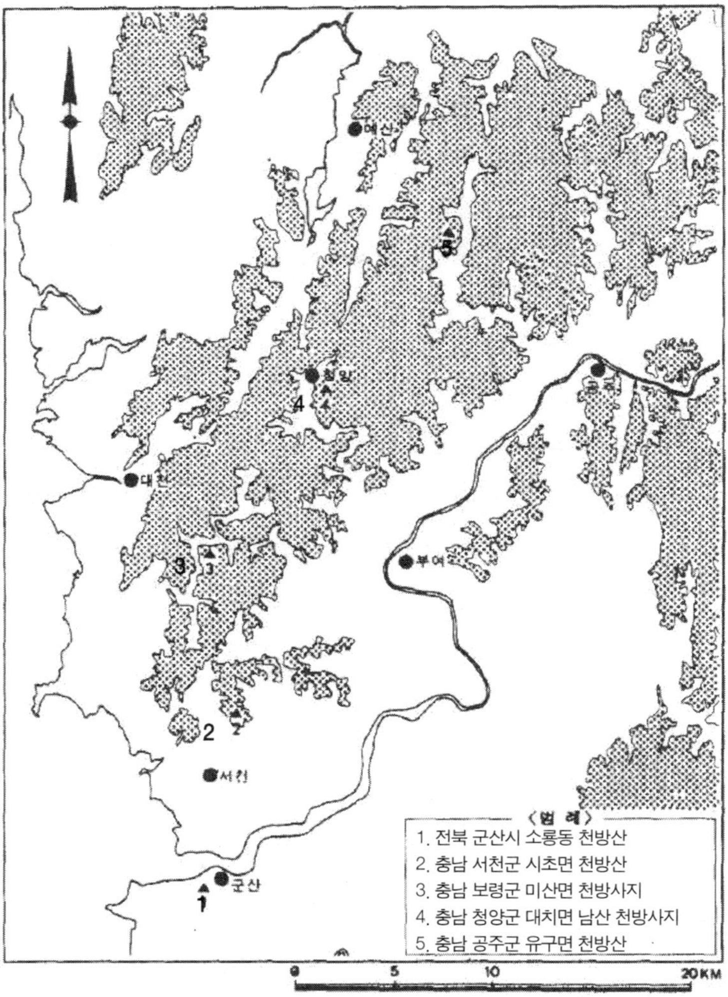

[천방사 위치]

이들의 위치는 대략 차령산맥의 흐름과 일치된다. 차령산맥이 본디 충남의 서북부와 남동부를 가르는 자연조건이 되고 있는데, 그러한 조건에 절의 위치가 자연스럽게 합치되고 있다. 산이나 마을을 중심으로 하지 않고 이처럼 자연지형을 기준으로 하여 절의 위치를 잡았다는 것은 절을 통해 그러한 자연여건의 이로운 점을 더욱 높이려는 결과였다고 이해된다. 군산과 서천군 시초면의 경우는 어느 정도 우연적인 동기에 의한 것이었다고 해도, 그 위 지점들부터는 보다 더 깊은 계획성 위에서 이루어진 결과라 이해된다. 이는 이들 절을 전체적으로 하나의 긴 띠를 이루게 함으로써 한편으로는 충남 서북부지역을 서남부지역과 차단시키고, 다른 면으로는 남북간의 왕래를 막으려는 의도가 있었던 것임을 알게 한다.

좀 더 가까이에서 자연배경을 볼 때에도 그렇다. 이들 절들의 위치는 특별히 산수가 좋거나 수도생활에 적합한 곳이라기보다 대개 큰길에서 멀지 않고, 비교적 지대가 높아 전망이 좋다는 점을 공통된 현상으로 보여주고 있다. 이는 곧 이들 지점의 선택이 수도처로서의 적지를 먼저 고려한 것이 아니었을 것이라는 의심을 갖게 한다. 그보다도 정치·군사적 정세 파악과 감시·통제의 기능을 달성하기에 적합한 조건을 먼저 고려한 결과라고 보인다. 이들 절이 모두 주변 도로망의 통행 상황을 감시하고 더 먼 곳에 대한 전망까지 확보하기에 아주 적합한 위치에 있다는 점[28]을 고려하면 더욱 그렇게 볼 수 있는 가능성이 높다.

이런 특징들은 위 지역과 당시의 백제부흥군의 활동상을 합치시켜 봄으로써 그 목적성이 잘 드러날 수 있다고 이해된다. 이 무렵 백제부흥군의 활동은 주로 임존성과 주류성을 두 축으로 하여 이루어졌다. 임존성을 중심으로 한 북쪽은 군량미를 조달하기에 적합하여 수성에 유리하다면, 주류성을

28) 이들 절은 모두 높은 곳에 있어 그 자체로서 전망이 좋은 조건을 지니고 있을 뿐만 아니라 더 전망이 좋은 높은 산이 뒤에 접해있다는 사실을 특히 주목해야 한다고 본다. 현재 절 위치를 확인하기 어려운 군산 천방사를 제외하면 이런 특징을 모두 잘 갖추고 있다. 이는 이들 절의 위치가 주변에 대한 정황 파악과 경계 기능을 위한 일종의 초소 역할이 중요시되어 정해졌을 것임을 알게 한다.

중심으로 한 남쪽은 사비성이 가까워 공격에 유리하다는 이점이 고려된 결과였을 것이다.[29] 그러므로 연합군이 전략적으로 가장 관심을 둬야 했던 것은 바로 서부지역에서 사비성과 웅진성이 있는 동부지역으로 이어지는 길을 막는 일과, 남쪽의 주류성과 북쪽의 임존성의 원활한 소통을 막는 일이었을 것이다. 여러 천방사들은 바로 이러한 두 가지 과제를 함께 수행하기에 적절한 위치를 점하고 있다.

우선 예산군 대술면의 경우를 보자. 이곳은 서쪽으로는 예산 북부의 내포지방과 남쪽인 청양으로 이어지는 넓은 지역을 감시하기에 적지가 된다. 그리고 동쪽으로는 아산과 공주의 접경을 이루는 고개를 넘어 공주로 통하는 길목이 되는 유구 쪽의 길을 감시하는 데에 적합하다. 다음, 청양군 대치면의 경우는 충남의 남쪽과 북쪽을 잇는 중간 위치에 있으면서 동남쪽으로는 부여와 통하는 요충을 이루고 있다. 그리고 보령군 미산면은 청양 쪽에서 서천을 잇는 남북통로와 함께 보령을 중심으로 한 서쪽에서 부여 쪽을 잇는 동서 연결의 중심지에 위치해 있다. 서천군 시초면의 경우 천방산은 서해와 웅진강 내륙쪽과의 연결을 통제하면서 사비성과 가까운 주류성·가림성의 배후를 감시하기에 적절한 위치에 있다. 이처럼, 천방사의 위치는 인문지리적 특성 위에 당군 측의 치밀한 전략적 의도가 반영된 것으로, 천방사를 계속하여 지어나간 것은 표면적으로는 백제 불교를 위하고 백제 유민들을 안정시킨다는 명분을 내세워, 이면적으로는 경계와 정보 수집 및 통제의 수단으로 삼아나가고자 함이었던 것으로 보인다.

29) 초기 부흥전쟁 때에 북쪽의 임존성을 중심으로 활동하다가 세력이 강해지면서 주류성으로 거점을 옮긴 것은 바로 이러한 이유 때문이었을 것이다.

6. 절의 폐해와 그 전설적 잔영

현재 옛날의 천방사가 본디의 위치에서 온전히 존속되고 있는 예는 하나도 없다. 모두가 망하거나 변질되고 말았다[30]. 그것도 대부분 이른 시기에 폐사가 된 것으로 보인다. 어째서일까. 당군이 철수한 뒤 그것의 창건 배경이 되었던 정치적이고 전략적인 의도가 드러나면서 백성들로부터의 반감을 벗어나기가 어려웠던 점을 기본적인 이유로 들어야 될 것이다. 그리고 이에 더하여 이 절의 창건 동기가 그랬듯, 돈독한 불심을 지닌 중들이 중심세력을 이루지 못함으로서 올바른 수행처로서의 사풍(寺風)을 제대로 이루어 나가지 못하고 쉽게 세속화되고 만 것이 또 다른 이유였다고 이해된다.

파편화된 내용들이긴 하지만 현재의 천방사전설을 구성하는 중요한 내용은 인근 주민들에 대한 천방사 중들의 작해가 심했다는 것과, 결국 빈대가 창궐하여 망하고 말았다는 사실이다. [자료:4]와 [자료:5], 그 중에서도 [자료:4]에서 특히 그 점이 잘 나타나고 있다. 여기에서 중들이 여러 가지로 백성들을 괴롭혔다고 했는데, [자료:5]에서 주민들의 양식을 억지로 빼앗다시피 하여 중들이 먹고살았다는 것이 아마도 그 주된 괴롭힘이었을 듯하다. 이보다 더 심한 것은 부녀자를 농락하기까지 했다는 사실이다. 이런 내용이 전설의 중요한 화소로 등장하고 있음을 보면 실제 이들 절에서의 중들의 생활이 절의 본래 목적인 수도와 중생교화라는 기능과는 상당한 거리가 있었을 것임을 짐작케 한다. [자료:6]의 제보자는 위 문면에는 소개되지 않았지만 이와 비슷한 사례를 보고해준바 있다. 천방사를 옮겨 지었다고 전해지는 이곳 은적사(隱寂寺)에는 옛날 못된 중들이 많았는데, 밖에서 심한 패악질을

---

30) 예산 대술면의 천방사는 절이 망한 뒤에 산 훨씬 아래쪽 마을 주변에 작은 규모로 재건되어, 이름이나마 명맥이 이어지고 있다. 그리고 군산의 경우 지금의 은적사가 천방사의 후신이라는 어렴풋한 말이 있긴 하나 이 역시 천방사의 전통성이 이어지고 있는 것과는 거리가 있다. 위 절의 안내문에는 이것이 618년에 지어졌다고 전해지고 있는데 이것이 사실이라면 은적사가 천방사의 후신이라는 말도 성립이 안 되는 것이다. 아니라면 위 안내문이 전혀 사실과 다른 것이 될 것이다.

하고 들어온 중들을 다른 중들이 붙들어다가 절 앞쪽 바닷가 벼랑 위에서 물속으로 굴려버리곤 했다는 일화가 그것이다.[31)]

이처럼 천방사의 중들이 주민들을 괴롭히고 패악질을 서슴지 않았다는 화소가 전설의 일부로 흡인되어 서로 다른 지점에서 이야기되고 있음은, 그것이 한 곳에서의 특이한 사례로 주목된 것만이 아니며 보다 일반화된 사실이었음을 뜻하는 것이라 볼 수 있다. 본디의 창사 동기로 볼 때에도 이들 절에는 수행승보다는 그 반대 부류의 사람들이 많았을 것이다. 절을 지은 중요한 목적의 하나가 군사활동의 연장에 있었을 것이니 그럴 수밖에 없었을 것임은 자연스런 일이라 할 수 있다. 일시에 절을 크게 지어 승려를 많이 모아야 했을 것이니 기반이 얕고 자질이 부족한 중들이 많이 생긴 결과도 그럴 가능성을 높이는 요인이 되었을 듯하다. 그 성분 면에서 이들 중이나 절 거주자들 가운데에는 전쟁으로 삶을 상실한 여러 유형의 남녀가 적지 않게 포함되었을 것이다. 그리고 의식성향으로 볼 때 친당, 혹은 친신라적인 사람들도 많았을 것이다. 이런 결과 이들 절은 전몰자들의 위령소 겸 유랑인들의 휴양소 같은 성격을 띠었지 않았을까 짐작된다. 그러므로 당시 이 절 거주자들은 사회에 대한 불만세력이기도 하면서 동시에 다른 면으로는 일종의 특권의식을 소유한 계층성을 띠기도 했을 것이다. 아마도 이들 절은 상당 기간 동안 당군측으로부터 후원과 비호를 받고, 다시 백제지역의 지배권이 신라측으로 넘어가게 되면서는 그쪽으로부터의 지원에 의해 유지·존속되어 나갔으리라 보아진다.[32)]

---

31) 그곳은 은적사에서 서쪽으로 4백미터 쯤 떨어져 있다. 지금은 해수의 수위가 전보다 많이 낮아졌다고 하며, 이 결과 현재 이곳 일대는 완전한 뭍으로 변해 도시 변두리 마을을 이루고 있다.

32) 이러한 증거를 673년에 이루어진 것으로 여겨지는, 연기군 비암사에서 발견된 〈癸酉銘阿彌陀佛三尊四面石像〉에 백제 고관 이름과 함께 신라 고관 이름이 나타나고 있음에서 짐작할 수 있다. 사찰의 건립이나 불교행사에 신라 쪽 고관이 관심을 보이고 지원함으로써 백제유민들을 위로하고 민심을 안정시키려는 노력을 기울였음을 볼 수 있다(이에 대해서는 김갑동, 「백제유민의 동향과 나말여초의 공주」, 『역사와 역사교육』 3·4호 합집, 웅진사학회, 1999. 참조). 이 천불비상의 조성은 그에 앞선 천방사의 건립과 일정한 관련이 있다고도 볼 수 있을 것 같다. 기본적인 목적성을 주목할 때 이 둘은 넓게 보아 동일 연장선상에 있는 것이면서, 천방사 건립이 군사적·과시적·형식적 차원에서의 백제 불교에 대한 접근이었다면, 천불비의 조성은 보다 본질적이고 내면적인 방향으로 접근방식이 바뀌어 나간

바로 이러한 지배권력과의 일정한 유대를 배경으로, 이곳의 중들은 백제 유민들과의 관계에서 권위적인 자세를 드러내게 되고, 이로써 일부 패악승들은 부녀자를 농락하기도 하는 등 여러 가지 비행을 저지르기도 했던 것으로 보인다. 시초면의 천방사 인근 주민들의 입에서 유행어로 전해졌다는 "천방사 홀애비 唐病인가"라는 표현은 당시의 그들 비승비속의 속승들에 의해 절의 분위기가 얼마나 타락되어 있었는가를 잘 짐작케 한다. 이 표현은 천방사가 당나라 병사, 혹은 그와 관련을 지닌 인물들로 인해 풍기가 문란해지고 그로써 창병(娼病)의 온상이 되기도 했었을 것임을 알게 한다. 이러한 연합군 측과의 일정한 관련성 속에서 이곳의 중들은 처음에는 백제유민을 안정시킨다는 명분으로 자신들의 존재 이유를 확인시켜 나가려 했겠지만, 그러나 점점 세속화될 수밖에 없음으로 하여 결국 백성들을 억압하고 수탈하는 비행을 일삼기까지 했던 것으로 여겨진다.

천방사의 역사가 모두 단명에 끝나고 만 것이나, 망한 뒤에 다시는 복구되지 못한 것은 이러한 역사적 배경에서 볼 때 당연한 일이라고 할 수 있다. 천방사는 창건동기 면에서 일반인의 관심을 지속적으로 끌기 어려운 한계를 지니고 있었다. 신앙적 바탕이 굳은 중들이 자발적으로 모여서 집단을 이루지 못했을 것이란 점도 그러한 한계점의 또 다른 중요한 측면이었을 것이다. 이로써 전쟁상황이 끝나고 절 창건의 본질성이 드러나게 되면서 천방사는 점점 세인들로부터 따돌려지고 등돌려졌을 것이다. 어쩌면 이곳 중들의 일반인에 대한 폐해도 이러한 상황이 심해지면서 더욱 고질화되었는지도 모른다. 이러한 일반인의 질시 속에서 천방사의 사세가 점점 줄어들어 폐사로 나아갈 수밖에 없었음은 당연했다고 할 수 있다. 또한 이러한 현상은 일반인의 눈에서 볼 때 천방사에 대한 평소의 적대감을 이야기를 통하여 표현하는 데에 적절한 제재가 되어주었을 것이다. 이 때문에 천방사전설 줄거리의 일부분은 절의 번창한 모습을 말하기보다는 망한 사실을 주목하여

모습을 보여준다고 할 수 있을 것이다.

표현하는 데 더 주목하고 있음을 보여준다. 천방사의 멸망 원인으로서 사찰 멸망 원인 화소로 널리 전해지는 '빈대' 화소가 개입되고 있음이 그것이다. 이는 이 절의 멸망을 당연한 것으로 이해하려는 전승집단의 의식이 실현된 것이라고 이해할 수 있다. 지금까지 전해오는바, 빈대를 모질게 죽이며 "천방사 홀애비 당병인가!"라고 무심코 말하는 저주 속에는 절에 대한 백제인의 부정의식만이 아니라, 천방사와 그것이 남긴 폐해를 증오하는 강한 거부감이 스며있는 것이다.

7. 맺음말

천방사전설은 유형상으로나 전승분포상으로 독자성을 비교적 뚜렷이 보여주고 있는 설화이다. 이 글은 이 전설이 백제사의 특정 시기와 관련을 맺고 있다는 점을 주목하여, 설화의 성격과 특징을 밝히고 그것을 되도록 역사배경과의 관련성을 부각시켜 이해하고 그 의의를 드러내보고자 했다. 이상에서 논의한 것을 대략 다음 몇 가지로 정리할 수 있다.

천방사전설은 현재 다섯 곳에 전승되는 것으로 밝혀져 있다. 전승지점은 충청남도 서북부가 중심이며, 전설과 전승증거물이 밀접한 관련을 맺고 있고, 뚜렷한 증거력을 지니고 있음을 중요한 특징으로 하고 있다. 이는 전설의 시대적 배경이 분명한 결과이기 때문이기도 하다.

천방사전설은 처음에는 비교적 현지성에 따른 객관성을 잘 반영하면서 전승되었다고 이해된다. 그러나 오랜 전승을 거치면서 전승층인 백제유민들의 외세에 대한 적대감이 전설 전반에 반영되는 쪽으로 전설의 구성과 내용이 일반성을 띠면서 보편유형으로 정착되게 되었다. 그것의 줄거리는 '소정방이, 백제를 침공해올 때 난관이 따랐고, 절을 지어주는 노력을 보임으로써 이를 극복할 수 있었다'는 내용으로 정리되며, 이러한 일반유형을 통해 실현된 전설적 의미의 핵심은 침략자 쪽 인물이 소정방으로 단순화되고, 그가 겪었던 고난이 크게 부각된 점으로 요약된다.

천방사는 최초 전략적인 목적으로 군산을 기점으로 하여 지어졌을 것이며, 이로써 처음 천방사전설이 성립되었을 것이다. 이로부터 천방사는 서천군 문산으로, 그리고 다음으로 충남 서북지역의 더 위쪽으로 가면서 지어졌을 것이다. 이러한 과정은 당군이 백제를 침공하고 정복해나간 과정이기도 하며, 이러한 단계와 그에 따른 기능의 변화는 위 전설에도 영향을 주었을 것이다. 사비성 점거 이전까지는 상황의 긴장감으로 하여 전설 형성에 보다 큰 영향을 미쳤겠지만, 그 이후는 영향력이 작아 전설의 내용형성과 전승에도 작은 영향을 주는 데에 그쳤던 것 같다.

현재 천방사가 온전히 유존되는 예는 없다. 그리고 천방사전설의 일부로서 파편화되어 전승되는 화소들 가운데는 천방사의 중들이 민간인을 괴롭히거나 음행을 저질렀다는 것과, 빈대가 들끓어 망했다는 것이 중요한 화소를 이루고 있다. 이는 상당부분 역사사실의 반영이라 할 수 있다. 천방사는 뒤에 점점 세속화의 길을 걷게 되면서 인심을 잃게 되고, 결국은 모두 쇠락의 길을 걷지 않을 수 없었을 것이다. 천방사의 쇠락이나 폐사와 관련된 화소는 바로 그에 대한 일반인의 반감과 적대감이 표현된 결과라 할 수 있다.

이 글은 천방사전설의 특징과 시대·역사적인 의미의 기본 골격 파악에 주안을 두어 과제를 설정하고 접근을 꾀해본 것이다. 그러나 구체적인 논의 진행 과정에서 중요한 부분을 추론에 의지해야만 하는 약점도 적지 않다. 천방사의 사례가 더 발견될 수 있는 가능성도 전적으로 부정할 수 없을 듯하다. 이제 이 글의 이런 약점들은 백제 불교사, 특히 백제말기 불교계의 추이에 대한 이해가 쌓임으로써 보완이 기대될 수 있지 않을까 한다. 그리고 여기에 고고학적 이해가 병행된다면 더욱 바람직한 이해가 도모될 수 있을 것으로 본다. 필자가 감당하기 어려운 이들 문제에 대한 연구의 필요성을 제기하는 데에 이 글이 하나의 단서가 되어주었으면 하는 제언 겸 소망을 덧붙이면서 글을 맺는다.

義慈王말기 亡國豫兆類 기사의 豫兆談적 성격 一考

1. 머리

현재의 승자가 과거의 승자도 된다는 말이 있다. 이는 역사는 강자의 힘에 의해 이끌린다는 뜻도 되고 힘 있는 자에 의해 기록 역사가 좌우된다는 뜻도 된다. 나아가, 역사의 완전한 객관성을 확보하기가 어렵다는 의미도 될 것이다. 더욱, 일정한 역사관이 일관된 모습으로 정리되는 기록역사일수록 이 말이 주는 반향은 크다고 할 수 있다. 사서, 그 가운데에서도 소위 관찬사서는 늘 힘이 우세한 쪽에 의해 씌어지므로 자신들 쪽에 유리하게 역사를 기록하는 습성을 지니게 된다. 때문에 이러한 사서는 어느 정도의 편향성을 띨 수밖에 없고 심하면 역사사실을 왜곡할 위험성도 크다.

이러한 사실은 구비문학의 관점에서 볼 때 두 가지 문제를 일깨워준다. 역사의 균형 있는 서술과 이해를 위해서는 구전역사가 함께 주목되어야 한다는 것과, 특정의 기록역사서를 다룰 때에도 마찬가지로 이점이 일정하게 고려됨으로써 역사의 바른 이해가 가능하다는 사실이다. 특히 이 두번째 측면에서 이점이 중요한 이유는 무엇인가? 기록소재의 근원은 구전에 있다는 점에서 그렇고, 그것의 기록화에는 기록자의 관점이 가미되어 편향성을 띨 수밖에 없다는 점에서도 그렇다. 따라서 바로 이러한 한계점이나 약점까지를 보완하여 역사에 대한 바른 이해에 이르기 위해서는 구전역사(oral history) 쪽에 대한 이해가 긴요하게 요구되는 것이 당연하다. 역사가들에 의해 늘 언급되는 일이지만 따지고 보면 사료 면에서 충실하게 균형을 갖춘, 그리고 기술 과정에서 편향성이 완전 배제된 역사서술은 거의 없다고 해도 과언이 아니다. 사서가 있는 곳에 주관성의 문제가 언제나 제기될 수 있음은 피하기 어려운 일일 수밖에 없다.

역사서에는 정사서도 있고 야사서도 있다. 이 가운데 후자가 설화 쪽에서 접근하여 이해할 수 있는 여지가 더 많지만, 정사서의 경우도 이런 가능성을 일정 부분 지니고 있다. 정사서는 설화의 구전성과 형상성이 미약하긴 하다. 그러나 그것은 그것대로의 사료적 성격과 함께 역사서술 태도 면에서 일정한 개성과 특징을 보여준다. 여기에서 소재적 성격은 사실성을 중시하는 것으로, 그리고 서술태도는 소위 서술자의 역사관으로 나타나게 된다. 그러므로 정사서의 설화성은 사실성을 띠면서 일정한 의도성에 의해 서술된 체재성을 동시에 지니는 특징을 보여준다. 그러므로, 이 두 가지 성격을 잘 살리는 방향을 찾을 수 있을 때에 정사서의 설화적 접근은 그것대로의 설화적 이해의 성과를 기대할 수 있게 된다.

이 글은 위와 같은 점을 음미하면서 삼국사기의 백제 쪽 기사가 보여주는 한 특징을 설화적 성격이라는 각도에서 접근해 보려는 것으로, 이 가운데에서 백제말기 의자왕대의 멸망예조(滅亡豫兆)를 대상으로 하여 다루고자 한다. 이는 무엇보다도 이 대목이 백제사의 특정 시기와 관련된 설화-즉 예조담-을 가장 집중적으로 보여주고 있으며, 그에 따라 백제사와 관련한 역사 기록자가 보여준 역사관의 편향성과 더불어 그에 따른 설화적 성격의 한 모습을 연관지어 이해하는 데에 유리한 조건을 지니고 있음을 주목해서이다. 백제를 포함한 삼국시대의 망국조짐을 종합적으로 살펴 그 상징성에 대한 전반적인 해석을 꾀한 작업으로는 이미 비중 있는 선행논고가 있고,[1] 이로써

1) 조수학, 「〈文虎王法敏〉條의 巨屍兆 연구」, 『삼국유사연구 上』, 영남대학교출판부, 1983.

조짐현상의 의미와 내용의 이해에 큰 진전을 이루게 되었다. 위 글과 고찰 대상 자료는 많은 부분 공유하고 있지만, 그와는 달리 이 글은 기본적으로 이들 자료의 구비설화적 성격과 함께 그것을 뒷받침하는 삼국사기의 체재성을 함께 해명하려는 관심에서 출발하는 것이다. 예조담으로서의 설화적 비중이 특별한 위치에 있다고 여겨지는 백제의 경우[2]만을 집중적으로 주목하여 다루면서, 그것이 기록된 역사서의 체재와 기록자의 의식을 긴밀히 연관지어 고찰하는 데에 주안을 두려는 것이다. 그럼으로써, 위 백제멸망 예조담이 백제사와 관련된 설화의 한 측면을 잘 드러내 보이고 있다는 사실을 기록자료와 기록자의 의식을 함께 고려하여 밝히려는 것이 이 글의 주된 목표라 할 수 있다. 그것은 요컨대 백제 멸망기에 유언비어(流言蜚語)성 망국 예조담이 유행하고, 바로 그것이 그 시대 역사에 대한 비판적 인식에 의해 사료로서 깊이 주목되고 과대하게 해석되어 문헌으로 정착되었던 사실과 함께, 그 설화적 성격을 어느 정도나마 밝혀보는 일이 될 것이다. 그리하여, 결국 위 역사서의 이들 자료들이 설화를 통한 백제적인 것의 이해에 과소평가할 수 없는 의미를 지닌다는 점을 확인해 보이는 데에 작으나마 기여할 수 있었으면 하는 것이 이 글의 소망이다.

______, 「三國亡兆의 樣相(상·하)」, 『인문연구』 5·6집, 영남대학교 인문과학연구소, 1984.

2) 망국예조류 기사를 설화로 다루되 이것을 '특정 시대상황과 관련한 유언비어성의 예조담'으로 주목하려는 것이 이 글의 의도이다. 망국예조담은 망국이 예견되는 비상한 상황의 산물이다. 그러므로 예조담의 설화적 이해는 이러한 상황을 고려한 접근이 필요하다. 또한 비상한 상황의 산물이므로 그것은 자료의 발생이 집중화 현상을 보이게 마련이다. 그리고 그와 동시에 이들 설화는 짧은 특정 시기 동안 강한 구전성을 함께 보여주게 된다. 자료가 산만하고 드물게 나타나고 있는 신라나 고구려와는 달리 백제의 경우는 자료가 집중적으로 나타나고 있으며, 비상한 시국과 자료가 긴밀히 맞물려 있고, 시일의 변화에 따른 자료상의 단계성과 질적 변화를 보여주고 있다. 그러므로 신라와 고구려의 경우는 위의 요소들을 유기적이고 종합적으로 다룰 수 있는 조건이 미흡하다면 백제의 경우는 상당히 적합한 조건을 보여주고 있다. 이들 조건을 종합한 위에 자료 기록자의 관점까지를 아울러 연결지을 수 있다는 점도 또 다른 이점이 되고 있다. 물론 어떤 예라 해도 예조기사를 예조담으로 이해할 수 있을 것이고, 접근 관점도 하나만은 아닐 것이다. 그러나 예조담이 지니는 설화성의 핵심은 특정 상황과 관련한 구전성과 한시적 유행성에 있다고 할 수 있고, 이런 점을 밝히는 데에 백제 말기 망국예조담은 삼국 가운데 가장 유리한 위치에 있다. 백제본기 의자왕조 예조기사가 보여주는 자료로서의 특성이 여기에 있다고 할 수 있다.

2. 삼국사기의 서술체제로 본 사료의 선택과 서술

이 글의 고찰 대상은 삼국사기 본기 의자왕조의 기사로, 이 부분의 기록 내용을 보면 특이한 모습을 보여준다. 백제 멸망의 예조 기사가 집중적으로 기록되고 있는 점이다. "天災地變이 전체의 약 반을 차지하고 있으며, 그 가운데에서도 怪變(地變)이 7할을 넘고 있음"[3]이 그것이다. 이는 이들 사료의 정리와 기록이 객관성에 충실하게 이루어졌다기보다 무언가 서술자의 의도가 일정하게 개입되었음을 말해주는 것으로 볼 수 있다.

이러한 현상은 의자왕이 백제의 멸망을 초래한 왕임을 반영하는 실제 현상의 객관적 반영으로 이해될 수도 있을 것이다. 그러나, 이를 이처럼 단순하게 보고 말기에는 이 점의 비중이 지나칠 정도로 높다는 데에 문제의 중요성이 있다. 그만큼, 우리는 역사기록을 지배하고 있는 역사 서술자의 의도를 좀 더 깊이 주목하면서 이 문제를 살펴볼 필요가 있다. 삼국사기가 그 주된 편찬 책임자였던 김부식의 평소 역사의식과 지적 소양의 소산임은 잘 알려진 사실이다. 그것은 주로 유교적 관점에서의 역사를 보는 감계정신과 포폄의식, 그리고 신라 중심의 역사관을 중시하려 한 것으로 요약할 수 있다.[4] 특히 김부식은 그가 처했던 고려 중기의 국론 분열과 계층 간의 대립이 주는 모순과 폐해를 누구보다도 깊이 체험했던 인물이었고, 이러한 상황에서 정치적 지배이념을 재정립하기 위하여 나온 것이 바로 삼국사기였다. 이 점을 유의하면 위 사서에 나타나는 그의 사상이나 역사의식은 곧 당시의 시대적 모순에 대한 비판의식의 투사이자, 삼국사기의 저술은 곧 그러한 모순의 극복을 위한 교훈 탐구로서의 의미를 강하게 지니는 것이다.[5] 그만큼

---

3) 신형식, 『삼국사기 연구』, 일조각, 1981. 142쪽.

4) 이러한 관점에 서는 여러 논자들의 견해가 이강래의 「舊三國史論에 대한 제문제」, 『韓國古代史 硏究』 5, 한국고대사연구회, 1992. 211쪽에 잘 소개되어 있다.

5) 신형식, 주 3), 360쪽 참조.

삼국사기를 통해 실현하고자 하는 그의 역사의식의 정립과 그 실현 욕구는 긴요하고 절실한 것이었다고 여겨진다. 이러한 결과 그는 종전의 '삼국사'와는 달리 고려가 고구려가 아닌 신라를 계승한 것으로 당시 귀족계층 중심의 역사인식 쪽에서 역사서술 순서를 바꾸는 등[6] 종래에 비하여 상당한 변화를 보여주었는가 하면, 이러한 인식의 기반 위에서 역사에 대한 선악 분별과 포폄 태도를 더욱 강하게 드러내 보이고 있다.[7]

한편으로, 삼국사기는 "天命觀에 바탕을 둔 정치사상을 구현하는데"[8] 기본정신을 둔 역사서이다. 정치의 잘잘못을 하늘이 판단해 그 결과가 여러 가지 "天文·地變으로 나타나서 天意의 소재를 알리고 이로써 군주로 하여금 천명에 부응할 수 있도록"[9] 한다는 천인합일 사상은 유교사상의 정립과 더불어 성립되고 중국 한대에 체계화된 이래, 우리나라 고대로부터 고려시대에 이르기까지 깊은 영향을 주어왔다.[10] 따라서 이러한 사고는 '삼국사'에서도 영향을 주었겠지만 유교이념이 더 중요시된 삼국사기에서 더욱 강조되었을 것이다. 그리고 이에 따라 삼국사기의 천문·지변 기사는 그 정치적 관련성이 더욱 깊이 주목되어 기록되고 또 해석되었을 것이다.[11] 삼국사기의 각종 천문·지변 현상의 거의 대부분이 중요한 정치적 사건과 긴밀히 연관되고 있음이 이를 말해준다.[12]

그렇다면, 관심을 좁혀 삼국사기의 편찬자인 김부식[13]의 이러한 두 가지

---

6) 정구복, 「원전자료 및 열전자료의 검토」(정신문화연구원 학술토론회 : 〈삼국사기의 사료적 검토〉, 1993. 10.) 참조.

7) 『삼국사기』 사론의 대부분을 그가 썼음에서 이를 알 수 있다. 앞 주)의 발표요지문 7쪽 참조.

8) 김용운·김용국, 「삼국사기의 일식기사」, 『한국수학사』, 과학과 인간사, 1977. 31쪽.

9) 이희덕, 『고려유교정치사상의 연구』, 일조각, 1984. 3쪽.

10) 김영주, 「고려전기 言路樣式으로서의 災異考」, 『言論思想과 言論史』, 나남, 1993. 227쪽 참조. 이 글에 따르면 災異觀을 대표하는 이론가는 전한의 董仲舒와 후한의 王充으로 전자는 유심론적, 후자는 유물론적 성향을 보이는 차이가 있으며, 이 가운데 실제로 후대까지 지속적인 영향을 미친 것은 동중서의 관점이었다고 한다.

11) 신형식의 연구에 의하면 『삼국사기』의 천재지변 관련 기사는 전체 기사의 27.4%로서 이는 전쟁·외교 기사보다 훨씬 높은 비중을 차지하는 것이라고 한다. 주 3), 184쪽 참조.

12) 이를 증명하는 정밀한 통계적 분석이 신형식에 의해 이루어진바 있다. 주 3)의 책, 3장 2절(천재지변 기사의 개별적 검토) 참조.

13) 『삼국사기』 편찬에 가담한 모든 사람들까지 포함하는 뜻으로 김부식 한 사람의 이름을 거론하기로

기본 관점이 백제사의 서술에 미친 영향은 무엇일까를 점검해볼 필요가 있다. 그것은 크게 두 가지로 요약할 수 있을 것이다. 우선, 그가 표방한 신라 중심의 역사계승 의식은 상대적으로 신라에 비하여 고구려를 폄하하는 시각을 낳았을 것이고, 그러한 시각의 연장에서 고구려보다 백제를 더욱 낮게 보는 시각을 고착화시켰을 것이다. 고구려를 먼저 서술했을 '삼국사'와는 달리 신라부터 내세우고 있는 점이나, 본기를 중심으로 볼 때 백제사 서술 분량이 신라에 비하여 현저히 적은 분량에 그치고 있을 뿐만 아니라, 고구려에 비해서도 지나치게 적게 책정되고 있음이 이를 말해준다.[14] 백제는 신라에 의해 망한 나라이자 삼국 이후 고려와도 직접적인 관련이 없는 나라이므로 신라적 정통성을 내세운 김부식에 의해 백제가 폄하될 수밖에 없음은 당연한 일이었을 것이다. 이처럼, 이미 삼국사기가 성립될 단계에서부터 백제사는 폄하될 수밖에 없는 요인을 감수해야 했던 것임을 알게 된다.

더 나아가, 두번째로는 이같은 관점은 실질적으로 백제사를 서술하는 데에 천명관에 입각한 폄훼적 태도가 좀 더 냉정하게 가해지는 결과를 낳았을 것이라는 점이다. 그것은 우선 백제의 멸망을 필연적인 것으로 논평하는 태도에서 볼 수 있다. 의자왕조 말미에 가해진 김부식의 사평(史評)에서 백제가 신라를 공격한 사정을 집중 거론하면서, 결국 임금이 "무도하여 천리에 역행했기 때문에 멸망되어야 한다는 당위성을 강조"[15]하고 있는 데에서 이런 태도를 보여준다. 나아가, 김부식의 이러한 관점은 거기에 부합되도록 사료를 선택하고 배열하는 데에도 작용하고 있다. 위 의자왕조의 역사서술이 주로 임금의 실정을 드러내고 비행과 무도를 폭로하는 데에 집중되고 있음을 다시 그 예로 들 수 있다. 이미 지적된 바 있듯 이는 백제, 특히 의자왕에 대한 서술자의 강한 비판의식을 보여준 것으로,[16] 역사 서술자 겸 평자인 김

한다.

14) 본기를 대상으로 할 때 신라·고구려·백제사의 서술 분량은 대략 12 : 7 : 4의 비율로 나타나고 있다.

15) 신형식, 주 3)의 책, 143~144쪽.

16) 신형식, 앞 책, 144쪽 참조.

부식의 주관이 크게 반영된 결과임을 알게 한다.

이 글의 과제와 관련하여 더욱 중요한 것은, 의자왕 19·20년조에 '망국예조'가 집중적으로 기록되고 있는 점이다. 삼국의 망국예조 가운데 문제가 되는 것은 특이한 사례를 다수 보여주고 있는 백제이며,[17] 이에 버금가는 고구려를 추가하여 살필 수 있다. 그런데 고구려는 마지막 임금인 보장왕 재위 27년간 10개 항목만 나타나고 있음에 비하여, 백제는 의자왕 재위 20년간 19개 항목이나 나타나고 있어 큰 대조를 이룬다. 더욱 주목되는 것은 보장왕의 경우는 기록사실이 전체 재위 기간에 고르게 분포되고 있음에 비하여 의자왕의 경우는 19·20년 사이에 주로 나타나며, 멸망 당년인 20년에 무려 10개 사례가 나열되고 있음이 보여주듯, 극히 제한된 기간 동안에 더욱 집중적으로 분포되고 있다는 사실이다. '예조'의 양이나 질 면에서 볼 때 이러한 집중적인 분포양상은 고구려나 신라에 비하여 월등한 차이를 보일 뿐만 아니라, 다른 경우에 비한다 해도 거의 유례를 찾아보기 어려울 정도가 아닐까 싶다.[18] 이는 다른 면에서 사료의 수집과 배열과정에 김부식의 의도적 개입이 크게 이루어졌을 것임을 말해주는 것이기도 하다.

여기에서, 이처럼 다채로운 내용의 자료가 동원될 수 있었던 기반이 무엇이었던가를 주목할 필요가 있다. 삼국사기가 저술되던 단계만을 주목한다면 그것이 주로 의존했다고 보이는 삼국사를 포함하여 그 외의 사료가 최대한 망라되었을 것이란 점을 들 수 있을 것이다. 그리고 삼국사 이전의 단계를 주목하면, 여러 경로에 의하여 삼국사에 수록되지 않은 사료의 수집이

17) 신라의 마지막 임금이었던 경순왕의 경우 재위 9년 동안에 있었던 재이는 2년과 6년의 지진, 8년의 노인성 출현 3건에 불과하다.

18) 기사의 유사성이나 수효 면에서 백제와 비교될 수 있다면 망국 임금 당대의 특이 기사를 어느 정도 보여주고 있는 고구려가 고려의 대상이 될 수 있을 것이다. 단순화하여 말한다면 백제에 비하여 고구려가 관련 기사가 적다는 것은 전쟁 직전의 위기 상황에서 백성들이 지녔던 불안감의 반응도가 백제에 비하여 약했다는 뜻이 될 것이다. 그리고 이는 다른 면에서 고구려에 대한 『삼국사기』 찬자의 폄훼의식이 약하게 가해졌음을 뜻하는 것이라고도 볼 수 있다. 이 둘 사이에 예조의 상징성 해석 이상의 비교가 가능할 수 있을지 여부 문제는 예조담으로서의 성격을 입체적으로 살필 수 있는 자료가 뒷받침되느냐에 좌우될 문제라 할 것이다. 그리고 이는 이 글과는 다른 별개의 과제가 될 것이다.

이루어졌으리란 것도 다른 이유가 될 것이다. 요컨대 단순히 일관(日官)에 의한 관행적 관찰만이 아니라, 그 밖의 여러 경로를 통해 다양한 자료가 종합되었을 것이라는 점을 그 이유로 들 수 있다.[19] 특히 백제 최 말기 사회의 불안심리를 반영하는 작고 은밀한 예조의 경우, 주로 이러한 비공식적 통로에 의하여 신라 측에 알려지고 정리되었을 가능성이 많았을 것이다. 이들 자료의 제공원은 포괄적으로 보면 백제유민이었다고 하겠지만, 좁혀볼 때 임자(任子)나 조미곤(租未坤)과 같은 친신라성 협조자나 내통자들일 가능성이 높았다고 이해된다. 당시 이들에 의한 상황보고 속에 이러한 예조현상들이 포함되었을 가능성이 높으며, 이러한 내용은 예민한 관심 속에 주목되었을 것이다. 더욱, 궁중에서 있었던 은밀한 변괴는 이들 인물들에 의하여 신라쪽의 정보 담당자에게 알려지고 뒤에 기록으로 이어졌을 가능성이 컸다고 할 수 있다. 한편 이들 예조 가운데에는 백제도성 중심의 중요한 사찰들에서 발생된 것이 상당수 있음으로 보아, 이들 자료는 승려계층에 의해 신라쪽에 전달되었을 가능성도 있었을 듯하다.[20] 그리고, 이들 사례들은 삼국사에서도 정리되었겠지만, 이미 밝혔듯 특히 삼국사기 편찬자들에 의하여 더 깊은 관심에서 사료가 수집되고 넓게 종합되어 기록되었던 것으로 보인다. 이것이 백제의 멸망을 합리화하려는 김부식의 사관과 깊이 맞물려 있음은 물론이다.

3. 관련 사료의 종합성과 기록화 과정의 주관성

그러면 실제 자료를 나열하고서 이야기를 좀 더 진행하기로 하자. 삼국

---

19) 뒤쪽의 주 36)을 이에 대한 예로 들 수 있다.

20) 이에 대하여 이홍직은 백제관련 멸망 예조담들이 후대에 신라 쪽 승려들에 의해 주로 꾸며졌을 것으로 보고 있는데(「'고구려비기'고」, 『역사학보』 17·18집, 1962, 366쪽 참조), 그런 점도 인정되지만 그에 앞서 백제 쪽 승려들의 정보제공 및 예조담의 전승과정이 있었음을 유의할 필요가 있다고 본다.

사기 의자왕조의 천재지변류 기사를 일단 순서대로 모두 정리하기로 한다. 각 항목 앞에 일련번호를 부여하여 차례대로 나열하면 아래와 같다.

9년 11월 : (1) 천둥이 치고 얼음이 얼지 않음
13년 : (2) 봄에 크게 가물어 백성이 굶주림
15년 5월 : (3) 성마(騂馬)가 북악의 오함사에 들어와 울면서 불사를 돌기 수일 만에 죽음
17년 4월 : (4) 크게 가물어 논밭이 탐
19년 2월 : (5) 여우떼가 궁중으로 들어가 한 마리 흰 여우가 상좌평의 책상에 앉음
4월 : (6) 태자궁의 암탉이 참새와 교미함
5월 : (7) 사비강에서 큰 고기가 죽었는데 크기가 세 발이나 됨
8월 : (8) 여자시체가 생초진에 떠올랐는데 길이가 18자나 됨
9월 : (9) 궁중의 느티나무가 사람 소리처럼 울었고, 밤에는 궁성 남쪽 길에서 귀신이 욺
20년 2월 : (10) 왕도의 우물이 핏빛 같음
(11) 서해변에 작은 고기가 죽었는데 사람들이 다 먹을 수 없을 지경임
(12) 사비하의 물이 핏빛처럼 붉음
4월 : (13) 청개구리 수만 마리가 나무위로 몰려듬
(14) 도성 사람들이 잡으러 오는 사람이라도 있는 듯이 부단히 놀라 달아나 자빠져 죽는 사람이 백여 명이었고, 재물을 잃은 자는 셀 수 없이 많음
5월 : (15) 폭풍우로 천왕사·도양사의 탑과 백석사의 강당에 벼락이 떨어짐
(16) 용처럼 생긴 검은 구름이 동서로 나뉘어 공중에서 싸움
6월 : (17) 왕흥사 중들이 배돛대 같은 것이 큰물을 따라 절 문간으로 들어오는 듯한 모습을 목격함
(18) 들사슴 같은 개 한 마리가 강 건너에서 궁성을 향해 잠시 짖다가 순식간에 사라짐. 도성의 개들이 길에 모여 짖기도 하고 울기도 하다가 얼마 뒤에 흩어짐
(19) 귀신이 도성에 들어와 "백제는 망한다. 백제는 망한다"하고 외치다가 땅속으로 들어가기에 파보게 하니 거북이 등에 "백제는 보름달 같고 신라는 초승달 같다"고 적혀 있음. 왕이 이를 불길한 징조로 해석한 무녀를 죽이고, 좋게 해석해 올린 사람의 말을 듣고 기뻐함

여기에 나열된 자료들에 대하여 앞장에서 말한바 김부식의 주관이 개입되었을 것이란 점에 초점을 맞추어 논의를 계속해 보기로 한다. 이 점은 이들 자료만을 대상으로 해서는 제대로 알기가 어려운데, 위 기록 내용의 대부분이 삼국유사 〈太宗春秋公〉조에도 그대로 나타나고 있어 이런 관점에서의 접근에 도움을 준다. 이들 두 기록을 견줄 때 두 기록의 내용이 대부분 일치하지만 다른 점도 적지 않게 나타나고 있음을 볼 수 있다. 그 차이의 하나로 우선 삼국유사에는 삼국사기에 있는 기사 가운데 세 개 항목-(8)·(15)·(16)-이 누락되고 있음이 확인된다. 이는 삼국유사가 선행 삼국사를 참고했을 가능성, 삼국사기를 주로 참고하되 임의로 몇 개 항목을 누락시킨 결과일 가능성, 삼국사와 삼국사기를 참고했을 가능성, 삼국사와 삼국사기 외에 또 다른 자료를 참고했을 가능성 등 여러 경로를 가정할 수 있다. 그러나 여기에서 삼국유사는 기록내용을 약간 부분 보완은 했지만 항목의 추가는 없었음을 주목하면, 기본적으로 삼국사기가 더 많은 항목을 기록하고자 했음을 알 수 있다.

이들 기록항목들을 살필 때 주목되는 것은 사료 수집 범위와 관련하여 절과 관련된 기록의 정확성을 기하려는 노력이 가해지고 있는 점이다. 위 (3)의 기록이 삼국유사에서는 다음과 같이 다소 다르게 기록되어 있다.

> 현경 4년 기미[21]에 백제 오회사(오합사라고도 함)에 크고 붉은 말이 나타나 밤낮으로 여섯 번이나 절을 돌아다녔다.[22]

같은 내용이지만 여기에서 중국 연호까지 쓰며 연대를 자세히 밝히고 있음은 분명 삼국사기의 기록을 더 정확히 밝히려는 의도라고 이해된다. 이에 따라 참고한 전거도 물론 달랐을 것이다. 여기에서 제시해 보인 연대는 같은 사건을 기록한 일본 쪽 기록과도 다르게 나타나고 있는데,[23] 내용에서

21) 서기 659년에 해당된다.
22) "顯慶四年己未 百濟烏會寺(亦云烏合寺) 有大赤馬 晝夜六時遶寺行道"

까지 약간의 차이를 보이고 있음은 삼국유사가 참고한 자료가 삼국사기가 참고한 것과는 다른 것임을 알게 한다. 그리고 이는 삼국유사가, 그리고 어쩌면 삼국사기도 위 기록사료를 선택하는 데에 불교 쪽 문헌을 참고했을 것임을 짐작하게 한다.[24] 결과적으로, 여기에서 중요한 일은 삼국사기가 관련 사료의 종합화를 지향하고 있고 그 범위가 넓다는 점이 드러난다는 점이다.

끝으로 주목할 것은 삼국사기에서 사료를 재배치했을 가능성 문제이다. 이와 관련하여 두 가지 예를 들 수 있는데, 위에 언급한 것부터 다시 살펴볼 수 있다. 이 기사는 그 연대를 확실하게 기록하고자 한 삼국유사의 경우가 좀 더 정확한 기록이라고 여겨진다. 이를 고려하면 위 괴변이 발생한 년도는 659년, 혹은 일본 기록에 나타나는 658년으로 보는 것이 실제사실에 부합될 듯하다. 그런데도 삼국사기에서는 이것이 655년으로 되어 있다. 이는 처음 참고한 사료에 충실한 결과라고도 할 수 있겠지만, 본디 삼국유사처럼 기록된 사료를 655년의 일로 앞당겨 기록한 것일 가능성도 크다고 할 수 있다. 크고 붉은 말(大赤馬)이란 쉬운 설명적 용어를 굳이 더 전문성이 담긴 것으로 보이는 '성마(騂馬)'라는 말로 바꾼 것이나, 오함사를 '북악(北岳)'에 있는 절임을 밝혀 적은 것도 그 방증일 수 있다. 이로써 볼 때 이 기록은 표현만 바꾼 것이 아니라 발생 년대까지 바꾼 것으로 볼 수 있다. 이에 대한 이유는 넓게 볼 때 백제사를 보는 서술자들의 비판적 시각에서 찾을 수 있을 것이다. 더불어, 그에 따라 역시 천명사상에 바탕을 두고 천재지변을 대하고자 한 역사관이 좀 더 강하게 작용한 결과로도 이해할 수 있다. 659년(혹은 658년)에는 백제 군사가 신라를 공격한 일이 전혀 없는 것으로 나타나 있다. 그럼에도 군사활동과의 관련성을 강하게 지닌 이 기사가 위 해의 일로 기록되는 것은 김부식이 볼 때 불합리하다고 여겼을 법하며, 이 때문에 이를 '예조'와

---

23) 『日本書記』 齋明天皇 4년조에도 같은 기록이 있고 여기에는 658년으로 나타난다.

24) 위 『삼국사기』 기록에 절과 관련된 항목이 적지 않은 것에 대하여 이홍직은 이들 사료가 불가에서 이루어진 것일 가능성이 높은 것으로 보고자 했다(이홍직, 「高句麗秘記考」, 『역사학보』 17·18집, 1962. 366면 참조).

‘사실’이 좀 더 잘 부합되는 655년의 일로 옮겨 기록한 것으로 볼 수 있다. 실제로 삼국사기에는 위 기사에 이어 같은 해 8월 백제가 고구려·말갈군과 합세하여 30여 곳의 신라성을 빼앗는 대대적인 공격을 감행하고, 이로 인해 신라가 급기야 당나라에 표문까지 올리게 되는, 절박했던 상황이 서술되고 있다. 바로 이 ‘성마’에 의한 예조의 비상함은 이러한 상황과 적절히 합치되는 것이라 여겨, 기록자가 위와 같이 기록 위치를 조정한 것으로 보는 것이 합리적이라 여겨진다.[25)]

결과적으로 이로써 볼 때 의자왕 본기의 서술은 관련 사료를 망라적으로 종합하려 한 일면, 기록자에 의한 일정한 정도의 임의적인 조정이 있었다고 할 수 있다.[26)] 그리고 그것은 기본적으로 백제사-특히 의자왕에 대하여-를 대하는 삼국사기 서술자들의 폄시적 태도와 천명사상에 입각한 조짐과 역사사실의 관계를 좀더 엄격하게 적용하여 이해하려는 태도에 의한 것이라 할 수 있다. 그런 점에서, 위 의자왕조 말기 기사 속에는 후대 역사가에 의하여 하나의 숙명론적 역사 해석이 가해졌다고 할 수 있는 셈이다.

---

25) 『삼국사기』가 『삼국사』 및 그 이전의 사서를 인용할 때 임의성과 주관성을 개입시키고 있음은 이미 이규보가 “頗略其事”라는 말로 지적한 이래 최근까지도 관심거리로 논의되고 있다(정구복, 주 6)의 글 참조). 삼국사에서 고려로 표기된 고구려 국호를 고구려로 모두 고치고 있는 점, 崩(황제의 죽음)을 薨(제후의 죽음)으로 고친 점, 열전의 인물 나열 순서가 시대순을 무시하고 자의적으로 이루어지고 있는 등 여러 예를 볼 때 당시 위와 같은 정도의 손질은 충분히 가능했다고 본다. 김부식만이 아니라 그를 도운 ‘참고’들 중에는 김부식보다 유교이념에 강성을 보이며 이런 일에 적극성을 보인 인물도 있었을 것임을 함께 유의해야 할 것으로 본다. 한편, 『삼국사기』「김유신전」에는 655년의 일로서, 의자왕이 失政하여 “백성이 원망하고 신령이 노하여 災變 怪異가 여러번 나타났다”는 말과 함께, 이에 김유신이 왕에게 백제의 정벌을 건의한 것으로 서술되고 있어 이들 서로 다른 두 부분이 마치 긴밀한 하나의 호흡 속에 서술되고 있다는 인상을 같게 한다. 이것 또한 이들 기록에 사관의 주관적 개입이 있었음을 짐작케 하는 점이다. 이로써 판단할 때 삼국사기의 윤색·가필·첨삭 등의 문제에 대한 판별은 개별 사례에 대한 더 정밀한 고찰이 가해질 필요가 있다고 본다.

26) 이러한 가능성을 태종무열왕 6년 9월조에 나타나는 기록을 통해서도 살필 수 있다. 여기에는 공주 기군강에 길이가 백척이나 되는 고기가 나와 죽었는데 이를 먹은 자가 죽었다는 예조기사가 있다. 당시 백제 땅인 공주에서 있었던 일이 신라 임금의 본기에 기록된 것이란 점과, 이 사실은 곧 위에 정리한 (7)과 흡사하다는 점을 주목할 때 이들 기록은 같은 사실이 달리 기록된 것일 듯하며, 기록 과정에서의 재배치가 있었지 않았을까 의심된다. 실제로 조수학은 이러한 관점에서 이것이 문무왕조에 기록된 것은 신라에서 이것을 길조로 본 결과였던 것으로 해석하고 있다(조수학, 「〈文虎王法敏〉條의 巨屍兆 연구」, 『삼국유사연구 상』, 영남대학교출판부, 1983. 104쪽 참조).

4. 예조현상과 역사상황 및 그 암시성

위 예조사실들은 기록자의 관점이 개입되기에 앞서 역사상황의 산물이었다. 백제 최후기의 특수하고 독자적인 역사상황이 이러한 결과를 낳은 것이다. 이러한 상황의 독자성에 이들 자료가 역사와 맺는 중요성이 있으므로, 이제 예조현상과 역사상황과의 관련성을 살펴봄으로써 이 문제에 대한 이해를 진전시킬 필요가 있다.

이들 예조현상이 예사로운 역사상황의 산물이 아니란 점을 드러내기 위하여 먼저 관련 자료를 일괄 정리해 보기로 한다. 이들 자료는 다양할 뿐만 아니라 다채롭기도 하여 천재·지변·생물(동물)변·인간과 사회변 등으로 세분할 수 있다. 이들의 성격에 따라 앞장에서 나열한 자료들을 아래와 같이 층위를 나누어 다시 정리하면 이 점이 잘 드러난다.

[1] 천재(또는 天文) … (1)·(2)·(4)·(15)·(16)
↓
[2] 지변 … (7)·(8)·(10)·(11)·(12)·(17)
↓
[3] 생물(동물)변 … (3)·(5)·(6)·(13)·(18)
↓
[4] 인간·사회변 … (9)·(14)·(19)

예조사실의 중층성과 함께 자료들이 골고루 분포되고 있음을 알 수 있다. 이들 4가지 층위 가운데 [1]·[2]는 일반성을 짙게 띠는 것들임에 비해 [3]·[4]쪽일수록 특수성이 짙다. 이런 현상은 달리 말하면 전자일수록 외현적(外現的)·자연중심적·객관적 성격이 강한 현상들임에 비하여 후자일수록 내밀적(內密的)·사회중심적·주관적 현상성을 짙게 띠고 있음을 말해준다. 전체적으로 볼 때 일반성을 골고루 지니고 있되 특수성도 큰 비중을 보이고 있다. 특수한 것일수록 그에 대응되는 현실상황의 급박성을 짙게 띠고 있다는 점에서, 이들 현상이 발생된 사회상황이 예사롭지 않은 것으로 인식되고 해석되었음을 짐작하게 한다. 특히 이들 특수성이 높은 것들일수록 뒤쪽에 배치되고 있음이 주목되며, 이는 곧 예조현상이 사회분위기의 변화에 밀착되어 관찰된 결과임을 말해 준다. 그런 만큼, 뒤쪽에 있는 자료일수록 비상한 시대상황에 어울리는 것임을 확인할 수 있는 셈이다.

특수한 예조성을 띠는 것들이 뒤쪽에 치우쳐 나타나, 전체적으로 시차에 따른 변화를 보이고 있음은 이들 현상이 보여주는 구비적(口碑的) 지속성의 이해를 위하여 아주 중요한 의의를 지닌다. 이러한 변화는 곧 당시 역사상황의 변화상을 보여주는 것이며, 자연현상 중심에서 사회현상으로 관심의 비중이 높아지고 있음은 곧 이러한 역사상황의 변화에 따른 민심의 동향을 예민하게 드러내 보이는 것이기 때문이다. 바로 이러한 점으로 하여 위 예조사실은 역사현실의 반영이라는 의의를 지니면서, 역사와 이야기-즉 예조담-의 기능을 동시에 달성할 수 있게 되었다고 할 수 있다.

예조현상이 특별한 것으로 이해되고 기록되는 것은 이들이 현실과 관련을 맺고 있을 것이라는 가정과 기대 때문이다. 좀 더 기이한 현상의 출현은 곧 그에 짝하여 더욱 기이한 현실이 유발될 것이라는 기대감을 함축하고 있다. 그러므로 예조현상의 성격 변화는 현실 변화의 특이성과 심각성을 반영하며, 미묘하게 진전되어 나가는 민심의 변화과정과 병행된다. 현실과 예조가 긴밀하게 밀착되고, 예민하게 반응해나가고 있는 것이다. 따라서, 우리는 여기에서 역사 쪽에 서서 예조를 이해할 수 있는가 하면, 반대로 예조를 통하여 역사를 추론해낼 수도 있게 된다. 이 글은 역사상황에 따른 심리의 움직임과 그것의 이야기현상을 중시하는 것이 관심의 초점이므로 후자의 측면에서 문제를 보기로 한다. 이를 위해서는 예조를 그것이 주는 심리적 영향을 주목하여 이해할 필요가 있다.

이에 따라 위 예조를 다시 다음과 같이 단계를 나누어 정리할 수 있다.

[1] 일반적 자연현상 … (1)·(2)·(4)
↓
[2] 기이한 자연 재이(災異) … (10)·(11)·(12)·(15)
↓
[3] 예외적인 괴변 … (3)·(5)·(6)·(7)·(8)·(13)·(16)·(17)
↓
[4] 극도의 위기감 … (9)·(14)·(18)[27]·(19)

이 가운데 [1]은 일반성을 띠는 항목이자 관례적 기록성이 강한 것으로, 예조로서의 기능을 별달리 지니지 못한다고 할 수 있다. 이에 비하여 [2]부터는 백제도성과 가까운 생활권에서 발생한 것이고, 내용의 예외성이 두드러지며 사례가 구체적이다. 그리고 [3]은 도성, 혹은 왕실과 깊은 관련을 맺은 곳에서 발생된 것이거나, 그 암시성을 아주 강하게 함축하고 있는 예이다. 끝으로 [4]는 [3]보다도 현실맥락성과 특이성이 더욱 진전된 수준을 보여준다. 이것은 도성 백성의 특이한 집단행동이 묘사된 것이거나, 집단적인 불안감과 절망감이 극한적으로 표현된 것이다. 아울러, 암시적 표현을 지니고 있되, 의미가 직접적으로 드러나고 있다. 이로써 볼 때, 이들 예조현상은 자연현상에서 사회현상으로, 일반적 현상에서 특이현상으로, 외부 중심에서 내부 지향적으로 그 범위와 내용이 변화를 보이고 있다는 것을 알 수 있다.

이들 가운데 예조현상으로서 적극적인 기능을 갖게 되는 것은 [2]부터라고 할 수 있다. 그러면서 이들은 후반단계로 갈수록 그런 기능이 강해진다. [2]가 그러한 기능을 갖게 되는 것은 특수성과 현실맥락성 때문으로 요약할 수 있다. 이런 요건이 위 현상에 대한 관찰자의 관심을 강화시켜주며, 이로써 자연의 이변으로부터 현실 쪽을 향한 유추가 가능해진다. 이것이 적극적으로 관찰되고 기록될 수 있었던 것은 무엇인가 현실 속에 불안심리가 내재해 있었음을 의미하는 것이다. 불안심리가 예조를 낳게 되고 예조는 다시

---

27) 이는 위 [3]에 속하는 현상으로 봄직하나 실제로는 사회적 불안상태를 드러내는 것이므로 여기에 넣는 것이 합리적이라 본다.

불안심리를 증폭시키는 상호작용을 하는 것이다. 이는 능동적으로 '발견한' 것이라기보다는 불안심리에 의하여 현상이 수동적으로 '발견되고 해석된' 측면이 강하다.

이들 예조현상의 의미는 '비정상(非正常)'으로 규정할 수 있을 듯하다. 그리고 이는 당시의 역사상황과 연관지어 이해할 때 정치적 불신감의 증대, 혹은 민심 이반이 심각해진 수준을 반영하는 것으로 이해할 수 있다.[28)] 이 가운데 특히 660년 2월에 이들 현상이 집중되어 기록되고 있음이 주목된다. 도성을 감싸고 있는 주변의 '지변'이 겹쳐 나타나고 있음은 백제 궁성의 '불길'한 앞날이 자연 이변에 의하여 강력하게 '예조'되고 있음을 암시하는 것으로 볼 수 있다. 고대 중국에서 수변(水變) 현상을 임금의 전제정치와 관련지어 해석한 예가 있음[29)]을 보아, 이는 의자왕의 전제정치에 의한 백성들의 고통과 울분을 암시하는 뜻도 있다고 할 수 있겠다. 도성의 우물까지 핏빛으로 변색되었다는 항목은 불길한 예조의 긴박성을 말해주는 것이라 할 수 있다. 그리고 (15)는 당시의 불교, 특히 왕실불교의 부패상에 대한 하늘의 응징을 암시하는 것이 될 것이다.

[3]은 특수성과 예외성이 더욱 강해진 위에 현실맥락성이 더 높아진 수준이라 할 수 있다. 이런 요인들로 하여 그것은 비정상의 수준을 넘어 '괴변'으로 받아들여질 만한 것이다. 그에 따라 그것은 예조 결과에 대한 더 깊은 관심을 유발하며, 그 결과가 보여주는 현실맥락성으로 하여 일반인의 관심 속에 좀 더 강한 인상과 상상을 자극할 수 있게 된다. 이 단계 예조의 의미는 '잘못된 상태의 극한'으로 규정할 수 있을 것이다. 결국 당시 정치현실에 대하여 모순과 파탄이 극한상태라고 보는 인식이 이러한 상상의 괴이성과 표현의 극단성을 낳게 되었을 것이다.

---

28) 이때의 민심 이반이 심각했음은 부여 오층탑에 새겨진 글의 일부를 통해서도 짐작할 수 있다 : "…매화나무에 표시하는 것으로써 원망을 맺었고, 베틀의 북속에까지 슬픔이 담겼다 …標梅結怨 杼軸銜悲)"

29) 이희덕, 『한국고대자연관과 왕도정치』, 혜안, 1999. 63쪽.

이들 사례는 양도 많고 범위도 넓게 나타나고 있다. 정치적으로 위태로운 상황에서 주위의 현상을 현실의 모순으로 해석하고자 하는 민심의 동태와 욕구를 드러내고 있다. (3)에서 오회사가 호국원찰이었을 것임을 고려할 때,[30] 붉은 말의 불안한 행동은 적군의 침입이 있을 것임을, 혹은 백제의 무리한 군사행동이 나라의 위기를 불러올 수 있음을 예조한 것[31]으로 볼 수 있다. 그리고 (5)는 의자왕이 658년에 아들 41명을 대거 좌평에 임명함으로써 정치질서가 극도로 문란해지고 좌평제의 위상이 격하되어 유명무실해진 상황을 암시한 것으로 해석된다. (6)은 655년에 태자궁을 더없이 호화롭게 지었던 사실과 연관지을 때 태자궁 내부의 생활이 문란하고 음란하다는 여론을 반영한 것으로 이해된다.[32] 나아가 이런 변고는 (7)·(8)처럼 지나칠 정도의 과장된 표현을 낳기도 했는데, 그만큼 상황의 불안정성에 따른 불안감이 컸다는 증거이다.

[4]는 내용의 특이성만이 아니라 현실맥락성이 강한 점으로 하여 예조현상으로서 더욱 진전된 의미를 드러내며, 그것은 '위기감'으로 규정할 수 있을 것이다. 극도의 비판의식이 해소되지 못하는 데에서 오는 절망감이 '망국'의 불안감으로 이어져 이러한 예조현상을 낳았을 것이다. (14)와 (18)은 망국의 위기를 명시적으로 말하고 있지는 않으나 정치적 모순이 극도의 사회 불안을 낳고 있음을 알게 한다. 이러한 상황은 이미 백제사회에 나라가 망한다는 소문이 퍼져있고, 그에 따라 도적이 날뛰고 일부 백성들은 암암리에 피난을 떠나야만 했을 상황을 짐작케 한다. (14)는 야음을 틈타 도성 중심에서 그런 상황이 발생되고 있음을 말해준다면 (18)은 배를 타고 도망하는 사람들의 움직임을 암시한다.[33] 그런가 하면 (9)와 (19)는 좀 더 명시적

---

30) 이도학, 「泗沘時代 百濟의 四方界山과 護國寺刹의 成立」, 『百濟佛敎文化의 硏究』, 충남대학교 백제연구소, 1994, 223쪽 참조.

31) 위 사실의 기록에 이어 같은 해 8월 고구려·말갈과 함께 신라를 쳐 30여성을 빼앗은 사실이 이어지고 있음에서 이러한 해석을 가능케 한다.

32) 조수학은 암탉은 비빈, 참새는 군졸들을 뜻하는 것으로 보고 있다(「삼국망조의 양상 上」, 『인문학연구』 5, 331쪽 참조).

33) 이에 대하여 조수학은 당나라 군사가 백제를 점령하지만 속국화 하지는 못하고 물러간다는 것과, 백

으로 예조를 드러내 보인다. 그만큼 위기상황이 마지막 단계에 와있음을 알게 한다. 이 가운데 (9)는 나라나 사회의 위기를 예견하는 일반화된 예조로서 오랜 전통을 보여주는 예이다. 여기에서는 나무의 곡성과 더불어 귀신의 곡성을 더 보태 조짐의 강도를 높이고 있다. 그리고 (19)에서는 그런 위기감이 드디어 '망국'이라는 말로 명확히 표명되고 있다. 이는 이미 백성들의 마음에 일말의 기대감이 포기되고, 예조가 현실로 다가오며, 그로써 예조가 소문으로 급속히 확산되어 나가던 상황의 산물이라 할 수 있다. 따라서 이로써 마침내 암시적 예조의 극한점을 보여준 셈이다. 그러므로 (19) 이후에 다른 예조가 더 이어지지 않고, 나당연합군의 백제침공이라는 망국으로 이어지는 실제상황을 기록하고 있음은 자연스런 일이 된다.

이상에서 볼 때 위 일련의 예조사례들은 평이한 것으로부터 시작하여 특이하고 인상적인 것으로 발전해 가며, 그에 따라 의미도 현실성을 더 많이 띠게 되고, 거기에 담긴 암시적 의미가 더욱 구체화되고 표면화되는 추세를 보여주고 있다. 이는 당시의 정치현실의 변화현상과 관련을 맺는 것으로, 결국 이들 예조현상은 정치적 상황이 점차 위기상황으로 진행되는 것과 병행하여 민심의 변화상을 반영하는 것이기도 하다. 또한 그 점에 이들 예조현상이 갖는 역사적·정치적 의의가 있다고 할 수 있다.

5. 예조담으로서의 성격과 양상

위에서는 예조현상을 역사사실로서만 보고 살폈다. 이제 관심을 좀 더 진전시켜 이것을 '이야기'라는 측면에서 이해를 추구해볼 차례이다. 예조현상은 시대상황과의 관련성을 긴밀히 지님으로써 단순한 예조사실을 넘어 '예조담'으로 발전하게 된다. 예조현상이 예조담의 성격을 띠면 그것은 곧

제가 당나라에 대항해 보지만 결국 패하고 만다는 사실의 조짐으로 보고 있다(앞 주), 334쪽 참조).

'유언비어담' 또는 '소문담'이 된다.[34] 유언비어는 위기의 산물이고 사회성을 강하게 띤다.[35] 백제 멸망기는 바로 극한의 위기였고, 이 위기에 나온 위 예조현상들은 강한 사회성을 띨 수밖에 없었을 것이다. 그런 점에서 위에 보았던 많은 예조사실들은 곧 예조담으로서의 성격을 지닌 것이기도 하다. 이들 예조현상이 언중 사이에 이야기로서 기능을 한 것은 실제 이러한 유언비어성에 힘입은 결과였다. 단순한 예조현상이 유언비어성의 예조담으로 발전하고, 전승력을 띠며, 상상을 확장하고, 실질적인 행위까지 유발케 했던 것이다. 그러므로 위 자료를 예조담으로 다룸으로써 이들 예조현상들이 실현한 좀 더 생생하고 현실적인 기능을 이해할 수 있게 된다. 그것은 곧 당시에 '말'로 존재했으나 지금은 글로만 남은 것에 대하여 본디의 말의 모습을 복원하는 일도 되는 것이다.

망국예조담이 형성된 것은 언제일까. 그것은 백제사회의 내적 모순이 점점 벼랑으로 치닫고, 그로써 마침내 외침의 우려를 느끼게 하는 어떤 단서가 주어지면서부터였을 것으로 볼 수 있다. 궁실이 사치를 극하고(655) 음황(淫荒)과 탐락에 빠져 충신을 박해하며(656), 왕서자(王庶子) 41명을 대거 좌평에 앉히는가 하면(657) 요녀(妖女)가 국권을 농단하여 현량(賢良)을 죽이는 지경에까지 이름으로써 민심이 이반을 넘어 절망상태에 이르게 된 것 등 일련의 정치파탄이 내적 모순의 극대화였다면, 나당 연합설이 항간에 알려지기 시작한 것이 중요한 외적 요인이 되었다고 볼 수 있다. 따라서 대략 신라가 당에 파병을 요청하고(659. 4), 파병에 대한 확신을 갖게 된 무렵(659. 10)에 망국예조담이 형성되기 시작했을 것으로 여겨진다. 이는 곧 발생 시기 면에서 659년, 그리고 내용의 수준 면에서는 앞장에서 나눈 [3]단계와 일

34) "일반적인 소문과는 달리 광범하게 유포되는 소문"이 유언비어라고 하여 소문과 유언비어를 구분하는 관점이 있는데(이효성, 『정치언론』, 이론과 실천, 1989. 120쪽 참조), 넓게 보면 유언비어는 곧 소문담에 속하는 것으로 보아도 될 것이다. 그리고 이 글에서 다루는 대상들은 전파성이 강하므로 유언비어담이란 말로 불러도 무방할 것이다. 한편, 이들 이야기는 내용상의 특징을 주목하면 미래의 어떤 현상을 미리 예견케 한다는 점에서 예조담이라고도 할 수 있다. 여기에서는 이 점을 취하여 예조담이라는 용어를 쓰기로 한다. 이를 혹 조짐담이라 해도 뜻에는 별 차이가 없다고 본다.

35) 앞 주와 같음.

치되는 것이기도 하다.

예조담의 확산은 불안심리의 증폭과 병행된다. '외침의 가능성'은 사회적 불안을 낳는 가장 큰 요소가 되었을 것이며, 이러한 흥분에 가까운 사회적 불안감은 예조담의 발생과 전승에 적절한 온상이 되어 주었을 것이다. 그런 만큼, 이러한 상태에서의 예조는 객관적 현상으로 확증된 것이라기보다 '주관적으로 느껴진 현상' 이라는 측면이 강하다. 이러한 심리적 분위기로 하여 흔히 이들 현상은 사소한 일이 중대한 일로 말해지고, 은밀한 현상이 확대되어 전해지는 경향을 보이게 된다. 그리고 주관적으로 해석된 측면이 강하기 때문에 공통적으로 과장표현이 따르게 된다.

위 659년조의 예조담들 가운데 (5)·(6)·(7)·(8)이 주로 전자의 예를 보여준다. (5)의 경우 삼국유사에서는 '여우'가 '좌평'의 책상에 올라앉았다고 기록되어 있음에 비하여 삼국사기에는 '흰여우'와 '상좌평'으로 약간 바뀌어 기록되고 있다. 기록이 달라짐에 따라 과장이 따르고 있음을 주목할 필요가 있다. 예조사실이 예조담으로 말해지는 과정에서 과장표현이 실현된 결과임을 알 수 있다. (6)은 사소한 것이 크게 관찰되어 말해진 사례로 들 수 있다. 실제로는 예사로 볼 수 있는 일이라 할 수 있음에도 특별한 심리적 분위기, 특별한 장소에서 관찰된 것이어서 크고 심각한 일로 보여진 것이다. (7)과 (8)은 과장화의 결과로 풀이할 수 있는 사례이다. 죽은 고기가 세 발이나 됐다거나,[36] 죽은 여자의 키가 18자나 되었다는 지나친 과장은 예사롭거나 사소한 현상이 유언비어가 확산되는 사회 분위기 속에서 과대해석된 결과라 할 수 있다.[37] (18)은 궁중의 타락상에 대한 불신감에 따른 "늘씬한 여자

36) 한편, 이와 비슷한 사례가 태종무열왕 6년조에도 나타나고 있어 주목된다. 여기에서는 "공주 기군강(基郡江)에 큰 고기가 나와 죽었는데 길이가 백 척이나 되고 그것을 먹은 자도 죽었다"고 되어 있다. 위 두 사건의 발생 지역과 내용이 비슷한 점으로 보아 서로 같은 현상이 구전과 기록화 과정에서 다른 이야기로 정착된 결과가 아닌가 여겨진다. 이는 『삼국사기』 '예조' 사료의 출처가 다양하며 망라적 기술을 지향했음을 말해주는 예도 된다고 할 수 있다.

37) 이 기사가 『삼국유사』에서는 문무왕조 속에 나타나고 있으며 『삼국사기』와는 달리 659년이 아닌 661년의 일로 다루어지고 있다. 그리고 시체의 길이도 무려 73자로 기록되고 있다. 이 예조에 대해서는 이미 조수학에 의해 깊은 고찰이 주어졌다(주 1)의 첫째 논문 참조). 문무왕의 등극과 공적을 꾸미

를 표징한 것"[38]일 수도 있고, 당시 궁중에서의 여성의 정치적·성적 역할의 과대화와 파행화에 대한 불만이나 불안감의 반영일 수도 있다.[39] (16)같은 경우도 백성들의 높아진 불안감이 낳은 확대지향의 해석이자 과장표현의 결과라 할 수 있다. (10)·(11)·(12)·(13)의 예들도 정도 차이는 있다 해도, 이런 성격을 어느 정도로든 띠고 있다고 이해된다.

다음, 은밀한 현상이 확대되어 전해지는 경우는 불안심리가 좀 더 진전된 단계의 산물이라 할 수 있다. (9)·(14)·(18)·(19) 등이 그 예로, 이들이 주로 백제 최 말기에 집중되어 있다는 사실이 바로 그 점을 말해주는 것이다. 이들 현상은 뚜렷한 천재지변이 아니고 주로 일상 사회 속의 작고 사소한 일들이다. 그러므로 이들 사례가 기록될 수 있었던 것은 당시 백성들의 높아진 불안감으로 하여 발견된 결과라 할 수 있다. (9)에서 이러한 적절한 예를 본다. 이는 주관적 판단의 가능성이 높은 사례인데 그러면서도 일반화된 사례이기에 쉽게 관찰될 수 있었을 것이며, 일단 예조담으로 성립된 뒤에는 빠른 전승력을 확보하게 되었을 것이다. (18)도 비슷한 경우이다. 밤에 개가 짖는 현상은 평상시라면 의미 있는 일로 관찰되지 않을 만한 일이라 할 수 있다. 그럼에도 여기에서는 개가 짖어댔던 상황을 아주 자세하게 서술하고 있다.[40] 멀리 강 건너에 나타난 개의 생김새와 움직임 뿐만 아니라, 도성 쪽 개들의 동태와 울음소리까지 정밀하게 관찰해 보이고 있음은 저주파의 느낌이 불안심리 속에서 쉽게 고주파로 전환된 결과일 것이다. 비슷한 예조담들이 말해지는 이야기의 전승 현장에서, 비슷한 예화로 유발된 결과일 것임을 짐작케 한다. 불안심리가 예조담으로 증폭되는 상황에서 비슷한 이야기가 유발된 결과 이처럼 상세한 '현장 보고성의 이야기하기'가 나왔을 법

기 위한 의도로 옮겨 적은 것이 아닌가 여겨진다.

38) 李昊榮, 「百濟敗亡原因論」, 『경희사학』 14, 1987. 147쪽.

39) 참고로 이와 관련하여 삼국사기에서 지적하고 백제오층탑비명에서도 언급되고 있듯, 당시 淫荒 耽樂한 女宮 및 妖婦들이 궁중의 분위기를 어지럽히고 국대부인 은고 같은 여성이 국정에 깊이 간여함으로써 당시 궁중의 풍기와 질서가 매우 어지러웠음을 주목할 필요가 있다.

40) "有一犬 狀如野鹿 自西至泗沘河岸 向王宮吠之 俄而不知所去 王都群犬 集於路上 或吠或哭 移時卽散…"

하다.

이러한 망국의 불안감은 백제가 외세의 침략을 받은 것을 전후하여 고조되었을 것이고, 이런 위기가 현실로 나타나고, 나아가 그것이 운명처럼 받아들여지면서 (19)와 같이 다분히 인위성을 띠는 예조담도 출현하게 되었을 것으로 여겨진다. (19)는 추상적 내용과 사실적 내용이 복합된 표현을 이루고 있다. 현실적 배경 속에서 자생된 것이라기보다 식자의 개입에 의한 인위적 산물로 여겨진다. 이야기 속에 임금을 끌어들이고 있는 것도 사실이라기보다 설화세계에서의 투식화(套飾化)된 표현을 말해주는 것이라고 여겨진다. 그런 점에서 이는 백제의 멸망이 결정되고 그것이 운명적인 것으로 인식되어 나가던 단계 이후에 출현되고, 그 이후에 널리 전승되어 나갔던 것으로 여겨진다. 유언비어가 정착된 것이 곧 전설이기도 하다면 이는 백제 멸망 후에 백제 망국예조담으로서 가장 이야기답게 표현되고 전승되던 것이 문자로 고정된 결과라 할 수 있다. 그런 만큼, 이 예화는 오랜 구전 과정과 함께 백제사를 대하는 신라 쪽의 인식시각이 깊이 스며 있다고 할 수 있다.

요컨대, 백제 망국예조담은 망국의 위기의식이 고조되던 시점부터 본격화되어 나갔을 것이며, 시국의 악화는 민심의 불안으로 이어지고, 그것은 다시 예조담의 전승을 자극했을 것이다. 이러한 예조담은 망국 여론의 확산을 부추기는 역할을 했는가 하면, 예조담의 전승과정에서 비슷한 예화가 산출되기도 했을 것이다. 그리고 이러한 분위기는 인위적 예조담을 낳기도 하여 유언비어로서의 영향력을 더욱 크게 발휘하는 결과도 되었다고 할 수 있다.[41]

---

41) 이 논문에 대한 심사평에서 豫兆事實(記事)과 豫兆談과의 차이점을 좀 더 분명히 밝힐 필요가 있다는 주문이 있었다. 대략 이 5장이 위 질문에 대한 답변이 될 것으로 본다. 예조사실과 예조담과의 차이는 이야기의 문예적 형식성 면에서 해명할 수 있는 문제라기보다 이야기의 구전력이나 화중의 관심도 등의 측면이 중시되어 이해되어야 할 것으로 본다. 이제까지 말해왔듯 망국 예조사실에서 망국 예조담으로의 상승은 망국의 불안심리가 높아짐으로써 그것의 예조현상에 대한 관심과 전파력(구전력)이 강해지는 것과 깊이 관련되어 있다고 할 수 있다. 그리고 그러한 예조담이 지니는 설화로서의 성격과 특징은-본장에서 계속 논의되고 있듯-유언비어의 전승에서 보는 몇 가지 원리를 갖추면서 전승이 실현되는 것으로 설명될 수 있을 것이다. 그것의 핵심을 다시 간추린다면 관심의 지속화, 강조점의 유동화, 전체적 내용의 유형화 등으로 정리할 수 있다고 본다.

예조사실을 예조담으로 해석해본 데에서 더 나아가, 이제 예조담의 유형성과 전승양상을 살펴보기로 한다. 위에서 예조현상을 예조담으로 살펴본 결과는 이들 기록된 예조현상들이 대부분 예조담으로 말해지던 것들이며, 이들 내용에 대하여 구전으로서의 '유동성'을 고려하여 관찰할 필요가 있음을 말해준다. 이점에 주목하여 한두 가지 예만을 들어 살펴보기로 한다. 먼저 단순 예조담이 동일화(同一化)에 의한 과장표현이 실현된 예를 보기로 한다. 위 (3)은 세 가지의 관련 기록을 함께 대할 수 있어 이런 측면에서의 접근을 어느 정도 가능케 한다. 『일본서기』·『삼국사기』·『삼국유사』에 수록된 이들 세 가지 기록은 다음과 같다.

[1] 일본서기 : 또, 서해사 소화하 아담연협수가 백제에서 돌아와 말했다. 백제가 신라를 정벌하고 돌아왔는데, 말 한 필이 사찰의 금당을 돌면서 낮에서 밤까지 쉬지 않았다. 다만 꼴을 먹을 때만 멈췄다.[42)]

[2] 삼국사기 : 여름 5월에 성마가 북악의 오함사에 들어와 울면서 절을 며칠간 돌다가 죽었다.[43)]

[3] 삼국유사 : 현경(顯慶) 5년 기미에 백제 오회사(烏合寺라고도 함)에 크고 붉은 말 한 마리가 나타나 밤낮으로 6회나 절을 돌아다녔다.

오회사는 백제 도성과는 멀리 떨어진 절[44)]이므로 이들 기록은 모두 '전문담'이거나 전승의 고리를 여러 단계 거친 예조담으로 기록된 것이라 할 수 있다. 짧은 줄거리인데도 내용은 모두 같지가 않다. 사건은 하나이지만 전승자나, 그에 이어진 기록물이 각각 달랐기 때문이었을 것이다. 이는 이것이 예조담화 되거나 그것이 기록화된 단계에서 서로 차이가 나기 때문임을 알게 한다. 이 점에서 우선 이들 기록을 예조담으로 보는 데에 따른 유익점

---

42) "又 西海使小花下阿曇連頰垂 自百濟還言 百濟伐新羅還 時馬自行道於寺金堂 晝夜勿息 唯食草時止(或本云 至庚申年 爲敵所滅之應也)"(『日本書紀』卷26 齊明天皇 4年 11月)

43) "夏五月 騂馬入北岳烏含寺 鳴迊佛宇數日死"

44) 보령군 미산면 성주리 성주산 남쪽에 있으며, 본디 오회사로 창건되었던 것이 뒤에 개창되면서 이름도 성주사로 바뀌었다.

이 있다. 예조담으로서 각기 다른 경로로 전승되었기에 내용이 다르고, 서로 다른 데에서 각각의 기록이 지니는 의의가 있는 셈이다.

개별 기록의 특징을 보자. [1]은 사건의 배경을 말하고 있음이나 꼴을 먹을 때만 쉬었다고 밝히고 있는 점으로 보아 비교적 사실성에 가깝게 기록된 것이라 할 수 있다. [2]는 이미 말했듯 공식적인 사서 기록이어서 유식한 문식과 압축을 지향한 기록이라 할 수 있다. 그런데 '울면서·며칠간·죽었다'는 등의 내용이 있고, 이는 다른 기록과는 다른 과장화된 표현이다. 이것은 기록화 과정에서 실현된 것만은 아닐 것이며, 구전과정의 영향도 분명히 있었을 것이다. [3]도 대략 [1]과 비슷한 수준에서 정확성을 기한 기록이라 할 수 있다. 이는 [2]를 참고했을 수도 있겠지만, '밤낮으로·6회'와 같은 단어를 볼 때 또 다른 기록자료를 가지고 [2]를 보완하려 했던 것으로 이해된다. 별다른 과장이 없다는 점에서 그것은 사찰 관련 기록이 아니었을까 짐작된다.

결과로서, 중요한 것은 이들 기록이 모두 서로 다른 구전양상이나 자료양상을 보이고 있다는 점과, 특히 [2]가 보여주는 과장표현이다. 이러한 과장표현은 곧 백제 망국이라는 현실적 결과가 그만큼 중요하게 의식된 결과라는 사실이 중요하다. 이는 곧 유언비어의 전승에서 실현되는 '예각화(sharpening)'와 '동일화(assimilation)'의 원리[45]로 설명할 수 있을 것이다. 위 말(馬)에 대한 주된 관심은 '특별장소에서의 특이 행태'였던 것인데, 특이한 행태의 의미를 굳이 '망국'과 결부지으려는 잠재 욕구, 즉 동일화의 관심으로 하여 위와 같이 '죽었다'는 극한적인 과장표현으로 나아가게 된 것이다.

다음으로, 전래되던 예조담이 특정 시대의 불안상황으로 인해 더욱 강조된 표현의 예조담으로 재발견되고 있는 예를 보기로 한다. (18)이 그 예이다.

---

45) 이는 평면화(leveling)와 함께 유언비어의 전승방식을 설명하는 용어들로서, 예각화는 '정보가 전달되는 가운데 특정한 내용에 설명이 첨가되어 그것이 관심의 초점이 되는 것'을, 동일화는 "사람들이 자기 자신의 관심이나 선입관에 입각해서 자기류의 설명을 덧붙이게 되는 경향"을 뜻하는 것이다(김병재, 『사회심리학』, 경문사, 1983. 476쪽).

6월에 왕홍사 중들 모두가 보니, 마치 배돛이 홍수를 따라 절문으로 들어오는 것 같았다.[46)]

이 이야기는 본디 사비성이 생긴 뒤 이 사비강 유역의 마을과 사비강 사이에 이루어지는 생태환경상의 특징에 따라 자생된 예조담으로 보인다.[47)] '강가의 마을[48)]에서 보아 배돛대가 보이면 마을을 떠야 한다'는 것이고, 이는 처음에는 이곳 인근 주민들에 대하여 홍수 피해를 경계시키려는 실질적인 교훈담으로 말해진 것이었다. 그러던 것이 역사가 흐르면서 예조담으로 신비화되고, 인근 마을에까지 전파되어 나갔다. 그리고 다시 왕홍사가 사비강가에 지어지면서 위 이야기는 자연스레 이 절과 관련되어 이야기되고, 그래서 이야기 가운데 '마을'이 '절'로 바뀌게 되었을 것이다.

그런데, 위 예조담은 본디의 내용과는 좀 달리 '절문으로 들어오는 것 같았다'는 것으로 표현되고 있다. 이것은 위 예조담의 조건부가 되는 '만약 배돛대가 보이면~'이라는 일반적인 표현이 더욱 강하게 실현된 것이다. 그 이유는 그 무렵에 실제로 홍수가 심했기 때문일 수도 있고, 팽배된 전쟁의 위기상황 속에서 위기감에 대한 '동일화'로 하여 예사로운 상황이 한층 심각하게 '주목된' 결과일 수도 있다. 어떤 관점을 반영하는 것이든, 이것이 당시 백제의 망국 예조담의 유력한 하나의 예로서 주목되고 있음은 분명하다. 왕홍사가 왕실의 원찰로서 각별한 위치를 차지하고 있었던 데에서 이러한 민감한 관찰과 예조담으로서의 높은 의미부여가 실현되었을 것이고, 그만큼 이는 예조담으로서의 전승력도 높았을 것이다. 절의 '중들 모두가 보았다'고 말하고 있음에서도 이를 짐작하게 한다. 요컨대, 본디 금강 주위의 생태환경에 의하여 자생되어 전승되던 예조담이 새로운 상황 속에서 더욱 깊은 관심, 강화된 표현으로 재발견되고 있다는 점에 위 예조담의 특징과 중요성이 있다고 하겠다.

---

46) "六月 王興寺僧皆見 若有船楫隨大水入寺門"
47) 졸고, 「사비강 '배돛대…' 이야기 연구」, 『백제연구』 31, 충남대학교 백제연구소, 2000.
48) 이 말은 전승 현지에 따라 집이나 마루 등으로 바뀌어 표현되기도 한다.

6. 맺음

이 글은 삼국사기 백제본기 의자왕 19·20년조에 '예조' 기사가 유난히 많음을 주목, 이는 백제사와 관련한 설화적 이해를 돕는 데에 그 나름의 의미를 지닐 수 있다는 착상에서 시도된 것이다. 자료의 이러한 집중적인 기록은 우연한 결과가 아니라 역사 사실의 특수성을 바탕으로 하되 역사 기록자들의 백제 폄하적 역사관이 일정하게 가해진 결과이며, 따라서 이것은 시대 상황의 특수성과 관련한 예조담의 전승현상을 보여주는 것이라는 점에서, 역사 사실로서의 예조현상 만이 아닌, 설화로서의 예조담이란 관점에서 접근함으로써 그것의 또 다른 의의를 밝힐 수 있다고 보아 몇 가지 측면에서 이에 대한 이해를 꾀해 보고자 했다. 논의한 내용을 간단히 요약하여 글을 맺기로 한다.

정사로서의 사상성 면에서, 삼국사기는 삼국시대 이래 영향을 미쳐온 천명론적 재이관이 유교사상에 의해 더욱 중요시되던 고려 중기에 이루어진 것이다. 이에 앞선 삼국사에서도 이런 사상이 일정한 영향을 미쳤을 것이며, 유교적 사상성을 더욱 깊이 지녔던 김부식의 경우 삼국사기를 통하여 이런 사상은 더욱 뚜렷이 반영되었을 것이다. 이로 인하여 여기에 예조현상이 특별히 많이 수록되었을 것이다. 그리고 김부식은 신라 중심적 역사의식 위에서 삼국의 역사를 평가하고 서술하는 태도를 분명히 보여줌으로써 백제를 폄하하는 태도가 더욱 강하게 작용했을 것이며, 이것이 백제 멸망기 망국예조담을 더욱 집중적으로 수록하고 비판적으로 서술하게 된 이유로 작용했을 것이다. 이러한 성격을 보여주는 백제 멸망 예조 사실은 삼국사기 이전에도 여러 경로에 의하여 사료 수집이 이루어졌을 것이며, 삼국사기 단계에서 이전의 '삼국사' 이외에도 최대한 많은 자료가 동원되었을 것이다.

나아가, 의자왕 본기의 서술에는 자료 배치의 임의성이 작용했다고 할 수 있다. 그것은 기본적으로 유교적 사고에 충실한 삼국사기가 천명사상에 따른 좀 더 엄격한 역사관을 지니고 있었으며, 의자왕에 대한 비판적 시각으로 하여 그런 관점에서의 비판적 역사서술이 보다 강하게 실현된 결과라 할 수 있다.

이들 예조사실들은 기록 순서에서 볼 때 평이한 것으로부터 특이하고 심각한 것으로 발전해 가며, 이와 병행하여 거기에 담긴 암시적인 의미가 더욱 구체화되고 표면화되는 추세를 보여준다. 이는 기록자의 개입이 있기에 앞서 이러한 현상이 당시 정치상황의 자연스런 산물이었음을 말해주는 것이다. 그만큼, 이들 예조 자료는 변화해가는 현실상황과 긴밀히 연관되어 있다는 점에 그 역사적·정치적 중요성이 있다.

이들 예조현상들은 단순한 예조현상에만 그 의의가 그치는 것이 아니며, 예조담으로서의 설화성을 함께 지니고 있다. 이들 예조담이 의자왕 말기로 갈수록 양적으로 많아지고 질적으로 농도가 짙어지는 것은 곧 이러한 예조담으로서의 성격 변화를 보이는 것이기도 하다. 이 가운데 특수적이고 괴변성이 크며 사회성을 띠는 것들일수록 예조담으로서의 구전성을 강하게 지니는 것이며 이들 사례가 후반에 주로 분포하고 있는 것은 바로 그 무렵에 이들 예조담이 그만큼 성하게 유행했을 것임을 뜻하는 것이기도 하다. '오회사(烏會寺) 성마(騂馬)' 이야기나 '왕흥사와 배돛대' 이야기 같은 경우에서 보듯, 이들 예조담들은 내용상 다양한 성격을 보이고 있으며, 이처럼 성격상의 다채성 만큼이나 일정한 구전력과 전승폭을 유지하면서, 특정 시대 유언비어성 예조담으로서의 기능을 했다고 할 수 있다.

이 논문은 역사기록으로서 굳어있는 자료에 대하여 자료를 담고 있는 기록체재의 해명과 더불어, 그것을 구비문학의 범위 속에 끌어들여 특정 시기 상민들의 입에서 생동해나간 이야기로서 다루어보자는 것이 근본 취지였다. 하지만 예조사실이 예조담으로 변모하는 과정에서 드러나는 설화적 성격을 다양한 사례와 깊이 있는 분석을 통해 뒷받침해 보이지 못하고 제한된 대상만을 다루는 데 그친 한계점이 있다. 이는 문제를 보는 필자의 안목이 깊지 못한 결과이기도 하지만 관점의 다양성을 받쳐줄 만한 다채로운 비교 자료를 확보하기가 어렵다는 점을 더 주된 이유로 들 수 있다. 이러한 미비점을 인정하면서도, 예조사실을 예조담으로 읽을 때 사료의 살아있는 실체에 좀 더 다가갈 수 있으며, 그것의 좋은 사례가 곧 백제 말기 예조담이라는 사실에 대한 이해를 도왔다는 점에 이 글은 작으나마 그 의의가 인정될 수 있지 않을까 한다.

부여 낙화암 전설의 형성과 전개

1. 머리말

부여를 생각할 때 일반적으로 가장 먼저 떠올리는 것 가운데 하나가 사비강변에 높이 솟은 낙화암이 아닐까 한다. 누구나 부여에 가면 부소산에 들르게 되고 부소산을 오르는 이들은 이리 저리 굽이길을 돌아 낙화암에 올라 사비강을 굽어보는 순서를 거치게 마련이다. 그리고 이 과정에서 마지막으로 대하는 경관을 보고 탄성을 내뿜곤 하는 곳이 바로 낙화암이다. 이 낙화암이 유명한 것은 물론 거기에 묻어있는 전설 때문이기도 하다. 낙화암이란 이름이 이미 전설을 반영하고 있듯, 부소산을 찾는 것과 동시에 우리는 저절로 위 전설을 접하고 깊은 감회에 젖어들게 된다.

일견 단순하면서도 오랜 전승력을 유지하고 있는 이 전설-의자왕 말년에 나라가 망하자 절개를 지키고자 삼천명이나 되는 궁녀가 바위 위에서 사비강으로 몸을 던져 죽었으며 지금도 그 흔적이 있다는-의 매력은 어디에 있는 것일까. 특이한 자연경관과 거기에 얽힌 사건의 결합 관계가 주는 특수함에 그 비밀이 있다고 해야 될 듯하다. 전설배경의 역사적 심각성, 사건의 비장성, 그리고 인물 표현의 과장성 등 전설 내용에서 오는 특이성과 심각성에다 전설의 자연배경에서 우러나는 감동의 힘과 상상의 폭이 적절히 결합되어 위 전설은 현지 방문자로 하여금 역사에 대한 깊은 여운을 안겨준다. 그처럼, 위 전설 속에는 폭풍처럼 느닷없이 휘몰아쳤을 백제 말기 역사의 역동적인 상황이 잘 집약되어 있다. 바로 이러한 한 시대의 역사가 주는 충격이 이 전설의 청자들로 하여금 상상의 진동을 크게 하고, 한없는 감회를 안겨 줌으로써 읽는 역사가 아닌 보는 역사로서의 부여에 대한 인상을 깊게 심어주었다고 할 수 있다. 그런 이유에서, 백제 역사와 관련된 설화로서 백제사와 백제문화의 한 모습을 이해하는 데에 위 전설은 결코 소홀히 할 수 없는 위치에 있는 셈이다.

위 설화가 이처럼 가볍지 않은 위치에 있다면 그것이 일정한 역사 위에서 밟아온 전설로서의 역정은 어떤 것일까? 위 전설이 일반인에게 널리 알려진 것과는 달리 이에 대해 전설로서의 본질을 중시하여 이를 깊이 주목하려는 노력은 가해지지 않고 있는 듯하다. 최근에 이루어진 삼천궁녀제에 대한 연구는 부수적으로 이에 대한 이해의 필요성을 일깨우는 데에도 얼마간의 도움을 주었다고 할 수 있다. 그러나 전설을 그 자체로서 전면적으로 다루려는 관점이 결여되어 있어, 이에 대한 핵심적이고 전반적인 문제에 대한 진전된 이해에 이르지 못하고 있다.[1] 이 글은 위 전설을 감싸고 있는 의문들 가운데, 그것이 전설로 형성되고 변화된 과정을 주된 관심사로 설정하여 이해를 구해 보려는 것이다. 이 전설의 핵심 요소인 '궁녀'에 대한 역사문화적 배경은 어떤 것일까. 그리고 이 전설의 형성 단계의 모습은 어떠했을까. '낙화'암의 발단은 어디에 있고, 삼천궁녀의 '삼천' 화소는 어디에서 온 것일까. 그리고 그러한 표현의 변화와 역사인식은 어떠했을까.

줄거리는 짧지만 오랜 전승력을 유지해온 이 전설 속에는 이러한 중요한 문제들이 모두 담겨 있다고 할 수 있고, 이런 이유로써 위 전설은 역사적 비중에 값하는 것이라 하여 좋을 듯하다. 그런 만큼, 이제 바로 이런 점들의 해명은 곧 위 전설이 백제사·백제문화의 이해에서 상당히 의미 있는 의의와

---

1) 한국샤마니즘학회 편, 『삼천궁녀제 연구』, 문덕사, 2000. 8. 참조.

위치를 지닌 전설임을 보여주는 증거가 될 것으로 본다.

2. 전설 형성의 역사배경

먼저 이 전설이 형성된 역사배경 문제부터 관심을 기울여 보기로 한다. 역사적 상황에 처하게 되면, 역사는 역사의식이 뚜렷해지고, 역사에 대한 평가가 선명해진다. 이에 따라 역사의 중심에 있었던 인물들의 잘잘못과 호오(好惡)가 분명히 갈리고, 평가가 극단화되는 모습을 보이는 것이 상례이다. 낙화암전설의 핵심 사실은 일부 궁녀들의 비장한 죽음이며, 이것은 사실 자체이다. 그런데, 백제의 멸망을 보는 후대인의 비판적·부정적 인식에 따라, 역사사실이 증폭되고 과장되어 표현의 세계인 전설을 이루게 되었다.

역사전설은 이처럼 인식과 사실이 뒤얽혀 이루어져 있다. 이렇게 얽혀서 표현되는 역사는 표현 이전의 사실과는 달리 질적 변화를 이룬 것이다. '있는 것'도 역사이고 논리적으로 조직화되어 '말로 서술된 것'도 역사이듯, 전설 속에 조직화되고 인식된 것은 그것대로, 실제로 있었던 역사와는 성격을 달리하는 또 다른 역사이다. 사실과 인식은 전설 속에 융합되어 표현적 사실이 되며, 전설적 표현은 곧 역사사실과 그를 통해 지향하는 전승자의 주제의식이 합쳐져, 구전문학적 진실성을 확보함으로써 구중(口衆)의 공감 속에 널리 전승될 수 있게 된다. 백제 말기 궁녀들이 사비강에 몸을 던져 죽은 것이나, 임금이 궁녀들과 벌인 유흥도 어느 정도까지는 사실일 것이다. 이들 사실이 뒤에 백제사를 보는 비판의식과 만남으로써 지금과 같은 과장표현을 이룬 것이다. 그러므로 표현된 결과로서의 전설을 이해하는 데에 우리는 먼저 궁녀들의 추락사실을 주된 소재로 삼아 과장되게 표현하게 한, 백제를 보는 부정적 역사의식의 요인이 무엇인지부터 주목하는 것이 필요하다. 이것은 크게 볼 때 궁녀들이 궁궐에서 보여준 어느 정도의 문란한 생활상과 함께 궁실의 과도한 유락행위라는 두 가지 측면으로 요약하여 살필 수 있다고 본다.

1) 궁녀들의 발호와 문란

의자왕은 처음에 정치를 잘 했을 뿐만 아니라 품성면에서도 훌륭한 평가를 받은 인물이었으나 집권 말기로 이르면서 실정을 거듭했다. 이러한 실정의 한 고리를 임금이 왕비를 지나치게 신임하고 정사에 소홀함으로써 왕비의 세력이 비대해지고 정치력을 지나치게 발휘했던 데에서 찾을 수 있다. 그리하여 결과적으로 이런 점이 멸망 무렵의 소문담을 통하여 백제궁성에서의 왕비와 그 비호세력들 전체-궁녀-의 존재와 역할이 과대평가됨으로써, 그에 의한 폐해가 과장되게 알려지고 확산되는 동기가 되었다고 이해된다.

의자왕은 본디 사람됨이 '영걸스럽고 용감하며 담력과 결단력이 있었다'고 한다. 그러나 즉위 15년을 전후한 무렵부터 그의 뛰어난 정치력은 급속히 약화된다. 이것은 왕비 군대부인(君大夫人) 및 외왕(外王)과 소왕(小王)을 비롯한 왕비족 세력의 정치력이 지나치게 확대된 결과로 이해된다.[2)]

> 혹 백제는 스스로 망했다고 한다. 군대부인 요녀의 무도로 말미암은 것으로, 요녀가 국병을 마음대로 하여 (현량을) 주살한 때문에 이러한 화를 부른 것이었다(『일본서기』권26, '제명기' 6년).

의자왕 즉위 15년의 정황을 기록한 것으로 보이는 위 기록은 왕비 군대부인이 정사를 천단하여, 결국 그로 인해 망국의 화를 자초한 것으로 기술하고 있다. 왕비를 요부로까지 묘사하고 있음이나, 어진 신하를 죽이기까지 했다는 내용에서 그녀의 정치적 위세와 그로 인한 폐해가 컸음을 짐작케 한다.

이러한 궁녀의 과도한 정치행위는 왕비 한 사람의 그것에만 한정된 것이

2) 박민경, 「무왕 의지왕대 정국운영의 연구」, 『한국고대사연구』 20, 한국고대사학회, 2000. 12. 571, 590쪽 참조.

아니었을 것이며, 필경 그를 둘러싼 일단의 세력군을 이루고 있었다고 보아야만 할 것이다. 다음 기록을 예로 들 수 있다.

> 금년 정월 國主母가 죽었습니다. 그리고 弟王子 兒 요기 및 그 母妹女子 4인, 내좌평 岐味 및 고명한 40여인이 섬으로 쫓겨났습니다.(『일본서기』권24, '황극기' 원년)

왕비가 세상을 뜨자 그녀의 영향 밑에 있던 세력이 대거 몰락하는 과정이 여실히 드러난다. 그녀와 혈족임으로 하여 차기 권력 구도에 위험이 있는 인물이거나, 그를 매개로 한 일군의 여성 혈연세력 및 이를 중심으로 일정한 정치세력을 이루고 있었을 고명한 신하들이 대거 쫓겨났음을 일러주고 있다. 왕비의 주위에 이처럼 많은 세력이 포진하고 있었다는 사실, 그리고 그러한 그녀를 인척 관계에 있는 여성들이 에워싸고 있었을 것이란 사실이 중요하다. 이는 '궁녀'의 정치력이 과소평가할 수 없는 정도로 작용하고 있었을 것임을 짐작케 한다. 그리고 같은 논리에서, 이를 이은 의자왕의 부인 역시 이와 비등한 정치세력을 이룰 수 있었을 것임을 짐작할 수 있다. 이러한 정도의 세력판도를 이루면서, 위와 같은 정치적 영향력을 발휘했다면 그것은 실제로 당시의 정치구도에 큰 파행을 낳았을 것이며, 그로 인해 급기야 위와 같은 요부라는 평을 낳게 하고 나라를 망쳤다는 여론까지 유발케 되었을 것이다.

이런 관점에서 볼 때 위 『일본서기』의 군대부인에 대한 기록은 지나친 과장이 아님을 알 수 있다. 정치적 실권이 점차 커진 군대부인은 급기야 의자왕 15년에 이르러 성충·홍수·임자·사택지적 등 현량 충신들을 도태시키고 태자 책봉에까지 영향력을 행사했던 것으로 보인다.[3] 그런 만큼 정치는 어긋나고 위와 같은 비판적인 여론이 자연스럽게 유발될 수밖에 없었을 것이다. 이런 평가는 당시 당나라 군사 측을 통해서도 똑같이 확인되고 있다.

---

3) 유원재 편, 『백제의 역사와 문화』, 학연문화사, 1996. 469쪽 참조.

밖으로 直臣을 버리고 안으로 妖婦를 믿었는데, 형벌이 미치는 것은 오직 賢良이며 총애가 더해지는 것은 諂倖이었다(『한국금석전문』「당평백제비」 54쪽).

망국의 원인을 의자왕의 실정으로 돌리고 이를 꼬집어 비판하고자 한 위 인용문에서 왕비의 간여에 의한 파행정치가 교묘하게 진행되어 나간 모습을 짐작할 수 있다. 요부로 묘사되고 있듯, 이러한 왕비의 속임수가 의자왕의 총명을 마비시켜, 닥쳐올 위기를 의식하지 못하고 주연에 탐닉함으로써 급기야 나라를 위기로 치닫게 한 요인의 하나로 작용했다고 해야 할 것이다. 바로 이러한 결과가 당시 궁녀집단의 존재와 그 세력을 과대평가 하고, 임금과 밀착하여 망국으로 치닫게 한 존재로까지 인식케 하는 요인이 되었던 듯하다. 상황이 그러했으므로 이들의 존재 및 일탈의 정치 행태, 그리고 혹 여기에 부수되기도 했을 비리와 부조리가 당시의 조정에 큰 불만을 낳고 그것은 나쁜 여론으로 확대되어 나가기도 했을 것이다. 이러한 정황은 백제 멸망기에 집중적으로 나타나고 있는 망국예조 가운데 궁녀와 관련된 것이 일정 부분을 차지하고 있음에서 알 수 있다. 백제본기 의자왕 19년조에 궁녀와 관련된 예조가 다음과 같이 나타난다.

(1) 19년 봄 2월 여우떼가 궁중으로 들어왔는데 한 마리 흰여우는 상좌평의 책상에 앉았다.
(2) 여름 4월 태자궁에서 암탉이 작은 참새와 교미했다.
(3) 가을 8월 여자의 시체가 생초진(生草津)에 떴는데 길이가 18척이었다.

예조의 발견과 기록화는 그것이 지닌 사실성 자체의 중요성 못지않게 그것을 예조로 보이게 한 관심의 기반이 중요하다. 백제 멸망기는 불안상황이 높아짐에 따라 이러한 예조가 집중적으로 발생하여 예조담으로 유행했다고 보이는데,[4] 이들 가운데 여성-구체적으로 궁녀-의 존재를 드러내고 있

[4] 이와 관련한 글로 졸고 「의자왕 말기 망국예조기사류의 예조담적 성격 일고」(『구비문학연구』 12, 2001. 6)가 있다.

는 것이 일정한 수에 달하고 있음은, 이들 존재가 당시에 세간의 주목을 받았음을 의미한다. 이 가운데 (1)에서 여우떼의 궁중 침입은 특정 시기 궁녀들의 발호를 비유한 것이 아닌가 싶다. 그리고 흰여우가 상좌평의 자리에 앉았다는 것은 궁녀 가운데 특히 세력 있는 왕비나 후궁이 있어 당시 임금 다음의 권좌인 좌평의 지위까지 지배하는 등 정치적 천단이 심했음을 암시하는 것이라 이해된다. 그리고 (2)는 태자궁 궁녀들의 생활이 문란했음을 의미하는 것으로 보인다. 궁녀들에 대한 나쁜 인상이 이런 점으로 하여 더욱 악화되어 나갔으리라 짐작된다. 나아가 (3)은 이처럼 당시에 비대해진 궁녀의 존재와 지나친 정치적 행위를 암시하는 것임과 동시에, 그들이 오래지 않아 몰락하고 말 것임을 예조한 것으로 해석할 수 있다.[5)]

결과적으로, 의자왕 말기는 왕비와 후궁 및 그들을 중심으로 한 인척집단으로 이루어진 여성들의 존재가 특별히 커짐으로써 여러 가지 폐단을 낳게 되고, 이들이 '궁녀'로 집약되어 그 비행과 폐해가 과대 해석된 모습으로 후대까지 전승되어온 유력한 동기의 하나였다고 이해된다. 여기에 아래에서 보게 될 궁녀들의 유락행위로 인한 그녀들에 대한 부정적인 인상이 보태져, 백제 말기 궁녀들에 대한 인상이 향락 음일의 나쁜 모습으로 증폭되어 전해지게 된 요인으로 작용했다고 이해된다.

2) 왕과 궁녀들의 과도한 유락행위

백제 궁녀의 수가 지나치게 많았던 것처럼 이해되고, 그녀들의 당시 행동이 부정적으로 인식되게 된 배경에는 궁녀를 매개로 한 백제 왕실의 유흥활동이 잦았던 데에 하나의 이유가 있다고 이해된다. 이와 관련된 기록으로는

---

5) '거녀시(巨女屍)담'이라고 해야 될 위 이야기는 거녀의 죽음에 초점이 두어진 흉조사실로 기록된 것임이 분명하다. 그런데 이 이야기는 신라 문호왕조에 약간 다른 연대(667년)와 내용(키 73척, 발 6척, 음부 3척)으로 기록되고 있어 주목되는데, 조수학은 이를 길조로 해석하고자 했다(조수학, 「'문호왕 법민'조의 巨屍兆 연구」, 『삼국유사연구 상』, 영남대학교 출판부, 1983, 101쪽). 같은 이야기가 신라 쪽에 수용되고 전승되면서 더욱 과장화된 결과라 이해된다. 그러나, 이를 길조로 해석하기보다는 두 경우 모두 흉조로 보는 것이 합리적이라고 본다.

우선 『삼국사기』의 의자왕조 기록부터 주목할 수 있다.

> 15년 봄 2월 태자궁을 수리하여 극도로 사치하게 하고 망해정을 대궐의 남쪽에 세웠다.
>
> 16년 봄 3월 왕이 궁녀와 더불어 황음탐락하며 술 마시기를 그칠 줄 모르므로……

이 무렵에 이러한 왕실의 사치 분위기가 특별히 강조되어 나타나고 있음이나(15년), 임금의 유흥행위가 주목되어 기록되고 있음(16년)은 이것이 당시 왕실의 분위기와 생활관행의 일면을 반영하는 것으로 보아 좋을 듯하다. 당시의 시대상황과 왕궁의 분위기를 연결지어 이해하면 위와 같은 행태는 궁녀들을 중심으로 한 왕궁의 기강 이완 풍조와 승전에 뒤따른 자신감이 어우러진 결과라고 이해될 수 있을 것이다.[6] 위에서도 본 것처럼, 이 무렵은 왕비의 역할이 높아간 기간이자 왕족 세력이 급속히 부상하고 정치적 실권을 지닌 좌평직이 친왕 세력 중심으로 채워져 나가던 때였다.[7] 그런가 하면 15년 8월은 의자왕이 고구려·말갈과 더불어 신라의 30여성을 빼앗는 큰 전과를 거두기도 했다. 그렇다면 위 16년의 기록은 바로 이러한 군사적 전승에 따른 승리감과 자신감의 표현이라고 보아 좋을 것이다. 이처럼 궁녀의 수가 늘어간 것과 함께 임금의 자신감 상승이 합치됨으로써, 누정은 늘어나고 이곳에서의 궁녀와 왕실의 유람활동은 점점 그 횟수가 많아졌을 것이다.

이에 대한 간접 증거는 오랜 역사서보다도 후대 문인들의 문학작품에서 찾아볼 수 있다.

---

6) 박상란은 「의자왕 전승의 역사적 맥락」이란 논문에서 뛰어난 자질의 소유자였던 의자왕이 위 16년조의 '황음탐락'이 원인이 되어 패망의 원인이 되고 있는 것으로 역사서에 기록되고 있음을 주목, 이것을 사서 기록자의 의자왕에 대한 폄하적 역사관이 크게 반영된 결과로 보고, 그러한 역사 이해 관점은 후대에까지 지속되어온 것으로 보고자 했다(『설화와 역사』, 집문당, 2000. 11. 269~285쪽 참조). 그러나 이는 의자왕과 백제사의 관계를 너무 좁은 구도로 파악한 문제점이 있을 뿐더러, 이를 전적으로 부정적 사관이 반영된 결과로만 이해하는 것도 지나치다고 여겨진다. 논리의 일관성을 기하려는 논자의 노력은 인정되지만 문제의 균형 있는 이해 또한 더욱 중요하다고 본다.

7) 박민경, 「무왕 의자왕대 정국운영의 연구」, 『한국고대사 연구』 20, 2000. 12. 587쪽 참조.

(1) 남북으로 십리에 뻗치도록 樓觀을 높이 지었네.
삼천 명의 궁녀가 수없이 많고…… (민제인:1493~1569, 〈백마강부〉)

(2) 옛날에는 樓臺가 종횡으로 많았고
삼천의 궁녀들은 치성하고 화려함을 오로지했네.
(이사명:1647~1689, 〈산유화가음〉)

(1)은 누대가 많다는 뜻과 함께 그 범위가 넓다는 뜻도 된다고 본다. 남북으로 뻗쳤다고 했으니 사비강의 남북 연변 곳곳에 정자가 세워졌음을 짐작하게 한다. 뿐만 아니라 (2)를 볼 때 강변만이 아닌 여러 곳에까지도 정자가 많았음을 말해주고 있다.

이처럼 누정을 많이 지었다는 기록은 곧 앞에서 살펴보았던 전승에서 얻은 왕실의 자신감이 높아간 것과 맥을 같이하는 것으로 보인다. 왕실 중심의 누정이었을 것이니 이들 장소는 그들 계층의 휴식과 완상 장소로 이용되었을 것이며, 그것은 때로 유흥도 동반했을 것이고 이러한 완상과 유흥에는 궁녀들의 참여가 뒤따르기도 했을 것이다. 이런 곳에서의 궁녀를 동반한 임금과 그 측근들의 완상과 유흥은 일반인들의 눈으로 볼 때 일탈행위로 쉽게 비쳐졌을 것이며, 특히 궁녀의 역할이 과대해지고 정치적 파행이 노출되는 시점에서의 임금의 누정 휴식이나 유흥은 곧 폐정행각으로 인식될 가능성이 컸다고 짐작된다.

우리는 이 문제에 대한 이해를 좀 더 적극적으로 진전시켜볼 필요가 있다고 본다. 당시대에, 그리고 후대에 이르면서 나쁜 인상이 증폭되어온 이러한 금강변 일대의 누정과 그로 인한 임금의 유람행위는 우리가 모르는 것 이상으로 특별한 관련이 있었던 것으로 보아야 하지 않을까 한다. 그것은 부여읍의 사비강 일대 뿐만이 아니라, 부여에서 강을 따라 논산 부근에 이르기까지 곳곳에 산재한 왕실의 강상유람과 관련된 증거를 통해서 추론할 수 있다. 이 두 지점 사이에 위치한 관련 유적을 정리하면 다음과 같다.

대왕포(고란사 아래)→망해정(부여읍 동남리 화지산)→대왕포(부여읍 왕포리 강변)→낙화암(부여읍 염창리 옵배)→희녀대(부여읍 부여면 현북리)→궁골(논산시 석성면 우곤리)→황화산(논산시 등화동)[8]

이 가운데 고란사 아래 대왕포는 이미 『삼국사기』와 『삼국유사』에 임금의 특별한 유람행위로 하여 그 이름이 붙여진 것임이 기록되어 있다. 그리고 망해정은 앞에서 인용했듯 의자왕 15년에 정자를 세웠다는 곳이다.[9] 한편, 첫번째와 같은 이름이 있는 왕포리의 대왕포 역시 그 위치상의 중요성과 함께, 왕의 유람행위와 관련하여 같은 기능을 보여주었던 데에서 동일한 이름을 얻은 것으로 여겨진다. 실제로 임금이 이곳에서 놀았다는 문헌 기록이 이를 뒷받침해 준다.[10] 이와 거의 같은 지점인 부여 도성 남쪽의 낙화암은 부소산 낙화암과 똑같은 전설이 전해지는 곳이다.[11] 바위절벽이 있어 경관이 좋은 곳이고 주위에 정자가 있었다는 구전도 전해온다. 지형지세로 볼 때, 이곳이 본디 궁녀가 투신하여 낙화암으로 불린 곳이었을 가능성이 크다. 그런가 하면, 희녀대(戲女臺)는 역시 강변 가까운 곳에 자리잡고 있는 집터로서 임금이 궁녀를 희롱하고 놀았다는 전설이 전해지는 곳이다. 이는 실제로는 희녀대라는 이름과는 무관함에도 나중에 부정적으로 채색된 결과라 할 수 있다. 이것이 '희녀대' 또는 '희어대(戲御臺)'[12]로 와전된 데에는 그 곳에서 임금의 유흥행위가 있었다고 믿는 주민들의 의견을 따른 것일 뿐, 이곳은 왕실의 사비강과 백마강 유람행위와는 관련성이 적어 보인다. 그보

---

8) 이 외에 불암·강경산·화암·삼송정·칠산 등으로 이어지는 강경 일대의 여러 곳들이 후대 선비들의 유람지로 주목되었던 사실을 유의할 때, 이들 지점들도 백제 당시 유람지의 영역 속에 포함되었을 것으로 여겨진다. 이와 관련된 좀 더 자세한 구전자료의 확보가 요구된다.

9) 이 산의 이름이 꽃가지산(花枝山)인 점은 '메놀이'와의 관련성 면에서도 주목된다.

10) 『대동지지』에 백제 무왕이 놀던 곳이라고 한다는 기록이 있다.

11) 이 부근 마을 어른들은 거의 이렇게들 믿고 있다. 최근에 필자가 이곳에서 만난 성창국(현북리 2구·남·67)씨나 김옥순(염창리 옵배·여·70)씨의 경우에도 예외가 아니었다. 이 바위 주위에는 속칭 약대추나무가 밀생하고 있는데 궁녀들이 대추를 먹고 씨를 뱉은 결과라는 구전도 함께 전해진다.

12) 충청남도·충남대학교박물관 편 ≪문화유적분포지도≫(1998)에는 戲御臺로 소개되어 있다. 이는 임금을 즐겁게 하는 곳이라는 전설 전승자의 말을 좇은 이름으로 보인다.

다는, 위에서 말한 사비강 남쪽 대왕포 부근을 사비강 유람지의 하나로 유의하는 일이 필요하다고 본다.[13] 다음, '궁골'은 궁녀가 살던 곳이어서 붙여진 이름이라는 전설과 함께 임금의 낚시터였다는 자연증거가 남아 있는 곳이다.[14] 위치상 강 옆의 좋은 경관을 배경으로 하고 있음이나 집터에서 발견되는 증거물로 보아 관련 구전담은 실제 사실일 가능성이 높다고 여겨지는 곳이다. 이 역시 임금의 유락에 적합한 장소의 하나로, 그에 따른 궁녀의 존재가 중요했거나 유다른 점이 있었던 데에서 지명에까지 영향을 미친 결과로 이해된다. 끝으로 황화산에도 임금[의자왕]이 놀았다는 구전담이 전해지고 있다.[15] 인접한 어상산(御上山)에도 같은 전설이 전승되고 있어 주목되는데,[16] 이를 고려하면 분명 이 지역 일대는 임금의 행차가 자주 있었고 그에 따라 유람행위도 한두 번에 그친 것이 아니었던 듯하다. 그리고 이는 이곳 일대가 임금의 휴식이나 유흥활동과 관련하여 특별한 위치에 있었을 것임을 짐작하게 한다.

이에 대한 좀 더 진전된 이해를 위하여 우리는 이들 지점들이 부여와 논산 사이에 있고, 사비강과 백마강변의 경관 좋은 곳에 적절히 배치되어 있다는 사실을 깊이 주목할 필요가 있다고 본다. 이는 부여와 논산이 지니는 인문지리적 특성에다, 두 곳을 잇는 금강의 자연지리적 성격이 합치된 결과임을 말해준다. 논산의 황화산은 부여가 서성(西城)임에 비하여 '동성'으로 비정되는 곳이다.[17] 혹은 고구려에서의 삼궁(三宮)의 존재를 고려할 때 백제의 경우도 삼궁이 있었을 것임을 가정한다면, 위 서궁·동궁에다 삼례 미륵사지와 왕궁지를 더하여 이곳은 두번째 궁에 해당된다고도 볼 수 있다.[18] 부여

---

13) 이곳이 본디의 낙화암일 가능성이 높다고 이해된다. 이는 뒤에 더 논의하기로 한다.

14) 2001. 5월 이후 필자는 여러 번 우곤리 서당골을 방문했다. 전영대(남·77) 외 여러 주민들에게서 이 이야기를 거듭 들었고, 현지도 자세히 답사했으며, 임금의 낚시터였다는 바위에 임금과 관련이 있는 글자가 새겨진 것도 발견할 수 있었다.

15) 『동국여지승람』과 『여지도서』에 기록이 나타나며 지금까지 구전으로도 전해지고 있다.

16) 『여지도서』 은진현 참조.

17) 홍재선, 「논산 황화산성고」, 『고문화』23, 한국 대학박물관협회, 1983. 12. 49~51쪽 참조.

18) 위와 같음.

북쪽의 왕진리에서 생산된 기와가 그곳에서 멀리 떨어진 논산 황화대에서도 발견되고 있는 것이나, 궁성이나 사원에서만 쓰이던 연화문 와당이 여기에서도 발견되고 있음[19]은, 이곳의 경영이 국가차원에서 이루어졌다는 것을 말해주는 것이다. 이런 중요성을 고려할 때 왕은 이곳을 자주 다녀갔을 것이며, 부여와는 달리 이궁(離宮)의 성격을 띠는 이곳은 휴식과 안정을 얻자는 것이 주된 방문 목적이었을 것이다. 임금이 낮에는 황화산성에서 놀고 밤에는 사비성 강에서 놀았다는 구전이 있음이나,[20] 이 부근 일대에 왕이 놀았다는 유래담을 지닌 산이 집중적으로 나타나고 있는 현상[21]은 바로 이와 연관성이 있어 보인다.

당시 부여 궁성과 이곳 사이의 임금의 행차는 육로 못지않게 수로가 중요시되고 또한 실제로 빈번하게 이용되지 않았나 여겨진다. 두 지점 사이가 멀지 않은 데에다 경치마저 수려하여 충분히 그럴 수 있었으리라 보인다. 임금의 수로 행차에 대비하기 위하여 경치가 좋은 곳곳에 쉬는 곳을 마련해 두었을 것이며, 이를 위해 정자도 짓고, 행차를 맞이하고 수발하는 궁녀들도 미리 배치하거나 거주하게 했을 것이다. 사비궁과 궁녀의 존재가 뗄 수 없는 관련을 맺을 수밖에 없었던 또 하나의 요인을 바로 여기에서 찾을 수 있다.[22] 나아가, 이들 여러 곳에 배치되어 있던 궁녀들의 존재와 그녀들을 매개로 빚어지는 궁실의 주연은 백성들이 볼 때는 '수많은 궁녀가 때 없이 놀기만 한 것'으로 비쳐졌을 법도 하다. 특히 전쟁의 패배를 거치면서 그러한 인상은 점점 더욱 과장되게 느껴졌을 것이다. 결과적으로 낙화암전설에

---

19) 앞 주), 43~45쪽 참조.

20) 위 산 밑 마을에 사는 이내인(李來仁·남·78)씨로부터 들은 말이다(2001. 7. 19).

21) 위 황화산과 의자왕전설은 『동국여지승람』에 보인다. 그리고 채운면 화산리 꽃미에도 같은 전설이 전해지고 있음이 『여지도서』에 기록되어 있다. 또한 『한국지명총람』에는 위 두 곳 외에 채운면 야화리 들꽃미와 용화리 용꽃미에도 같은 전설이 더 전승되고 있는 것으로 소개되고 있다.

22) 민제인(閔齊仁:1493~1549)의 '백마강부' 가운데 다음과 같은 구절이 있음은 이러한 추론의 가능성을 더욱 굳게 뒷받침해 주는 예로 들 수 있다: "군왕이 出遊하면 꽃들이 웃음으로 다투어 맞이했고 / 烟浦에 龍舟를 뛰우고 柳汀에 鸞旗를 드날렸다." 이 시에서 배를 타고 이곳저곳 경치 좋은 곳을 다니며 궁녀들과 함께 유흥을 즐겼던 모습을 짐작할 수 있다.

서 궁녀의 존재가 과장되게 표현된 이면에는 이러한 역사사실이 일정한 영향을 주었다고 할 수 있다.

낙화암전설과 관련하여 백제사에 대한 부정적 역사인식의 주된 요인을 살핀 데 이어, 전설 형성의 직접적인 소재를 함께 살펴둘 필요가 있다. 궁녀들이 벼랑에 몸을 던졌다는 것의 사실성과 그 정도 문제를 잠시 짚고 넘어가는 일이다. 물론 아주 많은 수는 아니었겠지만, 그것은 사실이었을 것이다. 그리고 위에서 밝혔듯, 당시 궁녀의 존재가 사비강 줄기 이곳저곳의 요충에 배치되어 있었듯이 궁녀들이 강물에 뛰어든 것도 꼭 한 곳만은 아니었다고 볼 수 있다. 희녀대[희어대]에서 가까운 옵배에도 '낙화암'이라 불리는 높은 바위벼랑이 있어 여기에도 같은 전설이 전해지고 있음은 이에 대한 예가 된다. 갑작스런 적군의 내습에 직면하여 혼비백산한 궁녀들은 혹은 도피한 사람도 있는가 하면[23], 잡힌 사람도 있고, 적과 맞서다가 죽은 사람이나 자결한 사람도 있었다면, 부근의 바위 절벽으로 올라가 장렬히 강물에 몸을 던진 사람도 있었을 것이다. 그러므로 위 옵배의 바위벼랑이나 부소산의 낙화암 벼랑바위가 바로 이러한 현장의 하나가 될 수 있었던 셈이다.

요컨대 백제말기 왕실 및 왕족과 관련된 궁녀의 존재가 사실보다 크게 부각되어 낙화암전설의 주인공이 되었던 데에는, 일정한 사실적 요인이 작용한 결과라 할 수 있다. 멀게는 왕비를 중심으로 한 궁녀집단의 존재와 그녀들의 비대해진 정치력이 비난의 대상이 될 만큼 커진 것과, 부여와 논산의 지리적 중요성과 그에 따른 사비강 주변에서의 궁녀의 역할이 증대된 것이 그것이다. 그리고 직접적인 역사배경 면에서는 부소산이 아닌 다른 장소에서 이루어진 투신사실이 뒤에 동일한 낙화암전설을 흡인하여 전승케 된 이유가 되었을 것이다. 이러한 점들이 원인(遠因)과 근인(近因)으로서 위 전설의 형성 요인이 되었다고 할 수 있다. 전쟁이라는 비상한 상황을 겪으면서 이

23) 용정리 독정이 청마산성 북쪽 골짝을 색시골이라고 부르는데 백제 말기 궁녀(색시)들이 몰려와 숨은 곳이라 하여 그런 이름이 붙었다는 말이 있다. 필자는 색시골 아래쪽에 사는 최영희(여·65. 2001. 5. 21.)어른에게서 이 이야기를 들었다.

들 요인은 지속적으로 전설의 추동력으로 작용해왔다고 할 수 있다.

3. 전설 성립의 초기 모습

위와 같은 역사배경 위에서 위 전설이 성립되었다면 이 전설의 초기 모습은 어떠했을까? 이 초기 양상과 후기의 단계는 달랐을 것인데, 이 초기 단계부터 주목해 보기로 한다.

위 이야기의 전설화의 첫 단계는 '의미 있는 사실로서 확인'하려는 관심을 보여주는 수준이었다고 할 수 있다. 백제가 망한 뒤에 '멸망의 현상과 이유'들이 널리 세인들의 이야깃거리가 되었을 것이고, 이때 극적으로 전개된 당시 역사의 현장과 관련된 사실들이 주된 이야깃 거리로 선택되었을 것이다. 그리고 그 중에서도 사비성 주변의 사물이나 자연물과 관련된 이야기들이 더욱 중심 되는 제재가 되었을 것이며, 이들 많은 이야기들 가운데에서도 좀 더 의미 깊은 사실들로서 관심을 많이 끈 것들이 곧 위 이야기를 포함하여 엿바위·자온대·조룡대·천정대 등 사비성과 그 주변의 몇몇 자연물 이야기들이었을 것이다. 특히 이 가운데 역사상황의 심각성과 관련 전승의 독자성이 뚜렷한 특징을 보이는 낙화암 이야기가 이러한 관심을 더욱 높이 끌었을 것임은 자연스런 일이었다고 이해된다.

이들 이야기가 관심 있게 이야기되면서 관련된 자연물에 '이름이 부여'되었을 것이다. 이름의 부여는 말에 의한 역사사실의 확인을 눈에 의한 확인으로 보완하는 결과가 된다. 그리고 이에 따라 이야기를 붙들어두고 역사의 사실성을 강하게 인식시키는 역할을 한다. 한편, 이야기의 내용과 증거물의 밀접성이 높을수록 증거물의 이름은 더욱 분명하게 각인될 수 있게 되고 그에 의한 사실 강조력은 더욱 높아지게 된다. 궁녀가 떨어진 바위와 이야기의 내용은 바로 이러한 관계가 뚜렷하기에 이런 면에서 좋은 결합관계를 이루고 있다고 할 수 있다.

궁녀가 떨어진 바위에 대한 이름이 부여된 시기가 어느 때부터였는지를 분명하게 말하기는 어렵다. 그것은 대략 사비성 일대의 여러 전설들이 역사적 사실성을 강하게 유지해나간 기간으로 설정할 수 있을 것이다. 사실성의 강한 견인력으로 하여 사물에 대한 관찰과 인식이 사실성을 확인하려는 쪽에 치우쳐 자유로운 상상적 표현을 억누른 결과라 할 수 있겠다. 이러한 단계의 위 전설은 백제가 멸망한 뒤 오래지 않아 단조로운 이야기로 성립되고 나서 상당한 기간 동안 전승이 지속되었을 것이다. 이 시기 위 전설의 전승 양상을 보여주는 하나의 예가 있다.

> 『백제고기(百濟古記)』에서 말하기를 「부여성 북쪽 모퉁이에 큰 바위가 있어 아래로 강물에 닿았는데 옛날부터 전해오기를 의자왕과 여러 후궁들이 함께 화를 면치 못할 것으로 알고 서로 "차라리 자살할지언정 남의 손에 죽지는 말자"라고 하면서 서로 이끌고 이곳에 와서 강에 몸을 던져 죽었다. 그래서 속간에서 타사암(墮死巖)이라고 한다」고 한다. 그런데 이것은 속설의 잘못이다. 단지 궁인만 떨어져 죽었다. 의자왕이 당나라에서 돌아갔다는 것은 당사에 기록되어 있다(『삼국유사』 권1, '태종춘추공').

이것이 본디 백제의 '고기'에 적힌 이야기임을 밝히고 있음이 주목된다. 이것은 시기상으로 보아 대략 통일신라가 충분히 안정을 이룬 뒤로 보아 별 무리가 없지 않을까 한다. 그리고 위 이야기는 당시 구전을 기록한 것일 가능성이 높다고 여겨진다. 중시해야 할 점은 이처럼 시기상으로 볼 때 이는 위 전설의 초기 단계 모습을 보여주고 있다는 점이다. 그런 만큼, 위에서 말했듯 위 이야기의 내용은 백제사의 마지막 책임자를 상황의 중심에 내세워 역사를 인식하려는 시각에서 기록된 것이라고 할 수 있는 셈이다.

이점을 자세히 보기로 하자. 우선 전설증거물의 이름이 '타사암'으로 나와 있다. 사실의 객관성에 충실한 기록일 뿐 과장화가 없다. 있었던 사실을 사실로서 기록한 결과이다. 다음으로 이야기의 주인공을 보면 임금과 후궁이 동등한 비중으로 행위의 주체로 설정되고 있다. 이 역시 기본적으로 사실성에 충실하고자 한 표현이다. 그런데 여기에서의 사실성은 두 가지로 나뉜다. 하나는, 후대에 오면 일반적으로 '궁녀'로 표현되는 것이 여기에서는 '후궁'으로 드러나고 있는데, 이는 실제사실성에 충실한 것이라 할 수 있다. 실제로 이곳 바위 벼랑에서 몸을 던진 궁녀들은 다수의 궁녀일반이었다기보다 제한된 일부 후궁이었다고 보는 것이 정확한 판단일 것이다. 그런데 이와는 반대로 두번째로는 관념적인 사실성, 즉 사실성(寫實性)을 지향한 표현도 있다. 후대의 표현에서는 보이지 않는 '임금'이 바위에서 떨어진 인물로 포함되고 있음이 그것이다. 이처럼 실제 사실과는 다른 요소를 사실처럼 말하고 있음은 그렇게 보는 것이 합리적이라고 인식한 결과이다. 그렇지만 이것은 표현적 사실성을 보여주는 것이 된다.

그러므로 이 단계의 위 전설은 실제의 사실성과 관념적인 사실성을 함께 보여주며, 이는 일면 모순 같지만 바로 위 전설의 초기 단계 모습을 반영하는 것이다. 이 무렵은 역사사실과 전설표현의 시간과 전승이 두텁지 못한 때이다. 따라서 실제사실의 영향력이 강하게 지배하는 일면 그러한 사실성을 최대한 합리적으로 해석하려는 인식태도를 보여준다. 그것은 불가사의한 사건에 대하여 우연으로 판명된 수사결과를 납득하지 못하는 사람들이 그들 나름의 합리적 해석을 추구하고 결론을 내리는 것과 같은 합리성과도 같다. 여기에는 아직 사실에 대하여 거리를 두고 관조하고 감상하는 여유가 개입되지 않으며, 구전적 관습성도 쌓이지 못한 상태이다. 이러한 시각에서 사실을 인식하는 것이므로 타사암 이야기가 임금을 주인공의 하나로 설정하는 것이나, 임금과 함께 극단적 방법으로 죽음을 결행하는 동반자를 '후궁'으로 한정하여 설정하는 것은 논리상 자연스런 상상이며 표현이다. 그러므로 행위의 주체를 두 가지로 다 갖춰 표현하는 것은 사실성의 훼손이 아니라 미흡한 요소의 보완이 된다. 그리고 이러한 표현을 지향하는 것은 결국 이 이야기의 출현이 이야기로서의 사실 지향적 인식과 표현의 욕구가 그만큼 강하게 지속되던 시대를 바탕으로 한 것이기 때문이다. 역사의 중심인물을 과대 해석하는, '역사의식의 과잉현상'인 것이다.[24] 이는 사실의 직접 반영이 아니며, 전설의 구전사에서 볼 때 시대적 상황에 부합되는 관념적 사실성이 반영된 결과라는 점에서 이 전설의 구전사에서 지니는 의의가 있다. 또한 같은 이유로 이것은 일정한 허구성을 띠되 사실적 역사전설이자 소박한 지명전설로서, 위 전설의 전체 전승과정 위에서 시대적 독자성을 보여주고 있는 셈이다. 위 전설의 『백제고기』기록과 일연의 시각이 차이를 보인 데에서 알 수 있듯, 이런 수준에서의 전승은 이미 고려시대와는 부합되지 않는 것이었다. 그러므로 이 단계의 위 전설의 전승은 대략 고려시대 이전까지에 해당된다고 할 수 있을 것이다.

4. 타사암에서 '낙화암'으로의 전환과 그 배경

이렇게 전설로 성립을 본 위 이야기는 시대가 진전되면서 변화도 이루어졌는데, 그것은 크게 두 가지 측면에서 실현되었다. 첫번째로 이야기의 주인공 면에서는 '임금'이 점차 배제되고 궁녀의 존재가 더욱 부각되어지는 쪽으로 변화를 보였다. 그리고 두번째로 표현 면에서는 멋스런 표현의 지향과 더불어, 다른 일면으로 과장 표현의 지향을 들 수 있다. 이 가운데 첫번째 측면은 실제사실 지향의 결과를 보여주는 것이라면 두번째는 그와 반대로 이야기의 허구성 지향에 따른 결과라 할 수 있다. 후시대로 오면서 의자왕이 궁녀들과 함께 투신하지 않았다는 사실이 점점 널리 알려지게 되었을 터인데, 위 전설은 이 대목을 역사사실에 충실한 방향에서 표현 내용으로

24) 이 글에 대한 토론문에서 주영하는 궁녀와 임금이 쌍으로 조합을 이룬 표현이 지니는 당시대의 역사의식을 중시해야 할 것이라고 했는데(2001. 11. 30. 부여 청소년수련원 강당), 필자는 그에 대해 역사의 특정인을 중심에 둔 '역사의식의 과잉'이란 말로 대답할 수 있다고 본다. 이는 비컨대 주어진 사건의 진상을 추정함에 있어 정황이 주는 개연성이 너무 강렬하여 진상을 밝히기도 전에 정황에 의한 개연성만으로 사건의 진상을 단정하고 믿으려 하는 것과 같다.

수용하고자 했다. 비슷한 시대의 유사한 경우를 다른 예화를 통해 볼 수 있음은 이러한 현상이 우연이 아님을 말해준다.[25] 그런가 하면, '삼천'궁녀라는 표현은 또 그것대로 한껏 과장되게 실현되었다. 객관적 사실성의 추구와 허구적 과장성의 추구라는 일면 모순된 현상을 함께 보여준 것이 위 전설의 고려 이후의 변화과정이었다.

이러한 사실은 전설의 전승과 변이에 대한 중요한 하나의 원리를 보여주는 것이라는 점에서 그 중요성을 음미할 수 있다. 전설은 사실로 의식되는 이야기가 사실답지 않게 초월적으로 표현되는 이야기[26]이며, 허구성이 강조될수록 사실성도 더욱 짙게 표방되어 전승되는 양식이다. 그런데 사실성의 추구는 개연성 있는 그럴듯함의 추구 쪽에서 이루어지는 것만은 아니다. 정확한 실제 사실을 지향하는 쪽에서 사실성을 지향하는 것이 전설의 특성이기도 하다. 되도록 실제 사실에 충실하고자 하면서 경이적 허구성을 함께 추구하는 것이 전설의 본질임을 위 예는 보여주고 있다.

우선 여기에서는 위 전설의 허구적 표현의 중요한 한 모습인 '낙화암'이란 이름이 어디에서 왔는지를 생각해 보기로 하자. 타사암은 객관적인 말임에 비하여 낙화암이란 이름은 비유적 표현어이다. 설명적 단계에서 표현적 단계로 상승을 이룬 것이다. 그렇다면 표현을 한 단계 진전시킨 이 표현어는 어디에서 찾을 수 있는 것일까? 기록상으로 이것이 처음 보이는 것은 고려말 이곡(李穀, 1298~1351)의 글을 통해서가 아닌가 한다. 그의 시의 일부를 보자.

> ……하루 아침에 금성탕지(金城湯池) 와해(瓦解)되어
> 천길 높은 바위 이름 불러 '낙화'로다
> 공후의 꽃동산에 농부가 밭을 갈고

---

25) 고려 말 이곡(李穀:1298~1351)의 〈주행기〉라는 기행문을 그 한 예로 들 수 있다. 여기에는 "……그 때에 포위를 당하여 너무 급하게 되자 임금과 신하가 궁녀들을 버리고 달아났다. 궁녀들은 의리로 군사에게 몸을 더럽힐 수 없다 하여 떼를 지어 이 바위에 이르러 물에 떨어져 죽었다…"라고 기록되어 있다. 여기에서는 임금과 신하가 궁녀를 버리고 달아난 것으로 되어 있다.

26) 임재해, 「전설」, 『한국민속학의 이해』, 문학아카데미, 1994, 329쪽.

버려진 비석 곁에 동타가 묻히었네……(〈부여회고〉)[27]

낙화암이라는 이름으로 불리게 된 내력의 소개가 표현의 중요한 일부를 이루고 있음을 알 수 있다. 그의 〈주행기〉에도 같은 이름이 나오고 있다.

……낙화암……조룡대……호암……천정대……이것이 이른바 부여의 네 가지 노래[四詠]요 이 지방의 빼어난 경치이어서 호사가들이 천리를 멀다 않고 찾아오는 것이다……나 스스로 꽤 호사하지 않는 사람이라고 자부했는데, 바야흐로 농사철을 당하여 노래하고 춤추는 사람을 (배에) 실으니, 손님이 많아 공급하는 것이 거의 백 사람이나 되고……(〈주행기〉) [28]

위 글은 고려 말기에 이르면 부여가 전국적인 관광명소로서 이미 유람가들이 선호하는 방문지로 알려져 있었으며, 낙화암도 그런 장소의 유력한 한 곳으로 이름을 얻고 있었음을 알게 한다. 특히 낙화암을 포함한 네 곳이 이 지역의 대표적인 유적으로 알려져 있었다는 것은 이들 장소가 오래 전부터 관광객들의 깊은 관심거리가 되어왔을 것임을 짐작케 한다. 이는 예로부터 사비강의 자연경관이 주는 매력이 예사롭지 않은 것임을 확인시켜주는 것이기도 하다. 농사꾼들에게 미안함을 느낄 정도로 흥취 있는 유람을 했던 목은이 그 당시에 느낀 감흥도 이와 다르지 않았을 것이다. 낙화암이라는 비유어는 이처럼 이곳에 대한 관광객들의 평소 기대감이 더욱 흥취 있게 드러난 결과라 할 수 있다. 역사유적이자 관광지로서 더욱 널리 알려진 전설의 대상이 사실적 인식보다는 허구적 표현을 자극한 결과라고 해야 할 것이다.

여기에서 더욱 중요한 것은 '낙화암'이라는 이름이 이미 이곡에 앞서 널리 불리고 있었을 것이란 점이다. 이 이름이 언제부터 불리기 시작했는지는 정확히 알 수 없지만 타사암 이후인 것만은 분명해 보인다. 그것은 타사암

27) 『국역동문선』 I, 274쪽. 위 책의 번역을 따랐음. 원문은 다음과 같다 : "一旦金城如解瓦 千尺翠巖名洛花 野人耕種公候園 殘碑側畔埋銅駝"

28) 『국역동문선』 VI, 264~265쪽. 원문은 생략함.

부근이 관광지로서 널리 알려짐에 따라 그에 대한 유람객들의 탄상이 거듭되어 나가고, 이것이 어느 무렵 식자의 기록으로까지 전환됨으로써 지금과 같은 고정된 이름이 될 수 있었을 것이다.

그렇다면 '낙화암'이라는 이 새로운 표현의 기반은 어디에서 마련된 것일까. 어느 한 시인의 우연한 상상력의 소산일까? 아니면 다른 부여의 어떤 문화·역사적 배경과 관련이 있는 것일까. 또는 타국으로부터의 영향에 의한 것일까. 이와 관련, 여성이나 기녀의 투신 낙하를 흔히 낙화로 표현한 예가 전부터 있어왔을 것임을 예상할 수 있고, 위의 경우도 이러한 관습화된 비유표현으로 이해할 수 있을 것이다. 그러나 그러한 가능성을 전적으로 부정하기는 어렵다 해도 상호 관련성의 가능성이 더욱 높은 특수 상황에서 해석할 수 있다면 그것을 더 중시하는 것이 낫다고 본다. 특수상황에서의 영향관계가 더욱 직접적이고 구체적이기 때문이다. 그런 점에서, 부여 일대의 산 혹은 부소산이 지니는 어떤 특징이 위 전설의 이러한 표현을 촉발했을 가능성이 높다면 그 점을 주목하여 서로 연결지워 이해하는 것이 합리적일 것이다. 위 표현이 처음 발단된 것은 어느 한 개인의 입을 통해서였다 해도, 부소산 혹은 그 인근에 일상화된 문화적 전통을 배경으로 했기에 그러한 상상이 쉽게 착상되고 정착될 수 있었다고 보는 것이 옳다고 본다. 이런 관점에서, 그것은 처음 부여 인근에 널리 전승되어졌던 것으로 알려진 산유화가와의 관련성에서 발단된 것으로 보는 것이 합리적이리라 여겨진다.

앞에서 밝혔듯이, 사비성 일대는 사비강과 그 주변 경관의 수려함에다 논산지역 (혹은 금마 지역까지를 포함하여)과의 특수성으로 하여 궁녀를 중심으로 한 궁중 유희가 발달되어 있었던 것으로 보인다. 그런데 이 유희가 행해졌었다고 전해지는 장소가 여러 곳으로 나타나고 있으며, 모두 야산으로 되어있는 점으로 보아 이는 '메놀이(山遊)'로 불렸던 것으로 볼 수 있다. 그리고 이들 산마다 기화이초를 심어놓고 임금이 이를 완상하며 즐겼다는 말도 함께 전해지고 있다. 여기에는 물론 궁녀도 있었을 것이다. 그러므로 '메놀이'·'메놀이

꽃'이 성립되고 이것에서 한자의 '산유화(山遊花)'가 나왔을 것이며, 이로부터 산유화(山有花)도 가능했을 것이다.[29] 특정 지역과 백제 임금과의 깊은 관련성,[30] 그리고 논산 인근에 메놀이나 산유화를 증명하는 곳이 집중적으로 나타나고 있는 점 등의 이유로 하여 이들 사례는 부여와 금강변 일대까지 널리 행해진 놀이였으리라고 추정할 수 있다. 당시 이들 산에는 의례히 꽃도 있었을 것이고 이 꽃은 동시에 '궁녀'를 가리키는 뜻으로도 의미가 확장되어 널리 쓰였을 것이다. 이처럼 이들 지역에서는 산을 대하면서 실제의 꽃을 보는 것과 동시에 궁녀를 연상하는 것이 널리 관습화되었을 것이다. 바로 이러한 산에 대한 꽃 이미지의 일상화된 관행이 부여 일대의 문화적 독자성으로서, 이것이 '타사암'을 '낙화암'으로 전환케 한 상상의 토대가 되어주었다고 할 수 있다. 세밀히 생각해보면 부여와 사비강 일대의 야산들이 '메놀이'와 '산유화'의 현지였듯이 부소산도 그런 곳의 하나였다고 이해된다. 그러므로 『삼국사기』에 정식으로 기록된 고란사 밑 바위에서 임금이 벌였던 유흥은 '메놀이'의 연속이었고, 또한 그때 놀았던 '궁녀'들도 '산유화'의 연장이었던 셈이다.[31] 이처럼 산과 꽃의 익숙함은 '낙화'라는 이름을 쉽게 떠올리게 하고 '낙화암'이란 이름이 생기기 이전에 이미 친숙한 일반명사로 인식하게 해주었으리라 여겨진다. 타사암이 낙화암으로 간단히 전환될 수 있었던 것은 근원적으로 이러한 부여지역의 역사·문화적 특수성이 배경을 이룸으로써 가능했다고 이해된다.

---

29) 산유화가에 대한 이러한 이해 관점은 일찍이 이재욱이 제기했었고 박노춘에 의해 다시 언급되었다. 박노춘, 『한국문학잡고』, 시인사, 1987. 25쪽 참조.

30) 이들 지점과 바로 이웃해 있는 채운면 우기리도 백제 임금과 관련이 있는 것처럼 이야기되고 있다. 큰우기·가운데우기·작은우기가 있는데, 본디 큰임금터·가운데임금터·작은임금터가 자연지명이다. 이들 지명은 임금님의 정치적 이념의 실현과 관련한 중요한 뜻을 지니고 있지 않나 여겨진다.

31) 과거 부여를 찾은 유람객들이 낙화암과 산유화를 밀접하게 관련지어 이해하고 이를 시로 읊기도 한 사례가 이런 이해 관점이 무리가 아니라는 예가 될 것이다. 하나의 예로 여기에서는 김한록(1722~1798)의 시 〈皐蘭寺續山有花歌〉를 들기로 한다. "南山有花北山有花 花不言笑奈何 不言尙可故國亡奈何 故國君王遊燕時 乘輦向花問 花何易老 宮中美女多嬌姿 携伴折花矜花顏 色好城闕一朝改紅粉萬古沈光彩 國滅人亡不復存 年年世世花空在 花空在長相笑 青山綠水西風殘照 (『寒澗集』)

5. '삼천'궁녀로의 과장과 상상의 확장

낙화암이란 표현을 통하여 위 전설은 지시적이고 사실적인 확인 단계를 넘어 문학적 상상의 세계에 더 가까이 진입할 수 있게 되었다. 대상을 직설법으로 드러내는 데에서 더 나아가 간접화한다는 것은 사물을 대하는 데에 그만큼 여유를 갖게 되었음을 뜻한다. 곧 사물과 그것을 대하는 주체 사이의 간격을 주관적 느낌의 표현으로 메울 수 있는 공간을 더 넓힐 수 있게 된 것이다. 그런데, 바로 이것을 한 단계 더 심화시킨 것이 '삼천'궁녀라는 표현이다. 이 표현은 위 전설 전승사에 있어 일정한 시기 이후부터 나왔고 이로써 위 전설의 표현 내용은 또 다른 단계를 보여주게 되었다. 삼천궁녀란 말은 궁녀의 많음에 대한 최상의 과장어라 할 수 있다. 이 대목에 대한 극한적인 과장 표현을 지향하는 것으로써 위 이야기의 전설적 과장은 절정을 보았다고 할 수 있다. 이 표현은 고려말기까지의 자료에서는 보이지 않던 것이다. 그러던 것이 조선초기로 들어오면서 집중적으로 보이기 시작하여 김흔(金訢:1448~?)의 〈낙화암〉 조위(曺偉:1454~1503)의 〈부여회고 차 가정운〉 민제인(閔齊仁:1493~1549) 등의 시에서 나타나고 있다.[32] 그렇다면 이 표현은 어디에서 온 것일까? '삼천'이란 숫자가 백제사의 실제 사실에 바탕을 둔 표현이 아닐 것임은 누구나 쉽게 단정할 수 있는 일이다.

그렇다면 이것을 종래의 관점처럼 종교나 민속, 혹은 설화적 화소에서 보이는 숫자 개념에서 찾아보는 것이 대안이 될 듯도 하다.[33] 그러나 이렇게 보는 것은 곧 복합적 영향을 수긍하는 결과로, 분명한 해답을 얻기보다 오

---

32) 이와 관련하여 이제까지 가장 앞선 작품으로 민제의 시가 주목된 바 있다(구중회, 「삼천궁녀제의 민속학적 연구」, 『삼천궁녀제 연구』, 한국샤마니즘학회, 2000. 8). 그러나 필자가 본 바로는 이제까지 김흔의 작품이 가장 앞선 것으로 드러났다.

33) 사단법인 전통민속문화 보존회에서 낸 『삼천궁녀제 연구』(문덕사, 200. 8)에서 제기된 중요한 과제는 바로 삼천궁녀였고, 위 책에 글을 쓴 조흥윤·이필영·구중회 등의 필자들이 이 문제에 대하여 나름대로의 관심을 보여주었는데, 그러나 결정적인 해결책이 제시되지는 못하였다.

히려 혼란에 빠지고 말 위험이 크다고 여겨진다. '삼천'이라는 숫자상의 유사성만을 주목하여 영향관계를 찾으려는 것은 대응관계를 이루는 것이 너무 많아 객관성을 인정할만한 근거를 찾기가 어렵다고 본다. 그러므로 그 이상의 좀 더 구체적이고 직접적인 관련성을 찾아야 한다고 하겠는데, 필자는 이러한 밀접성을 갖는 것으로 위 전설의 주제와 비슷한 뜻을 지닌 백낙천(白樂天:772~846)의 시 장한가(長恨歌)에 보이는 '<u>後宮佳麗三千人</u>　三千寵愛在一身'이나 또 다른 시의 '三千宮女胭脂面　幾个春來无泪痕'[34] 같은 시구의 영향을 받았다고 본다. 우선 여기에서 삼천이라는 궁녀의 수는 당 현종 때에 비정상적으로 급증한 실수(實數)[35]로서 현종의 음황탐락을 말해주는 상징적인 수로 인식되어온 것임을 주목할 필요가 있다. 무엇보다도, 이들 시에서 '궁녀(후궁) 삼천인'이란 표현이 전설의 그것과 흡사할 뿐만 아니라, 국왕과 궁녀와의 관계로 이루어지는 기본 구도도 시와 설화가 일치되고 있다. 백거이란 작가의 유명도 면에서나, 상호 주제의 유사성 면에서 영향을 주고 받았을 가능성이 크다고 할 수 있다. 후궁에게 빠져 정사를 그르친 당 현종과 의자왕의 행적이 근사한 점을 착안, 누군가 백낙천의 위 시구를 인용하여 낙화암 고사를 노래함으로써 이것이 어느 사이엔가 인구에 널리 회자되어나간 것으로 이해된다.

고려조까지의 시에서는 '삼천'궁녀란 말이 아직 보이지 않는 것으로 보아 이 말은 대략 조선초에 들어오면서 널리 쓰이기 시작했던 듯하다. 또한 역사서에는 거의 나타나지 않고[36] 주로 시를 통해 확인되고 있음으로 보아, 문학적 과장표현에서 발단되어 시와 구전에 의해 널리 확산된 것으로 보인다. 이로써 보면 그 직전이 비유화의 단계라면, 조선조부터는 과장화의 단계라고 할 수 있겠다. 전 단계는 자생적 비유의 단계라면 그 후는 외래적 영

---

34) 李岩齡·顧道馨·王恩厚·韓广澤 외 공저, 『中國宮庭禮俗』, 天津人民出版社, 1991. 233쪽에서 재인용.

35) 앞 주), 232쪽 참조.

36) 『신증동국여지승람』·『여지도서』·『충청도읍지』·『대동지지』·『여도비지』·『동국여지지』 등에서 '삼천'이라는 용어는 나타나지 않고 있다(이필영, 「충남 부여지역의 진혼제」, 『삼천궁녀제 연구』, 2000. 8. 65~66쪽 참조.

향을 받은 비유의 단계라 할 수 있다. 전 단계에 비하여 전설 전승의 역사가 오래 지속되고 문화 교류의 폭이 깊어지면서 그 다음 단계가 이루어졌다고 할 수 있다. 전 단계에 비하여 후단계인 조선시대는 역사사실에 대하여 더 명확한 이해가 가능해지고, 그에 따라 역사를 객관적으로 바라보고 비판적으로 인식할 수 있는 여유가 더욱 커지게 되었다. 삼천궁녀라는 표현이 공감을 얻게 된 것도 조선시대에 들어와 의자왕에 대한 비판의식이 좀 더 높아진 결과로 볼 수 있다. 그런가 하면 전승의 오랜 관습성으로 인하여 과장화와 희화화로 나아갈 가능성을 더 짙게 띠게 되었다. 이런 결과, 전시대에 비하여 이때는 전설 내용의 핵심에 대한 초점화 경향을 보이고, 이를 통하여 표현의 멋을 더 높이 실현함과 동시에, 역사에 대한 좀 더 강한 비판의식의 표명을 함께 지향하는 모습을 보여주게 된 것이다. 한마디로 '궁녀'의 존재로 관심이 초점화되고, 이를 중심으로 비판의식을 담은 허구적 표현이 더욱 강조된 것이 이 시기에 보여준 모습이다. 이것이 위 전설의 시대적 변화상이라고 할 수 있다.

초점화에 의한 허구적 표현의 확대 현상은 크게 두 가지 측면을 통하여 실현되었다. 하나는 '낙화'의 현상 자체를 중시하여 그 처절성과 비장성을 한껏 드러내고자 한 것이고, 둘은 거기에 그림자처럼 동반되는 당시 역사에 대한 질책성의 비판이다. 아래 예문은 한시이기는 하지만 같은 소재에 대한 문학적 표현이므로 전설에 대한 예로 확대하여 이해할 수 있다.

> ……삼천궁녀들이 모래에 몸을 맡겨
> 꽃 지고 옥 부서지듯 물 따라 떠내려갔네
> "우여 우여 어찌하리!" 항왕이 울었고
> 옥로(玉奴)가 언제 제나라 임금을 저버렸던고
> 물결에 던진 버선 아득히 어디멘고
> 지금토록 구름과 비가 바위가에 머무네
> 향혼이 한 번 가고 다시 오지 않으니
> 여기 와 노니는 사람 길이 눈물 흘리네 ……(김흔: 〈낙화암〉)

……삼천궁녀가 바위 아래로 떨어지니
흩어지는 놀란 혼 바람 앞의 꽃이구나
충언을 듣지 않아 마침내 후회막급
지금도 궁궐 폐허에 동타가 설워하네……(조위: 〈부여회고차가정운〉)

두 시 모두 궁녀의 투신을 아름답게 미화하는 데에 관심을 보여주고 있음을 볼 수 있다. 뒷 시를 보면 궁녀가 물에 떨어지는 모습을 간결하면서도 아주 환상적으로 묘사해 보이고 있다. 또한 앞 시에서도 그와 같은 표현을 잘 실현하고 있되, 그 행위의 고결한 뜻을 함께 은유화하여 표현함으로써 읽는 이에게 깊고 은은한 여운을 갖게 한다. 둘 모두 낙화의 처참상과 비장성을 간접화함으로써 내면을 파고드는 처절한 아름다움으로 승화시킨 표현을 이루고 있다고 할 수 있다. 앞 단계에서 본 '낙화'에 의한 비유 정도를 넘어 상상적 표현을 훨씬 깊은 수준으로 실현하고 있는 것이다. 이는 이야기의 주인공을 궁녀로 본 관점이 한층 진전된 결과이기도 하다.

한편, 이들 시에서 삼천궁녀의 '삼천'은 이제 아무 의심 없이 받아들여지고 있다. 지나치게 부풀려진 사실성의 핵심 요소가 그대로 인정되고 있는 것이다. 전시대에 비하여 오히려 역사를 더욱 냉정하게 판단하고 객관적으로 비판할 수 있는 시대가 되었음에도 오히려 관습화된 비판을 그대로 답습하는 성향을 보여주고 있어 의아심을 갖게 할 정도이다. 여기에서 우리는 구전을 통한 전승의식의 시대성을 대하게 된다. 위와 같은 현상은 이 시대 지식인들의 의식이 마비된 결과가 아니라, 시대에 따른 그들 나름의 일반화된 역사의식이 작동된 결과로 이해해야 한다. 이 시대에는 백제 최후 역사의 모순상이 전시대에 비하여 좀 더 잘 알려진 상태였을 것이다. 그럼에도 지나치게 과장화된 역사의 오류가 의식되지 못했다는 것은 위 전설과 관련한 일반화된 전승의식이 지배한 결과라 할 수 있다. 이 시대는 위 전설과 그 현지가 유람지로서 널리 알려지면서, 대상을 낭만적 감상으로 대하려는 분위기가 더 확산되고 높아졌다고 이해된다. 또한 그에 따라 사실에 대한 정확성의 탐구보다는 드러난 한에서의 결과를 바탕으로 그것에 대한 비판적 인식과 판단을 강하게 확인하고자 하는 욕구가 높아짐에 따라, 의자왕에 대한 비판이 더욱 날카롭게 가해지게 되었다고 할 수 있다. 결과적으로, 조선 초기에 이르러 '허구적 표현의 멋과 비판의식'을 함께 보여준 것이 위 전설에 대한 관심의 추세였다고 할 수 있다. 그리고 이러한 인식은 결국 조선조 내내 오래도록 지속되어 왔고 지금까지 이어지고 있다고 하여 과언이 아니다.

6. 맺음말

이제까지 낙화암 전설이 형성된 역사배경을 짚어보고 전설의 초기 단계부터 후대에 이르면서 변화된 모습을 살펴보았다. 주요 논점을 요약하면서 오늘의 관점에서 문제되는 것을 확인, 음미하는 것으로 결론을 맺기로 한다.

백제의 멸망에 따른 궁녀들의 죽음이라는 역사사실이 주변적인 역사사실을 흡수하여 전설로 증폭될 수 있었던 것은 백제 말기 궁녀들의 존재가 많아지고 그 역할이 증대된 것과 함께, 이들을 매개로 의자왕을 중심으로 한 궁실의 잦은 사비강-넓게는 백마강-유람과 주연이 있었기 때문이다. 그리고 이는 부여에서 논산에 이르는 백마강의 자연적 특징에다 이들 지점을 중심으로 한 당시의 정치적 기능이 합치됨으로써 가능한 것이기도 했다.

위 전설의 처음 단계는 사실을 객관적이고 합리적으로 파악한 기록으로부터 시작되었다. 이 무렵은 위 역사사실이 아직 널리 알려지지 않고 전설 전승층의 주관적인 역사인식이 강하게 개입되기 전이라고 할 수 있다. 통일신라가 안정을 이룬 이후에 정착된 것으로 보이는 『백제고기』의 기록으로 전해지는 위 문면은 바로 이러한 위 전설의 초기 단계 모습을 보여준다.

낙화암이란 명칭은 그 뒤에 나온 주관화된 표현이다. 이 새로운 낱말은 막연히 벼랑에 떨어진 궁녀를 비유한 일반적인 비유어로 시작된 것이라기보다, 부여지역의 독자적인 문화적 기반을 반영하는 것으로 이해된다. 그것은 곧 부여 일대의 '메놀이'에 뿌리를 둔 여인과 꽃이라는 의미를 동시에 함축하는 것으로 파악된다.

비유표현의 다음 단계는 '삼천궁녀'로, 이는 종전의 다양한 추측과는 달리 만당(晩唐) 시인 백거이의 시 장한가(長恨歌)에서 온 것으로 보인다. 백거이의 시가 널리 읽히기 시작한 이후 '궁녀'가 갖는 역사상의 기능과 시 소재로서의 유사성으로 하여 쉽게 차용이 가능했을 것이다.

이제까지 살핀 결과는, 역사전설이 전승되는 양상의 한 모습을 보여주고 있다는 점에서도 주목되는 바가 있다. 역사전설은 역사 사실에 대한 판단과 표현이다. 사실에는 핵심 사실도 있고 주변 사실도 있다. 핵심 사건을 중심으로 하여 사건의 원인·과정·결과를 이루는 것이 주변 사실로서, 전승자의 의식이나 시대에 따라 변화를 보이는 가운데 전승력을 유지해 나가는 것이 역사전설이다. 핵심 사실에 대한 전설 표현은 단번에 이루어지는 것이라기보다 점진적이고 단계적으로 이루어진다고 할 수 있다. 사실을 확인하는 단계를 거친 다음, 사실과 대상을 주관적으로 받아들이는 분위기가 일반화됨에 따라 표현의 자율성 쪽으로 나아가며, 이로써 자유로운 전설적 표현이 실현된다. 위 전설에 대한 이제까지의 고찰은 대략 위와 같은 전설 전승의 중요한 하나의 원리를 말해주며, 역사 사실의 전설화에 따른 이러한 결과를 확인케 한다는 점에, 위 전설의 이해에서 얻는 또 다른 의의가 있다고 하겠다.

끝으로, 위 전설의 오늘을 돌아보고 미래를 가늠하면서 논의를 마무리하기로 한다. 위 전설은 전설로 형성된 이래 전설 증거물이 분명한 점, 그리고 증거물과 그 주변이 관광지로 널리 알려져 왔다는 등의 이유로 하여 전설 전승력이 넓게 확산되고 강하게 지속되어 왔다. 그런가 하면 한편으로, 백제의 불명예스런 패망이 원죄로 작용하여 역사의 주된 책임자가 부정 적으로 평가되고 궁녀들은 긍정적으로 평가되는 쪽에서 표현이 이루어지고 감상·음미되어 왔다. 이러한 추세는 조선조 이래 최근에 이르기까지 거의 변함이 없다고 할 수 있다. 이어, 20세기로 넘어오면서 편리해진 교통사정에 힘입어 수많은 유람객들이 이곳을 더욱 손쉽게 찾을 수 있게 되었고, 새로운 창작문학[37]과 음악[38], 혹은 방송매체에 의하여 위 전설도 종전에 비하여 훨씬 넓고 빠르게 알려지게 되었다. 그리고 그 내용이 의자왕은 황음탐락했고, 궁녀는 충성심으로 애처롭게 죽어갔으며, 그로써 백제사는 한없는 비감을 자아내게 한다는 것으로 일관되어 있음은 종전과 다르지 않다. 전설의 전파 속도가 빠른 것에 비례하여 그것의 부정적 인상도 더욱 넓게 확산된 것이 20세기의 모습이라 할 만하다.

그런데 이러한 부정 일변도의 역사의식은 7~80년대를 지나면서 약간의 변화를 보여준다. 역사에 대한 이해가 깊어지면서 3천궁녀의 '3천'이 지나친 과장이므로 잘못이라는 자각이 그것이다. 이러한 자각은 부여의 역사와 문화에 대한 애호심의 고취와 맞물려 있어, 지역사회인을 중심으로 공감을 얻어나가는 추세를 보여주고 있다. 이에 따라 종전에 무의식적으로 답습하여 부르던 '3천'이란 숫자가 삭제되어 유적 안내문에 반영되는 등, 소극적이나마 이런 자각은 실천으로 이어지는 모습을 보이기도 했다.

이러한 현상은 70년대 이후 급속하게 실현된 백제사 이해의 축적과 그 확산을 반영하는 것이기도 하다. 그런 만큼 이는 시대의 진전에 따른 위 전설의 변화된 한 단면이라 할 수 있고, 그 점에서 위 전설의 전승사에서 차지하는 나름대로의 의의가 있다고 할 수 있겠다. 그런데, 이와 동시에 이러한 노력은 다른 면에서 볼 때 궁녀의 존재를 지나치게 긍정평가 하려는 관심을 내보이고 있다는 점도 주목해야만 한다. 최근에 부소산 위 '백화정' 아래에 세운 낙화암 안내 표석의 내용을 보자.

---

37) 앞에 든 박상란의 논문에서 이와 관련된 중요한 예로 함세덕의 희곡 〈낙화암〉(1940년)과 김동인의 소설 〈백마강〉(1941~1942)이 소개되고 있다. 육당과 가람의 부여 기행문도 같은 예로 추가할 수 있다. 그 외에도 물론 예들기 어려울 정도로 수많은 사례가 더 있을 것이다.

38) 이에 대하여 구중회는 해방 전후에 나온 대중가요 〈꿈꾸는 백마강〉·〈백마강〉 등을 예로 들고 있다.

백제의 사직이 무너지던 날 백제의 여인들이 적군에게 잡혀 치욕스런 삶을 살아가기보다는 충절을 지키기 위해 스스로 백마강에 몸을 던졌던 곳으로 삼국유사에는 기록되어 있다.

훗날 그 모습을 꽃이 날리는 것에 비유하여 낙화암이라 부르게 되었다. 백마강에서 바라보면 아직도 절벽 색갈이 붉은데 당시 백제 여인들이 흘린 피로 물들었기 때문이라는 전설이 전해온다.[39)]

여기에서 주목되는 것은 종전의 궁녀가 백제의 여인으로 바뀌고 있는 점이다. '삼천궁녀'의 과장성을 축소하려는 의도가 반영되어 있다고 보인다. 뿐만 아니라 궁녀라는 말을 싫어하여 그것을 아예 백제 여인으로 바꾸기까지 했다. 오늘날의 관점에서 역사의식의 부정적인 부분은 빼고 긍정적인 부분을 더욱 살려 충과 열을 추장하고 이를 애국심의 승화로까지 기리고자 하는 뜻에서일 것이다. 위 전설이 오늘날 지역민들에게 어떻게 받아들여지고 있는지를 보여주고 있는 점에서 낙화암전설의 전승사에서 일정한 의미를 지니는 것이라 할 만하다.

이제 긴 안목으로 볼 때, 이것이 위 전설의 전승사에서 어떤 영향을 줄 것인가 하는 문제는 하나의 새로운 관심 대상이 될 것이다. 이제까지 궁녀를 삼천궁녀로 표현한 것도 과장이었지만 '백제의 여인'으로 바꾼 것도 또 하나의 과장이다. 전자는 구전력을 얻은 자연스런 과장일 수 있었지만, 후자는 현재로서 인위적인 과장에 머물고 있다. 전설에서 다수 구중(口衆)의 공감을 얻은 어떤 요소나 표현은 문학적 과장이 되지만, 공감을 얻지 못한 인위적 과장은 단순한 왜곡으로 남을 수 있는 가능성이 크다. 이 인위적인 전환과 과장이 미래에 어떤 모습을 보일지는 앞으로 위 전설의 살아있는 모습을 이해하는 데에 의미 있는 항목의 하나로 주목될 수 있을 듯하다.

---

39) 가로 1미터 높이 1.5미터 가량의 화강암으로 되어 있고 백화정 아래에 세웠다. 세운 연도는 밝혀져 있지 않다.

[후대에 장소가 바뀐 낙화암(현재)]

부여 '자온대' 전설의 형성 배경과 후대의 변이

1. 머리말

부여 일대에 전승되는 설화 가운데 소위 자온대(自溫臺) 전설이 있다. 구드레나루 부근의 강가에 있었으나 지금은 묻혀 보이지 않는 돌[바위]에 전해지는 지명전설이다. "사비강가에 하나의 돌이 있어 십여 명이 앉을 만하다. 백제 임금이 왕흥사에 예불행차를 가려고 할 때면 먼저 이 돌에서 부처님을 향하여 망배를 했는데, 그 돌이 저절로 따뜻해졌기 때문에 그로 인하여 온돌바위(堗石)라고 했다"[1]는 것이 기록에 보이는 위 전설이다. 이처럼 본디 임금에 대한 존엄성이 강조된 이야기였으나 점점 '아부하는 신하에 자만심에 취한 임금'으로 주제가 바뀌어 지금까지 구전으로 기억되고 있다. 좁게는 당시의 신하와 임금, 넓게는 백제사에 대한 부정적 인식을 드러내는 부여 일대 전설의 하나임을 알 수 있다.

위 문면에서 보듯, 이 전설은 그 줄거리의 구성을 볼 때 매우 단순한 이야기에 불과하다. 따라서 이 전설을 구전으로써 형성된 하나의 설화로 주목한다고 할 때, 별달리 전설적 가치를 부여하기조차도 어렵다고 할 정도이다.[2]

1) "泗沘江崖 又有一石 可坐十餘人 百濟王 欲幸王興寺禮佛 先於此石 望拜佛 其石自煖 因名堗石" (『삼국유사』「기이」제2 '남부여·전백제')

그렇다고 해도, 여기에 오랜 백제사의 중요한 한 단면이 선명하게 드러나 있음을 주목하면, 이 전설에 담긴 역사·문화적 의미는 가볍다고 할 수 없다. 설화로서의 서사적 성취도는 미약하지만 주제의 역사성 면에서 비중이 높은 전설을 단순히 상상력의 수준이나 표현적 성과만으로 그 설화적 가치를 손쉽게 단정해 버리기가 어려운 이유이다.

이 글은 일견 단순해 보이는 위 전설에 대하여 좀 더 긍정적으로 대하고, 전설적 의미를 되도록 온당하게 이해할 필요가 있다는 관심에서 이해를 꾀해 보려는 것이다. 그러자면 무엇보다도, 설화로서의 서사적 성격이나 깊이보다는 그 주제의 역사·문화적 비중을 중시하여 접근하려는 시선이 중요하다고 판단된다. 그리고 이를 위해서는 위 전설이 출현한 배경적 요인부터 넓게 주목하여 자세히 살피는 일이 선행되어야 할 것으로 본다. 단순화해서 말할 때, 전설 특히 사물 전설은 특정 증거물에 역사와 문화적 요인이 작용하여 생성된 설화이다. 자온대 전설은 자온대라는 장기 지속적 증거물에 백제의 불교문화라는 문화적 변인이 작용하여 생성된 것이므로, 그에 대한 배경적 접근의 요점은 증거물에 대한 관심과 사비시대의 백제 불교라는 두 가지로 요약될 수 있다. 이 두 가지 항목에 역사의 추이라는 축을 더하여 전승과정에 따른 변이 과정과 양상을 살핀다면 목표한 대상에 대한 좀 더 충실한 이해를 도모할 수 있을 것이다.

대략 이런 점에 유의하면서, 이 글에서는 아래 내용에 대하여 순서대로 살펴 나가기로 한다. 먼저 위 전설이 백제 역사 당시의 정치적 상황과 불교문화적 기반에서 형성되었음을 논술하고자 한다. 그리고 위 전설이 구전되는 과정에는 중간에 전설 증거물이 바뀐, 위 전설이 전승되는 과정에서 매우 중요한 사실이 있었으며, 이를 고비로 하여 위 전설은 큰 전환이 이루어

---

2) 위 전설에 대하여 지금껏 진지한 관심이 주어지지 못한 것도 위 전설의 이러한 성격과 관련이 있다고 할 수 있을 듯하다. 일찍이 홍사준이 부여의 백제사 전설을 두루 소개하는 가운데 위 전설의 증거 고증에 주안을 둔 간단한 고찰을 가한 바 있다(홍사준, 「자온대와 구드래」, 『백제의 전설』, 통문관, 단기4292년, 18~21쪽).

졌음을 밝히고자 한다. 또한 이로써 위 전설은 줄거리 구성 면에서도 중요한 변화가 이루어졌고, 이로 인한 내용상의 특징이 이후 지금까지도 지속되고 있음에 유의하여 논하고자 한다.

2. 자온대 전설 발생의 역사 배경

자온대 전설이 발생한 배경은 넓게 볼 때 백제 임금의 왕흥사 예불행차이고, 좁혀 보면 배를 건너기 전에 바위 위에서 행한 임금의 망배(望拜)의례이다. 다시 말해 위 전설은 전설에 등장하는 임금의 존엄성, 그리고 그 임금이 행한 망배의 종교적 경건성을 아우라로 하여 발생한 것이다. 그러므로 우리는 이 전설의 성격을 이해하는 데에 먼저 왕흥사와 그곳으로의 행차 및 '망배'라는 왕의 거둥이 지니는 의례의 특별성과 장소의 독자성을 주목할 필요가 있다. 바로 이러한 일련의 특징으로 하여 자온대도 그러한 배경을 구성하는 요소의 하나가 될 수 있었고, 그와 관련된 일화가 과장된 전설로 굴절될 수 있었기 때문이다.

이점을 알기 위해서 우리는 무엇보다도 백제 당시 도성의 핵심 사찰이었던 '왕흥사'의 존재를 크게 부각시켜 이해하지 않을 수 없다. 왕흥사는 사비시대의 백제 불교를 대표하는 사찰이자 왕실의 중심 원찰이었던 만큼, 이 절이 보여준 특별한 위치와 기능 및 그에 따른 의례의 예외성을 주목할 필요가 있다. 그리고 이를 위해서는, 시선을 넓게 잡아 백제의 사비 도읍 시기가 다름 아닌 백제의 흥불(興佛) 시대였던 역사 배경부터 이해하는 것이 도움이 된다. 전륜성왕에 비견된 성왕이 일찍이 부여 도성 중심에 정림사를 지은 이후, 부여 도성 곳곳에는 여러 사찰이 지어졌다. 중국 역사서에서 백제에 "절과 탑이 매우 많았다"고 한 것은 바로 이러한 현상을 말해주고 있다. 정림사지 · 군수리사지 · 서복사지 · 가탑리사지 · 천왕사지 · 능사지 등이 이때 세운 여러 사찰의 일부로 확인되는데, 이들 가운데에서도 사비성을 대표하는 절은 무엇보다도 왕흥사(王興寺)라 할 수 있다. 그리고 자온대 전설은 그러한 왕흥사가 여러 가지 측면에서 지니는 특수한 조건과 기능으로 하여 비로소 발생된 전설이었음을 유의할 필요가 있다.

사비 도읍 시기 백제 불교의 흥륭을 대표하는 사찰로는 능사와 왕흥사가 손꼽힌다. 능사(陵寺)는 위덕왕이 관산성 전투에서 전사한 성왕을 추모하고자 지은 절이었다. 이곳에 불사리까지 안치한 것은 능사가 불의에 전사한 부왕을 각별하게 추념하려는 아들 위덕왕의 뜻이 깊이 반영되어 있음을 말해준다. 이곳에서 백제금동대향로[2]가 발굴된 것도 임금의 그러한 정성이 행향의례를 통하여 매우 극진하게 베풀어졌음을 뜻하는 것이다. 또한 이 향로가 이전에 비하여 더욱 높게 실현한 예술적 수준도 능사 창건에 담긴 '추모'의 뜻이 각별했던 데에서 비로소 가능했다고 이해할 수 있다. 능사가 아버지를 위한 원찰이었다면, 이보다 십년 뒤에 시작된 왕흥사는 일찍 죽은 왕자들의 명복을 빌어주기 위한 절이었다. 왕궁의 동쪽과 서쪽에 나누어 배치되어 있고, 예술성 높은 목탑이 중심을 이루고 있으며, 불사리를 안치했고, 특별히 왕실의 가족사적 사연을 지니고 있다는 것이 두 절의 공통점이다. 그런데 왕흥사는 능사에 비하여 더욱 높은 수준의 기술력을 동원하여 더 크고 장려하게 지은 절이었다. 다른 절과는 달리 "채색과 장식이 장엄하고 화려했다"[3]거나, "꽃과 나무가 수려하여 사철 아름다운 경치를 갖추었다"[4]고 그 건축의 예술성과 경관의 수려함을 부각하여 기록하고 있음으로 볼 때, 이 절은 사비 시대 사찰의 종교적 기능과 예술적 수준을 대표하는 절이었다고 보아 지나치지 않다. 거기에다 이 절은 위덕왕의 자매인 공주가 사리 공양주였던 능사와는 달리 임금이 직접 사리 공양주가 되었고, 매우

2) 혹은 금동용봉봉래산향로라고도 부른다. 이 향로가 발굴된 능사가 근래 백제역사재현단지 안에 화려한 모습으로 재현되어 있다.

3) 『삼국사기』권27 백제본기 무왕 35년(634)

4) 『삼국유사』권3, 흥법 '법왕금살'

공경스럽게 사리를 안치하였다. 이는 그만큼 왕즉불 사상이 더욱 고양되었다는 뜻이라고 할 수 있다.[5)]

이처럼 이 절을 최고의 기술과 정성으로 지은 이유는 무엇이었을까. 곧 위덕왕 당시 왕실로서의 위기의식의 발로이면서 동시에 그러한 위기를 불력으로 극복하고자 하는 간절한 희원의 결과일 것이다. 이 위기의식은 관산성 전투에서 백제의 일대 참패로 인한 것이었다. 위덕왕의 부왕은 지혜와 식견이 뛰어나고 결단력이 있었다고 하며 백성들로부터 성왕으로 불린 영명한 임금이었다. 이러한 부왕이 자신을 도우러 왔다가 전사하였으니 위덕왕의 참담함은 그 무엇에 비하기 어려웠을 것이다. 위에서 말했듯, 부왕의 왕릉 옆에 능사를 짓고 원찰을 삼은 것이 부왕의 영혼을 위로하고 복을 빌고자 한 뜻에서였을 것임은 충분히 이해할 수 있다. 그런데, 그에 이어진 또 다른 불행이 왕자들의 죽음이었다. 부왕이 불의에 전사한 사건도 왕실의 명운에 불길한 징조로 받아들여졌겠지만, 이어진 왕자의 죽음[6)] 또한 그에 버금가는 큰 불운으로 이해되었을 것이다.[7)] 왕흥사를 능사보다 더 웅장하고 화려하게 지은 것은 곧 이러한 역사 상황과 밀접한 관련성을 맺고 있다고 이해된다. 위덕왕으로서는 왕실의 불행을 연이어 겪으면서 왕실의 미래 운명에 크나큰 위기감을 느꼈을 것이며, 이에 불은(佛恩)을 통하여 가깝게는 왕자의 명복을 빌고, 멀게는 왕실의 안녕을 기원하는 갈망에서 왕이 직접 사리 공양주가 되어 사리탑을 세웠을 것이다. 더욱, 사리목탑을 세울 때 2개의 사리가 갑자기 3개로 나뉘는 이적까지 경험함으로써[8)] 불은에 대한 임금의 신심은 더욱 깊어졌을 것이다.

이처럼 더없이 간절한 소망이 창사의 동기였던 데에서, 이 절은 곧 왕실

---

5) 이도학, 『백제 사비성 시대 연구』, 일지사, 2010. 56쪽.

6) 왕흥사 사리기 명문 해독에서 이도학은 '세 왕자'가 죽은 것으로 보고 있고, 신라와의 전투에서 전사했을 가능성이 높은 것으로 보고 있다(앞 주, 52쪽). 그렇게 볼 경우 위 절의 의의는 더욱 높아지게 된다.

7) 위덕왕의 왕위를 70세나 된 아우가 계승한 것도 이와 관련이 있을 듯하다.

8) 왕흥사지 사리탑에서 출토된 청동사리기 겉면에 새겨진 기문에 "신비로운 조화로 셋이 되었다(神化爲三)"는 내용이 보인다.

과 가장 깊은 관련을 맺게 되고, 가장 높이 받드는 원찰이 되었을 것이다. 절이 완공되기까지 어떤 절보다도 반세기 이상의 오랜 기간이 소요되었음은 그러한 하나의 증거이다. 임금은 바뀌어도 절의 의의는 감소될 수 없었기에 여러 왕을 거치면서 꾸준한 관심 속에 마침내 완전한 절로 완공될 수 있었다고 하겠다.[9)] 사리봉안식을 석가모니가 열반한 날이자 미륵보살이 도솔천에 왕생한 날인 2.15일에 맞추어 한 것도 절의 특별한 상징성을 고려한 결과였을 것이다.[10)] 탑 아래에는 사리장엄구 뿐만 아니라 8,150점이 넘는 다양하고도 진귀한 공양품이 매납되기도 했는데,[11)] 이들 공양품 헌납에는 국왕을 비롯하여 왕족과 귀족 및 대소 신료들, 그리고 많은 백성들이 참여하였을 것이다.[12)] 거룩한 불교 성역으로서의 상징성을 높이고자 당시 거국적인 관심과 동참으로 사리탑이 이루어졌으리란 사실을 잘 짐작할 수 있다. 절의 이름을 단순히 죽은 왕자를 추복하는 수준의 목적에서 벗어나, '왕흥사'로 지은 것도 이 절에 거는 왕실의 궁극적인 기대가 바로 거기에 있었다는 뜻일 것이다. 또한 이 절을 짓고서 임금이 30명이 승려가 되는 것을 허가하였다는 기록[13)]도 이 절에 담긴 왕실 흥륭의 소망이 매우 깊었다는 또 다른 증거이다.

이러한 중요성으로 하여 왕흥사는 자연스럽게 왕실의 안녕과 국가의 번영을 비는 대표적인 호국 사찰로서의 기능을 담당해 나갔을 것이다.[14)] 또한 그러한 중요성으로 하여 이 절은 절 자체의 흥망이 곧 왕실의 흥망을 가늠하고 예견하는 의의까지 지니게 되었던 것으로 보인다. 역사서에 나타나

---

9) 왕흥사는 위덕왕 24년(577)에 사리를 봉안한 목탑 중심의 소규모 절로 시작하여 법왕 2년(600)에 중창을 꾀하였고 드디어 무왕 35년(634)에 완공되었다(왕흥사의 창사 과정과 절의 기능 변화 양상에 대하여는 양기석이 상론한바 있다. 「왕흥사의 창건과 변천」, 『백제 정치사의 전개과정』, 서경문화사, 2013. 395~421쪽).

10) 길기태, 「왕흥사지 사리함 명문을 통해본 백제불교」, 『한국사 시민강좌』 44, 2009. 154쪽.

11) 이한상, 「왕흥사 목탑지 일괄유물의 성격과 의의」, 『부여 왕흥사지 출토 사리기의 의미』, 국립부여문화재연구소, 2008. 206쪽.

12) 양기석, 주 9), 407쪽.

13) 『삼국사기』, 권제27 백제본기 법왕 2년

14) 길기태, 『백제 사비시대 불교신앙 연구』, 서경, 2006. 136쪽.

는 아래 기록이 이를 말해준다.

> "6월에 왕홍사 승려들 모두 마치 배돛과 같은 것이 큰물을 따라 절문으로 들어오는 것을 보았다."[15]

언뜻 보기에 아주 평범해 보이는 내용이다. 하지만 위 기록은 왕홍사가 지니는 왕실 원찰로서의 의미를 함축적으로 보여주는 매우 중요한 자료이다. 왕홍사는 사비강에서부터 고정된 수로를 따라 배로 들어오도록 설계되고 건축된 왕실 전용 사찰이었다. 그만큼 그곳은 누구나 함부로 접근할 수 없는 곳으로서 왕실에 버금가는 성역처럼 인식되었을 것이다. 따라서 그처럼 존엄한 절간 문으로 배돛대 같은 것이 돌입했다는 것은 중대한 이변으로 여겨지기에 충분했을 것이다. 일견 단순한 사건이 왕홍사로 상징되는 왕권의 지엄성이 손상되는 변고에서 더 나아가 왕실의 미래를 암시하는 불길한 조짐으로까지 인식되었던 이유를 잘 알 수 있다. 왕실과 나라의 흥륭을 비는 일이 주된 임무였을 왕홍사 승려들로서, 당시 그러한 현상을 하나의 이변으로 받아들이고 있다는 것 자체가, 그곳 승려들이 절의 임무와 사명에 대하여 깊이 자각하고 있었음과 함께 절의 안전에 대하여 늘 긴장하고 있었다는 좋은 증거이다. 이러한 현상은 곧 당시 왕홍사가 왕실의 명운을 좌우하고 가늠하는 원찰로서의 기능을 충실하게 실현하고 있었다는 뜻에 다름 아니다.

3. 왕흥사 예불(禮佛)의 의의와 자온대의 기능

위에서 말했듯, 왕홍사의 처음 창건 목적은 죽은 이를 추복(追福)하기 위한

---

15) 『삼국유사』 권28 의자왕 20년

것이란 점에서 능사와 유사하다. 그러나 세부적으로 보면 입지 · 기능 · 공사과정 등 여러 면에서 독자성과 차별성도 지니고 있었을 것이다. 그리고 이러한 차이는 곧 위 사찰의 불교신앙적 성격과도 관련을 맺고 있었던 것으로 보이며, 이러한 독자성이 절에 대한 의례상의 독자성으로도 이어졌던 듯하다. 그러므로 자온대 전설을 이해하는 데에는 위 전설의 이러한 역사 · 문화적 배경에 대한 이해를 도외시할 수 없다.

왕홍사가 왕실의 원찰로 출발한 만큼, 이에 대한 의례는 처음부터 매우 중요시되었을 것이지만 그에 대한 위덕왕의 방문 사례나 의례 행위는 특별히 중시되어 기록된 것이 없다. 그러나 절이 지니는 의의를 고려할 때, 이미 위덕왕 때부터 이 절에는-능사의 금동향로에서 보았듯-여러 고급스런 의기(儀器)가 잘 갖추어지고 행향의례가 정성스럽게 행해졌을 것으로 짐작된다. 위덕왕에 이어 법왕대(600)에 와서는 민가의 새매를 날려주고, 어렵과 수렵도구를 불태우라는 명령을 내린 데 이어, 절 건설을 본격적으로 착수하고 여기에 다수의 승려를 출가시킨다. 이는 미완 상태에 있는 왕홍사를 중창하는 데에 하나의 전기를 이룬 것으로 보인다. 이로써 볼 때 절에 대한 왕의 실질적인 의례행위는 드러나는 것이 없지만, 행향의례도 이전 못지않은 수준으로 베풀어졌을 것이다. 그런데, 위 절이 최종 완성된 것은 이보다 훨씬 뒤인 무왕 634년이었고, 이때에 이르면 절에 대한 더 자세한 관심을 보여준다.

> "봄 2월에 왕홍사가 낙성되었다. 그 절은 강가에 있는데 채색과 장식이 장엄하고 화려하였다. 왕은 매번 배를 타고 절에 들어가 행향(行香)하였다." (『삼국사기』 권27 「백제본기」 무왕 35년, 634)

> "…(전략) [법왕이] 왕홍사를 창건할 때 겨우 그 터만 닦다가 돌아가시니, 무왕이 즉위하여 아버지의 사업을 계승한지 수십 년이 지나 완공하였는데 절 이름을 미륵사라고도 불렀다. …(중략)… 사철 아름다운 경관을 갖추었다. 왕이 매번 배를 명하여 강을 따라 절에 들어가 그 형승의 장하고 아름다움을 감상하였다." (『삼국유사』 권3 「흥법」 법왕금살)

왕홍사를 착공하여 찰주(刹柱)가 세워진 것이 왕홍사 사리기에 위덕왕 24년(577년)으로 명백히 밝혀져 있다. 그런데 여기에서 선왕의 그러한 공적은 제외한 채, 법왕과의 관련성을 가볍게 언급하면서 무왕이 절을 완공했다는 사실만을 주로 기술하고 있다. 위덕왕 때 이미 절의 핵심 건물인 사리탑이 세워졌을 것임에도 그 사실은 도외시하고 거의 무왕에게만 건사(建寺)의 공을 돌리려는 관심을 드러내고 있다. 이는 위 절이 여러 임금을 거치는 가운데 완공을 지향하면서 점차 무왕에 의한 무왕을 위한 절로 인식되어 나갔음을 뜻하는 것이라 할 수 있다. 법왕이 중창을 시작하고서도 34년이나 걸린 뒤에 완공된 데에는 다른 요인도 있었겠지만, 완공에 이르기까지 무왕의 의도가 적잖이 반영되었을 것임을 추정케 한다. 특히 익산에 왕궁과 미륵사 건설이라는 큰 사업을 새로 추진한 무왕으로서 분명 선왕들에 비하여 왕홍사를 대하는 안목이 달랐을 것이고, 완공된 왕홍사에는 그처럼 달라진 임금의 위상[16]과 그에 따른 의도, 혹은 신하들이 임금을 평가하는 시각까지가 반영되었을 것으로 보인다. 그것은 여러 측면에서 살펴볼 수 있을 듯하다. 우선 사역의 규모나 건물의 배치 등 전체적으로 사격(寺格)이 상승되는 결과를 낳았을 것이다. 절 진입로를 강과 직접 연결하고 배로만 통행하게 한 특이한 토목 설계도 그에 따른 결과로 볼 수 있다. 절 이름을 미륵사라고도 부른 것 또한 그 하나의 근거라 할 수 있다. 이때 이미 무왕은 더 규모가 큰 익산 미륵사 짓기에 치중하고 있었으므로, 무왕으로서 왕홍사보다도 미륵사를 더 중시했을 것임을 유의하면, 익산 미륵사에 경사된 사찰 이름 부여도 충분히 이해됨직한 일이다.[17] 절의 채색과 장식이 장엄하고 화려하였다는 것도 무왕이 그만큼 이 절에 대하여 마지막 완공 단계까지 깊은 관심을 가지고 있었다는 뜻으로 이해할 수 있다. 더하여, 무왕이 자주 이 절에 다녀갔다는 기록도 왕홍사에 대한 임금의 방문과 행향이 빈번하게 이루어졌을 것

---

16) 이때 무왕은 대왕으로 불리었으므로 그에 따른 일반인의 인식도 종전과는 달랐을 것이다.

17) 따라서 절이 처음 창건될 때 의도되었거나 불렸던 이름과 완공 때 불린 이름이 달랐으리란 추정은 충분히 가능한 일이라 이해된다.

임을 말해준다. 또한, 그처럼 자주 절에 갈 때면 형승의 장려하고 아름다움을 감상하곤 했다는 것도 당시 임금이 이 절을 자기 의중대로 짓고, 깊이 애호했음을 짐작케 하는 증거이다.

이로써 보면 위 절은 불교신앙 면에서 볼 때, 처음 창건할 때는 죽은 아들의 극락왕생을 기원하고자 한 것임에서 특별한 뜻을 지니고 있었다면, 후반기에는 부여 도성의 미륵세계를 대표하는 사찰로서 중시되었을 것이다. 또한 이에 유의할 때 위 절은 전반기에는 서방정토를 상징하고 후반기에는 미륵정토를 지향하는 절로서 불교신앙적 성격에서 변화가 있었을 것으로 보인다. 그러나 이러한 관념상의 세부적인 차이가 있었다 해도, 위 절이 자리한 공간상의 입지는 그러한 상징성을 함께 구현하는 데 적합한 조건을 이루고 있다는 점도 기억해둘 필요가 있다고 본다. 처음에 왕흥사 자리를 도성 서쪽 강 건너편에 잡은 것은 정토신앙을 고려한 요인이 있었을 듯하다. 백마강을 사이에 둔 것은 물리적으로는 가까운 거리에 불과하지만 불교적 세계관으로 이해하면 그것은 이승과 사방정도에 이를 만큼 멀리 격리된 세계를 상징하는 것이기도 하다. 왕흥사는 강물에서 절 문까지 물길로 연결하여, 오직 물길로만 건너갈 수 있는 조건을 이루고 있었다. 이것은 세속계인 차안과 극락계인 피안의 관계를 고려하여 만든 구조로 이해할 수 있다. 강은 '십만역(十萬域)의 국토를 넘어서 있는 피안'으로 가는 멀고 험한 길임과 동시에 세속을 초월하는 경계라는 뜻을 동시에 함축한 것이라 할 수 있다. 그곳을 미래의 미륵세상으로 관념한다 해도 강이 지니는 상징성은 다르지 않다. 장엄하고 화려하게 지어지고 이름답게 조화된 배경을 지닌 왕흥사가 다름 아닌 현세에 구현된 미륵세상이라면, 배를 타고 불전에 행향할 때 가는 물길은 그 곳에 이르는 오직 하나의 길로 관념될 수 있는 것이다.

이제 위에서 살펴온 결과를 보면 왕흥사에 가기 전에 임금이 먼저 소위 '자온대'라는 바위[18] 위에서 '망배'를 한 이유가 쉽게 이해될 수 있다. 그것

---

[18] 이 바위는 지금은 흙에 묻혀 보이지 않는다. 구드래나루 선착장 상류 쪽 대나무 밭 아래 강물 근접한

은 임금이 피안의 상징 공간인 왕흥사를 그만큼 존중히 여겼으며, 그러기에 제왕으로서 더없이 낮은 자세를 실천한 것이었다. 또한 그곳에 신하가 불을 피운 것은 임금에 대한 지나친 아부라기보다 제왕을 모시는 신하로서 존경심의 표시이자 응당한 보좌행위라 할 수 있다. 나아가, 그것은 또한 나라의 대표자로서 부처에 대한 최고의 경배를 보임에 대하여 지극한 신앙심으로 임금을 공경하는 자세라고도 할 수 있다. 기록에 보이듯, 임금이 '배를 타고 자주' 절에 갔다고 했으므로[19] 임금의 왕흥사 방문은 연중 정례적으로 이루어졌을 것이고, 연중 어느 때든 행향 행차가 있었을 것이다. 임금은 건너편에 절이 보이는 이곳에서 존경의 뜻으로 배에 오르기 전에 망배(望拜)부터 했다는 것인데, 이곳에서의 망배는 매우 정중하고도 반복적으로 행해졌을 것이다. 자온대는 강물에 접한 바위인 데에다 혹 겨울철에 그곳에 올라가게 되면 더욱 차가울 수밖에 없다. 그렇다고 다소 경사지고 불규칙한 바위 위에 임금이 망배를 할 때마다 방석을 깔거나 무슨 다른 방도를 취하기도 쉽지 않았을 것이다.

[현재는 땅에 묻힌 자온대의 위치(강 건너 왼쪽 대나무밭 아래)]

지점에 묻혀있다.

19) "王 每命 沿河入寺 賞其形勝壯麗" (『삼국유사』「흥법」제3 '법왕금살')

그곳에 불을 피워 잠시나마 발바닥을 차갑지 않게 해드리려는 행위는 그렇게 하여 유발된 것으로 여겨진다. 반복적·정례적으로 행하는 망배 때마다 겪어야 했을 발 시린 고충을 면하도록 임금이 서는 자리에 냉기를 녹이려는 행위였던 것이다. 아부하는 마음이 아니라도, 왕권 시대에 그런 정도의 배려는 임금을 보좌하는 사람들로서 할 수 있는 행위라 할 수 있다.[20] 더욱, 그것은 위에서 말했듯 불교를 국교로 삼고 있던 나라에서, 지극한 불심의 발휘일 수도 있고, 또한 그런 점에서 그것은 절 쪽에서 한 일이거나 절과의 긴밀한 관계 속에서 행해진 일일 수도 있을 것이다. 이에 대한 위 전설 내용은 그러나 이러한 배경에 대한 언급이 없이 단순한 서술에 그치고 있다. 바위가 따뜻한 이유를 묻는 임금의 질문에 스스로 나서는 신하가 있었다거나, 임금도 그 사람을 굳이 밝혀 포상하는 등의 지나친 행위를 보여준 것이 아니었다. 신하는 자신의 공임을 밝히려 하지 않았고, 왕은 특정인을 밝혀 칭찬이나 배려를 보인 것이 아니었다. 남몰래 행한 일이었고, 그저 그 마음을 가상히 여기고 속으로 기억하는 정도였던 듯하다. 이로써 보듯, 자온대 전설은 '바위가 저절로 따뜻해질 정도로 임금의 예불 정성이 지극했음을 칭송'하는 내용이었던 것이다. 그러한 주제로 하여, 누군가 불심과 충성심에서 은밀하게 불을 피웠을 실제 행위는 관심에서 잊힌 채, 막연한 지명 유래담으로만 전해져왔던 것이다. 후대의 '자온대'라는 기념 지명이 나오기까지도 그런 뜻이 유지되었다고 할 수 있다.

그런데 후대에 오면서 이 일화성 전설은 '자만심에 취한 임금과, 그 임금에게 지나치게 아부한 신하의 행위에서 유발된 이야기'로 성격이 바뀌었다.[21] 그리고 이것이 곧 우리가 알고 있는 '자온대전설'이다. 정상적인 의전

20) 이와 비슷한 사례로 신라의 이견대를 들 수 있겠다. 문무왕의 수중릉에 망배하고자 육지에 지은 건물이 이견대이다. 이를 유념하면 구드래나루 자온대가 지니는 망배석으로서의 기능을 가볍게 볼 일이 아니라 여겨진다. 위 전설의 각편 가운데에는 겨울에는 이곳에 불을 피운 것만이 아니라 천막도 쳤을 것으로 표현하는 예가 있는 것도 무리한 상상만은 아니라 할 수 있다(강현모, 『한국 설화의 전승양상과 소설적 변용』, 역락, 2004. 311~312쪽). 이 바위가 지니는 역사유적으로서의 의의를 고려할 때 본 모습대로 복원할 필요가 있다고 본다.

21) 홍사준이 정리한 백제의 전설에 소개된 위 전설도 이런 내용을 보이고 있다. (주 2), 18~21쪽 참조)

행위를 소재로 하여, 긍정적인 뜻을 지니는 이야기로 발단된 것이, 어느 사이에 부정적인 뜻으로 바뀌고 만 것이다. 그 이유는 다른 데 있지 않다. 후대에 오면서 백제 임금에 대한 부정적 인상이 가미된 결과이고, 그것은 다름 아닌 백제 멸망에 대한 임금의 책임에서 온 것이다. 남새밭에 똥 눈 개를 보면 늘 "저 개! 저 개!" 꾸짖는 격으로, 멸망의 책임자라는 숙명으로 하여, 임금과 관련한 평범한 사실이나 행위가 모두 부정의 안경을 쓰고 바라보게 된 결과이다.

4. 자온대의 실체와 전설상의 자온대가 달라진 이유

그런데, 위에서 말한 구드래나루에 인접해 있는 것이 본디 구들바위-즉 뒤의 자온대-인데, 언제부터인지 이 구들바위는 전혀 달라진 지점으로 기록에 나타난다. 이 결과 현재 구들바위는 규암면 규암리 강변 수북정 부근의 '엿바위[窺巖]'인 것으로, 처음 위치와는 전혀 다르게 잘못 알려져 있다. 이 사실에 대해서는 일찍이 홍사준이 문제점을 지적하여 자온대의 위치가 현재의 구드래나루 부근-『삼국유사』의 기록과 부합되는-에 있었다고 언급한 바 있다. 그리고 현재 송우암의 글씨라고 전해지는 자온대(自溫臺)라는 글자가 바위에 새겨진 곳-엿바위-은 우암이 구들바위의 본디 위치를 여전히 잘못 알고 그렇게 본 것이라는 사실도 지적하고 있다.[22] 이 글에서 궁금하게 여기고 있는 기본적인 문제를 그가 이미 적절하게 밝혀 두었던 것이다. 다만 아쉬운 것은 이에 대하여 집중적인 관심에서 전후 관계를 깊이 추적하려는 노력을 보여주지 못하고 있는 점이다.

여기에서 무엇보다 중요한 문제는, 역사의 일정 시기에서부터 이 구들바위와 그 이야기가 원래 모습에서 크게 달라져 있다는 사실이다. 대략 고려

---

22) 앞 주와 같음.

때까지 구드래나루 옆에 있던 것으로 이해되던 이 바위의 이름이 어느 때부턴가 그 위치가 바뀌게 된 것이다. 이와 관련한 가장 오랜 자료는, 앞에서도 소개했듯이 일연(一然:1206~1289)의 『삼국유사』에 "또 사비강변에는 돌 한 개가 있는데 여나 뭇 명이 앉을 만하다. 백제 임금이 왕흥사로 불공하러 갈 때면 먼저 이 돌에서 부처를 바라보고 절을 했는데 그 돌이 저절로 따뜻해졌다고 해서 구들돌[堗石]이라고 하게 되었다"는 기록에서 보이는 '구들바위'이다.[23] 위치로 보나 크기로 보나, 사비강변에서 위 기록을 만족시킬 만한 바위의 소재는 구드래나루 부근임이 분명하다.

그런데 이보다 한 세기 쯤 뒷 시대 인물인 이곡(李穀:1298~1351)의 백마강 기행문에는 "이것들이 이른바 부여의 사영(四詠)이자 이 지방의 빼어난 경치"[24] 라고 하면서, '부여 사영(四詠)'으로 낙화암 · 조룡대 · 호암 · 천정대를 꼽고 있다. 이들 넷 가운데 세 개 지명에 '대(臺)'라는 글자가 부여되어 있음으로 보아, 이때는 이미 위 『삼국유사』의 그것과는 일정한 변화가 있었음을 알 수 있다. 그런데, 여기에 '자온대'는 포함되지 않고 있다. 자온대는 치솟거나 깎아지른 수려한 절벽이 아니고 평범한 바위에 불과하기 때문에 부여의 볼만한 경관에 넣지 않았을 것으로 보인다. 그런가 하면, 다시 이보다 한 세기쯤 뒤 『세종실록』지리지의 기록[25]에도 이에 대한 기록을 남기고 있다. 여기에서 바위의 크기와 위치에 대한 설명은 『삼국유사』와 비슷하면서도 중요한 차이점이 보인다. "백제 임금이 왕흥사로 불공하러 갈 때면 먼저 이 돌에서 부처를 바라보고 절을 했다"는 내용이 삭제되는 대신, "백제 임금이 이곳에서 놀 때"라는 내용이 보태져 있다. 그리고 종전의 구들바위(堗石)이란 이름도 '자온대(自溫臺)'라는 새롭게 미화된 이름으로 재탄생되고 있다. 이러한 차이는 곧 위 기록에서 자온대의 위치를 종래의 구드래나루 옆이 아니고

23) 구들돌(堗石)은 구들바위(堗巖)라고 번역했어야 했을 테지만 '구들돌'이란 굳어진 말이 있어 석(石)자를 썼을 것이다.

24) 『국역 가정집 · 목은집』, 대전 농경출판사, 1980. 112~113쪽 .

25) "自落花臺 順流而西 有一怪巖 跨于水渚 可座十餘人 諺傳 昔百濟王 遊于此巖則自溫 故名曰自溫臺"

현재의 수북정 아래 쪽으로 이해하고 있다는 분명한 증거이다. 여나믄 사람이 앉을 만한 크기의 온돌석은 넓이도 좁고 경사가 져 제왕이 앉아 놀기에는 적합하지 않다는 사실이 그에 대한 증거로 작용했을 듯하다. 이에 따라, "백제 임금이 왕흥사로 불공하러 갈 때면 먼저 이 돌에서 부처를 바라보고 절을 했다"는 『삼국유사』의 기록이 수북정 부근에서 볼 때는 이치에 맞지 않다고 보아 그 구절을 삭제하고,[26] '놀기'에 더 적합하므로 놀았다는 화소를 새로 첨가했을 것이다. 나아가, 이와 비슷한 시기의 자료인 『신증동국여지승람』을 보면 기본적인 내용은 『세종실록』지리지와 같되, 다만 "현 서쪽 5리에 있다"[27]라고 함으로써 그 위치를 현재 수북정이 있는 엿바위로 더욱 분명하게 확인해 보이고 있다.

이로써 보면, 위 전설의 증거물은 대략 여말 선초에 본디 위치인 구드래 나루에서 전혀 다른 장소로 바뀌고 그에 따라 증거물의 이름도 한 단계 업그레이드되고 있음을 알 수 있다. 이처럼 여말 선초에 바위 이름의 위치가 바뀐 이유가 무엇인지 그 이유를 명료하게 설명하기는 쉽지 않아 보인다. 여기에는 복합적인 요인이 직간접적으로 작용했다고 할 수 있겠는데, 대략 다음 세 가지로 그 요인을 생각해볼 수 있을 것이다.

첫째, 자연적 요인으로 고려할 수 있는 일은 구들바위 주변의 환경 변화이다. 이 바위는 바로 물가에 있으므로 장·단기적으로 볼 때 홍수 현상에 따라 바위가 묻히거나 드러나는 변화가 초래될 수가 있다. 그렇다면 백제 멸망 이후 점점 토사에 묻혀 바위의 존재감이 약화될 가능성이 있을 수 있고, 이로 인하여 증거물이 지명을 제대로 받쳐주지 못함에 따라 증거물의 위치 변화 욕구를 유발한 한 이유가 되었다고 볼 수 있다.[28]

---

26) 혹은 『삼국유사』기록을 못 보았을 수도 있었을 것이다.

27) "自溫臺 在縣西五里"

28) 후대에 송우암이 이 바위를 찾아 보았지만 토사에 묻혀 찾지 못하고 수북정 바위에 자온대라는 글자를 새겼다는 속설(강성복, 『규암리 역사민속지』, 부여문화원, 2005. 30쪽)이 있다는 말은 이 바위가 묻힐 수도 있었음을 말해주는 것이라 할 수 있다. 왕흥사도 백제 때는 강물에서 절문까지 수로로 직접 연결되었다고 하지만 현재는 강물에서 절문으로 추정되는 곳까지 두텁고 긴 모래층이 형성되어 있어 옛날 모습을 짐작하기조차 어려울 정도이다.

둘째, 지명상의 요인으로서 구들바위 지명의 약화현상을 들 수 있다. 언뜻 보면 『삼국유사』에 구들바위로 기록되었다고 하여 그 지명이 현지에서도 강한 전승력을 지닐 것으로 짐작하기 쉽지만 실제로는 그렇지가 않다. 외부인의 눈으로 보면 문헌상의 지명이 중요할 듯하지만, 내부인의 눈으로 보면 그렇지 않다. 현지 주민들에게 익숙한 지명은 따로 있다. 이에 대한 '구들바위'라는 지명이 역사적으로는 중요하지만 그것은 실상 백제 최말기에 일시적으로 불린 것일 뿐이다. 그 뒤에 자온대라는 지명도 어느 유식자가 한자로 바꾼 것으로, 그것이 어떤 기회에 문헌에 기록되어 외부에서 볼 때 그렇게 기억하고 있는 것일 뿐, 그것이 현지 주민들에게까지 익숙하게 불리는 것은 아니다. 이곳의 자연 마을인 구드래에서는 실상 '구들바위'나 '자온대'란 지명은 거의 모르고 있다. 현지 주민들은 그저 '빨래바위'라고 부르고 있다.[29] 이 지명이 이곳 주민들에게는 가장 오랜 지명이자 익숙한 지명이기 때문이다. 바로 이 일상적 지명의 영향으로 하여 역사적 지명인 '자온대'란 지명은 강하게 각인되지 못하고 점점 잊혀지게 되었을 것이고, 이것이 위 전설 자연물에 대한 인식도를 약화시키는 요인의 하나로 작용했다고 할 수 있다.

셋째, 위 유람객의 명승 감상욕구의 상승과 명승 증거물로서의 취약성을 생각할 수 있다. 부여를 찾는 유람객은 점점 늘어나고 사비강 주변의 역사유적과 그 전설에 대한 관심은 높아지는데, 크기나 모양에서 그다지 돋보이지 않는 구들바위로는 그에 대한 전설적 흥미를 제대로 뒷받침하기에 미흡하여 새로운 증거물이 요구되었다고 볼 수 있는 것이다. 부여 백제 도성에 대한 문인과 유람객들의 방문 욕구는 고려시대 이래 지속되어오면서 유교사회로 진입하는 고려 말부터 더욱 높아져간 것으로 보인다. 이들에게 부여는 산천에 대한 탐승과 망국에 대한 관심이 늘 대비적으로 체험되는 특수성을 지니고 있다. 외부에서 부여를 찾는 이들에게 사비강 일대는 물과 절벽

---

29) 작은 빨래는 집에서 하고 큰 빨래는 이곳에서 한다고 하며, 바위가 넓어 몇 명이 함께 할 수 있다고 한다.

과 바위에 대한 높은 흥취를 유발함과 동시에, 거기에 배어있는 백제 역사와 멸망의 흔적을 강렬하게 느끼려는 욕구가 늘 병행되었던 것이다. 바로 이러한 욕구가 사비강변의 돋보이는 자연물마다 그것들을 초점화 하고, 기념적 의미를 새 이름으로 부여하여 미화시키려는 욕구로 상승되었다고 할 수 있다. 그러한 관심의 연장에서 타사암이 '낙화암'으로 미화되고 용바위가 '조룡대'로 대치된 것처럼, 구들바위 이름의 변경도 같은 이유로 설명할 수 있다. 그러한 시각에서 볼 때, 백제 도성 유적으로서의 일면을 드러내고 관광상의 기능을 제대로 감당하기에 강변 한 켠에 작게 박혀 있는 구들바위는 미흡하고 부족하게 여겨졌을 수 있다. 바로 이처럼 사비강 주변에서 일관되게 백제의 역사를 확인하고 드러내려는 강한 욕구에 반하여 증거물의 미흡성이 증거물의 위치 변화를 자극하는 요인의 하나가 되었다고 볼 수 있다.

이상을 종합할 때, 유람지로서 높아져간 관심도와 인기로 하여, 더 그럴듯한 증거물이 요구되고, 거기에 부응하여 더욱 돋보이는 대상물이 주목됨으로써 전혀 새로운 자연물인 엿바위가 전설의 증거물로 바뀌게 되었다고 볼 수 있다. 경관이 수려하면서 유람객들이 접근하기도 좋은 엿바위가 구들바위 전설과 접목하는 데 적절하다고 여긴 결과라 하겠다. 그리고 거기에 부응하여 증거물도 이름이 '자온대'로 더 아취있고 격조있게 바뀌게 되었던 것이다. 또한 그에 따라 바위의 본디 기능인 '예불배례'는 까마득히 잊힌 채 위『세종실록』「지리지」에서 보듯, 임금이 '놀던' 바위라는 다른 뜻으로 바뀌게 된 것이다. 그야말로 전설의 대상(위치), 이름, 기능(내용) 삼박자가 동시에 완전히 바뀌고 있는 것이다.

5. 위치가 바뀐 이후 자온대 전설의 변화

위와 같은 배경에서 전설 증거물이 엿바위로 바뀌면서 자온대 전설은 큰 변화를 보여주게 된다. 이러한 변화의 기반은 곧 변화된 전설 증거물의 특징과 장소성에 따른 결과이다. 구드래나루에 있는 '빨래바위'에 비할 때 '엿바위'는 여러 가지 우월한 장점을 지니고 있다. 규모가 우람하게 크고 우뚝하게 치솟아 깎아지른 절벽을 이루고 있으며, 깊은 강가에 넓게 접해 있고, 위에서 강을 굽어보기에 적합한 것 등이 그 형태상의 특징과 장소상의 장점이다. 한마디로 이전 지점보다 풍광이 더욱 빼어나 자연경치를 즐기고 감상하는 유람 효과가 훨씬 높은 쪽으로 변화가 이루어진 것이다.[30] 그러지 않아도 부여 일대의 역사전설은 백제사와 백제 임금을 폄훼하는 방향으로 줄곧 역사적 상상이 이끌려 왔는데, 엿바위의 이러한 자연경관은 역사에 대한 부정적 방향으로의 상상을 더욱 추동하는 동력이 되어 주었다고 할 수 있다.[31]

이러한 결과 조선 초기 『세종실록』「지리지」 기록에서부터 장소의 변화에 따른 전설 '내용'의 변이가 나타난다. "백제왕이 왕흥사로 불공을 드리러 갈 때 먼저 이 돌 위에서 부처를 향하여 절을 하면 그 돌이 저절로 더워져 온돌석이라고" 했다는 것이 본디 『삼국유사』의 내용이었다. 왕의 불심으로 인하여 돌이 저절로 뜨뜻해졌다는 것이 본뜻인데 『세종실록』「지리지」에서는 이 내용이 "옛날 백제 왕이 이곳에서 놀면 곧 바위가 저절로 뜨뜻해져서 그렇게 불렀다"고 달라져 있다. 불심이 깊은 임금의 모습에서 놀기 좋아하

---

30) 이곳에 김흥국(1557~1623)이 수북정을 세운 것도 바로 이곳이 갖는 이러한 장점 때문이라 하겠다.

31) 한편, 이와는 반대로 구드래나루의 바위는 그 존재감이 점점 미약해지고 명칭도 약화되는 현상을 보여주었다. 『삼국유사』에 구들바위(堗石)로 기록된 이래 조선조 이후 이 바위의 이름은 따로 보이지 않는 듯하다. 이 지점의 나루가 조선시대에 구암진(龜巖津)으로 표기되고 있음은 구들바위에서 좀 멀리 떨어진 거북바위를 가져와 나루 이름으로 삼고 있음을 말해주고 있음에서도 구들바위가 거의 기억되지 않았음을 말해준다. 현재 위 거북바위는 낙화암 서쪽 산 아래에 있는 바위를 가리키는 지명이다. 저자가 현지 마을 노인들에게서 들은 결과는 모두 '빨래바위'로 부르고 있었다. 한편, 홍사준은 이곳에 가마바위라는 지명도 있다고 했는데(『백제의 전설』 참조), 필자는 현지에서 그런 이름을 발견할 수 없었다. 이점 다소 의아스러운데, 이 또한 고지명이 약화된 결과일 것이다. 바위가 주위에서 유달리 크기 때문에 나온 지명일 것인데, 아마도 이 바위는 구들바위 위쪽으로 마을과 좀 더 가까운 곳에 있는 완만한 지붕 형태의 바위를 가리키는 것으로 보인다. 지금도 남아있는 이 바위는 전에 그 옆으로 양수장 수로를 내면서 깨뜨려지기 전에는, 그리고 제방을 만들면서 아랫 부분이 묻히기 전에는 좀 더 컸을 것이다.

는 인물상으로 완전히 바뀐 것이다. 바로 엿바위가 지닌 위와 같은 여러 측면의 경관조건은 이러한 표현을 더욱 도와주고 상상을 고착화하는, 변하지 않는 전설적 배경이 되어준 것이다.

그리고 이처럼 위 전설을 부정적으로 바라보고 비판적으로 대하는 시각은 조선 중·후기를 거쳐 지금까지도 자온대 전설의 다수 유형이자 중심 유형으로서 전승력을 그대로 유지해오고 있다.[32] 우리는 이점을 예사로 볼 수가 없다. 심지어 송우암 같은 명인도 강경 쪽으로 금강을 유람하는 길에 부여를 거처가면서 여러 유적을 살펴보았을 것임에도, 이에 대하여는 깊이 주목하지 않은 듯 엿바위를 그대로 옛 자온대로 믿는 태도를 보여주고 있을 정도이다. 우암의 높은 명망을 고려할 때, 그와 수북정과의 관련성은 그 후 위 전설에 대한 부정적인 인식을 강화하는 데에 지속적인 영향을 미쳤을 것이다.[33] 굳이 우암의 영향을 거론하지 않아도, 이러한 관점은 이후 이곳 유적을 대하는 조선조 지식층 인물들에게 거의 똑같이 확인되는 시각이었다. 이점의 이해를 위하여 필자가 파악한바, 대략 우암 이후 부여를 기행하고 위 전설을 기록한 사례들을 정리해 보이면 다음과 같다.

---

32) 여기에는 여러 예를 들 수 있겠지만 다음 황준량의 시가 하나의 적례가 될 수 있겠다. “짐승뼈 숯 담비 갖옷 따뜻하기 봄만 같은데, 어찌 편석을 번거롭게 하여 제 몸을 데우랴. 취하여 노래 부르며 밤낮으로 노느라, 궁촌에 얼어 죽은 백성 돌보지 않았네(獸炭貂裘煖似春 何煩片石自溫身 酣歌日夜流連地 不念窮村凍死民). (『금계집』, 「내집」 제2권)

33) 문헌 기록에 나타난 바는 없는 듯하지만 엿바위에 음각되어 있는 ‘自溫臺’라는 글자는 우암이 쓴 것이라는 속설이 전해진다. 부소산 뒤쪽의 ‘落花巖’이란 글자도 우암의 글씨라고 하며, 이 글자는 우암이 강에서 배를 타고서 썼다는 과장된 전설로도 전해진다(우암이 배를 타고 공주와 부여를 지나 강경까지 유람한 일이 있음이나, 이곳과 인접한 大哉閣의 “至痛在心 日暮途遠”이란 각자가 우암 글씨인 것을 주목하면 위 다른 글씨들도 우암이 썼을 개연성이 있을 듯하다). 혹 ‘자온대’라는 글자가 우암 본인이 직접 쓴 것이 아닐 가능성도 전적으로 부정할 수는 없겠지만, 이 글과 관련하여 중요한 것은 그러한 사실 여부보다도 구전을 통하여 일반인들에게 그렇게 전해져 왔으며, 그로써 후대 자온대 전설에 보이지 않게 미친 영향이 적지 않았으리라는 사실이다.

【표 1】

자료내용 자료번호	자 료 내 용	인물	소재
1	자온대의 높이는 거의 낙화암과 비슷하고 위에는 십여 명이 앉을 만하다. 의자왕 때 왕이 장차 왕림하여 올라가려고 하면 문득 저절로 따뜻해지고, 왕이 떠나면 다시 차가워졌다. 그 당시에 그것을 상서롭다고 여겼다. 혹은 아첨하는 신하가 임금이 장차 놀러올 것을 엿보고는 미리 숯불을 피워 따뜻하게 했다고 전해지기도 하는데, 이 말이 옳을 것이다.	申混 (1624-1656)	初菴集 권10
2	의자왕에게 간신이 있었는데 이름은 잊혀졌다. 집에 있는 바위 옆 굴을 통하여 금지된 궁궐을 왕래하였다. 왕이 이 바위에 놀고자 하는 것을 알면 문득 미리 숯불로 바위를 따뜻하게 하여 그 위에서 잔치를 벌이게 했다. 왕이 종일 바위에 앉아 있노라면 따뜻하기가 방과도 같아 마침내 이런 이름을 내려주었다.	李東標 (1644-1700)	懶隱先生文集 권5
3	세상에 전해지기를 백제 임금 의자왕이 암혼하고 음란하여 연유(宴遊)를 좋아했다. 그 신하는 기이하고 교묘하며 음란하고 망령된 짓을 많이 하여 임금에게 잘 보이려고 했다. 이에 은밀하게 강변의 석대(石臺)를 따뜻하게 하여 거짓말로 왕이 와서 노시면 석대가 저절로 따뜻해지는 것이라고 했다. 그래서 자온대라고 했다는 것이다.	朴泰輔 (1654-1689)	定齋集 권4
4	층을 이루고 기이하게 생긴 바위가 깎아지른 듯 우뚝 솟아 연이어 있고, 푸른 절벽이 가파르고 엄섬하게 높이 서있는데 정말로 뛰어난 경치다. 의자왕이 해만 뜨면 술잔치를 벌였는데 환관과 아첨하는 신하가 미리 숯불로 바위를 데워놓고 의자왕이 올 것에 대비하다가 깨끗이 쓸어내서 흔적이 없게 했다. 의자왕이 앉으면 문득 뜨뜻하므로 그렇게 불렀다.	李森煥 (1746 진사시 장원)	少眉山房藏 권2
5	자온대는 백강의 오른쪽에 있다. 전해오기를 백제왕이 늘 이곳에서 잔치하고 놀았는데 추운 날이면 모시는 신하가 불로 그곳을 따뜻하게 하여 마치 바위가 저절로 따뜻해진 것처럼 했다. 임금이 기뻐하여 그 대를 자온대라고 이름 부르게 했다.	成海應 (1760-1839)	硏經齋全集 권50
6	부여현 서쪽 5리 거리에 있다. 반석이 물가에 있는데 십여 명이 앉을 만하다. 세속에 전해오기를 백제 임금이 이곳에서 놀며 쉴 때면 바위가 저절로 따뜻해져서 그렇게 부르게 되었다고 한다.	李學逵 (1770-1835)	洛下生集 (해동악부)
7	속담에 전해지기를 신라 때 백제 의자왕이 이 바위에서 노닐었는데 바위가 저절로 따뜻해졌기 때문에 붙여진 이름이라고 한다.	李裕元 (1814-1888)	林下筆記 권26
8	자온대는 푸르스름한 바위로, 전체가 깎아지른 듯하고 강에 임하여 특이하게 서있는데 발을 디디기도 어려울 정도이다. 세상에 전해지기를 백제 임금이 늘 그 위에서 놀았다고 한다.	宋秉璿 (1836-1905)	淵齋先生文集 권19
9	또 수북정이 있는데 엿바위(窺巖) 위에 있다. 엿바위는 백제왕이 놀이하던 장소로서 소위 '자온대'라는 것이다. 속전에 임금이 이곳에서 놀 때면 곧 바위가 저절로 따뜻해졌다고 한다. (하지만) 어찌 그럴 리가 있었겠는가.	許薰 (1836-1907)	舫山先生文集권14

이들 자료는 전설 기록자에 따라 정도 차이를 보이고 있고, 비판의식이 강하거나 치밀한 관찰력을 지닌 인물이 상대적으로 자세히 기록하고 있음을 알 수 있다. 절의정신이 강한 박태보의 경우 임금과 신하의 행위를 심하게 비판하는 논조로 기록하고 있다면(3), 실학자인 이삼환은 전설 속의 등장인물은 물론 자연배경에 대해서도 남달리 치밀하게 기록하고 있는(4) 등의 차이를 두드러진 개별적 특징으로 들 수 있다. 그러나, 무엇보다도 중요한 것은 기록자 모두 자온대의 본디 기능인 '망배' 화소는 까마득히 잊은 채, 오직 백제 왕이 놀던 곳으로만 기억하고 있음에서 예외가 없다는 사실이다. 조선 초기에 고정된 '노는 곳'이라는 기능이 조선 초기 이래 자온대 전설의 기본 화소로서 깊은 뿌리를 이루어 왔음을 알 수 있다. 이는 위 전설의 이해에서 매우 중요한 사실이 아닐 수 없다.

이들 자료들이 보여주는 이러한 내용상의 기본 성격은 1900년대 이후에 기록된 자료에도 그대로 연속되고 있다. 이 시기의 전설 자료를 대표하는 한 가지 예를 보기로 한다.

> "부여 엿바위나루(窺巖津) 북쪽 강가에 우뚝 서있는 커다란 바위 하나가 있으니, 이 바위를 자온대라고 한다. 백제 왕이 이 대에 놀았을 때 간사한 신하들은 미리 불을 살라 그 바위를 뜨뜻하게 하여 놓곤 했다. 그러자 하루는 왕께서 "어찌하여 이 바위는 내가 올 적마다 이렇게 따뜻하냐?"고 물으시자, 간사한 신하들은, "그것은 다름이 아니오라 대왕께서는 덕으로 다스리시는 고로 대왕의 성덕이 앉으시는 바위까지 미치어 늘 뜨뜻하여 있사옵니다." 하였다. 이 말을 들으시고 왕은 매우 만족한 웃음을 띠우시면서, "그러면 이 바위를 자온대라 해라." 하시었다고 해서 이렇게 부른다고 한다."[34]

위 자료도 전설 화소의 본디 뿌리가 되는 신하의 '아부'를 부각시키고 있되, 종전에 지속적으로 중요시되어온 '놀기 좋아하는 왕' 화소도 여전히 중요하게 다루고 있다. 이로써 볼 때 여기에서 아부하는 신하 화소는 본래 주

34) 최상수, 『한국민간전설집』, 통문관, 1984. 128~129쪽 (제보자:이윤의, 부여군 부여면, 1935년)

제이고, 놀기 좋아하는 왕은 위 전설의 오랜 구전 과정에서 전설 전승자들의 부정적인 역사의식이 축적되어 형성된 화소임을 알 수 있다. 위 전설 내용은 이 두 가지 화소가 균형을 이루면서 하나의 온전한 구성력을 갖출 수 있었다고 할 수 있다. 그런 점에서 위 자료는 위 유형담의 구성을 안정적으로 보여주는 예라고 할 수 있겠다.

[지금껏 잘못 알려져온 자온대(수북정 아래)]

6. 맺음말

부여 사비강변의 자온대 전설은 줄거리 구성은 단순하지만 거기에 담긴 주제의 역사·문화적 의미는 가볍지가 않다. 위 전설의 중요한 특징이 여기에 있는 것으로, 이 글은 위 전설의 그러한 점을 이해하기 위해서는 전설이 형성된 배경을 넓게 주목할 필요가 있다는 점에 유의하여 살펴보고자 했다.

또한 이러한 배경의 요점은 이 전설을 낳은 불교적 성격에 있다고 보고, 이 점을 넓게 주목하여 다루고자 하였다. 전설 내용을 고찰하기에 앞서 사비시대의 불교적 배경을 자세히 서술한 것은 이 때문이다.

백제 시대에 왕이 왕홍사를 각별하게 여겨 매우 화려하게 짓고 자주 행향(行香) 행차를 한 것은 왕홍사가 지니는 왕실 원찰로서의 각별한 위상에 따른 것이었다. 왕홍사의 그러한 위상은 이 절이 백제 왕실의 위기의식 속에서 착수되고, 전제왕권의 강화와 병행되어 나간 것과 관련이 있다. 구드래나루에서 강을 건너기 전에 왕이 위 절을 향하여 망배부터 한 것은 불사리를 모신 왕홍사에 각별한 예를 표하고 불자로서의 왕 자신을 극도로 낮춘 간절한 신앙행위라고 할 수 있다.

그리고 그러한 행차에 신하가 바위를 약간 데운 행위는 그 당시 임금의 높아진 위상에 부합되는 자연스럽고 온당한 존경 표시이자 불심이 함께 더해진 시어(侍御)행위였다고 할 수 있다. 또한 이에 따라 초기에는 신하의 숨은 선행에 임금이 그것을 가상히 여겼다는 정도의, 임금을 존경하는 미덕과 임금의 존엄성이 중시된 주제의 전설이었을 것이다. 그러던 것이 후대에 아부하는 신하와 자만심에 찬 임금의 이야기로 주제가 바뀐 것은 후대에 이르면서 백제사에 대한 부정적 인식이 높아져간 결과라 할 수 있다. 이는 구전을 통하여 백제에 대한 부정적인 역사의식이 낳은 결과이다.

대략 여말 선초 어느 시점에 구드래바위는 원래 위치와는 전혀 다른 현재의 수북정 아래 쪽으로 위치가 바뀌고 이름도 자온대로 바뀌게 된다. 그렇게 된 정확한 경위와 동기는 자세히 알 수 없지만, 대략 고려 말기에 이르면서 유람객의 증가에 따라 사비강 주변의 독자적인 경관상의 특징에 따른 유람 효과의 증대 욕구가 내적 외적으로 합치된 것이 주된 요인이라 할 수 있다. 이로써 경관이 수려하면서 유람객들이 접근하기에 좋은 '엿바위[窺巖]'가 구들바위로 바뀌고, 거기에 부응하여 그 이름도 더 아취있고 격조있어 보이도록 한자어 '자온대'로 바뀌게 되었다. 또한 그에 따라 바위의 본디 기능이었던 임금의 '예불배례'도 까마득히 잊힌 채, 다만 임금이 '놀았던' 사실만 한층 강조되는 내용으로 완전히 바뀌게 되었다.

이후 조선조 후기를 지나 20시기 중반에 이르도록, 위 바위의 본래 위치가 바뀐 사실은 이에 대한 별다른 자각이나 비판의식 없이, 바뀐 그대로 지속되어 왔다. 뿐만 아니라 자온대는 원래 기능과 의의는 망각된채 임금이 때 없이 놀던 바위라는 부정적인 뜻만 거듭 확인되고 강조되는 쪽에서 사비강의 중요한 유람대상의 한 곳으로서 주목되고 감상되어 왔다. 또한 그에 따라 전설의 내용 또한 임금의 유흥 행위가 거의 극단적으로 표현되는 모습을 보여주고 있다. 그런 점에서, 자온대는 백제에 대한 부정적 인식을 과도하게 오도하고 증폭하는 대상으로 잘못 이용되어온 대표적인 사례라고도 할 수 있을 듯하다.

이런 점을 고려할 때, 부소산 강가에 묻혀있는 원 구드래바위는 부여 백제 역사유적의 하나로 복원되어 원래의 모습과 이름을 되찾을 필요가 있다고 본다. 그리고 동시에 현재 자온대로 잘못 알려진 수북정 아래 쪽의 바위는 '규암'이라는 본디의 이름으로 되돌려 놓는 것이 옳다고 생각된다.

(본고는 『백제연구 』66집, 충남대학교 백제연구소, 2017. 8.에 게재한 내용을 약간 간략화하고 부분적인 오류를 바로잡아 고쳐 쓴 것임)

부여 '조룡대' 전설의 형성과 전개

1. 머리말

부여는 사비강이 읍을 감싸 흐르는 있고, 이 강은 굽이진 곳곳마다 바위산과 절벽을 자연경관으로 빚어놓고 있다. 그리고 이들 경관들은 저마다 독자적인 지명과 전설을 지니고 있다. 이들 여러 전설 가운데에서도 낙화암 전설과 조룡대 전설이 잘 알려져 있지만, 그 가운데에서도 대표적인 하나를 꼽는다면 곧 조룡대 전설이 될 것이다. 전자는 망국의 상황을 비장하고 자극적으로 그리고 있는 점에서 선명한 인상을 남긴다면, 후자는 나라가 침범되는 위기의 장면을 장엄하면서도 신비스럽게 그려내고 있어 극적인 흥미와 긴장감을 잘 전해준다. 무엇보다도 원인과 결과를 단조로운 구도 속에 보여주는 인접한 다른 전설들에 비하여 후자는 인물과 사건이 복합적이고 유기적으로 구성되어 전개되고 있고, 그를 통하여 구전설화로서의 역사적 상상력을 깊이 있게 실현하고 있다는 점에서, 다른 부여 전설에 비하여 질적으로 한 단계 높은 설화적 성취를 보여주고 있음을 부인할 수 없다. 이제까지 이 전설에 대하여 여러 관점에서 깊은 관심이 있어온 것은 조룡대 전설에 부여된 설화로서의 비중이 크고 의미가 깊음을 증명하는 것이라 하겠다.

그동안 있어온 몇몇 논의 가운데 조룡대 전설의 발생 문제에 가장 먼저 관심을 보인 인물은 실학자 이덕무였다. 그는 이 전설의 내용이 실제 사실이 아니리라는 사실에 주목하여 소정방이 거짓으로 용을 낚았다고 위장한 것이 마치 실제 용을 낚은 것으로 전설화된 것이라 하여, 전설을 와전의 결과로 보고자 했다.[1] 이와 비슷한 관점에서 전설 발생의 유래를 주목한 최상수는 용을 낚았다는 위장술로부터 조룡 전설이 발단되었다는 것은 무리라고 보고, 소정방이 어룡을 낚은 것이 용을 낚은 것으로 과장되어 조룡대 전설로 확대된 것으로 이해하고자 했다.[2] 한편 이러한 관점들과는 달리 최래옥은 전설의 내용 분석에 치중하여 작품의 구성 요소를 구분하고 의미를 자세히 해명하고자 했다.[3] 그런가 하면 정병헌은 이 전설을 백제 왕권신화로서의 용신(龍神)신화가 형성되고 전개되어나간 흐름을 주목하여 이해하고자 했다.[4]

이들 선행 연구가 이룬 나름대로의 성과와 의의를 인정하면서도, 필자로서 느끼는 이들의 공통적인 미비점은 전설을 전설 자체로서 조감하려는 데에는 관심이 미치지 못하고 있다는 점이다. 조룡대 전설의 사물은 일정 공간에 있는 독자적인 하나의 바위이다. 이 바위는 소위 장기 지속성을 띠는 붙박이 자연물로서, 여기에 비로소 사람들의 역사가 더해지고 제도와 문화가 개입함으로써 고유한 전설이 발생되었다. 그에 이어 여기에 전설 대상 주위의 환경적 영향이 가해지고 시간이 흐르는 가운데, 전설 전승의 지역권이나 전승층의 계층성에 따라 변화를 보이게 되었다. 바로 이러한 측면들이 위 전설을 떠받치는 요인들이고, 이들 요인들을 유의하고 상호 관련성을 주목하여 밝히는 것이 곧 위 전설을 전설답게 이해하는 일이라고 본다. 그런

---

1) 이덕무, 『청장관전서』 권63, 「서해여언」 19일

2) 최상수, 「조룡대 전설」, 『한국 민족 전설의 연구』, 성문각, 1984. 123~126쪽.

3) 최래옥, 『한국 구비전설의 연구』, 일조각, 1984. 124~130쪽.

4) 정병헌, 「백제 용신설화의 성격과 전개 양상」, 『구비문학연구』 제1집, 한국구비문학회, 1994. 194~204쪽. 이 외에 백제 건국신화의 지속성을 주목하면서 김두진은 『삼국유사』에 나타나는 용암 전설의 어룡을 하백신으로 보기도 한다(「백제 건국신화의 복원 시론」, 『한국고대의 건국신화와 제의』, 일조각, 1999. 195쪽).

점에서, 선행 연구 성과들이 보여주는바 위 전설을 다루는 데에 단순히 발생 문제에 한정하는 것은 너무 좁은 관심에 머문 것이라면, 이것을 용 신화의 측면에서 너무 과대 해석하고 강조하려는 것도 신화성을 지나치게 부각한 해석이 될 우려가 있다. 또한 무게 중심이 증거물에 쏠려 전개되고 표현되는 전설을 허구적 산물인 민담처럼 분석하려는 것도 전설로서의 작품성을 그것에 충실하게 다루는 방향에서 벗어난 것이라 할 수 있다.

무엇보다도 전설, 특히 자연물 전설은 어디까지나 일정한 자연공간에서, 독자적인 외형상의 특징을 지닌 위에, 유동적인 주위의 환경 속에서, 변화를 거듭하며 존재한다는 점을 거듭 강조하고자 한다. 하나의 자연물 전설은 결국 그러한 자연물의 독자적 특징이 역사적 경험이나 환경 속에서, 역사적 상상력을 발휘하여 결정론적으로 설명되고 해석된 결과이다. 전설에 전승자의 기발하고 흥미로운 상상이 가해질 수 있기는 하지만, 그러한 표현은 결국 전설 증거물의 특징에 대한 적절한 수준의 인과론으로 귀결되어야 한다. 전설의 표현이 때로 심각하고 비장한 이유가 여기에 있지만, 그러한 표현이 지나친 과장화를 지향할 때 그것은 설득력을 잃고 허탄한 우스개 이야기로 전환될 수도 있다. 이것이 전설의 본령은 아니라 해도, 주어진 하나의 전설을 넓은 시공간 속에서 이해하고자 하면, 그러한 변화 모습과 과정을 함께 유의하는 시야가 필요하다고 본다.

이 글은 대략 이러한 점들의 필요성과 중요성에 유의하면서, 위 전설에 대하여 자연배경과 생태적 기반을 중시하는 일면, 주로 시간축을 중시하여 살펴보고자 한다. 그것이 처음 전설로 성립되기 이전 단계부터 주목하여, 이후 시간이 진전되면서 드러나는 전설로서의 주요 변곡점들을 짚어보면서, 근래까지 구전을 통하여 변이되어온 과정과 양상에 주로 유념하여 접근해 보려는 것이다.

2. 최초의 자연 전설

지금 우리가 알고 있는 '조룡대'라는 이름과 전설은 특정 자연물에서 저절로 형성된 것이 아니며 오랜 역사를 거쳐 온 결과이다. 그러므로 그 처음 단계의 전설은 어떠했을지에 관심을 기울일 필요가 있고, 이 문제를 이해하자면 자연히 조룡대를 감싸고 있는 자연배경부터 주목하는 것이 요구된다. 조룡대는 부소산 서쪽 물가 산 밑에 있는, 대략 사람 키 높이의 불균형 삼각형에 가까운 평범한 바위이다. 이 바위가 돋보이는 이유는 부소산의 수직 절벽에서 강 쪽으로 돌출되어 있고, 주위에는 다른 바위가 없는 채 단독으로 솟아있다는 점 때문이다. 그래서 어느 쪽에서 보나 눈에 잘 띈다. 물 쪽이라고는 하지만 강가에 가까이 자리잡고 있어 주변 마을-뒷개-주민들은 강물이 적을 때면 이 바위에 비교적 쉽게 접근할 수 있고, 주변에서 고기를 잡으며 놀기에 적합하다. 또한 조룡대 부근은 위에서 흐르는 강심이 부소산 절벽과 거의 수직으로 만나는 물굽이어서, 이곳 일대는 모래가 쌓이지 않고 수심이 깊다. 그리고 이 물줄기는 거의 직선으로 3킬로쯤 아래로 흘러 수북정 아래 '엿바위' 절벽과 수직으로 만나 다시 물굽이를 만든다. 이처럼 두 곳 모두 비슷한 자연조건으로 하여 토사가 쌓이지 않고 수심이 깊다는 공통점을 지닌다.

그러면서도 조룡대에 비하여 소위 엿바위는 규모가 훨씬 크고 높으며, 그 아래의 수심도 상대적으로 더 깊다는 차이가 있다.[5] 그런데 엿바위의 중요한 특징의 하나는 이 바위 밑에 이무기가 산다는 전설이 강한 전승력을 유지하며 전승되고 있다는 사실이다. 이곳 엿바위 아래는 수심이 깊을 뿐더러

---

5) 그리고 이곳은 조룡대와는 달리 누구나 접근하기가 쉽고 바위 위에 올라 원근을 조망하기에 좋은 곳이라는 차이도 있다. 그처럼 이곳에서 사방으로 먼 곳을 조망하는 운치를 살리고자 후대에 바위 위쪽에 수북정을 세운 것이겠지만, 그러나 동시에 이곳은 높은 데에서 아래로 깊은 강물을 굽어볼 때 공포감을 함께 느끼게 되는 곳이기도 하다.

바위 아래 깊은 곳에는 텅 빈 공간이 있어 거기에 이무기가 있다는 것이다. 개울이나 강가의 절벽 아래 우묵한 곳이나 휘도는 깊은 물에는 대개 용이나 이무기가 산다고 여겨 용소(용둠벙)나 이무기 둠벙이라는 지명과 전설이 있듯, 이곳도 그러한 조건을 잘 충족시키고 있고 바로 그러한 결과 이곳에도 이무기 전설이 전승되고 있는 것이다.

그런데 주민들이 말하는 이곳 이무기의 존재는 상당히 구체적이어서 더욱 주목을 끈다. 위에서 말했듯 엿바위 아래 깊은 물속에는 허궁이고 그곳에는 이무기가 살고 있으며, 그것은 매우 큰 물고기 형상이기도 하고, 어느 때는 어린아이 모습을 하고 있는 경우도 있다는 등의 신비감과 경외감을 체험한 전설이 전승되기도 한다. 이 이무기는 주민들이 영물로 여기기 때문에 50여년 전 이곳 바위 부근을 통과하여 백제대교를 건설할 때, 엿바위 주변의 바위를 깨뜨리고 교각을 세울 거라는 건설계획이 알려지자 바위를 훼손하면 반드시 큰 해가 따를 것이라는 예언성의 여론이 발생했다고 한다. 그리고 바위를 깨뜨리는 공사과정에서 실제로 몇 사람이 사고를 당하는 일이 있었고, 이를 이무기가 사람을 해친 것으로 여겼다고도 한다. 그런가 하면 이곳에 이무기가 살고 그 하류 맞바위 쪽에는 지네가 살아 서로 힘겨루기를 하면서 이무기가 아래쪽으로 내려가는 것을 지네가 가로막는다는 전설도 있다.

이로써 보면 이곳에 있는 이무기는 영험성, 크기, 활동성 등 여러 면에서 아무데에서나 보는 예사 이무기 관념에 비하여 좀 더 구체적이고 독자적인 모습으로 상상되고 있음을 알 수 있다. 일반적으로 위와 같은 자연조건을 지니는 곳의 이무기는 눈이 쨍과리만큼 크다거나, 물가에 매놓은 송아지를 잡아 가 고삐만 남았다는 정도로 막연하게 상상되고 있다. 그러한 데에 비하면 이곳의 이무기는 한 단계 더 높은 신비성과 형상성을 보여주고 있다. 무엇보다도 그것이 사람 모습을 하고 있다거나, 아래 위쪽에 암수가 산다는 상상에서 그 점이 더욱 부각되고 있음을 알 수 있다.

이곳의 이무기가 이렇게 표현되는 이유는 곧 이곳 일대의 독자적인 자연환경과 수중의 어족생태가 전설 형성의 배경을 이루기 때문이다. 엿바위 아래는 물이 큰 절벽에 부딪쳐 휘도는 곳으로, 사비강에서도 대표적으로 큰 물굽이를 이루며 홍수 때에는 이러한 현상이 더욱 심하다. 이 굽이쳐 흐르는 물이 여름철 큰 홍수 때에는 멍석물을 이루게 되고 거칠게 흐르는 이 멍석물을 보고 흔히 이 일대 주민들은 이무기의 조화라고 말하곤 한다. 또한 이 멍석물이 강물의 유속을 방해하여 규암 마을의 제방을 무너뜨릴 지경이 되면 제방이 터질 것을 이무기가 미리 알려주는 것이라고 믿어 이무기의 존재를 신비시하기도 한다. 여기에 더하여, 이무기 현상을 강화하는 또 다른 요인이 홍수 때 바다에서 이곳까지 올라오는 돌고래류[6]의 출현이다. 장마로 인하여 강물이 거칠게 흐를 때, 사비강까지 올라오는 밀물을 따라 때로 서해에서 돌고래류도 이곳 일대까지 올라올 때가 있는데, 이때 거친 물결 속에 언뜻언뜻 등을 보이며 유영하는 돌고래를 보고는 그 크기가 유난히 크고 형체는 불분명한 것이 사람들의 의아심을 자아내 흔히 그것을 이무기의 실체라고 믿기도 한다. 돌고래가 짠물의 영향권이자 수심이 깊은 엿바위 부근까지 올라오므로 이곳 일대가 돌고래의 체험을 자주 할 수 있는 곳이었던 데에서 이곳에 유난히 큰 이무기가 서식한다는 믿음을 자극하는 요인이 되었던 것이다. 이곳에 머무는 이무기가 유난히 크다거나 신비한 존재로 여겨지게 된 데에는 엿바위 일대가 지닌 이러한 자연조건과 강의 생태환경에 따른 것임을 알 수 있다.

엿바위와 비교적 가까운 부소산 아래 조룡대 일대도 큰 물굽이를 이루고 수심이 깊으며 바다어족까지 서식하고 있어, 자연조건과 수중생태가 엿바위 아래와 비슷하다고 할 수 있다.[7] 그런데 이곳 조룡대 부근은 물가에 소

---

[6] 현지에서는 이 고래를 상괭이라고들 부르는데 실제로는 돌고래의 일종이다. 본디 짠물에 살지만 금강 하류가 범람할 때에는 염수가 섞인 강물을 바닷물로 착각하고 돌고래가 흔히 강 위쪽까지 올라온다고 한다.

[7] 『삼국유사』에 사비강에서 매우 큰 고기가 죽어 물에 떴다는 기록이 있는데, 이는 대략 조룡대와 수북정 사이에서 있었던 일이 아니었나 추정되며, 고기가 죽은 것은 물고기가 민물이나 짠물에 제대로 적

위 용바위 혹은 조룡대라는 유다른 하나의 바위가 자리잡고 있다는 점에서 엿바위 부근과는 다르다. 조룡대는 무엇보다도 깊은 물가에 유달리 도드라진 바위라는 독자성으로 하여, 용바위로 상상되기에 적합한 조건을 이루고 있다. 가까운 지역민들은 이 바위를 조룡대라는 역사적 이름 대신 '용바위'라는 이름으로 부르곤 하는데, 그 위치상의 특징으로 볼 때 바로 이것이 이 바위의 본디 이름이라 할 수 있다. 이곳 일대에 서식하는 수족의 특이성을 고려하지 않는다 해도, 바위의 위치와 형태상의 고유성만으로도 이 바위는 일찍부터 유달리 주목되고 신비감을 자아내는 용바위로 불렸을 것으로 여겨진다.

그런데 이 용바위란 지명을 더욱 강화시켜준 요인은 이곳으로부터 근거리에서 마주보고 있는 '범바위'의 존재라 할 수 있다. 이곳에서 상류 쪽으로 호암산 강가에 자리잡고 있는 바위가 바로 범바위다. 이 바위가 있는 산을 호암산이라고 한 것을 보면 이 바위의 존재는 일찍부터 알려졌을 것이다. 더욱, 이곳에 호암사라는 절이 지어진 것도 이 바위가 지닌 특이성을 주목한 결과일 것이다. 이 바위는 용바위 못지않게 범과 흡사한 크고 뚜렷한 형상성을 보이면서 강가에서 강을 굽어보고 있어 이미 웅진(熊津) 도읍 시기, 혹은 그 이전부터 일반인들의 눈에 그 특징이 주목되어 범바위로 불렸을 것이다. 그리고 특히 하류 쪽에서 이 바위와 멀리 서로 마주보는 위치에 조룡대가 자리잡고 있다는 사실이 특히 주목된다. 우연한 현상이지만 산에 있는 범바위와 물에 있는 용바위가 호대(互對) 관계를 이룸으로써 두 바위의 존재와 이름이 더욱 부각될 수 있었을 것이다. 나아가, 이렇게 형성된 바위 이름은 사비강이 수로로 이용되는 빈도에 비례하여 비교적 이른 시기부터 점점 널리 알려지게 되었을 것이다.

응하지 못한 결과일 것이다.

3. 부여 천도 이후의 '수륙 겸왕' 전설

백제의 사비 천도는 유사 이래 이곳 백마강이 경험한 가장 큰 변화였다. 그만큼 사비강은 백제가 부여로 천도를 계획하고 실현하는 과정에서 많은 변화를 겪었을 것이다. 무엇보다도 이전의 강은 경치 좋은 강에 지나지 않았다면, 천도 이후는 도성의 강으로 그 기능과 위상이 달라짐에 따라 강 속의 이무기나 용 관념도 변화가 뒤따랐을 것이다. 그것은 사비강의 용 관념이 새로운 차원으로 격상된 것을 의미한다.

고대 절대왕권이 확립된 이래, 왕이 막연한 상징으로서의 용으로 비유되는 것은 아주 오래된 문화관습이었다. 용안·용음·용상·용포 등의 명칭에서 보듯 용이란 상징성은 왕과 직간접적으로 관련이 있는 거의 모든 것으로 확대될 수 있다, 강에서 나타나는 용 현상도 마찬가지다. 이미 이성산성 중심의 위례(慰禮)성 시대와 풍납토성 중심의 한성 백제 시대에 한강에서 '용' 현상이 보고되고 있고[8] 그것은 왕의 상징성으로 연결되어 이해되고 있었다. 또한, 백제의 세력 확장 과정과 관련이 있는 직산 주변의 위례성에서도 우물을 통한 용의 왕래 관념이 있었으며, 웅진(熊津) 백제 시대에도 유사한 현상이 기록되고, 그것이 왕/왕권의 길흉과 관련되어 해석되고 있음을 볼 수 있는데,[9] 이는 도성을 감싸고 있는 강이 용과 관련이 있음과 동시에 용 체험을 가능하게 하는 대상으로 인식되었음을 말해준다. 그렇다면 사비 백제 시기의 사비강도 이전 시대의 이러한 상징적인 수준에서의 용관념이 그대

8) 『삼국사기』「백제본기」에는 용의 출현을 기록한 예가 6곳 보이는데, 용이 나타난 장소로 강(3), 우물(1), 대궐 기둥(1) 공중(1)으로 나뉜다. 그리고 흑룡(3), 흑룡 추정(1), 황룡(1), 두 마리 용(1)으로 구분된다. 그리고 용이 나타난 결과로서 왕의 훙(1) 내신좌평 졸(1)로 연관되어 기술되고 있다. (조법종, 「한국 고대사회와 용」, 『용 그 신화와 문화』, 민속원, 2002. 155쪽 참조). 여기에서 보면 용이 왕/왕권과 관련이 있는 것으로 보고는 있지만 그것이 흉조와 길조로 고정되어 있지는 않은 것으로 나타나고 있다. 그러나 대략 흑룡의 출현이 더 자주 부정적으로 인식되고 있는 편이다.

9) 앞 주에서 본 바 "7월에 한강에 흑룡이 나타나 잠깐 사이에 운무가 끼더니 용이 날아갔다. 임금이 훙했다." · "5월에 웅진강에서 흑룡이 보였다. 7월에 내신좌평 곤지가 죽었다."와 같은 예가 그것이다.

로 연장되었다고 볼 수 있다.

그런데, 사비강은 이전의 그러한 관념이 지속되는 가운데, 그것을 더 강화시켜주는 요인이 따로 있었다. 그것은 사비강이 사비성 서쪽에서 반월수(半月水)로 도성을 감싸안고 있어 사비강은 천연적으로 해자(垓字) 겸 강성(江城) 구실을 해주고 있었다는 사실이다. 그리고 이로 인하여 부여 왕궁으로서는 자연스럽게 이곳 강성을 안전하게 방어하는 특별한 관념이 요구되었고, 그로 인한 결과가 바로 호국용(護國龍) 관념이다. 앞에서 말했듯 사비강에는 이미 천연의 용전설이 있었을 것이지만, 사비강에는 도성을 수비하는 성을 따로 쌓지 않았기 때문에 임금이 물속에서 나라를 방비하고 지킨다는 소위 호국용 전설이 절실히 필요했을 것이고, 그로써 나온 것이 곧 수륙겸왕 관념이다. 부여 도성에서 백제 임금이 낮에는 인중왕(人中王)을 하고 밤에는 수중왕(水中王)을 한다는, 또는 백제 도성에서 먼 어느 성에서 낮에는 그곳에서 임금으로 정사를 수행하다가 밤에는 백마강에 와서 수중용이 된다는 '수륙겸왕(水陸兼王)'관념이 그것이다. 이러한 관념은 다른 곳에서는 유례를 찾기 어려운 것이라고 여겨져 특히 주목된다.[10)]

백제 임금이 낮에는 인중왕이 되고 밤에는 수중왕이 된다는 사고는 사비강이 도성의 방어선으로서 지니는 기능과 의의가 각별히 중시된 데에서 나온 관념일 것이다. 반월수는 도성의 방어선이면서 곧바로 궁궐의 방어선이라는 의미도 지니는 위치에 있다. 따라서 이 강을 지키는 것은 도성 방어에서 최우선적인 중요성을 띠게 된다. 또한 그런 만큼 사비강은 평화시에는 천연의 자연방어선이 되지만, 동시에 자칫 방어에 실패했을 때에 그로 인한 위험은 육지 방어선에 비하여 치명적인 결과를 초래할 수가 있다. 그럼에도 실제로 강에 대한 경비는 육지에 비하여 야간에 취약할 수밖에 없다. 바로

10) 신라 문무왕 때 나온 호국용 관념이 이와 유사한 예가 될 것이다("신라 문무왕이 평소 지의법사에게 '내가 죽은 뒤에는 원컨대 나라를 수호하는 큰 용이 되어 불교를 더 받들고 나라를 보위하리라'라고 했으며, 죽음에 임하여(681) '동해 가운데 큰 바위에 장사지내라'고 유언했다고 한다" : 『삼국유사』 권제2 문무왕 법민). 그런데 백제 '수륙겸왕'은 그 목적과 활동 방식에서 신라의 그것과는 다르다.

이러한 방어상의 특수성으로 하여 수중 방어가 강조되었던 것이고, 그러한 관심이 수중왕 관념을 낳았을 것이다. 이러한 관념은 백마강에 대한 일반인의 경각심을 높여주는 것과 함께, 백제 임금에 대한 신비감과 경외심을 높이는 데에 기여하였을 것이다.

> "논산 황화산에 작은 산성이 있다. 옛날 백제 임금이 낮에는 이곳에서 지키고 밤에는 부여로 가 수중 임금이 되었다."[11]

> "(전략)…그 왕 이름이 누구지? (조사자:웅진에 왕…) 아니. 부여서, 저 백제가 부여 있을 적이. 아, 무슨 왕이지? 그 왕이, 그 왕이 그때 무슨 국가 변란 시절이, 삼국시절이니께. 그래서 여기 와서 임시 정치를 했다는 겨. 성거산(聖居山)에 와서. 위례성을 쌓고. 그래서 그분이 낮에는 여기서 정사일을 다스리고 밤이는 부여 백마강에 가서 놀았다는 겨. 근데 그 분이 용의 탈을 썼다는 겨. (조사자: 예.) 용의. 용을. 저기 나 이거 들은 얘기여. (조사자: 예, 자세히 좀 해주세요.) 용의 탈을 써서 밤이는 부여 백마강에 가서 놀고 낮엔 여기서 정사를 다스렸다는 겨. 성거산 위례성에서. 그래서 말에는, 성거산에 가서 그런 샘이, 저 요런 샘이 있는디 그것이 명주 실꾸리가 풀려나간다는 거 아녀. 성거산 굴이 거기서부터 뚫려서 백마강 거까지, 부소산까지 연했다는 겨. 저 내 어려서부텀 들었는디, 명주 실꾸리가 시개가 풀려서 거기 들어간다 이 얘기여. 그러면은 그 우물, 샴 통한 것이 부소산까지 통한 모앵이지. 밤이는 백마강이 가 놀고, 낮이는 여기서 정치를 다스리고 이랬다는 겨. (청충:낮이는 사람이 되고?) 그렇지. 왕이 되고. 밤이는 용이 돼서…"[12]

앞 자료는 부여와 가까운 논산에 있는 백제 유적에서 전승되는 전설이고, 뒷 자료는 그보다 먼 위례성 지역에서 전승되는 전설이다. 두 자료 모두 백제 임금이 낮에는 특정 지역 어느 곳에서 임금 노릇을 하다가 밤에는 부여로 돌아가 강 속에서 수중 임금이 된다는 내용이 도성 밖 멀리까지 확산된 예를 보여준다. 수륙겸왕 관념이 처음에는 부여 도성을 주된 공간으로 하여 형성되었다가 점점 강화되면서 도성 밖으로까지 확산되었을 것이다. 이로

---

11) 필자의 조사 자료.

12) 『구비문학대관』, 천안문화원, 1996. 291∼292쪽.

써 유추컨대 이러한 유형의 전설이 그 당시에 지역의 원근을 넘어, 더 많은 사례를 통하여 확산되어 나갔으리라 짐작된다. 그리고 이것이 처음에는 임금과 직접 관련된 전설로 출발했겠지만 점차 왕이 아닌 왕족 인물과 관련된 전설로까지 번져나갔을 것으로 여겨진다.

수중용, 혹은 수륙겸왕 관념이 사비강 영역을 넘어 확장되어나간 예는 부여 도성 남지(南池)에 용이 있어 무왕을 탄생케 했다는 전설을 들 수 있다.

> "제30대 무왕(武王)의 이름은 장(璋)이다. 그의 어머니는 과부였는데 수도 남지(南池) 옆에 집을 짓고 살다가, 그 연못의 용(龍)과 정을 통하여 아들을 낳았다…" (하략)[13]

인용문에서 보듯 무왕(武王)은 그 모친이 백제 궁성의 남쪽 연못에 사는 용과 통교하여 탄생한 것으로 표현되고 있다. 남지-즉 궁남지-는 본디 작은 연못을 나라에서 계획적이고 대규모로 조성한 궁실용 연못이었다. 이 연못의 이러한 위상을 유의할 때, 여기에서의 지룡은 곧 백제의 임금이고, 지룡과의 교통은 곧 왕통 계승 자격의 획득을 상징하는 것임은 물론이다. 그리고 이러한 표현은 곧 이때 백제 임금이 사비강 속의 용, 혹은 용왕이라는 상징의 연장선에 있는 것이기도 하다. 다시 말해 이 전설은 백제 임금이 강속의 용(용왕)이기도 하므로 사비강을 비롯하여 그와 가까운 도성 주변의 연못에까지 자유로이 나타날 수 있다는 사고에서 유발된 설화적 상상이라 할 수 있다. 이제까지 여러 논자들은 이전설을 야래자(夜來者) 설화의 흔적으로 이해하려는 시각을 보여 왔다. 그러나 이 화소가 기본적으로 제왕 탄생 유래담의 성격을 띠고 있으며, 남지(南池) 축조가 어디까지나 사비 도성의 영역 내에서, 왕궁의 완비를 위한 국가적 사업으로 실현된 것이고, 임금이 연유(宴遊)처로 삼았던 일도 있었음을 유의할 때 이러한 시각은 합리성이 약하다고 본다. 여기에서 야래자 설화와 같은 점은 단지 '지룡'과 통했다는 화소가 나타

13) "第三十 武王 名璋 母寡居 築室於京師南池邊 池龍交通而生" (『삼국유사』「기이」 제2 무왕)

나는 것 뿐이다. 그에 이어지는 야래자담이 지닌 일반적인 중요한 화소가 결여되고 있는 점과 함께, 이것이 백제 역사에서 '대왕'으로 불리며 정복군주로서 당당한 위상을 차지했던 무왕의 왕통을 정당화하고자 한 이야기임을 우리는 유념할 필요가 있다. 그점을 고려할 때, 이 전설의 뿌리가 설화사적으로는 야래자 설화와 전혀 무관하다고 하기 어렵다 해도, 이것은 단순한 구전 야래자담과는 달리 한층 격상된 제왕 탄생담으로 볼 필요가 있다. 그리고 여기에서의 지룡(池龍)은 막연히 지렁이가 미화된 것[14]이 아니라, 그 기반이 사비강을 근거지로 하여 멀리까지 왕래하는 호국 수중룡(혹은 강중룡)에서 온 것으로 이해하는 것이 합리적이라고 본다.

익산 미륵사지 금당 아래에 조성된 감실(龕室)도 위와 같은 관념이 확장된 또 다른 예로 들 수 있다. 미륵사지 발굴 결과, 중앙 금당 하단부 중앙에 건물로부터 용이 머무는 감실이 확인되었으며, 이것은 건물 밖을 향하여 멀리 금강에 접하는 개울로 이어지고 있다고 한다. 이는 곧 백제 임금의 수중용 관념에 따른 토목구조라 할 수 있다. 백제 임금이 미륵사에 수중용으로서 언제든지 물길을 따라 왕래할 수 있고, 그로써 불은(佛恩)을 입을 수 있다는 상징성을 실현하려는 의도였다고 하겠다. 이는 그 근본이 수륙겸왕 관념에 뿌리를 둔 것으로, 그것이 도성 방어의 기능을 넘어, 이처럼 신앙상의 기능으로까지 확대되어 실현되었음을 알게 한다.

이러한 수륙겸왕 전설의 확산에 따라 백마강 일대, 특히 부소산 주변에 있는 물과 바위 등의 자연물은 그러한 신비감을 높이는 '전설자연물'로서 그 기능과 의의가 높아졌을 것이다. 특히 도성과 가까운 거리에 있는 엿바위나 조룡대는 더욱 그러했을 것으로 보이는데, 그 가운데에서도 조룡대는 도성과 가장 근거리에서 물속에 단독으로 서있는 독특함으로 하여 사비강 용관념을 대표하는 대상이 되고, 그러한 관념이 더욱 높아졌을 것으로 보인

---

14) 노성환 · 노현송 · 조희철 · 최광우, 「韓日夜來者說話의 一硏究」, 『연구논문집』 15, 울산대학교, 1984, 474쪽.

다.[15] 이점을 고려하면 현재 이와 관련하여 달리 전승되는 전설 자료는 없다 해도, 적어도 오래 전 이곳 바위에 수중용이 깃든 곳이라는 정도의 상상과 소박한 전설은 있었을 듯하다.

4. 조룡대 전설의 초기 형태 - '용바위'의 유래

신라와 당나라 영합군의 백제 침입으로 인하여 백제는 망국이라는 백제사 최초이자 최후의 크나큰 충격을 받았다. 그리고 이로 인한 충격은 부여 일대에 수많은 자연과 사물에도 그대로 미쳐 전쟁과 관련된 새로운 전설군을 발생시켰다. 당시 외침의 참화는 전쟁의 조짐, 외적에 대한 적개심, 내침 과정, 전쟁 상황, 전쟁 협력자에 대한 복수, 적군의 만행 등 다양한 주제의 전설 유형을 낳았다. 그리고 이들 전설이 부여 지역 설화의 주류를 이루면서 이 지역 역사·문화의 특징을 대표하는 설화로서 강한 전승력을 유지해왔다. 전쟁의 영향은 조룡대라는 바위에 대해서도 예외가 아니어서 이 바위는 전혀 새로운 인물인 소정방과 결부지어지고, 이로써 전과는 다른 전설을 낳게 된다. 여기에서 우리는 이 조룡대가 지금의 조룡대로 불리기 이전의 초기 단계를 주목할 필요가 있다.

> "사비하 강변에 바위가 하나 있다. 소정방이 일찍이 그 위에 앉아 어룡(魚龍)을 낚았으므로 바위 위에 용의 발자국 흔적이 있다. 이 때문에 용암(龍嵒)이라고 부르게 되었다."[16]

---

15) 이러한 배경을 고려하면 신라에 용왕제(龍王祭)가 따로 있고 그에 따른 용왕전(龍王典)이 있었듯이 백제에도 이곳에서 제사를 지냈고, 같은 직제도 있었으리라는 추정(정재훈, 「부소산의 조원적 의미」, 『부소산성을 다시 본다』, 주류성, 2006, 100쪽 참조)은 타당성이 있다고 여겨진다. 그러나 신라와는 달리 백제에 그러한 사전제도가 따로 나타나지 않는 것은 용과 왕의 동일시가 그만큼 강하게 인식된 결과라고도 이해할 수 있을 것이다. 이는 백제문화가 지닌 진취성의 일면이라 할 수 있다.

16) "泗沘河邊有一嵓 蘇定方嘗坐此上 釣魚龍而出 故嵓上有 龍跪之跡 因名龍嵓…" (『삼국유사』, 권제2 남부여 전백제)

[용바위, 일명 조룡대]

이와 관련하여 먼저 짚고 넘어갈 일은 위 전설 내용의 사실 여부 문제이다. 일찍이 이 문제에 주목한 것은 이덕무였던 사실이 주목을 끈다. 그는 "어떤 이가 말하기를 소정방이 백마강에서 용을 낚았다는 것은 진짜 용이 아니라 무늬 있는 비단으로 용을 만들어 지절이 꿈틀거리도록 하고 속을 비게 한 다음 수십 명의 헤엄 잘 치는 자를 그 속에 넣어 이리저리 꿈틀거리게 했던 것을 백제 사람들이 멀리서 바라보고 진짜용으로 알았던 것이라고 하는데 그 말이 사실일 것이다."[17]라고 했다. 당나라 군사가 백제 사람들을 회유하기 위하여 용을 만들어 용 낚기 퍼포먼스를 실행했다는 뜻인 듯하다. 이러한 이해 관점이 일면 수긍되는 점도 있어 보이지만, 그러나 이를 긍정하기에는 사실과 전설 사이의 간극이 너무 크다고 여겨진다. 최상수가 지적한 것처럼, 그것을 위하여 그렇게까지 인위적인 방법을 동원했을까 하는 의문이 든다. 한편 위 이덕무의 관점을 수정하여 최상수는 소정방이 "당시 그곳에 용을 낚은 것이 아니고 물고기 즉 어룡을 낚은 데에서 이것이 그릇 전하여 뒷날 용을 낚았다고 말하게 된 것으로 보이니 물고기를 한자로 어룡이라고 함을 보아서 알 수 있다"[18]고 말한바 있다. 필자도 이러한 이해 관점

17) "或曰 蘇定方釣龍於白馬江 非眞龍也 以綵錦製龍 肢節蠕蠕 空其中 藏善泅者數十輩 使動轉伸曲 百濟人遠望之 以爲眞龍也 此言近是" (『청장관전서』 권63, 「西海旅言」 19일)

이 사실에 더 가깝다고 본다. 추정컨대 소정방과 사비강의 관련성은 그가 이곳 강에서 뱃놀이나 물놀이를 하고, 그러한 행위의 연장으로서 낚시질을 한 것 정도가 아니었나 여겨진다. 소정방 군대가 백제를 침공한 계절이 7,8월이었음을 고려할 때 소정방과 그 군사가 사비강에서 쉬거나 연회를 가졌을 것임은 추정 가능한 일이다.[19] 소정방이나 휘하 장수들이 이곳에서 배로 놀거나 혹은 고기를 낚은 사실[20]이 뒤에 소정방이라는 이름에 추동되어 허구적 상상을 발휘함으로써 위와 같은 전설을 낳은 것으로 볼 수 있다.

최상수의 언급대로 위 전설 문면에서는 소위 '조룡대'가 '용암'이라고만 기술되고 있고, 용도 일반적인 용이 아닌 '어룡'으로 다르게 기술되고 있다. 뿐만 아니라 전설의 내용을 보면 후대에 와서 자못 길게 서술된 '조룡대' 전설과는 달리 내용이 아주 짧은 줄거리로 구성되어 있다. 강 옆에 바위가 있고 / 소정방이 / 이곳에서 어룡을 낚아 / 용 발자국 흔적이 있고 / 그래서 용바위라고 불리게 되었다는 것이 서술 내용의 전부이다. 서술 과정에 과장 표현과 신비화된 화소가 최소화되고 있어, 허구화가 크게 이루어진 후대의 조룡대 전설과는 상당히 다른 모습이다. 위 전설이 이처럼 단순하고 사실성을 강하게 띠고 있는 이유를 어떻게 볼 것인가. 기록자가 본디의 구전 설화가 지닌 허구성을 탈색시켜 사실적이고 요약식으로 서술한 결과로 볼 것인가, 아니면 당시대의 구전 현상을 그대로 반영하는 것으로 볼 것인가. 『세종실록』「지리지」나 『동국여지승람』에 전하는 이와 동일한 유형담을 그것

18) 최상수, 「조룡대 전설」, 『한국 민족 전설의 연구』, 성문각, 1985, 125쪽.

19) 소정방은 7월 13일 사비성 공격을 개시한 이후 18일에는 도주한 의자왕을 나포해 오고 8월 2일에 항복식을 거행한 것으로 기록되어 있다.

20) 조선 선조 때 명나라 장수와 선조가 한강에서 뱃놀이를 할 때 있었던 일화는 이를 이해하는 데에 참고가 된다 : 「선조대왕이 일찍이 왜군과 싸우러 온 명나라 장군과 한강에서 뱃놀이를 할 때 명나라 장군이 "이 강에 잠겨있는 용이 있을 것인즉 우리 군관 중에 능력 있는 사람을 시켜 그것을 잡게 할 것이니 청컨대 구경이나 하시지요."라고 했다. 이에 선조께서 "용이 해를 끼치지도 않는데 잡을 일이 무어 있겠소."라고 했다. 그러자 명나라 장수가 웃으며 그만 두었다. 대개 중국인은 교묘한 술수에 능한 자가 많아 현혹당할 우려가 있고 또 잠룡이라는 것을 잡았다고 한들 그것이 반드시 용이라고 믿기도 어렵겠기 때문이었다. 그때 나의 선조께서 선조 임금의 어가를 따라다녔기 때문에 직접 목격한 것을 집안에서 말해온 이야기로 내가 들은 것이다.(정재륜 저 · 강주진 역, 『東平尉公私聞見錄』, 양영각, 1985, 22쪽)

대로의 시대적 위상과 독자성이 반영된 결과로 볼 필요가 있듯, 이에 대하여 우리는 후자의 관점에서 보는 것이 옳을 것으로 본다. 『삼국유사』에 허구성을 띠는 수많은 전설이 기록되고 있음을 유의할 때, 이들 자료만 사실적으로 기술했다고 보는 것은 합리적이지 않다. 그리고 이는 조룡대 전설의 설화화 정도가 그것이 『삼국유사』에 기록될 무렵에는 이 정도의 구전전설로 머물러 있었음을 말해주는 것임을 유의할 필요가 있다.

위 문면이 보여주는 이러한 현상은 당시의 자료 기록자 혹은 서술자가 이 자료를 전설로 대하는 인식도가 약했다는 사실을 뜻하는 것이라고도 볼 수 있다. 『삼국유사』를 벗어난 이후 시대부터는 위 전설이 과장된 구전담이라는 인식이 분명했고, 그에 따라 이 이야기를 대하면서 '조룡대'라고 인지하는 것으로부터 기록의 출발점으로 삼았다. 그러나 위 『삼국유사』의 문면은 그와 다르다. 위 전설 내용은 기본적으로 (1) 어떤 특징적인 현상의 제시 (2) 그 이유나 내력 설명 (3) 결과 확인 및 인과적 해석 강조라는 세 부분이 상호 긴밀한 원인 · 결과를 이루는 구도로 이루어져 있다. 이 가운데 전설의 제재가 압축적으로 제시되는 (1)에는 대개 전설적 강조 표현, 즉 허구화가 이미 전제되어 있다. 그리고 (2)는 그에 대한 이유를 사실적 허구성을 동원하여 표현하는 곳이며, (3)은 그를 통하여 (1)에 합리성을 부여하고 특징을 재확인한다. 이로써 (1)~(3)을 통하여 표면적으로는 사실성과 합리성이 거듭 강조되지만, 그와 동시에 전설은 암묵적인 관습 속에서 허구적 흥미성이 강화된다. 이러한 구조가 공고할수록 전설적 표현성은 교묘해지고 허구와 사실성의 균형 속에서 표현의 의미는 설득력을 높이게 된다.

그런데 위 『삼국유사』 소재 전설은 이러한 구성을 갖추지 못하고 있다. (1)~(3)이 전설적 전환을 제대로 이루지 못한 상태에서 〈자연물 확인→그와 관련된 인물 일화 소개→그 결과〉의 세 단계가 접속되고 있다. 이미 높은 수준의 허구성을 전제로 출발한 구성을 보여주는 앞의 예와는 달리, 여기에서는 '바위'라는 단순 사물의 소개로부터 시작하여 '어룡 낚기'라는 합리적 사실의 제시를 거쳐, '용바위'라는 미약한 허구의 수준으로 나아가고 있다. 이로써 위 전설은 서사적 전개와 실질적인 표현을 구현하는 강 · 조룡 동기 · 조룡 수단 · 조룡 결과 등 생생하고 구체적인 표현이 모두 생략된 채 최소화된 줄거리의 인과적 구성만을 갖추고 있을 뿐이다.

결국 위 전설 문면이 보여주는 이러한 성격은 위 전설이 아직 설화적 상상이 활발하게 실현되지 못한 결과임을 말해준다. 그리고 동시에, 이것은 『삼국유사』 이전까지 위 전설의 구전 역사는 상당히 오래였지만, 그러나 상대적으로 전설적 표현으로서의 구전력은 약하게 유지되어 왔음을 뜻하는 것이라고 할 수 있다. 위 설화 자료는 전설의 전승 역사가 일정한 흐름으로만 지속되는 것이 아니며, 시대에 따라 기복이 있는 것임을 알게 한다.

5. 고려말 '조룡대' 전설로 상승된 모습

『삼국유사』와 그다지 멀지 않은 시기이면서도, 그 이후 고려 후반기로 오면서 위 전설은 상당히 달라진 모습을 보여준다. 대략 고려 말 이후부터 나타나는 자료는 거의 비슷한 줄거리의 짜임과 세부 표현에서 이와 유사한 수준을 보여주고 있다. 이러한 여말 선초라는 과도기의 위 전설을 이해하는 데에 유익한 자료로 이곡(李穀:1298~1351)이 1349년에 부여 백마강을 유람하고 기록한 주행기(舟行記)라는 기행문이 있다. 아래는 그 글의 일부이다.

> "(전략)…정오가 지나서 닻줄을 풀고 조금 서쪽으로 가니, 물에 부딪치는 바위가 외따로 솟아 있는데, 그 밑에 연못처럼 생긴 맑은 물이 그 깊이를 헤아릴 수가 없다. 당나라 군사가 이곳에 와서 강을 사이에 두고 진을 쳤는데, 강을 건너려고 하면 구름과 안개가 끼어 사방이 어둡침침하여 방향을 알 수가 없었다. 그래서 염탐하게 해보니 용이 그 밑의 굴속에 살면서 본국을 호위하고 있기 때문이라는 것이었다. 이에 당나라 사람이 술자(術者)의 계교를 써서 미끼를 던져 낚아 올리기로 하였다. 용이 처음에는 저항하며 올라오지 않아 힘을 다하여 끌어 올렸고, 그래서

바위가 파였다고 한다. 지금도 한 자쯤 되는 깊이와 너비에 거의 한 길쯤 되는 길이의 파인 흔적이 수면 부근에서 바위 위쪽까지 남아있어, 마치 사람이 일부러 깎아서 그렇게 된 것 같다. 이것을 조룡대(釣龍臺)라고 한다."[21)]

이 문면의 기본 줄거리는 앞에서 본 『삼국유사』 소재 자료와 거의 같지만, 적어도 두 가지 면에서 많이 달라져 있다. 전설의 부분적인 서술이 매우 자세하게 이루어지고 있고 전체 줄거리가 앞에서 본 것에 비하여 크게 확대되고 있다는 점, 그리고 이전에는 '용암'이라고만 했던 바위 이름이 '조룡대'로 바뀌고 있는 점이 그것이다.

이러한 차이는 기록자의 자세한 관찰에서 온 측면도 있을 것이다. 주지하듯, 이 기록자는 당대 저명한 학자이자 문인이고 지식 관료였다. 그런 만큼 기록자의 깊은 관찰력과 문필력이 세세하고 논리적인 기록을 뒷받침한 측면을 고려할 필요가 있다고 본다. 하지만, 그런 점을 고려한다 해도, 그에 앞서 더욱 중시해야 할 근본적인 사실은 그 당시 위 전설이 부여라는 관광지를 배경으로 하여 주위에 비교적 널리 알려지고 깊은 흥미와 관심 속에 구전되어 나간 결과임을 유의해야 한다는 점이다.

이곡은 당시 여러 사람들과 함께 배를 타고 부여 사비강을 유람하고서 위 전설을 기록하였다. 인접한 한산이 고향인 이곡은 순전히 사비강 유람을 위하여 이곳을 찾았다. 그것도 무려 100여 명이 함께 모여 배를 타고 3일간이나 유람을 했다. 시골에서 농번기에 100명이 함께 배를 탄 것도 그렇지만 가까운 한산이 고향인 그로서 이곳에서 3일간이나 유람을 했다는 것은 오늘날을 기준으로 판단한다 해도 대단한 규모의 여행단이자 호화로운 유람이었다고 할 만하다. 이와 관련하여 그 자신이 "나 스스로 꽤 여행을 좋아하지 않는다고 하였더니, 이제 농사철을 당한 때에 노래하고 춤추는 사람들을

21) "日已午 解纜而小西 則有磯石窮然 其下淵澄 深不可測 唐兵旣至 隔江而陣 欲渡則雲霧晦冥 不知所指 使覘之 云有龍穴其下 衛護本國故也 唐人用術者計 餌而取之 龍初拒而不上 竟力致之 石爲之剞 今有深廣尺餘 長僅一丈 自水際達于石頂 若斲而爲之者 謂之釣龍臺"(『國譯稼亭集 · 牧隱集』, 대전 농경출판사, 1980. 113쪽)

100명이나 싣고 왕복하기에 사흘이 넘었으니 행락을 좋아하는 것이 되지 않겠는가"[22]라고 자문한 것은 유람에 따른 일말의 면구스러움을 고백한 것이라 하겠다. 바로 그러한 부끄러움을 무릅쓰고 유람을 결행한 것은 곧 그 당시 이곳이 그럴 정도의 관광지로 알려져 있었음을 짐작케 하는 것이란 사실을 우리는 함께 유의할 필요가 있다.

이곡의 사례는 그 당시 이와 유사한 방식의 유람이 그 무렵을 전후하여 이미 있어왔을 것임을 충분히 유추케 한다. 그리고 이는 곧 이제 사비강은 단순히 백제사의 어두운 흔적을 더듬는 곳으로서 만이 아니라, 그 이상으로 경관 좋은 유람지로 알려져 있어 이곡이 말했듯, "사방에서 천리를 멀다 하지 않고" 유람객이 찾아올 정도로 전국적으로 널리 알려지게 되었음을 짐작하게 한다. 또한, 사비강 일대는 볼만한 자연에 더하여 곳곳의 역사유적에 백제사의 흔적이 묻어 있기에, 이곳 사비강이 지닌 유람지로서의 명성은 자연히 백제사 유적이 더 널리 알려지는 데에 기여했다고 할 수 있다. 또한 그에 따라 접근이 쉽고 유적에 담긴 역사의 의미가 깊을수록 유람객들의 관심을 더욱 강하게 끌었을 것이다. 그리고 사비강만의 이러한 유람지로서의 편의성과 특성에 따라 역사유적과 전설에 대한 기호와 관심도에서도 자연스런 변화를 보이게 되었다고 할 수 있다.

『삼국유사』와 이곡의 기록에서 유람 대상에 차이를 보이고 있음이 이에 대한 하나의 증거이다. 『삼국유사』에는 부여에 대한 소개에서 역사 유적을 정사암 · 용암 · 삼산 · 온돌석 · 대왕포를 들고 있음에 비하여 이곡은 낙화암 · 조룡대 · 호암사 · 천정대를 들고 있다. 『삼국유사』는 백제사의 정치 · 역사 · 문화적 비중을 중시하면서 부여를 이해하려 하고 넓은 시야에서 유적과 전설을 소개하고자 했다면, 이곡은 주로 '관광' 목적에 따라 부여의 특징적인 경관을 보려고 한 차이가 있다고 할 수 있다. 그러기에 이곡의 글에는 '강'을 벗어나지 않되 부소산에 가까운 유람 명소를 집중적으로 언급했

22) 위와 같음.

던 것이고, 그 가운데에서도 더욱 대표적인 장소 4곳만을 꼽았던 것이다.

> “이곳들이 소위 부여의 4詠이자 한 지역의 승경(勝景)으로서, 이로 인하여 호사자들이 사방에서 천리를 멀다 않고 오는 이유이다.”[23)]

이들 4곳은 백제 도성에 근접해 있고, 현지에 접근하거나 조망하기가 쉬우며, 자연물의 특이성과 전설의 기이성이 두드러지는 곳들임을 우리는 유의할 필요가 있다. 다시 말해 주로 선유(船遊) 방식으로 이루어지는 특징을 지닌 부여로서 볼 때, 이들 장소는 관광자원으로서 적합한 조건을 잘 지니고 있는 것이다. 그러므로 이곡이 이들 지점만을 4개의 대표적인 유적으로 소개하고 있음은 그러한 조건에 부응하여 이들 지점이 그 당시에 거의 고정화되었음을 말해준다. 유람이 성행함으로써 선택적 집중화가 자연스럽게 이루어진 것이라 하겠는데, 이곡도 그것을 자연스럽게 따른 것이라 할 수 있다.

그리고 여기에는 뱃사공들의 역할도 일정하게 있었다는 사실을 고려할 필요가 있다고 본다. 부여가 유람지로 알려지고 수요가 늘어감에 따라 놀잇배를 부리는 경험자도 많아졌을 것이며, 유람객의 관심과 욕구에 따라 이들도 유적에 대한 이해와 그와 관련된 전설에 대하여 좀 더 깊은 관심을 갖게 되었을 것이다. 또한 이들이 역사유적 전설에 대하여 유람객들에게 들려준 구연(口演) 경험은 전설 내용에 대한 세련되고 실감있는 표현을 높여주었을 것이다. 위 이곡이 들었던 전설이 그처럼 자세한 표현을 보여주는 이유의 일면을 여기에서도 찾을 수 있다고 하겠다. 이들에 의해 자주 실현되었을 유람객에 대한 전설 들려주기는 전설에 대한 흥미도를 높여주었다고 하겠지만, 동시에 이는 한편으로 전설 내용에 비하여 현지 전설 증거물이 과대평가되는 모순도 초래하였다. 그리하여 후대에 이르면 전설 자연물과 유람

---

23) “此所謂扶餘之四詠 一方之勝境 而好事之人 不遠千里而至者也”(주 21)과 같음)

현지에 대한 지나친 기대감을 부추기는 결과를 낳아, 전설의 한 역작용을 낳는 결과를 초래하기도 하였다.[24)]

이곡이 기록한 위 전설이 이처럼 하나의 유명 관광지 전설, 혹은 유람지 전설로 달라진 데에는 조룡대가 자리한 위치상의 특징이 하나의 이점(利點)으로 작용했다는 사실을 끝으로 짚어둘 필요가 있다. 조룡대가 있는 곳은 사비강의 중간쯤이고 사비강 일대에 집약된 4곳 명승지의 중간 지점이기도 하다. 사비강의 아래 위를 배로 통행할 때에는 누구든 이 바위 옆쪽을 지나가야 한다. 이러한 수월한 접근성으로 하여 위 바위는 부여 사비강 일대 4곳 명승의 중심이 되고, 그에 따라 이에 대한 전설도 함께 관심의 중심에 위치하게 되었다고 할 수 있다. 그리고 그로 인하여 자연스럽게 조룡대 전설은 사비강 유람객들에게 가장 깊이 주목되고, 그에 비례하여 부여의 전설 혹은 '4대 유적 전설' 가운데에서도 가장 활발한 구전과 전파가 가능할 수 있었을 것이다. '용암'이 '조룡대'로 바뀐 것은 바로 이러한 전설 대상과 전설이 일반인에게 친숙해진 결과, 그 명칭의 위상이 전설적 대상에서 기념적 대상으로 격상된 결과이기도 하다. 이색이 듣고 기록한 조룡대 전설이 이전에 비하여 줄거리 구성과 세부 표현에서 훨씬 자세하고 구체화된 원인도 그 근원은 바로 이러한 전설 대상의 고유성에 있다고 할 수 있다.

6. '白馬江' 지명의 성립과 그 영향

그런데 이곡이 기록한 전설이 보여주는 의미 있는 사실의 하나는 위 전설의 중요한 표현 요소가 되는바 조룡의 수단이 되는 '백마(白馬)'가 보이지 않는다는 점이다. 그리고 그러한 결과로서 '백마강'이 되었다는, 또 다른 유래

---

24) 조선조에 들어와 〈조룡대〉가 '어떤 사물이 이름만 크고 실제는 보잘 것 없는 경우(名大實小)'를 가리키는 속담이 된 것이 그 예가 된다. 이런 예는 黃暐(1605~1654)의 『塘村閑話』(황의열 역, 보고사, 276~277쪽)를 비롯하여 다른 곳에서도 나타난다.

담을 볼 수가 없다는 점이다.

현재 조룡대 전설은 어느 각편(version)이든 낚시의 미끼가 되는 '백마'가 나타나며, 이로써 위 전설은 '조룡대 유래담'이 중심을 이루는 위에 '백마강 유래담'의 성격을 함께 지니고 있다. 그런데 이러한 '백마강' 화소는 위 자료들에는 아직 보이지 않다가 조선 초기 자료에서부터 비로소 나타나고 있음이 주목된다. 『세종실록』「지리지」와 『동국여지승람』 소재 자료를 예시하면 다음과 같다.

> "조룡대 : 호암사에서 물을 따라 남쪽으로 내려가다가 부소산에 이르면 산에 한 이상스런 바위가 강 옆쪽에 걸쳐 있다. 바위 위에는 용을 낚은 자국이 있다. 전해지는 말에 소정방이 백제를 침범할 때 구름이 일고 비가 쏟아져 백마를 미끼로 하여 용을 낚은 후에야 백제를 정벌할 수 있었고, <u>그래서 강을 백마라 하고</u> 바위를 조룡대라고 했다고 한다."[25)]

> "조룡대 : 호암으로부터 물을 따라 남쪽으로 내려가면 부소산에 닿는다. 산 아래쪽에 괴석 하나가 강가 쪽에 걸쳐 있고, 바위 위에는 용을 낚은 자국이 있다. 구전으로 전해오는 말에 소정방이 백제를 침입할 때 강에 다다라 건너려 하니 갑자기 비바람이 크게 일어나는 것이었다. 이에 백마를 미끼로 하여 용 한 마리를 낚자, 곧 날이 맑아졌고, 드디어 군사가 강을 건너 마침내 백제를 정벌했다고 한다. <u>그래서 강을 백마강이라 하고</u> 바위를 조룡대라고 했다고 한다."[26)]

앞에서 보았던 이곡의 기록에서는 소정방의 백제 침공 과정상의 난관이 약술된 반면, 위 인용문들에서는 그곳에는 없던 '백마 미끼' 화소가 새롭게 나타나며, 더하여 그것이 곧 '백마강' 지명의 유래로 연결되고 있다. 『동국여지승람』에 수록된 기록도 일부 수식어 정도의 차이만 보일 뿐 기본 내용은 동일하다. 이와 관련하여 주목되는 것은 조룡대 전설 줄거리의 이러한

25) "釣龍臺 : 自虎巖順流而南 至于扶蘇山 山有一怪巖 跨于江渚 巖上有釣龍跡 諺傳 蘇定方伐百濟時 雲雨暴作 以白馬釣龍 而後克伐之 故江曰白馬 巖曰釣龍臺" (『세종실록』 「지리지」 부여현)

26) "釣龍臺 : 自虎岩 順流而南 至于扶蘇山 下有一怪石 跨于江渚 石上有龍獲之跡 諺傳 蘇定方伐百濟 臨江欲渡 忽風雨大作 以白馬爲餌 而釣得一龍 須庾開霽 遂渡師伐之 故江曰白馬 岩曰釣龍臺" (『동국여지승람』 권18 부여현)

구성이 『동국여지승람』 이후 연속되는 유사한 기록 자료에도 거의 똑같이 유지되고 있다는 사실이다.[27]

조선 초기 이후에 나타나는, 이전 시대와 달라진 이러한 차이는 바로 그 시대 조룡대 전설의 모습을 반영하는 결과로 이해할 필요가 있다. 여기에서 무엇보다도 앞 시대에 대한 조선조 이후의 가장 중요한 차이는 '백마강' 화소가 더해지고 있다는 점이다. 그리고 이는 바로 위 전설이 이 화소가 이전 시대에는 결여되었던 것이 후대에 우연히 흡인된 것이 아니며, 바로 여말 선초에 이 화소가 새로이 생성되어 전설 속에 새로운 표현 인자로 작용한 것이라 할 수 있다. 이는 곧 종래 부여의 '사비강'이란 지명이 '백마강'으로 바뀐 것과 직접 관련이 있다고 할 수 있다.

알려져 있듯, 부여를 감싸고 있는 강의 백제 시대 이름은 사비강이었다. 이보다 훨씬 후대 이름인 '백마강'은 조선 초 『세종실록』「지리지」에 처음 보일 뿐이다. 그러므로 조룡대 전설은 백마강이라는 지명이 출현하기 훨씬 전부터 있었고, 백마강이라는 지명으로 하여 조룡대 전설은 상상과 표현을 더 확장할 수 있었던 것이다. 그렇다면 백마강이라는 이름은 언제 발생되어 전설 속에 차용된 것일까. 전설에서는 백마→조룡→조룡대/백마강의 순서로 사실에서 지명이 파생되어 나간 것으로 설명하고 있으나, 이는 전설을 중심에 둔 합리적 설명일 뿐 위 전설 역사의 실상은 그렇게 보기 어렵다. 오히려 그 반대로 이 지명이 생기고서 전설에 차용된 것으로 보는 것이 옳다고 할 수 있다.[28] 그러므로 이 문제는 백마강이라는 명칭의 유래와 그것이 전설에 미친 영향을 주목하는 데에서 찾을 필요가 있다.

지명학 쪽에서 밝혀진바 백마강의 최초 지명은 '사비가람'이었고 이것의

---

27) "釣龍臺 : 在縣北江中 唐將蘇定方 伐百濟時 風雨大作 不能渡師 定方立於岩上 以白馬爲餌釣龍 而遂開霽 渡師滅 之 故江曰白馬江 岩曰釣龍臺 岩上猶有靴跡" (『輿地圖書』「忠清道」 扶餘縣)
"釣龍臺 : 在縣北江中 唐將蘇定方 伐百濟時 風雨大作 不能渡師 定方立於岩上 以白馬爲餌釣龍 須庾開霽 遂渡師伐之 故江曰白馬 岩曰釣龍岩 猶有靴跡 完如昨日之事"(『湖西邑誌』 扶餘縣)
"釣龍臺 : 在扶蘇山下 一怪石聳立波濤之中 石上有龍攫之跡 諺傳 蘇定方伐百濟 欲渡江 忽風雨大作 以白馬爲餌釣得一龍 遂渡師伐之 故江曰白馬 岩曰釣龍臺" (『增補朝鮮寰輿勝覽』 14, 扶餘郡)

28) 도수희, 「백제의 '지명전설'에 대하여」, 『백제언어 연구 3』, 제이앤씨, 2007. 80~83쪽 참조.

이른 시기 한자 표기는 삷(사비:白)+가람(江)이었다. 그리고 비슷한 무렵 드물게는 백강(白江)이 백촌강(白村江)[29]이라고도 표기되었는데, 이는 '삷(사비)'+마을(말:村)+가람의 한자식 표기이다. 그러다가 오래 뒤 조선 초에 비로소 백마강(白馬江)이라는 이름이 나타나는데, 이때 백마강의 '마'는 본디 마(馬)가 아닌 마을(村)이란 뜻을 대신한 한자 표기였다고 보아야 한다. 그러던 것이 고려 몽고 항쟁기 이후 그곳에서 온 말(馬)을 뜻하는 모린(morin)이라는 어휘가 고유어휘 '가라'를 억압하며 말(馬)이란 뜻으로 익숙해짐으로써 '사비강' 또는 '사비마을강'의 다른 표기인 백마강(白馬江)의 뜻도 '사비마을가람'이라는 처음 뜻을 벗어나 마치 신조어인 '백마(白馬)'와 깊은 관련이 있는 것으로 여겨지게 되었다고 할 수 있다.[30] 이처럼 고려 후기 이래 백마와 백마강이라는 어휘가 널리 알려짐으로써 '백마' 화소가 소정방의 '용 낚기' 화소와 쉽게 결합되어 전설적 표현에 한층 실감을 더해주고, 그와 동시에 조룡대 전설은 '백마강의 유래'라는 또 하나의 작은 유래담을 추가할 수 있게 되었던 것이다.

이로써 위 전설은 증거력을 하나 더 보강함으로써 내용 면에서 흥미도를 높일 수 있게 된 것과 함께, 줄거리 전개 면에서 합리성을 더욱 보강할 수 있게 되었다. 그리고 이와 같은 줄거리 구성은 이후 별다른 큰 변동 없이 조선 후기를 지나 현재에 이르기까지 유지되어 왔다고 할 수 있다.

7. 후대에 변이된 여러 모습들

대략 1900년대 이후 최근에 이르기까지, 조선 초기에 형성된 위 유형의 내용은 기본 줄거리 면에서 큰 변화를 보여주지 않고 전승되고 있다. 이는 '백마'강이라는 지명의 영향이 위 전설 줄거리를 안정적으로 정착시키는 데

29) 『일본서기』에 유일하게 나타난다고 한다.

30) 백마강의 지명에 대해서는 도수희 교수의 『백제언어 연구 3』(제이앤씨, 2007), 80~83쪽의 내용을 대부분 참고한 것임.

중요한 기여를 한 것임을 뜻한다고 할 수 있다. 그러므로 이것을 조룡대 전설의 일반유형이라고 보아도 좋을 것이다.

하지만 그렇다고는 해도, 이들 자료가 작은 부분까지 동일한 것은 아니며 자료 각편(各篇)에 따라서는 나름대로의 차이점을 보여주기도 한다. 후대의 자료일수록 정황이나 지명 혹은 증거에 대한 묘사와 설명이 부가되는 것은 일반적인 현상이지만, 이러한 세부적인 변이에 비하여 좀 더 특징적인 내용을 보여주는 예가 있어 주목된다. 이러한 변이들은 위 전설의 기본적인 갈래상의 성격을 유지하는 가운데, 오랜 구전을 통하여 지역에 토착화되고 내재화되는 과정에서 드러나는 작은 특징들이라고 할 수 있겠다. 이를 크게 볼 때 첫째는 민담으로서의 성격이 부각되는 방향에서의 변이와 둘째는 신화적 성격의 부가에 따른 변이, 세번째는 지역전설성이 강조되는 과정에서 드러나는바 희화화를 지향하는 변이로 나누어 이해할 수 있다.

먼저 첫째 방향에서 달라진 양상을 보여주는 예를 보기로 한다.

> "(전략)…무슨 조화가 아니냐?
> 그 임금이 그 낮에는 나오시고 (밤에는) 수궁으로 드셨다는 설이 있어요.
> 수궁으로 드셨다 한게, 그 당나라 장수 소정방이가 그 소리를 듣다 말고
> "옳거니. 네 왕이 백제왕이 술안주로 제일 좋아하는 안주가 무엇이냐?"
> "백마. 백마 머리. 백마고기입니다."…(하략)[31]

위 인용문은 수중용이 사는 용궁 세계를 부각하는 데에 관심을 보이고 있다. 막연히 수중용의 존재 자체만이 언급되던 것이 앞 단계의 각편들에서 나타난 모습인데, 여기에서는 용궁의 존재와 용궁에서 왕으로서 즐기는 삶을 함축적으로 드러내고 있다. 전설 화소로서 용궁을 가볍게 의식하지 않고 신비한 세계로 이해하려는 적극화된 관심을 보여주고 있다고 할 수 있다. 본격 민담에서 자주 드러나는 이계(異界)로서의 용궁 세계가 다소 구체화되

---

31) 충청남도역사문화연구원, 『백제 관련 설화 자료집』, 2010. 406쪽.

어 그려지고 있는 것이다. 아래 자료는 이러한 상상이 더욱 적극적으로 실현되고 있다.

> "(전략)… 그래 소정방이가 생각을 하는 즉은, 그의 사위 백제왕 사위거든? 사윈디. 그래 안 됐어. 그 하는 행위가. 그래 그래설랑은 에 이거 안 되겄다고. 한 번 착수를 해보능 거라구. 허는디. 그 백제왕, 소정방이 마누라면 백제왕 딸 아닌감? 딸인디. 아 그 따님이 있다가는 두 내위 얘기를 하닝깨
>
> "그려…?"
>
> 백제왕이 낮이는 왕 되구 밤이넌 (청중:이메기라구 허지.) 요요 용이 이미기가 돼설랑은 그 조룡대 밑이설랑은 놀구 있어. 그래 가마안히 생각한 즉은… 그랠랑은 그 친정 아 아부지겔랑은
>
> "아부지, 이 저어 백마강에 가설랑은 밤이 놀으시먼 뭔 고기를 잡어 잡수우." 하거던?
>
> "아 고이기야 많지만 고이기야 뭐, 먹구 싶으냐?"
>
> 하니깨(하면서)
>
> "그 백마고기가 제일 좋더라아."…(하략)[32]

소정방을 왕의 사위로 설정하고, 소정방이 아내와 모의하여 왕이 좋아하는 고기가 백마고기라는 비밀을 알아내 결국 사위가 낚시로 왕을 낚았다는 내용이다. 여기에서는 소정방을 백제왕의 사위로 설정하는 파격적인 상상이 이루어지고 있다. 더욱, 딸의 꾐에 임금이 넘어가 결국 사위의 낚시에 희생되었다는 줄거리 전개는 위 전설 본디 주제와는 아주 멀어진 상상이다. 그리고 이러한 구도로 하여 위 전설의 '조룡' 화소는 본디 모습에서 크게 달라지고 있다. 또한 이로써 백제왕의 비장한 죽음에 함축된 고귀함이 격하되고 전설로서의 비장성도 크게 퇴색하고 있다. 여기에서 새롭게 부연된 '사위와 딸의 장인 모해' 화소는 앞에서 '백마'라는 지명의 영향을 보았듯, 위 전설의 자연배경이나 어떤 외부적인 영향에 따라 생성된 것이 아닌 듯하다. 그렇다고 백제사의 어느 특정 역사 사실과의 관련성 위에서 새로운 화소로

---

32) 한국학중앙연구원, 『한국구비문학대계』 4-6 (부여군편), 395~396쪽.

형성된 것이라고 보기도 어려워 보인다. 따라서 이 화소는 그 형성 요인이 외부에 있다기보다 내부 즉, 전설 전승층의 정서적 성향에서 이해하는 것이 합리적일 듯하다. 곧, 이 전설이 오랜 전승을 지속하면서 남성층 중심의 전승을 넘어 여성층에게까지 그 전승력이 확산되면서 '가족과 여성성'에 익숙해져 동화(童話)로서의 양식성에 경도된 결과로 이해된다.

두번째는 신화적 성격이 가미된 결과이다.

(1) 당 고종이 소정방을 보내 대병력을 거느리고 신라와 합세하여 백제 도성을 치게 함
(2) 백마강에 이르니 강에서 용이 풍랑을 일으켜 강을 건너지 못함
(3) 소정방이 근심하고 있자니 한 노구(老軀)가 밥을 이고 지나감
(4) 노구에게 말을 물으니, 자신의 아들인 용이 백제가 망할까 걱정되어 강에서 풍랑을 일으켜 적군을 막고 있으므로 아들에게 줄 점심을 가지고 가는 중이라고 말함
(5) 소정방이 아들이 무엇을 즐기느냐고 묻자 노파가 흰 말고기라고 대답함
(6) 그 말을 하고서 노파가 홀연히 사라짐
(7) 정방이 큰 낚시를 만들어 백마를 미끼로 하여 용을 낚아 강을 건너 백제를 멸함
(8) 백마강 조룡대라 하는 곳이 용을 낚던 곳으로 지금까지 혈흔이 남아 있음[33]

이 자료는 현재로서 유사 자료가 더 발견되지 않아 유형적 성격을 일반화해서 다루기에 주저되는 바가 있기는 하지만, 예사롭지 않은 특징을 보여주고 있어 주목된다. 여기에서 나타나는 노파는 다른 예화들에 나타나는 평범한 여성과는 위상이 다르다고 할 수 있다. 노파는 용의 어머니로서, 강에서 나라를 위하여 중대한 일을 하고 있는 아들에게 밥을 주러 간다고 하면서, 적군과 잠시 수응한 뒤에는 홀연히 사라진다. 노파의 이러한 신분과 행적을 볼 때 그녀는 본디 신화적 존재인 대모(grand mother)가 마고할매 · 설문대할망 · 손당장수 · 개양할미 등으로 후대의 문화적 영향을 반영하거나 지역성을 띠는 존재로 나타나듯, 대모신 화소가 지역화된 결과로 이해할 수 있을 것

[33] 최인학 편저, 『조선조말 구전설화집』, 박이정, 1999, 135~136쪽(요약).

이다.[34] 위 문면에서 노파의 이름은 드러나지 않고 있지만, 서해 일대에 지역화된 '개양할매' 설화가 구전되고 있는 것이나, 조룡대에서 가까운 용정리에 '강경할매' 설화가 전승되고 있음을 참고하면[35], 넓게 볼 때 동일 지역권을 이루고 있다는 점에서 위 화소와 이들 거녀(巨女) 혹은 대모 화소와의 관련성 유추가 가능할 듯하다.[36] 그런데, 위 예화에서 노파는 대모라고 하지만 신으로서의 이적이나 비범성을 보여주는 것과는 반대로, 적대 세력에 적극 협력하는 모순을 보여주고 있어 의아심을 주고 있다. 이는 위 설화가 지니는 망국 전설이라는 근본적인 특징에 따른 신화적 성격의 퇴화라고 할 수 있다고 본다. 아마도 용을 낳고 거느리며 강을 관장하던 처음 모습에서 용모(龍母)로서의 위상을 보여주는 것과 함께, 인간과 접촉한 뒤 곧 사라지는 정도로만 신비성을 유지함으로서 신성성이 매우 약화된 모습을 보여준다고 하겠다. 이는 결국 위 전설에서 대모 화소가 후대에 첨가되기는 했지만 용패배 전설이라는 한계점에 자연히 수반된 후대적 현상으로 이해할 수 있을 것이다.

세번째는 전설로서의 희화화 현상을 들 수 있다. 위 전설은 조룡 과정의 초경험적 경이성과 그 결과가 조룡 흔적의 기이함으로 연결되어 비장미를 주는 구성을 이루고 있다. 그리고 후대에 오면서 그러한 주제를 잘 실현하는 방향으로 서사적 구성이 점점 강화되어 왔다. 또한 이러한 유형적 주제화에 부합되도록 자료 각편에 따라서는 현지 관련 지명이 보강되기도 하고 표현이 강화되는 현상을 보이기도 했다. 이러한 현상은 전설 전승 현지에 대

34) 거인신격이던 마고할미가 삼척지역에서 여산신으로 형상화되면서 심마니가 치성을 드리면 삼을 많이 캐게 해주는 기능을 하는 생산신격의 면모를 지니고 있는 경우(강진옥, 「마고할미 설화에 나타난 여성신 관념」, 『한국민속학』25, 민속학회, 1993)가 그러한 하나의 예가 된다.

35) 조룡대 부근에서 이삼 킬로쯤 떨어진 부여군 부여읍 용정리에 전승되고 있다.

36) 용정리의 거녀설화에서 거녀는 강경할매 · 강겡이할매 · 갱갱이할매 등 다소 불분명한 이름으로 불리고 있다. 이곳 주민들은 이 말의 뜻은 모른다고 하며, 다만 강경이라는 접두어가 강경(江景)이란 지명과 무슨 관련이 있지 않나 하는 의문을 표하고 있다. 이로써 보면 백마강에서 서해가 더 가까운 강경에 거녀설화와 더 직접적 관련이 있는 유적이나 설화가 있었지 않았을까 하는 추정이 가능할 듯하다.

한 이해도가 높아짐으로서 후대에 이를수록 일반화되어 나갔겠지만, 전설 자연물이 소재한 현지와 가까운 지역일수록 더 강하게 실현되었을 것이다.

그런데 이러한 현상은 전설의 증거력을 통한 세세한 표현에 도움을 주는 기능도 하지만, 반대로 심각한 내용의 전설을 가벼운 언어유희로 흐르게 할 가능성도 함께 지니고 있다. 가령 〈소정방이 김유신을 따라 금강을 거슬러 오르다가 '엿바위'에서 엿을 보았다〉 → 〈수중용이 고란사 아래에서 놀다가 '맞바위'까지 내려가 놀다가 피곤하면〉 → 〈따뜻이 데워진 '자온대'위에 올라가 쉬었다〉로 이어지는 사건 전개[37]는 부여 일대의 현지 지명을 되도록 많이 흡인하여 자세하고 사실적인 표현을 실현한 전자의 예가 된다. 그러나 낚인 용이 '용정'에 가 떨어지고 '사근다리'에 가 삭고 그 냄새가 '구르내'에까지 퍼졌다는 식으로 지명을 연속하여 나열하는 것은 지명의 유사(類似) 현상에 따른 언어유희로 나아간 결과를 보여준다. 아래 예문은 위 대목이 전설 구연의 현장에서 실제 구연되는 상황을 잘 확인케 한다.

> "그래 잡어 채뜨렸단 말여. 챘더니. 여기 흐니고개라는 디가 있어. 흐니고개루 넘어 닥치거던 이눔이? 그래서 거기다갈랑은 또 한 번 다가설랑 (잡아채니) 용전꺼지 왔어. 용전까지. 용전 와 죽었댜. (청중1:웃음) (청중2:그래서 용전이라고 하너먼?) 웅. (청중1:흐니고개는 또 뭐여?) 흐니고개라는 흔홀 넘어 흐니고개루 흔홀 넘어갔댜. 그리. (일동:웃음) 얼마나 잡어챘는지. (청중3:말은 또 뭐 떨어져각구 삭은다리 와서 삭었다구 그라데.) (일동:크게 웃음) (청중4:그랬다구 하데.) (청중5:용케 댔어. 대기는 누가.)"[38]

용의 죽음이 증거 나열로 이어져 비장미(悲壯美)로 마무리되어야 할 지점에서 기대와는 반대로 폭소를 유발하는 자리가 되고 있다. 화자는 물론 청중들까지 웃음에 가담하여 그것을 더욱 증폭시키고 있어 이야기판이 완전히 웃음판으로 흐르고 있다. 유사 지명을 연쇄적으로 전설 내용과 연결지음으

---

37) 김균태 · 강현모, 『부여의 구비설화(1)』, 보경문화사, 1995. 35쪽.
38) 박계홍 · 황인덕, 『한국구비문학대계』 4-5 (부여군편), 1984. 57쪽.

로써 심각한 내용의 전설이 희화화된 결과이다. 이는 지역성을 띠는 전설이 지역성을 충실하게 반영하는 가운데 오랜 구전을 거치면서 보여주는 현상이다. 전설이 지역의 사정에 충실한 표현을 지향한 결과가 오히려 전설의 본질에 부정적인 영향을 미치는 결과를 보여줄 수도 있음을 보여주는 예가 된다.

8. 맺음말

조룡대 전설은 고려 말에 이미 부여의 4대 관광 유적의 하나로 꼽힌바 있다. 그 가운데에서도 '설화로서의 비중' 면에서 부여의 유적 전설을 대표하는 것이 바로 위 전설이다. 이제까지 몇몇 선행 논고들이 위 전설의 설화적 성격과 특징을 해명하는 일에 동참해온 것은 곧 위 전설의 이러한 중요성을 잘 말해주고 있다. 이 글은 위 설화를 되도록 지역 전설로서의 특징에 충실하게 대할 필요가 있다는 점과, 역사라는 시간 축을 중심으로 하여 그것을 통시적으로 넓고 자세하게 바라보자는 데에 주안을 두고 살펴본 것이다. 그러한 각도에서, 조룡대 전설의 형성 배경과 전승 과정상에서 있었던 중요한 변화의 맥을 짚으면서, 그에 따른 변이의 양상을 고찰하고자 했다.

이제까지 여러 개 장으로 나누어 살펴보았듯, 조룡대 전설은 오늘날 우리에게 익숙한 이야기 줄거리가 단번에 이루어진 것이 아니었다. 백제가 부여로 천도하기 전, 그것은 순수한 자연전설로서의 '용' 전설로 발생되었다. 그리고 부여로 천도한 뒤에는 사비성의 특수한 도성 방어상의 자연조건으로 하여 낮에는 육지 임금을 하고 밤에는 수중 임금 역할을 겸한다는 '수륙겸왕(水陸兼王)' 관념으로 변화되었다. 이어, 소정방의 침공을 받고 나서 아직 조룡대라는 지명이 발생하기 전에는 '용바위'라는 소박한 수준의 전설로 전해졌으며, 고려 말에 이르러 비로소 '조룡대 전설'로 그 이름과 함께 전설 내용이 한 단계 격상되었다. 나아가, 여말 선초에 '백마강'이란 지명이 뚜렷이 성립되면서 조룡대 전설로서의 유형성이 더욱 공고화되는 것과 함께, '백마강 유래담'의 성격을 공유하는 전설로 변화되었다. 이로써 위 전설은 안정성을 갖춘 일반 유형으로서 형식성을 지속적으로 유지하게 되었다.

그런가 하면, 후대에 이르러 전승층이 넓어지면서 여성화자의 취향에 가까워진 '민담성'의 표현을 띠기도 하고, 사비강 주변의 지명에 대한 자세한 이해 위에서 전설로서의 '증거'력이 강화되는 양상을 보이기도 했다. 이는 지역전설로서의 표현상의 실감성을 높여주는 효과도 발휘했지만, 다른 면으로는 전설의 사실성에서 멀어지는 희화화를 낳기도 했다.

조룡대 전설이 오랜 기간 동안 이처럼 여러 번에 걸쳐 변모를 보인 것은 기본적으로 부여 사비강의 자연지리적 독자성과 역사적 배경과의 복합적 관련성 때문이다. 더 구체적으로 말하면 위 전설은 도성(都城)이라는 역사적 배경성과 사비강의 어족(魚族)·반월수·조룡대 및 범바위라는 자연물 사이의 상호 작용의 결과였다. 그런가 하면 여기에 명승지로서의 조건이 전설의 전승과 확대에 기여하였고, 나아가 부여 주변의 지명들도 전설의 확산에 유의미한 조건이 되어 주었다.

이처럼, 여러 가지 면에서 조룡대 전설은 전설로 성립되고 변이를 거듭하는 가운데 독자적인 유형성을 갖추어 나갈 수 있는 조건을 처음부터 지니고 있었다. 위 전설이 희화성을 띠는 방향으로 구전되어나간 것도 결국 그 근저를 보면 이러한 자연지리와 인문지리적 배경을 기반으로 한 것이라 할 수 있다. 위 전설이 역사전설이자 유적전설이며 자연물전설로서의 특징을 공유하면서, 그러한 성격을 복합적으로 발휘해온 점에 조룡대 전설의 고유성이 있다고 하겠다.

〈참고 : 역사의 추이에 따른 조룡대 전설 자료〉

1287 : 〈용암〉 : 『삼국유사』
1351 : 〈조룡대〉 : 「舟行記」(李穀)
1454 : 『세종실록』「지리지」 : 〈천정대〉만 표제어로 내세우고 호암사 호암 조룡대 낙화대 자온대를 차례로 기술함
1530 : 〈조룡대〉 : 『신증동국여지승람』
1776 : 〈조룡대〉 : 『여지도서』
1897 : 〈조룡대〉 : 『조선 읍지』〈충청도〉
1922 : 〈백마를 미끼로 삼아 용을 죽이다〉 (최인학 편, 『조선말구전설화집』, 박이정, 1999. 135쪽)
1929 : 〈조룡대〉 : 『조선환여승람』
1932 : 〈사자하 조룡대〉 (≪동아일보≫. 1932. 8. 10. 대전 김용선 투고)
1935 : 〈백마강과 조룡대〉 (최상수, 『한국민간전설집』, 통문관, 1984(재판). 132~133쪽
1944 : 〈백마강과 조룡대의 유래〉 (이홍기, 『조선전설집』, 조선출판사, 72~74쪽)
1956 : 〈조룡대와 백마강〉 (홍사준, 『백제의 전설』, 통문관, 1956. 22~28쪽)
1961 : 〈백마강〉 (한상수, 『충남의 전설』, 한일출판사. 1979. 198~199쪽)
1973 : 〈조룡대〉 (임석재, 『한국구전설화 충청남도편, 평민당, 1990. 216쪽)
1973 : 〈구리내의 연유〉 (임헌도, 『한국전설대관』, 정연사, 1973. 84~87쪽)
1984 : 〈백바강 조룡대 전설〉 (박계홍 · 황인덕, 『한국구비문학대계』4-5, 1984. 155~157쪽)
1986 : 〈백마강〉 (최문휘, 『충남전설집』 하권, 충청남도향토문화연구소, 1986. 502~504쪽)
1989 : 〈백제왕이 지나다닌 샘 이야기〉 (천안문화원, 『구비문학대관』, 1996. 450쪽)
1990 : 〈성거산 위례성지〉 (천안문화원, 『구비문학대관』, 1996. 291~292쪽)
1990 : 〈구린내펄〉 (천안문화원, 『구비문학대관, 1996, 303~304쪽)
1995 : 〈조룡대 전설〉 (김균태 · 강현모, 『부여의 구비설화』(1), 보경문화사, 1995. 34~36쪽
1997: 〈조룡대의 유래〉 (강현모, 『한국 설화의 전승양상과 소설적 변모』, 역락, 2004. 306~307쪽)
2001: 〈조룡대-구리내, 구린내 동네〉 (박종익, 『한국구전설화집12』(대전편Ⅱ), 민속원, 2005. 247~248쪽)

부여 중정리 대왕포와 낙화암 전설
- 낙화암 전설 발단 지점 재고 -

1. 머 리 말

부여 낙화암은 부여의 대표적인 자연경관이자 관광명소로 잘 알려져 있다. 부소산을 찾는 유람객들에게 자연으로서의 뛰어난 위치성과 전설 내용의 충격성이 어울려 가장 높은 정서적 공명을 유발시키는 곳은 무엇보다도 낙화암과 거기에 담긴 낙화암 전설이 첫째가 된다고 하여 별 이의가 없을 것이다. 필자는 전에 부여의 대표적인 역사전설이자 자연전설인 위 설화에 한 차례 관심을 기울여, 이 설화가 구전전설로 성립되고 변화되어온 과정을 주로 살펴본 일이 있었다.[1)]

그런데, 이 문제와 관련하여 제기된 또 다른 의문점이 우리의 주목을 끈다. 다름 아닌 부소산에 있는 낙화암[2)] 이전에 궁녀가 투신한 장소가 이곳 말고 또 있다는 전설이 전해지고 있음이 그것으로, 현 부여읍 중정리 옷바위(또는 대왕포바위)와 그 일대가 백제 때 궁녀들이 투신한 본디 장소라는 것이다. 즉, 부소산 낙화암 전설은 원래 없었던 것인데 이곳에서 발생한 궁녀들

---

1) 황인덕, 「부여 낙화암 전설의 형성과 전개」, 『한국문학논총』 29, 한국문학회, 2001. 12쪽.

2) 이 명칭은 본디 타사암(적어도 『三國遺事』 이전까지)으로 기록되어 있던 것이 고려 말기에 낙화암으로 미칭화되었고, 그것을 습관적으로 불러 오늘에 이르고 있다. 여기에서는 이 용어가 이미 일반화되어 있는 데에다 그 뜻이 원래의 의미에 견주어 부정적인 것이 아니므로 그대로 준용하기로 한다.

의 투신 사실이 후대에 그곳으로 옮아갔다는 것이다. 이 전설은 주민들의 기억을 통하여 구전되고 있는데, 이러한 구전은 오래 전부터 있어왔다고 하며, 이를 실제 역사사실로 보는 현지인들의 믿음은 지금까지도 매우 강하게 유지되고 있다. 그리고 그러한 전설은 막연한 수준이 아니라 전설의 증거가 되는 현지 자연물을 통하여 뚜렷이 뒷받침되고 있어 그 뿌리가 매우 깊은 것임을 말해주고 있다.

부여의 자연과 구전설화에서 낙화암이 지니는 비중과 그 역사적 의의를 고려할 때 이에 대한 역사적 사실 여부는 중요한 과제가 될 터인데, 그럼에도 이 문제는 아직 중요한 관심사로 부각되지 못하고 있다. 따라서 이에 대한 의문은 막연한 설화적 상상의 결과로만 과소평가하거나 도외시할 수 없으며, 사실성과 설화성을 함께 주목하는 의미 있는 과제로 유념하여 살펴볼 필요가 있다. 이에 대한 관심은 낙화암과 관련된 역사 사실에 대한 관심을 넓히고, 낙화암의 존재와 그 의의를 확대하여 이해하는 데에 유익한 대상이 되어줄 것으로 본다. 나아가, 전설과 증거물을 잘 결합시켜 살핌으로써 기록에서 소홀시된 역사 사실을 이해하는 데에도 의미 있는 단서를 마련해줄 수도 있을 듯하다.

이러한 취지에서 이 글은 상상이 더해진 집단기억으로서 오랫동안 전해져온 위 전설이 주장하는 바를 긍정적으로 바라보는 관점에서 자세한 이해를 추구해 보고자 한다. 위 전설은 지명전설이자 자연전설이며 동시에 역사전설이므로 인문적 상상의 소산인 전설적 표현에만 관심을 한정할 수 없으며, 유관한 여러 측면에서 이해를 도모할 필요가 있다. 특히 이 전설이 지니는 역사적 비중과 위치를 고려할 때 전설의 증거물인 자연과 전설 내용의 사실성 여부를 깊이 주목하여 다루는 것이 가장 긴요한 일이 될 것이다. 여기에서는 이 문제의 해명에 주력하되 그와 관련된 주변 문제들도 함께 거론하면서 이해를 도모해 보기로 한다.

2. 전설 현지의 지리적 배경

옷바위 일대가 궁녀의 본디 투신처라고 한다면, 이곳 일대의 지리 · 지형적 특징부터 먼저 주목할 필요가 있다. 이곳이 보여주는 자연조건으로서의 전체적인 특징은 한마디로 부소산 낙화암의 경우처럼 암벽을 이루고 있다는 것으로 요약된다. 부소산의 낙화암이 부소산 가운데 서쪽으로 암벽을 이루고 있듯, 이곳 일대는 '기절메'[3] 부근의 몇 개 지맥이 서쪽 백마강으로 잦아드는 지점에 암벽을 이루고 있다.[4] 부소산 낙화암 절벽과 이곳의 절벽을 비교할 때, 두 암벽의 큰 차이는 전자는 큰 강에 면해있는 반면, 후자는 큰 강에서 수백 미터 떨어져 있으며, 대략 '왕포천'과 백마강이 만나는 곳에 접해있다는 점이다. 이러한 자연조건으로 하여, 물과 절벽이 만난다는 점을 공통으로 하면서도 전자는 수려한 자연경관을 빚어내고 있음에 비하여 후자는 현재로서 그런 조건을 거의 보여주지 못하고 있다. 따라서 넓은 범위에서 자연경관을 볼 때, 현재의 조건만으로 보면 전자가 후자보다 훨씬 우월한 위치에 있다고 할 수 있다.

---

3) 기절메는 대략 이곳 옷바위 바로 뒤 약간 높은, 작은 봉우리를 포함한 주변부 산을 가리키는 지명으로 이해되고 있다. 이 지명이 일부 주민들의 기억에 희미하게 남아 있음이 현지조사를 통하여 확인되고 있다. 이곳에서 위쪽으로 가장 높은 곳에 백제 때 장대지(將臺址)가 있어 장대지를 산 이름으로 부르기도 한다.

4) 세 곳은 북쪽으로 '옷바위'가 있고, 그로부터 남쪽으로 직선거리 600여 미터 위치에 '성끝'이 있으며, 대략 그 중간 거리에 또 다른 절벽이 있는데 이곳은 지명이 따로 없다. 편의상 이를 '가운데 절벽'이라고 칭하기로 한다. 이 가운데 '성끝' 절벽은 그 앞으로 포장도로가 닦이면서 여러 번 흙으로 메우는 바람에 지금은 절벽과 그 아래 물로 이루어진 원래 모습을 찾아보기 어려운 상태이고, 가운데 절벽은 오랜 60여 년 전 인근의 부여 제방공사 때 이용하고자 이곳의 높이 솟은 절벽을 많이 깨뜨리는 바람에 지금은 절벽 뿌리만 겨우 남은 상태이다. 옷바위 절벽만 원래 모습 거의 그대로 남아 있다.

[백제 궁녀들의 투신처로 전해지는 옵배 절벽]

그러나 이는 상대적 관점에서 그렇다는 것일 뿐이다. 자연경관의 측면에서 볼 때는 그렇다 해도, 이들 절벽이 역사적 유적이 될 수 있었던 지형적 조건, 즉 이곳에서 사람이 '투신하기에 적합한 조건'만을 고려한다면 오히려 그 반대라 할 수 있다. 그것은 다음 몇 가지 점에서이다. 첫째는 이곳 암벽들은 높이가 비교적 낮다는 점이다. 이곳 암벽들은 가장 높은 곳이라야 이십여 미터에 그쳐 부소산 암벽 산과는 대조를 보인다. 두번째는 경사도에서도 부소산 암벽 산보다 수직 벽에 가깝다는 점이다. 부소산 암벽은 직경사가 아니고 대략 삼단 구조를 이루고 있고, 위쪽에서 수직 암벽으로 접근하기가 쉽지 않을 뿐 아니라, 그곳에 접근한다고 해도 강물로 수직 추락할 수가 없다.[5] 이에 비하여 기절메 일대의 암벽들은 경사도가 더 가팔라 위쪽

5) 낙화암 정상부에서 돌을 힘껏 던져야 겨우 물에 떨어진다는 말로 현지 주민들과 이곳을 찾는 사람들은 이곳에서의 투신 사실을 믿기 어렵다는 말들을 한다. 오래지 않은 때에 이곳에서 남자가 투신한 사건이 있었는데, 목격자의 말에 따르면 그때 사람이 추락한 지점은 물에 훨씬 못 미친 바위였다고 한다.

에서 투신할 경우 물에 직하할 가능성이 크다. 부소산 절벽의 하단부가 물과 수직을 이루고 있지 않고 물과 직접 닿는 것도 아님에 비하여, 이곳은 바위 절벽의 뿌리가 곧바로 수직으로 물속에 박혀있다. 세번째로 이곳 암벽산은 높이가 비교적 낮아 절벽의 하단부든 상단부든 주위로부터 접근하기가 쉽다는 점이다. 대략 이곳의 이러한 특징들이 부소산 낙화암에 비하여 투신처로서 더 적합한 조건을 이루고 있다.

그런데 궁녀가 낙화 장소로 이곳을 선택했던 조건을 살피는 데에는 이곳이 지닌 인문 지리적 측면도 함께 고려할 필요가 있다. 이들 세 지점은 위에서 말한 특징 외에도 모두 나성의 서쪽 끝에 가깝고, 성 안쪽에 자리 잡고 있다는 것을 공통으로 한다. 이들 세 지점 가운데에서도 특히 '옷바위'[6]는 더욱 두드러진 독자성이 있다. 이곳에 남아있는 인문지리적 흔적으로서 주목되는 것의 하나로 이곳 절벽 위에 '엿바위'가 있다는 점이다. 해당 바위가 그 아래쪽의 왕포천과 백마강 일대를 조망하기에 좋은 위치에 있고, 그러한 기능을 발휘한 결과에서 붙여진 이름임을 짐작하게 한다. 이에 더하여, 이 바위 위에 '등잔받침' 자리와 '깃대바위'라 불리는 인공 흔적도 있다.[7] 이들 가운데 등잔받침대 모양의 인공 흔적[8]은 그 용도를 잘 알 수 없지만, 깃대 꽂은 구멍[9] 또는 깃대바위로 불리는 인공 흔적을 군사적 목적의 군기를 꽂

---

6) 이 바위는 현재 '옵배(옷바위)'로 불리고 있고, 그 부근에 있는 마을(사대강 정비 사업에 따라 지금은 주민이 모두 이주한 상태임)도 같은 이름으로 불리고 있다. 이 지명의 유래는 따로 전해지지는 않으나 '옷바위' 지명의 일반적인 사례에 비추어 볼 때 바위가 치마 형상이라거나 넓다는 뜻에서 생긴 것이 아닌가 여겨진다.(한글학회 1999, 『한국땅이름큰사전(하)』, pp. 4260~4261.) 또한 그와 동시에 곶(꽃)바위가 옷바위로 변한 것일 수도 있다. 그런데 이곳 바위가 있는 곳은 『신증동국여지승람』에 '대왕포'로 불리고 있음을 볼 수 있다. 또한 이에 더하여, 최근 필자의 현지 조사를 통하여 이곳 대왕포가 있는 절벽 바위를 '대왕포암'이라고 부르는 사례도 확인되었다. 대왕포와 대왕포암이라는 지명이 이미 오래 전부터 있었음을 말해주는 주요한 증거이다. 이 문제는 뒤에서 거듭 논의하기로 한다.

7) 이들 두 곳의 인공 흔적은 앞뒤로 칠팔 미터 거리에서 마주보고 서있는 한 길 내지 길 반 정도 높이의 바위에 새겨져 있다.

8) 이 인공 흔적은 가로 세로 깊이가 16×30×5센티 정도이다.

9) 이 구멍은 직경과 깊이가 20×25센티 정도이다. 한편, 엿바위와 깃대 꽂은 바위라는 지명과는 관련이 없어 보이지만 옷바위 아래 낮은 곳에 애기바위라는 지명도 있었다고 한다. 이 바위는 인근 마을 부녀자들이 아기의 잉태와 무병을 비는 치성 대상이 되어 왔다고 한다. 그런데 이 바위는 절벽에서 길쪽으로 약간 튀어나온 자리에 서있다 보니 몇 년 전 절벽산 아래의 길을 확포장하면서 깨뜨려져 땅에 묻혔다고 한다.

았던 구멍으로 보는 것은 이 지점의 지리적, 군사 방어적 성격을 고려할 때 상당히 합리적인 추정이라고 여겨진다. 그런가 하면 이곳 옷바위 마을 뒤쪽에서 산의 주봉(즉 將臺址) 쪽으로 이어지는 골짝에 백제 때 궁녀가 거주했던 절이 있었다는 구전이 있고, 그 뒤쪽에 '옷샘'도 있었다고 한다. 그리고 대략 절이 있었다는 부근에서부터 위쪽 장대지 일대까지를 '기절메'라고 부른다고 한다. 기절메라는 지명은 '기(旗)가 있는 절의 산', 또는 '깃대 옆에 있는 절의 산'이라는 뜻일 터이므로, 깃대가 뚜렷이 잘 보이고 또 중요하기 때문에 그 옆에 있는 절과 산이 깃대를 표방한 결과로써 지어진 것으로 여겨진다. 이 일대에서 깃대와 절이 지니는 중요성을 잘 짐작케 하는 증거이다. 그런가 하면, 옷바위의 바위 뿌리가 왕포천에 닿는 곳에 전에 '선착장'이 있었다는 것도 이곳의 중요한 인문지리적 기능의 하나이다. 선착장은 곧 절이 있는 '큰골'의 입구이므로 선착장과 절은 밀접한 관련을 맺고 있었다고 볼 수 있다. 요컨대 이러한 몇 가지 지명과 인공 흔적으로 볼 때 이곳은 역사적으로 중요한 지점이었고 그만큼 잘 알려진 곳이었음을 짐작하게 한다.

이처럼 인문지리적 흔적을 여럿 지니고 있는 '옷바위'에 비하여 '성 끝'에 있는 절벽은 암벽의 규모도 작고 별다른 특이점을 찾기가 어렵다. 다만 이곳은 나성(羅城)이 끝나 금강과 만나는 곳임으로 하여 군사적 방어기능과 관련하여 그 나름의 주요성이 유지되었을 것이다.[10] 그리고 이곳과 옷바위 중간에 위치한 '가운데 절벽'은 절벽의 경관성은 가장 우수하지만 위치 면에서 독자적인 특이점을 찾기가 가장 모호한 곳이라 할 수 있다.

이로써 볼 때, 위 세 곳 절벽의 지리적 지명도는 옷바위 부근이 두드러져 있는 반면, 다른 두 곳은 상대적으로 약한 위치에 있음을 알 수 있다.[11] 그리고 이러한 차이는 이들 지점에서 투신했다는 낙화암 전설 각편(各篇)에서

10) 이 부근은 현재 '성안'으로 불리는 작은 마을을 이루고 있다. '성끝' 바로 옆 마을 입구의 저지대는 전에 소금배가 소금을 떼는 곳이었다고 하며, 이는 이곳이 금강에 접한 저지대였음을 말해주는 또 다른 증거이다.

11) 뒤에서 살피게 될, 이곳이 대왕포의 하나이기도 했다는 사실을 추가하면 이러한 지명도는 더욱 높아지게 된다.

투신 장소가 옷바위로 나타나는 자료가 가장 많고 다른 두 곳은 적게 나타나는 차이로 나타나고 있음도 볼 수 있다. 이는 곧 투신 당시의 실제 현황을 말해주는 것으로 이해할 수 있다. 곧, 백제가 외침을 당할 당시에 궁성에서 쫓겨 남쪽으로 와서 성이 끝나는 부근에서 투신한 것은 공통이되, 잘 알려진 곳과 가까운 곳을 투신 장소로 더 많이 선택한 결과라고 볼 수 있다.

3. 지명으로 본 옷바위 부근의 또 다른 역사 배경

위에서 옷바위의 지리적 특징에 주목하면서 백제 궁녀 낙화처로서의 적합성을 살펴보았다. 그런데 여기에는 그 못지않은 역사적 배경이 깃들어 있다는 사실을 또한 주목할 필요가 있다. 이에 대한 지명에 유의하여 이 문제를 보기로 한다. 먼저 주목할 것은 이곳이 오래 전에는 '대왕포(大王浦)'로 불렸다는 사실이다.

> 대왕포 : 현 남쪽 7리에 있다. 물의 근원이 오산(烏山)에서 나와 서쪽 백마강으로 흘러 들어간다. 백제 무왕이 매번 여러 신하들을 동반하고 사비하 북쪽 포구에서 놀았다. 연회를 하며 먹고 즐겼는데, 술에 취하면 꼭 북을 치고 거문고를 연주하며 스스로 노래를 부르면서 시종하는 사람들에게도 일어나 춤을 추게 했다. 그 당시 사람들이 이로 인해서 대왕포라고 했다.[12)]

위 기록 첫째 줄을 보면 대왕포의 위치에 대하여 부여현 치소로부터 7리 거리이고, 오산(烏山)에서 흘러온 개울(현재 왕포천)이 백마강과 만나는 곳으로 설명하고 있다. 이는 곧 지금 옷바위의 위치와 정확히 일치한다.

---

12) 大王浦 : 在縣南七里 源出烏山 西入白馬江 百濟武王 每率群臣 遊泗沘河北浦 宴飮以樂 醉必鼓琴自歌 令從者起舞 時人因此稱謂大王浦 (『신중동국여지승람』, 권18, 부여현). 이곳을 대왕포로 기록한 예는 『여지도서』와 『대동지지』에서도 발견된다. 기록 내용은 위와 비슷하되, 여지도서는 의자왕으로, 대동지지는 무왕으로 나타난다.

그런데 의문스러운 일은, 이 지명의 위치는 이처럼 부여현의 남쪽으로 기록하고서도, 그 '유래'는 엉뚱하게도 '사비하 북쪽 포구' 즉 부소산 뒤 '북포(北浦)'의 내용으로 잘못 기록되고 있는 모순을 보여주는 점이다. 그런데, 실은 이 '북포'를 대왕포로 비정한 기록은 『삼국사기』에서부터 보인다.[13] 그런가 하면 『삼국유사』에는 백제왕이 놀았던 장소임을 강조하면서 대왕포의 지명을 소개하고는 있되, 막상 그 위치는 남·북쪽 어느 곳인지 밝혀 기록하지 않고 있다.

그렇다면 『신증동국여지승람』에 나타나는 이러한 기록상의 착오를 어떻게 볼 것인가? 『신증동국여지승람』보다 앞서는 『세종실록지리지』에는 부여 일대의 역사유적과 유래담들이 기록되고 있음에도, 이 항목만은 누락되어 있다. 그 이유는 아마도 여말 선초에 이 지명과 그 유래담의 전승력이 부여의 다른 유적 전설에 비하여 상대적으로 약화되어 있었기 때문이 아니었나 추측해볼 수 있다. 그러던 것을 『신증동국여지승람』을 편찬할 무렵에 부여의 백제 유적에 대한 재확인 내지 재점검이 이루어짐으로써, 이 지명의 존재와 의의를 새로이 확인하고 주목하여 기록한 것으로 이해할 수 있다. 그리고 그 지명의 '유래'에 대해서는 기록 내용이 『삼국사기』나 『삼국유사』와 유사한 것으로 보아 그 기록들을 참고한 것으로 보인다.

이처럼 지명과 그 실제 위치가 불일치되는 모순이 인지되었음에도 이에 대한 의문을 표하지 않고 그대로 기록한 것을 어떻게 볼 것인가?[14] 그것은 결국 『신증동국여지승람』의 편찬을 앞두고 이루어졌을 기록 대상의 선택

---

13) "37년 3월. 왕이 좌우 신료들을 거느리고 泗沘河 北浦에서 연유하였다. 강 양안에는 기암괴석이 착립한 데다 간간히 기화이초가 섞여 있어서 그림과도 같았다. 왕은 술을 마시며 즐거움이 고조되면 북을 치고 거문고를 타며 스스로 노래를 불렀고, 종자들도 여러 번 춤을 추었다. 당시 사람들이 그곳을 大王浦라고 일렀다."

14) 이와 관련하여 홍사준은 왕포리 부근이 구렁개라고도 불리는 것에 주목하여 '구렁개'가 구(대)+렁(왕)+개(포)처럼 대응된다고 보아, 대왕포는 곧 구렁개와 같은 뜻이라고 보면서 고란사 부근의 '대왕포' 지명이 촌노들의 오해로 위치가 남쪽 대왕포로 바뀐 것으로 추정하고 있다(홍사준 1956, pp. 44~49). 그러나 이는 문헌에 전해지는 옷바위 부근 대왕포의 존재를 전혀 모른 데에서 이루어진 무리한 추정이다. 대왕포와 구렁개를 동일시한 어휘 풀이 역시 전혀 이치에 맞지 않는다.

과정에서 현실 지명으로서 영향력이 큰 쪽이 채택된 결과라 이해된다. 다름 아닌, 부여에 전래적으로 남 · 북 두 대왕포가 병존해오다가 조선조에 이르면서 지명도가 약화된 북대왕포가 배제되고 지명도가 상대적으로 높은 남대왕포가 선택된 것으로 보인다. 이것은 그 당시 남 · 북 대왕포의 지리적 위치와 그로 인한 주민들의 접근성이나 친근성이 영향을 미친 결과일 것이다. 부소산 뒤에 있어 위치가 외지고 접근성도 미약한 북포는 후대로 올수록 거의 잊혀진 지명이 된 반면, 남대왕포는 길목에 접해 있는 데에다 큰 마을에 인접해 있어 접근성이 좋고 외부로 알려지기에 유리한 위치에 있다. 거기에다 그 영향으로 이미 '열두대왕이'라는 지명까지 발생된 상태이다. 바로 이러한 배경 위에서 남쪽의 대왕포라는 지명이 기존의 기록 자료를 극복하고 새 역사유적의 지명으로 채택될 수 있었던 것이다. 그러나 지명 내용은 그렇다 해도, 그 위치를 '북포'로 잘못 적은 것은 현장성에 충실하지 못한 부주의의 소치였을 것이다. 오늘날까지 이곳 남대왕포에 대한 지명과 전설이 면면히 전승되고 있음이 그 증거가 된다.

『신증동국여지승람』에 위 지명이 기록된 것은 이처럼 위 지명과 전설의 시대적 배경 위에서 이루어진 것으로서, 이것은 오늘날 이 지명의 역사적 의의를 확인시킴과 동시에 낙화암의 또 다른 이해를 위하여 중요한 단서를 제공해주고 있다. 『신증동국여지승람』에서 대왕포라는 지명을 이처럼 확실한 사실로 기록한 것은 그 무렵까지 이 지명이 똑똑히 기억되고 있었음은 물론, 같은 내용이 『대동지지』 · 『대동여지도』 등을 통하여 후대까지 지속되어 왔음도 같은 증가가 된다. 이들 후대의 지지류에서는 모두 위에서 문제가 된 '북포'를 삭제하고 있는데, 이는 원래 『신증동국여지승람』의 '북포'가 오기(誤記)였음을 증명하는 분명한 증거이다. 이와 동시에 주목되는 것은, 이 지명은 오늘날 부여 주변에서 구전되는 전설에서도 '대왕포암'이라는 이름으로 뚜렷하게 기억되고 있다는 사실이다.[15] 현전 전설에서 이것이 '대

15) 부여군 규암면 외리 2구 정봉수(1926~) 어른이 들려준 자료에 나타난다.

왕포+암'이라는 이름으로 나타나고 있음에서 이 지명의 오랜 역사성을 확인할 수 있는 것이다.

대왕포 혹은 대왕포암이라는 지명을 확인하였으므로, 이제 이곳이 그러한 조건을 지니고 있었던 옛날 모습에 주목해볼 필요가 있다. 이 지역 주민들은 거의 누구나 옷바위 암벽산 아래가 옛날에는 깊은 강물이었고, 이 바위에서 궁녀들이 강물로 투신한 것으로 이야기를 구전해오고 있다. 이러한 전설은 이미 말했듯 위 『신증동국여지승람』의 대왕포에 대한 기록과도 일치하므로 결코 무리한 상상이 아니다. 대왕포라는 포구가 성립되려면 배가 뜰 정도로 물이 흘러야 했을 것인데, 현재 상황을 보면 이곳에 왕포천이 흐르고는 있지만 하천의 규모가 작아 배가 통행할 정도는 못 된다. 그러면 어떻게 대왕포라는 말이 가능했다는 말인가? 바로 이것을 뒷받침해주는 것 또한 현지인의 구전 증언이다. 주민들의 증언에 따르면 지금과는 달리 옛날에는 백마강이 중정리 앞쪽으로 더 굽어들어 흘렀고, 그때는 옷바위 아래 부근까지 강물이 들어와 그곳 일대가 포구를 이루었다고 한다. 이러한 추정은 충분히 일리가 있고 타당성이 있다. 금강은 큰 강인 데에다, 더욱 하류에 속하는 부여 남쪽부터는 대규모 홍수에 따라 유로가 크게 바뀌는 일이 잦다. 더욱, 강 주변의 저지대일수록 이러한 가능성이 큰데, 이곳 왕포리와 중정리 앞 주변도 홍수 피해와 그로 인한 유로 변화의 가능성이 높은 곳의 하나이다. 이점을 고려하면 유달리 큰물이 날 때 강 건너편에서 강류가 깊이 꺾이어 강심이 옷바위 앞으로 이어질 가능성이 충분히 있다. 이곳 일대 주민들이 흔히 말하듯, 오래 전에는 백마강이 옷바위 쪽으로 흘렀다는 추정은 결코 무리가 아니라고 본다.

이로써 보면, 적어도 백제 말기 이전부터 이곳 옷바위 아래 왕포천은 백마강과 연결되고 수량도 많아 배도 통행했을 것이다. 그 무렵의 이곳은 인근의 다른 곳과 비교하자면, 백마강과 '가중천'이 만나 포구를 이루었을 부소산 뒤 '북포'와 지리적 조건과 포구로서의 기능이 비슷했을 것이다. 그리고 이러한 조건은 곧 백마강과 암벽 산이 조화를 이룬 수려한 자연경관을 이루었을 것이고, 북포가 그렇듯이 배를 타고 연유(宴遊)를 하기에 적지였을 것이며, 그에 따라 실제로 임금, 특히 대왕의 연유가 분명히 있었을 것이다. 또한 그 결과 '대왕포'라는 지명도 자연스럽게 생성되었을 것이다. 더하여, 이곳과 백제 임금과의 그러한 역사적 관련성은 궁녀들이 이곳에서 투신을 감행하고, 그로써 이곳이 낙화암이 될 수 있었던 이면적인 요인으로 작용했다고 할 수 있겠는데, 이 문제는 뒤에서 더 보기로 하고, 이곳 일대에 남아 있는 백제 임금의 흔적을 한두 가지 예로 들어 보기로 한다. 흔히 '대왱(왕)이' 또는 '열두대왕이'라고 불리는 이곳의 지명이 그 하나의 예가 된다. 지금은 부여 남쪽 일대가 왕포리와 중정리로 크게 나뉘지만 이것은 근현대(1914년)에 인위적으로 부여된 지명[16]으로, 이 지역의 오랜 역사 배경을 담고 있는 지명이 아니다. 이들 지명이 있기 전에 왕포리와 중정리 일대를 통틀어 대왕이라 불렀으며, 자연 마을의 수가 많다는 뜻으로 열두대왕이라고도 불렀다. 이처럼 '대왕이'가 이 일대 여러 마을을 포괄하는 범칭으로 불린 것은 분명 '대왕포' 지명의 영향이었을 것이다. 백제 임금 가운데 특별히 '대왕'이 그곳에서 놀았던 역사적 사실을 영예로 기억하여 형성된 지명이라 하겠다. 또 다른 증거는 앞 2장에서 말했듯이 왕포천이 옷바위 마을 입구와 만나는 지점이 예전에는 배를 대는 곳이었다는 점이다. 지금은 토사로 묻혔지만 이곳도 암벽으로 이루어져 있어, 그 아래는 강이 흐르고 그 주변의 바위에 배를 대는 자리가 있었다는 구전이 전해지고 있다.[17] 이에 더하여, '창터'라는 지명도 그 당시의 역사를 뒷받침하는 관련 지명으로 참고할 수 있다. 창터는 옷바위에서 왕포천을 따라 중정리로 올라가다가 마을 초입께 개울 주변을 가리키는 지명이다. 창고가 있었다는 뜻일 터인데, 이곳에 창고가 있었

---

16) 본래 부여군 대방면의 지역인데 1914년 행정구역 폐합에 따라 구포리 왕호리 대왕리 구정리 일부를 병합하여 대왕리와 구포리의 이름을 따서 왕포리라 하여 현내면(부여읍)에 편입되었다고 한다. 한편 중정리는 중리 당리 동리 구정리 일부를 병합하여 중리와 구정리의 이름을 따서 중정리라 하여 현내면에 편입되었다고 한다.

17) 부여읍 염창리 하염 최용균(남 · 77, 전 마을 이장)이 제공한 자료에 이에 대한 증언이 나타난다.

다면 그것은 곧 이곳이 지닌 수로의 기능과 관련이 있을 것이고, 그것은 곧 오래 전 옷바위 아래로 배가 연결되던 시절의 역사와 관련이 있다고 할 수 있다.

4. 백제 '대왕' 연유(宴遊)처로서의 '대왕포'의 독자성

그런데 이곳에 '대왕포'라는 지명이 발생한 것은, '북포'에서도 그랬듯 이곳도 실제로 임금의 연유가 직접적인 동기가 되었을 것이다. 이 글의 주제와 관련하여, 대왕포라는 지명보다도 실상 그것을 파생시킨 임금의 연유(宴遊)와 그 의의가 더 중요하므로 이제 이 문제를 주목해 보기로 한다. 이미 북포의 북대왕포와 옷바위의 남대왕포로써 확인한 것처럼, 부여 주변에 대왕포는 최소한 두 곳이 있다. 이곳들은 모두 백제왕이 연유를 한 곳이라는 것이 공통점이다. 여기에서 중요한 것은 바로 백제의 '대왕'이 연유한 곳이라는 점이다.[18] 대왕이 연유한 곳이기에 예사 임금이 놀았던 사실과는 다르게 기념적 사실로 기억되었던 것이고, 그러한 결과 연회를 했던 지점이 특별히 '대왕포'라는 지명으로 고정되기까지 했던 것이다. 그러므로 우리는 이들 대왕이 놀았던 이곳을 예사 임금이 논 장소와는 차별성을 두어 특별한 의미를 부여하여 주목할 필요가 있다.

백제 임금의 연유처를 설명하는 기록 가운데 주목되는 것은 『삼국사기』에, "…강 양안(兩岸)에는 기암괴석석이 착립(錯立)한 데다 간간이 기화이초가 섞여 있어서 그림과도 같았다…"라고 한 데에서 보이는 양안(兩岸)이라는 말이다. 『삼국사기』에서는 양안이라고 말하고서도, 그 가운데에서 백제 임금이 논 곳을 북포(北浦) 한 곳으로만 특정하고 있다. 그러나 『삼국유사』에서는 이와는 달리 "또, 사(자)비하 양쪽 절벽은 마치 꽃을 그린 병풍과도 같다. 백

---

18) 『三國遺事』에는 遊宴, 『三國史記』에는 宴遊로 기록하고 있는데 뜻은 같다고 볼 수 있다.

제왕이 매번 놀이잔치를 베풀어 노래하고 춤을 추었기 때문에 지금까지 대왕포라고 부른다."[19]라고 하여 연유처를 어느 곳이라고 고정하여 말하지 않았다. 이것은 『삼국유사』에서 '대왕포'를 특정화된 하나의 지명이 아니라 일반화된 다수, 혹은 최소한 복수의 지명으로 이해했을 것임을 짐작하게 한다. 백마강의 영역에서 바위 절벽에 꽃이 어우러진 곳이 실제로 여러 군데였을 것임을 고려하면, 백제 왕들이 연회를 한 곳은 한두 곳만이 아닌 여러 곳이었을 것으로 추정된다.[20] 그렇지만 그러한 가운데에서도 유독 위 두 지점만이 대왕포라는 지명을 얻게 된 것은 이들 장소가 대왕의 유연처로서의 적합도가 높았기 때문이었을 것이다. 그리고 그것은 곧 이들 지점이 다른 곳보다 상대적으로 우수한 자연경관을 지니고 있고, 왕궁에서 강을 따라 유람하기에 적절한 거리에 있으며, 나성을 벗어나지 않는 지점에 위치해 있다는 등의 조건에서 결과된 것이라 할 수 있다.

그러면 이러한 관점에서 위 두 곳을 잠시 보기로 한다. 이러한 조건으로는 궁에서 가깝고 깊은 강에 높은 절벽이 길게 접한 부소산 북포 주변이 가장 우월한 위치에 있다고 할 수 있다. 이곳에서 '꽃을 그린 병풍' 같은 경치를 잘 보여주는 곳은 낙화암 부근의 암벽산이 중심이 될 것이다. 이곳을 중심으로 하여 자온대(현재 유람선 선착장)에서 그곳까지 오르는 동안 고란사 앞을 지나 조룡대 부근을 거쳐 북포에 이르기까지 크고 작은 바위가 여기저기 보이는 가운데, 배를 저어 오르면서 바위 사이에 핀 꽃을 보는 묘미가 배를 타고 연유하는 흥취를 고조시켜 주었을 것이다. 옛 기록에는 간단히 '북포'에서 놀았다고 했지만, 다른 지명이 없어 다만 '북포'라고 한 것일 뿐, 이곳에서의 연유는 자온대(현재 선착장)에서 조룡대 동쪽, 혹은 그 북쪽까지의 긴 코스를 다 포함하는 과정이었다고 보아야 한다. 이곳 일대는 높고 낮은 절벽이

---

19) "又 泗(沘)沘河兩岸 如畫屛 百濟王 每遊宴歌舞 故至今稱謂大王浦" (『三國遺事』 권제2 남부여 전백제)

20) 위에서 말한 사비강 '북포'와 '남포' 외에 청양군 청남면 왕진리의 왕진(王津)에도 같은 전설이 전승되어 왔다. 申混(1624~1656)은 이에 대하여 다음과 같은 기록을 남기고 있다. "…行二十里 泊王津 謂王津者 百濟時 每與群臣 乘龍舟遡江 輒遊此處 故名…". 이 밖에도 논산시 성동면 우곤리 도치메에도 궁녀 전설이 전해지고 있음으로 볼 때 같은 전설이 전승되었을 가능성이 있다.

강을 따라 남북으로 길게 이어져 있고 넓은 강과 부소산의 다채로운 경관을 한눈에 감상할 수 있어, 사비강 일대에서도 자연경관이 가장 우수한 곳이다. 당연히 이곳은 사비강 주변 가운데 왕실의 유람지로서 선호도가 높았을 것이고, 그러한 결과 백제 대왕이 중시하는 유연처가 되었을 것이다.

그렇다면 이와 견줄 때 남대왕포인 옷바위 주변은 어떠한가? 옷바위 쪽은 단일 암벽산을 이루고 있고 규모도 작으며 암벽 산의 굴곡도 단조로운 편이다. 때문에 전체적으로 산과 암벽의 변화로 빚어지는 경관의 묘미나 넓은 강 위에서 그것을 감상하는 묘미는 부소산만 못한 편이다. 그러나, 옷바위만에 머물지 않고 멀리 나성 끝에서부터 옷바위까지로 시야를 넓혀 보면 그 암벽 산의 영역이 상당히 넓고, 그 사이에는 곳곳에 눈을 끄는 암벽도 적절히 배치되어 있다. 그리고 전반적으로 산은 낮지만, 작은 산들이 굽이를 이루는 묘미가 경관상의 독자성을 보여주는 곳이고, 그러한 경관의 절정을 이루는 지점에 옷바위가 자리잡고 있으며, 여기에서 마을이 있는 북쪽으로도 바위가 착립한 경관은 얼마간 계속된다. 전체적으로 볼 때 북대왕포 쪽이 절벽의 밀집도가 높은 곳이라면 옵배 일대, 즉 남대왕포 쪽은 산굽이의 묘미와 변화가 경관상의 특징을 이룬다고 할 수 있다. 요컨대 이로써 보듯, 북으로는 부소산 아래 북포 일대, 남쪽으로는 옷바위 일대가 부여 도성에서 가까운 암벽산으로서 자연경관을 대표하는 곳이고, 그에 따라 대왕의 놀이처가 될 수 있는 자연조건을 가장 높게 지닌 곳이라 할 수 있다.

그런데, 이들 장소가 지닌 암벽산의 뛰어난 경관만으로는 대왕포가 될 수 있는 조건을 설명하는 데에 부족하며, 그곳이 '그림 같다'라거나 '그림 병풍 같다'고 묘사한 조건도 지니고 있었기에 가능했다는 사실이 반드시 함께 고려되어야만 한다. 북쪽이든 남쪽이든, 대왕포 위의 바위 절벽을 돋보이게 해준 것은 절벽 사이를 장식한 꽃이었고, 이 꽃이야말로 이들 장소를 유연처로 삼게 한 중요한 요소의 하나였던 것으로 보인다. 대왕포에 대한 문헌기록은 한결같이 이곳에 핀 꽃의 아름다움에 유념하고 있다. 이에 대하여 가장 자세한 관심을 보인 『삼국사기』에서는 "강 양안에 기암괴석이 이리저리 섞여 있고[錯立] 간간이 기화이초가 끼어 있어서 마치 그림과도 같았다." 고 했고, 『삼국유사』에서는 그 아름다움을 "그림 병풍 같았다"고 했다. 사비강 주변 절벽 곳곳에 크고 작은 묘미 있는 절벽 바위들이 도드라져 있고, 바위 사이에는 간간이 꽃이 피어 있어 그 경치가 그처럼 화려했다는 말이다.

그렇다면 이러한 꽃절벽에 어우러진 꽃의 아름다움은 그냥 자연으로서일까? 아니면 인공의 결과일까? 그 화려함과 조화를 강조하고 있음을 보면 인공이 가미되어야만 가능한 모습일 듯도 하지만,[21] 꽃이 핀 지점을 주목하면 그것이 필경 천연으로만 가능한 일일 수밖에 없음은 당연하다. 기록에서 기화이초라고 했지만 이것은 아름다운 경치를 강조하기 위한 수사일 뿐, 실제로 암벽 곳곳에 꽃이 피어 병풍 같다고 했을 때에, 한국 고유의 자연 배경으로 볼 때 그 꽃의 중심은 '진달래'를 말하는 것으로 보아야 한다. 배를 타고 바라보는 사비강 주변의 경치는 무슨 인공 화단을 가까이 감상하는 것과는 다르다. 제법 높은 절벽 사이사이 무리지어 핀 진달래를 빼고는 사비강에서 배를 타고 유람하는 시선으로 꽃이 병풍처럼 보였다는 묘사는 실제 성립되기가 어렵다. 다른 곳도 아니고 식물이 자라기에 가장 나쁜 조건을 가진 절벽산에 화려하게 피어 꽃병풍을 이룰 수 있는 꽃은 한반도에서 진달래만이 가능하다는 사실을 우리는 깊이 주목할 필요가 있다. 그것도 한두 곳만이 아닌, 바위 절벽 여러 곳에서 꽃이 넓게 피어 있었기에 병풍 같다는 표현이 가능할 수 있었을 것이다.

이 문제에 대한 구체적인 증거 삼아, 이곳이 진달래가 자생할 수 있는 적지라는 점을 이해하기 위하여 이 분야의 지식을 잠시 주목할 필요가 있다. 진달래는 한국 고유의 화강암 지질대에 적응된 꽃이다. 때문에 이러한 지질대를 보이는 중국 일부와 일본 대마도 밖에서는 자생하지 않는다. 그러한

---

21) 인공이 가미된 것으로 보는 견해도 있지만(정재훈 2006, 103쪽), 실제로는 그렇지 않았을 것으로 필자는 본다.

가운데에서도 진달래는 더욱 1억5천만 년 전의 화강암처럼 조립질(粗粒質) 토양이 넓게 발달한 암석권을 좋아한다. 바위가 있는 곳일 뿐만이 아니라, 척박한 사질토가 어울리는 것이다. 그런가 하면 진달래꽃이 잘 자라는 숲은 이차림(二次林)이다. 토질이 좋은 땅에는 다른 식물이 먼저 적응하므로 다른 식물이 잘 자라지 못하는 곳에서 진달래가 잘 적응하기 때문이다. 그러기에 산불이 나거나, 벌채를 했거나, 새로 조림한 곳에 진달래꽃이 큰 무리를 이루는 것은 자연이 교란되어 이차적으로 만들어진 자연스런 경관일 수밖에 없게 된다. 그렇다고 진달래는 한 곳에서 장기적으로 생장한다고 해도 그곳의 중심을 이루는 식물은 아니고 다른 식물과 공존하며 생명력을 오래 지속하는, 전형적인 지속식물군락(持續植物群落)이다. 그런 만큼, 지질 역사가 장구한 국가에서나 볼 수 있고 척박한 곳에서 인내하며 살아가는 대표적인 식물이다.[22)]

위 요약 인용문을 참고하면, 단적으로 진달래는 노년기 한국의 지질에 맞으며, 더욱 척박한 토질에서 끈질기고 오래 잘 견디는 식물임을 알 수 있다. 진달래가 한국의 대표적인 꽃인 이유를 명확히 증명해준다. 가파른 절벽의 갈라진 틈새나 암벽 사이 토박하고 메말라 다른 식물이 잘 자라지 못하는 곳에서 오래 버티며 잘 자라는 것이 곧 진달래라고 할 때, 대왕포로 대표되는 백마강 주위의 절벽이야말로 진달래가 번성하는 데에 적지가 된다. 사비강 북포 부근 암벽산의 진달래는 지금도 볼 수 있는 바이지만, 웃바위 부근에도 예외가 아니었음은 현지인의 증언으로써 분명하게 증명이 된다.[23)] 이로써, 우리는 대왕포 주변에 꽃이 많은 이유와, 그 경관을 '꽃병풍'으로 묘사한 이유를 분명히 알 수 있다. 또한 이들 지점을 백제 임금이 연유처로 삼았

---

22) 김종원 2013, 『한국식물생태보감』1, 〈자연과 생태〉 참조.

23) 나무가 연료림으로 이용되지 않은지 오래이다 보니 척박하던 이곳에도 지금은 절벽을 가릴 정도로 나무가 많이 자란 상태다. 그러나 전에는 이곳에 진달래가 많이 피었던 사실을 주변 마을 고령 어른들은 잘 기억하고 있다. 비슷한 환경에서 잘 자라는 붉나무는 지금도 남아 있으나 전에 많이 자생했던 산대추나무는 근래 주민들이 캐가는 바람에 다 없어졌다고 한다 (필자도 전에 이곳에서 산대추나무를 많이 본 일이 있다).

고, 그것이 후세까지 이름이 알려진 이유도 더 잘 이해할 수 있다. 당시 임금의 연유를 추동한 것은 이곳에 화려하게 핀 진달래였고, 연유의 큰 보람은 곧 그 꽃구경이었다고 해도 과언이 아니다.

5. 옷바위 투신 전설의 전승 현황과 내용

이제 옷바위 낙화암 전설의 전승 양상과 내용을 주목해 보기로 한다. 먼저 위 전설이 전승되는 범위를 보면 옷바위와 가까운 중정리나 왕포리 · 현북리 · 능산리 일대를 중심으로 하여 전승력이 강하게 유지되는 가운데, 더 멀게는 부여읍을 넘어서까지 전승권이 확장되고 있다. 북쪽으로는 규암면 일대, 서쪽으로는 장암면, 남쪽으로는 석성면에서까지 구전 자료를 쉽게 확인할 수 있음에서 이를 알 수 있다. 그만큼 이 전설은 전승권역에서 전승력이 강하게 유지되고 있을뿐더러, 전승의 밀도 또한 높게 나타나고 있음이 확인된다.[24) 『삼국유사』 기록을 통하여 늦어도 고려 이후부터 부소산 낙화암이 부여 지역 일대는 물론 전국적으로 널리 알려져 왔을 것임을 고려하면, 옷바위 낙화암 전설의 전승력이 오늘날 이 정도로 유지되고 있다는 사실은 그 전승의 뿌리가 매우 깊다는 증거가 아닐 수 없다.

이 전설의 이해를 위하여 먼저 『삼국유사』에 수록된 자료부터 주목해 보기로 한다. 위 전설 전문을 주요 구성 부분으로 나누어 정리하면 다음과 같다.

(1) 자연 배경 : 부여성 북쪽 모퉁이에 큰 바위가 있어 아래로 강물에 임해 있다 (扶餘城北角有大岩 下臨江水)

(2) 행위 주체 : 전해지기를, 의자왕이 모든 후궁들과 함께 (相傳云 義慈王與諸後宮)

---

24) 이와 관련하여 현지에서 채록된 구전 자료는 그 각편(version) 수가 너무 많아 여기에서 일일이 소개하지 않기로 한다. (이들 자료를 일괄 소개하는 기회를 따로 고려하기로 한다.)

(3) 행위의 이유 : 면치 못할 것임을 알고, 스스로 죽을 지언정 남의 손에는 죽지 말자고 하며 (知其未免 相謂曰 寧自盡 不死於他人手)
(4) 행위 과정 : 서로 이끌고 이곳까지 와 (相率至此)
(5) 최후 행위 : 강에 투신해 죽었다 (投江而死)
(6) 행위 결과 : 그래서 세속에 전해지기를 '떨어져 죽은 바위'라고들 한다 (故俗傳云 墮死巖)

위 전설은 기본적으로 변하기 어려운 '절벽산'을 증거물로 삼고 있는 점에서는 '자연전설'성을 띠지만, 여기에서 전설의 증거물이 되는 절벽산이 전설적 사건과 관련된 어떤 비일상적 특이성을 보여주는 것은 아니며, 어디에서나 볼 수 있는 예사성에 그치고 있다. 따라서 위 전설은 떨어져 죽은 사실로 인한 바위 이름의 유래가 사건의 핵심이고, 줄거리의 주제도 거기에 있다고 할 수 있다.

여기에서 사건 서술 양상을 보면 (3)에서 보듯 구체적이고 자세한 서술보다는 압축적으로 서술되고 있다. 그런가 하면 내용 면에서 볼 때 이 전설은 어디까지나 현실적이고 경험적 세계에 충실하게 역사적 사건을 설명하고 있으며, 달리 초경험적인 상상과 표현은 배제되고 있다. 흔히 증거물의 특이성이 강조되는 것이 일반적인 전설표현의 귀결점인 것과는 달리 여기에서 절벽산이 단지 '떨어져 죽은 바위'로 사실에 충실하게 서술하고 있음도 그러한 표현의 연장이다. 그러므로 전설의 본질과 묘미를 허구와 사실의 공존을 통한 현실과 상상의 긴장 관계 속에서 찾는다고 할 때, 위 전설은 거의 전설적 전환이 미약하고 사실을 압축하여 전달하는 수준에 머물러 있다.

그러나 그렇다고는 해도, 여기에서 역사에 대한 사실적 상상은 일정하게 이루어지고 있다. 의자왕이 행위의 주동자로서 궁녀와 함께 투신한 것으로 서술되고 있음이 그것이다. 오늘날 전승되는 위 전설에서 의자왕 화소는 탈락된지 오래이다. 장기간에 걸친 역사 지식의 영향이 보이지 않게 미친 결과라 할 수 있다. 그렇다고 볼 때, 위 전설은 백제 멸망의 역사가 까마득히 잊힘으로써, 멸망의 비참상이 한껏 인상적으로 기억되고 과장화되어 현지인들에게 구전되던 위 전설의 모습을 보여주는 것임을 알 수 있다. 전승 중 거물의 존재가 강조됨으로써 투신이라는 사건성의 심각성에 무게가 실린 표현이라 할 수 있다.

다음으로 오늘날까지 지역사회에 전승되는 남대왕포 낙화암 전설의 내용을 위에서와 같은 형식으로 정리하면 다음과 같다.

(1) 자연 배경 : (떨어져 죽은 바위 또는) 옷바위 부근 / 옷바위 모퉁이 절벽
(2) 행위 주체 : 궁녀들 / 의자왕과 함께 있다가 궁녀만 피신
(3) 행위의 이유 : 적군에게 쫓겨
(4) 행위 과정 : 도성에서부터 쫓겨 와서 / 나성을 따라 도피해 와서 / 배를 타고 내려오다가 / 몸에 지닌 패물을 바위 근처 어느 곳인가에 묻어두고서 / 대추씨를 뱉은 결과 산대추가 밀생함
(5) 최후 행위 : 떨어져 죽음
(6) 행위 결과 : (떨어져 죽은 바위 또는) 옷바위라고 함

『삼국유사』의 자료와 비교할 때 서로 같은 것은 (5) · (6) 이다. 이 가운데 (6)에서 현재로서는 떨어져 죽은 바위는 설명적 지명으로 전해지고 옷바위는 압축식 지명으로 전해진다. '떨어져 죽은 바위'는 부소산의 이와 똑같은 지명이 '낙화암'으로 부르기 전에는 이와 동일한 이름[墮死巖]으로 불린 것과 같다.[25] 그렇지만 그보다는 바위의 형태상의 유사성에서 나온 '옷바위'가 더 쉽고 친숙하여 '떨어져 죽은 바위'라는 지명을 대체하게 되었을 것이다.

『삼국유사』 자료에 견줄 때 여기에서 유의미한 차이점은 (1)~(4)까지로, 모두가 옷바위가 보여주는 '위치'의 독자성에 기반을 둔 결과임은 물론이다. 궁성 뒷산인 부소산 낙화암과는 달리 이곳은 궁성에서 남쪽으로 7리쯤 떨어진 곳이기에 궁성에서 적군에게 쫓겨 도피하는 과정의 서술이 요구

25) 『삼국유사』에 보이는 '墮死巖'도 그때까지 구전으로 '떨어져 죽은 바위'라고 막연히 불려온 이름을 기록자가 한자화한 결과일 것이다.

되었다고 할 수 있다. 이러한 서술 내용은 자료에 따라서는 나성을 따라 도망하다가 이곳에 이른 것으로 나타나고 있기도 하고, 그와는 달리 배를 타고 쫓겨 내려온 것으로 서술되기도 한다. 옷바위 가까이에 나성이 인접해 있고, 옛날에는 강이 이곳까지 닿아 있었을 것이라는 점에서 모두 그 나름의 합리성이 의식된 서술이라 할 수 있다. 그런가 하면 특이한 예로서는 강경 쪽으로 전투를 하러 내려간 병사[남편]들의 승전을 깃대바위 위에서 고대하고 있던 궁녀들이 뜻밖에 패전하고 귀선하는 것에 절망하여 강에 투신한 것으로 서술되는 사례도 있다. 이는 깃대바위와 옛바위의 존재가 깊이 유념되어 전설적 표현이 심화된 결과로, 이 지역의 현지성을 좀 더 깊이 반영하고 있다는 점에서 깊이 주목된다. 그리고 이러한 표현을 역사 사실의 반영으로서 주목한다고 할 때, 그것은 이곳에서 궁녀들이 투신한 시점과 동기가 단순하지 않음을 의미하는 것이기도 하다. 그러나 이러한 표현은 전승자의 주관적 상상과 정서의 개성적인 반영으로서 이해할 수도 있는 것이므로, 이에 대한 해석은 두 가지 측면을 함께 고려하여 신중하게 접근할 필요가 있다.

그렇다면 위 전설 내용에서 어디까지를 확실한 사실로 볼 수 있을 것인가? 이 전설은 허구적 상상도 있지만 사실적 상상이 더 강한 편이다. 사실적 상상은 사실적 표현으로 사실성을 강조하려는 것이어서 상상과 사실의 경계 구분이 어렵다. 위 전설에서 옷바위에서 투신한 것은 분명한 사실이겠지만, 그 외의 부분은 표현과 사실의 구분이 쉽지 않다. 이를 위해서는 다른 전설과 관련된 또 다른 증거가 뒷받침되거나, 다방면에서의 배경 지식, 특히 현지의 지리적 특징의 이해가 중시된 판단이 요구된다. 위 전설에서 투신 사실이 가장 중요한 사실이라면 그 다음 중요한 사실적 관심사의 하나는 도피과정이다. 이 문제와 관련하여 위 전설 각편(各篇)의 절대다수는 적군에 쫓긴 궁녀들이 나성을 따라 피난하다가 이곳에 이른 것으로 서술하고 있고, 소수 자료는 도성에서 물길로 이곳에 닿았다고 하는 예도 있다. 절대다수 자료에 따를 때 당시 궁녀들이 가장 공포를 느낀 대상은 대규모 선단(船團)으로 도성을 에워싸고 궁성에 진입한 당나라 군사였을 듯하며, 되도록 도성에서 멀리 도피한 곳이 곧 나성 남쪽 끝이었을 듯하다. 그러나 이러한 피난 노선만이 반드시 실제 사실에 부합된다고 단정하기는 어려우며, 일면으로는 물길로 내려와 이곳 인근으로 피난했을 가능성도 혹 있었을 듯하다. 이곳에서 백마강 하류로 얼마 더 떨어진 곳에도 당시 궁녀들이 배를 타고 내려가다가 강에 투신했다는 전설이 전승되고 있는 것[26]도 이곳에서의 투신 의거와 연속선상에 있음을 암시하는 것으로 볼 수 있다. 또한, 이로써 보면 당시 궁녀들의 투신은 한 곳에서, 한 번만 이루어진 것이 아니었을 것임을 말해주는 것이기도 하다.

그러나 이 문제에 대한 지나친 추론은 실제 사실에서 빗나갈 위험이 크므로, 현재로서 당시 도피의 동기와 과정이 단순하지 않았으리라는 사실을 확인하는 정도에서 논의를 그치기로 한다. 분명한 사실은 이곳까지 나성을 타고 내려왔든 강을 따라 내려왔든, 이곳이 대략 도성을 벗어나는 경계지점이라는 사실이다. 궁성이 생활의 주된 터전이었을 궁녀들에게 이곳은 지리적 경계지점이자 생명의 경계지점이기도 했을 것이다. 또한 그와 동시에 대왕포와 그 부근이라는 점으로 하여 낯설지 않은 곳이기도 했을 것이다. 결국, 이 지점까지 다다른 궁녀들에게 굴종이냐 투신이냐를 두고 막다른 선택이 요구되었을 것이고, 적군에게 유린되지 않고 의로운 길을 택함으로써 투신이라는 극단적인 행위를 실현한 것이다. 궁녀들이 이곳을 투신이라는 의거를 행한 지점으로 선택한 것은 그 지리적 조건으로 볼 때 필연일 수밖에 없었던 것이다.

---

26) 이곳에서 이십 여리 떨어진 논산시 성동면 우곤리 '도치메'에 넓은 반석과 절벽이 있고 이곳에도 궁녀가 살았다는 '궁골'이라는 지명과 그에 대한 지명전설 및 위 전설이 더불어 구전되고 있다.

6. 두 곳 전설의 관련성과 전설 내용의 차이

이제 끝으로 북대왕포 쪽 낙화암 전설의 기원이 남대왕포 쪽이라는 사실을 주목해보기로 한다. 이 글의 논의를 통하여 새롭게 확인된 '남대왕포'가 궁녀 낙화 사실의 본디 지점이라는 믿음이 부여읍 남쪽은 물론 북쪽에까지 널리 퍼져있다는 사실은 이미 앞에서 말했다. 이에 대한 전승자들의 믿음 또한 일반화되어 위 전설을 기억하는 지역민들은 이를 의심 없이 받아들이고 있다. 그러면 이것이 왜 부소산 쪽으로 장소가 바뀌었는가? 이에 대하여 현지인들은 옷바위 쪽의 자연 경관이 쇠퇴하여 볼품이 없어졌기 때문에 유람객이 많이 오고 경관이 더 좋은 곳으로 옮아간 것이라고도 하고, 사람과 권력의 영향이 더 우세한 부여읍 중심 쪽으로 이동한 것이라고도 한다. 필자는 이러한 주민들의 믿음이 실제의 역사 사실에 가까움을 부정하기가 어렵다고 본다. 위에서 자세히 논했듯, 남대왕포 일대가 보여주는 지리적 특징과 함께 역사적 위상이 그것을 뒷받침하고 있고, 이곳 지역민들의 그러한 주장이 특별한 목적의식이나 의도성에서 나온 것이 아니라고 여겨지며, 부소산의 낙화암도 사람이 투신하기에는 무리가 있다는 주장도 타당하다고 보기 때문이다.

현재 낙화암으로 널리 알려진 부소산 북쪽 절벽은 부소산과 부여 일대 자연경관으로서 볼 때 높은 벼랑에서, 강을 굽어보며, 먼 곳까지 조망되는 지형적 조건을 이루고 있다. 그래서 궁녀 낙화 전설의 특징을 유념할 때, 이곳이 부여 일대에서 위 전설과 경관 면에서 가장 잘 어울리는 곳임을 누구나 인정할 만하다. 그러나, 과장된 전설과 결부지어 볼 때는 그렇지만, 투신 장소로서의 적합성을 고려한 지리적 조건을 자세히 보면 이곳은 그러한 사실이 발생할 가능성이 약하다는 사실을 다시 주목할 필요가 있다. 그곳은 아래에서 올려보고 위에서 조망하기에는 아주 좋은 곳이지만 사람이 강에 투신하기에는 적합하지 않다. 무엇보다도 바위가 강물과 수직 절벽을 이루고 있지 않다는 점에서인데, 이곳의 지형을 자세히 보면 그 이유를 잘 알 수 있다. 첫째로 강에 투신하기 위해서는 바위 정상부(백화정이 있는)에서 경사면을 얼마간 내려가 적당히 발을 딛고 설만한 지점까지 도달해야 하는데, 이 과정이 순탄하지가 않고 그럴 만한 적당한 지점도 없다. 또한, 경사면을 어렵게 내려가서 막상 투신을 한다 해도 절벽이 수직 벽이 아닌 탓에 절벽이 끝나는 지점은 곧바로 강물이 아니라 경사가 완만한 또 다른 지형의 절벽을 이루고 있다는 점에서도 곧바로 물에 닿을 수가 없다. 이러한 조건으로 하여 위 산은 실제로는 여성은 물론 남성도 물에 투신하기가 불가능한 곳이다.[27) 『삼국유사』에서 말한 "投江而死"를 실제 사실이 아닌 전설적 과장 표현으로 보아야 하는 이유이다.[28) 이렇게 볼 때, 위 전설의 자연 배경은 본디 남대왕포에 있던 것이 북대왕포 쪽으로 옮아갔다는 주장이 합당하다고 이해되며, 그에 대하여 지역인들이 말하는 이유 또한 타당하다고 본다.

이에 대한 또 다른 이유로 들 수 있는 것이 『삼국유사』 소재 '타사암' 즉 낙화암 전설이다. 현전 남대왕포 낙화암 전설과 옛 부소산 낙화암 전설은 자세히 보면 그 내용이 많이 다르다. 남대왕포 전설에는 도피하는 주체가 궁녀만으로 나와 있는데 비하여 북대왕포 전설에는 임금과 궁녀로 나타나며, 남대왕포 전설에는 급박한 쫓김이 나타나는데 비하여 북대왕포 전설에는 외적이 침입하자 죽임을 당할 것을 예상하고 미리 도망하여 투신하는 것으로 그려지고 있다. 이러한 차이를 우리는 어떻게 이해할 것인가.

위에서 보았듯, 남대왕포 쪽의 전설은 궁녀들만이 궁성으로부터 급박하게 쫓겨와 더 갈 데가 없으므로 투신한 것으로 표현되고 있다. 그리고 필자

27) 이곳이 투신에 부적합하다는 의문은 실은 부여 지역민들 사이에 오래 전부터 암묵적으로 제기되어온 일이기도 하다. 지금까지도 이곳을 찾는 외지 관광객들 가운데에 똑같은 의아심을 품는 경우가 실제로 적지 않다.

28) 이곳에서 전에 어떤 남자가 투강 자살한 사건을 목격한 사람의 말을 들으면 강물에 현저히 미치지 못했다고 한다. 이곳 '백화정'에서 돌을 힘껏 던져도 강물에 닿기가 어렵다는 말 또한 호기심 많은 사람들로부터 흔히 들을 수 있는 말이다.

가 이제까지 논해왔듯, 이것이 실제 역사 사실에 부합될 것이다. 그런데도 『삼국유사』에 서술된 대로, 북대왕포 쪽 전설은 '임금이 절망하여 궁녀까지 설득하여 함께 투신'한 것으로 표현되어 있다. 만약 북대왕포 쪽 전설이 부소산 낙화암에서 실제 사실로 처음부터 발단된 것이라면, 너무나 분명한 사실로 드러났을, 당시 임금이 공주 쪽으로 도피한 사실까지 모르고서 이러한 내용으로 전설화되지는 않았을 것이다. 그러므로 『삼국유사』 소재 전설의 줄거리는 내용은 단순하다 해도 남대왕포의 동일 전설에 견줄 때, 임금과 궁녀들의 동시 투신이라는, 인물과 사건 면에서 나타나는 실제 역사와의 차이는 실제로 중요한 의미를 보여준다. 만약 북대왕포에 궁녀 투신 사건이 실제로 있었고, 그곳을 배경으로 위 전설이 처음 발단되었다면, 당연히 '임금의 투신' 화소가 없는 내용으로 전설 내용이 성립되었을 것이다. 그런데 『삼국유사』가 전해주는 바로써 보면, 그리고 일연이 그 내용을 부분 수정한 바를 참고하면, 이곳에서의 위 전설은 임금과 궁녀가 어디까지나 공동 운명체가 되어 투신하고 있음이 표현상의 주된 초점이 된다. 이는 곧 위 전설의 본디 장소가 처음부터 북태왕포 쪽일 수가 없다는 증거이며, 『삼국유사』 소재 전설이 백제 시대를 벗어난 어느 때에 인위적으로 형성되고 미화된 전설이라는 증거가 된다.

결국 이로써 볼 때 북대왕포 쪽, 즉 부소산 낙화암 전설은 후대에 와서 달라진 장소와 그곳의 장소적 특징과 기능에 부합되게 새로 만들어진 전설일 것임이 더욱 분명해진다. 그것은 부여 사비강 일대에서도 가장 우수한 자연경관을 이루는 부소산 절벽의 유람효과가 고려된 결과라 할 수 있다. 궁녀 투신이라는 인상적이고 자극적인 백제사의 한 사건을 빼어난 관광명소와 연결지어 감상적인 이야기로 구전하고자 하는 욕구가 낳은 결과일 것이다. 백제시대가 아득히 멀어지고 남대왕포의 관광적 기능마저 상실된 시대에, 그와는 반대로 고려시대 이후 관광지로 점점 널리 알려지기 시작한 북대왕포의 부소산 '절벽산'은 궁녀 타사의 이야기를 결합시켜 재생시키기에 아주 적합한 장소로 인식되었을 것이다. 부소산 절벽산은 올려보든 내려보든 드높은 경관의 장쾌함이 보는이들의 쾌감을 자극하기에 아주 적합한 곳이다. 궁성과의 거리로 보아도 궁성 바로 뒤 숲속에 인접한 곳이다. 이러한 우월한 경관성과 궁궐로부터 단거리라는 자연 배경상의 특징에 적절히 적합화된 결과, 『삼국유사』 소재 전설은, 미리 겁을 먹고 죽음만이 유일한 길임을 인식하는 절박한 상황으로 시작하여 왕과 궁녀가 곧바로 투신을 결행하는 것으로 전체 전설의 줄거리가 서술된 것으로 볼 수 있다.

결국 이로써 드러나듯, 위 두 곳의 전설은 그 성격이 다른 것임을 알 수 있다. 남대왕포 쪽의 그것은 궁녀들이 살아날 수 있는 일말의 가능성을 생각하며 도피하여 성 끝까지 피하여 왔지만, 더 피할 곳이 없어 어쩔 수 없이 투신이라는 죽음을 택한 것으로, 이것이 역사 사실에 더 부합되는 전설이라 할 수 있다. 반면, 북대왕포의 그것은 임금의 존재를 지나치게 비하시하는 반면, 부소산 절벽의 특이성을 크게 의식하여 궁녀의 충성과 절개를 부각시켜 비장하게 묘사함으로써, 일방적인 이념성을 의도적으로 부각한 전설임을 보여준다. 전자가 사실과 구전에 충실한 전설이라면, 후자는 후대에 인위적으로 만들어진 허구성을 강하게 띠는 전설일 가능성이 큰 이유이다.

7. 맺음말

이 글은 소위 낙화암 전설의 본적지가 현재의 장소가 아닐 것이라는 지역민들의 구전을 통한 의심을 긍정하는 방향에서 그에 대한 합리적 이해를 추구해본 것이다. 부소산을 배경으로 하여 지금까지 전승되고 있는 위 전설이 부분적으로 역사 사실과 불합치된다는 사실은 이미 일연선사가 『삼국유사』에서 언급한 바 있다. 그런데 그에 더하여, 위와 같은 현지 구전전설은 위 전설과 관련하여 그 못지않은 또 하나의 중요한 문제에 대한 의문을 제기한 것이어서 더욱 주목을 끈다. 부여의 뿌리 깊은 설화이자 역사적 측면에서 중요한 이 문제가 그동안 비중 있게 주목되지 못해온 것은 누구에게나 의아심을 자아낼 만한 일이 아닐 수 없다.

필자는 이것이 혹 근현대의 어떤 유력한 지역 인사가 개인적인 목적의식을 갖고 임의로 지어낸 결과가 아닐까 하는 의심 속에 여러모로 현지조사를 해보았지만 그러한 단서를 찾을 수가 없었다. 이곳 주민들이 무슨 집단적 이익을 위하여 만들어낸 전설은 아닐까 의심할 수도 있겠으나 그렇게 판단할 만한 근거를 발견할 수도 없었다. 필자가 이에 대한 사실 여부를 지역민들의 관점에 서서 적극적으로 이해할 필요가 있다고 보고 자세히 다루게 된 이유이다.

이와 관련된 문헌 기록이 따로 있을는지는 모르겠으나 필자로서 아직 그것을 발견하지는 못했고, 이에 대한 증거는 현재로서 다만 구전 전설만이 있을 뿐이다. 그러나 전설은 사실과 허구가 공존하는 것인 만큼 위 현지 구전전설은 충분히 사실성을 함의하고 있다고 할 수 있다. 그리고 이들 전설 속에서 확인되는 중요한 이유들은 곧 이 전설의 장소의 이동을 합리적으로 설명하는 데에 별 부족함이 없다고 본다. 오늘날까지 이 전설이 그 나름의 합리적인 설명성을 유지하며 연면히 전승되고 있는 데에서, 위 백제 시대의 궁녀 투신 사건이 지니는 역사적 비중과 함께 이에 대한 지역민의 집단적 기억력이 얼마나 뿌리 깊은 것인지를 잘 말해준다고 하겠다. 이 글은 곧 그러한 구전으로써 드러난 증거력을 좀 더 뒷받침하고 보완하는 데에 주된 목적이 두어진 것이라고 할 수 있다.

이를 위하여, 현지 구전 전설을 두루 조사하는 과정에서 지금도 '대왕포암'이라는 이름이나 '남7리 낙화암'이라는 이름을 발견한 것, 옷바위 일대의 지리적 특징을 자세히 살핀 결과 그곳이 궁녀들이 투신할 수 있는 조건 면에서 부소산 낙화암보다 적합도가 높다는 것, 아주 오래 전에는 백마강 줄기가 그쪽 절벽 밑으로 흘렀다는 지역민들의 주장은 충분히 설득력이 있다는 것, 옷바위 부근은 옛날에는 부소산 바위절벽과 함께 진달래가 보기 좋게 피어 백제 대왕이 특별히 유람처로 삼고 그로써 부여 백마강 주변 가운데 중요한 명소로 꼽혔으리라는 것, 또한 그로 인하여 부소산 절벽산 아래쪽을 북대왕포라고 한다면 이곳은 '남대왕포'로서의 의의를 지니고 있고, 그에 따라 북대왕포와 같은 비중으로 병칭될 필요가 있다는 것, 옷바위 쪽의 전설은 부소산 쪽의 전설과는 달리 그 나름의 지역성을 보여주고 있으며 허구성보다는 사실성이 강하게 전승된다는 것, 남대왕포 일대에서 있었을 궁녀들의 투신은 사비강을 둘러싸고 궁성에 돌입한 당군에 대한 공포감에서 유발된 것일 가능성이 크다는 것, 『삼국유사』 소재 타사암 전설은 전설의 원래 위치와는 배경이 전혀 달라진 결과 전설의 내용에서 행위 주체와 행위 동기도 차이를 보이고 있으며, 이러한 차이는 위 전설의 이해에서 중요하다는 것 등이 대략 본고에서 필자가 말하고자 한 내용들이다.

이로써 볼 때, 부여 낙화암 전설의 실체는 분명히 두 가지가 되는 셈이고, 이들 두 가지 전설의 서로 다른 성격이 분명하게 드러난다. 남대왕포가 위 궁녀 낙화 사실의 발생지이고 이곳에서 먼저 궁녀 투신 전설이 발생되고 나서, 이 영향으로 훨씬 후대에 북대왕포 쪽에 그와 유사한 전설이 새로 만들어진 것이다. 그러므로 남대왕포 쪽 전설이 사실에 기반을 두고 구전에 충실한 '역사전설'이라면, 북대왕포 쪽의 그것은 기록자의 임의성과 허구성이 가미된 '관광전설'이 되는 셈이다. 부소산 쪽의 위 전설은 고려조 이후 부여 부소산이 지닌 관광지로서의 효용이 높아지는 일면, 남대왕포의 관광 기능이 단절되고 거기에 붙박혀 있던 위 전설이 전설로서의 빛을 제대로 발휘하지 못하게 되면서 비슷한 전설이 새로 만들어져, 마치 원래의 전설이 위치를 옮아간 것처럼 여기게 된 것이다. 이러한 사정을 이해할 때 부소산 쪽의 낙화암 전설은 위 전설의 적자(嫡子)가 아님은 분명하지만, 그렇다고 서자(庶子)라 하여 그 의의를 전적으로 무시할 것은 아니라고 본다. 이 전설이 비록 위 전설의 적자는 아니라 해도 그것은 그것대로 부여의 관광적 성격과 시대적 배경 위에서 새로운 필요성에 따라 생긴 것임을 유념해야 하리라고 본다.

논의를 마무리하며 끝으로 강조하고 싶은 것은, 부여 백제 시대의 대왕포는 '백제대왕(大王)'의 존재가 낳은 결과라는 사실이다. 백제대왕은 예사 왕보다 격상된 위상을 지녔던 데에서, 당시에 벌인 연유(宴遊)도 좀 더 성대하고 화려하며 격조도 높았을 것임을 주목할 필요가 있다. 더하여, 백제의 노래로 전해지는 산유화가(山有花歌)에서 꽃의 실체는 곧 진달래일 것이라는 점도 본고의 결과가 말해주는 하나의 시사점이다. 사비강 주변 곳곳에 절벽산이 많고 그곳에는 천연으로 진달래가 많았기에 특별히 이러한 제목의 노래가 나오고, 또한 그만큼 성하게 불렸던 데에서 그 노래가 후대까지 전승되었을 것으로 여겨지는 것이다.

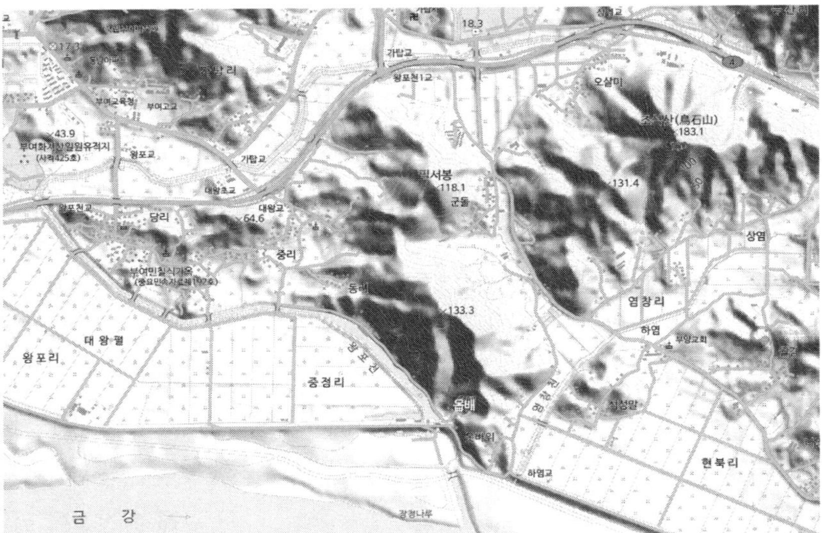

[부여읍 중정리 옵배 및 부근 지도]

부여 '희녀대' 지명의 발생과 지명 전설의 변조

1. 머리

부여에는 신라 경주에 비하여 역사 유적이 적은 편이다. 그러나마 많지 않은 이들 유적은 지표 속에 매립 상태로 전해져온 것이 대부분이다. 나라의 급속한 붕괴로 인하여 수많은 유적이 일시에 파괴되고 회진되어 땅속에 묻힌 것들만이 겨우 후대까지 전해질 수 있었기 때문이다. 그런가 하면 이들 유적의 일부는 바위와 같은 자연에 흔적을 남긴 형식으로 전해져온 것 즉, 자연유적도 있다. 매립이나 자연 상태의 유적은 불에 타거나 썩고 훼손된 역사가 최후로 보존되는 방식이다. 그만큼 이들은 후대에 발견과 발굴이 어려운 유적과 유물일 수밖에 없고, 또한 그만큼 이들 유적을 중요하게 다루어야 할 이유이기도 하다.

바로 이런 이유 때문에 이들 유적을 이해하는 데에는 거기에서 우러난 구전설화로서의 전설이 중요한 역할을 하게 된다. 전설은 유적에 담긴 역사의 일부를 간직하고 있기도 하고, 그것의 이해에 도움이 되는 단서를 보존하고 있기도 하며, 역사에 대한 관심과 의식을 과장하여 표현하기도 한다. 그러한 기능으로 하여 때로 구전 자료가 물질자료보다도 오히려 더 강렬한 기억으로 오랜 기간 전승되기도 한다. 유물의 증거력이 미약할수록 유적을 이해하는 데에 구전설화가 긴요한 역할을 할 수 있다는 사실을 과소평가할 수 없는 이유이다.

이런 점에서 볼 때 그동안 겉으로 드러난 유적이 별로 없는 부여 지역 일대의 역사 전설 혹은 유적 전설에 주목하고자 한 관심이 있어왔고, 이들 논고는 여러 방향에서 나름대로의 기여를 했다고 할 수 있다.[1] 그런데, 여기에는 유념해야 할 두 가지 측면이 있음을 도외시할 수 없다고 본다. 그 하나는 전설을 곧바로 역사나 실제 사실 그 자체로서 대하려는 자세이다. 그리고 또 하나는 전설 조사자가 구전되는 자료를 '문어체(文語體)'로 바꾸어 이를 지나치게 첨삭하고 윤색하거나, 설화 채록자의 주관이나 가치관을 과도하게 개입시켜 채록된 자료를 윤색하고 변조하는 일이다.

전설은 역사적 사실성을 기반으로 하여 성립된 것이지만, 그것은 어디까지나 집단적 상상이 가미되고, 거기에 개인의 가치관이나 취향까지 부분적으로 더해진 이야기이다. 그러므로 이러한 측면을 개별 자료의 특징으로서 세밀하게 살피지 않고 그것을 곧바로 객관적 역사사실 자체로서 받아들이게 되면 때로 큰 오류를 낳을 수가 있다. 그런가 하면 전설 자료에다 전설 채록자나 기록자의 개인적 가치관에 따라 전설의 줄거리 · 인물 · 배경 사상 · 시대 · 종교 등의 어떤 부분을 과도하게 강조하거나 변조하는 태도 역시 전설의 본질을 훼손하는 위험한 태도이다. 전설은 일정한 지역과 공간 속에서 입으로 전승되는 실제 모습에 충실하게 정리되고 이해되어야 하며, 그것을 벗어나면 전설 자료로서의 고유한 생명은 손상되고 가치는 반감될 수밖에 없다. 전설을 전설답게 이해하고 다루는 것과, 이들 전설을 윤색하여 향토애를 발휘하려 하거나 구전 이야기를 읽기 좋게 다듬는 것으로 문학적 욕구를 실현하고자 하는 관심과는 엄격한 구분이 필요하다는 사실을 인식하는 것은 매우 중요한 일이다.

---

1) 부여를 포함한 백제와 관련된 이제까지의 설화 연구 목록은 『백제관련 설화자료집』(충청남도역사문화연구원 외 공편, 2010. 21~41쪽)에 자세히 소개되어 있다. 본고와 간접적으로 관련된 여러 문헌에 대해서는 따로 소개하지 않고 위 자료집으로 미루고자 한다.

이러한 시각에서 볼 때, 과거 백제와 관련된 부여의 유적 전설을 다루는 데에 이들 두 가지 관점이 구분되지 않는 상태로 이루어짐으로써 결과적으로 백제의 유적 전설을 심각하게 훼손하고, 나아가 그로써 백제 역사를 오도하는 결과를 빚은 사례를 우리는 적지 않게 접하게 된다. 전설의 본질에 대한 이해 부족이 낳은 잘못이라 하겠는데, 이로 인한 오류가 거기에서 그치지 않고 이들 전설집이 올바른 내용인 것처럼 널리 파급되고, 그것이 역으로 현지 구전설화에 오도된 영향을 줄 수 있다는 데에 이들 자료집이 지닌 문제가 가볍지 않다고 할 수 있다.

이 글은 이러한 문제점을 알리고 반성하자는 뜻에서 마련된 소고이다. 이러한 문제점을 특히 잘 드러내 보이고 있다고 할 수 있는 자료로서 홍사준[2]과 최문휘[3] 두 사람이 문자로 기록한 것을 실제 예로 삼기로 한다. 그리고 논의의 객관성과 밀도를 높이기 위하여 이들이 남긴 여러 전설 자료 가운데 하나의 유형담만을 대상으로 삼아 다루기로 한다. 백제사와 관련된 전설 가운데 하나로 속칭 '희어티 전설'이 그것이다.

2. 현북리 '희어티' 지명의 근원

부여군 부여읍 현북리 마을 중간쯤에 하나의 옛 건물터가 있다. 정확히는 현북리 344번지[4]가 집터의 중심이다. 백제 때의 건물터로 추정되는 그다지 넓지 않은 면적이다. 오래된 건물터가 장기간 보호되지 못하고 방치되면서 현재 이곳은 건물터가 개인의 주택지로 점거되어 있고, 집을 지으면서 임의로 처리하고 남은 일부 큰 규모의 석재 유물들이 지금껏 가옥 주변에

[2] 홍사준, 『百濟의 傳說』, 통문관, 단기4289년 초판, 단기4292년 재판.

[3] 최문휘, 『여기가 부여다』, 도서출판 한민, 1992. 본고에서 인용 자료로 삼지는 않았지만 본고와 같은 관점에서 참고할 만한 자료를 매우 풍부하게 수록하고 있는 것으로 그의 『忠南傳說集(上,下)』(1986)이 있다.

[4] 새 주소로는 부여읍 동문로 367번길 10-5이다.

노출된 채 남아있다. 주춧돌이나 다른 석재들의 규모로 볼 때 역사적으로 중요한 건물터로 짐작은 되지만 그러나 이 건물터는 아직 공식적인 발굴이 이루어지지 못하고 있다. 이 때문에 어느 때부터인지도 모르는 채, 이 터는 개인 주거지로 점용된 지 오래여서 이제는 건물터의 면적을 정확하게 파악하기도 어려운 실정이다. 또한 그러는 사이에 많은 초석들이 이리저리 위치가 바뀌고 땅 속에 묻히는 등 유적의 원형이 크게 훼손된 상태이다. 그런 데에다가 수십 년 전에 이곳에 옛 민가가 헐리고 다시 새 집이 지어지면서[5] 집터의 정확한 경계와 규모를 파악하기가 더욱 어려운 상태가 되고 말았다.

흥미로운 것은, 이처럼 역사의 흔적은 심하게 훼손되고 변질을 거듭해왔지만 이 유적에 대한 지명은 오히려 갈수록 뚜렷이 의식되고 활발한 논란을 거듭해 왔다는 사실이다. 유적지가 완전히 폐허화되어 있기는 해도, 유물 가운데 크고 반듯한 석재들이 여전히 남아 있어 그것이 이 마을의 지리적 배경과의 상호 작용 속에서 보는 이들의 상상력을 부단히 자극해왔기 때문이다. 이로써 이 유적에 대한 지명은 '쉬어대'와 '희녀대' '휘어대' 등으로 다기화되어 전승되고 있는데, 그러나 여기에서 더욱 주목되는 것은 이 지명은 전적으로 상상에 의하여 발생된 것일 뿐 실제 사실과는 거리가 멀다는 점이다. 그러므로 이 문제를 이해하기 위해서는 위 유적을 두고 발생된 지명들의 근원을 더듬어보는 것이 바른 순서이다.

---

5) 수십년 전, 이곳에 새 집이 지어지기 전에는 뜰과 계단 등 가옥 내부에 오래된 석재가 적지 않게 남아 있었으나, 옛집이 헐리고 새 집이 지어지면서 이들 석재 대부분이 흩어지거나 땅에 묻혔다고 한다. 또한 이로써 유적이 크게 훼손되고부터는 그 동안 해마다 자주 오던 일본인 유적 답사객들의 발길도 완전히 끊겼으며, 그들은 이곳에 주택이 건축된 일을 매우 개탄해 마지 않았다고 한다. 이 마을 주민들 또한 그 당시 이곳에 개인 주택 건축 허가가 난 일을 지금까지 매우 의아스럽고 아쉽게 여기고 있다.

[유적지에 남아 있는 옛 초석]

[민가 구석에 치워진 돌 유물]

위 유적은 위에서도 말했듯이 아직 기초적인 발굴이 이루어지지 않고 있고, 처음부터 완성된 건물이 있었는지, 건물을 짓다 만 정도였는지 어떤지 그 실체는 고사하고 개략마저도 전혀 밝혀지지 않은 상태이다. 그런데도 다수 주민들은 이 유적의 지명을 '희어태(혀태)' 또는 '쉬어대(셔대)'라고 한다. 그리고 그에 대한 해석을 여러 가지로 펼치고 있다. 바로 여기에 위 지명과 그 전설이 지니는 역사적 · 전설적 독특성이 있다고 할 수 있고, 또한 그런 의의가 중첩되어 있음으로 하여 깊은 관심과 흥미를 끄는 바가 있다. 이 지명 전설이 던지는 흥미의 핵심은 본디 이 마을의 자연적 특징에 따라 유발된 고유 지명이 역사 쪽의 상상으로 계속 견인되어 새로운 유래전설을 낳고 있다는 점이다. 그러므로 먼저 이 마을의 본디 이름인 '희어티'라는 지명과 그 본질부터 주목할 필요가 있다.

이곳의 다수 주민들은 마을에 있는 유적을 희어대(혀대)라고 부르고 있는데, 그렇다면 이 말은 처음 어디에서 왔을까? 이 지명의 발단은 다름 아닌 마을 동쪽의 '희어티'라는 자연지명이라고 보아야 한다. 이곳 희여티는 부여읍 현북리를 가리키는 마을 이름이자, 이 마을에서 논산시 석성면 현내리로 넘어가는 고개 이름이기도 하다. 이 고개 이름이 이미 오래 전의 『신증동국여지승람』에도 나타나고 있고 그 후 『대동여지도』에도 기록되고 있음[6]은 이 지명을 낳은 고개의 기능과 의의가 컸다는 증거이다. 그런데 넓게 볼 때 이곳 고개의 이름은 전국적으로 많이 발견되는 '희어 - '류 지명의 하나이다. '희어 - '류 지명이 공통적으로 말해주듯,[7] 희어티는 '흰 고개' 즉 모래흙이 희게 드러나 보이는 고개라는 뜻이다. 이 고개를 '흐여(혀)고개' · '백티'라고도 하고 '하야고개'라고도 하는 이유가 거기에 있다.[8] '희어 - '를 뿌리로 하는 지명에는 이것만이 아니고 마을[희어골 · 희여티 · 희여기 · 희여들], 산[희여미], 고개[희여티], 들[희여들] 등이 동반되는 예가 많은데, 이 마을에서는 마을 · 골짝 · 고개[희어골, 즉 희어티로 올라가는 골짝][9]가 다 발견된다. 모두 흙이 희거나 희게 드러난 데에서 나온 지명들인데, '희어 - '류 지명에서 '희어티'가 다수를 보이고 있음은 고개 부근일수록 사태가 자주 나고 초목이 자라기 어려워 흙이 희게 보이는 예가 많기 때문이다. 곧, 희어티 지명을 가진 곳은 대략 사질토로 되어 있어 흰 모래흙이 많이 드러나고 잘 보이므로 그것을 특징으로 하여 지명이 생성되기가 쉽다는 뜻이다. 모래땅이나 자갈땅, 즉 사질토는 본바탕이 메마른 곳이어서 초목이 생장하기가 어려운데다 토양이 빗물에 쉽게 유실되기 때문에 식물이 뿌리를 내리기에 불리하다. 암석토가 사질토에 비하여 더 단단하기는 하지만, 빗물 유실에 안전하고 표층의 균열 사이에 초목이 뿌리를 박기에 유리하여 토질의 형질 변화가 적은 데에 비하여, 빗물에 자주 씻기는 사질토는 토질의 본디 형질을 유지하기가 어려운 예가 많다. 이러한 근본적인 조건에 더하여, 마을에 가깝고 경사가 가파르며 사람이 자주 접근하거나 통행하는 곳일 경우 그곳은 더욱 '희어티'라는 지명을 유발하기에 적합할 수밖에 없다.

바로 이러한 조건을 잘 구비한 곳이 현북리 희어티이기도 하다. 이곳은 전형적인 사질토에다[10] 경사가 가파르다는 조건을 지니고 있다. 고개의 흰

---

6) 『신증동국여지승람』 18권 「석성현」 조에 "白也峴"이라고 표기되어 있다. 그런가 하면 『대동여지도』에는 '白也峙'로 표기되어 있다.

7) 고개 · 골 · 마을 · 들 등 '희어-'류 지명은 70년대에 간행된 『한국지명총람』에 소개된 것만도 15여 곳이 넘는다.

8) 최문휘, 주 3)의 책, 201쪽.

9) 『扶餘地名一括 · 扶餘風土記』 (홍사준이 오래 전에 조사한 자료를 2012년에 연재선생기념사업회에서 복사본으로 간행한 것) 199쪽에 '희여들'이 기록되어 있다.

부분이 넓게 노출될 수 있는 조건을 잘 갖추고 있어 희어티 고개로서의 일반적인 지리적 조건에 잘 부합되는 곳임을 알 수 있다.[11] 이로써 이곳에 희어티 고개라는 독자적인 지명이 나오고, 그로 인하여 골짝과 마을 이름이 하나의 어군을 이루며 파생되었을 것이다. 산에서 시작된 지명이 자연스럽게 점점 마을 쪽으로까지 확장된 예를 아주 적실하게 보여주고 있다.

3. 역사 유적의 영향으로 굴절된 '희어티' 지명

그런데 이처럼 고개에서 시작되어 골짝을 거쳐 마을까지 내려온 '희어티' 지명은 마을에 있는 '유적'과 만나면서 큰 혼란을 겪게 된다. 고개 · 골 · 마을까지는 이 지명이 무리 없이 확장될 수 있었지만, 건물터에 대해서는 그대로 통용되기가 어렵게 된 것이다. 그래서 비슷하게 나온 지명이 바로 '희어대'이다. 위 건물터가 본디부터 무슨 '대'로 불렸던 증거가 있어서 그런 것이 아니고, 이미 익숙한 지명인 희어티의 영향을 받아 생성된 것으로 '티'라고 할 수 없으니 그와 비슷하게 '대'라는 발음만 바뀐 것으로 보인다.

그런데 이처럼 기존 지명에서 영향을 받아 약간 변조하여 새로운 지명을 만들 수는 있었지만, 그 의미를 합리적으로 뒷받침하기가 어렵다는 데에서 위 지명은 곧바로 모순을 겪게 되었을 것이다. 발음은 손쉽게 취했지만 그 '뜻'의 해석까지 그대로 적용할 수 없는 데에 따르는 불합리다. 이 모순을 해결하기 위하여 실로 오랜 기간 동안 다수 화중(話衆)인 주민들 사이에서 여러

---

10) 주민들 말로 이곳의 이러한 토양을 거름기는 전혀 없는 소위 '석별땅'(모래와 돌이 섞인 메마른 땅)이라고 한다.

11) 아래 예문은 이곳이 희어티로 불리는 이유를 증언하고 있다 : "(옛날에는 어쨌다구요?). 옛날에는, 그냥 나무가 없었어. 어쩌다 있었어. 소나무가. 그래각구서 저기 나무 없어각구 소나무 꺾어다 불 때서 연기 펑펑 나면 쫓아와서 저기 불 조사하구 그랬어요. 그런디 인제 우리 시집 와서 사방공사를 해가지고 지금 저렇게 우거지구, 나무두 안 항개 우거져가지구… 그 늑대는 있다구 허더래요. 멧돼지나 늑대. (그 나무가 없을 때는 여기서 바라보면 어떻게 보였어요?) 그냥 뻘건했어요. 나무는 어쩌다 익구. [2017.11.16. 마을회관. 최씨(노인회장 아내 · 76)

의견이 오갔을 것인데, 그 토대는 어디까지나 '희어 - '의 영향권을 벗어날 수는 없었다. 건물터 유적의 실체와 실질적인 기능은 오리무중인 채, 오직 유적의 이름과 의미까지를 기존의 '희어 - '로 적용하고 해석하려는 쪽에서만 지명에 대한 관심이 전개되어 나간 것이다. 더 오래된 전래지명을 도외시하고, 그것보다 후대에 만들어진 인공물을 더 중시하여 지명을 해석하려는 이러한 인과적 설명이 불합리한 것임은 더 말한 나위가 없다. 지명의 관습적 영향이 보여주는 무모성을 잘 보여주는 예라고 하겠다. 결국, 바로 이 지점에서부터 위 유적지의 지명은 실상과 어긋나는 방향으로 나아가게 된 것이고, 이 경계지점부터는 오직 '유물'에 견인되어 상상의 세계로 비약하게 된 것으로, '지명유래'가 '설화'의 영역으로 나아간 것이기도 하다.

이 '희어대'와 '희어티' 사이의 불일치라는 모순을 메꾸려는 화중들의 관심, 즉 '희어대'를 합리적으로 설명하려는 전설적 상상은 대략 아래와 같이 네 가지 방향에서 이루어졌다.

1. 혀대 : 헤어지는 곳
2. 쉬어대 : 오가다가 쉬어가는 곳, 잠시 머무는 곳
3. 휘어대(揮御臺) : 임금이 기마와 군사의 훈련을 열병하던 곳.
   그러면서 쉬기도 하는 곳
4. 희녀대 : 여자를 희롱하며 놀고 쉬는 곳

첫번째 '혀대'라는 해석은 희어=헤어(지다)로 해석하려는 발상이다. 발음의 일치에 따른 가장 단순하고도 즉자적인 상상이라 할 수 있다.

두번째로 쉬어대는 '희'가 '쉬'로 변한 것에서 보듯, 희어대라는 발음이 조금 더 큰 변이를 보인 예이다. 이는 본래의 지명보다 유적지의 증거물 쪽으로 더 이동한 위치에서 역사적 상상이 더욱 적극화되어 표현으로 실현된 결과이다. 그런 결과 건물지에 있었을 실제 건물의 존재와 그것의 기능까지 유추의 영역으로 확대하여 지명이 해석되고 있다. 그에 더하여 고개 아래에 있는 동네라는, 이 마을의 인문지리적 배경도 위와 같은 해석을 낳은 요인

으로 추가할 수 있을 것이다. 이 지명은 지금까지도 위 마을에서 유력한 설득력을 유지하고 있다. 아래 현지 주민들의 대화가 이에 대한 생생한 예를 보여준다.

> 김팔환 : 그래서 셨다 갔다구…
> 여성 주민 : 그전에 쉬었다 갔다구 했어. 임금이 지나가다가 쉬었다구.
> 김팔환 : 그렁개 지금으로 말하자면 외국 사람덜 오구 뭐허구 허면 여기서 초청해각구서 인제… 호텔식이루 가다가 그랬나…
> 김율환 : 희어대 아녀? 희어대. 쉬었다 갔다구.
> 여성 주민 : 그래 혀대여. 그래 혀대.
> (조사자 : 임금님이 어쨌다구요?)
> 여성 주민 : 임금님이 여 쉬었다 갔다구.[12)]

세번째인 '휘어대'는 토착 발음을 한자 발음으로 전환하고자 자못 깊이 생각한 결과로서, 백제사의 군사적 배경과 연결시켜 지명에 대한 역사적 상상력이 한껏 심화되어 나온 결과이다. '임금이 기마와 군사의 훈련을 열병하던 곳'[13)]이고 그래서 나온 지명이라는 것이다. 이 지역 일대에 '파진산'이나 '군돌' 등 백제사와 관련된 역사 지명이 남아 있는 데에서 자연스럽게 우러난 유추적 상상이라 할 수 있다. 그러므로 이는 주위 지명과의 연관성과 그들이 지닌 역사성까지 함께 고려한 자연스런 논리를 갖춘 인과적 설명이라고 이해되는 측면이 있다. 그러나 일면 그럴듯해 보이지만 이는 어디까지나 발음의 유사성을 주목한 부자연스런 유추해석이다. 이에 대해 만들어진 어휘들 가운데 희어대(戱御臺)[14)]라는 말이 억지스런 조어임은 더 말할 필요가 없지만, 휘어대(揮御臺)가 '지휘하는 임금의 대'라는 뜻이라면 이 또한 한자 조어법에 맞는 어휘라 하기 어렵다. 위와 같은 뜻에 제대로 부합하는 이름을 만들자면 임금이 지휘하는 대, 즉 어휘대(御揮臺)라고 해야 옳다.

---

12) 현북리 희어티, 김율환(남 · 75) 외. (2017.10.6.오후. 마을 유적지 부근)
13) 최문휘, 주 8)의 책, 202쪽.
14) 앞 주와 같음.

이와 밀접한 관련성을 보여주면서 더 적극적인 상상으로 확장된 것이 마지막 네번째인 '희녀대'다. 백제 도성을 방문하는 사람들이 쉬어가는 곳이므로 쉬다 보면 기생과 노닐며 희롱도 하는 곳, 즉 희녀대라고도 할 수 있다는 것이다. 심지어 '백제 때 임금이 이곳에서 여자를 희롱하며 놀던 터'라고까지 표현되기도 한다. 이 지명은 백제사의 부정적 이미지와 결부되어 더욱 적극적인 허구적 표현이 이루어지기도 한다.

> "(전략)··· 이 시어대라는, 말하자면 여 여 기생(妓生)두 해가지구, 해가지구 여기서 그 신하덜이나 그 저 왕을 만나보러 오는 사람이 여기서 쉬었다가, 자구서 왕을 만나 보구 와서 또 갈 때 쉬었다 가구 하는, 그래서 이게 셔대. 이 주춧돌두 시방두 있어요. 주춧돌이. 요 이 저 요 저 뒤에 가먼. 그래서 셔대지 무슨 뭐 쉬어대가 흙이 셔서 셔대가 아니구. 그래서 우리는 그렇게 알구 있어요."[15]

위 인용문에서 드러나듯, 결국 하나의 대상에 이처럼 뜻이 다른 여러 지명을 동시에 허용하는 모순을 빚으면서까지 역사적 상상이 적극화되고 있음이 드러난다. 앞의 인용문과는 달리 여기에서는 희녀대라는 이름으로 지명에 대한 상상이 또 다른 방향으로 번지고 있음이 그것을 잘 말해준다. 이제 '희녀대'로까지 확대된 지명이 다분히 '기생'을 연상시킴으로써 위 지명은 설화적 합리성을 한 겹 더 보완할 수 있게 되었는데, 그러나 그럴수록 위 지명의 객관성은 약화되고 결국 역사 사실에서 더욱 멀어진 견강부회임은 다시 말할 나위가 없다. 그럼에도 현지에서는 이러한 지명 해석이 상당히 넓은 공감을 유지하며 주민들의 기억 속에 각인되고 있다는 사실을 우리는 소홀시할 수 없다. 이것은 마을공간에서 거리가 먼 자연[희어티]은 갈수록 주민들과의 접촉 빈도가 적어짐에 따라 지명으로서의 영향이 약화되는 반면, 주민들과 가깝고 자주 접하는 '유적'의 영향은 그만큼 커지는 결과임을 말해주는 것이기도 하다.

---

15) 현북리 희어티, 김주흘(남 · 81. 마을 노인 회장) (2017.10.6.오후. 마을 입구)

4. '희녀대' 지명전설의 변조

여기에서, 하나의 유적에 대한 이들 여러 지명 해석 가운데 하나인 '희녀대'는 좀 더 깊이 주목할 필요가 있다. 그것은 단순한 지명으로서의 기능을 넘어 설화를 구성하는 독자적인 '화소'로 전환될 수 있는 가능성을 더욱 강하게 지니고 있기 때문이다. '기녀' 혹은 '궁녀' 만으로도 이미 흥미를 끄는 하나의 독특한 화소가 된다고 할 수 있는데, 그것이 '희+녀+대'라는 지명으로 고정될 때 그것은 더욱 설화로서의 고유성과 독자성이 뚜렷한 설화의 구성 요소가 될 수밖에 없다. 여기에서 바로 이점이 중요하다.

그런데 부여 일대의 지명과 전설을 다루는 일부 식자들은 이러한 경계지점에서 역사로서의 지명과 허구로서의 전설을 명확히 구분하고 이해하려는 관심을 기울이지 않았다. 오히려 이들 지명 가운데 설화로서의 전환 가능성이 높은 '희녀대'를 더욱 부풀리고 윤색하여 전설과 지명을 역사 사실로 고정시키는 데에 기여하는 역할을 주도하였고, 그러한 결과 백제사의 중요한 일면이 이들의 손에서 사실처럼 결정되는 오류를 초래하게 되었다. 구전에 충실한 단순 지명 유래를 대폭 미화하고 증폭시킨 것이다.

이에 대한 관심이 가장 적극적으로 실현된 예가 바로 앞에 소개한 『百濟의 傳說』에 수록된 '희어대 유래담'이다. 이들 자료집에서는 위 지명 유래를 역사 사실로부터 가장 멀어진 〈희녀대(戱女臺)〉라는 잘못된 이름으로 아예 고정시키고서 인위적으로 비약된 전설을 만들어내고 있다. 그렇다면 이들 자료집에 위 유래담이 어떻게 과장되고 변조되었는지를 실제로 보기로 한다.

홍사준이 윤색한 위 전설의 주요 내용과 줄거리는 다음과 같이 요약하여 정리할 수 있다.

1. 의자왕이 백여 간의 기와집을 지어두고 전국적으로 젊은 미색 처녀를 뽑음

2. 집을 분야별로 최고의 기술자들을 다 동원하여 짓고, 정원도 최고 전문가를 동원하여 갖은 초목과 화초를 심어 가꿈
3. 누(樓)·정(亭)·각(閣)·전(殿) 등 기능에 따라 여러 모양의 많은 건물이 지어지고, 어느 때든 놀고 즐길 수 있게 모든 시설이 갖춰졌으며 지상낙원처럼 치장됨
4. 건물 내부의 기둥·들보·공포·기와·영창·벽·천정 등은 채색으로 단장되거나 풍경이 달리기도 하고, 곳곳마다 용봉도·선녀도·미인도가 그려지고 옥황세계까지 그림으로 묘사됨
5. 이처럼 호화를 극한 화원과 건물로 하여 이곳은 임금이 정신을 잃을 정도로 음란한 분위기를 한껏 풍겨줌
6. 왕은 이곳에서 수백 명의 미희 속에서 노래와 춤과 음행에 점점 깊이 빠져 이곳에 매일 출근하다시피 했는가 하면, 나중에는 음행에 탐닉하여 정사도 아예 잊고 이곳에서만 살다시피 함
7. 이 모습을 보고 백제의 모든 백성들이 임금에 대하여 반감을 갖고 원망함
8. 이러는 사이에 백제가 결국 망하고 맘
9. 지금도 '희녀대'에 유적이 남아있고, 이로써 마을 남쪽의 고개도 '희녀티'가 됨[16)]

다음, 같은 소재를 최문휘가 윤색한 것을 정리하면 다음과 같다.

1. 옛날 희녀고개 부근에 희녀대라는 대궐 같은 집이 있었음
2. (위 홍사준의 글 가운데 대략 2, 3, 4, 5 단락을 요약하여 서술함)
3. 의자왕이 여인 천국 같은 이곳에 때때로 와서 피로를 품
4. 백제가 부와 사치를 누리며 잘 사는 것을 알고 신라가 백제 땅을 차지하려는 욕심에서 자주 쳐들어옴
5. 그러자 의자왕은 높은 세금을 부과하고 남자들을 닥치는 대로 잡아다가 전장에 보내는 반면 미색 처녀를 뽑아 희녀대로 보냄
6. 이에 백성들이 공포를 느끼고 실망을 했음에도 임금은 아랑곳하지 않음
7. 믿었던 당나라가 신라에 기울어지고 신라와의 싸움에서 거듭 패함
8. 그런데도 의자왕은 날이 갈수록 각성하지 못하고 자포자기 하며 매일 희녀대를 찾아 오로지 주색에만 침혹함
9. 계속 뽑아 들인 처녀들로 희녀대는 만원이 됨

---

16) 홍사준, 주 2)의 책, 39~42쪽.

10. 결국 이로써 나당군의 침입으로 나라는 망하고 처녀들도 적들에게 희생되고 맘
11. 백제가 망한 후 백성들은 나라 잃은 슬픔을 노래로 부름
12. 백제가 망한 것은 백성의 탓이 아니라 임금과 중신의 탓이며 백제 색시들의 고운 모습이 없어진 것은 희녀대 때문이라고 말함
13. 그 후 희녀대는 밤에는 처녀들이 웃고 즐기는 소리가 들리다가 밤이 되면 울음소리가 들려왔다 해서 신라 때는 흉가(凶家)로 불렸다 함[17]

앞 인용문은 '희녀대'와 왕의 '유흥' 행위에 관심이 집중되어 주로 내용이 서술되고 있다. 이에 비하여 뒷 인용문은 이야기의 중요한 부분은 앞 인용문을 요약하여 가져오되, 그로써 나라가 잘못되는 역사 과정을 약간 자세하게 서술하고, 희녀대의 폐해와 후유증을 인상적으로 묘사하는 데 치중하여 서술하고 있다. 둘을 종합할 때 이야기의 주제와 표현이 더 효과적으로 실현된 것은 앞의 글이다. 여기에서는 이야기의 주인공을 의자왕으로 고정하고, 희어대의 호화로움과 그 속에서의 황음무도를 강조하면서, 임금이 거기에 탐닉하여 결국 나라가 망했고, 이로써 희녀대로 하여 '희여티'라는 지명도 나온 것으로 이야기를 마무리하고 있다. 이야기의 이러한 주제적 지향은 현전 희여티 마을에서 전승되는 희여대 유래담과 기본적으로 같다고 할 수 있다. 그리고 위 이야기는 희어대의 몇 가지 유래 가운데 '희녀대' 쪽에 초점을 두고 완벽에 가까운 하나의 팩토리성 전설[史譚]을 꾸며냄으로써, 의자왕의 실정을 여실하게 묘사해 보임과 동시에 '희어대' 지명의 '희녀대' 유래설을 강화해 주는 효과를 달성하고 있다.

이 이야기의 서술자는 희녀대 건축물의 호화로움과 그곳 정원의 묘하고 화려함과 기생들의 음탕한 자태 및 그들 속에서 주색을 탐닉하는 왕의 황음무도를 극도로 과장하여 그리고 있다. 여기에 실감을 더하고자 건물을 백여 간이라고 하는가 하면, 미희의 수를 수백 명이라고 하기도 했다. 후대의 낙화암 전설에서 백제 도성의 궁녀를 삼천 명이라고 과장한 표현한 수준과 비

[17] 최문휘, 주 8)의 책, 202～204쪽.

슷하다고 하겠다. 두번째 부록 자료에서 의자왕의 실정을 원망하는 백성들의 노래가 마치 실재했던 것처럼 구체적으로 꾸며낸 것이나, 망국 이후 후대에 유지(遺址)에서 궁녀들의 웃음소리와 울음소리가 들렸고 그래서 그곳이 흉가로 불렸다고 서술한 것도 기록자의 주관이 지나치게 개입된 기록임은 더 말할 나위가 없다. 이로써 확인되듯, 이들 인용 자료는 기록자로서 보여준바 상상과 과장 표현을 마음껏 발휘하고 있다고 할 만하다. 제대로 확인되지 않은 불완전하고 단편적인 유물과 유래담을 가지고 그것을 확실한 역사담으로 전환한 가장 극단적인 사례를 보여준다고 하여 지나치지 않을 듯하다.

5. 맺음

자연·유적·유물·인물 등 전설의 증거물은 늘 일정한 시공간과 연결되어 있고, 그러한 유무형의 시공간은 현재까지도 이어지고 있다. 백제 전설은 백제 때에 발단된 것이지만 오늘까지도 백제의 역사가 의식되는 곳에, 그리고 더 구체적으로는 백제 역사의 전통성이 짙게 의식되는 부여 지역에는 직접적이고도 민감한 영향을 미치고 있다. 부여 일대는 백제사의 절정과 결말이 너무나 극적으로 전환된 공간이다. 이 때문에 일반적으로 부여의 백제사 전설은 대략 나라의 망국 국면에 관심이 집중되고, 임금의 실정을 부각하여 상상하고 표현하는 방향으로 전설적 전환이 실현되는 추세를 보이고 있다. 국가 실정의 책임이 의례히 의자왕에게 모아지고 그의 좋은 품성은 전적으로 묻힌 채 오로지 기녀와 놀고 즐기는 쪽으로만 인물상이 구현되고 있음은 바로 그 때문이다.

전설은 역사의 특징을 부각시키고 강조하려는 성향을 보여준다. 그것은 곧 전설을 향유하는 상민들의 민심이기도 하다. 그런가 하면 한 유형의 전설에서 서로 다른 전승 유형이 파생되는 것도 다양한 전설적 민심의 또 다른 모습이다. 구전전설에서 의자왕을 깊이 기억하고 그의 실정을 폄훼하는 것은 이러한 민심의 자연스런 발로이며, 전설적 표현의 당연한 귀결이기도 하다. 그런데, 다수 상민들의 머리와 입에서 구전으로 전해지는 전설은 민심의 자연스런 발로라 해도, 식자 - 특히 영향력이 있는 - 들이 그러한 전설을 조사하여 소개하거나 이해하는 일은 상민들의 시각과는 마땅히 달라야 한다. 식자의 위치에서는 이러한 구전 전설의 역사성과 허구성의 거리를 객관적으로 파악하고 균형 있는 이해를 도모할 수 있도록 자료를 일반인에게 소개하는 것이 바람직한 태도이다. 그런데도 일부 식자들은 백제사 전설에 배어있는 부정적 시각의 일면을 과도하게 부각시키려 하거나, 주관적 감정을 개입시켜 한껏 증폭시키기까지 하고 있음이 문제이다.

여기에서 인용한 두 가지 예문이 곧 그러한 극단적인 사례를 잘 보여주는 것으로, 실제 예를 통하여 그 점을 경계하고 반성하자는 것이 이 소고의 의도였다. 희어티라는 지명담을 바르게 해명하고 이해시키려 하기보다, 사실에서 크게 빗나간 지명담을 택하여 자기대로 마음껏 허구의 옷을 덧입혀 그것이 마치 전설다운 전설인 것처럼 호도하는 잘못을 지적하고자 한 것이다. 속칭 '희녀대' 건물터의 위치와 석재 유물의 규모로 볼 때 당시 이 집터와 건물은 국가나 왕실에서 주관하고 추진한 것이었음이 거의 분명해 보인다. 만약 이러한 터에 건물이 지어졌다면 그것을 희녀대(戱女臺)라고 했다는 것은 상식에 비추어 본다 해도 사리에 맞지 않는 일임은 누구나 알 수 있는 일이다. 희녀대에서 '희어티'라는 지명이 나왔다는 유추 또한 맞지 않는 것임은 두말할 여지가 없다. 거듭 강조하거니와 이것은 역사 유적을 대하는 현지 주민들의 백제에 대한 부정적인 역사의식이 작용한 결과일 뿐, 역사 사실이 아니다. 그것은 위 전설이 구전되는 마을 주민들의 소박한 상상과 유추에서 발생된 고유 지명 전설이고, 그렇게 이해해야 한다.

사리가 이러한 데에도, 위에서 보았듯 일부 식자들은 여기에 인명 · 지명 · 연대 등 여러 구체적이고도 중요한 요소들까지 마구 동원하여 단순한 내용으로 전승되어온 지명 전설을 분명한 역사 사실처럼 문자로 윤색하고 변조하는 일을 예사로 감행하였다. 이 글에서 인용한 것은 제한된 사례에 불과할 뿐, 이들이 이러한 감상적인 태도로써 구전전설을 그대로 실제 사실인 것처럼 호도하고 과도하게 분식하여 전설도 아니고 역사도 아닌 변조된 기록물을 만들어낸 예는 무수히 많다. 특히 『忠南傳說集(上,下)』은 부여 지역만에 한정되지 않고 그러한 예를 광역에 걸쳐 보여주는 표본적인 사례라 할 만하다. 구전으로 전해지고 어슴푸레하게 말해지는 전설은 누구나, 마음대로 문자로 가공하고 윤색할 수 있는 가벼운 것이라는 잘못된 사고가 이러한 결과를 낳은 것이다. 하지만 그렇게 하여 문자로 정착된 결과는 결국 제대로 된 역사도 아니고 구전에 충실한 전설도 아니다. 그것은 장차 현지의 구전 전설에 나쁜 영향을 줄 우려가 있을 뿐더러, 사실과 표현, 구전과 기록의 관계를 제대로 밝혀 이해하고자 하는 후대 연구자들을 오도하는 장애물이 될 수 있다는 사실을 깊이 인식할 필요가 있다.

[부록] : 본문에 요약 인용한 자료의 원문 소개

〈자료1〉 : 희녀대(戱女臺)

의자왕은 백제 전국 二백성 七十五만 호에서 국민의 의무인 조세(租稅=세금)를 걷는 외에 전국에 사람을 보내여 아름다운 얼골을 가진 십칠, 八세의 처녀를 모집하였다. 그리고 희녀대란 사치스러운 백여간의 개와집을 나성(羅城)의 지금의 석성면 현북리(石城面 縣北里)에 짓게 하였다. 이곳은 산에 나무가 울밀한 고리 안 같이 된 곳이나 남서가 터져서 남으로 금강을 오르나리는 배들이 나려다보이고 서로 삼천 정보(町步)의 구랑주(九郎州=九龍平野)들이 통수(악기)속 같이 바라다 보이는 그리 높지도 않고 얕지도 않은 위치다.

국력으로 지어보는 집이요 더구나 여자를 상대로 하는 집이고보니 넓직한 땅에다 지형을 보아 기이한 꽃과 이름 모를 초목들을 사시가 늘 봄이 되게 꽃밭을 만들고 화초와 식목에 특수한 기술자를 가려서 정원미(庭園美)를 맡게 하였다. 집짓는 공장(工匠)은 전국에 명령하여 건축의 최고 기술자를 택하여 쓰고 보니 화공(畫工)이며 와공(瓦工)으로 또는 석공으로 모두가 전문기술자만 오게 되었다.

고래등같은 개와집이 이곳 저곳에 각양각면으로 혹 이층으로는 지금 서울 경북궁 안에 있는 경회루 같이 된 것도 있었을 것이요 온방장치(溫房裝置)를 하여 겨울노리 하기에 맞도록 꾸민 집도 있었을 것이며 위치에 따라 무슨 누(樓) 무슨 정(亭) 무슨 각(閣) 무슨 전(殿) 들이 다 미녀의 노래와 춤추는 집들이 다 그 골작 이 터전에는 마치 선경(仙景)을 상상할만큼 되였었을 것이다. 천연의 산수미(山水美)에 인공의 집과 화초를 수놓아 이상의 낙원을 꾸며보았을 것이다.

둥근 기둥에는 용트림을 한 조각에 황금을 칠하였을 것이요 들보에는 九포집으로 전후좌우에는 옛날 대궐에 흔히 있는 봉황(鳳凰)의 목이 산 것 같이 삭여져 있고 첨하끝 개와에는 연꽃으로 된 드림새를 물렸었을 것이며 초록빛 영창 네 귀에는 금풍경(金風鏡)이 바람길 따라 흔들릴 대로 흔들려졌을 것이다. 벽과 벽에는 절세의 미인이 옥노배(玉露杯)를 들고 미소를 띄우는 족자가 드려지고 천정에는 얇드란 깁(비단의 일종)옷을 입혀 속살이 아른거리게 비치며 젓과 허리를 반이나 벗은 선녀(仙女)가 시녀를 거느리고 구름 속에서 학을 멍에하여 옥황상제의 모궁(母宮)으로 가는 그림이 붙어있었을 것이다.

이같이 집들이 음난한 기운을 더욱 자아내게 하며 앞뒤로 꾸며진 정원의 화초는 더욱 왕의 정신을 잃게 만들었으며 더우기 능수버들의 늘어진 가지는 봄바람에 놀래여 기다란 회차리들이 마치 홍난 기생에미 궁둥이 흔들듯 하였을 것이다.

왕은 이같이 화려한 집에 미녀 수백 명을 모아놓고 아침 조회가 끝나자마자 희녀대로 노문을 노았다. 국사에는 마음의 백분의 일이요 어여뿐 계집 희롱하는 것이 백분의 九九였다. 이곳에는 처녀들은 부모의 허락이 있어 온 색씨도 있고 아름다우므로 강제로 끌려온 여자도 있었다. 부모의 허락이 있다는 것은 혹시 자기 딸이 운이 있어 왕의 귀염을 받고 이후 후궁을 꿈꾸는 비굴한 사람의 짓이요 강제로 끌려온 처녀는 부모의 교훈있는 유식계급의 여자였다.

왕은 이와 같이 미녀들을 데려다 놓고 봄이면 따뜻한 봄기운에 아지랑이가 아른거리는 후원에 미인들을 패를 갈라 노래와 춤을 추게 하고 그 느스름한 눈으로 그 아릿따운 얼굴과 오동통한 젓가슴 오이씨 발등을 나려다보았을 것이다. 이들의 의복들은 하얀 살빛에 가까운 엷은 깁과 같은 옷감으로 만들어서 육체미가 있는 대로 밖에서 볼 수 있었다. 열칠 팔세의 처녀고보니 가슴의 분통같은 젓 날씬한 허리통 쌍꺽선을 이룬 볼기 등 왕으로 하여금 음행을 안 할 수 없게쯤 되었다. 처음에는 왕이 국정을 보다가 나종에는 정치는 고만두고 이곳에서 아주 살게쯤 되었다.

이러고서야 나라가 성하며 백성으로서 임금을 원망 안할 사람이 어데 있었으랴! 우국(憂國)의 지사들은 물론이요 백제의 곡식을 먹는 사람치고 이곳에서 흘러나오는 풍악소리와 금쟁반에 옥 굴르는 노래소리를 듣고 왕에게 반목을 품지 않는 사람이 없었다. 그러든차에 부여성이 함낙하며 이 악마의 소굴은 재로 되고 말았다. 지금도 이 희녀대가 있는 곳을 보면 그 옛날의 네모진 주초(柱礎)가 남어있고 개와쪽이 밭에서 나온다. 그리하여 부여에서 석성(石城)으로 넘는 재가 있어 이 재를 오늘날 희녀치(戱女峙)라고 부르게 되었다 한다.

(홍사준, 『百濟의 傳說』, 통문관, 단기4292년 재판(4289년 초판), 39~42쪽)

〈자료2〉 : 희녀대(戱女臺)

백마강 아래쪽으로 부여에서 석성을 가자면 반드시 넘어야 할 고개에 희녀(戱女)고개란 고개가 있다. 백제 때는 사비성 밖 반월성 부근에 있는 이 고개 부근에 희녀대(戱女臺)라고 부르는 희한한 대궐같은 집이 있었다. 지금은 집터만 남아 있지만 전해오기로는 울안은 버드나무로 주위를 두르고 정원은 꽃밭이었으며 안으로 들어가면 겨울에는 따뜻한 방을 여름에는 시원한 방을 마련하여 벽에는 여러 미녀들이 즐겨 노는 모습이 벽화로 장식되어 있고 천장에는 요염한 선녀들이 구름 위를 날으는 그림을 그렸으며 마루 대들보에는 구포전으로 봉황이 마치 살아있는 것처럼 그려져 있고 초록빛 영창의 네 귀퉁이에는 금으로 만든 풍경을 매달아 바람이 불 때마다 아름다운 소리가 울리도록 하였었다. 남자가 울안에 들어서면 단숨에 욕정을 느끼게 지은 희녀대엔 그와 같은 화려한 집에 백제땅 여기 저기에서 뽑혀온 열일곱서부터 스무살을 넘어서 얼마되지 않은 아가씨들로 천국을 이루니 참으로 누가 말한대로 여인천국같은 곳에 의자왕은 때때로 나타나 심신의 피로를 풀었었다 한다.

백제와 신라 그리고 고구려가 마치 원숭이와 개의 싸움처럼 이리 쳐들어가고 저리 밀리고 하는 삼국시대 때의 이야기라 백제는 한반도의 서쪽에 자리해서 비록 나라는 적었지만 땅이 비옥하고 백성들이 부지런해서 삼국 중에서도 잘 사는 나라로 알려졌었다. 백성들이 잘 살게되고 생활에 여유가 생김에 따라 여인네들은 몸치장을 하게 되고 하여 백제의 아가씨들은 참 어여뻤었다 한다. 나라에 먹을 것이 많고 사람들이 몸치장까지 하게 되자 이웃나라에서는 그쪽을 점령하고 자기 나라도 부강을 누려야겠다고 호시탐탐 싸움만 걸어왔었다. 부귀영화보다는 짐승을 잡고 칼 쓰는 솜씨와 활을 쏘는 것만을 연마해온 이웃나라 사람들은 사람들이 꼭 그렇듯이 힘에 약한 나라를 정복하고 싶은 것은 욕심중의 가장 큰 욕심이었다. 이웃나라에서 자기나라를 정복하려는 눈치를 차린 의자왕은 그때서야 정신을 차리고 한다는 짓이 백성들로부터 세금을 비싸게 받아들이고 남자들을 닥치는대로 잡아다가는 창과 칼과 활을 주어서 싸움터에 보내는 일이었고 여기에 덧붙여서 아름다운 처녀들을 수소문해서 알아내어 희녀대로 데려오는 것이었다. 그런대로 먹을만큼 살게 된 백성들이 느닷없이 걷어들이는 세금의 액수에 불평을 하게 되었고, 닥치는 대로 남자들을 잡아다가 싸움터로 보내는데 공포를 느꼈고 아름다운 처녀들을 잡아가는데 실망을 하였었다.

그러나 여러 가지로 불운한 정무에 몰린 의자왕은 그런 것에 아랑곳하지 않았다. 그렇게도 믿었던 당나라 사람들이 백제를 거들떠보지도 않고 신라쪽에 기울기 시작하였으며 백제의 동부산성에서는 매일 싸움이 벌어져 백제 병사들의 시체가 뒹굴 때였다. 여러모로 슬픈 소식만 전해 듣는 의자왕은 세월이 흐를수록 세상 될대로 되라는 듯이 방탕을 하기 시작하여 매일과 같이 희녀대를 찾았다. 희녀대에 들어와서는 얇은 망사같은 아름다운 비단옷 하나만 걸치게 하여 처녀들의 곡선미를 풍기게 한 그 모습을 바라보면서 마음에 드는 아가씨들은 소원대로 방으로 끌어들여 춤을 추게 하고 술을 마시고 욕정을 충족시키는 데만 열중하다 보니 자연 정사는 기강이 무너지고 걷잡을 수 없게 되어 갔다. 아가씨들에게 정신이 팔린 의자왕은 궁중에 들어가는 것도 싫어졌다. 우선 곶감이 달다는 듯이 눈앞에 있는 아가씨들과 어울리는 것이 좋았고 그들과 춤을 추며 노는 것이 좋았다. 희녀대에 모여있는 여인들을 바라보다가 실증을 느끼면 또 아가씨들을 뽑아오라고 호통을 쳤다. 또한 의자왕이 아가씨들을 좋아하는 기미를 알게 된 간신들은 백제 어느 고을 어디에 가면 어여쁜 아가씨가 있다는 말도 전해주곤 했다. 그래서 의자왕은 그 아가씨를 잡아오라고 해서는 하룻저녁을 즐기면 또 희녀대에 그냥 버려두곤 해서 희녀대는 백제의 처녀들로 만원이 되었다.

그러나 의자왕은 이런 일에 실증을 느끼지 않았다. 날이 갈수록 몸이 쇠약해지면서도 색시들과 어울릴 때 나당군은 쳐들어오게 되고 백성들은 궁중과 멀어지고 드디어는 백제가 망하면서 의자왕은 왕관을 잃었으며 희녀대에 끌려온 아가씨들은 모두 눈물을 흘리면서 망국의 한을 안은 채 이번에는 침략자의 손아귀에서 희생이 되어야만 했다.

백제가 멸망한 후 백성들은 나라잃은 슬픔을 조정의 왕과 그 중신들에게 돌리며 노래를 불렀다.

「백제가 망했나 나도 몰랐네. 마을총각 칼들고 나가 어데로 갔나. 동네색시 바람났네. 희녀대 갔나.」

백제가 망한 것은 백성의 탓이 아니라 임금과 중신의 탓이며 백제 색시들이 고운 모습이 없어진 것은 희녀대 때문이라고 말한다.

한 나라의 왕을 만족시키기 위하여 많은 백성들이 희생되어야 했던 백제말기에 백제 고운

아가씨들이 희생이 된 장소가 바로 희녀대이다.

백마강을 앞에 하고 서있는 희녀대엔 의자왕은 당나라로 잡혀가고 집은 텅텅 비어있지만 그 후 오랜 세월을 두고 밤에는 집안에서 아가씨들이 웃고 즐기는 소리가 들리다가 밤이 이슥하면 고통스러운 소리와 울음소리가 들려왔다 해서 신라 때는 흉가(凶家)로 불렀다 한다.

(최문휘, 『여기가 부여다』, 도서출판 한민, 1992. 202~204쪽)

[민가가 자리잡고 있는 전설 유적지]

의자왕 관련 전설의 전개 양상

1. 머리말

근래 백제 의자왕에 대하여 역사적 · 정치적 위상과 업적을 재인식 · 재평가하려는 노력이 지속적인 관심을 끌고 있다.[1] 이 글은 이러한 관심의 연장에서, 설화 쪽에서 볼 때에도 백제사와 깊은 관련을 맺고 있는 의자왕을 관심 대상으로 삼아 관심을 기울여 보려는 것이다.

일반적으로 우리는 백제사를 대할 때, 흔히 그 문화와 역사의 역동성과 독창성보다는 처절한 멸망사건에서 느끼는 인상을 깊이 기억하게 된다. 백제의 최 말기 멸망 전후의 역사는 매우 극적이고 충격적인 것이어서 제한된 기록사료만으로 쉽게 납득할 수 없는 많은 의문점을 남겨주고 있다. 육백년 역사의 최성기가 쇠잔기도 없이 멸망으로 직결되고 있는 역사의 기현상은 백제사를 대하는 누구에게나 늘 쉽게 납득하기 어려운 아쉬움과 함께 일말의 의아심을 함께 불러일으키곤 한다.

바로 이 멸망의 한 중심에 의자왕이 있다. 이러한 역사적 중요성으로 하

---

1) 부여군에서 중국 낙양성 북망산에 있다는 의자왕의 묘를 찾으려는 노력을 지속적으로 기울여온 사실은 그러한 관심의 하나라 할 수 있다. 또한 최근 양종국의 『백제멸망의 진실』(주류성, 2004)은 이러한 성과를 실증해 보인 예가 된다. 이 외에 '백제 의자왕에 대한 재조명'을 주제로 한 학술발표회(2004. 11. 11. 부여군 청소년수련원)에서도 이 문제가 집중적으로 다루어진 바 있다.

여 백제망국의 모든 책임이 그 한 사람의 문제로 집중되어 받아들여지고 있다시피 한 상태이다. 그처럼 그에게 씌워진 역사의 짐이 너무 무겁기 때문에 그는 부정적 시각이 강조되고 실제보다 과소평가 되어 왔음을 부정할 수 없다. 그에 대한 이러한 시각은 정사서인 삼국사기에서만이 아니다. 역사의 이면을 중시하고 구전화된 역사를 더 깊이 주목하려 한 삼국유사에서도 별로 다르지 않다. 의자왕에 대한 부정적 시각에서의 평가는 이미 오래 전부터 고정된 관점이 되다시피 해왔다고 할 수 있다. 역사 쪽만이 그런 것이 아니다. 설화 쪽에서도 양상이 비슷하다. 역사적 위상의 중요성만큼이나 의자왕이 백제사의 최대 관심 인물로 등장하고 있음은 전설 쪽에서도 다르지 않다. 또한 그와 동시에 역사상의 과오만큼이나 부정적인 형상화의 정도가 심한 것이 의자왕 전설의 모습이기도 하다.

이 글은 설화를 통하여 의자왕에 대한 얼마간의 이해를 도와보려는 것이다. 백제사와 관련된 설화를 다룬 논고가 그동안 적지 않게 있었지만 의자왕을 별도로 다룬 글은 보고되지 않았다. 그러나 의자왕 전설은 자료의 질과 양 면에서도 그렇지만 그것이 부여를 중심으로 전승되어온 여러 전설의 중심에 놓여있다는 점에서도 별도의 주제로 주목할 만한 충분한 의의를 지니고 있다고 할 수 있다. 이 글에서는 대략 세 가지 측면에 주목하여 이 문제에 대하여 접근해 보고자 한다. 하나는 전설의 배경이 되는 역사의 맥락을 유념하면서 전설과의 관련성을 이해해보고자 한다. 두번째는 전설의 변화와 추이과정을 주목하여 살펴보고자 한다. 세번째는 의자왕 관련 전설의 전승배경이 되고 있는 부여의 자연배경과 전설을 관련지어 이해해 보기로 한다.

2. 피침(被侵) 직전 심리전 공작의 설화적 흔적

삼국사기 가운데 백제 · 고구려 · 신라 삼국의 멸망기 관련 기사를 보면 하나의 특이점이 발견된다. 대개 국가의 멸망기 역사 기록에는 천지재변 현상이 집중되어 나타나게 마련인데, 백제의 경우는 이점이 특별하게 집중적으로 나타나고 있음이 그것이다. 더욱 주목되는 것은 신라나 고구려와는 달리 백제사의 경우 일반적인 재변 현상만이 아니라 '사회불안' 현상까지가 아주 자세하게 나타나고 있는 것이다. 이에 해당되는 예들만 대략 정리하면 다음과 같은 모습을 보인다.

> (1) 19년 9월. 대궐 뜰에 있는 홰나무가 사람의 곡성처럼 울었고, 밤에는 대궐 남쪽에서 귀곡성이 들렸다.
>
> (2) 20년 2월. 도성 시민들이 까닭 없이 누가 잡으러 오는 듯이 놀라 달아나다가 쓰러져 죽은 자가 백여 명이나 되었고, 재물을 잃어버린 것은 이루 헤아릴 수도 없었다.
>
> (3) 5월. 들사슴 같은 개 한 마리가 서쪽으로부터 사비하 언덕에 와서 도성을 향하여 짖더니 잠깐 사이에 간 곳을 알 수 없었으며, 서울에 있는 뭇 개들이 길에 모여 혹은 짖고 혹은 울기도 하더니 얼마 뒤에 흩어졌다.
>
> (4) 웬 귀신이 대궐 안에 들어와 백제가 망한다는 말을 외치다가 곧 땅 속으로 들어갔다. 임금이 그 곳을 파보게 하니 석자 가량의 깊이에 거북 한 마리가 있고 그 등에 백제는 보름달처럼 둥글고 신라는 초승달처럼 새롭다고 쓰여 있었다. 무당에게 물으니 둥근달은 기우는 것이며 초승달은 점점 차는 것이라고 풀이하자 임금이 그를 죽였다. 어떤 자가 다시 말하기를 백제는 왕성해지고 신라는 쇠약해진다는 뜻이라고 풀이하니 왕이 기뻐하였다.[2)]

이들 예는 왕조의 멸망기에 흔히 보이는 '재변' 현상을 기록한 수준을 넘어, 밤에만 일어나는 일련의 '괴변'과 그로 인해 시민들이 겪는 소동을 매우 생생하게 보여준다. 이러한 특징이 (2)와 (3)에서 더욱 선명하게 나타나고 있다. 서술된 내용들을 보면 정체를 모르는 도적들이 밤마다 도성에 나타나 도둑질을 하면서 난폭을 저지르기도 하여 시민들이 공포에 떨며 피해 다니기도 하고 소리 없이 죽임을 당하기도 하는 등, 도성이 심한 불안상태에 빠

2) 『백제본기』 의자왕

져있음을 보여준다. 들사슴 같은 개가 밤에 도성을 향하여 짖었다는 것은 강나루를 건너는 도둑을 향하여 개가 짖었다는 뜻이겠고, 무리를 지어 짖다가 사라졌다는 것은 은밀하게 움직이는 도둑의 무리를 개가 이리저리 뒤쫓으며 경계하는 상황을 말하는 것일 듯하다.

당시 밤에만 빚어지는 이러한 불안상황을 어떻게 이해할 수 있을까? 이는 단순한 재변 현상을 기록한 수준이 아니며, 의도적으로 야기한 상황을 재변으로 호도하여 기록한 것으로 볼 필요가 있음을 말해준다. (2)와 (3)에서 보듯, 당시 도성의 밤 상황을 현장에서 관찰하듯 생생히 소개하고 있음은, 그것이 의도적으로 만들어진 상황이고 계획적으로 파악하여 기록한 결과가 아니면 불가능한 것이라 이해된다.

그렇다면 이렇게 한 세력의 배후는 무엇일까. 그것은 백제를 배반한 신라 쪽의 첩자들, 곧 신라의 수뇌와 깊이 내통하여 백제 측의 중요한 정보를 빼낸 좌평 임자(任子)와 그 부하 조미압(租未押) 같은 일부 세포분자들이었을 것이다. 조미압과 임자가 신라 측과 깊이 밀통하고 있었음[3]을 고려할 때, 신라의 백제 침공에 대비한 백제 도성에서의 사전 내응공작이 이루어졌을 것임을 우리는 충분히 짐작할 수 있다. 결국 위 상황은 이들 간첩세력의 사전 계획과 조종으로 진행된 것이라 할 수 있다. 그 주된 목적은 물론 사회의 불안감을 조성하고 나라의 망조를 예견하는 유언비어를 조작하고 유포함으로써 민심을 이반시키는 데에 있었을 것이다.

이러한 목적에서 좀 더 계획적으로 꾸며진 유언비어가 위 (4)라고 할 수 있다. 혁명이나 왕권 교체의 변란기에는 흔히 정권 출현의 필연성을 신비스럽게 합리화하는 조짐담이 나타나게 마련인데, 위 설화도 이러한 목적에서 분명한 정치적 의도를 가지고 꾸며진 이야기라 할 수 있다. 비교적 이해하기 쉬운 내용으로 이야기의 줄거리를 정연하게 갖추고 있음에서 그러한 인상을 짙게 느끼게 한다. 더욱 이 이야기에는 처음부터 임금이 등장하여 결

---

3) 『삼국사기』「열전」 김유신

국 자신에게 충언을 하는 자는 가차 없이 죽이고 감언을 하는 자를 칭찬하는, 잘못된 행위를 부각시키고 있음을 주목할 필요가 있다. 그럼으로써 이것은 단순한 예조담만이 아닌 임금의 폐정(弊政)에 대한 분명한 비판의식을 담은 이야기이기도 하다. 의자왕을 이런 모습으로 그린 것은 당시 성충이나 홍수 같은 충신을 배척했던 사례에 편승하여 인위적인 조짐담을 통하여 임금을 부정적으로 그리려는 뜻을 분명하게 보여주는 것으로 이해할 수 있다.

결과적으로, 신라는 이미 백제에 대한 심리전을 먼저 수행한 셈이고, 그 결과가 바로 위 사회 불안현상을 일러주는 '소문담'인 셈이다. 김유신 측은 이처럼 교묘한 사전 계획을 가지고 백제 침공을 추진했던 것으로, 결과적으로 소문담에 의한 민심선동 효과를 잘 달성했다고 할 있다. 대수롭지 않아 보일 듯한 설화가 실제로는 역사적으로 중요한 의의를 지니는 것임을 잘 말해준다고 하겠다. 이들 설화는 목격담이나 소문담에 그쳐 구전이 일찍 단절됨으로써 구전을 통한 전승은 비교적 일찍 소멸했을 것이다. 다만 위 (4)는 인물과 줄거리 면에서 설화다운 묘미와 선명한 주제를 갖추고 있어 상당한 기간 동안 광범위한 전승력을 확보해 나갔으리라 여겨진다. 어떻든 구전설 설화는 일찍 소멸하거나 변이되었지만, 역사서에 기록된 설화는 오래도록 남아 신라의 백제 침공이 얼마나 계획적이고 교묘하게 이루어졌는지를 지금도 잘 증언하고 있다.

3. 도성 함락과 조룡대 전설의 성립

백제 멸망 사건이 전설 쪽에 미친 가장 큰 영향은 백제 설화의 대표적인 위치에 있다고 할 수 있는 '수중용(水中龍)' 전설을 조룡대 전설(또는 용바위 전설)로 변모시킨 사실이다. 수중용 전설이 백제 왕권을 상징적으로 보여준다면 조룡대 전설은 곧 백제 멸망을 상징적으로 집약한 전설이 된다. 그만큼 이들 전설이 성립되고 변이되어 나간 과정은 백제 임금의 존엄성과 그 설화적 표현 양상을 이해하는 데에 중요한 위치에 있다.

백제 임금이 낮에는 인간 세상을 다스리고 밤에는 수중왕이 되어 사비강을 지킨다는 내용을 핵심으로 하는 수중룡 전설은 본디 백제 말기 국세가 한창 펴질 무렵인 무왕 때에 형성된 것으로 보인다. 알려져 있듯 무왕은 대외적으로 정복전쟁을 활발하게 전개하여 군사력을 떨치는 일면, 이러한 국가경영의 자신감이 금마(金馬)의 신도(新都) 건설로 이어지기도 했다. 이와 병행하여 불교적 이상의 구현을 통한 왕권 강화를 위하여 사찰 건립에도 큰 관심을 기울여, 제석사(帝釋寺)를 비롯한 미륵사(彌勒寺) 창건과 같은 큰 불사를 이루어내기도 했다.[4] 알려져 있듯, 미륵사 창건은 그 규모 면에서나 상징성 면에서 무왕 당대에 불교의 정치적 이념화가 가장 높은 수준에서 이루어진 결정체라 할 수 있다.

때문에 이 절은 위치 · 이름 · 규모 등에서 예사롭지 않은 점을 보여주고 있을 뿐만 아니라, 구조면에서도 특이점을 드러내고 있다. 절 앞에 연못이 있고 그 물이 금당 밑까지 이어지게 했으며, 이 물줄기가 절 앞으로 흘러 멀리 금강으로 이어지도록 했다. 이는 무엇을 뜻하는 것일까? 무왕 자신 미륵하생의 불국토 실현을 꿈꾸고 전륜성왕을 지향했던 데에서 짐작할 수 있듯, 이는 곧 무왕을 불교를 수호하는 '용'으로 상징화한 결과라 할 수 있다. 용을 신이하게 여기는 관념이 일반화된 토대 위에, 무왕의 치세 기간 내내 정치적으로 요구되었을 왕권의 정통성 확립 및 강화의 필요성, 그리고 거기에 더하여 부여와 금마가 대략 강으로 이어지는 지리적 조건이 바탕이 되어줌으로써 이러한 상징화가 자연스럽게 성립될 수 있었을 것이다. 그처럼, 이는 당시의 권력 기반과 미륵사의 지리적 위치, 그리고 그러한 상황에 대응하기 위한 고도의 정치 · 종교적 의도성이 반영된 결과라 할 수 있다. 실제로 임금이 때로 용이 되어 물길을 통하여 부여와 금마를 왕래한다는 상상은

---

4) 노중국, 『백제의 부흥운동사』 일조각, 2003, 28쪽.

부여를 중심으로 한 금마(金馬) 경영을 위한 정치적 상징으로서 매우 효과적이었을 것이다. 그리고, 더하여 수중용 관념은 사비강을 천연 방어수단으로 삼아 서·남 나성(羅城)을 연장해 쌓지 않은[5] 부여 도성 서쪽에 대한 방어력 제고라는 기능을 함께 수행하는 효과도 수행할 수 있었다. 바로 이러한 관념까지 복합되어, 임금이 낮에는 인중왕이 되고 밤에는 수중왕이 된다거나, 밤에는 물속에서 도성을 방비한다는 상상으로까지 나아가게 되었을 것이다. 결과적으로 무왕은 자신의 정통성 강화를 위한 정치적 위상의 공고화를 목적으로 용 관념을 이용하고 상징성을 강화했다고 할 수 있다.[6] 이러한 수중용 관념이 당시 잦은 정복전쟁에 따른 임금의 전쟁 영웅적 비범성을 상징화하는 데에 중요한 기여를 했을 것임을 우리는 위례성 전설과 같은 경우에서 보게 된다.[7] 무왕의 모친이 도성 남쪽의 지룡(池龍)과 교합하여 무왕을 낳았다는 제왕 출생담도 이러한 맥락의 연장선에서 자연스럽게 이해할 수 있다.

무왕에 이어 의자왕이 왕권을 계승했고, 그 과정이 비교적 순탄하게 이루어짐으로써 선왕 때에 형성된 수중용 관념은 그대로 의자왕이 주인공으로 접속되어 나간 것으로 보인다. 그러나 의자왕 초기 왕권의 계승 단계에는 그랬다 해도, 최후 단계를 볼 때 무왕과 의자왕은 전혀 다른 결과를 보여주었고, 이런 차이가 결국 두 인물에 대한 전설의 질적 차이로 나타나게 되었다. 무왕 때에는 단순한 수중왕 전설 수준이었을 것임에 비하여 의자왕 단계는 저항하는 용의 모습을 보여주고 있음이 그것이다. 같은 수중용이지만 무왕은 한가로운 백마강의 역사를 지낸 반면 의자왕대의 백마강은 치열한 싸움과 패망이라는 비극을 체험한 현장이었기 때문이다. 현재 전승되는 '용바위(조룡대) 전설'은 주인공이 의자왕으로만 나타나고 있고, 줄거리도 모두

---

5) 박순발, 「사비도성 공간구성 예찰」, 『호서지방사연구』, 경인문화사, 2003. 49쪽.

6) 왕이 지금의 고란사 북쪽 부근에서 놀았다 하여 이곳을 '대왕포'라고 불렀다는 『삼국유사』의 기록은 이때부터 임금에 대한 지칭이 전에 비하여 좀 더 높여져 불렸을 것임을 짐작하게 한다. 부여읍 중정리 왕포천 끝의 포구를 '대왕포'로 부르고 있음도 같은 예가 될 것이다.

7) 위례성 옆에는 오래된 큰 우물이 있고, 이 우물을 통하여 백제 임금이 낮에는 성을 지키고 밤에는 부여로 가서 치세했다는 전설이 있다. 논산 황화산성도 이와 같은 예를 보여준다.

의자왕과 관련된 내용들이며, 무왕 관련 내용은 찾아보기가 어렵다. 일정 부분은 무왕과의 관련성을 지니고 있었겠지만, 역사적 사건 면에서 의자왕의 영향력이 더 크게 작용하여 무왕이 의자왕으로 희석되고 재편된 결과일 것이다. 이처럼 영향력이 약한 부분을 잃은 대신, 영향력이 강한 부분이 집중 반영되어 용바위 전설은 인물의 성격이 뚜렷한 전설적 형상화를 달성하였던 것이다.

신라군과 연합한 당나라군의 백제 침공은 의자왕의 패망을 초래한 것과 함께 소정방을 주인공으로 한 새로운 영웅전설을 낳았다. 이 전쟁에는 김유신도 중요한 유공자였을 터인데 전설의 주인공은 소정방 한 사람만 부각되고 있다. 백제 역사상 더 없이 심각한 전쟁을 체험하면서 신라보다는 당나라와 소정방이 좀 더 크게 의식된 결과이다. 용바위 전설도 그 성립 동기는 결국 소정방 일인을 영웅시하는 의식이 과대화된 결과이다. 위 전설의 내용에서 나타나는바 상상의 파격성에서 이를 알 수 있다. 소정방의 백제 침공은 사비강을 건너 이루어진 것이 아니었다. 그럼에도 전설은 배를 타고 올라와 강을 건너려는데 물결이 심하게 일어 건너지 못하고 고심했던 것으로 표현하고 있다. 그런가 하면, 물결이 치는 이유를 알아낸 소정방이 조룡대 바위에 올라가 용을 낚아 비로소 도성으로 진입할 수 있었던 것으로 그리고 있다. 이처럼 지리적 객관성을 벗어난 데에서 전설적 표현이 실현되고 있음은 곧 소정방에 대한 과대화된 인식으로 상상의 비약이 이루어진 결과이다. 그러한 상상의 비약은 용바위의 다른 면으로 확대되기도 했다. 용바위의 낚싯줄 형적이 그것이다. 이 형적은 그 큰 규모로 볼 때 낚싯줄 흔적과의 유비(類譬) 가능성이 낮다고 할 수 있다. 그럼에도 소정방에 일반적인 영웅화 심리가 상상의 비약을 가능케 했고, 그로써 이러한 과대한 유비를 성립시켰던 것이다.

용바위 전설의 주제는 곧 수중용의 죽음이고 그 이유는 소정방의 낚시에 걸린 결과이다. 의자왕이 패배한 이유를 그럴 듯한 이유로 해석하면서 소정방의 완전한 승리를 뚜렷하게 확인하려는 인식의 소산이 위 전설인 셈이다. 위 전설 줄거리의 이러한 기본 틀은 오랜 전승을 지속해오면서 의자왕에 대해서는 부정적이고 소정방에 대해서는 긍정적인 인물상을 대비적으로 형상화하는, 변하지 않는 구도로 작용해 왔다고 할 수 있다. 이러한 구도 속에서 의자왕은 용렬한 일개 군주로 그려지는 데 비하여, 소정방은 더없는 용력을 지닌 인물로 표현되어온 것이다. 오래도록 권력에 연연하다가 끝내 사위와 딸에게 기만당하여 소정방의 낚시에 걸리고 마는 것으로 표현되고 있는 것이 전자의 모습이라면, 소정방이 낚싯대를 휘둘러 용이 떨어진 곳이 '용정리'이고, 다시 휘두르자 '흐니고개'로 넘어가 공주 구렁개에서 썩어 '구렁개'라는 이름이 생겼다는 등 일련의 지명을 거느리고 있음은 후자의 예를 보여주고 있다.

결국 이러한 구도를 통한 용과 소정방에 대한 선명한 대립적 표현은 의자왕의 죽음을, 일정한 저항에도 불구하고, 불가피했던 것으로 받아들이려는 역사의식의 소산이며, 그것의 반복 확인과 다르지 않다. 여기에서 용은 백제 임금의 상징이며, 용의 죽음은 백제의 완전한 죽음을 뜻한다는 점에서 이러한 표현이 주는 심각성은 더욱 크다고 할 수 있다. 의자왕이 백제 땅에서 서거한 것이 아님에도, 일반인의 의식과 상상으로는 그렇게 인식했던 것이다. 조룡대 전설이 의자왕 전설로서 뿐만 아니라, 전체 백제 망국 전설에서 중요하게 이해되어야 할 이유가 여기에 있다.

4. 의자왕에 대한 부정의식이 낳은 '삼천 궁녀'

의자왕 관련 전설 가운데 전설적 과장이 심하게 이루어져 역사와의 괴리를 크게 보여주는 것의 하나가 낙화암 전설이다. 낙화암 전설이 발단된 전설의 제재는 아마도 이름 모를 몇몇 궁녀들이 절개를 지켜 사비강 부근 몇

몇 곳에서 투신한 일일 것이다.[8] 궁녀들의 이러한 열행은 전쟁의 회오리가 몰아친 폐허 속에서 감동적인 미담으로 사비강 주변에서 잊히지 않고 구전되었을 것이다. 그리고 이 전설은 소위 낙화암이라는 경치 좋은 절벽을 배경으로 삼을 때 더욱 감동을 줄 수 있음으로써, 마치 그것이 사실인 듯 후대에 낙화암전설로 고정되었을 것이다. 그러나 이 전설이 단번에 지금의 모습으로 형성된 것은 아니며, 단계적 변화를 보여왔던 사실을 유의할 필요가 있다. 아래 기록을 보자.

> "『백제고기(百濟古記)』에 이렇게 말했다. 부여성 북쪽 모퉁이에 큰 바위가 있는데 밑으로 강을 굽어보고 있다. 서로 전해오는 말에 의자왕이 여러 후궁들과 함께 죽음을 면치 못할 것을 알고 서로 말하기를 차라리 자진할지언정 다른 사람 손에 죽을 수는 없다고 하면서 서로 손을 이끌고 이곳에 와 강에 몸을 던져 죽었다고 하며, 그래서 속간에서 '떨어져 죽은 바위'[墮死巖]라고 부른다고 한다. 이것은 속설이 잘못 전해진 것이다. 다만 궁녀들만이 떨어져 죽었을 뿐이다. 의자왕이 당나라에서 졸한 일은 당나라 사서에 분명한 기록이 있다."[9]

위 기록 내용은 역사 사실 그대로가 아니며, 이미 어느 정도 전설화된 것임을 말해준다. 기록자 일연의 논평대로, 당나라에 잡혀간 의자왕을 '타사암'에서 투신한 것으로 그린 것이 그 단적인 예가 된다. 백제가 망한 뒤 일정 시점에 구전자료를 중심으로 백제의 사적을 기록한 결과가 곧 위 『백제고기』였던 것으로 보인다. 그것이 어느 때인지 정확히 알기는 어렵지만 위 자료는 낙화암 전설의 초기 모습을 보여준다는 점에서 위 설화의 전승사에서 중요한 의의를 지닌다. 이 단계의 낙화암 전설은 의자왕이 궁녀들과 떨어질 수 없어 서로 손을 이끌고 강에 투신한 것으로 그리고 있다. 이야기를 통하여 망국의 처절함은 느낄 수 있지만 그것은 책임의식 있는 임금으로

---

8) 궁녀가 투신했다는 곳으로는 이곳 외에도 장암면 맛바위, 왕포리 남대왕포 옵배, 우곤리 도치바위로도 나타난다.

9) 『삼국유사』 권1 태종춘추공

서의 장렬함과는 거리가 멀다. 더하여, 여기에는 궁녀들이 미화되지도 않고 있다. 자진하여 장렬하게 죽은 것으로 표현하지 않았으며, 그 죽음을 꽃의 아름다운 '낙화'로 비유하지도 않았다. 필부처럼 비하되고 애정에 갈급한 임금의 애절한 최후가 한껏 왜곡된 모습으로 나타나 있을 뿐이다.

인물상의 이러한 표현은 낙화암 초기 전설이 비교적 실제 역사의 영향으로부터 가까운 거리에 있었기 때문이 아니었나 여겨진다. 삼국사기에 보이는 의자왕의 만년 생활이 음황탐락했다는 기록과 이를 연결지어 볼 때, 망국 초기일수록 그러한 여론이 강했을 것이고, 그러한 인물상이 강조되어 상상된 결과 이처럼 임금을 마치 궁녀를 동반하고 죽은 것처럼 묘사했다고 할 수 있다.

그러던 것이 고려 말기를 지나면서 타사암은 '낙화암'으로 변모되었다. 이는 궁녀의 존재가 종전에 비하여 좀 더 미화되어 표현된 것임을 말해준다. 시대가 멀어짐에 따라 역사의 구체성은 점점 잊히고 타사암의 유래가 관광객들의 완상물로 바뀌어 나간 결과라 할 수 있다. 이곳에서 투신하여 산화한 사실의 절박하고 처절함을 깊이 음미한다면, 어느 면 낙화암이라는 미화된 이름은 백제사 의식과는 거리가 있다고 할 수 있다. 그럼에도 후대의 시인들이 의자왕의 죽음은 잊고 궁녀들의 죽음만을 주목하여 이를 자못 낭만적인 시각에서 문학적으로 표현한 결과 그런 이름이 붙었을 것이다.

그러다가, 급기야 여말 선초가 되면 여기에 '삼천'궁녀 낙화암으로 또 다른 비약을 보여준다. 金訢(1448~?)·曺偉(1454~1503)·閔齊仁(1493~1549) 등의 시에서 보듯 이 용어는 15세기 후반부터 본격적으로 쓰이기 시작했다. 그동안 이 용어의 출처에 대하여 논자들의 해명 노력이 있어 왔는데,[10] 이는 본디 당나라 시인 白居易(772~846)의 長恨歌에서 차용된 것으로 보인다.[11] "後

10) 구중회의 글 「삼천궁녀의 민속학적 이해」(『삼천궁녀제 연구』, 문덕사, 2000. 86~92쪽)를 대표적으로 들 수 있다.

11) 졸고 「부여 낙화암 전설의 형성과 전개」(『한국문학논총』29, 한국문학회, 2001. 12. 5장)에서 이 문제를 상세히 다룬 바 있다.

宮佳麗三千人 三千寵愛在一身"이나 "三千宮女胭脂面 幾个春來无泪痕" 같은 구절이 그것으로, 위 시구에 삼천 궁녀라는 단어가 명확하게 나타나고 있음이 그 분명한 증거가 된다. 백거이의 장한가는 궁녀들 속에서 환락에 젖어 국사를 그르친 현종(顯宗)을 비판한 시로 유명한데, 바로 의자왕의 행적이 일면 현종과 유사하다는 점에 착안한 어느 시인이 낙화암을 보고 위 시구를 차용하여 읊조린 결과 후대에 마치 그것이 역사 사실을 그대로 말한 것으로 오인되어 점차 인구에 회자되어 나간 것으로 보인다.

이러한 표현은 종전의 '낙화암'이란 이름과 짝을 이루어 역사의 처절함을 더욱 과장적으로 표현하는 데에 효과를 높여주었을 것임은 물론이다. 낙화암 주변의 빼어난 경치가 주는 현장을 직접 대할 때, 이런 표현의 실감은 배가되었을 것이다. 낙화암의 험준한 절벽과 그 아래 푸른 강물을 함께 굽어보면서 '삼천' 궁녀의 투신을 상상하는 관광객들은, 그 경치의 묘한 배치와 조화 속에서 허상의 역사가 실상의 역사로 실감되는 것을 쉽게 느낄 수 있게 된다. 이러한 과장 표현이 구전을 통하여 폭넓은 공감을 주면서 지속적인 전승력을 쉽게 얻을 수 있는 것은, 바로 이러한 빼어난 경치와 특별한 역사적 사건이 결합되어 무한한 상상을 불러일으키기 때문이라 할 수 있다.

이처럼 누군가에 의해 시어로 지어졌을 삼천 궁녀라는 과장 표현이 이곳을 찾는 시객들의 감흥을 자극하는 멋스런 용어가 되어, 이후 모든 낙화암 시에 이 단어는 역사 사실에 대한 더욱 강화된 표현어로서 예외 없이 쓰이곤 했다. 동시에 이 어휘의 사용은 낙화암이 겪은 역사적 사실에 대한 허상을 더욱 높게 심어주고, 그에 따라 역사를 바라보는 시인의 비감을 더욱 상승시키는 역할을 하게 되었다. 이런 결과로 하여 조선조의 낙화암 시들은 고려조에 비하여 시인의 정서가 좀 더 열도 높게 드러나고 있음을 볼 수 있다.

> "…… 삼천 궁녀가 강모래에 몸을 맡겨
> 꽃 지고 옥 부서지듯 물따라 떠내려갔네
> '우여 우여 어이하리' 항왕이 울었고

옥로(玉奴)가 언제 제나라 임금을 저버렸던고
물결에 던진 버선 아득히 어디멘고
지금토록 구름과 비가 바윗가에 머무네
향혼이 한 번 가고 오지 않으니
여기 와 노니는 사람 길이 눈물 흘리네……” 〈김흔, ‘낙화암’〉

종전처럼 시적 소재의 단순 묘사에 그치지 않고 고사 인용과 정황 묘사를 통하여 표현의 묘미와 깊이를 한층 높이고 있다. 옛 우미인(虞美人)과 항왕이 이별하며 애처로워했던 정황으로 의자왕과 궁녀와의 이별을 대비시켜 역사 상황의 처절함을 강조했고, 버선을 벗어 던지고 새하얀 모래 위 강물에 몸을 던져 물에 떠내려간 궁녀들의 모습을 아주 감각적으로 표현하고 있다. 또한 그와 이러한 역사를 회상하는 시인의 마음이 길이 눈물을 흘릴 정도로 비창한 것으로 묘사하고 있다. 이처럼 구체적이면서도 환상적인 비유와 묘사를 통하여 위 시는 전체적으로 사실을 더욱 실감있게, 그리고 작자의 처절한 심정을 절절하게 드러내 보이고 있다. 조선조 이래 ‘삼천 궁녀’라는 최상급의 과장어가 주된 시어로 쓰이게 되면서 자연스럽게 실현된, 정조의 상승과 상상의 과장을 보여주고 있는 것이다.

‘삼천 궁녀’라는 단어는 이후 시인들에 의해 거듭 쓰이면서 고정된 시어처럼 굳어져왔고, 비슷한 과대상상과 표현을 확대 재생산하는 양상을 보여주었다. 그런가 하면 이 전설은 비슷한 자연조건을 지닌 인근 지점으로 확산되기도 했다. 이렇게 강한 전승력 속에서 관습화된 이 시어는 그대로 역사로 인식되어 의자왕에 대한 부정적 인상을 더욱 뚜렷이 각인시키는 역할을 하게 되었다. ‘삼천’ 궁녀가 초점화되어 강조되는 일면 의자왕과 낙화암과의 관련성은 희미해졌다. 그러나 직접 관련성은 약해져 갔지만 허상으로서의 부정적 인상은 더욱 뚜렷하게 부각되어 나갔다. 결과적으로 삼천 궁녀의 뜻없는 과장화는 의자왕에 대한 부정적 인물상의 과장화를 뜻하는 것으로, 위 시어로 인하여 의자왕을 보는 부정적 시각은 조선조 이래 더욱 가속화되어 왔다. 낙화암을 찾는 유람객들은 삼천 궁녀에 대한 상상이 산천경개를 대하는 멋과 흥을 더해주었겠지만, 그러는 사이 의자왕은 궁녀에 빠져 나라를 망친 혼주(昏主)로 한없이 전락하지 않을 수 없었던 것이다.

5. 부정적 인물상의 지역 전설적 확장

의자왕에 대한 부정적 인물상은 낙화암을 중심으로 이처럼 강하게 실현되어 왔지만, 그 밖의 전설 전승 지점들을 거점으로 해서도 이루어져 왔다. 앞에서 살핀 낙화암 전설을 중심권 전설이라 한다면 이들 다른 지점들의 경우 주변권 전설이라 할 수 있겠다. 주변권 전설로서 먼저 사비강 줄기 일대 이곳저곳에 백제왕 혹은 의자왕이 유람하며 놀았다는 지명들과 그 전설을 주목할 수 있다. 부소산에서 논산 부근까지 내려가면서 발견되는 이들 지점들을 나열하면 다음과 같다.

> **대왕포**(고란사 북쪽)→**망해정**(부여읍 동남리 화지산)→**대왕포**(부여읍 왕포리 강변)→**낙화암**(부여읍 염창리 옵배)→**희여대**(부여읍 현북리 희여티마을)→**임강원**(부여읍 현북리)→**궁골** (논산시 석성면 우곤리)→**황화산**(논산시 등화동)

이들 지점들에서 고란사 아래 '대왕포'는 본디 임금이 연회를 벌이고 논 곳이어서 붙은 이름이라고 한 것으로 보아,[12] 의자왕의 행적과 관련이 있음을 알 수 있다. 의자왕 15년에 세운[13] '망해정'은 특별한 유래는 없지만 이름으로 보아 백마강을 굽어보면서 바다를 상상하는 뜻을 취하여 지은 이름인 듯하며, 백마강을 고려한 인공경관으로서 의미를 지니고 있다. 그리고 이와 함께 부여읍 왕포리 옵배 마을에도 또 다른 대왕포가 있어 이곳도 백

12) 『삼국유사』권2 남부여·전백제·북부여

13) 『삼국사기』「본기」 의자왕

제 임금의 유연(遊宴) 장소였음을 말해주고 있다. 북쪽의 대왕포와는 전혀 다른 위치에 이처럼 대왕포라는 지명이 남아 전해지고 있음은 분명 역사 사실이 뒷받침되지 않고는 불가능한 일일 것이다. 그것은 다시 말해 북포에서와 마찬가지로 임금의 사비강 유연이 이곳에서도 있었다는 증거라는 뜻이다. 이곳이 전에는 강물이 닿았었을 뿐만 아니라, 뒤로 넓은 바위산과 접하고 있어 부소산 대왕포 인근과 흡사한 조건을 이루고 있었을 것임을 유념하면, 이곳이 임금의 유연처의 하나이자 대왕포로 불렸을 개연성을 충분히 긍정할 수 있다. 그런가 하면 현지 주민들은 전설을 통하여 이곳을 궁녀들이 투신한 원래의 낙화암이라고 보고 있다. 대왕포라는 지명과 전설이 분명히 전해질 뿐만 아니라, 북대왕포 아래 절벽[낙화암]에 비하여 이곳의 절벽이 유사시 강물에 투신하기에 더 적합한 조건을 이루고 있다는 것이다. 그러던 것이 후대에 이르면서 이곳 남대왕포는 포구 기능이 퇴조하고 유람처로서도 빛을 잃은 반면, 북대왕포 아래 절벽은 그러한 기능이 여전히 우월하게 유지됨으로써 유람처로서의 효용도가 큰 이곳으로 원래의 전설이 이동하게 되었다는 것이다.[14)]

'희어대'는 역시 강 가까이 있는 마을과 그 부근의 고개를 가리키는 이름으로, 구전으로 임금이 궁녀를 희롱했다 하여 붙여진 이름이라고 한다. 또한 그 아래 '임강원(臨江院)'은 강 옆에 임금님이 쉬어 가는 곳으로 지은 곳이라 전해진다. 이보다 더 하류 쪽에 있는 '궁골'은 '도치바위' 뒤에 있는 골짝으로, 궁녀들이 묵는 집이 있어 지어진 이름이라고 한다. 궁골 앞쪽에는 도치바위가 있어 옛날에는 이 바위 밑으로 백마강이 흘렀고, 바위 위에서 임금이 낚시질을 했다는 전설이 전승되고 있다. 논산읍 남쪽에 있는 황화산은

14) 이 현지 전설은 여러 조건으로 볼 때 사실일 가능성이 크다고 볼 수 있다. 이와 관련하여 우리는 '낙화암'이라는 미화된 하나의 지명을 너무 크게 의식하지 말아야 한다고 본다. 백제 멸망기에 궁녀가 강에 투신한 장소는 한 곳만이 아니라는 가능성에 유념할 필요가 있다. 또한 지금 우리가 알고 있는 낙화암은 투신을 미화하여 상상하기에는 적합한 곳이지만, 실제로 궁녀들이 투신하기에는 적합한 장소가 아니라는 점을 깊이 고려해야 한다. 그리고 이런 점에서 남대왕포의 장소적 특징과 그 전설을 주목할 필요가 있다.

백제 때의 성이 있고 부여성에 대하여 동성(東城)으로 추정되는[15] 곳이기도 하다. 백제왕이 낮에는 이곳에서 놀고 밤에는 부여에서 놀았다는 전설이 있다.

이들 지점은 모두 사비강을 넘어 백마강변이나 가까운 주변에 있으면서 임금이 놀고 갔다거나 머물고 갔다는 내용의 전설을 어느 정도로든 전해주고 있다. 이는 곧 백마강의 수로를 이용한 임금의 왕래나 행차가 일정하게 이루어졌던 역사 사실을 반영한 지명이자 전설들이라 여겨진다. 미륵사가 완성되고 미륵사와 부여, 혹은 익산과 부여를 벨트화함으로써 도성 개념이 연장되면서 백마강의 수운 기능은 더욱 높아졌을 것이다. 그에 따라 이 두 곳에 대한 임금의 왕래 기회는 더욱 많아졌을 것이며, 이러한 왕래 가운데 상당수는 수로의 통행으로 이루어졌을 것이다. 이러한 수로 통행은 곧 임금의 수중용(水中龍) 혹은 수중왕(水中王) 관념과 밀접한 관련성을 맺고 있다고 할 수 있다.

임금이나 왕족의 잦은 뱃길 왕래는 필경 백마강 곳곳에 쉬는 곳을 요구했을 것이고, 이런 필요성에 따라 적절한 지점에 정자나 휴게시설 혹은 숙박시설이 설치될 필요가 있었을 것이다. 궁골, 임강원, 희어대 등은 모두 이런 기능과 관련을 지닌 곳들로 여겨진다. 그리고 이들 지점들에는 왕이나 왕족의 방문에 대비하여 때로 시녀들이 배치되어 있기도 했을 것이다.[16] 주목되는 것은 이들 지점들에서 임금이 궁녀들과 늘 행락(行樂)한 것으로 그리고 있는 점이다. 궁골의 경우 궁녀들이 사는 집이 있어 궁골이라 했다거나, 궁녀들이 이곳에서 임금과 향락을 즐기면서 낚시질을 했다는 등의 전설이 그것이다. 희어대란 지명은 희여티의 이칭으로 보이며, 이 지명은 전국적인 분포를 보이는 것으로 보아[17] 백제사와 특별한 관련을 갖는 것은 아니다. 그런데도 전설로는 이곳에서 임금이 궁녀를 희롱하여 희녀대(戲女臺)라는 뜻

15) 홍재선, 「논산황화산성고」, 『고문화』23, 한국대학박물관협회, 1983. 49~51쪽.

16) 민제인의 〈백마강부〉 가운데 "…군왕이 出遊하면 꽃들이 웃음으로 다투어 맞이했고, 烟浦에 龍舟를 띄우고 柳汀에 鸞旗를 드날렸다…"와 같은 구절이 그것이다.

17) 이는 '흰 고개'라는 뜻으로, 모래가 많고 사태가 자주 나는 곳임에서 붙여진 이름이다(『청주지명유래』, 청주시·충북대 인문학연구소, 1999. 526~6쪽 참조).

의 지명이 붙은 것이라고 한다. 임금의 행락 행위가 과대하게 의식되어 지나친 상상이 낳은 역사 해석일 것이다.

특정 지점과 관련된 이들 지명들은 백제가 망함에 따라 백제 임금 혹은 의자왕의 인물상이 부정적으로 인식되어나간 결과이다. 용선(龍船)을 탄 임금의 백마강 통행[18]은 백제사의 단점이라기보다 융성기 백제 정치와 그 문화의 한 이채로운 모습일 뿐이다. 그리고 그런 임금이 곳곳에서 쉬어 가는 것은 자연스런 행위라 볼 수 있다. 그런데도 일단 망국의 임금으로 낙인찍히고 거기에 과장된 낙화암 전설이 더욱 가세한 결과, 곳곳에서 그러한 수로 통행 사실을 소재로 하여 부정적인 모습의 전설을 낳게 된 것이다. 영향력 있는 역사 사실이 유사한 다른 사실들에 대하여서도 영향을 미쳐 비슷한 결과를 초래한 결과이다. 전설의 감염력이 지속적으로 작용하면서 큰 힘을 미치는 것임을 보여주는 좋은 예라 할만하다.

6. 사실과 전설화의 차이와 전설 표현의 초점화

이제까지 살핀 결과를 보면 의자왕 전설은 긍정적인 면은 찾아볼 수 없으며, 모두 부정적인 면만 부각되어 전설화되고 있음을 알 수 있다. 그렇다면 이러한 부정적인 전설적 표현이 실제 역사와 어느 정도의 굴절도를 보이고 있는지를 보기로 한다. 또한 그처럼 달라진 요인은 무엇인지를 주목하여 역사와 관련된 인물전설로서의 특징 이해에 더 다가가 보기로 한다. 정사서인 『삼국사기』를 비롯하여 이른 시기의 기록들을 주목하여 의자왕의 약점 혹은 실정이라 할 만한 것을 몇 가지 부류로 정리하면 다음과 같다.

---

[18] 지금은 거의 잊혀진 듯 하지만, 조선조까지도 백마강을 유람하면서 용선을 시의 소재로 다룬 예를 볼 수 있다. 위 민제의 시도 그러한 예의 하나이다.

(1) 궁녀들과의 잦은 음주연회

(2) 왕족 중심의 편파적인 정권 독점

(3) 군대부인 은고의 지나친 정치 개입과 궁중내 암투 및 충신 배척

이 가운데 (1)과 관련, "의자왕 16년 봄 3월 왕이 궁녀들을 데리고 음란과 향락에 빠져 음주를 그치지 않으므로 좌평 성충이 극력 말렸으나 왕이 화를 내며 그를 옥에 가두어…"라는 삼국사기의 기록이 있다. 이 일로 충신의 간언이 있었고, 그를 하옥시킬 정도였다면 임금의 잦은 음주 향락 행태는 지나친 데가 있었음을 짐작할 수 있다. 이 점에서 전설을 통한 역사의 반영이 전적으로 부인될 수 있는 것만은 아님을 알게 된다.

다음, 의자왕 17년 봄 정월에 41명이나 되는 왕의 서자들을 대거 좌평으로 삼고 식읍을 주었다는 기록에서 (2)를 알 수 있다. 중신들로 6명까지 임명할 수 있었던 좌평제를 이런 식으로 운용했다면 이는 대단한 파행이 아닐 수 없었을 것이다. 여기에는 성충이나 흥수 못지않는 충언이나 반발이 있었을 듯하고, 조정에 큰 정치적 파장을 일으켰을 법하다. 자연스럽게 이 사실은 임금 전설이 아닌 충신 전설을 낳는 결과를 보여주었다. 그러한 흔적의 일부를 엿바위 전설에서 찾을 수 있다. 백제의 충신이 도성에서 일어나는 정황을 이 바위에 기대고 엿보았대서 '엿바위(窺巖)'라고 했다는 내용이 전자이다. 백제의 멸망으로 삼충신의 존재가 뚜렷이 부각되었을 것임을 고려하면, 백제 멸망 이후 이들 충신들에 대한 전설성의 일화가 상당 기간 동안 활발하게 회자되었을 것으로 추정할 수 있다.

(3)과 관련된 기록은 국내보다도 국외의 사서에서 찾아볼 수 있다.

> "혹 백제는 스스로 망했다고 한다. 군대부인 요녀의 무도로 말미암은 것으로, 요녀가 국병을 마음대로 하여 (현량을) 주살한 때문에 이러한 화를 부른 것이었다."[19)]

---

19) 『일본서기』권 26 齊明紀 6년

"금년 정월 국모가 돌아가셨습니다. 그리고 弟王子兒 요기 및 그 母妹女子 4명 내좌평 岐味 및 고명한 40여명이 섬으로 쫓겨났습니다."[20)]

"밖으로 직신을 버리고 안으로 요부를 믿었는데 형벌이 미치는 것은 오직 현량이며 총애가 더해지는 것은 諂倖이었습니다."[21)]

이들 일본 측의 기록이 사실이라면 당시의 백제 정치는 왕실 중심, 왕비의 지나친 개입과 독단, 언로 차단과 반대파 배척 등 여러 면에서 상당한 파행이 있었을 것임을 말해준다. 그런 만큼 그 당시 이들 역사 사실은 어느 정도로든 전설적 전환이 이루어졌을 것이다. 그러나 전승의 실제 예는 보기가 어려운데, 그 일부 흔적을 앞에서 말한 백제왕 수중용 전설에서 찾을 수 있다. 위 전설의 중요한 내용의 하나는 소정방에게 용이 즐기는 먹이를 일러주는 것이 임금의 사위 혹은 딸로 나타나는 점이다. 의자왕이 자신에게 자리를 물려주려 하지 않는 데에 앙심을 품은 사위가 아내를 꾀어 왕이 수중용일 때 좋아하는 먹이가 무엇인지를 알아내 이를 소정방에게 일러주어 결국 의자왕을 죽게 했다는 것이 그 내용이다. 위에 소개한 기록 역사와 이 전설 사이에는 상당한 차이가 있어 보인다. 전설이 기록 자료의 미비점을 보완해주고 있다고 보아야 할지, 아니면 기록 자료가 보여주는 실제 사실의 구체성과 복잡성이 상민들의 정서에 더 부합되는 방향에서 단순하게 변이된 결과 이런 표현을 보이게 된 것인지는 단정하기 어려워 보인다. 그러나 어떤 정도로든 이것이 백제 말기 궁중의 난맥상황과 권력암투 상황을 드러내 보이고 있다는 점은 부인하기 어렵다고 여겨진다.

결국 의자왕 관련 전설은 모두 임금이 보여준 주요 역사적 행적들을 일정한 정도 반영하고 있음을 알 수 있다. 나아가, 이 문제의 이해에서 좀 더 주목해야 할 것은 후대에 오면서 위 (2)·(3)과 관련된 전설은 점점 쇠퇴하고 (1)과 관련성이 높은 것을 중심으로 강한 전승력을 지속해 왔다는 사실이

20) 『일본서기』권24 황극기 원년

21) 『한국금석전문』당평백제비

다. 정치적 중요성에서 볼 때 직접적이고 본질적인 측면이라 할 내용들이 잊혀지고 간접적이고 비본질적인 측면이 더 부각되어 강한 전승력을 발휘해온 것이다. 이는 매우 중요한 현상으로 이해되어야만 할 것으로 여겨진다.

이러한 이유로서 다음과 요인을 들 수 있다고 본다. 첫째는 (2)·(3)이 정치성과 사실의 구체성을 띠는 사건들인 데 비해 (1)은 그렇지 않다는 점이다. 인물과 사건 등에서 구체성을 유지해야 전설로서 오래 기억되고 전승력을 지속할 수 있는 것이 (2)·(3)이라면 (1)은 그러한 구체적 기억의 요구도가 상대적으로 낮다고 할 수 있고, 그만큼 단순한 내용으로서도 전승이 가능하므로 설화로서의 기억과 구전이 용이했다고 할 수 있다. 두번째로는 낙화암이나 사비강 주변의 여러 장소들이 말해주듯 (1)은 구체적인 '증거물'과 맺어지고 있음에 비하여 후자는 그런 요건을 지니지 못하고 있다는 점이다. 이들의 경우도 전설의 내용은 사례에 따른 구체성이 선명하게 분화되어 있는 것은 아니지만, 적어도 일정 지점과 관련하여 전승력을 강하게 유지하고 있음은 증거물의 영향을 중요한 배경으로 삼고 있는 결과라 할 수 있다. 특히 '낙화암'이라는 증거물은 이들 전체를 대표적으로 집중시키는 데에 화룡점정 역할을 했다고 할 수 있다. 이것이 지니는 사건성과 증거물의 영향으로 하여 대왕포 유래담까지를 포함하여 궁중 내외에서 있어온 임금과 관련된 음주연회담들이 모두 (1)로 집중되고 단순화되었다고 할 수 있다. 다음, 이들 이야기의 주제가 지니는 대중성을 세번째의 이유로 추가할 수 있다. 위 전설은 그 내용의 핵심을 들여다보면 곧 남녀 사이의 일이다. 그것이 비록 임금과 궁녀이기는 해도, 이러한 구도로 유발되는 좀 더 근원적인 호기심으로 하여 이들 전설이 일반인의 관심을 쉽게 끌고 오래 기억될 수 있었다고 할 수 있다.

7. 전설의 전승과 지역적 배경의 특성 … 결

이로써 보면 의자왕 전설은 정치성을 띠는 소재보다는 일상적인 소재, 구체적인 내용보다는 포괄적인 내용, 그리고 명분성의 내용보다는 인간적이고 본능적인 내용을 더 쉽게 기억하는 방향에서 설화성이 강화되어온 추세를 보여주고 있다. 또한 현지 증거물과의 관련성을 강하게 띠면서 전설적 표현과 전승력을 좀 더 강하게 유지해왔음을 말해주고 있다.

그런데 이러한 성향을 보이게 된 또 다른 이유의 하나로서, 의자왕이 백제 망국의 최종 · 최고 책임자라는 요인이 더 깊이 작용하고 있다는 점을 빠뜨릴 수 없다. 바로 이 질긴 굴레로 하여 전설 속의 의자왕은 망국 이후 늘 실제보다 더 크게 부정되는 추세를 벗어나는 것이 거의 불가능했고, 부정적인 모습을 더욱 강하게 부각시켜 표현하고자 하는 설화 전승자들의 의식을 비켜나기가 어려웠다고 할 수 있다. 신라를 이은 고려 때에도 이러한 부정적 시선은 여전했겠지만, 조선조의 유학자들에게서도 궁녀들과 음황탐락하여 나라를 그르친 임금이라는 편향된 시각과 평가는 더욱 고착화되는 추세를 보여주었다.[22] 이러한 요인 때문에 인간으로서, 그리고 임금으로서 지닌 의자왕의 많은 장점들이 거의 다 지워질 수밖에 없었을 것이다. 지워졌을 뿐만 아니라 핵심이 되는 역사적 실책들이 그에 대한 다양한 화제들을 단순화시키고 획일화시키는 결과를 가져왔을 것이다. 그처럼, 대부분 설화 전승자들인 백성들의 취향과 의식에 부합하여 단순화된 것이 바로 그와 관련하여 지금까지 남아 전승되는 설화들인 셈이다.

그런데, 이러한 역사적 책임자라는 점이 의자왕 전설의 유형성과 전승에

22) 홍사준에 의하면 조선시대에 고란사 부근에 감고루(鑑古樓)라는 누각이 있었다고 한다. (『백제의 전설』, 50쪽 참조). 짐작컨대 이는 곧 백제 멸망의 뜻을 반성하자는 뜻을 강조하려고 지은 건물인 듯하며, 이로써 볼 때 조선조에 들어와 백제사에 대한 부정적 역사 인식이 더욱 강화되어갔을 것임을 짐작할 수 있다.

영향을 준 요인만은 아니라는 점을 주목할 필요가 있다. 이 과정에 작용한 또 하나의 요인으로서 백마강과 사비강 일대가 지닌 독자적인 천혜의 '경관조건'을 빠뜨릴 수 없다. 의자왕 관련 설화가 거의 현지 전설들이라는 점에서, 우리는 더욱 이런 특징을 주목할 필요가 있다.

부여 일대의 수려한 산수는 이미 이곳에 도읍을 정하기 전부터 수로 왕래를 통하여 주목되었을 것이다. 그리고 백제가 망한 이후에는 역사 유적지라는 이름이 더해져 경승지로서의 이름이 더 높아졌을 것임은 역대 식자들이 이곳을 찾고 남긴 무수한 시들로써 잘 알 수 있다. 뒷시대로 올수록 식자층은 물론 유람객들의 부여에 대한 관심은 더욱 넓어져 그야말로 "행락을 좋아하는 이들이 천리를 멀다 않고 찾아오는"[23] 명승지가 되었을 것이다. 그리고 부여를 찾는 탐승객들이 이곳에 와 가장 손쉽게 보고 느끼는 것이 낙화암 전설이다 보니 그만큼 이 전설은 널리 알려지게 되었을 것이다.

여기에 더하여, 이곳은 강에서 올려보는 시야 또한 넓게 열려있다는 점도 고려할 사항이다. 부소산 아래는 옛날부터 금강 수운의 길목이었으며, 누구든 어느 때든 쉽게 다가갈 수 있고 수려한 산수를 완상할 수 있는 조건을 갖추고 있다. 이처럼 산에서 굽어보거나 강에서 올려보거나 한눈에 보이는 곳이 자연으로서의 '낙화암'의 위치다. 바로 이처럼 어디에서든 조망하기 쉬운 자연조건을 갖추고 있는 점이 의자왕과 직간접적으로 관련된 모든 전설들을 '음주유흥' 쪽으로 상상하게 하고, 더욱 좁게는 낙화암 전설로 집약시켜 상상하도록 하는 데에 좋은 조건이 되어주었다고 할 수 있다.

이러한 현상을 우리는 낙화암을 핵으로 한 부소산 주변 일대의 천혜의 수려한 자연경관의 영향에 의한 의자왕 전설의 '단순화(單純化)'와 '집약화(集約化)'로 설명할 수 있을 것이다. 본디 설명적인 이름인 '타사암(墮死巖)'이 수식적인 이름인 '낙화암'이 되고, 다시 '삼천궁녀 낙화암'으로 과장되고 증폭된 것은 그 발단이 부소산 일대의 빼어난 자연경관에 있다고 하여 지나치지 않다.

---

23) 이곡(李穀)의 백마강 기행문인 〈주행기(舟行記)〉 기록의 일부이다.

그런 점에서 의자왕은 기록 쪽에서는 역사가들에 의해 지나친 피해를 받았다면, 구전설화 방면에서는 '수려한 부소산의 자연경관'에 의하여 피해를 받았다고 할 만하다. 조선조의 어느 시인이 사비강에서 배를 타고 놀면서 "강산이 이처럼 좋으니, 의자왕에게 죄를 물을 수 없다"[24]고 읊조렸듯, 이 낙화암과 부소산으로 집약화된 전설의 지나친 과장 표현과 그 전파는 실상 의자왕의 책임만은 아니라고 할 수 있는 셈이다.

전설과 그 전승 배경과의 이러한 함수관계가 부여 의자왕 전설에는 깊이 작용해왔고 이러한 현상은 지금도 여전히 계속되고 있음을 유의할 필요가 있다. 그리고 이것이 위 의자왕 전설이 지니는 변할 수 없는 중요한 특징이라고 할 수 있다.

---

24) 홍만종의 『순오지』에 나오는 글의 일부로 원문은 다음과 같다 : "憶昔曾遊地 淫佚國雖亡 江山如此好 無罪義慈王"

전설로 본 위례산성과 백제사와의 관련성

1. 머리말

이 글은 전설-지명까지를 포함하여-에 반영된 위례산성의 역사와 그 의의를 살펴보려는 것이다. 위례산성이 거쳐 온 역사가 지명과 전설에 어떻게 영향을 주었으며, 전설적 표현은 어떤 모습을 보이는지, 그리고 그러한 전설이 지니는 역사적 의의는 어떠한지를 이해해보고자 한다. 그럼으로써 역사와 고고학만으로는 부족한 위례산성의 이해에 일정한 정도의 도움을 줄 수 있기를 기대한다.

전설은 특정의 역사 사실을 토대로 허구적으로 증폭된 이야기이다. 이에 따라 전설은 소재와 표현 모두에서 역사와 긴밀한 관련성을 맺게 된다. 분석적으로 보면 전설의 소재 하나 하나는 역사 연구의 중요한 사료가 될 수 있으며, 전설의 조사는 그러므로 일차적으로 사료의 정리 작업도 된다. 기록 자료나 고고 자료를 기대하기 어려운 경우일수록 이들 전설 자료가 지니는 사료로서의 의의는 더욱 부각되기 마련이다. 이 경우 역사학 쪽에서는 전설 속의 역사성을 필요한 대로 이용하면 된다. 다른 한편으로, 전설과 역사와의 관련성은 하나의 완결된 이야기, 주제와 서사성을 지닌 설화라는 측면에서도 긴밀한 관련성을 띠고 있다. 이 경우는 주관화되어 표현된 것이므로, 하나의 이야기로서, 허구적 표현물로서의 역사성을 문제삼아야만 한다. 그것은 곧 전설 전승집단의 역사의식이 담긴 이야기이므로 그런 측면이 중시되어 역사적 의의가 물어져야만 할 것이다.

위례성은 역사학 쪽에서의 높은 관심도와는 달리 그 성립과 기능 문제는 오랫동안 제대로 밝혀지지 못해왔다. 그러다가 근래 들어 그 유적에 대한 발굴이 이루어져 성의 기능과 축조시기 등 종전에 밝히지 못한 문제들이 어느 정도 드러나게 되었다.[1] 기록 사료에 의지하는 역사학 쪽의 미비점을 고고학적 연구가 보완해준 좋은 예가 될 것이다. 거기에 더하여, 이제 그에 대한 또 다른 이해의 가능성을 모색해 보자는 것이 이 글의 목적이다. 위례성이 역사적으로 그처럼 중요했다면 그에 대한 전설을 남겼을 것이다. 이들 전설은 위례성으로 하여 이 지역에서 발생한 역사적 사실 가운데 지역민들의 삶과 의식에 깊은 영향을 준 결과이다. 그것은 기록 못지않게 오랜 기간 동안 전승되어 왔다는 점에서, 그리고 지역민들의 공통 관심사로서 기억되어 왔다는 점에서, 기록 자료보다 오래된 것일 수 있고 고고 자료보다 사료로서의 비중이 높을 수 있다. 전설은 과장되고 불투명한 데가 있지만 역사 유적에 대한 지역민의 의식을 장기적이고 집약적이며 핵심적으로 반영하고 보존한다는 점에서, 역사와 고고 방면과는 다른 독자적인 의의를 지니고 있는 것이다. 위례성의 역사와 그 의의를 이해하는 데에 전설을 소홀히 할 수 없는 이유이다.

전설이 역사 이해에 깊이 관련을 맺고 있고 그에 따라 직간접적인 도움을 줄 수 있다 해도, 전설은 하나의 대상에 다수의 전설 유형이 연관되어 있기도 하고, 전승유형이 복합적 구성을 보이기도 하는가 하면, 세부적인 표현상의 다채성을 보여주기 때문에 이들을 종합적으로 살피면서 사실성과 표현성을 적절히 판별하고 해석하는 일이 늘 쉬운 것만은 아니다. 전설은 사실성을 드러내기는 하지만 사실을 주관화하여 보여주므로 의식과 표현으

---

1) 서울대학교 인문학연구소·천안시, 『천안 위례성』-시굴 및 발굴조사보고서-, 1997.

로서의 역사를 선명하게 드러내는 데에는 이롭지만, 역사사실의 객관성 쪽에서 보면 늘 미흡하게 느껴질 수밖에 없다. 바로 여기에 전설이 지니는 강점과 약점이 있다. 전설은 미지의 역사 사실을 단편적으로 발굴해주거나 포괄적인 인식을 보여주기도 하지만, 전설이 드러내는 역사는 고고학 자료에 비하여 확실성이 부족하며, 기록 역사처럼 분석적이지 못하다. 따라서 전설에 의한 역사 이해의 약점을 보완하려면 역사학 쪽과 고고학 쪽과의 제휴와 도움이 필요하게 된다. 전설이 지니는 이러한 특징과 한계를 먼저 이해하고서 문제를 대할 필요가 있다.

전설을 통하여 위례성의 역사를 이해하려는 노력은 지금까지 별달리 가해지지 못했고, 부분적으로 있었다 해도 자료를 보고하는 수준의 가벼운 관심의 표명에 그치는 정도였다.[2] 이 글에서는 위 전설을 폭넓게 주목하면서, 전설적 표현에 의한 위례성의 역사적 기능과 중요성이라는 문제의 핵심에 접근해보기로 한다.

2. 위례산성 일대의 지리적 성격과 전쟁 체험의 중요성

위례산성 전설은 위례산성의 산물이고 위례산성은 위례산이 지정학적으로 지니는 독자성의 소산이다. 위례산성 전설을 주목하기에 앞서 위례산성이 역사와 만나 전설을 산출하기에 적합한 조건이 무엇인지부터 보기로 한다. 이는 위례산과 역사와의 관련성과 함께 지정학적 조건과 관련하여 위례산성 전설이 갖는 중요성을 넓은 시야에서 이해하는 데에 도움이 될 수 있다.

위례산은 안성 동쪽에서 한남정맥과 나뉜 금북정맥이 남쪽으로 이어져

---

2) 오세창이 위례성에 대하여 연구하면서 부수적으로 전설을 소개하고 있음이 그 한 예다(오세창, 「위례성」, 『향토연구』, 천안향토문화연구회, 1987).

나가다가 천안의 동북쪽 지경에서 돌출된 산이다. 이 산의 북동쪽에서 금북정맥으로부터 분기한 또 하나의 산맥이 동남방인 청주 쪽을 향하여 뻗고 있어, 이들 두 산맥을 이어 밑변을 그어 보면 하나의 이등변 삼각형을 이루며, 전체적으로 보아 위례산은 이등변 삼각형의 꼭지점에 해당하는 위치에 자리잡고 있다. 이러한 지정학적 특징은 자연히 한 축으로는 동서를, 그리고 다른 축으로는 남북을 막거나 통하게 하는 것이 위례산성 부근 지역의 중요한 기능이었을 것임을 알게 한다. 실제로 지금도 위례산성을 중심으로 하여 산 위쪽으로는 부수문이고개, 남쪽으로는 우물목고개가 동서와 남북을 통하게 하는 유일한 찻길을 이루고 있음을 알 수 있다. 이런 사정으로 하여 이곳은 일찍부터 군사적 기능이 주목되었을 것으로 보인다.

이곳의 이러한 군사적 중요성이 인정되고 중요시되어온 전체 시대를 대략 (1) 부족연맹시대 (2) 삼한시대 (3) 삼국시대 (4) 후삼국시대 (5) 고려시대 (6) 조선시대로 구분하여 살펴볼 수 있을 것이다. 좌우와 북쪽이 높은 산지로 감싸이고 개울을 앞에 둔 위례성 남쪽 일대 즉, 목천면·북면·병천면·동면 지역은 골짝이 깊어 수리 여건이 좋은 데에다 옛날부터 쇠가 많이 나던 곳이다.[3] 이러한 지리적 여건을 유의할 때, 이곳에는 일찍이 (1) 부족연맹시대부터 독립된 정치집단이 형성되었을 가능성이 있다. 목천면 동평리와 병천면 도원리의 토성은 이 시대의 유적을 말해주는 것으로 볼 수 있을 것이다. 그렇다면 이 시대부터 북쪽의 위례산, 혹은 산 아래의 부수분이고개나 우물목고개가 방어 기능과 관련하여 어느 정도로든 그 중요성이 인정되었을 것이다. (2) 시대는 마한의 중심국인 목지국이 천안 일대를 중심으로 크게 발전한 시기였다. 이때는 천안 쪽 뿐만 아니라 그 동쪽인 목천면·북면·병천면·동면까지도 목지국의 판도에 속했을 가능성이 높다. 따라서 이때는 (1)에 비하여 나라가 커지고 국경의 범위가 훨씬 넓어짐에 따라 위례산과 그 주위의 고개가 지니는 의미가 더욱 중요하게 부각되었을 것이다. 이곳의

[3] 목천면·병천면 일대에는 지금도 이와 관련된 지명이 많이 남아 있다.

두 고개는 종래의 방어 기능 위에 지역간의 교통로 개념이 함께 중시되었을 것이며, 그보다 높은 고도의 위례산은 외침에 대비한 피난지로서의 기능이 중요시되었을 것이다. 그리고 이에 따라 축성이 긴요하게 요청되었다고도 볼 수 있다. 다음, 삼국간의 각축전이 계속되었던 (3) 시대에 천안과 그 주변 일대는 삼국간의 불안정안 지배관계가 일정 기간을 두고 부침을 계속해 나가던 시기였다. 이에 따라 위례산과 위례성 일대는 백제가 장기간 지배하는 가운데 전선(戰線)의 개념을 강하게 띠어나가게 되고, 이에 따라 전쟁을 대비한 성으로서의 기능이 강화된 시기였다고 할 수 있다. (4) 시기의 천안은 고려의 남진 거점이었다. 이때를 전후한 무렵의 목주 일대는 한동안 고려에 저항적이거나 비우호적인 자세를 보였던 듯하며, 소규모의 국지전을 여러 차례 거듭했을 것으로 짐작된다.[4] 그러나 이곳이 대략 천안과 청주 사이에 위치해 있는 데에다 청주가 일찍부터 고려의 영향력 속에 편입된 사실을 고려할 때, 목주의 이러한 태도가 오래 유지되기는 어려웠을 것으로 보이며, 이에 따라 위례성은 이전 시대에 비하여 전략적 중요성이 크게 낮아졌다고 할 수 있다. (5) 시대에 천안과 그 주변에 영향을 주었을 만한 사건으로는 합단(哈丹)의 난(1290[5])을 들 수 있다. 이를 토벌하려고 고려와 원나라의 장군들이 많이 집결하여 장군평이라는 이름이 붙었다는 목천면 동평리 장군평 지명 유래[6]는 역사의 실상과 부합된다. 당시 이곳이 전략적으로 중요한 위치에 있었음을 짐작케 한다. 이곳에 집결한 원나라군과 고려의 삼군(三軍)이 밤에 진군하였을 때, 조치원 병마산에서 적군을 습격하여 대패시켰던 일은

---

[4] 고려가 나라를 세운 뒤 이곳 사람이 여러 번 배반한 것을 미워하여 그 고을 사람들에게 짐승 이름으로 사성(賜姓)했다는 기록이나(『동국여지승람』「직산현」), 상씨의 시조 국진(國珍)이 尙王山[학성산]에서 웅거하며 누차 후백제의 국권 회복을 위하여 항쟁하므로 고려에서 그의 성을 상(象)으로 바꿨으나, 그 후 그의 아들 득유(得儒)가 1060년 최충이 설치한 대빙재(待聘齋)의 학사가 됨으로부터 향역을 면제하고 상(尙)씨를 회복시켰던 일(『한국인의 족보』, 일신각, 1982. 579쪽) 등이 그 예이다.

[5] 원나라 세조때 반적의 무리가 원나라 군대에 패하자 고려로 내침한 사건. 내안(乃顔)의 무리에 속한 합단(哈丹)이 주모자였다.

[6] 고려군과 원나라 원군이 이곳에 많이 집결하여 장군평이라고 했다고 한다. (『천안의 땅이름 이야기』, 115쪽 참조).

이를 입증하는 하나의 사례이다. 그러나 목천 일대에서 직접 전투를 벌인 것은 아니었으므로 이 일이 이 지역 일대를 긴장시키기는 했겠지만 위례산성에 대하여 큰 영향을 미치지는 않았을 것으로 보인다. 이어서, 조선조에 위례성 주변에 영향을 미쳤을 법한 역사적 사건들로서 임진왜란, 이인좌난(1728), 남응중(1810~1836)의 혁명 미수(1836),[7] 병인박해(1866~71), 청일전쟁(1894~1895) 등을 들 수 있는데, 이 가운데 임진왜란·이인좌란·남응중의 거사·병인박해 사건이 위례성이나 그 부근 지점과 어느 정도의 관련을 맺고 있었다고 할 수 있다. 임진왜란 때 이장복(李長福)이 병천면과 북면의 경계지점에 있는 작성산에서 민병을 거느리고 왜군을 물리친 일이나, 이응(李膺)이 병천면 관성리 망해암산에서 돌을 굴려 왜병을 물리친 일[8] 등의 사적을 고려할 때 당시의 전쟁 상황이 위례산성 일대에도 간접적인 영향을 미쳤을 것으로 여겨진다. 이인좌란 때 동면 출신인 안후기(安厚基)가 반군의 지도급 인물로 활동하다가 지역 주민들에게 잡혀죽은 일이 있고,[9] 연춘리 쪽에서 부수문이고개로 총을 상여에 실어 운반했다는 사실담이 전승되고 있음으로 보아 위례성 주변은 반군의 통로로 이용되었을 가능성이 높다. 천안 쪽의 길에 비하여 서울로 가는 데에 가깝고도 외진 이 길은 반군의 진격로로서 적합했을 것이다. 당시 남응중은 이 산성에서 가까운 곡간리에서 무기와 화약을 제조했다고 한다. 그 때 후미진 곡간리에서 가까운 부수문이고개와 엽돈재가 그의 거사 모의를 위한 중요한 통로로 이용되었을 것이다. 위례산 부근이 오

[7] 조선조 말 헌종대에 세도정치의 척결을 내세우며 혁명을 모의한 인물. 일당과 함께 대평리 곡간리 뒷골짝에서 화약과 무기를 제조하여 이를 가지고 도성으로 진격하려 했으나, 안성천 물이 부는 바람에 시간을 지체하였고, 이 사이에 인근 마을 사람이 나라에 고변하여 결국 미수에 그쳤다.

[8] 이를 기념하는 비가 매성리 희여기 마을에 세워져 있고 여기에 다음과 같은 전설적인 사적이 기록되어 있다. 왜란 당시 이장복이 가동(家僮) 수백 명을 솔선하여 창의문을 돌리고 민군을 인솔하여 작성산에 올라 성을 보수하고 있었는데 이상하게도 까치떼가 매일 날아들곤 했다. 그러던 어느 날 민군이 밤에 곤히 잠든 사이 왜병이 내습하였다. 아군이 이를 전혀 알아채지 못하여 위기에 처했는데, 마침 까치떼가 일제히 울어 잠에 빠진 아군을 깨웠고, 이에 왜병을 모두 물리쳤다. 이장복이 작고한 해는 1630년이라 하며 사후에 통정대부와 이조참의를 제수받았다고 한다.

이응은 당시 16세 소년으로, 주민들을 망해암으로 피난시키고 돌을 날라 산에 쌓아 이것으로 왜병에게 큰 피해를 주어 물리쳤다고 한다.

[9] 이때의 일을 기념하여 최근 동면 화계리 입구에 16의사 충의비가 세워졌다.

지인 데에다 안성을 통하여 한양으로 진격하기에 적절한 조건을 고려한 결과였다고 하겠다. 병인박해 때 위례산 남쪽 우물목고개에서 여러 명의 천주교 신자가 잡혀 순교했다고 한다.[10] 아마도 신유박해(1801)와 기해박해(1839)를 거치면서 오지를 찾아 피신하여 살다가 결국 화를 입은 것임이 분명해 보인다. 결국 조선 후기에 있었던 이들 사건들은 모두 위례산이나 그 주변 지역이 남의 눈에 잘 띄지 않는 오지라는 특징을 이용하여 발생된 일들임이 공통이다. 그러나 어느 경우도 이곳 산이나 성에서 전투를 벌인 것은 아니었고, 이곳의 중요한 기능인 전선(戰線)의 역할과는 이미 다소 거리가 먼 시대의 사건들이라 할 수 있다.

개별 시대에 따른 영향력의 차이를 보이기는 했겠지만, 위 (1)~(6)의 각 단계는 모두 위례성 인근 지역에 전쟁이나 그에 준하는 상황을 공통적으로 체험하게 했다. 그리고 이러한 지속적인 체험이 이곳 일대에서 전쟁을 소재로 한 전설을 발생시키기에 적합한 기반을 제공해주었다고 할 수 있고, 이 점을 우선 이 지역이 지닌 지정학적 특징에 의한 공통적인 역사체험임을 유의할 필요가 있다. 그러나, 이들 가운데 지금까지 전설로서의 독자적 시대성을 분명히 보여주는 것은 위 (3)과 (4)이다. 이것은 이들 시대와 그때의 역사 사실이 미친 영향이 상대적으로 장기적이고, 크게, 그리고 강하게 영향을 미쳤기 때문일 것이다. 이보다 전시대나 이후 시대에 속하는 전설도 부분적으로 있을 수 있겠지만, 이들 시대와 그 당시 사건의 영향으로 하여 이들보다 전후한 시대의 전설적 증거들은 상당 부분이 위 두 시대의 지명과 전설 속에 흡인되고 용해되어 표현되었다고 할 수 있다.[11] 이는 전설을 통해서 본 이 지역 역사의 중요성이 어디에 있는지를 말해주는 결과이다.

그런데 자세히 보면 이들 가운데 (4)가 좀 더 '사실'로서의 전승력이 강한

---

10) 복면 납안리 사리목에 사는 최병기(남·79)에 의하면 병인박해 때 자신의 조상이 이곳 사리목 골짝에서 5명이 순교했으며, 죽산에서도 3명이 순교했다고 한다(2003. 2. 25 면담).

11) 이와 비슷한 것으로 '장수전설'이 있으나, 이는 전쟁과 직접 관련이 없으므로 다른 유형으로 주목해야 할 것이다. 북면 상동리에 전승되는 바 진장자 장수 남매가 문을 해달았다거나 두 사람이 방죽을 하나씩 팠다는 등의 전설이 그것이다.

데에 반하여 (3)은 '전설'로서의 전승력이 더 강하게 나타나고 있는 차이를 보여준다. (4)는 역사적 영향력도 강하고 지속적이었으며, 더하여 상대적으로 좀 더 후대성을 띠기 때문이라면 (3)은 영향력은 강했지만 상대적으로 시대성 면에서 더 고대성을 띠고 있기 때문이라 할 수 있다. 왕건과 직접 관련성이 있는 데에다 이곳을 거점으로 하여 남진 전쟁을 수행한 결과 곧바로 고려의 완전 통일을 이룬 것이 고려조였다. 그만큼 역사적 영향력이 크고도 지속적이었으며, 이로 인해 태조봉(太祖峰)을 중심으로 한 남북 쪽 일대에 왕건과 관련된 여러 지명을 낳았다. 이런 점으로 하여 허구적 전설보다는 오히려 사실을 객관적으로 인식하여 지명으로 전하려는 관심이 우세한 결과가 곧 (4)라고 할 수 있다. 한편, 백제가 위례성을 지배했던 기간은 이 지역에서 고려와 후백제가 투쟁을 벌이던 시기에 비하여 훨씬 오래 지속되었다. 그러므로 백제가 이곳을 빼앗겼을 때의 충격과, 그로 인한 전설적 영향력은 고려조의 그것에 비하여 더 클 수밖에 없었다고 할 수 있다. 바로 이러한 충격의 강도가 지명 전승이 강한 고려조에 비교했을 때 전설 전승이 강한 백제시대와의 차이를 말해주는 것이라 할 수 있다. 전설의 전승 지점을 보아도 이런 차이가 드러난다. 고려시대인 (4)에 해당하는 것은 전승 지역이 위례산의 남쪽에 있는 성거산을 기준으로 하여 그 남쪽 일대로 치우쳐 있다. 위례산의 고유성을 중시하면 고려 왕건 전설은 위례산 전설과는 구분된다. 왕건 전설은 표층에 불과한 반면 위례산과 위례성은 그것대로의 지리적 조건과 역사성, 그리고 그에 따른 고유의 기능을 지니고 있기 때문이다.

결과적으로, 지정학적 조건을 통하여 볼 때 위례산성을 포함하여 그 남쪽 일대(목천면·북면·병천면·동면)는 전쟁 상황이 아주 오래 전부터 지속적으로 영향을 주었으며, 위례성은 지리적으로 뿐만 아니라 역사적으로도 그 중심점을 이루고 있었던 셈이다. 그러나 지명으로 볼 때, 크게 보면 대체로 같은 지역성을 띤다 해도, 천안에 가까운 태조봉 일대와는 달리 위례성 쪽에는 대략 백제 때의 시대성을 주로 반영하고 있으며, 지명을 넘어 전설을 보면 더욱 그러한 성격을 강하게 보여주고 있다. 이러한 결과는 위례성 전설의 시대성과 의의를 이해하는 데에 기초적이면서도 중요한 단서를 제공해준다.

3. 지명에 나타난 역사 인물과 역사상황

같은 지역, 같은 역사적 사건의 영향이라 해도 고구려 왕건 중심의 영향과 삼국시대인 백제 중심의 영향이 다르다는 것을 확인하였다. 그렇다면 다음으로, 이곳의 여러 지명들은 구체적으로 백제 역사의 어느 시대를, 어떠한 상황으로 반영해 보이고 있는지를 알아보기로 한다. 전설을 보기에 앞서, 역사를 비교적 단순하면서도 사실적으로 반영하는 '지명'을 통하여 우선 이 문제를 살펴보자는 것이다.

위례성과의 관련성을 전하는 지명과 전설은 크게 두 가지로 나뉘고 있음을 보여준다. 온조왕과 의자왕이 그것이다. 왕의 이름이 불분명하게 전승되는 것도 있으나 이런 경우는 두 인물의 주된 전설 전승권-온조는 북쪽 의자왕은 남쪽-을 고려하여 둘 가운데 어느 하나로 귀속시켜 이해할 수 있다.

(1) 온조왕묘

직산 고을 동북 쪽 3리에 있다, 세조 11년에 비로소 묘를 세웠고 춘추로 향과 축문을 내려 제사지내게 했다. (『동국여지승람』)

지금의 직산면 군동리 산 8-3에 있었고 정유재란 때 소실되었다 하며, 그 뒤에 당집을 지어 제를 드려왔으나 이것도 6. 25 동란 때 미군들이 헐었다. 그 뒤에도 불교 신자가 일시 당을 짓기도 했다. (『천안의 땅이름 이야기』)

지금의 군동리 산직촌이 온조왕묘가 있던 자리가 아닐까 추측하기도 한다. 이곳은 직산현 청사가 있던 곳에서 1.2 킬로쯤 떨어진 곳이어서 동국여지승람에서 말한 직산 동북방 3리라는 기록과 거의 일치되며, 이곳은 산직촌 마을 바로 위쪽이므로 온조왕묘를 지키던 묘직이가 살던 곳이어서 이런 마을 이름이 나왔지 않나 생각해볼 수 있기 때문이다. (현지 조사 확인)

(2) 제원정(濟源亭)

직산면 군서리에 조선 초까지 있었다 하며, 서거정(徐居正)이 이를 백제의 발원지라는 뜻[濟源]으로 해석했다. (『동국여지승람』)

지금의 직산초등학교 자리가 본디 제원정의 위치가 아니었을까 짐작된다고 한다. (현지 조사)

(3) 진앙정골

군동리와 산직촌 사이에 여러 배미의 고래실논이 있고, 이곳을 거쳐 성환 쪽으로 넘어가는 잘록한 고개를 용안티(고개)라고 부른다. 그리고 고개 못 미쳐 산직촌의 야산 하발치에 늘 마르지 않는 작은 샘이 있다. 이곳 고래실논과 용안티 일대를 진앙정골이라고도 부르는데 이는 바로 위 샘에서 온 말이 아닌가 짐작된다. 즉, 진앙정골은 임금한테 바치는 샘물이라는 뜻으로 보이며, 본디 진어정(進御井) 또는 진왕정(進王井)이라는 말이 완전된 것이 아닌가 추측하는 의견이 있다. (현지 조사 확인)

(4) 단고개

군동리에서 성환 쪽으로 넘어가는 고개를 흔히 당고개라고 부르는데, 이는 단고개라는 뜻이 아닌가 추측할 수 있다. 이 산 북동쪽 수백 미터 지점에 직산 조씨의 시조 조성(趙成)의 가묘가 있었을 것으로 추정되며 '단고개'는 이 단과 관련이 있는 지명으로 볼 수도 있다. (현지 조사 확인)

(5) 지질캥이

성환읍 수향리의 으뜸 마을로 지족향(知足鄕), 또는 지족향리라고도 쓴다. 현 북쪽 십 오리에 지족향이 있었다고 하며, 전하는 말로 향교 자리가 옛 관청 자리가 아닌가 여겨진다고 한다. 백제 때 재상들이 물러나 이곳에 거주하면서 '이만하면 족하다'는 뜻으로 마을 이름을 지었다고 한다. (『직산현지』)

선조임금(?)이 온양 온천에 휴양차 내려올 때 승지 오모씨가 임금을 호종하여 이 부근에 이르러 자신의 부모가 가까운 데에 계신다며 따로 뵙고 가기를 임금께 청했다. 그러자 임금이 '그대는 효만 알고 충은 모르는가?' 라며 귀가하여 효나 하라는 명을 내렸다. 이로 인해 지족향이 되었다고 한다. (『구비문학 대관』, 천안문화원, 1996. 382쪽)

옛날 한씨가 산이 끝나고 들이 시작되는 이곳의 지세를 보고 여기에 자리를 잡으면 의식이 족하겠다며 마을로 정착시켰으며, 그래서 지족향이 되었다고 한다. (『구비문학대관』, 천안문화원, 1996. 401~402쪽)

한편으로 땅이 몹시 질척거려 지질캥이라는 말이 나온 것이라고 한다. 이 마을은 땅이 황토이어서 비가 오면 땅이 질어 걸어다니기가 매우 불편하며, 이 때문에 '마누라 없이는 살아도 장화 없이는 못 산다'는 말이 관용어로 쓰일 정도이다. (현지 조사 확인)

(6) 도하리

성환읍 도하리로, 지형이 또아리 같다고 하여 붙은 이름이라고도 하고, 궁(宮)이나 도(都)자가 있는 지명이 있는 것으로 보아 마한시대의 도읍지로 보기도 한다. (『천안의 땅이름 이야기』)

도하리 3구에 석축으로 잘 쌓인 크고 오래된 샘이 있다. 여름에 한발이 심하면 이 물을 길어다가 남동쪽에 있는 보련산에 올라가 기우제를 지낸다. (현지 조사 확인)

(7) 왕지(王池)

성환읍 왕림 2구에 왕지(王池)와 왕지봉(王池峰)이 있다. 천년쯤 전인가 하는 옛날에 왕지봉에 임금이 왔다 간 일이 있으며, 그때 왕이 터를 닦고 놀다 간 자국까지 있다. 산 아래에는 우물도 있어 왕지봉이라고 한다. 모두 왕과 관련이 있는 이름들이다. (『구비문학대관』, 천안문화원, 1996. 426~427쪽)

(8) 구시랑이

입장면 시장리 도장골 서남쪽에 큰 골짝이 있고 이 골짝의 높은 산 아래쪽을 구시랭이라고 한다. 아홉 명의 시랑이 살았대서 구시랭이라고 한다고 한다. (현지 조사)

백제 때 시랑 아홉 명이 이곳에 살았다 한다. 백제 때 구실향(救実郷)이 있었다고도 하며, 지금도 기와조각이 발견된다. (『한국지명총람』[12])

(9) 도장골

입장면 시장리에서 가장 큰 마을로 예전에 이곳에 도장(道場)을 베풀고 무술을 연습했다고 한다. 지금은 시장리라고 부르는데 이것은 시랭이와 도장리를 합쳐서 이루어진 이름이다. (『한국지명총람』)

(10) 붉으물

입장면 용정리의 으뜸 마을을 붉으머리라고 부르며, 이 마을에 있는 큰 우물이다. 물맛이 아주 좋아 백제 때 나라에서 쓰는 샘으로 삼고자 샘둘레를 쇠로 둘렀다고 한다. (『한국지명총람』)

이 마을에는 우물이 네 개 있는데 남다른 유래를 지닌 것이 붉으머리샘과

---

12) 『한국지명총람 4』(충청편 하) 「천원군」을 말함. 이하 같음.

증샘이다. 붉으머리샘은 마을 서쪽으로 이삼백 미터 떨어진 들에 있었는데, 현재 이곳에 공장을 짓고 있어 샘터가 공장부지로 들어가 샘은 흔적도 없이 사라지고 말았다. 한편, 마을 입구 서쪽 산 밑에 증샘이 있는데 본디 정샘(正井)이라는 뜻이라 한다. 직산 원님이 마을 앞길을 지나다가 이 샘물을 마신 뒤에 "이게 바로 샘물이로구나." 라고 한 데에서 정샘이란 말이 유래된 것이라고 한다. (현지 조사 확인)

(11) 만호들

성거읍 모시울 앞에 있는 큰 들로, 삼한 시대에 만호(万戸)가 살았다고 한다. (『한국지명총람』)

(12) 장생이

북면 운용리 군단이 서북쪽 골짝 높은 곳에 있는 작은 산간 오지 마을로, 위례산성 동쪽 아래쪽의 다소 펀펀한 곳이다. 아주 높은 곳임에도 수십년 전에 산전을 개간하여 다섯 집이 한 마을을 이루고 살았었으나 지금은 폐허화 되었다. 장싱이라고도 하며, 장성(長城)이 있어서, 또는 장수가 살아서 붙여진 이름이라고도 하고, 혹은 백제 때 시장이 섰었기 때문에 붙은 이름이라고 추측하기도 한다. (『한국지명총람』 및 현지 조사 확인)

장승이 있었다는 설도 있다. (『천안의 땅이름 이야기』)

(13) 군단이

북면 운용리에 있는 마을로 부수문이고개로 통하는 길목에 있으며, 위례성에서 비교적 가까운 위치에 있는 마을이다. 전에는 상당히 큰 마을이었으나 지금은 호수가 크게 줄어들었다. 백제 때 이곳에 군대가 주둔했다는 말이 있다. (『한국지명총람』 및 현지 조사 확인)

(14) 부소문이고개

북면 운용리에 있다. 보스머니고개 또는 서낭당이고개라고도 한다. 백제 때 온조왕이 위례성에 도읍하였을 때 이곳에 문을 세웠다 한다. (『한국지명총람』)

이 고개 아래에 전에는 부수목이라고 하여 몇 집이 살았었으나 모두 없어졌다가 최근 음식점이 한 곳 생겼다. 고개 너머가 양대리이므로 양지고개라고도 부른다. (현지 조사 확인)

(15) 곡간리

북면 대양리의 마을이다. 온조왕이 위례성에서 도읍할 당시 곡식을 쌓아 두었던 곡간이었다 한다. (『천안의 땅이름 이야기』)

(16) 깊은골

북면 운용리 부소문이고개 못 미쳐 동쪽 깊은 골짝이다. 골짝 입구가 좁고 비탈이 심하여 마을이 없을 듯한데 올라갈수록 골짝이 넓어져 작은 마을을 이룰 만큼의 공간이 펼쳐져 있다. 전에는 십여 가구가 살았으나 수십 년 전부터 모두 떠나 지금은 민가는 한 채도 없고 보현사라는 허름한 암자 겸 기도처가 자리잡고 있다. 골이 깊고 물이 좋아 전염병을 모르고 살았다고 한다. 온조왕이 처음에 이곳에 있었다고 한다. (『천안의 땅이름 이야기』및 현지 조사 확인)

(17) 구수바위

북면 운용리 위례성 내에 있는 구유처럼 생긴 바위이다. 백제 온조왕이 이곳에 도읍하였을 때 쓰던 것이라고 한다. (『한국지명총람』)

(18) 용샘

위례산성 정상부 북서쪽 아래 작은 골짝에 있는 우물이다. 물이 없을 듯 한 산 정상에 가까운 곳에 제법 큰 우물이 있어 자못 희한한 느낌까지 준다. 날이 가물어도 좀체 마르지 않는다고 한다. 물이 하도 깊어 명주꾸리 세 개가 다 들어가 그것이 부여 혹은 서해로 나온다고도 하고, 백제 임금이 이곳 산성에 있으면서 낮에는 산성을 다스리는 임금이 되고 밤에는 용이 되어 우물을 통하여 부여로 가서 통치했다는 전설도 있다. 현재 우물 수면의 지름은 2.5 미터쯤 되며, 수면 아래 가운데 쯤에 둥글게 쌓은 석축이 있다고 한다. 전에는 수면의 면적이 더 넓었으나 흙이 밀려내려와 점점 좁아졌다고 한다. 인근 주민들이 용왕제를 지내는 곳이기도 하며, 그들은 이곳을 신성하게 여기고 있다. 전에 어떤 사람이 우물 속에 보물이라도 들어있을까 하여 물을 푸려고 시도했으나 갑자기 뇌성벽력이 치는 바람에 그만두었다고 한다. 그런가 하면 이곳 주변에 방뇨하거나 침을 뱉거나 하는 등의 부정한 행위를 하면 벌을 받아 그 자리에서 쓰러지는 것으로 믿기도 한다. (현지 조사 확인)

[위례산성 용샘]

(19) 대궐터

북면 운용리 위례성 안 동북쪽 정상 부근의 펀펀한 곳으로, 옛날 이곳에 대궐이 있었다고 한다. (『천안의 땅이름 이야기』)

(20) 마당재

북면 깊은골 뒤 산위에 있는 펀던이다. 마당처럼 펀펀하여 군사가 훈련을 했다고 한다 (『천안의 땅이름 이야기』)

오래 전부터 이렇게 펀펀하였으며, 근래에 이곳을 다듬어 헬기장으로 삼았다. (현지 조사 확인)

(21) 돌무더기 무덤

북면 납안리에 돌무더기로 된 무덤 수백 기가 있다. 위례성 전투에서 전사한 군인들 무덤이라고 한다. (『천안의 땅이름 이야기』)

위례산성 아래쪽 이곳저곳에도 돌무더기가 남아있다. (현지 조사 확인)

(22) 군량골

목천면 신계리 학골 너머에 있는 골짝으로 예전에 군량을 쌓아두었다고 한다. (『한국지명총람』)

(23) 유왕골

목천면 덕전리 점말 북쪽에 있는 마을로, 백제 시조 온조왕이 위례성에 도읍하고 봄과 여름이면 이곳에 와 머물면서 농사를 지었다고 한다. (『大麓誌』: 1779)

또는 왕건이 운주(홍성) 지방 30여 성을 취하여 목주를 다스릴 때, 태조

산에 진을 치고 군량은 유량동에 두고 왕은 이곳에 머물렀다고 하여 유왕골이 유래되었다고도 한다. (『한국지명총람』, 〈유왕골 마을 유래 설명글〉)

(24) 장군평

목천읍 남쪽에 있다. 전해오기를 흑성산성을 쌓았을 때[13] 이 들에 대군을 주둔시켰다고 한다. (『大麓誌』)

또는 고려 충렬왕 합단(合丹)의 난(1290) 때 원군과 고려군이 많이 모여들어 이곳에 진을 쳤으므로 장군이 많이 모인 곳이라 하여 붙여진 이름이라고도 한다. (『천안의 땅이름 이야기』)

(25) 거대리(居垈里)

목천읍 세성(細城)에 있다. 고려 때의 읍터라는 말이 있다. (『大麓誌』)

(26) 마당재

목천면 덕전리에서 송전리로 넘어가는 고개로 옛날 군사들이 훈련을 했다고 한다. (『천안의 땅이름 이야기』)

(27) 왕대

병천면 봉항리 봉암 북쪽에 있는 마을이다. 백제 때 왕이 이곳에 있었다고 한다. (『천안의 땅이름 이야기』)

(28) 희여기

병천면 매성리의 마을이다. 마을 뒤 골짝을 희여골이라고 한다. 백제 때

---

13) 이는 삼국시대에 쌓은 것이라 한다.

이곳에서 무술을 연마하고 기예를 닦았다고 한다. (『천안의 땅이름 이야기』)

(29) 북달안

병천면 관성리 동북쪽의 산 이름이다. 예전에 이곳 펀펀한 산능선에 군사가 많이 주둔했었고 이 산에 북을 매달고 쳤다고 한다. 김유신 장군이 쳤다고도 하고 백제군이 그랬다고도 한다. (『천안의 땅이름 이야기』및 현지조사 확인)

(30) 훈련골

병천면 관성리에서 동면과 경계지점이 되는 곳으로 백제 때 군사들이 이곳에서 훈련을 했다고 한다. (『천안의 땅이름 이야기』)

(31) 둔터골

병천면 병천리에 있는 골짝이다. 예전에 군대가 주둔했었다고 한다. (『천안의 땅이름 이야기』)

(32) 중군 모랭이

병천면 병천리에 있는 지명이다. 옛날 중군이 주둔했었다고 한다. (『천안의 땅이름 이야기』)

(33) 백정골

동면 구도리에 있는 골짝이다. 백제 때 서림산 산성의 병사들이 이곳에 주둔해 있었다고 한다. (『천안의 땅이름 이야기』)

(34) 군량들

동면 동산리 삽다리 북쪽에 있는 마을로 군량들, 또는 군량둘이라고도 부르며 한자로 군량평(軍糧坪)이라고 쓴다. 백제 때 군량을 쌓아둔 곳이라 하며, 구리성의 병사들이 이곳의 식량으로 주림을 면했다고 한다. 실제로 이 마을에서 구리성으로 이어지는 마차길 같이 넓은 옛날 길이 지금도 확인되고 있다고 한다. (『천안의 땅이름 이야기』 및 현지 조사 확인)

(35) 두만이

동면 광덕리 깊은 산속에 있는 마을로, 두만이 또는 두어만이라고도 부른다. 패전한 백제군 이만여 명이 이곳에 숨어 있었다고 하여 붙여진 이름이라고 한다. (『천안의 땅이름 이야기』 및 현지 조사 확인)

위에서 정리한 지명들을 주목할 때, 다음 몇 가지 특징들이 정리된다. 먼저, 인물과 시대, 그리고 지역에 따라 구분할 때, 본문에서 본격적으로 노출시켜 다루지는 않았지만, 고려시대의 왕건 관련 지명이 천안시와 목천면을 중심으로 활발하게 전승되고 있다는 점이다.[14] 천안이 왕건 관련 지명의 중심지가 되고 있음은 이곳이 후백제와의 접경지이자 고려 남진 전쟁의 교두보 역할을 했음에서 볼 때 당연한 결과라 할 수 있다. 더불어, 목천면이 그와 비슷한 수준을 보여주고 있음은 이곳이 천안과 인접해 있다는 점과 함

---

[14] 왕건 관련 지명과 전설은 이 글과 직접 관련이 없으므로 이를 본문 속에서는 거론하지 않았다. 이들만을 별도로 다룰 필요가 있다고 본다. 여기에서는 이들 지명의 전승 지점들만을 일괄하여 간단히 소개해 두기로 한다.

성환읍…… 율량리 군량골
직산면……수헐리 수헐원터
풍세면……남관리 남관
천안시……원성동 고려 태조묘 / 쌍룡동 중군산 / 청룡동 굴울·둔지동 / 신안동 유려왕사지·유량동·왕자산·장대산·마점산 / 부성동 달북재
목천면……덕전리 꼬꼬바위·도통골·도라지고개·마점·유왕골·용소·장흥 / 서흥리 와룡 / 교촌리 용연 / 동평리 군량골

께, 천안에서의 왕건의 영향이 실질적으로 이곳까지 미쳤기 때문으로 이해된다. 이곳에서 백제 초기의 역사와 겹치는 지명은 한 곳-(23)번-에 그치고 있다. 온조왕이 위례성에 도읍한 뒤, 봄 여름에 유왕골에 와 농사를 지었다는 것인데, 이는 실제의 역사를 전하는 유래담이라기보다 지명을 통한 기억이 조선 후기까지 이어져 왔음을 말해주는 것 이상의 의미가 없다고 이해된다.[15] 왕건의 영향 속에서도 이전의 지명 유래담이 남아있었음을 말해주는 것으로 이해된다. 이곳 일대에서의 지명에 대한 영향은 위례성을 중심으로 한 것이 뿌리를 이루고 있었으나, 왕건의 영향으로 그것이 많이 약화되었다고 볼 수 있다.

성거산맥을 남북을 긋는 축으로 삼을 때, 서쪽에 왕건을 중심으로 한 지명이 압도적으로 많은 데에 비하여, 동쪽에는 왕건과 관련된 지명이 거의 나타나지 않고 백제와의 관련성을 지닌 것이 중심을 이루고 있다. 이는 서부 쪽과는 뚜렷한 차이를 보이는 것으로, 동부 쪽의 중요한 역사가 백제사를 중심으로 전개되어 왔음을 말해준다. 그리고 그 시기는, 뚜렷하게 나타나는 것은 아니지만, 대체로 온조왕의 존재가 공통적으로 부각되고 있다. 그러나 북쪽일수록 왕의 이름이 비교적 선명함에 비하여 남쪽일수록 왕의 이름이 약화되어 막연히 '백제 때'라는 정도로만 기억되거나 표현되고 있다. 이는 이 남쪽 지역이 위례산성으로부터 다소 떨어져 있다는 점에서도 하나의 이유를 찾을 수 있겠지만, 그러나 '백제'라는 이름이 분명히 기억되고 있듯, 위례성에 대한 역사의 실질적인 영향이 온조왕대-혹은 온조왕의 영향으로 하여 온조왕으로 대칭(代稱)되는 다른 임금일 수도 있을 것이다-와는 전혀 달리 백제의 또 다른 시대가 더 강하게 영향을 준 결과로 볼 수 있게 한다.

이와 관련하여 주목해야 할 사항으로, 위에서 확인된 자료만으로 볼 때,

---

15) 이곳 유왕골은 지형의 특징을 볼 때 위난시의 피난이나 임시 거처에 적지일 뿐 평상시의 거처로서는 결코 어울리는 곳이 아니다. 그런 점에서 위 지명 유래담은 실제로 고려 왕건과의 관련성이 높다고 이해된다.

이들 지역에서의 지명유래를 통한 역사상황이 대략 위례성의 남쪽과 북쪽에 따라 달리 나타난다는 점이다. 북쪽은 평시상황을 반영하고 있음[16]에 비하여 위례산성과, 그것을 기점으로 한 남쪽은 대부분이 전쟁이나, 혹은 그와 관련된 상황을 좀 더 짙게 드러내고 있다.[17] 이는 이들 지명에 반영된 실제 역사가 서로 달랐기 때문임을 암시한다. 온조왕이-혹은 온조 이후 부여 백제 이전까지의 어느 무렵-이곳을 거점으로 삼았다고 할 때, 그 무렵 어느 때에 위례성에서 심각한 전쟁을 벌였을 가능성을 상정해볼 수 있다. 이때 아마도 북방으로부터 침략을 받았을 것이고, 그때 위례산성에서 적을 방어해야만 했다면 그만한 위기상황이나 전쟁 상황을 반영하는 지명이 직산과 입장 등 인근 북방 쪽으로부터 나타나는 것이 정상일 텐데, 위 자료로 볼 때는 그점이 미약하다.[18] 이는 '백제'와 '전쟁 상황'의 두 단어가 지배하고 있는 위례성 남쪽 일대와는 다르다.

이러한 현상을 어떻게 볼 것인가? 전쟁 상황과 백제-뒤에 논하겠지만 이는 곧 부여 백제이다-라는 단어만으로 위례성 일대에 북쪽 중심 백제의 영향이 없다고 곧바로 단정하기는 어려워 보인다. 그것은 북쪽 백제시대의 영향을 암시하는 지명유래가 전해지기 때문이다. 위 지명 (19)·(16)이 이를 이해하는 데에 참고가 된다. (19)에서는 위 성터에 대궐터가 있었다고 한다. 이는 위 성에서의 왕족의 피난이 장기간 동안 이루어졌을 것임을 짐작케 한다. 그리고 (16)은 온조왕이 위례성에 거주하기 전에 그 옆의 '깊은골'에 있었다는 내용이다. 이는 곧 위례성이 축성될 때의 정세가 비상한 상황이었던 것으로 보아야 할 것임을 암시해준다. 성을 쌓을 때에 임금은 이 산으로 도피하거나 피난한 것이며, 성이 쌓이기에 앞서 가장 안전한 임시 거처로서 '깊은골'을 택하여 일정 기간 거주했던 것으로 보이는 것이다.[19] 이와 유사

16) 대략 (1)~(8)까지의 자료들을 이 예로 들 수 있다.

17) 대략 (10) 이후의 자료들은 이런 성격을 띤다.

18) 앞장에 인용한 지명 가운데 무술을 수련했다는 유래를 지닌 입장면 시장리의 '도장골'이 유일한 증거이다.

19) 이는 '깊은골'이 피난의 적지임을 고려할 때 잘 이해될 수 있다. 이곳은 골짝 입구가 좁은데다 길이 가

하게, 위례성 남쪽의 여러 지명을 보아도 전쟁 상황과의 관련성을 짙게 보여주고 있다. 가깝게는 군대를 주둔시켰다는 군단이(13), 곡식을 쌓아두었다는 곡간리(15) 등의 지명이 있고, 멀리는 백제의 왕이 있었다거나(27), 백제의 군사들이 훈련을 하거나 주둔했다는 지명들(28 이후 자료들)이 여러 곳 남아 있다. 이로써 보면 온조왕, 혹은 온조왕으로 대칭되었을 법한 초기 백제 시대의 일정 시기와 위례성과의 역사적 관련성이 있었을 법하며, 그것은 곧 전시상황이었을 것임을 추측하게 한다.

그러나, 이러한 결과는 어디까지나 지명을 중심으로 살핀 결과일 뿐이라는 점을 분명히 이해해둘 필요가 있다. 시대와 역사상황을 단편적으로만 반영하는 지명에서 한 걸음 나아가, 위례성에 대한 '전설'을 보면 이들 역사배경의 중심이 '백제 말기'로 설정되고 있다. 그리고 역사의 주체도 온조가 아닌 '의자왕'으로 나타나고 있다. 이것은 이 지역에 미친 백제 역사의 또 다른 일면을 보여주는 것이자, 역사·전설상으로도 중요한 의미를 지닌다고 할 수 있다.

의자왕과의 관련성을 지녔다면 그것은 필연코 전쟁상황일 수밖에 없었을 것이다. 또한 그러므로 현재 위례성과 그 남쪽 일대에 널리 확산되어 있는 '백제'와 '전쟁' 관련 지명들은 자연히 오래 전의 북쪽 백제사보다는 부여백제사의 시대상이 반영될 수밖에 없었을 것이다. 무엇보다도 당시의 백제와 의자왕은 전쟁패배를 겪은 시기이자 망국의 책임자라는 역사적 중요성으로 하여 전설 형성력이 컸기 때문에 이러한 모습을 보여주었다고 할 수 있다. 위례성 남쪽 일대의 역사는 북쪽 백제사의 영향도 기본적으로 있어왔겠지만, 뚜렷한 전설을 형성케 한 실질적인 영향은 부여백제였다고 보아야 한다.

파르고 험하여 외부로부터 눈에 띄기도 쉽지 않고 접근하기도 어렵다. 그리고 좌우와 북쪽도 산으로 막혀 역시 외부에 알려지기 어려운 천혜의 조건을 구비하고 있다. 그러나 이곳은 임시 피난지로서는 적지이지만 공간이 좁으며 지형이 불규칙하고 산의 높이가 낮아 외부를 감시하거나 성을 쌓고 장기적으로 외적에 대항하기에는 불리한 곳이다. 만약 깊은골에서 위례산성으로 위치를 옮긴 것이 사실이라면 그것은 이런 이유에서였을 것이다.

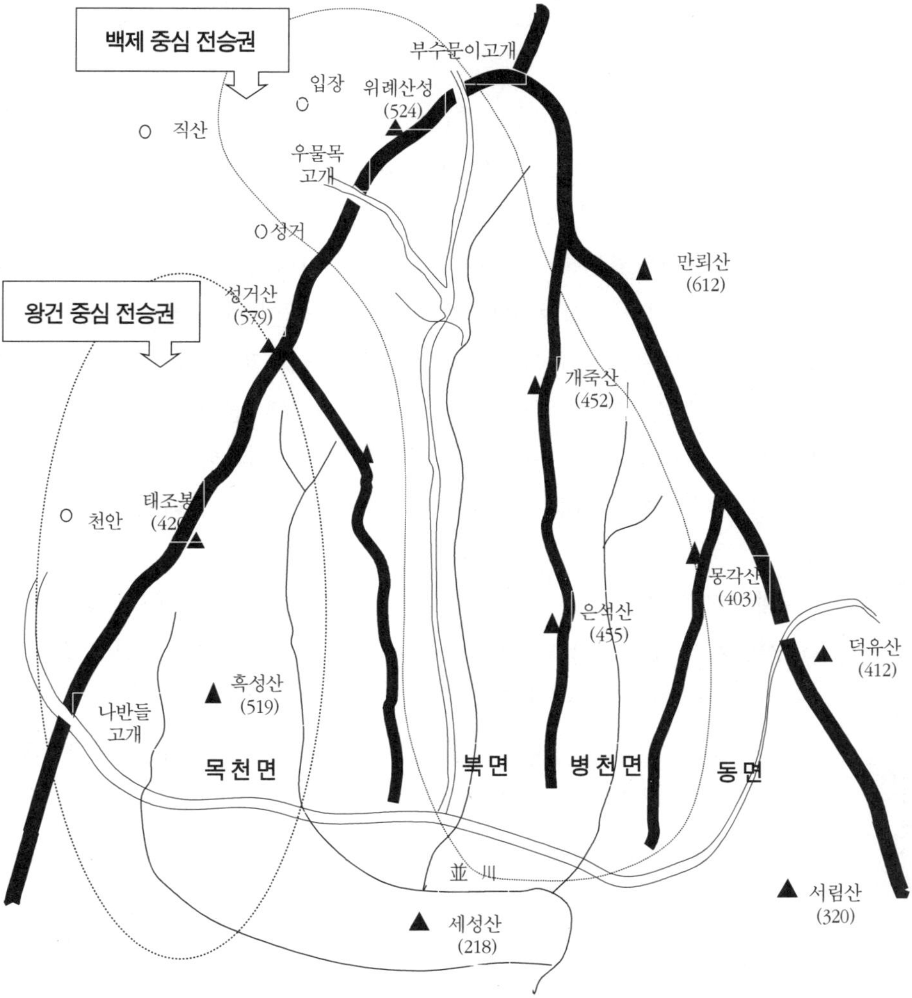

[위례산성 주변 지형 및 전설 전승도]

4. 전설속의 시대배경으로 본 실제 사실의 추정

지명은 역사를 사실적이고 단편적으로 전하고 설명적으로 반영한다면, 전설은 사실을 선택적으로 관심 갖고 집중적으로 '표현'한다. 위에서 위례성 관련 지명들은 초기 백제 시대와 함께 말기 시대를 비교적 골고루 반영하고 있지만, 전설일수록 백제 후기의 역사를 강하게 반영하고 있음을 확인했다. 이는 곧 역사 사실의 중요성으로서나, 사실이 미친 영향 면에서나 백제 말기의 역사현실이 위례성 전설의 중심을 이루게 되고, 그럼으로써 성 주변의 증거물과 역사가 더욱 밀착되어 부각된 것임을 뜻하는 것이다. 그렇다면 이제, 바로 위 전설 속에 나타난 역사가 실제 역사와 부합되는지, 그것이 그처럼 위 전설의 배경이 되었던 이유는 무엇인지를 살펴보는 일이 필요하다.

위례성 관련 전설 가운데에는 역사의 주인공이 의자왕이 아닌 경우-온조왕([부록 자료 1])이거나 모호한 예-도 보인다. 이로써 보면 위 전설 속의 의자왕이란 이름은 실제 역사와 부합되는 것이 아니고, 훨씬 이전 시대의 역사에 뒷시대의 인물인 의자왕이 흡인된 것으로 볼 수도 있을 듯하다. 그리고 실제로 이렇게 볼 가능성이 크다고 여겨진다. 그것은 마한시절로까지 거슬러 올라갈 수 있을 것이다. 이곳은 본디 마한의 유력한 소국 목지국 영역이었고, 그때 이미 위례성 일대의 지리적 중요성으로 하여 관방시설로 운영되고 그곳의 샘도 마련되었을 것이다. 마한은 서해를 가까이 두고 발달한 나라인 데에다 위례성 일대는 더욱 바다가 가까워 물과 관련된 용 상상을 유발하기에 용이한 곳이다. 거기에다 위례성의 샘은 규모도 크고 깊이도 깊어 산상 높은 곳에 위치한 우물로서 볼 때 특이성을 잘 보여준다고 할 수 있다. 위 성이 지닌 입지조건과 우물의 그러한 특징이 이 성을 지키는 책임자를 초월적 능력의 소유자나 용으로 변신하는 능력을 지닌 존재로 인식하려는 상상을 쉽게 유발시켰을 것으로 여겨진다. 그리고 이러한 상상은 마한에 이어 이 지역을 백제가 병합하면서도 여전히 지속되고 강화되어 나갔을 것이다. 이 글에 소개한 자료 가운데에는 백제 임금이 황제로 불린 때가 있었으며, 그때 백제 임금은 낮에는 이곳을 다스리고 밤에는 서해 바다로 나가 산동성까지 오갔다는 표현까지 나타나고 있음을 볼 수 있다.[20] 이러한 파격적인 상상은 백제가 해외에까지 활발하게 진출하면서 해상강국 혹은 제해왕국으로서의 위상을 유지했던 역사와 관련이 있다고 이해할 수 있다.

그런데 이러한 전설화는 백제 말기에 이르러 멸망이라는 극한적인 상황이 반영되면서 더 구체적인 표현을 보여주게 된다. 사비 도읍기에는 도성의 지형과 그에 따른 방어 개념이 달라짐으로써 용전설도 새로운 양상을 보여주었다. 임금이 낮에는 왕, 밤에는 용이 되어 통치했다는 주인왕(晝人王) 야수왕(夜水王) 화소가 더욱 강화되고 있음이 그것이다. 이 인왕/수왕 변신 화소는 부여의 조룡대 전설(釣龍臺傳說)을 구성하는 중요한 화소의 하나이기도 하다. 백제 임금이 수중용으로서 물결을 일으켜 소정방이 도성으로 진격하지 못했는데, 백마를 미끼로 하여 낚은 뒤에 가능할 수 있었고 용을 낚은 곳이어서 조룡대라고 했다는 전설도 그것의 연장이다. 사비성 후기의 백제는 국세가 한껏 상승하던 시기로 정복전쟁을 활발하게 수행해나가던 때였다. 이로써 볼 때 위 자료 [17]에서 위례성 당시의 백제 임금을 황제라고까지 표현하고 있는 시대는 이 무렵을 말하는 것으로 보아야 할 것이다.

무왕(武王) 탄생전설도 이러한 배경과 연관지어 이해할 필요가 있다. 무왕이 지룡(池竜)과의 접촉에 의하여 탄생했다는 이야기나, 연못을 메워 미륵사를 창건하고 건물 아래에 용의 출입을 뜻하는 수로를 내고 이것이 백마강으로 연결되도록 했던 사실을 유의하면 무왕은 곧 용, 혹은 수중용을 상징했던 것으로 여겨진다. 이는 용화세계의 불법 수호자라는 의미도 되고, 단순한 왕을 넘어 수중세계를 다스리는 신성한 임금이라는 상징성을 더하는 것

---

20) [자료 17]이 그 예이다.

이기도 하다. 이 수중 용 관념은 본디 백제 임금을 사람과 용 두 가지로 변신 자재할 수 있는 존재라는 사고에 뿌리를 둔 것으로, 점점 임금이 도성을 떠나 어디에 가있는 때라도 물을 통하여 도성과 언제나 쉽게 통할 수 있다는 믿음으로 널리 확대되었을 것이다. 논산 황화산성 부근에 전승되는 '낮에는 이곳에서 임금 노릇을 하고 밤에는 부여 백마강에 가서 수중 임금 노릇을 했다'는 전설도 바로 이러한 예의 하나로서, 그 최초 발단은 서해를 배경으로 국세를 확대하던 무렵에 마련된 것이라 할 수 있다. 위례산성 전설의 배경이 무왕이나 의자왕대로도 나타나는 것은 후대의 역사가 반영된 것으로 이해된다.

그러므로, 위례성 전설을 이해하는 데에 우리는 그 근원에 대한 확인과 함께, 그 후 백제의 역사가 이곳에도 가장 강하게 영향을 미쳤던 사실, 즉 의자왕을 주인공으로 하는 백제 패망사실에 관심을 집중할 필요가 있다. 이에 대한 배경 이해를 위하여 이곳 위례성에서 있었던 중요한 사건을 정리해 보기로 한다. 현재의 위례성으로 추정되는바 삼국시대의 도살성(道薩城)에 큰 영향을 준 역사적 사건은 두 번 있었다. 『삼국사기』소재 관련 기록을 정리하면 다음과 같다.

(1) 신라 진흥왕 11년(550) 1월에 백제가 고구려의 도살성[21]을 공격하여 빼앗고, 3월에는 고구려가 백제의 금현성(金峴城)[22]을 함락했다. 이에 왕은 두 나라 군사가 피로한 틈을 타 이찬 이사부(異斯夫)로 하여금 군사를 내어 이들을 쳐서 두 곳 성을 빼앗고 성을 증축하고 무사 천 명을 머물러 두고 지키게 하였다.

(2) 진덕왕 3년(649) 8월 백제의 장군 은상(殷相)이 무리를 이끌고 와 석토(石吐) 등 일곱 곳의 성을 빼앗았다. 왕이 대장군 유신과 더불어 장군 진춘(陳春)·죽지(竹旨)·천존(天存) 등을 명하여 나아가 막게 했다. 일전일퇴를 거듭하면서 십

21) 이병도는 이 성을 천안에 있었던 것이라고만 언급하고 있다. 그러나 본문 속에서 언급되겠지만, 이것이 곧 위례성이라고 여겨진다.

22) 이병도는 이 성을 전의에 있었던 것으로 비정하고 있다. 『국역삼국사기』, 을유문화사, 1984(6판), 57쪽.

여 일이 되도록 적군이 물러나지를 않았다. 이에 군사를 이끌고 도살성 밑에 진을 치고는 유신이 군중에게 말했다. "오늘은 반드시 백제 사람이 와서 간첩질을 할 것이니 너희들은 짐짓 모르는 것처럼 말을 걸지 마라." 그러고서 또 사람을 시켜, 군중 속에서 "굳건한 적군의 성이 요지부동이니 내일 구원병을 기다려서 결전을 한단다."라 외고 다니게 했다. 간첩이 이를 듣고 돌아가 은상에게 보고하니 은상 등이 말하기를 "적군 수가 반드시 늘어날 것이다."라며 의심치 않았다. 이때 유신 등은 백제군을 진격, 대파시켜 장사 백 명을 죽이거나 사로잡고, 군졸 팔천 구백 팔십 명을 죽였으며, 전마 만여 필을 얻었고 병기류는 이루 셀 수도 없을 정도였다.

위 두 기록은 위례성에서의 전투가 백여 년을 사이에 두고 두 차례에 걸쳐 크게 벌어졌던 사실을 보고해 준다. 그런데 현재 위례성 전설의 주인공이 의자왕으로 나타나고 있음을 보면 두 번의 전투 가운데 전설 속의 배경이 되고 있는 시대는 후자임이 분명해 보인다. 위 (1)의 경우도, 그리고 혹은 그보다도 더 이전시대-온조왕으로 기억되듯-의 어떤 사건[23]이 여기에 미쳤을 영향도 전혀 부정할 수는 없지만, 그러나 직접적이고 주된 영향을 준 것은 위 (2)이다. 무엇보다도 그것은 전설에서의 시대배경이 '의자왕 말기'를 배경으로 하여 표현되고 있음이 말해준다. 그리고 전설 속에서 위례성 쪽이 패배한 것으로 묘사되고 있는데,[24] 이것도 위 실제 패전 기록과 합치되는 점이다. 이러한 전설적 표현과 역사의 일치 현상은 지명을 통하여서도 뒷받침된다. 다름 아닌 부여 도성의 지명들과 똑같은 것이 발견되고 있는 점인데, 위에서 나열한 자료 가운데 '부소문이고개'나 '희여기' 같은 지명이 그것이다. 부소문이는 부소문, 즉 '부소산의 문'이라는 말이다. 부소산에 이르는 또는 부소산을 넘는 문이라는 뜻일 것이다. 부소산이 부여 도성 뒷산임을 고려하면 이는 부여의 영향을 입은 결과로 볼 수 있다. 그렇다면 부소문이고개 옆에 있는 산, 즉 위례산성이 있는 산은 그 당시 곧 '부소산'으로

23) [자료 9]에 "백제가 조금 도읍하다가 바로 갔다고 했다"는 말이 있음이나, [자료 12]에 "도읍이 아니고 그에 저 이북 어디서 백제가 쬑겨 네려와서 거 와 진을 쳤다는 겨."와 표현이 이러한 예를 보여주는 것으로 볼 수 있다.

24) 이처럼 위례성 쪽이 패해서 울었대서 울애산이고 건너편의 성거산은 승리했다 해서 승거산으로 불렸다는 것이 지명 유래담이 되고 있다.

불리지 않았나 추정된다. 산 이름이 먼저 있고 그로 인해 부소문이고개라는 이름도 파생되었을 것이기 때문이다. 위 성이 정치·전략적으로 부여와 깊은 연관성을 지니지 못했다면 이러한 지명의 성립은 불가능했을 것이다.

이러한 결과로서 보듯, 위례성 전설은 백제 말기 이곳에서 있었을 실질적인 역사의 영향과 전설의 영향이 함께 미친 결과임을 알 수 있다. 전설 가운데 의자왕이 13세 때에 이곳에 와서 도를 닦고 임금이 되었다는 내용이 있음이나[25], 의자왕이 이곳에 와서 7일간 단식을 했다는 내용도 있음[26]으로 볼 때 의자왕 생애의 일부분이 이곳과 일정한 관련을 맺고 있었지 않았나 짐작된다. 이러한 관련성이 있었던 데에다, 위 전투에서의 패배로부터 불과 십여 년 뒤에 백제의 멸망이 이어졌기 때문에, 전설에서의 주인공은 전투 현장의 주인공이었던 은상(殷相)이 잊히고 의자왕으로 바뀌었을 듯하며, 그러다 보니 현장감 있는 전쟁 상황의 묘사보다도 '임금'의 존재가 신비스럽게 묘사되는 일면, 멸망을 초래한 임금으로서의 '패배' 사실이 암시적으로 표현되어 전설의 주된 줄거리를 이루었던 것으로 이해된다.

그렇다면, 여기에서 위례성 전설은 더 후대의 일이면서 영향력도 컸던 역사의 확인이면서, 그것이 강화된 결과를 보여주는 것이라 할 만하다. 전설을 통하여 지역민들에게 중요하게 의식되는 역사를 더 확실한 사실로 인식하려는 결과가 되는 셈이다. 전설이 역사를 보완해 주는 적절한 예가 된다고 하겠다. 기록으로 볼 때, '도살성(道薩城)'은 백제사의 최후기에 가장 치열한 대결을 벌인 곳임이 드러난다. 그렇다면 이곳이 지금의 위례성이 아니고 달리 어디이겠는가? 역사 기록은 지명의 차이 하나로 하여 결정적인 증거력을 얻지 못하고 있지만, 바로 현지에서 구전되는 전설이 그 잃어버린 증거가 되어주고 있음을 여기에서 보게 된다.[27] 의자왕이라는 이름이 그렇

---

25) [자료 5]가 그 예이다.

26) [자료 8]이 그 예이다.

27) 그렇다면 종래 막연하게만 비정했던 도살성의 위치를 위례성으로 보아야 할 필요성이 한층 높아진 셈이다.

고, 백제가 패배한 것으로 그린 것이 그러하며, 의자왕이 신이한 방법으로 부여와 긴밀한 유대를 지속하고 있었다는 점이 그렇다. 이들 역사배경과 허구적 표현들을 종합할 때, 전설의 내용은 간접화된 표현을 보여주고 있지만, 위례성 전설은 백제 최후기 의자왕의 처절한 대결과 패배상을 묘사해 보이고 있다고 할 수 있다. 역사적 사건으로서의 파장과 영향이 그만큼 컸기 때문이라 하겠다.

5. 전설표현으로 강조된 역사의 모습과 역사의식

위에서 지명과 전설을 통하여 위례산성과 관련된 실제사실로서의 역사찾기에 주력하여 몇 가지 중요한 점을 밝혔다. 이제 여기에서는 전설로 표현된 이야기로서의 내용을 주목하여 백제사의 또 다른 이면과 거기에 담긴 역사의식을 살펴보기로 한다. 전설은 집단 공통의 주관적 상상을 표현한 것이되, 표현의 기반이 되는 일정한 역사사실에 대하여 전설 전승집단의 기호와 비판의식을 드러내고 담아내는 방향으로 실현된다. 주관적 표현을 지향하므로 특정 요소가 과장되어 표현되기도 하고, 새로운 내용이 창조되기도 한다. 그리고 이러한 표현이 사실임을 강조하기 위하여 으레 증거 요소가 끌어들여지곤 한다. 자연히 전설에는 과장과 왜곡과 허구가 개입되지만, 그런 만큼 그 속에는 의식이 가미된 사실과 역사가 존재한다.

위례성 전설은 이 글의 〈부록〉 자료편에 수록한 데에서 보듯, 화자에 따라 내용과 길이 면에서 많은 차이를 보여주고 있다. 따라서 자료 모두를 고르게 주목하여 다루기가 어려우므로 이들을 종합하여 하나의 인물담으로 묶되, 작은 화소[모티프]별로 나누어 단계를 나누어 정리하는 것이 이해에 도움이 될 것으로 본다.

(1) 위례성에서의 수도(修道)와 무술 연마

·의자왕이 열세 살 때 이곳에 와 도를 닦음([자료 5])

·의자왕이 이곳에 와 7일간 단식을 하며 지냄([자료 8])

·의자왕이 이곳에서 활쏘기 연습을 함. 그때 활 쏘는 연습을 했다 하여 '사장골'이 됨 ([자료 8])

(2) 용이 되어 용샘으로 부여와 왕래함

·용샘을 통하여 밤이면 부여에 가서가 놀다 낮이면 위례성에 와 왕이 되어 정사를 봄 ([자료 1] · [15] · [17])

·밤에는 위례성에 있고, 낮에는 부여에 가 있음 ([자료 4])

·밤에는 서해바다에 가 구렁이가 되고 낮에는 위례성에서 투구를 쓰고 전투를 함([자료 5])

·낮에는 바다에 가 고기가 되고 밤에는 새가 되어 샘에서 날아나옴 ([자료 10])

·샘을 통하여 중국 산동성까지 왕래함 ([자료 18])

(3) 사위와 공주의 모해

·처남이 누이를 용과 함께 살게 할 수 없다 하여 낚시로 용으로 변신한 임금을 낚음 ([자료 5])

·장인이 쏜 화살에 사위가 맞음 ([자료 6])

·사위가 자신이 왕이 되려고 용으로 변신한 임금을 낚음. 그러나 처남과의 대결에서 매부가 져 뜻이 좌절됨 ([자료 15])

(4) 성거산 쪽과의 전투에서 패배함

·성거산성 쪽의 말은 위례성 쪽으로 뛰어 건넜으나 위례성 쪽의 말은 성거산성 쪽으로 뛰어 건너지 못하여 성거산성 쪽이 승리하고 위례산성 쪽은 패배함. ([자료 11])

·성거산 쪽이 승리했다 하여 '승거산'이고 위례산 쪽이 졌다고 하여 '울애성'이라 함([자료 3])

·도술로 돌을 던졌으나 미치지 못함 ([자료 18])

(5) 물에 빠뜨려져 죽은 의자왕

·타락한 의자왕을 위례성에서 부여로 옮겨 물에 빠뜨려 죽임 ([자료 16])

일반적으로 설화의 화소는 인상적이고 특이한 내용들로 이루어져 있고 그 자체로서 어느 정도의 독립성을 지니고 있다. 위 화소 (1)~(5)는 위 전설의 구전 과정에서 역사성과 표현성이 집약적으로 압축된 것이라 할 수 있고, 따라서 개별적으로든 전체적으로든 의자왕을 중심 인물로 한 위례성 전설의 전체 표현 세계를 거의 다 포괄하고 있다고 할 수 있다.[28] 이들 각 화소의 표현양상을 잠시 살펴보기로 한다. (1)은 상당 부분 실제사실성을 띠고 있다고 여겨진다. 천안 동쪽의 몇 곳 산성 가운데에서도 두 곳의 고개를 점하고 있는 위례성은 전략상 가장 중요한 위치에 있다고 할 수 있다. 그리고 이에 따라 천안을 중심으로 한 남북과 동서를 잇는 요충으로서 이곳은 무왕이나 의자왕 당시에도 이미 전략적으로 중요하게 인정되었을 것임은 충분히 예상할 수 있는 일이다. 위 (1)은 이러한 중요성을 생생하게 입증하는 자료가 된다고 인정된다. 의자왕이 13세에 이곳에 와 도를 닦았다거나, 일곱 살 때 단식치성을 드렸다는 내용은 오랜 인물전설치고 그 표현이 매우 사실적이고 구체적이어서 전설적 허구라기보다 실제사실에 매우 가까운 내용으로 여겨진다. 그렇다면 이는 구전 역사의 생생한 사료가 되는 셈이다. 이러한 전승 내용은 백제 시대 왕자의 수련 과정이나, 궁중 의례 혹은 종교성의 일단을 이해하는 데에도 유익한 단서를 제공해줄 수 있다는 점에서 그 의의가 크다고 하겠다.

(2)는 완전 허구성을 띠는 표현으로, '용우물'이라는 오래된 민간사고에 토대를 두고 있다. 임금을 신성한 존재로 여기는 사고가 극한적으로 표현되고 그 능력을 한껏 강조하여 인식하려는 지역민들의 시각이 반영되어 있다고 하겠다. 당시대의 임금을 황제로 칭했다거나[29], 임금이 서해를 넘어 산동성까지 왕래했다고까지 표현한 것이 그 예이다. 그러면서 이는 '용우물'의 일반화된 관념을 수용하되, 위례성의 군사·정치적 중요성에 따라 백제의 수도인 부여와의 연관성을 깊이 지니고 있다는 점에서, 당시대의 역사성이 짙게 배어 있기도 하다. 이를 통하여 우리는 당시 '호국용(護國龍)' 관념이 부

28) 이 외에도 오세창의 글에는 여기에서 참고한 것과는 다른 각편(version)이 두어 가지 더 실려 있음이 발견되는데, 그러나 구전을 떠나 윤색이 심하게 이루어진 것으로 보여 여기에서는 인용 자료로 삼지 않았다.

29) [자료 18] 참조.

여 도성을 중심으로 해서만 유포된 것이 아니며 변방에까지도 전파되었던 것임을 짐작할 수 있다. 따라서 이 전설은 백제 최 말기 정치권력의 강화와 긴밀한 연관 속에서 출현된 것으로 이해할 수 있다. 또한 그렇게 볼 때 이들 전설에 나타나는 관념은 대내적으로는 백제 왕권의 존엄성을 높이고 통치력을 강화하는 일면, 대외적으로는 정복 전쟁을 강력하게 추진해나가는 데에 보이지 않는 정치적 이념으로 작용하였을 것으로 보인다.

(3)은 허구성이 심하기는 하되 일정한 사실성을 반영하는 것으로 여겨진다. 공주와 사위가 공모하여 임금의 자리를 탐해 용이 된 왕을 낚았다는 표현은 이미 부여지역에서 널리 전승되는 것으로, 이것과 (2)와의 연결은 우물의 존재로 하여 자연스럽게 이루어질 수 있었을 것이다. 궁금한 문제는 이것이 어느 정도 사실과 부합되고 있는가 하는 점인데, 그러나 이러한 표현과 부합되는 역사기록을 찾기가 어렵다. 이는 의자왕 시대의 가려진 역사 사실의 중요한 일면을 보여주는 것일 가능성이 있다. 의자왕이 범한 실정으로서 아들 41명을 대거 요직에 배치한 것(즉위 17년)이나, 궁녀와 왕비의 정치관여를 들 수 있는데, 위 사건은 이러한 정치적 실정 과정에서 크게 부각되지 않은 문제의 일면이 백성들의 시각에서 관찰된 결과 비판적 시각이 크게 가해져, 이와 같은 표현으로 드러난 것으로 해석할 수 있다.

(4)는 역사의 실제성과는 거리가 먼 표현이다. 여기에서 중요한 것은 표현의 구체성보다도 임금의 '패배'를 긍정하고 있는 점이다. 그렇기 때문에 허구성을 지향하기보다 위례성의 지정학적 특징이 고려되어 단순하게, 그리고 암시적으로만 표현되고 있다.

(5)는 (4)가 지닌 뜻의 연장선에 있다. 그러므로 이야기의 줄거리 면에서 보면 이 화소는 긴요한 것이 아니며 (4)를 부연하고 더욱 과장하여 표현한 것이다. 내용이 사실성과도 많이 어긋나 있고 표현도 아주 생소하다. 이처럼 실제 사실과의 유사성이 전혀 없는 무리한 방향에서 표현이 이루어진 것은 백성들의 비판적 역사의식이 반영된 결과일 것이다. 의자왕에 대한 극도

의 반감이 이러한 표현을 낳았다고 여겨진다.

이상에서 살핀 5가지 주요 화소는 사실과 허구로서의 독립된 의미를 지니고 있지만, 위 전설 주제의 핵심을 파악하기 위해서는 이를 더 압축해볼 필요가 있다. (1)은 (2)를 위한 예비단계성을 띠며 (5)는 (4)의 부연이므로 이 두 화소를 줄여 다음과 같이 정리할 수 있다.

(1) 의자왕은 신성한 능력을 지닌 분이었으나
(2) 왕실의 내분으로 하여
(3) 패배하고 말았다

이는 곧 전설로 인식된 의자왕의 인물상(人物像)을 요약한 것으로, 인물담을 구성하는 최소 요소들이 된다. 이들 요소는 일정 부분 역사이기도 하면서, 임금에 대한 상민들의 총체적인 평가이자 역사의식을 반영한 결과이기도 하다. 이것은 인물→행위→결과로 연결되어 있어 이야기로서의 구성 면에서 볼 때에도 불가결의 요소를 이루고 있다. 의자왕이 본디 신이한 능력을 지닌 분이었음에도 왕실의 내분으로 망했다는 것이 내용의 핵심이다. 여기에서 기정사실인 (4)는 전설 전승자들의 의식이 개입될 여지가 적은 것이라 해도, 허구적 표현의 폭이 큰 (2)와 (3), 특히 (3)에 개입된 의식은 중요하다. (2)로써 보면 이곳 지역인들은 의자왕에 대한 인식이 긍정적이었던 것임을 알 수 있다. 백제 말기 왕의 권위가 강화되고 정복전쟁을 확장해 나가던 무렵의 임금이 백성들에게 그렇게 비쳤을 것이다. 그처럼 훌륭하던 임금이 패한 원인의 진단이 (3)인데 여기에 상민들의 역사의식이 더욱 강하게 배어 있다고 할 수 있다. 중요한 것은 이것이 정사(正史)에 없는 이야기라는 점이다. 이는 이 대목이 일면적으로 정사에는 빠진 객관적 역사의 일면을 드러내 보인 것이라고도 할 수도 있는 것이면서, 실제로는 작은 문제이었을지도 모르는 관심사가 상민들의 시각에서 포착됨으로써 더욱 증폭되어 표현된 결과였다고도 할 수 있다. 왕권의 약화나 임금의 실정을 궁실 내부 친인척의 비리와 관련지어 이해하는 쪽에서 예민한 반응을 보이는 것은 상민들의 본능적인 성향이다.[30] 그것을 과장하고 증폭하여 받아들이려는 것은 상민심리의 오랜 생리이다. 이미 말했듯, 공주와 사위로써 임금을 해친 인물로 설정하여 표현한 것은 상민들의 그러한 심리가 가장 집약적이고 압축된 모습으로 실현된 것으로 이해할 수 있다. 위례성 전설에서 이 화소가 지니는 중요성이 바로 여기에 있다고 할 수 있다.

6. 맺음

이상에서 논의한 내용을 순서에 따라 정리하여 결론을 맺기로 한다.

첫째, 지정학적으로 위례성 부근은 인접 지역의 남북 내지 동서를 잇는 유일한 교통로였고, 이 때문에 이곳은 일찍부터 전략적 요충지로 중시되었을 것이다. 역사 시대 이후 이 지역은 전쟁 경험을 지속적으로 입어왔으며, 멀게 볼 때 이러한 체험들이 전쟁 중심의 역사 전설을 쉽게 형성케 하는 토양이 되었다고 할 수 있다. 유사 이래 이곳에 대한 영향을 강하게 미친 것은 백제와 고려였다. 그러나 두 시대가 미친 영향은 영향의 권역과 강도 면에서 차이가 있었다. '전설'로서의 영향력은 백제 시대가 더 강했다. 이는 백제가 이곳을 지배했던 시기가 오래였던 점으로 이해할 수 있다.

둘째, 지명을 주목해볼 때 이 지역 일대에 미친 고려와 백제의 영향력의 차이가 잘 드러난다. 성거산을 종축으로 할 때 서쪽은 고려 초기, 동쪽은 백제와 관련된 역사 시기로 뚜렷이 구분된다. 또한, 위례성 북쪽일수록 온조

30) 이는 오늘날의 경우를 통해서도 잘 이해될 수 있는 문제이다. 예컨대 노무현 대통령의 친형이 인사청탁을 받았다는 의혹이 제기되자(실제로 청탁이 실현된 것은 아니었음) 전국의 수많은 네티즌들이 일제히 이를 비판하는 의견을 띄웠는가 하면, 같은 논조로 유명 일간지들이 이를 앞 다투어 다룬 일이 최근의 예가 된다(주요 일간지의 2003. 2월말~3월초 기사 참조).

왕과 관련된 지명이 많은 데 비하여 남쪽일수록 막연히 '백제' 정도로만 언급되고 있고, '전쟁' 상황과 관련된 경우가 많다. 이는 곧 온조왕과 관련된 지명이 추상적으로만 의식되는 정도에서 지명에 영향을 주고 있다면, 보다 실질적인 백제사의 영향이 이루어진 것은 가장 심각했던 전쟁 시기, 즉 백제 최후기였을 가능성을 높여준다.

셋째, '전설'로서의 위례산성 이야기는 철저하게 백제 말기의 의자왕을 시대배경으로 하고 있다. '인용변신(人竜変身)' 화소나 '우물을 통한 부여 왕래' 화소, '공주와 사위의 임금 모해' 화소 등을 통하여 볼 때, 위례산성 주변의 전설은 부여권에서 전승되는 것과 흡사하다. 이는 이곳 전설이 보여주는 중요한 특징으로서, 백제 최후기에 부여와 이곳이 중요한 연관 관계에 있었을 것임을 강력하게 시사해준다. 의자왕이 어린 나이에 위례산성에 와서 수도를 했다는 전설 속의 내용이나, 위례산성 부근의 부소문이고개가 부여의 부소산을 뜻하는 것으로 볼 수 있다는 점도 이런 가능성을 더욱 높여준다.

요컨대, 지명으로 볼 때 위례산성 일대에는 산성에서 먼 지점까지 보면 고려조와 관련된 것도 있고, 가까운 지점으로 보면 온조왕을 포함한 백제와 관련된 것도 다수 있다. 이 가운데 위례성과 관련된 지명이 위례성 역사의 고유성을 비교적 많이 간직한 것이라 할 수 있다. 그런데 단순한 지명을 넘어 전설을 보면 역사 반영의 범위가 더욱 좁아져 백제 최말기로 한정되어 나타난다. 이들 전설로 표현된 위례산성 역사의 중심은 어디까지나 백제 말기에 있다. 이는 위례산성 일대에 대한 역사적 관련성이 이 시기에 가장 강했기 때문이 아니었나 짐작하게 한다. 동시에 백제 멸망 전후기의 역사가 미친 파장이 워낙 컸고 그것이 백제의 중요한 관방시설로까지 영향을 미쳤기 때문에, 위례성을 대상으로 한 일련의 역사전설이 형성되어, 좁은 지역전설로서, 그리고 한정된 전승 유형만을 보이며 지금까지 전승되어온 것으로 이해된다. 그러므로 전설로 보는 이 지역 역사의 강조점은 어디까지나 백제 말기에 두어져 있음을 유의해야 할 것으로 본다.

역사 전설은 불확실한 사실을 일부 보완해주기도 하면서, 새로운 사실에 대한 이해의 필요성을 제기하기도 한다. 이 글에서 다룬 전설 내용 가운데 위례성과 부여와의 관련성이 강조되어 표현되고 있음이 바로 그 중요한 예가 된다고 하겠다. 이는 기록으로는 확인되지 않고 있는 측면이지만, 정치적 군사적으로 그럴 만한 개연성은 충분히 있다고 여겨진다. 따라서 고고역사 쪽에서도 유물의 다과나 기록의 유무만으로 역사를 이해하려 하기보다, 전설로써 드러난 측면을 함께 참고할 필요가 있다고 본다.

〈부록〉 : [위례성 관련 전설 자료]

[자료1] 부여와 통한 위례성 우물

위례성 위에 있는 우물로, 백제 시조 온조왕이 밤이면 용이 되어 이 우물로 들어가서 부여 백마강에서 놀다가 날이 밝으면 도로 이 우물로 나와서 왕 노릇을 하였다고 한다. 〈『한국지명총람』「충남편」 하〉

[자료2] 서해로 뚫린 위례산성 용샘

그게 그 뭐, 저, 백제 왕이 거기, 도읍터니 뭐니 이런 얘기가 익고… 승거산…에 대해서는 몰라. (청자: 그 '시아꼴' 말 하셔) 시아꼴? (청자: 응. 시아꼴이 거기 아녀? 시아꼴이.) 그 그 유래에 대해서 몰러. 노인네덜이 시아꼴이라구 하닝개 시아꼴인 줄 알구 그냥 이렇게, 그렁 걸 저기 했지…(중략)…(조사자: 그 '우래산'이구 그래요?) 응? 응. 위 례 산. (조사자: 위례산요?) 응. 그 대위(大尉)라구 하는, 그 군인 대위라구 하는 위. 그 위. 그러구 그 예돗예(禮)자, …그렇게덜 불릅디다. (조사자: 거기 우물이 있어요?) 우물이 있지. '용샘'이라구. (조사자: 그래 용이 살았대요?) 글쎄 뭐, 옛날에 저 뭐, 그 저기 서해루다가 굴이 뚧혔다구 이런 말두 있었는데, 그거는 말이 안 될 테지. …(중략)… (조사자: 그럼 혹시 뭐 백제 임금님이 뭐 부여에서 있다 여기에 와 있다 이렇게 얘기는 안 해요?) 응 있어. 그런 말, 그 왔다 갔다 했다능 거여. 〈한영근(남 · 86). 입장면 시장리 자택. 2003. 2. 25. 오전〉

[자료3] 용샘으로 왕래한 의자왕

아 여기 뭐 옛날에는, 어렸을 적에, 의자왕이 이 용이 돼서, 일루, 응? 들락날락 했다능 거지. 그런디 용샘이 익기는 있다구. 저어기 가 보면 용샘이 익구 이런데… 이건 전설이구… (중략)… 승거산이서 승리했다구 승거산이구 울었다구 울애산이라구 그랬댜.

〈한영수(남 · 69). 입장면 시장리 골목. 2003. 2. 25. 오전〉

[자료4] 밤에는 위례성, 낮에는 부여에 가있는 백제 왕

(조사자: 용이 살아서 서해, 부여 어디로 통한다는 이런…) 그런 얘기두 더러 있지. 부여 백마강이 가서 놀았, 그 놀았다구. 그래, 그게, (조사자: 용이요?) 응. 그래 그랬다구 그랬는디 그게 말이 통하지 않능 거지. 지끔에 와서. 옛날 양반덜이 그전에 있을 때, 우리는 어려서는 그런 말을 들었는데… (조사자: 용이 왔다갔다 했다구요?) 누구 말마따나 뭐 밤에는 여기와 익구 낮에는 백마강에 가 있었다구. 그런 말두 있어요. 〈김학성(남 · 75). 입장면 호당리 호겨니 경로당. 2003. 2. 25. 오전〉

[자료5] 의자왕이 지키며 부여로 왕래했던 위례산성

열시 살 때 와서, 도 닦구, 으즈왕(의자왕)이 됐대. 그렇게 인제, 으즈왕이 됐지만, 지끔, 쉬게 말하면 옛날은 잉금이라구 하지만 서울 왕 아녀? 쉬게 말하면?

그 딸을, 혼인을 해서 했는디, 처남덜이 둘이 있는디, 가만히 보닝개, 낮에는(밤에는) 구링이가 돼서 서해바다를 넘치구 말이야, 헤치구(허엄쳐 다니고)? 낮에는 와서 투구를 쓰구 전쟁을 하구 이룧게 하니까.

"내 딸을 우리가 무심해서 내 동상을 군인하구, 저 구링이하구 살게 둘 수 읎다. 뱀하구 살게 둘 수 읎다. 이눔을 쥑이야 한다."

그래 낚시꾼을 풀어놔서는 낚시를 해서 쥑였댜.

명지꾸리 하나가 용 샤이서, 명지꾸리 하나를 다 풀어두 서해바다가 못 간다구 했어. 쫣다구. 그런 디를 물 속이루 헤엄치구 댕겼다능 기여. 옛날 전설여. 들어오던, 예전 들어오던 전설여… (후략) 〈김갑순(여 · 77). 입장면 호당리 호겨니 경로당. 2003. 2. 25. 낮〉

[자료6] 장인이 화살로 사위 눈을 맞힌 위례성

부대 있는 디 거기를 성거산이라고 허고 여기를 위례성이라 한다는 거여. 그건 언제꺼지 모르지 뭐, 몰르지. 거 가면 이키 둘레를 해놨다고. 이렇게 해놔가지고 울타리를 이렇게 해놓고, 말 멕이던 구수도 있고, 샘도 있고, 아주 저 웃 산 그냥 꼭두배기여. 그냥 말은 옛날에 여기는 쟁인(丈人)이고, 저기 승거산 저기 저기는 부대 있는 데는 사위라는 거지. 그래. 활로 쐈는데, 장인이 활로 쐈는데 사위가 눈이 맞았다는 거지. 그렇다는 얘기가 있어.

거기 올라가 보면 반반하니 지금 포크레인으로 닦아놓은 거 마냥 넓어. 샘이 있는데, 명주실 세 꾸리미가 들어갔댜. 헤에헤. 세 꾸리가 있는데, 그게 서해바다 가 둥둥 떴댜. 그게 많은 거지. 꾸리가 [주먹을 쥐어 보이며] 이만하거든. 명주실 세 꾸리를 넣으니께 그게 땅은 안 닿고 서해바다 가 둥둥 떴댜.

그 밑에 절터가 있고, 큰 절터 작은 절터 두 개가 있거든. 그거 위례성 밑에 그거 빈대가 많아서 망했다는 말만 있고, 다른 건 없어. 빈대 때매 못 살았다는 기야. (조사자: 중이요?) 응, 빈대가 하도 많아서. 〈이보훈(남·81). 입장면 양대리 경로당. 2003. 2. 4. 낮〉

[자료7] 전쟁할 때의 말구유가 있는 위례성

우례산 있잖아. 거기에 전장했다는 겨. 백제 때 거기서 전쟁을 했대요. 그래서 거기서 말을 멕이고 말구수도 거기에 있어. 돌로 팠잖아. 어디하고 전장을 했다는 것은 몰라도.

(이보훈: 그게 승거산이여.) 서로 맞보고 쐈다는 거 아냐. 〈민형덕(남·66). 위와 같음〉

[자료8] 백제 임금이 단식까지 하며 전쟁한 위례성

위례산에서 위례성이라고 그전엔 그랬었는데 백제왕이 거기 여기 와서 7일 동안 일주일 동안 단식을 하고 그랬단 말이지. 그땐, 위례산이 아니고 위례성이라고 했어. 저 위에 사당골은 어째서 사당골이라고 하냐면, 그때 당시 거기서 활 쏘는 연십을 했다는 겨. 삐뚜리게 한(비탈이 진) 데서 저짝에다 대고. (민형덕: 호랑산.) 아니 당골 넘어가는 데. 광산이 끊기 전에. 이건 활 쏘는 연습하는 거지. 백제 군사들이 많은 군사들이. (민형덕: 백제 도읍터라는 거 아녀?) 새초골은 그 그때 저 말을 많이 멕이니께 마초, 말마골은 말을 많이 거기다가 멕였다거던. (민형덕: 그러니까 거기다가 저장된 여 있는 것이 마우영(안성쪽에 있는 지명)이라는 겨.) 그리고 구수무리(부수문이) 고개라는 건 먼지 몰라. 거기 넘어가면 '군단이', 이게 지금으로 따지면 1개 군단이 있었다는 겨. (민형덕: 여기가 위례성이 본진, 말하자면 군사를 배치시키고 여기서 전장을 했다는 거지.)

산꼭대기 가면 말구수도 있고, 말구수가 뽀개진 게 있어 지금두. 거 정상에 가면 그저 우물이 무지하게 넓거든. 그게 명주실 한 꾸리가 다 들어간단 말이여. 물이 없으면은 큰 곤욕을 치를 테니깐. 거기 왕이 와있으니까 물을 어디서 길어다 먹어야 하잖아. 그러니께 거기다가 성을 꾸민 거지. (민형덕: 그러니까 물이 엄청나다는 거지. 전쟁하는 물이니까.) 곡간이 거긴 아주 곡간(쌀 곡간)이라는 겨. 운용리 곡간이라는 겨. 〈정희영(남·76). 위와 같음〉

[자료9] 백제가 잠시 도읍하고 떠난 위례성

여기가 군단이라고 했지. 운용리가 아녀요. 군단이라고 해서 군사들이 주둔하고 있었던 디라고 하는디, 거 어떻게 된 건지 알 수 없지. 백제가 조금 도읍하다가 바로 갔다고 하드라고. 〈윤재태(남·62). 북면 운용리 군단이. 2003. 2. 4 낮〉

[자료10] 낮에는 고기가 되고 밤에는 새가 된 백제 장수

도읍은 직산이지. 여기는 관계가 없는 데걸랑요. 직산이 원 저기지. 운용리는 성만 있다뿐이지 큰 근거될 만한 것은 없다고요. 위례산 골짜기에 탑자리라고 있었다는데 탑은 어디로 가고 없어. 천의가 어딘가. 탑 바탕은 땅속에 있는데, 탑자리라고 하지. 성 안이 들어가믄 샘이 그 물 먹던 샘이 없어졌어. 태평리(대평리) 꼭대기에 곡간이라는 곳이 있어요. 태평리라구 …(중략)…

거 가면 또 샘이 있어. 거기 사람이 들락거렸다는 겨. 낮에는 바다 가서 고기가 되고, 밤에는 새가 돼서 날랐당게. 그 얘기, 실꾸리가 실타래를 넣으니께 서해바다 가서 통한다. 백제 장수가 그로 들락거렸다는 겨. 〈김영근(남·72). 북면 운용리 군단이. 2003. 2. 4. 낮〉

[자료11] 성거산을 못 건너뛴 우레산 말

저기 또 성거산이 있고, 여기 우래산이 있는데, 성거산 말은 여기 우래산을 건너띠었는데, 우래산 말은 못 떠서 거기 떨어져서 울어서 우래산이라고 하는 겨. 성거산 말은 우래산을 건너띠고, 우레산 말은 성거산을 못 건너뗬다는 거여. 그래서 울애산 말이 진 거지. 〈김영근(남·72). 위와 같음〉

[자료12] 위례성은 북쪽에서 쫓겨와 진 친 곳

그게 옛날에 백제가 도읍을 했다고 하는데. 그에 도읍이 아니고, 그에 저 이북 어디서 백제가 쬐껴 네려와서 거 와 진을 쳤다는 겨. 진치고 있는데 '막을재'가 그거거든. 막을재가 왜 마달재냐면 막 하고 막을 재서, 돌 막아서 '막을재'여. 〈최병옥(남·81). 북면 대평리 삼룡 경로당. 2003. 2. 4 오후〉

[자료13] 샘으로 들락거린 백제 임금

나가 어렸을 때 가봤는데, 거기 나무가 울창했어. 거기가 평퍼짐하게 됐어. 이렇게 샘이 하나 있더라구. 거기 꼭대기 샘이 있어. 무서워서 안 갔지. 어른들 얘기는 백제왕이 옛날에 백제왕이 샘을 타고 들어간댜. 잉. 샘을 타고 들어가서 서해로 간댜. 그렇게 들어가도 일로(이쪽으로) 샘을 타고 나와서 백제왕이 일을 했다는 그런 전설이 있어. 〈이보희(남·78). 위와 같음〉

[자료14] 명주꾸리 세 개가 다 풀린 위례성의 샘

샘이 옛날에 명주실꾸리가 세 개가 풀렸다는 거야. 그게 서해바다 가 떴다는 거야.

거기 가면 말구수가 이게 뽀개진 거 있어.

그래 그 건너 보면 갓모봉이라고 있어. 옛날에 장마가 져서 갓 쓴 모양으로 나왔다는 거여. 검은산(黑城山) 있는 데는 사깃배가 넘어가다 부딪쳐서 사기 깨진 게 널려 있다는 거야.

〈진금봉(남·86). 위와 같음〉

[자료15] 백제 임금은 사위한테 죽고 사위는 처남에게 죽다

백제 왕이 죽었어. 그게 낚시 바늘에 걸려 죽었어. 저기 서해바다 가서 우례성 저기서 (청자: 사위가 그랬어. 사위가.) 백제가 밤이면 서해바다로 용이 돼서 거기 샘이 있어. 밤이믄 서해바다 가 놀고 낮이면 왕 노릇을 하며 다니는데.

그 사위가 지가 왕 해묵을라고 죽였댜. 그게 낚시로다 죽였다고.

그러니까 거기 있는 큰아들이 나설 거 아니여. 그러니까 그게 승거산이여. 큰아들이 창을 세워놓고

"그 뛰어넘은 사람이 왕 노릇을 하자."

그러니까 사위가 창을 뛰어넘다 그 창에 찔려 죽었다는 거야. 승거산이라는 게 그 말이지. 그래서 거기서 승전했다고 승거산이여.

그러니까 딸이 자기 남편 왕 만들려고 사위가 샘에서 낚시를 한 겨. 그러니까 친아들이 성거산서 창 들고 있다가 뛰어넘는 놈 찔러 죽인 겨. 〈이보희(남·78). 위와 같음〉

[자료16] 타락한 왕을 위례성에서 부여로 데려다 물에 빠뜨리다

왕이 삼천 궁녀하고 맨날 술 먹고 노니께. 배에다 실어서 여기 위례성에서 저기 부여로다 실어서 빠뜨려 죽였다는 기야. 〈진금봉(남·86). 위와 같음〉

[자료17] 용으로 변신하여 용샘으로 왕래한 백제 임금

성거산, 저어 입장 가는 데, 그것이 천안 시내에 뻗쳐내려온 산맥이여. 근디 그것이 성거산. 성인 성(聖)자 살 거(居)자. 성거산이 위례성이라는 데 있어. 있는디. 거 위례산 잿성(城)자, 성자가 붙은 딘 반드시 성이 있었거든. 근디 그것이 뭐냐면 그 당시 이, 아이구 그 왕 이름이 누구지? (조사자: 웅진에 왕…) 아니, 부여서, 저 백제가 부여 있을 적이 아, 무슨 왕이지? 그 왕이… 그 왕이 그때 무슨 국가 변란 시절이, 삼국 시절이니께. 그래서 여기 와서 임시 정치를 했다는 겨. 성거산에 와서. 위례성을 쌓고. 그래서 그 분이 낮에는 여기서 정사일을 다스리고 밤이는 부여 백마강에 가서 놀았다는 겨. 근데 그 분이 용의 탈을 썼다는 겨. (조사자: 예.) 용의, 용을, 저기 나 이거 들은 얘기여. (조사자: 예, 자세히 좀 해주세요) 용의 탈을 써서 밤이는 부여 백마강에 가서 놀고 낮엔 여기서 정사를 다스렀다는 겨. 성거산 위례성에서. 그래서 말에는 성거산 가서 그런 샘이 저 요런 샘이 있는디, 그것이 명주 실꾸리가 풀려나간다는 거 아녀? 성거산 굴이 거기서부터 뚫려서 백마강 거까지, 부소산까지 연했다는 겨. 저 내 어려서부텀 들었는디, 명주 실꾸리가 시 개가 풀려서 거기 들어간다 이 얘기여. 그러면은 그 우물, 샴 통한 것이 부소산까지 통한 모앵이지. 밤이는 백마강이 가 놀고, 낮이는 여기서 정치를 다스리고 이랬다는 겨. (청중: 낮이는 사람 되고?) 그렇지. 왕이 되고. 밤이는 용이 돼서. 〈김영기(남·76). 북면 상동리. 1990. 6. 25.『천안의 구전설화』, 291~292쪽〉

[자료18] 위례성 샘으로 중국까지 왕래한 백제 황제

위례산성 거기 밑에 샘이 있어요. 위례산성의 샘이라구 해요. 그런데 저 그 샘에 그 당시에는 굉장히 샘이 깊었대요. 그 전에 군사들이 인제 고구려에 대비해서 이제 백제 여기 싸울 적에 원래에 위례성이 여기래요. 위례성이라구 하는디, 고기 인제 연못이 샘이 있는데 샘이 굉장히 깊었대요. 그런디 인저 그 전에 저의 증조 할머니, 지금까지 살아 계시면 한 백수가 넘으셨죠? 증조 할머니한테서 저희 어머니가 얘기를, 증조 할머니가 그전이 소시적부터 여기 사셨고, 증조 할머니 말씀에 그전 또 어른들 말씀에 그 위례산성이 그 샘에 금 술잔 같은 거 그것이 떠다니고 그런 것이 많이 빠졌다, 그런 거, 말하자면 전설이 내려왔대요. 그런 얘기가 또 있고. (조사자: 그 샘이 지금도 있습니까?) 지금도 있죠. 그런데 물은 항시 좀 나거든요. 거의 형체는 얼추 미어졌고……

위례산 장수하고 저, 좌승산 장수면은 보이는 저 산 있죠?(조사자: 저쪽으로요?) 네. 그 장수하고 인제 말하자면 싸움을 하는데 도술로다가 이 돌을 던졌대요. 힘도 쎘지만. 그래가지구서 거기까지 날라가지 못하고 여기 떨어졌다… 이런 어른들한테 할아버지들로부터, 옛날부터 이런 얘기가 전해 내려오더래요.

서해바다루다가 이 백제 왕이 그 여기 저 위례산 그 바로 밑에 샘이 있는데요. 거기 저 샘이 그전에 깊었대요. 그저 백제 왕이 백제가, 사실은 황젠데, 에, 백제 황제가 이제 글로 해서 서해바다를 근너서 서해바다로 나가가지구 중국 산동성으로 갔다, 갔다가 이리 또 오고 그랬다는 말이 있구. 〈박규진(남·45). 입장면 기로리 1구. 1989. 6. 27.『천안의 구전설화』, 449～450쪽〉

[자료19] 위례성 전설은 백제 유민의 소망을 표현한 것

또 한 가지는 위례산성 전설은 들으셨쥬? (조사자: 예.) 왜 낮에는 활동을 못 하구 밤에만은 활동을 해서 병막(兵幕)에 나타나느냐 이거여. (조사자: 용이 됐다가 뭐-(웃음)- 그런 거 말요?) 그렇잖아유? 그건 꿈이다. 일종의 꿈 아뉴? 그건 꿈인디. 그 꿈이 부여 가서 다시 정치 좀 해서, 봤다는 얘기구. 용왕이 다시 나라를 찾아서 정치를 한 번 다시 했다는 기유. 백제를 그리워하고 백제가 망했어두, 백제를 그리워하고, 백제를 사모하고, 언젠가는 다시 한 번 백제를 부흥하고 싶은 그런 심정이 있었다는 거 아뉴? (청중: 그렇지. 백제 유민덜이.)

〈이원표(남·54). 병천면 병천리. 1991. 1. 10.『천안의 구전설화』, 286쪽〉

[자료20] 백제의 군량을 쌓아둔 군량들, 백제병이 피신한 두만이

여기가 왜 군량들이냐 하면은, 백제 시대에 여기 군량을 싸놨었어요. 백제 시대부터. 그래서 군량들이요. 군사 군(軍)자 들평(坪)자, 그래서 군평이구,

여기가 이제 요 너머 넘어 가면은 두만이라는 디가 있소. 그 두만이가 옛날 백제군이 패해서 이만 명이 피신을 한 곳이요. 한 만(萬) 두 만 해서 두만이. 응? 우리 순 우리말이지? 그래서 지끔 인제 두촌이라구 하는데… 〈이남진(남 · 68). 동면 동산리 군량들. 2003. 3. 14〉

[자료21] 용과 선녀로 변신하는 용샘의 용

용샘은 우리가 어려서 거기 인제 소풍을 가구 그러면은 이케 방안마냥 뚫려 있어요. 크으다라만한… 거기 이케 디다보면 시퍼랗거던. 그래 거기다가 인저 할머니들이, 할머님이 말씀하시기를, 거기 용샴이는 명주꾸리가 한 타래가 다 풀려서 나가면 서해바다루 간다. 그런디 잉어가, 잉어가 크웅 것이 거기 와서 두 마리가 냥 날마다 만날 저기를 핵거덩?. 그래 지끔은 그 용샴이 많이 며졌지요 인저, 육이오 사변 나구 거기 들어오구 그랬는디…

(조사자: 용이 들어앉아 가지구 나갈 때는 뭐가 돼요?) 선녀가아, 선녀가 됐다가 용이 돼

서 서해바다루 나가능 거야. (조사자: 선녀가 거기 들어앉아서요?) 그래 선녀라능 것은, 왜 선녀가 되능가 하면 옛날에는 왜 선녀가 머 하늘에두 있다 땅에두 있다 막 이롷게 얘기덜 옛날 얘기덜두 하잖어? 그래 그 용이 도십을 해각구, 응, 바다루 나갈 적이는 용이 돼서 나가구, 여기 들어와 있을 적이는 선녀가 돼서 익구, 그렇게 했다능 거지. 〈윤효녀 보살(여 · 72). 북면 운용리 깊은골 보현사. 2003. 3. 21〉

[자료 22] 밤에는 고기, 낮에는 새가 된 백제왕

옛날 백제가 뭐 저어기 거기가 무슨 강…? 저어기 그 강 있잖아요. 왜…? 거기 가서 뭐 낮이는 고기 낚구 (조사자: 부여요?) 아니. 여기 거기 뭐… 서해바당가? (임금이) 서해바다 가서 낮 낮이는 고기 노릇 하구 밤이는 와서 새 노릇 하구 댕겼다닝께. 몰르겄어요. 어트게 된 건지. (조사자: 밤에는 새 노릇 해요?) 그러닝께 밤이는 인저 저어기 가서 낚시질 하구, 여기 와서는 새 노릇 하구. 여기 와서. 그 뭐 거기가 용샴이다가 뭐 실꾸리를 멕 개를 느야 된다구 그랬는디, 그짐말여 그 다.

거기 품어본 사람두 있어요. (청자: 누가 품었어요?) 몰르겄어요 그게 나두. 누가 푸멌다구 그러더라구. 〈윤재택(남 · 63). 북면 운용리 군단이. 2003. 3. 23〉

사찰전설로 본 백제 불교사의 전개

1. 머리말

이 글은 충청지역을 주된 대상으로 삼아 불교와 전설과의 관련성을 고찰하려는 의도의 일환으로 작성된 것이다. 불교의 오랜 역사성과 종교적 영향력의 광범성으로 하여 사찰은 다방면에서 문화적 의미가 집적된 문화복합체로서의 모습을 잘 보여주고 있다. 그러므로 사찰은 종교·건축·미술 등 여러 측면에서의 이해가 필요하다고 하겠는데, 이 가운데에서도 문학, 특히 구비문학 쪽에서 볼 때에도 다른 분야에 뒤지지 않는 문학적 대상으로서의 의미를 함유하고 있다. 구비문학 가운데에서도 전설이라는 각도에서 주목할 경우 사찰은 우선 특수한 소재적 사물이라는 의미를 지닌다. 때문에, 하나의 사찰을 구성하고 있는 여러 요소들은 일상적인 사물과는 달리 종교적 체험의 대상이 될 수 있는 가능성을 늘 높이 지니고 있다. 이는 곧 이들 사찰을 구성하는 모든 요소들이 이야기, 즉 전설을 발생시킬 가능성을 언제나 강하게 확보하고 있음을 뜻하는 것이다. 또한 사찰은 특수 사물로서만의 의미에 그치지 않고, 종교적 특이체험의 주체가 되는, 고승들을 포함한 신앙인 집단의 종교생활이 늘 영위되는 곳이기도 하다. 이점은 사찰이 사물 쪽에서만이 아니라 인물 쪽에서도 전설을 낳을 수 있는 좋은 대상임을 의미하는 것으로, 그만큼 풍부한 전설의 생산·전승 대상이 사찰임을 잘 보여주는 것이라 할 수 있다. 사찰전설은 사찰이라는 특수한 공간을 대상으로 하여 향유되어온 우리의 전설 자산을 확장하고 그 표현 세계의 폭과 깊이를 파악하는 데에 중요한 하나의 대상이 되는 셈이다. 그러므로 사찰전설에 대한 관심은 단순히 기념적 자료의 소개를 위한 관심이나 불교적 교훈을 음미하는 정도의 접근에 그치지 않고, 우리의 역사와 문화의 반영이자 의식의 적극적인 표현물로서 주목하는 쪽에서 이루어질 필요가 있다. 충청지역의 사찰전설에 대한 이해는 대략 두 가지 축에서의 접근이 가능하며, 또 필요하다고 이해된다. 한편으로는 앞에서 말한 불교의 소재적 특성에 따른 공시적 측면에서 관찰되는 여러 전설 유형의 특징과 성격들이 포괄적으로 밝혀져야 한다면, 다른 면으로 불교의 역사적 전개 과정에 따른 전설의 통시적 변화 과정이 여러 각도에서 고찰될 필요가 있음이 그것이다. 앞의 관점에 선 연구를 위해서는 전승 자료에 대한 광범한 조사가 우선적으로 요청되는 것이라면, 뒤의 관점을 위해서는 역사와 전설의 관련성에 대한 원론적 이해를 다지면서, 전설 자료의 표현과 의미를 자세히 관찰하는 안목이 요구된다고 할 수 있다. 결국 사찰전설의 종합적인 이해는 사찰이라는 소재 중심의 접근과 함께, 그 소재를 낳은 시대사와 종교사적 이해가 병행됨으로써 바람직하게 이루어질 수 있다고 할 수 있는 셈이다.

이 글은 위 과제가 지니는 이러한 두 가지 접근 관점 가운데에서 역사적 이해 쪽에 관심을 한정하기로 한다. 그러나, 이렇게 관심의 폭을 줄인다 해도 이를 위해서는 충청지역 불교사의 전폭 속에서 역사에 대한 사찰 전설의 대응 관계를 다 다뤄야 할 것이므로, 이 가운데에서도 충청지역 불교사의 기반이라 할 수 있는 백제 불교사의 전개 과정에 따른 사찰 전설의 관련성만으로 다시 관심의 폭을 좁히기로 한다. 충청지역 사찰전설의 기반은 곧 백제 불교사 속에서 이루어졌다는 점에서 이 두 측면의 상호 관련성에 관심 기울이지 않고서는 충청지역 사찰전설의 뿌리를 제대로 파악하기가 어렵다. 따라서 우리는 충청지역 사찰전설의 여러 유형들을 폭넓게 주목하여 다루는 일에 앞서, 먼저 전설을 통한 백제사와 백제 불교의 관련성부터 찾아볼 필요가 있다. 이러한 관점에서의 접근은 전설의 역사적 이해라는 의미와 함께, 제한적이기는 하지만 전설을 통한 백제사 재구(再構)라는 의의도 함께 지니는 것이라 할 수 있다. 역사와 불교사를 각각 다루는 데에서 오는 약점을 상호 보완해줄 수 있는 것이다.

위와 같은 취지 위에서, 여기에서는 충청지역 사찰전설을 통한 백제 불교사의 특징 이해 쪽에 주안점을 두어 논의를 구성해 나가기로 한다. 이러한 관점에서의 접근은 주로 통시적 측면에서의 논의라는 점에서 자연히 다룰 수 있는 자료가 제한되는 약점도 있지만, 반면에 신라나 고구려와는 다른 전통을 이루어온 백제와 충청지역의 이른 시기 불교 및 사찰전설의 특징 이해를 위한 상대적인 강점도 있다고 여겨진다. 바로 전설을 통한 이러한 특징의 이해를 주된 과제로 삼고자 하는 것이 이 글의 의도이다. 제한된 범위에서의 논의이지만 여기에서 다뤄진 내용은 백제 시대 이후의 충청지역 사찰전설의 역사적 이해에도 하나의 디딤돌이 되어줄 수 있을 것으로 본다. 자료의 현지성을 주목한 연구가 아니므로, 인용 전설자료는 필자가 조사한 것들을 포함하여 이제까지 보고된 다양한 성격의 자료들을 되도록 널리 수용하여 참고하기로 한다.

2. 백제 불교 전래 과정의 전설적 흔적

충청지역 사찰전설의 역사에 따른 전개와 그 표현 양상은 외래 종교로서의 불교가 백제에 처음 전래된 단계에서부터 시작되었다고 할 수 있다. 그러므로 불교사와 대응되어 나간 사찰전설의 시발점은 백제가 불교를 수용해 나갔던 무렵을 주목하는 데에서부터 찾아질 필요가 있다. 충청지역을 중심으로 한 백제 불교가 당시 중국 동진(東晋)에 와있던 서역승 마라난타(摩羅難陀)에 의해 전래되었음은 잘 알려진 사실로서, 주목해야 할 것은 전래된 시기가 인접한 신라의 경우에 비할 때 상당히 빨랐으며, 왕실의 적극적인 관심 속에 받아들여졌던 사실이다. 신라가 불교를 공인한 것은 이차돈(異次頓)의 순교가 있었던 527년부터였지만 백제에 불교가 수용된 것은 그보다 150여년이 앞선 384년이었다. 더욱 중요한 것은 신라의 불교 수용이 승려들의 개인적 포교활동의 점진적 발전으로 국가 공인으로까지 나아간 데에 반해, 백제에서는 처음부터 왕실의 주도적인 호의와 관심 속에서 불교 전래가 이루어졌다는 사실이다.

> "임금이 교외에 나아가 그를 영접하여 궁중으로 맞아들였으며, 공경히 받들어 공양하고 그 가르침을 정중히 받아들였다." [1]

이국 승려에 대하여 임금이 보여줄 수 있는 최고의 예의와 관심을 표하고 있음을 볼 수 있다. 국가적 관심에서 전진(前秦)의 왕이 사절과 더불어 승려[順道]를 고구려에 보냈던 것과 관련해서는 이러한 기록이 나타나지 않고 있음에 비교하여, 이것이 개인자격으로 왔을 뿐인 한 사람의 승려에 대한 예우였음을 고려할 때, 그 점의 의의는 더욱 두드러지는 바가 있다. 이와 함께 눈여겨 보아야 할 사실은 마라난타가 9월에 온 뒤, 이듬해 2월에 한산(漢山)에 절이 지어지고 10명의 백제 승려가 동시에 배출되었다는 기록이다[2]. 이러한 추세였음을 주목할 때 당시 불교의 전래 뿐만 아니라 포교 또한 급진적으로 이루어졌을 것임을 짐작할 수 있다. 이처럼 왕의 적극적인 관심 아래 백제의 불교 수용이 신속하게 펼쳐져 나갔던 것은 당시, 고구려와 마찬가지로 백제 왕실이 불교를 통치이념의 적절한 수단으로서 인식했다는 사실과 함께, 바로 이러한 의도에서 이웃한 고구려와 거의 비슷한 시기에,

---

1) "王出郊迎之 邀致宮中 敬奉供養 禀受其說"(『해동고승전』권1, '석마라난타')
2) "創佛寺於新都漢山州 度僧十人"(『삼국유사』권3, '難陀闢濟')

경쟁적으로 불교를 수용하고 전파시킨 결과였다고 이해된다. 뒤이어, 392년에 왕이 내린 "불법을 숭배하고 복을 구하라(崇信佛法求福)"[3]라는 교령은 불교의 효용에 대한 확신을 보여준 것이자 백성들에게 불교신앙을 공식적으로 권장한 것으로 이해할 수 있다. 뿐만 아니라 이후 526년에는 겸익이 인도에서 범본율부(梵本律部)를 가지고 귀국하였고, 국내 명승 28명과 합력하여 이를 번역하자 왕이 친히 이에 대한 서문을 쓰기까지 하였다. 한편, 541년에는 양(梁)나라에 사신을 보내 열반경을 구해오는 등 백제 왕실은 불교의 전래에 지속적인 관심을 보여주고 있음을 볼 수 있다. "백제에는 승려와 탑이 매우 많으며, 도교인은 없다."[4]는 중국 측의 기록은 백제 불교가 시종 왕실의 강한 관심과 비호하에 전래되고 신속하게 전교되어 나간 결과를 반영하는 것이라 이해된다.

이처럼, 왕실의 현실적 통치이념과 합치됨으로써 일찍부터 왕실의 깊은 애호 속에 적극적으로 전교되었던 만큼, 일반 백성들의 불교에 대한 관심도 그에 비례하여 긍정적이고 진지하게 촉발되었을 것으로 보인다. 그리고 이로써, 백제 불교사에서의 이 무렵은 '전교'가 매우 중요한 '역사적'사실로 받아들여졌을 것이고, 그에 따라 전교 그 자체가 전설화의 가장 중요한 대상이 되어 나갔을 것이다. 충청지역 불교전설의 역사에서 가장 먼저 형성된 전설 유형의 하나가 곧 이들 '전래'유래담이 되는 이유를 이로써 이해할 수 있게 된다.

'불교 전래 유래담'은 불교의 영향국인 인도 이외의 모든 불교 신앙국에서 보편적으로 확인되는 유형이 될 것인데, 이 유형의 전설적 의미는 곧 불교 전래 사실을 과장화 하여 자국 불교의 존엄성과 전통성을 강조하려는 데에 있다고 할 수 있다. 충청지역에 전승되고 있는 위 유형담도 기본적으로 위와 같은 전설적 의미의 구현과 다르지 않다고 할 수 있고, 이러한 의미가

---

3) 앞 주와 같음.

4) "僧尼寺塔甚多 而無道士"(『周書』권19, 「열전」41)

실현되는 실제적인 방향은 다시 전래 사실의 과장적 확인과, 그로 인한 충청지역 불교의 역사성 및 전통성의 강조라는 두 가지로 나누어 이해할 수 있다.

그러면 실제 예를 통하여 이러한 의미가 어떻게 실현되고 있는지를 살펴보기로 한다. 충청지역 사찰전설 가운데에서도 가장 오랜 역사를 보여주는 유형인 때문인지 이와 관련된 예화는 발견하기가 쉽지 않은데, 우선 다음 예화가 주목된다.

> "충남 당진군 고대면 진관리에 영랑사가 있다. 옛날 중국 唐太宗의 공주로 '영랑'이란 아가씨가 있었다. 그런데 영랑 공주는 어느 날 임금에게 자신은 동쪽 바다 건너 백제나라로 가서 절을 짓고 승려생활을 하고 싶다는 말을 했다. 이에 태종은 처음에는 극구 딸을 설득하고 만류하려 했지만 그녀의 뜻을 꺾을 수가 없었다. 결국 태종은 딸의 의견을 허락하되, 혼자 보내기는 어려우니 阿道和尙을 인도자로 동반시켜 가도록 했다. 두 사람이 배를 타고 바다를 건너 육지에 닿은 곳이 바로 이곳이며 아도화상의 주창으로 여기에 절을 지어 영랑사라 이름 짓고 수도를 하며 살았다. 이런 연유로 개창된 절이어서 영랑사는 삼천년의 역사를 이어갈 것이라고 한다.'[5]

이 전설 유형담은 등장인물과 시대배경이 분명하게 드러나고 있어 일견 실제 사실을 상당히 짙게 반영하는 이야기라는 인상을 갖게 한다. 그러나, 3세기 인물인 아도[6]를 7세기 시대와 결부지어 줄거리를 구성하고 있음을 주목하면 이 이야기 가운데 분명한 사실 요소로 이해되는 측면들이 실제 역사와는 크게 빗나간 것들임을 금방 알 수 있다. 따라서 '당태종'이란 인물도

---

5) 인권환, 『한국구비문학대계』4-1, 한국학중앙연구원, 1981. 553~4쪽.

6) '아도'(阿道 혹은 阿頭, 我道)란 명칭이 '승려'란 용어가 일반화되기 전 승려에 대한 통칭이었다는 점을 고려할 때(김영태, 『신라불교사상연구』, 신흥출판사, 1979. 251쪽 참조), 위 명칭은 여기에서 별달리 중요하지 않다고 볼 수도 있을 듯하다. 그러나 위 이칭동명(異稱同名)이 6세기 이전에 쓰였음을 주목하면 이는 과장된 와전일 가능성이 높다고 할 수 있다. 더욱, 이 명칭이 신라로 내려온 고구려 쪽 전법승들을 가리키는 용어로 볼 필요성이 있다는 견해(고익진, 『한국고대불교사상사』, 동국대학교 출판부, 1989. 29쪽)를 감안할 경우, 그리고 더욱, 이 절의 창건시대를 고려 때로 밝힌 최근의 보고서 내용을 함께 참고할 때(『문화유적총람(사찰편)』, 충청남도, 1990) 그렇게 보아야 할 필요성이 더욱 높아지게 된다.

사실성이 희박한 것임은 물론, '영랑' 역시 그보다 더 실체성이 미약한 사실 요소라고 여겨진다. 여기에서 사실적 요소로 설정된 사항들은 그러므로 전설적 사실성을 '표현'하기 위해 동원된 것들이라 할 수 있으며, 따라서 그것은 실제 사실이 아닌, 전설적 강조를 위한 사실적 요소들로서 이해될 필요가 있다.

중요시해야 할 것은 그러므로 사실적 요소에 의해 표현되는 전설적 의미라 하겠는데, 그것은 곧 위에서 말한 '불교 전래 유래담'의 기본적인 의미틀이라 할 수 있는, 두 가지 의미의 확인과 강조로 요약할 수 있다. 그러한 표현의 구체적인 내용을 보면, 우선 전래시킨 쪽이 '중국'으로 설정되어 있는 것을 주목할 수 있다. 이는 일견 당연하고도 자연스런 사실 같기도 하지만 그렇게 간단히 보고 말 문제만은 아니다. 백제의 불교 전래 및 교류의 역사는 중국 쪽과도 긴밀한 관계를 맺어왔지만, 겸익과 같은 고승이 526년에 인도에서 많은 불경을 가지고 돌아와 28명의 고승과 함께 대대적인 역경사업을 벌인 일로써 알 수 있듯, 그 못지않은 관계를 인도와도 맺고 있었다. 불교적 정통성 면에서 생각한다면 중국보다는 오히려 인도로부터의 영향 관계를 더 높게 평가하고 전설로 반영함직하다. 그러나 실제 불교 전래 유래담에 반영된 나라는 인도가 아닌 중국 쪽만으로 나타나고 있다. 종교적 정통성보다는 문화적·정치적 관계가 더 크게 의식된 결과라 할 수 있다. 좀 더 나아가, 중국 쪽의 나라 이름이 당(唐)으로 구체화되고 있는 사실 또한 유의할 사실의 하나이다. 백제 불교사에서 중국 쪽과 주로 교류를 가졌던 나라는 동진(東晋)이나 양(梁)나라였다. 당나라, 혹은 그 이전의 수(隋:581~617)나라 때보다도 훨씬 이전인 육조(六朝:221~589) 시대에 이미 불교가 전래되고 발전하여 500년대에 들어서면서는 중국 쪽의 영향에 의한 한계점을 인도를 통해 극복, 해소하고자 한 것이 백제 시대 불교의 수준이었다. 그럼에도 이러한 역사사실을 벗어나 불교 교류를 특징적으로 반영하는 시대배경이 전설상으로는 그보다 훨씬 후대인 당나라(618~907)로 구체화되고 있다. 이 역시 현실적인 정치적 영향 관계가 지배적인 상상력으로 작용한 결과이다. 백제와의 외교 관계에 있어 당나라가 지니는 관계가 더 크게 의식되고 과대평가된 데에서 그것이 당나라로 설정되고, 더 나아가 같은 의식의 연장에서 '태종'과 '공주'로까지 전설의 사실성이 구체화되는 모습을 보여주게 되었다고 할 수 있다. 여기에서 우리는 전설적 상상력이 일정한 역사를 근거로 하여 출발하는 것이면서, 현실성을 더욱 보완하고 과장하면서 표현되는 것임을 확인하게 된다.

이러한 불교 전래국에 대한 전설적 표현과 더불어 살펴야 할 것이 그에 의한 결과를 설명하는 내용이다. 결과에 의해 원인이 더욱 분명하게 나타나는 것처럼, 이 부분의 표현이 그것과 조응됨으로써 전래국에 대한 강조 표현은 더욱 강한 설득력을 확보할 수 있게 된다. 이에 의한 '결과'를 설명하는 부분을 보면, 그러한 유래로 하여 '영랑사는 3천년 역사를 지속할 수 있다'고 표현하고 있다. 원인 쪽의 강조 표현이 크게 과장된 것만큼, 그에 대한 결과 쪽의 표현 또한 상당히 과장되어 드러나고 있다. 과거에 대한 강조로써 현재와 미래의 전통성을 강하게 인식하고자 하는 욕구가 발휘된 것이라 할 수 있다.

같은 불교 전래 유래 유형담에 속하면서도 이와는 약간 다른 내용을 보이는 다른 예화를 보기로 한다.

> "지금부터 약 1300여년 전, 백제 의각화상이 중국에 가 불법을 배운 뒤 1053기(혹은 3053기라고도 함)의 불상을 배에 싣고 귀국하였다. 배가 닿은 곳이 그때는 바다였던 지금의 충남 예산군 신암면 종경리 앞 부근이었다. 불상을 모시고 무사히 귀국한 의각화상은 좋은 절터를 잡고자 백일불공을 드리기로 했다. 백일째 되는 날 어디선가 갑자기 까마귀 한 마리가 날아오더니 불상이 실려있는 배의 돛대 끝에 앉아 잠시 울고는 다시 날아올라 어디론가로 계속 날아갔다. 의각화상이 따라가 보니 마침내 어느 산에 앉아 울고 있는 것이었다. 의각은 바로 그 산이 좋은 절터임을 직감하고 절터로 삼았는데 바로 지금의 예산읍 뒷산인 金烏山이었다. 그런데 막상 절짓는 일을 착수하고 보니 건축자재를 운반하는 것이 큰 문제였다.

이 문제로 고심하고 있을 때 갑자기 질마를 얹은 소 한 필이 어디에선가 나타났고, 스님은 이 소의 도움으로 무사히 일을 마칠 수 있었다. 절을 완공한 뒤 나루터에 나가 보니 불상을 싣고 왔던 배는 저절로 바다속에 가라앉았다. 지금 그 절 이름이 香泉寺이다."[7)]

위 전설은 앞 예에 비하여 허구화의 정도와 줄거리의 길이가 더 심화되고 길어진 모습을 보여준다. 그리고 '전래' 사실 이후의 과정이 길게 서술되어 창건유래담으로서의 성격을 더 뚜렷이 보여주고 있기도 하다. 문면상으로 볼 때, 이야기 주인공인 '의각화상'의 실존 여부가 불분명하기 때문에 인물 설정 단계에서부터 줄거리의 허구화가 어느 정도인지를 명확히 알기가 어려운 실정이지만, 이 문제를 유보하고 본다 해도 위 전설은 허구적 과장이 여러 곳에서 실현되고 있음을 쉽게 알 수 있다. 전설적 표현을 뚜렷이 보여주고 있는 부분들을 일단 정리해 보면 다음 네 가지로 요약된다.

① 불상을 갖고 도착한 지점이, 그때에는 바다였음

② 까마귀가 나타나 스님을 안내함

③ 소가 갑자기 나타나 불사를 도움

④ 불사가 끝난 뒤 불상을 싣고 왔던 배가 저절로 침몰됨

이제, 이들 단위들을 일정 사실의 전설적 표현이라는 전체적인 의미의 틀 위에서 관찰할 필요가 있다. 이러한 각도에서 볼 때 ①~④의 의미를 다음과 같이 정리할 수 있다.

㉠ 전래 시기의 과장…①

㉡ 전래 결과의 과장…②·③·④

전체적인 줄거리 내용상 ㉠보다 ㉡에 비중이 더 크게 두어져 전설화가 실현되고 있음을 알 수 있다. 여기에서, 문면으로만 볼 때, 앞에서 본 예화와

---

7) 『예산군지』, 예산군, 1987. 1207~8쪽.

는 달리 '전래국'에 대한 과장 표현은 다소 막연한 정도에서 그치는 것으로 여겨질 듯도 하다. 그러나 '1300여년 전'이란 시간 개념을 눈여겨볼 때, 구체화되지는 않았지만 앞에서와 같이 여기에서도 그 점이 '당나라'로 의식된 것이라 할 수 있고, 따라서 '중국'이라고 막연하게 제시한 대목에 대하여 일정한 허구적 과장이 가해진 것으로 이해할 수 있다. 의각화상의 실재성이나 생존 연대가 '1300여년 전'의 시대와 불일치될 수 있는 가능성이 있음을 고려하면, 그러한 허구적 표현성과 사실성의 강조가 전설적 과장의 성격에 더욱 가까울 것임을 충분히 예측할 수 있다. 이와 함께 주목해야 할 부분이 ㉠이다. 이는 전래 사실의 장구성이 태초적 시간관념으로까지 확장되었음을 보여준다. 이러한 신화적 시간관념은 위 전설의 전후 문맥성과는 불일치성을 보이는 것이라 하겠지만, 그러나 이는 전체 문맥의 전후 부분이 지니는 미흡성을 간접적으로 보완해주는 의의를 지니는 것으로 이해할 수 있다. 앞에서의 전설이 인물의 신분—임금과 공주—을 내세운 과장 표현으로 이러한 기능이 이루어지고 있다면, 여기에서는 시간관념의 과장화가 이를 달성해 주고 있는 셈이다.

전설은 일정한 역사 사실 가운데에서 의미 있게 받아들인 특정 부분이 강조되어 표현된 이야기이다. 백제의 불교 유입 역사는 전설상으로는 중국 아니면 당나라로만 나타나고 있지만, 실질적인 유입관계는 그렇게 단순하지 않았으며 육조 시대와 연결되고, 수와 당을 포함한 데에다 인도까지 이어지는 등 다양한 것이었다. 그러나, 불교를 포함하여 충청지역의 문화사 일반은 무엇보다도 중국과의 관련성을 배제하고는 이해하기 어려운 역사적·현실적 관련성으로 하여 전설 속의 불교 전래국이 이처럼 일차적으로 '중국'이라는 단순화를 지향할 수밖에 없었다고 여겨진다. 그리고, 더 나아가 당나라가 백제 및 백제 이후의 우리 강역과 충청지역에 미친 영향력 때문에, 그리고 더욱 현실적으로는 무엇보다도 당나라로부터 받은 정치·군사적 영향으로 인해 실질적인 역사는 잊은 채, 전래국이 일방적으로 당나라로 설정되어 구체화되고 있다. 바로 위 유형담은 충청지역 불교사의 이른 시기 역사를 일정하게 수용하고 있으면서도, 이 지역의 역사적 현실감을 반영하고 있음이 드러나며, 바로 이점에서 지역적·역사적 특징을 보여주는 전설로서의 의의가 있다고 할 수 있다.

3. 불교의 본격적 전개와 전설화의 방향

충청지역의 불교는 '외래'를 전제한 것이어서, 전래과정이나 전래되어 절이 지어지기까지의 과정을 반영하는 전래유래담이 하나의 독립된 유형을 이루고 있음을 보았다. 그렇다면 이제 같은 근거로서, 이 문제와 인접한 문제의 하나로 주목할 수 있는 것이 전래된 이후 그것이 충청지역의 중심적인 종교로 뿌리를 내리는 과정이 어떻게 전설로 실현되고 있는가 하는 점이다.

백제를 포함한 고구려와 신라 모두 불교의 수용 이전에 일정한 민속신앙이 있었을 것이며, 각자의 토착화 과정에는 모두 민족 고유 민속신앙으로부터의 저항을 어느 정도로든 받아야만 했을 것이다. 왕실 중심의 불교 수용은 그것이 왕권 강화와 국가 발전이라는 이익과 합치된 데에서 손쉽게 이루어질 수 있었다 해도, 일단 수용된 불교가 귀족 중심의 지배계층으로 널리 확장되고, 나아가 다양한 신앙생활을 영위하던 피지배계층으로까지 확산되어 사회 전반에 토착화되기까지는 때로 상당히 오랜 기간에 걸친, 지속적인 난관이 있었다고 할 수 있다. 또한 그만큼 이러한 사회적 현상이 사찰전설을 포함한 불교전설에 일정한 정도 반영되어 나갔을 것임은 충분히 예측할 수 있는 일이다. 또한 그런 만큼 이 문제는 이 지역 사찰전설의 역사성과 지역적 특성을 이해하는 데에 불교 전래 유래담 못지않게 중요한 의미를 지닌다고 볼 수 있다.

그러나, 이러한 중요성에도 불구하고 실제 이와 같은 역사를 제대로 반영해주는 전설자료는 드문 편인데, 따라서 이의 효과적인 이해를 위하여 이 문제와 직접 관련이 있는 백제 시대 불교의 발전과정을 인접국과의 비교를 고려하면서 살펴 나가는 것이 유익할 것이다. 백제 · 고구려 · 신라가 불교를 받아들인 정치적 목적은 '왕권 강화와 국가 발전'[8]을 공통분모로 하고 있었지만, 각 나라마다 불교가 발전해 나간 시기나 과정에는 모두 차이를 보여주었다. 중국으로부터 정치 · 문화적 영향을 가장 깊게 받았던 고구려의 경우 종교의 전래는 그 동기에서 볼 때 중국 쪽과의 외교관계에 따른 결과라는 의미를 특히 짙게 띠었다고 볼 수 있다. 최초 전진(前秦)이 불교를 전래시켰을 때 사신을 보내 감사를 표했던 일[9]이나, 624년 당나라가 도사(道士)로 하여금 천존상을 보내고 '도덕경'을 강론케 하면서, 수나라 때 고구려에 잡혀간 포로 송환을 요청했던 사실[10]이 이를 말해준다. 일단 도교를 받아들인 고구려 왕실은 불교를 버리고 도교를 존중하였으며 불교는 크게 위축·쇠퇴하게 되었다고 여겨진다. 643년 연개소문이 도교를 다시 받아들이고 불사(佛寺)를 빼앗아 도교사원으로 삼도록 했다는 기록에서 이를 확인할 수 있다.[11] 더욱 〈보덕이암(報德移庵)〉 전설[12]은 당시 이러한 상황에서 고구려 불교계가 고승의 간언을 무시하는 고구려 왕실 내지 나라를 버렸음을 암시적으로 보여주는 적절한 예이다. 일차 수용한 도교를 외교적 목적에서 재차 받아들이는 절차를 밟은 사실이나, 이와 거의 동시에 오랜 기간 동안 지속되어온 불교가 급속히 쇠퇴해 나갔던 사실을 감안할 때, 고구려의 불교가 얼마나 왕실의 외교적·정치적 이익관계에 의해 크게 좌우되었는지를 잘 짐작할 수 있다. 이로써 볼 때, 불교가 고구려에 뿌리를 내리는 과정에는 기존의 토착신앙으로부터의 반발이 그다지 크지 않았거나, 어느 정도의 저항이

---

8) 고익진, 『한국고대불교사상사』, 동국대학교 출판부, 1989. 86쪽.

9) 『해동고승전』 권1, '순도'

10) 『삼국유사』 권3, '보장봉소·보덕이암' 참조.

11) 앞 주와 같음.

12) 보덕화상이 왕에 대한 자신의 간언이 수용되지 않자 (도술로) 집을 날려 백제 땅인 전주 고대산으로 옮겨왔다는 내용의 전설.

있었다 해도 전제왕권에 의해 손쉽게 억제 혹은 완화되어 나갔던 것으로 이해된다. 실제, 고구려의 불교정착 과정상의 난관을 반영하는 전설자료를 찾아보기 어려운 것은 바로 당시의 이러한 상황을 보여주는 결과가 아닌가 여겨진다. 결국, 정치·군사적으로는 투쟁적 활동을 보여주었음에 반해, 종교적으로는 그렇지 못한 것이 고구려 불교 정착과정이 지니는 특징이었으며, 이 결과 토착적인, 혹은 기존의 신앙이나 사상을 극복하며 불교가 정착되어 나간 역사사실의 전설적 반영은 미약할 수밖에 없었다고 할 수 있다.

이에 비하여 백제는 어떠했는가? 불교 수용의 동기가 '왕권 강화와 국가 발전'에 있었고, 불교의 발전에 왕실이 주도적인 역할을 했음은 인접한 신라나 고구려와 비슷했지만[13], 백제 불교의 특징은 시종 '계율' 중심적이었음을 우리는 깊이 유의할 필요가 있다. 이러한 계율 중심으로 백제불교가 흐른 것은 당시 불교 전래국인 동진(東晋) 불교의 특색이 반영된 결과라는 점으로도 부분적인 해석이 가능하겠지만, 계율 중심적 경향이 백제 말기까지 지속되면서 더욱 강화되는 추세였다는 사실을 주목할 때[14], 이 문제는 백제 불교가 보여준 좀 더 근본적인 특징으로 이해될 필요가 있다. 이미 전래될 때부터 계율성이 중시된 이래, 527년 겸익이 인도로부터 율부(律部)를 들여오고 이의 대대적인 번역 사업을 벌인 것이나, 이에 이어 율소(律疏) 36권이 찬진된 것, 그리고 599년에는 임금이 살생금지령을 내려 민가에서 기르는 매를 풀어주고 어로와 사냥도구를 불살라 버리도록 명령한 것[15] 등을 통하여 백제 불교사가 계율 중심적이었음이 잘 확인된다. 뿐만 아니라 이러한 계율주의의 강조는 백제 후기에 오면서 미륵사상이 확산되는 추세에 의하여 더욱 강화되는 양상을 보여주었다. 백제 불교사의 이러한 특징은 백제 불교가 시종 왕실 불교적 성격이 강조되어 지속돼 왔으며, 그러한 백제 불

13) 이에 대해서는 이기백, 『신라사상연구』, 일조각, 1986. 5쪽 및 같은 쪽의 보충 주를 참조할 것.
14) 이에 대해서는 김두진의 「백제의 미륵신앙과 계율」(『백제불교문화의 연구』, 충남대학교 백제연구소, 1994)을 참조할 것
15) 『삼국유사』권3, '법왕금살' 참조.

교적 토착화 과정에 별다른 종교적·사상적 모순을 겪지 않았을 것이란 사실을 뜻하는 것으로 이해할 수 있다. 그러므로, 좀 더 중시해야 할 문제는 백제 불교사의 이러한 특징을 어떻게 이해할까 하는 점이 될 것이다. 이 문제는 대략 다음 세 가지 관점에서 해답을 찾을 수 있을 것으로 본다. 첫째로 백제 종교의 기본적이고 포괄적인 성격이라 할 수 있는 것으로서, 기존의 토착 신앙이 후래의 종교나 사상을 일방적으로 배척하려 하기보다 대체로 이질적 요소의 상호 존중 또는 조화 속에서 공존을 추구하려는 것이 백제다운 정신적 · 종교적 토대를 이루고 있었다는 점이다. 넓게 볼 때 백제의 신앙과 종교가 불교로만 일관되어온 것은 아니었다. 웅진 시대에 이어 남부여로 개칭한 부여 시대로 이어지면서 왕족의 정통성을 의식한 강력한 조상숭배가 이루어졌으며[16], 중국에 견주면 변방의 나라이면서도 백제는 천자국인 중국에서와 똑같은 천신(天神)과 오재(五帝)에 대한 제사를 행하였다.[17] 뿐만 아니라 중국 쪽 기록상에는 도교가 없다고 했지만, 무녕왕릉에서 출토된 명문(銘文)의 내용이나 부여 궁남지에 방장선산(方丈仙山)을 쌓은 일, 그리고 특히 최근 출토된 금동대향로(金銅大香爐) 등[18]을 통하여 도교사상이 백제사회에 깊이 받아들여지고 있었음을 알 수 있다. 이처럼 외래의 다양한 제례와 신앙을 흡수하여 자국문화화 했지만 이러한 과정에서 이들 사상들이 상호 모순, 상충되었던 기록은 별달리 발견되지 않는다. 그리고 이러한 현상은 백제인의 오랜 심성적 특성과 그에 의한 문화적 특징이라는 관점에서 이해되어야 할 것으로 본다. 두번째로는, 고구려·신라와는 달리 백제가 불교를 받아들일 무렵은 이미 전제왕권이 확립되어나간 때였다는 사실을 그에 대한 요인의 하나로 들 수 있다.[19] 강력한 전제왕권을 바탕으로 한, 왕실 중심으

---

16) 백제의 시조묘 제사는 동명과 구태 두 인물이 다 모셔졌으며, 연 4회씩 올려졌던 사실에서 이를 잘 확인할 수 있다(최광식, 『고대한국의 국가와 제사』, 한길사, 1994. 183~4쪽 참조).

17) 차용걸, 「백제의 숭천사상」, 『백제의 종교와 사상』, 충청남도, 1994, 13쪽.

18) 백제사회의 도교 관련 자료는 이 외에 다른 예를 더 들 수 있다. 이에 대한 자세한 논의는 신동호, 「백제의 도가사상」, 『백제의 종교와 사상』, 충청남도, 1994. 참조.

19) 이 점과 관련, 신라의 불교 수용이 백제·고구려보다 150여년 뒤늦은 것은 "국왕의 권력 성장이 그만큼 늦었던 때문"이라는 이기백의 견해(이기백, 주 13)와, "고구려나 신라의 경우 체제정비나 불교의

로 불교를 수용한 결과 왕실의 일방적인 외교적 이익관계나 왕권강화의 관심에 따라 불교를 수용할 수 있었을 것이며, 귀족세력에 대한 왕실 우위의 지배적 권위가 시종 유지되어 나갔던 데에서 왕실과 불교와의 이러한 관계는 별다른 변화를 겪지 않아도 좋았을 것이다. 이것은 왕권의 강화 및 정복전쟁의 확산 과정과의 긴밀한 관련 속에서 발전해 나간 신라 불교의 역동적인 토착화 과정과는 대조적인 것으로, 백제는 비교적 안정된 정치·사상적 기반에서 일정한 불교사상의 일관되고 점진적인 실천이 가능했음을 보여주는 것이라 할 수 있다. 그리고 이처럼 안정된 토대 위에서의 점진적 실천이었던 데에서 백제 불교는 토착신앙이나 선행 종교와의 대립 가능성이 적었다고 볼 수 있다. 앞에서 본 첫 번째 요인도 어느 면 이러한 두 번째 요인을 바탕으로 한 데에서 효과적으로 이루어질 수 있었다고 보아야 할 듯하다. 세 번째로는, 계율 중심적 불교신앙이 지니는 현실적 효용성과 일상성을 들 수 있다. 불교의 계율은 불교신자의 종교생활을 위해서만 필요한 것이 아니며 넓게 볼 경우 국민적 윤리에도 유용한 항목으로 전환시켜 실천할 수 있다는 장점을 지니고 있다. 따라서 통치자의 관점에서 볼 때 계율의 중시는 불교적 특색을 뚜렷이 내세우지 않으면서도 불교를 널리 펼 수 있으면서, 관리나 군인 및 일반 백성 등 각계각층의 윤리의식 향상 및 사회질서의 확립이라는 효과를 함께 달성하는 이점을 도모할 수 있게 된다. 그만큼, 이러한 계율 중심 사상이 지니는 현실성과 일상성으로 하여 백제 불교는 초기부터 다른 신앙이나 사상 사이에, 그리고 사회의 계층 사이에 심한 대립을 빚을 가능성이 적었다고 여겨진다. 불교를 중시하되 이처럼 종교의 현실성을 깊이 의식한 데에서 백제 불교는 시종 계율 중심적 흐름을 지속할 수 있었다고 여겨지며, 이러한 경향은 백제 말기에 크게 확산된, 역시 계율을 중시하는 미륵신앙과도 자연스럽게 접속될 수 있었다고 여겨진다. 그러면서

공인이 영토의 팽창야욕을 갖춘 시기에 이루어졌다. 그러나 백제는 넓혀진 영토를 유지하려는 면에서 체제정비나 불교의 공인이 이루어졌다"(김두진, 「백제의 미륵신앙과 계율」, 『백제불교문화의 연구』, 충남대학교 백제연구소, 1994, 61쪽)는 언급이 참고된다.

도, 신라에서와는 달리 '전륜성왕(轉輪聖王)'이나 '불연국토(佛緣國土)'와 같은 미륵신앙이 보여주는 종교적 관념을 극단적인 수준으로 실현하는 데까지 나아가지는 않았던 것은, 백제불교가 왕권의 안정된 기반 위에서 지속되어 왔음과 함께 불교 윤리의 현실적·실천적 측면이 중요시되어 왔음을 보여주는 것이라 할 수 있을 듯하다.

결과적으로, 이러한 사실은 백제 불교의 토착화가 심각한 대립의 산물이 아님을 뜻하는 것임을 말해준다. 그리고 같은 이유로서 이러한 과정이 백제 불교사에서 심각하게 기억되기 어려웠을 것임과 함께, 그에 따라 이러한 역사사실의 전설적 반영 역시 뚜렷하게 드러나기가 어려웠을 것임을 예측케 하는 결과이기도 하다. 이에 대한 구체적인 양상은 실제 신라의 사정을 살피면서 좀 더 분명하게 드러나게 될 듯하다.

다음으로 신라를 보기로 한다. 신라의 불교 정착 과정은 그것이 수용되기 전에는 기존의 토착 신앙으로부터 심한 저항을 받았음에 비해 수용 후에는 강력한 국가 불교적 성격을 띠면서, 백제와 고구려에 비하여 승려의 잠입에 의한 비밀 전교를 통하여 비교적 일찍 불교를 접할 수는 있었으나 강한 귀족·계급사회 속에서 다져져온 무교(巫敎)적 토착신앙과 심한 갈등을 겪었으며, 이러한 반발은 당시 전교(傳敎)승들의 생명에 치명적인 위해를 줄 정도로 심각한 것이었다.[20] 이러한 난관이 계속되고 난 뒤에 있었던 이차돈의 순교(527)와 그에 뒤이어 경주의 천경림(天鏡林) 터에 흥륜사(興輪寺)를 지은 사실(535)은 신라 왕실이 겪은 불교 공인의 난관과 더불어, 이로써 불교에 의한 기존 신앙의 극복이 비로소 달성될 수 있게 되었음을 말해주는 것이라 할 수 있다.

이러한 불교의 국가적 인정과 본격적인 정착이 이루어졌던 무렵은 고구려와 백제를 상대로 한 신라의 정복전쟁이 점차 강화되던 상황이었던 만큼,

---

20) 예컨대 신라 쪽에 잠입한 고구려 전법승 가운데 정방(正方)과 멸구자(滅垢疵)가 암살당한 일이나 아도가 자신을 죽이려는 자가 있어 3년간을 모례의 집에서 숨어서 산 일, 그리고 소지왕 때 일관의 진언에 따라 분수승(焚修僧)을 사살한 일 등이 그 예이다.

당시 불교의 공인은 이러한 국가이념의 실현이라는 이상과 목표가 일정하게 고려된 결과라 할 수 있고, 이후 신라의 개성적인 불교의 발전은 이러한 이념성과 긴밀히 부합되고 강조되는 방향에서 이루어질 것임을 예고하는 것이기도 한데, 바로 신라 불교는 유례없이 강력한 왕실불교, 국가 불교적 성격을 동시에 지니고 급속한 발전을 거듭하면서 고구려 · 백제 불교와는 다른 토착성을 뚜렷이 보여주게 되었다. 그것은 다름 아닌 불교적 이상의 적극적인 실천행위로 나타났고, 그 구체적인 모습이 화랑도에 의한 미륵세계의 구현, 왕실의 전륜성왕(轉輪聖王) 관념의 실현과 같은 것이었다. 화랑도를 미륵의 호신으로 이해하고자 한 것[21]이나, 미륵이 출현한 불교적 이상시대의 통치자로 관념화되고 있는 전륜성왕을 왕실에서 그대로 모방할 정도로 불교관념의 실천에 적극적이었음[22]은 일찍이 고구려나 백제에서는 유례를 찾기 어려운 것이었다. 이는 곧 당시 왕실의 통치이념을 불교이념과 합치시켜 이해하고자 한 것으로, 이와 같은 정교(政敎) 관계 속에서 호국은 곧 호법으로 받아들여졌을 것이며, 정복전쟁을 통하여 왕권이 점차 강화되는 것과 비례하여 왕권과 밀접히 관련된 승려의 초경험적 권능에 대한 관심과 기대 또한 더욱 상승되어 나갔을 것이다. 이로써 볼 때, 결과적으로 신라는 불교의 토착화 과정이 왕권의 강화를 위한 왕실불교, 정복전쟁을 위한 국가불교적 성격과 일치되어 전개됨으로써, 이러한 불교의 토착화는 그 자체 신라 불교사의 가장 역동적인 모습을 보여주었을 뿐만 아니라, 그만큼 불교전설과 관련해서도 불교사상의 역사와 상황을 가장 뚜렷하고 강렬하게 반영할 수 있는 기반이 되었다고 볼 수 있다.[23]

---

21) 진지왕 때 흥륜사의 승려 진자(眞慈)가 당주(堂主) 미륵존상 앞에서 미륵불이 화랑으로 화작(化作)하여 출현해 주기를 발원하자 마침내 미륵선화 미시랑(未尸郎)이 나타나 이를 국선(國仙)으로 받들었다는 기록(『삼국유사』)이 이를 말해준다.

22) 흥륜사를 짓고, 왕자들 이름을 동륜(銅輪)·금륜(金輪)으로 지은 진흥왕이나, 자신의 이름을 석가모니의 아버지 이름을 따 백정(白淨)이라 하고 왕비를 석가모니의 어머니 이름인 마야부인(摩耶夫人)이라고 한 것 등을 그 예로 들 수 있다.

23) 이와 관련, 이기백의 아래 언급이 하나의 간접적인 참고가 될 수 있을 듯하다: "…이리하여 무격신앙과 불교와의 교대가 이루어지고, 무의 무력을, 그 반면에 불승의 위력을 표시하는 사실 혹은 설화가

불교의 전래에 이은 불교 토착화의 전설적 반영 가능성을 고려하면서 살핀 이제까지의 고찰 결과를 종합하면 삼국이 모두 일정하게 다른 모습을 보여준다. 삼국이 정복전쟁의 각축을 벌이면서 나라의 중흥을 기하고자 했던 무렵에 불교를 버리고 도교를 취한 것이 고구려였다면, 전단계에 비해 큰 변화 없이 미륵사상을 더욱 중시함으로써 국가 불교적 성격을 지속시켜 나간 것이 백제였고, 국가의 공인과 동시에 왕실불교·국가 불교적 성격을 함께 추구하면서 통일 지향적 국가 정책의 수행과정과 나란히 불교를 발전시켜 나간 것이 신라였다. 이로써 불교 토착화의 역사가 가장 밀도 있게 반영될 수 있는 조건을 지닌 것이 신라라면, 가장 그와 먼 거리에 있는 것이 고구려였다고 할 수 있다. 그 중에서도 백제와 신라는 비슷한 점과 다른 점을 함께 보여주고 있어 주목된다. 신라의 경우 호국은 호법과, 임금은 전륜성왕과, 화랑은 미륵의 화신과 같다고까지 정치이념과 불교사상이 깊이 일치되고 있었기 때문이었음인지 정복전쟁으로 전제왕권이 강화되던 시기의 고승담을 보면 인물의 역할과 능력이 매우 숭고하고도 초월적인 모습으로 전설화되고 있다. 이를 적절히 보여주는 예가 원광(圓光)·자장(慈藏)·의상(義相)과 같은 인물들이다. 554년경 출생한 것으로 여겨지는 원광 고승전설은 경이적인 신이 화소를 풍부히 담고 있다.『삼국유사』에 실린 그에 대한 기록에서 이러한 부분만을 뽑아 정리하면 다음과 같다.

[1] 수나라 병사에게 잡혀 죽음을 당할 무렵, 수나라 군의 대장의 눈에 사탑이 불타는 모습이 보여 급히 달려가 보니 불은 보이지 않고 탑 앞에 원광이 결박되어 장차 죽이려는 상황이었는데, 대장이 이를 기이하게 여겨 풀어줌
[2] 임종할 때 공중에 음악소리가 가득하고 이상한 향기가 절 안에 충만함
[3] 어떤 백성이 사태(死胎)를 스님의 무덤 옆에 묻어 후손을 잇는 복을 받고자 하였으나 벼락이 태를 쳐 무덤 밖으로 내침
[4] 어느 날 임금이 원광의 머리에 금빛이 찬란하고 일륜상(日輪像)이 그 몸을 따라다니는 것을 봄

나타나게 되었다"(이기백, 주 19), 29쪽).

[5] 삼기산(三岐山)에서 수도할 때 신이 나타나 원광으로 하여금 근처에 수도중인 삿된 주술승에게 자리를 떠나줄 것을 요청하게 했으나 주술승이 이를 거부하자 신이 신술로 주술승이 있는 산을 무너뜨림. 그런 뒤 원광에게 중국에 가 수행할 것을 권유함

[6] 귀국한 뒤에 삼기산 절에서 다시 신을 만나 감사를 표한 뒤 서로 생생상제(生生相濟)를 약속함. 이어 신이 자신의 모습 일부를 신비스럽게 드러내 보이고, 다시 늙은 여우로 변신해 죽는 이변을 나타냄[24)]

위 글에는 이러한 전설적 모습과 더불어, 원광이 고승으로서 평소 임금의 지극한 예우를 받았으며, 중국의 내부 사정에 밝은데다 중국에 〈걸병표(乞兵表)〉문을 지어 30만 대군의 지원을 받는 데에 공헌하는 등 외교와 관련된 글을 잘 지어 "온 나라가 그를 받들어 치국 방법을 맡겼다"[25)]고까지 그에 대한 칭송을 아끼지 않고 있다. 그리고 "원광의 뒤로 계속하여 중국으로 배우러 간 사람이 끊이지 않았으니 원광이 길을 튼 셈이다"[26)]라는 말로 그에 대한 행적 소개가 마무리되고 있다. 이로써 볼 때, 그에 대한 세인의 관심과 평가는 중국 유학승으로서의 불교 전통 수립과 그에 기반한 외교적 능력에 의한 국가에의 공헌이라는 두 가지 방면으로 압축된다고 여겨진다. 그리고 이것이 곧 그 시대의 불교 정착화 과정에서, 그가 보여주고 또 평가받을 수 있었던 '훌륭함'의 핵심이라 할 수 있고, 그만큼 이점이 구전을 통한 전설적 표현의 초점이 될 가능성이 높았다고 할 수 있다. 실제 위 전설화된 내용의 핵심이 바로 여기에 집중되고 있음을 잘 확인할 수 있다. [5]·[6]을 통하여 드러나듯, 원광이 중국에 들어가게 된 동기가 다음과 같이 신(神)의 간절한 권유 결과인 것으로 나타나고 있다.

"…법사가 오직 이곳에만 있으면 비록 자기 몸을 이롭게 하는 행위는 있을지 모르나 남을 이롭게 하는 공로는 없을 것이오. 지금 고명을 드날리지 않으면 나중에

24) 『삼국유사』권4, '圓光西學' 참조.

25) "一隅傾奉 皆委以治方"

26) "及光之後 繼踵西學者憧憧焉 光乃啓途矣"

승과(勝果)를 얻지 못할 것이요. 어찌 불법을 중국에서 취하여 나라의 모든 혼미한 무리를 제도하지 않는 것이요."[27]

위 인용문과 앞의 [6]을 이어 보면 원광의 '도중(渡中)' 동기가 '신'에 의해 결정되었을 뿐만 아니라, 귀국한 뒤에까지 지속적으로 신이 그를 도와주는 것으로 나타난다. 신이 신라와 중국을 긴밀히 잇는 매개자로 작용하고, 그러한 역할을 수행하는 인물인 원광을 적극 도와주는 쪽에서 능력을 발휘하는 것으로 묘사되고 있음은, 그러한 방향에서의 승려의 역할이 곧 원광이 살았던 시대에 요청된 훌륭한 승려상으로 이해되었음을 말해주는 것이다. 위 원광전 마지막에 '그로부터 중국 유학의 길이 열렸다'고 평한 것이나 신이 원광에게 "나라의 모든 혼미한 무리를 제도하지 않는 것이요"라고 한 말은 중국 유학승으로서의 권위를 통하여 신라 불교의 또 다른 신라다운 정착 내지 발전을 추구한 당시 신라인들의 바람을 집약해 보인 것이고, 바로 그러기에 그것을 효과적으로 성취할 수 있는 쪽에서 신을 등장시켜 위와 같은 내용으로의 전설화가 이루어졌다고 할 수 있다. 일정한 역사를 바탕으로 한 사실의 전설화는 다름 아닌 시대적 소망이 강조된 표현임을 여기에서 다시 확인하게 된다.

이와 비슷한 시대상황과 관련하여 승려의 역할과 권위가 또 다른 역동적인 양상으로 표현되는 예를 자장(慈藏)전설에서 볼 수 있다. 삼국유사 권3 〈황룡사 구층탑〉과 권4 〈자장정율(慈藏定律)〉에는 자장에 대한 여러 가지 영이(靈異)일화가 전해지고 있다. 원광과 마찬가지로, 중국 유학승으로서의 수행 도중에, 그리고 귀국하여 고승으로서 활동하는 과정에서 '신인(神人)'과 '이승(異僧)'의 지시와 원조가 뒤따르고 있음을 보여주고 있어, 원광을 통하여 다져진 중국 유학승을 높이 받들려는 세인의 의식이 자장의 경우에도 지속되고 있음을 확인할 수 있다. 더욱 주목되는 사실은 자장에 대한 이러한 높아

27) 『삼국유사』권4 '원광서학'

진 관심 속에는 '불연국(佛緣國)'과 '호국룡'관념까지 새롭게 보태져 있는 점이다. 다음의 내용이 그것이다.

> "문수보살은 또 말했다. '너희 국왕은 바로 천축국 찰리종(刹利種)의 왕으로서, 이미 불기(佛記)를 받았기 때문에 별다른 인연이 있어 동리공공(東夷共工)과는 다른 것이다'……"[28]

> "법사가 중국 대화지(大和池) 옆을 지나가는데 갑자기 신인이 나와서 물었다…(중략)…'황룡사의 호법룡은 바로 나의 큰 아들인데, 범왕(梵王)의 명령을 받아 그 절에 와서 보호하고 있으니 귀국하거든 절 안에 구층탑을 세우시오'……"[29]

같은 중국 유학승에 대한 전설화이지만 원광과는 또 다른 현실적 역할과 기대를 모으고, 또 이를 실현했던 데에서, 자장은 그와는 다른 이와 같은 모습으로의 전설 주인공이 될 수 있었을 것이다.

자장이 주로 활동한 7세기 초반은 신라가 삼국 통일의 문턱에 좀더 다가선 무렵이었던 만큼 이념과 종교적 통일, 제도적 정비의 강화, 중국과의 결속력 증진 등이 중요한 당면 과제였다고 할 수 있다. 중국에서 귀국한 자장이 실천한 불교 계율의 정비와 강화, 궁중 복제의 중국식 통일, 중국 연호의 사용[30] 등은 바로 위와 같은 과제에 비추어 볼 때 매우 시기 적절한 정책 사항들이었다. 단순한 호법·호국 일치 사상의 완성자로 평가되고 있는 것처럼, 당시대의 정치이념과 불교를 가장 깊게 밀착시킨 인물이 다름 아닌 자장인 셈이다. 바로 불교 고승의 이러한 정치적 위상 강화가 중국 유학승이 지니는 정통성과 그에 의한 신라불교의 전통성을 한층 강하게 인식케 했을 것이며, 이러한 결과가 위와 같은 불연국·호국룡 관념의 전설화를 낳았다고 할 수 있다. 결국, 호법·호국사상의 완성이라는, 신라적 불교의 토착화 과정

28) 『삼국유사』권4 '자장정률'
29) 앞 주와 같음.
30) 앞 주의 내용 참조.

에 따라 전설도 역동적인 변화를 보여주고 있는 셈인데, 이러한 변화과정을 상호 밀접하게, 그리고 변화 있게 반영하고 있다는 점에 신라 불교의 토착화와 불교전설과의 긴밀성을 확인할 수 있다.

이상의 고찰 결과로 알 수 있듯, 불교의 토착화에 대한 강한 거부 과정에서부터 초월적 존재에 의해 신라적 불교의 전개가 강력하게 뒷받침되는 단계에 이르기까지, 신라는 이 시기 불교사의 전개에 따른 전설적 전환이 선명하게 실현되어 나갔음을 보여주고 있다. 그런데, 백제의 경우는 같은 시기 불교사의 전설화가 신라에 비하여 대체로 미약한 정도로만 나타나고 있다. 앞에서 보았듯, 이러한 모습은 불교 전래 유래담의 경우에 비할 때 대조적인 양상을 보인다고 하겠는데, 이는 이 부분에 대한 백제 불교사의 독자적인 특색에 의하여 전설적 반영이 차이를 보이는 것으로 이해해야 할 것으로 본다. 전설화의 강도는 사물이나 인물이 시대와 만남으로써 역사적 의의를 얻어 특정 측면이 강조되고 과장된 결과임을 유의할 때, 위와 같은 현상은 결국 인물과 시대이념이 역동적으로 마주치기 어려웠던 당시 백제사의 특징을 반영하는 것이기도 하다. 따라서 당시대 전설의 이러한 현상을 우리는 전설 자체의 의미가 약화된 것으로 과소평가하기보다 역사에 뿌리를 둔 전설의 한 특징으로서, 있는 대로의 모습을 객관적으로 주목하고 이해할 필요가 있다.

시대적 반영도가 약한 만큼, 이 시기 백제의 사찰전설은 대체로 간접적인 모습으로 나타나고 있다. 앞에서 인용했던 〈향천사〉 유래담은 불교 전래와 사찰 건립 두 가지 내용을 함께 지니고 있어 여기에서 다시 주목할 수 있다. '사찰 건립' 과정을 중시하여 관찰할 때, 이 전설은 바로 그 과정이 거저 된 것이 아니라 일정한 난관을 거친 다음에 이루어지고 있다는 사실을 표현하고 있는 점을 눈여겨볼 필요가 있다. 절터를 정하기 어려워 백일기도를 드리니 까마귀가 비로소 절터를 알려주었다는 표현이나, 절을 짓기 어려운 상황인데 말이 나타나 이 난관을 해결해 주었다는 내용이 그것이다. 어느 정도의 '난관'의 의미를 보여주기는 하나 그것이 기존의 어떠한 토착적 요소와 관련된 것이 아니라는 점에서, 이 요소는 신라의 동시대 전설과는 달리 역사현실의 적극적 반영이라고 보기 어렵고, 소극적 · 관념적 반영으로서의 의미를 보여준다. 그것은 '역경'이 아닌 '순경'이란 의미로서의 현실감으로 요약할 수 있을 것이다. 더욱, '까마귀' 화소가 지니는 관습성·반복성을 고려할 때, 위 전설에서 역사의 반영이 추상화된 '순경'의 의미를 짙게 띠고 있음이 잘 드러난다. 백제 사찰전설에서 까마귀 화소는 이미 500년대 말에 지어진 것으로 여겨지는 오합사(烏合寺;烏會寺)에서 나타나고 있어 그것이 상당히 오래된 것임을 알 수 있다. 보령군의 오서산(烏棲山)과 예산의 금오산(金烏山)도 이곳과 그다지 멀지 않은 곳에 위치하고 있음이나, 부여의 삼산(三山) 가운데 하나가 '오산'[31]이란 사실은 이들 명칭이 '오합사'와 어느 정도로든 역사적으로 상호 관련성을 지니고 있는 것으로 추측케 하며, 따라서 이점 역시 위 전설 화소의 그러한 측면을 간접적으로 예증하는 것으로 볼 수 있을 것이다. 구체적인 역사현실의 사실적 전환이라기보다, 간접화되고 추상화된 역사의 전설적 반영이었기 때문에 역사성이 이처럼 구전적 유형성을 띠는 화소 속에 미약하게 드러나게 되었다고 이해되는 것이다.

역사현실의 이러한 소극적 반영의 모습은 역사와 전설화의 관련성을 좀 더 뚜렷이 보여준다고 할 수 있는 자료를 통해서도 잘 볼 수 있다. 무왕(武王) 관련 전설이 그것이다. 599년 매를 풀어주고 어렵(漁獵) 도구를 불사르게 한데 이어 다음해 30명의 도승(度僧)을 두고 왕흥사의 창건을 도모하다가 세상을 뜬 법왕과 함께, 그를 이어 왕흥사 창건을 완수하고 다시 미륵사 건설을 통하여 미륵세계를 실현하려는 의지를 지녔던 의자왕 시기는 정복전쟁이 강화되는 추세와 부응하여 정치이념과 불교이념이 가장 긴밀하게 마주치면서 백제 불교로서의 토착화를 변화 있게 실현해 나간 기간이라 할 수 있

31) 『삼국유사』에는 오산(吳山)으로 나타나 있으나 『신증동국여지승람』에는 오산(烏山)으로 표기되고 있는데, 후자가 본디의 바른 표기라고 여겨진다.

다. 그런 만큼 이 시기는 불교의 확산과 심화과정에 따른 현실적인 난관과 그것의 극복 과정, 혹은 그에 상응하는 초경험적 존재와 힘을 드러내는 내용의 전설 성립이 가능했을 것으로 쉽게 예측할 수 있는데, 그러나 이와 관련된 전설의 내용은 그러한 과격한 현실 상황이나 개척적인 노력이 나타나 있지 않다.

> "어느 날 무왕이 부인과 더불어 사자사(獅子寺)에 가려고 용화산 아래 큰 못가에 이르니 미륵삼존불이 못 가운데에서 나타나므로 수레를 멈추고 절을 했다. 부인이 왕에게 '여기에 큰 절을 지어 주십시요. 그것이 소원입니다'라고 하여 왕이 이를 허락했다. 지명법사(智命法師)에게 가 못을 메울 방도를 물으니 신비한 힘으로 하룻밤 사이에 산을 헐어 못을 메워 평지를 만들었다……"[32)]

당시 백제 최대 규모의 절이라는 점에서나, 거찰인 왕홍사를 건립한 직후라는 시기 면에서나, 그리고 절 위치의 예외성이 지니는 문제점 등 여러 요인들로 하여 미륵사 건립에는 적지 않은 현실적인 난관이 뒤따랐을 것으로 여겨짐에도, 실제 전설 내용상으로는 미륵사가 지니는 그러한 중요성에 어울리는 역동적인 현실감과 전설적 과장이 신라의 예에 비하여 실감 있게 표현되지 못하고 있다고 할 수 있다. 이점의 이해를 위하여 앞에서 보았던 신라의 예와 견주면서 전설 내용을 자세히 보자. 우선 창사동기가 단순한 '미륵의 출현'으로 제시되고 있는데, 이는 신라의 예에 비할 때 중국 승려나 관음보살, 또는 불연국(佛緣國) 관념 등이 종합된 시대적 필연성을 띤다기보다 우연의 결과라는 의미를 강하게 보여주는 것이다. 창사과정에 따르는 난관도 미미하게 나타나고 있고, 지명법사의 도력에 의해 터를 다듬은 것으로만 나와 있을 뿐, 실질적인 난관을 실감 있게 보여주고 그것의 타개를 신비스럽게 묘사하는 데 필요한 '호법룡'이나 '악룡(惡龍) 퇴치' 같은 화소가 나타나지 않고 있다. 신라 쪽 사찰 창사 유래담에 흔히 나타나고 있는 악룡 퇴치

---

32) 『삼국유사』권2, '무왕'

전설을 백제 쪽에서 찾아볼 수 없음은 이상할 정도이다.[33)]

결국 이러한 전설상의 차이는 백제 불교의 정착 내지 토착적 발전이 보여주는 독자성에 의한 결과라 할 수 있다. 신라와는 달리 백제 불교의 토착화는 외교관계나 정치질서의 심각한 변화 속에서 이루어진 것이 아니고 안정된 왕권과 여러 사상과 종교의 조화로운 지속 속에서 점진적으로 진행되어 나갔고, 이 결과 신라와는 달리 사찰전설 속에 변화하는 국제·사회·종교적 현실과, 새로워진 이념성이 반영될 필요성이 비교적 적었던 데에서 위와 같은 내용의 전설로 나타나게 되었다고 할 수 있다. 그런 점에서, 정치와 종교가 마주치는 시대의 차이가 전설화 및 그 표현과 밀접한 관련을 맺고 있는 사실을 이를 통해 잘 알 수 있다고 하겠다.

4. 전쟁 예조의 전설적 반영

위에서 살핀 것이 백제의 최성기와 그에 대응되어 나간 사찰전설의 모습이라면, 다음으로 여기에 이어져야 할 것이 백제의 쇠망기와 그에 따른 전설적 반응이다.

이 무렵은 백제사 혹은 백제 불교사의 다른 시기에 비해 매우 짧은 기간에 지나지 않는다는 특징을 지닌다. 뒤에 곧바로 전쟁상황으로 이어지기 때문이다. 단기간에 지나지 않았으므로 이 무렵에 발생 · 전승된 사찰전설은 소문담으로서의 성격을 짙게 띠었다고 할 수 있고, 바로 그런 특징으로 하여 이들은 일시에 강한 확산력을 얻게 됨과 함께, 그것이 반영하는 역사의 중요성 때문에 역사서에까지 비교적 자세히 기록될 수 있었다고 할 수 있

33) 무왕 때의 미륵사 창건 유래담 가운데에 '용'이 등장하고 있음(『삼국유사』에서는 '미륵삼존'이 나타났다고 되어 있는데, 현전 구전담에는 용으로 나타나기도 한다)은 용이 사찰 창건유래와 관련하여 나타나는 드문 예로 주목된다. 그러나 그것이 악룡이 아니라는 사실이 신라 쪽과 다른 점임을 주목할 필요가 있다.

다.[34)]

『삼국사기』「백제본기」'의자왕'조에는 백제가 나당군의 침공을 받기 직전의 일로서 기록된 여러 가지 예조(豫兆)담이 있고, 이 가운데에는 사찰을 배경으로 한 사찰전설이 몇 편 나타나고 있어 주목된다. 오합사·천왕사·백석사·왕흥사와 관련된 전설들이 그것이다. 왕도를 배경으로 한 이야기가 중심을 이루고 있는 가운데, 이처럼 사찰과 관련된 전설도 일정한 부류를 차지하고 있음은 당시의 왕실 불교 · 국가 불교적 성격에 따라 사찰에 대한 중요성이 컸음을 말해주는 것이 될 것이다. 그리고, 더 나아가 위 절 가운데에는 백제 왕실과 깊은 관련을 맺고 있는 것이 중심을 이루고 있다는 사실을 유의할 때,[35)] 위 전설들은 당시 왕권과 불교와의 지나친 밀착관계를 지적함으로써 백제 멸망의 한 원인을 불교 쪽에서 찾으려는 의도를 보여주는 것이라고도 볼 수 있다.

백제의 멸망은 의자왕의 실정에 의한 것으로 이해되고 있고, 이러한 관점은 정사와 야사 모두를 통해 확인되는 일반적인 이해 시각이다.[36)] 그런데 그 구체적인 이유에 대하여 『삼국사기』에는 "궁인과 더불어 음행을 일삼고 도락에 빠져 음주를 그칠 줄 몰랐다(王與宮人 淫荒耽樂 飮酒不止)"[37)] 라고만 간략하게 기록되어 있음에 비하여 이러한 당시 상황이 상당히 구체적으로 기록되고 있는 예도 있어 주목된다.

---

34) 『삼국사기』「백제본기」'의자왕' 조에 사찰전설을 포함한 다수의 예조담이 수록되고 있음은 이러한 이유에 의해서였다고 할 수 있다. 이들 전설의 성격과 의미를 필자가 한 차례 주목해본 바 있다(졸고, 「백제 패망 전설로 본 백제사, 백제사의식」, 『백제연구』24집, 충남대학교 백제연구소, 1994. 233~8쪽 참조).

35) 왕흥사와 천왕사가 이러한 성격을 특히 뚜렷이 보여주고 있다고 이해되는데, 도양사 역시 당시 왕실과 깊은 관련을 맺고 있지 않았나 짐작된다. 당시 백제 도성과 그다지 멀지 않은 곳에 있었던 도천사(道泉寺)가 의자왕의 아우 도천의 원찰이었던 사실이나, 비슷한 이름의 도림사(道林寺) 또한 백제 도성과 긴밀한 관련을 가졌던 것으로 이야기되고 있음으로 미루어, 여기에서의 도양사도 같은 관련성 속에서 그 위치와 중요성을 짐작해볼 수 있다고 여겨진다.

36) 야사서인 『話東人物叢記』(범세동 저, 정주영 연의, 전남대학교 출판부, 1993. 159쪽)에도 "百濟不亡義慈殺之"라 기록되고 있음을 볼 수 있다.

37) "王與宮人 淫荒耽樂 飮酒不止"

"이보다 앞서, 침류왕 때 호승(胡僧) 마라난타가 진나라에서 오니 왕이 그를 영접하여 궁내에 있게 했는데, 예를 가르침에 아주 열심이었다. 호승이 세 곳에 남녀의 절을 지을 것을 권하매 상부한 여자 중 개가 하지 않은 사람을 모두 모아 불법을 받들어 승려가 되게 하고, 절에 녹을 내려 열(烈)의 뜻을 평생 지키게 하고 그 절 이름을 수열암(樹烈庵)이라고 했다. 그 뒤로 이러한 풍속을 숭상하는 것이 관례화되어 의자왕에 이르는 17세에 걸쳐 군신사민(君臣士民)의 여자들이 다투어 이를 사모하고 숭상하여, 혹은 남편을 살해하고 승려가 되는가 하면, 혼인을 하지 않고 삭발을 하기도 하였다. 이때에 보랑(補朗) 진치우(晋致祐)가 안사(按使)로서 여러 곳의 수열암을 방문하게 되자, 여승들의 물색(物色)을 두루 보고 돌아와 '여승 법성니사(法聖尼師)가 나이 겨우 20에 재주와 용모가 세상에서 뛰어나고, 그 밖의 승려들도 모두 빼어나다'고 아뢰었다. 의자왕이 절로 행차하여 여승을 데리고 궁으로 돌아와 머리칼을 길러 비녀를 꽂게 하고는 그에 침혹함이 몹시 심했으며, 망해정(望海亭)을 짓고 여승궁녀들과 황음하고 탐락하였다……(하략)"38)

야사로서 기록된 위 글이 당시의 정황을 정확하게 보고한다고 보기는 무리일지도 모른다. 그러나 기록된 사실들의 구체성이 앞에서 본 『삼국사기』의 내용과 일치되는 쪽에서 전개되고 있음을 유의하면 위 기록을 전혀 근거 없는 것이라고 보기도 어렵다고 여겨진다. 또한 그런 점에서, 정도 문제야 어떻든, 위 기록이 의도하는 기본 방향은 백제 멸망 당시의 실질적인 역사 상황과 부합되는 것으로 보아야만 될 것이다.

이런 이해 시각은 위 『삼국사기』 소재 예조전설의 역사적 의미에 대한 좀 더 적극적인 이해를 가능케 한다. 이를 사찰전설의 기록화가 평소 왕실과 사찰 사이에 지속되어온 비정상적인 결착 관계를 반영하는 것임과 함께, 여기에는 이러한 현상에 대한 불만이 함께 스며있는 것으로 보아야 할 필요성이 좀 더 뚜렷해지게 된다는 점이 그것이다. 위 『삼국사기』의 기록은 신라, 혹은 신라 측의 관점이 중시된 고려시대의 백제사에 대한 시각을 보여

38) "先是 枕流王時 胡僧摩羅難陀 自晋至 王迎置宮內 敎禮甚勤 胡僧勸三創男女寺 盡收喪夫女不欲改嫁者 奉法爲僧納寺 賜祿以終烈志 而名其寺曰樹烈庵 其後俗尙風成 君凡之義慈十七世 君臣士民女子 爭相慕尙 或弑夫爲僧 或不嫁削髮矣 至是 補郎晋致祐 以按使適諸處樹烈庵 備觀女尼物色 歸說 女僧眞法僧尼師 年纔二十 才貌超世 群又皆絕奇 義慈幸庵 率女僧歸宮 長髮編笄 浸惑毒甚 作望海亭 與宮人諸尼 荒飮耽樂"(『화동인물총기』, 151~2쪽)

주고 있다. 바로 이러한 역사 이해의 관점에 서있었던 데에서 사찰 관련 전설이 이처럼 부정적인 의식까지가 보태져 기록될 수 있었다고 할 수 있다.

의자왕「본기」조에 적힌 이들 기록은 다음 세 가지이다.

> [1] "5월에 붉은색 말이 북악(北岳)의 오합사(烏合寺)에 들어와 울며 절을 돌다가 며칠만에 죽었다".(15년)
> [2] "5월에 폭풍우가 불었는데 천왕사와 도양사 두 절의 탑에 벼락이 떨어지고, 백석사 강당에도 떨어졌다."(16년)
> [3] "6월에 배의 돛이 큰물을 따라 절 문으로 들어오는 것 같은 모습을 왕홍사 승려들이 모두 보았다."(20년)

이들 가운데 [1]의 오합사에서 발생한 이변은『일본서기』에까지 자세하게 기록되고 있어 더욱 주목된다. 이로써 볼 때 당시 오합사는 백제의 불교적 전통성이나 왕실 불교적 권위와 관련하여 중요한 위치를 차지하고 있었을 것임을 짐작케 한다. 따라서 이러한 절에 붉은 말이 갑작스레 출현하여 기이한 행태를 보여준 것은 중대한 이변으로 받아들여지기에 충분했을 것이다. 이에 대한 일본 쪽의 기록은, 사건이 발생된 직후 백제에서 온 사람의 말이라는 단서와 함께 다음과 같이 나타나고 있다.

> "백제가 신라를 정벌하고 돌아왔는데, 말 한 마리가 나타나 절의 금당(金堂)을 돌았으며 밤낮을 쉬지 않았다. 다만 꼴을 먹을 때만 그쳤다."[39]

백제인으로부터의 전문이란 사실을 밝히고 있음으로 보아 이는 위『삼국사기』의 그것이나,『삼국유사』의 같은 기록보다 더 자세한 정황을 보여주고 있음에서 이 기록의 중요성을 짐작할 수 있다. 여기에서 우리는 붉은 말의 출현이 신라를 정벌하고 돌아온 뒤의 일로 이해되고 있음에 주목하여 이 특이한 사건의 의미를 이해해야 될 듯하다. 그리고 이로써 보면 위 전설은

---

39) 권태원,「성주사지의 사략에 관하여」,『하산 정기돈교수 정년기념논총』, 호서사학회, 1992, 2쪽에서 재인용.

신라에 대한 백제 측의 과도한 군사행동을 부정하려는 뜻과 함께, 그와 관련하여 백제 불교가 일정한 책임이 있음을 반성케 하려는 의미가 담겨 있다고 여겨진다. 나아가, 오합사가 '북악'을 상징하는 위치를 차지하고 있었음을 유의하면, 단순히 상스럽지 않은 존재의 신성 장소 침입이란 점만으로도, 위 사건은 백제 불교 및 백제의 앞날에 불길한 운명을 예고한 큰 이변으로 받아들여졌을 것임을 쉽게 짐작할 수 있다. 바로 이점에, 위 이야기가 백제 멸망 예조담으로서의 사찰전설로서 지녔던 중요성이 있다고 할 수 있다.

[2]는 사건의 단순한 보고에 그치고 있는 이야기들이다. 이들 사찰의 위치나 성격이 밝혀지고 있지 않아 현재로서는 자세한 논의가 불가능한데, 동일한 사건이 절을 대상으로만 발생된 것으로 보고되고 있음에서, 당시 사찰이 지니고 있던 사회적 위치를 간접적으로 보여주고 있다고 여겨진다. 그리고 좀 더 구체적으로, 대상에 대한 이러한 일관된 관찰 및 기록화는 위 사찰들이 백제왕실과 중요한 관계를 맺고 있었기 때문임이 더욱 실질적인 요인이었으리라 짐작케 한다. 그리고 바로 이러한 중요성이, 어느 면 대수롭지 않은 것으로 여겨질 수도 있었을 위 이야기들이 예민하게 관찰되고 기억되게 했다고 보아야 할 것이다.

[3]은 부여 사비강 부근 마을에 널리 구전되어오던 참언이 체험담으로 이야기되고 있음이 이채롭다. 사비강 부근 주민들 사이에는 '집에서 강을 바라보아 언젠가 강에 떠다니는 배의 돛대가 눈에 보이게 되면 큰 변고가 생기므로 마을을 떠나야 된다'는 참언이 오늘날까지 널리 전승되고 있는데, 위 이야기로써 볼 때 이 참언이 이미 백제시대에서부터 있어왔음을 알게 한다는 점에서도 위 전설이 지니는 의의의 일면을 확인할 수 있다. 위 참언적 전설이 그 의미는 잊혀진 채 왕홍사라는 적절한 전설 발생 대상과 결부되고, 백제 멸망이라는 적합한 조건과 합쳐짐으로써 이처럼 생생한 체험담으로 드러나게 된 것이다. 사비강에 인접한 왕홍사는 위치상 백마강을 전면으로 바라보는 곳에 있는 데에다, 백제 왕실과의 깊은 관련성을 지니고 있어,

이처럼 백제 도성의 정변을 참언으로써 해석하기에 적합한 여건을 제공해 주었다고 할 수 있다. '돛대가 큰물을 타고 절문 쪽으로 들어오는 것 같음'을 보았다는 기술은 곧 그러한 참언의 현실적 체험이 한껏 실감 있게 표현된 것이다. 실제로는 참언 본래의 의미와는 다른, 대수롭달 것이 없는 현상[40] 이었을 것임에도 상황 변화의 심각성으로 하여 참언이 현실로 체험된 결과이다. 상황의 위급성과 예외성이 예사 현상을 과대 해석하여 참언적 전설을 현실로 전환시킨 좋은 예라 할 수 있다.

이제까지 살핀 사찰 관련 참언, 또는 체험담들은 사찰 본디의 신앙적 성격과는 비교적 거리가 있는 내용들로, 역사상황의 특이성과 관련하여 이야기가 형성된 것들임을 공통으로 한다. 상황의 일시적 특이성 속에서 유발된 이야기들인 만큼 상대적으로 이들은 이러한 상황의 급속한 변화와 함께 빠른 소별의 길을 걸을 수밖에 없었다고 할 수 있고, 이에 따라 이 외에도 적지 않은 수의 이러한 유형담들이 지속력 있는 전설로 정착되지 못하고 급속히 소멸되었다고 이해된다. 위에서 살핀 몇 가지 자료는 이러한 시대적 유행성을 짙게 띠는 많은 이야기들 가운데에서 사찰이 지녔던 불교사 및 정치사적 중요성으로 하여 겉으로 드러나게 된 소수의 예가 될 것이다. 백제사와 백제 불교사가 맺은 관계의 한 모습을 여기에서도 찾을 수 있다는 점에서 이들 자료 역시 일정한 몫을 담당하고 있는 셈이다.

5. 나당군 내침 사건의 충격과 전설적 표현

백제의 고토인 충청지역이 겪었던 중요한 역사사실의 하나로 당나라의 내침에 의한 멸망사실이 있다. 그것이 역사적 사건으로서 지니는 무게만큼

40) 이 무렵을 전후하여 큰 장마가 있었다는 기록이 없음으로 보아, 위 현상은 실제로는 약간의 장마로 사비강 물이 불어난 결과에 의한 것이었으리라 여겨진다.

이나 이 사실은 이 지역의 지명·인명·사물 전설들을 다양하게 발생시켜 주었고, 더 나아가 사찰전설의 또 다른 유형을 낳기도 했다.

전쟁 체험은 '패망'으로 이어지는 것일 수도 있고 그렇지 않은 것일 수도 있다. 어떤 경우일지라도 전쟁 사건은 높은 관심도를 지닌 전설 소재가 된다고 하겠는데, 그러나 위 양자는 같은 전쟁사건이면서도 그 결과의 차이가 보여주는 것만큼이나 소재의 강도와 역사적 의미가 다른 정도, 다른 수준에서 전설로 반영될 수밖에 없고, 그에 따라 유형적 성격 또한 다른 모습을 드러내게 된다. 그러므로 패망 사건에 의한 전설은 불교적 영험성에 의한 전승 사실을 두루 전해주는 후대의 여러 전쟁 관련 영험담과는 다르게 주목하여 이해할 필요가 있다. 더욱, 당의 내침은 백제 고토였던 충청지역에 망국의 가장 직접적이고 심각한 체험이 되어주었다는 점에서 그러한 중요성이 더욱 크다고 해야 될 듯하다.

이와 관련된 전설 유형은 패전상황의 한 면을 단순하고도 직접적으로 보여주는 것과, 패전과정에 따른 백제 측의 의식을 다소 복합적으로 반영하는 두 가지로 나눌 수 있다. 계룡산 신원사의 속암인 〈고왕암(古王庵)〉 전설과 〈마명암(馬鳴庵)〉 전설을 앞의 예로 들 수 있다. 백제가 패전할 무렵 왕자 '융'이 절의 석굴 속에 은신해 있었으나 결국 적군에게 잡혀가고 말았으며 이로써 절 이름을 고왕암이라 했다는 것이 그 하나이고, 끌려가는 왕자를 향해 왕자가 타던 말이 울부짖으며 내달았다 하여 마명암이라 했다는 것이 다른 이야기이다. 이야기 줄거리로는 모두 단순 평이한 명칭 유래담에 그치고 있기는 하지만 여기에는, 특히 고왕암 전설의 경우 당시의 역사상황이 짙게 배어 있다고 여겨진다. 당시 백제 왕실과 불교계가 맺고 있던 깊은 관련성[41]과, 고왕암의 자연조건이 은신처로서의 적합성을 잘 갖추고 있다는

41) 왕실과 사찰과의 이러한 관련성의 일면을 의자왕 말기 왕의 아우 도천이 병을 핑계로 도천사에 피신해 있다가 결국 적군에게 잡혀갔다는 전설을 통해 짐작할 수 있다면, 의자왕이 망해정을 짓고 궁인 및 여승들과 어울려 황음을 일삼았음을 기록한 사실(주 38), 152쪽 참조)은 양측의 그러한 관계가 불건전한 방향에서도 이루어졌음을 말해주는 것이 될 것이다.

점[42]을 그에 대한 이유로 들 수 있다. 정사서의 기록에는 전쟁 당시 융이 도성에 있었던 것으로 기록되고 있음[43]으로 보아 위 전설에 표방되고 있는 사실성의 구체적인 내용은 실제의 역사와는 어느 정도의 오차가 있다고 여겨지지만, 적어도 이 전설이 고왕암이 백제왕실 및 왕족 인물과 깊은 관련을 맺고 있음을 말해주고 있다는 사실은 의심하기 어려울 듯하다. 위 이야기들은 역사상황의 문학적 표현이란 측면에서보다, 바로 왕실과 불교의 관계를 직접적으로 보여주고 있다는 데에서 사찰전설로서의 의의를 찾아야 될 것으로 본다.

패전 사실의 좀 더 심도 깊은 전설적 표현은 위에서 말한 두번째 경우를 통해 살필 수 있다. 지금까지 전승되고 있는 위 유형의 적절한 예가 〈천방사(千房寺)〉 이야기이다. 현재 천방사와 관련된 지명과 전설은 충남과 인접한 전북지방을 포함하여 충청지역 여러 곳에서 전승되어오고 있다.[44] 이들 전설이 백제와 나당군과의 전쟁상황과 연관되어 있고, 전승지점이 한결같이 교통과 군략상 요충지에 자리하고 있음으로 보아 당시 천방사는 백제에 대한 나당군의 효과적인 침략 수단의 하나로 세워졌던 것으로 이해된다. 특히 이들 사찰이 충남지역을 동북쪽에서 서남쪽으로 가르는 사선 위에 거의 일정한 거리를 두고 위치해 있음을 주목할 때, 이들 일련의 천방사의 건설은 승군(僧軍)이 맹위를 떨쳤던 백제 멸망 당시 백제 부흥군과 효과적으로 대응하기 위한 전략의 하나로 수행된 것이 아닌가 여겨진다. 전략상 중요한 곳에 사찰을 두거나 지원함으로써 한편으로는 이를 유화의 수단으로 삼아 백제 불교와 백제인의 적대감을 완화시키면서, 속으로는 침략군을 지원하고 백제군의 동태를 탐지[45]하려는 두 가지 목적을 위하여 이들 지점에 천방사

42) 고왕암이 높고 깊은 산속에 묻혀 있는 데다 절 뒤에는 자연 석굴이 있는 점이 그것임.

43) 『삼국사기』「백제본기」 '의자왕'

44) 천방사 사적 및 그 유래담이 전해지는 곳으로는 전북 군산시와 충남 서천군 문산면 외에, 청양군 대치면과 공주군 유구면을 더 들 수 있다.

45) 천방사와 천방산 부근에서 '군장동(軍藏洞)'과 '둔병(屯兵)골' 같은 지명이 발견되고 있음에서 이를 짐작할 수 있다.

를 지었다고 볼 수 있는 것이다.

천방사 전설의 오래된 자료는 『신증동국여지승람』에 보인다. 이를 우선 보기로 한다.

> "전설에 신라 김유신 장군이 백제를 치고자 당나라에 청병하자 당나라에서 소정방으로 하여금 배로 군사 12만 명을 거느리고 오게 하여, 천방산 아래에 정박하게 되었다. 그런데 안개가 자욱하게 끼어 천지가 어두욱 했다. 이에 산신령께 '만약 안개를 걷히게 해주신다면 천 채의 절을 지어 부처님을 받들겠습니다'라고 빌자 그날로 천지가 밝아졌다. 그래서 산에 올라 두루 살펴보니 터가 아주 좁아 천채를 도저히 세울 수가 없어, 다만 돌 천 개를 배열하여 한 채의 절 모양을 만들고 천방사라고 불렀다."[46)]

이러한 천방사 전설이 뚜렷한 전승력을 유지하고 있는 예는 위 군산시와 서천군 문산면의 경우이다. 이 두 곳에서 이들 전설이 이처럼 분명한 하나의 유형담으로 지금까지 전승되고 있는 중요한 이유는 무엇보다도 두 곳의 지리적 여건상 사건과 소재가 그만큼 밀접하게 어울렸기 때문이었을 것이다. 서해와 금강의 들목 구실을 하는 군산의 입지조건과 당군이 금강을 거슬러 올라갔던 사실에 주목할 때, 그리고 나당군과 백제군의 치열한 접전지였던 주류성(周留城)이 바로 문산과 인접해 있는 점을 유의하면, 백제의 다른 지역에서보다도 이들 지점에서 위 전설이 더욱 생생하게 기억되고 실감 있게 전승될 수 있었으리란 사실을 쉽게 이해할 수 있다. 역사와 소재의 긴밀성으로 하여 전설의 전승력이 더욱 높아진 결과이다.

문면에서 보듯 천방사 전설의 주된 내용은 당군이 백제를 침공하면서 난관을 만났으나 불력(佛力)에 의지하여 이를 극복하였다는 것이다. 표현된 내용을 볼 때 당군의 백제 침공과 그로 인한 패망 사실을 수용하는 쪽에서 전설적 표현이 이루어지고 있되, 이를 쉽게 수긍하지 않으려는 의식과 함께, 당시 백제 종교문화의 특징적 일면을 같이 반영하면서 전설적 표현의 구체

46) 『신증동국여지승람』 4책, 489쪽.

성이 펼쳐지고 있다고 할 수 있다.

그렇다면, 이처럼 전설적 전환으로써 강조된 표현의 핵심과 그 의미를 어떻게 보아야 할 것인가. 결국 그것은 당군의 백제 침공 과정에서 있었던 '난관'을 과장하자는 것과, 이것을 '불력'에 의해 해소했다는 사실을 강조하자는 두 가지 점으로 요약된다고 볼 수 있다. 이 가운데 전자는 역사사실과의 실질적인 관련성을 반영하면서, 당군의 내침에 대한 백제 쪽의 거부의식을 미약한 모습으로나마 함께 보여주는 것으로 이해할 수 있다. 당시 군산의 천방사 부근을 거쳐 금강을 거슬러 사비성으로 진격했던 당군으로서 천방사 부근에 일단 군선을 정박시켜 전열을 정비했을 것임은 충분히 예측함직한 일이다. 그리고 이 과정에서 얼마간의 시간적 지체도 실제로 있었을 것이다. 이때, 백제 쪽에서는 이곳에서의 지체가 되도록 오래 지속되기를 바라는 욕구를 강하게 갖게 되었을 것이며, 바로 이러한 심리상태가 천방산 부근에서 발생한 작은 상황의 변화나 기상 현상을 두고 이를 당군 쪽에 불리한 방향으로 과대하게 해석하게 되고, 이것이 결국 위와 같은 전설적 증폭을 낳았다고 할 수 있다. 상황이 주는 두려움이 상황을 과대하게 해석하기 쉬운 심리적 징후를 이룸으로써, 실제로는 작은 문제에 지나지 않을 수도 있었을 상황을 '짙은 안개'나 '파도'와 같은 전설적으로 과장된 화소를 끌어들여 당군의 천방사 부근에서의 지체를 합리적으로 이해하려 하고, 그것이 예사롭지 않은 방법에 의해 해결되었다는 방향으로 상상력을 확대시킨 것이다.

그렇지만 당군의 내침이 현실일 수밖에 없었음으로 하여 위 이야기 내용은 그러한 '난관'의 '극복' 과정을 낳았다고 할 수 있는데, 중요한 것은 극복 방법이 불력에 의지해 있다는 것과, 그것은 곧 당시 백제사회의 현실을 반영해 보이고 있다는 사실이다. 김유신이 산신에게 자신의 소원을 이루어 주면 절 천 채(혹은 천 칸)를 짓겠다고 약속했다는 표현은 다름 아닌 당시 백제 사회의 불교신앙적 관행과 불교의 파급 상황을 보여준 것이라 할 수 있다. 좀 더 자세히 말한다면 이는 봉불 관행이 백제인에게 가장 중요한 소원 성취 방법으로 받아들여졌으리란 점과 함께, 주로 이러한 목적에 의한 사찰 건립 -그것도 대규모로-이 당시 백제사회에 널리 일반화되었을 것임을 짐작케 한다.[47] 그것이 백제땅에서 발생된 난관 극복 방법으로 고안된 것이므로 그 방법은 가장 백제인의 정서에 부합되는 것일 필요가 있었을 것이고, 이것은 그대로 백제 쪽의 산신 관념과 불교관의 일면을 잘 드러내준 것으로 이해되어야 할 듯하다. 그러므로 절 '천' 채를 지어주기로 했다는 것은 백제인의 욕구를 충분히 성취시켜 주겠다는 뜻의 과장표현이 되는 셈이다. 위 전설이 백제 패망전설로서의 역사적 의미와 함께 사찰전설적 의의를 같이 지니고 있음이 여기에 있다고 하겠다.

그런데, 위 유형담의 설화적 의미가 여기에만 그치고 있지만은 않으며, 역사의 또 다른 모습을 반영하면서 위와는 다소 다른 전설적 의미를 보여주고 있는 점도 주목된다. 서천군 문산면에 전승되고 있는 예화를 보면 위에서 본 줄거리에서 끝나지 않고 다음과 같은 내용이 더 부연되고 있다.

> "이로써 절 이름이 천방사가 되고 산 이름도 천방산이라 했으며, 이로써 이 절에 많은 승려가 모여들게 되었다. 그런데 어쩐 일인지 이곳에 오는 승려들은 하나같이 못된 행동만 했는데, 불공 온 여신도는 물론 지나가는 여자까지 농락하기 일쑤였다.
>
> 뿐만 아니라 이 절에는 빈대도 많이 끌어 결국 폐사되고 말았다. 이런 연유로 하여 이 부근 사람들은 빈대를 보면 '천방사 홀애비 당병인가!'라고 하면서 잡아 죽인다고 한다."[48]

천방사 전설의 위 부분은 허구적 증폭이라기보다 단순한 사실의 과장표현이라 할 수 있고, 그만큼 앞 부분에서 보았던 사실에 대한 후일담으로서

---

47) 주 38)의 내용, 그리고 무왕 때 왕흥사와 미륵사를 거의 같은 무렵에 지어진 사실 등에서 이런 사정을 짐작할 수 있다.

48) 『내고장 서천』, 서천군, 1981, 188~9쪽에 실린 예화의 끝부분을 요약한 것임.

의 실제적 사실성을 짙게 보여주는 것으로 이해된다. 여기에서 드러나는 사실성은 백제 측의 환심을 끌려는 목적성에서 출발했다고 여겨지는 천방사 건립이 오히려 점점 백제를 억압하는 권력집단으로 변질된 실정으로서의 그것이다. 당나라의 백제 침공이 성공하게 되면서 천방사는 당군 혹은 당군 추종 세력의 중요한 활동 거점으로 변해갔을 것으로 짐작되며, 따라서 천방사 전설은 앞부분의 줄거리와는 전혀 달리 당군의 패악질[49]에 대한 백제인의 강한 적대감을 나타내는 표현이 더 늘어나고 부연되어 나가게 되었을 것이다. 위 문면에 나오는 속담은 바로 당시 당군이 자행한 만행을 함축적으로 반영한 것으로 이해할 수 있다. 그리고 '빈대' 화소 역시 그러한 적대감이 높아지면서, 일반적인 화소에 지나지 않던 것이 이처럼 위 전설을 구성하는 필연적인 요소로 끌어들여져 접합되었다고 볼 수 있다. 백제인의 당군에 대한 적대감이 이후 오랫동안 지속되어 나감에 따라 천방사 전설의 위 내용은 계속 깊은 공감 속에 전승력을 확보해 왔을 것이고, 그로써 위와 같이 전설에 덧보태진 독특하고도 함축적인 지역 속담까지 낳게 되었다고 할 수 있다.

이제까지 살핀 결과로 볼 때, 당군의 백제 침략 사실이 천방사 전설을 통하여 뚜렷한 유형성과 강한 전승력을 확보할 수 있었던 일차적인 이유가 전설 내용과 전설 증거물의 밀착성 때문이었다면, 그것이 지역 역사의 특성과 더욱 깊이 만남으로써 위 전설은 더욱 강한 전승력을 지닌, 역동적인 전설적 표현을 실현하게 되었다고 할 수 있다. 사찰을 배경으로 하고 있으면서 백제사의 가장 중요한 일면을 담아 표현하고 있는 위 유형담은 불교에 대한 백제인의 사고와 함께 당나라에 대한 백제인의 적대감을 생생하게 보여주고 있다는 점에서 충청지역 사찰전설 가운데에서도 독자적인 유형의 하나로서 지니는 중요성이 있다고 할 수 있다.

---

49) 도침이 당장 유인궤에게 보낸 답서에 "百濟無問老少 一切殺之"와 같은 표현이 있음에서 이런 사실을 알 수 있다(노중국, 「백제 멸망후 부흥군의 부흥전쟁 연구」, 『역사의 재조명』, 한림과학원, 200쪽 참조).

6. 신라 불교의 확장과 백제 측의 반응

백제 땅에 전쟁의 회오리가 지나간 이후에도 백제 불교의 기본적인 맥은 끊기지 않았겠지만, 승전국인 신라 불교의 영향을 일정하게 받아야만 했을 것이고, 이점은 곧 당시 백제 불교의 성격변화와 관련하여 중요한 전환점이 되어주었을 것으로 짐작된다. 따라서, 백제사의 흐름을 주목한 사찰전설의 이해에는 백제 불교의 마지막 단계인 이 시대를 배경으로 한 관련 전설을 주목할 필요가 있다.

반도를 통일한 이후 신라 쪽으로서는 넓어진 판도를 대상으로 한 효과적인 통치를 위한 이념적·종교적 재정립이 요구되었다고 하겠는데, 때맞춰 여기에 주도적이고도 중요한 역할을 수행한 것이 곧 당시의 불교사상과 불교 지도자들이었다. 원효 · 의상을 축으로 한 화엄사상이 크게 유행한 것이나, 이로써 당시의 불교가 '통일국가불교'적 성격을 짙게 띠어 나갔던 사실이 곧 그것이다. 이미 자장(慈藏)을 대국통(大國統)에 임명하여 강력한 불교 통제력을 부여한 것, 성전(成典)에 의한 호국사찰의 조영(造營)이 본격화된 것[50]과 같은 선행(先行) 과정이 6세기 초중기에 요구된, 신라사회의 통일 지향적 '국가불교'성을 보여준 것이라면, 이에 뒤이어 원효 · 의상과 같은 승려가 당시의 시대적 요청에 부응하고 화엄사상을 크게 흥기시키면서 대중교화에 앞장섬으로써 고승으로서의 명성을 드날린 것은 통일 이후 신라불교의 흐름을 새롭게 이룬 것이라는 점에서, 그리고 더 나아가 그러한 영향이 백제 쪽에도 이어졌을 것이라는 점에서 매우 중요한 의의를 갖는다고 할 수 있다.

이에 따라, 백제 쪽에 대한 당시 신라적 영향의 하나로서 쉽게 확인되는 유형담의 하나가 원효·의상의 고승담이다. 원효와 의상(혹은 윤필거사가 포함된)의

---

50) 이성시, 「新羅中代の國家と佛敎」, 『동양사연구』42 - 3, 1983. 55~6(이기백, 주 13)의 책, 250쪽에서 재인용.

수도행적·사찰건립·도력의 비교 등 여러 내용을 보여주는 위 유형담은 충청 지역 일대에 널리 전승되는, 고승담의 대표적인 예가 되고 있다. 이들 전설의 내용을 통해 드러나는 사실적 요소들은 많은 부분 전설적 과장표현이고, 이런 표현은 또한 당시대를 넘어 지속되어온 전승이 적층된 결과란 사실이 고려되어야 할 것이지만, 위 고승담이 지니는 강한 전승력과 전승 범위의 광범성은 이들 두 고승이 당시 백제 고토 일원에서 미쳤던 영향력이 컸으리란 점을 잘 짐작케 한다. 그들이 표방한 불교사상까지가 구체적으로 드러날 정도로 역사사실의 전설적 표현이 역동적이지는 못하지만, 제한적이나마 당시의 핵심 불교계 인물들을 통한 통일신라 불교의 백제에 대한 영향의 일면을 위 인물담들은 잘 보여주고 있는 셈이다.

더 나아가, 동시대 신라불교가 미친 좀 더 구체적인 영향의 한 모습으로서 의상의 존재가 중요시된 방향에서의 전설화를 들 수 있다. 원효와 의상은 수행과 교화활동을 함께 한 승려로서 전설화되고 있는 경우가 대부분이긴 하지만, 의상만을 대상 인물로 삼고 있는 예도 있음과 함께, 이 경우 전설 내용이 당시의 의상 및 의상과 깊이 관련된 사찰을 중심으로 이루어지고 있음이 그것이다. 전설에서의 의상은 그 단독으로서보다 주로 원효와 함께 이야기되고 있으며, 원효와 의상이 함께 전설의 주인공으로 등장할 경우 대체로 원효가 우월한 인물로 그려지고 있음이 일반적인 예임[51]에 비추어, 이는 다소 예외적인 현상으로 이해됨직하다. 이는 원효에 비하여 의상이 제도권 불교의 성격을 짙게 띠고 있었기 때문이었다고 이해된다. 의상은 중국 유학중에 귀국한 동기가 당이 신라를 침공하려 한다는 정보를 신라 정부에 급히 일러주기 위함이었고, 이로써 신라 조정은 명랑(明郞)으로 하여금 비법으로 기도케 함으로써 국난을 모면할 수 있었다. 그리고 의상은 왕의 지시에 따라 부석사를 창건하고 화엄교를 본격적으로 펼쳤으며, 통일 후 다시 설정된 오악(五嶽)의 의미를 중시, 이 오악을 중심으로 화업십찰(華嚴十刹)을 통

51) 졸고, 「전설로 본 원효와 의상」, 『어문연구』 24집, 어문연구회, 1993. 385~8쪽 참조.

일된 강역의 여러 지점에 창건해 나가는 열성을 보여주었다. 이는 곧 그가 전교활동의 출발점에서부터 신라 왕실의 정치적 이념성과 결부되어 있었을 것임과, 통일국가에 요구되는 통치이념의 정립과 근접된 방향에서 활발한 교화활동을 벌였을 것임을 말해주는 것이다. 그만큼 의상의 교화활동은 물질적·정신적으로 당시 왕실로부터의 적극적인 후원을 바탕으로 하여 이루어졌다고 할 수 있고, 따라서 그의 이러한 종교활동은, 그것이 자의로서였던 아니면 어느 정도 타의성을 띤 것이었든, 관(官)불교적 색채를 띨 수밖에 없었다고 이해된다. 그리고 이에 따라, 백제 지역을 향한 신라 불교의 확장에 대한 관심이나 책임감도 원효에 비하여 의상이 더 크게 지니고 있었다고 해야 될 것이다. 또한, 이러한 두 인물 사이의 작은 역할상의 차이는 그들에 대한 백제 쪽에서의 전설적 표현에 있어서도 일정한 영향을 미쳤다고 이해된다. 원효가 늘 우위로 평가되고 의상이 열위의 인물로 묘사되고 있음은—실제 당시의 제도권 내에서의 시각은 이와 일치되지만은 않았을 것으로 여겨지지만[52]—곧 의상이 확보하고 있었던 이러한 위상과 무관하지 않다고 해야만 할 것으로 본다.

의상의 영향력이 위와 같이 강했을 것임에도, 실제 지금까지 전해지고 있는 예화를 찾기란 쉽지가 않은데, 우선 의상의 백제 고토에서의 불교 확장 활동을 암시하는 다음 예화를 들 수 있다.

> "신라 문무왕 때 중국 유학중이던 의상대사가 같이 가자는 용녀를 떼놓고 배를 타고 바다를 건너왔다. 도중에 풍랑을 만났는데 용녀가 구해주었다. 육지에 닿아 절터를 물색하다가 서산에서 가장 높은 도비산이 적지라고 판단했다. 그러나 절터에는 도둑들이 자리잡고 있었고, 의상이 절을 지을 테니 나가달라고 했지만 듣지 않았다. 이때 용녀가 나타나 도비산 정상에서 큰 바위를 머리 위에 들고는 '부처님에게는 이러한 위력이 있으니 만약 나가지 않으면 큰 해를 입을 것'이라고 위협했다. 이에 도둑떼가 물러가고 용녀는 바위를 바다에 던졌는데, 물에 가라앉지 않고 뜬 채로 있었다. 이후 간만의 차이에 관계없이 이 바위는 늘 뜬 모습으로 있

52) 앞 논문 2장 참조.

는데, 이로써 바위를 부석, 절을 부석사라 했으며, 뒷산은 돌섬이 날아간 산이라 하여 島飛山이라고 부르게 되었다. 부석사 대웅전 밑으로는 샘이 파여 있고 이 물줄기가 부석까지 이어져 있어, 부석에 묘를 쓰거나 부정한 일이 발생하면 절의 샘물이 마른다고 한다."[53]

위 예화는 경북 영주 부석사 창건유래담과 동일한 내용이 전혀 다른 지역에서 같은 창건유래담으로 전승되고 있어 주목된다. 의상의 백제 고토에 대한 불교 활동을 밝히는 데에 위 전설은 매우 중요한 의미를 함축하고 있다고 여겨지지만, 현재로서 위 전설과 영주 부석사 전설과의 확실한 영향관계를 확인하기는 어려워 보인다. 두 곳 이야기의 전후 관계는 불분명하다 해도, 백제 땅에서 의상이 전교 활동을 했음을 말해주는 정도의 사실이 지니는 중요성만으로도 위 자료는 전설을 통한 백제 불교사 이해에 있어 주목해야 할 가치가 있다고 여겨진다. 이것이 일정한 사실을 바탕으로 전설적으로 허구화된 이야기임을 전제한다면, 부석사의 지리적 위치로써 알 수 있듯 백제 고토에 대한 의상의 전교 활동이 상당히 적극적이었을 것임을 짐작할 수 있고, 허구적 표현이 신비스런 내용을 담고 있음을 유의할 때, 그에 따른 난관이 상당히 컸음을 유추할 수 있다. 이러한 점들로 뒷받침되고 있는 위 전설의 내용을 좀 더 적극적으로 이해한다면, 의상의 백제 땅에 대한 불교의 확장 노력이 제도권의 뒷받침 하에 깊은 관심에서 수행되었으리란 점과, 그에 대한 반대세력의 저항도 만만치 않았다는 사실을 함께 보여주는 것으로 볼 수 있다. 여기에서는 반대세력이 기존의 토착 사찰 세력을 뜻한다면[54], 위 전설은 의상을 중심으로 한 신라 불교의 백제 고토로의 확장에 따른 백제 불교 측의 강한 저항을 반영하는 이야기로 볼 수 있을 것이다. 위 전설이 백제 역사로부터 점차 멀어지면서 의상의 고승적 면모가 강조되는 쪽으로 전승력이 발휘되어온 결과 그러한 저항적 측면이 약화된 모습으로만 남게

---

53) 『서산민속지』, 서산문화원, 1987. 258~9쪽에 수록된 자료를 요약한 것임.

54) 『송고승전』에 기록된 영주 부석사 전설에는 '權宗異部'란 말로 실제 그와 같이 표현되고 있음을 유의하면, 이렇게 보는 것이 무리인 것만은 아니라고 여겨진다.

되었다고 이해되는 것이다. 그렇다고 볼 때, 위 예화는 의상전설로서만이 아닌, 백제 불교사를 반영하는 전설로서의 의미도 중시되어 이해될 필요가 있을 듯하다.

이와 비슷한 관점에서 살필 수 있는 또 다른 자료가 공주 갑사(岬寺)의 괴목전설이다. 다음과 같은 내용이다.

> "지금의 갑사 자리에 절을 다시 세우고 나서 새벽예불을 위해 매일 밤 이른 새벽이 되면 법당 장명등에 불을 켜두곤 했다. 그런데 섣달 어느 날인가부터 등의 불이 이유 없이 꺼지는 것이었다. 이상하게 생각한 사미승이 밤중에 몰래 지켜보니 구척장신의 이상한 사나이가 나타나 등의 기름을 발등에 바르고 밖으로 나가 절 입구에 있는 느티나무 구멍 속으로 들어가는 것이었다. 이는 느티나무 밑동에 사람들이 불을 질러 목신이 기름을 상처에 바르기 위한 것이었으며, 이때부터 절과 인근 주민들이 매년 목신제를 지내주었다."[55]

전해지기로 계룡산에 위치한 갑사는 아도화상이 420년에 지었다는 고찰인데, 신라의 통일 이후 계룡산이 오악의 하나로 편입된 것과 함께 의상이 화엄십찰의 하나로서 중창한 거찰이기도 하다. 의상이 갑사를 중창하기 전에도 이곳의 사찰은 백제 불교적 토착성을 짙게 띠고 있었겠지만, 중창된 이후 신라 불교에서 본 갑사의 비중 또한 그에 상응할 정도로 높았을 것이다. 위 전설의 시간적 배경은 바로 신라가 백제 땅의 갑사를 중창한 뒤에 있었던 것으로 이야기되고 있다. 바로 이러한 시기, 이러한 사찰에서 위 전설이 발생되고 있음은 위 전설이 신라 불교의 백제 고토 쪽으로의 확장에 대한 백제 측의 일정한 반응으로 이해할 필요가 있음을 시사한다. 등불을 끈

---

55) 위 전설의 세부 내용은 전승되는 각편에 따라 약간의 차이를 보여준다. 위와 같이, 어떤 연유에서인지 불이 나 목신이 화상을 입어 이를 치료하기 위하여 기름을 몰래 갖다 바른 것으로 이야기되고 있기도 하지만, 어떤 예화는 기름을 훔쳐다 발에 바른 결과 느티나무 밑둥에 기름이 묻어 있었고, 그래서 사람들이 그곳에 불을 질렀다고 전해지기도 한다. 어떤 쪽에서 보든, 이러한 차이는 이 글의 논지 전개와 관련하여 큰 의미를 지니는 것은 아니라 할 수 있다. 본고에서의 자료로는 위 느티나무 앞에 세워진 〈괴목대신유래비〉 내용과 『계룡산지』(충청남도, 1994)에 수록된 것, 그리고 전문 '갑사안내자'로 오랫동안 일해온 계룡면 중장리 갑산수 조안래(남·70)에게서 들은 것들을 참고했다.

인물이 목신으로 나타나고 있는 점만을 주목하면 여기에서의 이야기 주체가 단순한 민간신앙적 관념에 토대를 둔 것처럼 보이기도 한다. 그러나 지금의 그 목신이 깃들고 있다는 느티나무는 그 햇수로 보아 백제 불교가 이곳에 정착한 것과 거의 같은 무렵부터 있어왔을 것임[56]을 주목할 때, 위 나무는 사찰 느티나무로서의 의미를 지닌 것이라 할 수 있고, 그에 따라 위 목신은 민간신앙적 성격보다는 이곳의 백제 불교적 성격을 짙게 띤 것으로 볼 수 있다. 목신이 '노인'이 아닌 험상궂은 구척 거한으로 나타나고 있음은 그것이 곧 나한(羅漢), 혹은 백제 쪽 패장(敗將)의 원혼을 연상케 한다는 점에서 더욱 그렇게 보아야 할 가능성을 높여준다.

사람들이 이 느티나무 밑둥에 불을 질러 목신의 발에 상처가 난 것으로, 혹은 어떠한 연유로 인해 기름을 훔쳐 발라야 할 정도의 상처를 입고 있었던 것으로 이야기되고 있음은, 당시 신라 불교의 영향력에 의한 백제 불교의 파괴와 위축을 암시하는 것으로 볼 수 있다. 권종이부(權宗異部)를 물리친 영주 부석사 창건 전설에서 보듯,[57] 의상의 전교활동에는 투쟁적 면모가 나타나고 있음을 주목하면, 이곳 갑사에 화엄사찰이 새로 세워지게 됨에 따라 이곳에 남아있던 기존의 백제 불교나 그와 동반되었을 민속신앙적 요소가 탄압을 받거나 크게 위축되었을 것임은 충분히 예상할 수 있는 일이다. 불태워진 느티나무가 사찰 나무이자 숭배되던 나무이었으리란 점을 고려하면, 더욱 그렇게 보아야 할 가능성이 높다고 할 수 있다. 나아가, 이로 인한 상처를 치료하기 위하여 기름을 훔쳐 바른 것으로 이야기되고 있음은 백제 쪽의 상처가 크다는 사실과 함께 그에 대한 하나의 간접적인 항거의 의지를 상징한 것으로 볼 수 있을 것이다. 결과적으로 위 전설은 비록 약화된 모습으로만 드러나고 있긴 하지만, 백제 고토에서의 신라 불교의 영향과 확

---

56) 갑사 입구 중장리 주민들은 위 느티나무를 갑사 경내에서 가장 오래된 나무로 의심 없이 믿고들 있으며, 수령이 백제 때 갑사 창건연대와 거의 같은 것으로 보고 있다. 이 나무는 이미 오래 전에 고사되어 지금은 썩은 등걸만 겨우 남아 있다.

57) 주 53)의 기록 내용 참조.

장에 대한 백제 측의 억압상황과 그에 대한 반감을 우회적으로 반영하고 있다고 할 수 있고, 그런 점에서 사찰전설로서의 역사적 의의를 찾을 수 있다.

7. 맺음말

이 글의 일차적인 의도는 충청지역 사찰전설의 모태라 할 수 있는 백제 불교사와 관련된 사찰전설들을 주목하여 백제 불교사의 전개와 사찰전설과의 관련성을 고찰함으로써 충청지역 사찰전설의 뿌리가 갖는 특징 이해를 도모해 보자는 것이었다. 백제지역, 곧 넓게는 충청지역 사찰전설의 성격과 특징을 포착하기 위해서는 이 문제에 대한 이해가 선행되어야 한다는 필요성에 의해서였다. 논의해온 내용들을 간략히 정리하고 결론을 맺기로 한다.

백제의 불교 전래는 중국으로부터, 상당히 적극적으로 이루어졌던 만큼, 당시대 백성의 불교에 대한 관심도 활발하게 촉발되었을 것이며, 이에 따라 '전교' 사실이 백제 사찰전설의 최초 유형으로 형성되었을 것이다. 이 유형은 전래시킨 주체, 그리고 그에 따른 불교의 권위성이나 정통성을 강조하는 쪽에서 전설적 표현이 실현될 수 있는 가능성이 높다고 하겠는데, 관련 예화를 보면 전래국과 인물이 당나라와 당태종 및 그의 공주로 설정되어 표현되고, 그와 결부지어 사찰의 역사성을 부여하고 있어, 백제가 처한 국제관계의 현실적 영향력에 따라 전설의 구성요소가 결정되고 역사성과 정통성이 규정되고 있음을 보여준다. 그리고 이와 비슷한 다른 예화에서는 중국 쪽을 전래국으로 삼고 있으면서, 전래 시기·전래 결과를 과장되게 표현하고 있음을 보여주기도 한다. 결국 인도와의 깊은 영향관계에도 불구하고 백제 불교 전래의 전설화는 현실적 영향관계가 더 크고 오래 지속되어온 중국을 더 중요하게 인식하면서, 실질적이고 역사적인 영향관계에 따라 '나라'나 인물이 좀 더 구체화되어 드러나는 모습을 보여주고 있다.

백제의 불교가 정착되는 과정은, 특히 인접한 신라의 경우와 비교할 때, 기존 토착신앙과의 대립이나 극복 과정이 상당히 미약했던 것으로 보인다. 이는 백제 불교의 전래와 정착이 왕권확립이 본격화된 이후에 이루어졌던 사실과 함께, 외래 문화와의 교류에 비교적 개방적인 체제 속에서, 외래 문물을 조화 있게 섭취, 운용하고자 했던 백제 문화의 성향이 보여준 기본적 특성 때문으로 이해할 수 있다. 이 때문에 백제의 경우는 불교의 본격적인 정착과정에서 왕실과 불교와의 관련성을 적극적이고 극단화된 양상으로까지 합치시키려는 노력이 드러나지 않으며, 그에 따라 고승의 정치활동이나 종교활동과 관련한 신이한 요소(신인이나 용의 도움 등)들의 지원이 거의 나타나지 않고 있다. 이 또한 백제 사찰전설 혹은 불교전설의 특징을 보여주는 중요한 항목의 하나라 할 수 있다.

백제사의 중요한 사건은 백제가 멸망한 사실이고, 이 사실에 선행하여 백제 멸망의 예조가 사찰전설을 통해서도 민감하게 반영되고 있다. 이는 백제 최말기까지도 백제 불교는 왕실과 깊은 연대관계가 지속되어 나갔던 사실을 뜻하는 것이면서, 동시에 이러한 전설의 역사서를 통한 기록화는 『삼국사기』 찬자의 백제 불교에 대한 비판의식까지가 녹아있다는 점에서 그 역사적 의미가 주목된다. 이에 이어지는 또 다른 유형담이 나당군의 백제 침공을 내용으로 하는 사찰전설이며, 천방사 전설을 그 예로 들 수 있다. 나당군의 효과적인 백제 침공을 목적으로 수행되었을 실제 사실에서 유발된 것으로 여겨지는 이 전설은 당나라에 대한 백제인의 거부의식과 함께 당시 백제사회 불교신앙의 상황과 신앙형태를 집약적으로 보여주는 것으로 여겨진다. 뿐만 아니라, 당시 당군이 보여주었을 패악행위까지도 반영해주고 있고, 이점으로 하여 '폐사' 이유가 더욱 전설적 표현을 빌어 실감 있게 표현되고 있다는 점에서, 위 전설은 백제 역사전설·충청지역 사찰전설로서의 뚜렷한 의의를 지니고 있다고 할 수 있다.

이제까지 살핀 결과로 보면 백제 역사의 중요한 고비마다 사찰전설이 뒤

따라 역사를 요약하거나 특징을 집약하여 보여주고 있다. 대외관계에서의 중국 쪽의 강조, 불교의 정착 과정상에 나타나는 전반적인 특징, 위난상황에서의 백제 불교에 대한 인식, 백제 멸망 후 신라불교에 대한 백제 측의 의식 등이 대략 그러한 항목이 될 것이다. 더욱, 백제의 패망과 불교를 연관지어 이해하고 있음이나, 외세에 대한 거부감까지를 함께 반영해 보이고 있다는 점에서 백제사와 백제전설이 지니는 관계의 밀접성을 잘 확인할 수 있다.

전설로써 요약되는 이러한 백제사의 국면들은 전설에 의해 재음미되고 강조된 역사이면서, 표현에 대한 역사인식의 한 모습이기도 하다. 결국, 위에서 살핀 역사와 그것의 전설적 표현은 실제 역사와 불교와의 관계가 밀접함을 보여준다는 점에서 뿐만이 아니라, 전설로서 표현된 역사, 백제인들의 의식에 투영된 의식으로서의 역사를 보여주고 있다는 점에서 더 큰 중요성이 있다고 할 수 있다. 그런 만큼 이와 같은 의식은 백제사와 백제전설의 역사 속에서 살아있는 역사로서의 역할을 수행해온 것이며, 따라서 앞으로 이어질 백제사·백제 불교사를 위해서도 이러한 의식은 계속 음미되어야 할 일정한 의의를 지니는 것이기도 하다.

이 글은 충청지역 불교의 뿌리인 백제 불교의 전개과정에 따른 사찰전설의 양상과 특징을 자료가 허락하는 범위 안에서 대략적으로 살핀 것이다. 그런 만큼, 이 글은 충청지역 사찰전설 이해의 여러 측면 가운데 일부분만을 다룬 것이라 할 수 있다. 여기에서 다룬 백제 멸망 이후 시대에 대한 역사적 관점에서의 논의를 계속 탐색해 나가는 일이 더 필요하다고 이해된다. 역사의 기복에 따른 사찰전설의 대응관계와 그 시대적 변화상은 사찰전설의 의의를 민족사 전체의 흐름 위에서 확인하기 위하여 일차적으로 요구되는 일이 될 것이다. 또한 그것은 더 나아가 사찰전설 개별 유형들의 시대·사상·표현·전승력 등에 대한 연구의 기초작업이 된다는 점에서도 그 의의를 찾을 수 있다고 할 수 있다. 이 글이 앞으로 이러한 연구를 전망하는 데에 작은 단서가 되어줄 수 있다면 다행이겠다.

참고문헌

〈 자료 〉

『계룡산지』(충청남도, 1994)
『공주의 맥』(공주문화원, 1992)
『구비문학대관』(천안문화원, 1996)
『國譯稼亭集・牧隱集』(농경출판사, 1980)
『국역동문선』(민족문화추진회, 1968)
『규암리 역사민속지』(강성복 저, 부여문화원, 2005)
『글뫼』(건양대학교 국문과, 1993)
『금계집』(황준량)
『김포의 설화』(단국대학교 교육대학원 설화조사반, 1999)
『내고장 보령』(보령군, 1983)
『내고장 서천』(서천군 문화공보실, 1981)
『내고장 전통가꾸기』(괴산군, 1981)
『내고장 전통가꾸기』(단양군, 1982)
『내고장 전통가꾸기』(부여군, 1982)
『내고장 전통가꾸기』(영동군, 1982)
『내고장 전통가꾸기』(충주시, 1981)
『논산군지』(논산군, 1994)
『놀뫼의 전설』(논산문화원, 1988)
『단양군지』(단양군, 1990)
『塘村閑話』(黃暐 著・황의열 역, 보고사, 2011)
『대덕군지』(대덕군, 1979)
『대동여지도』(김정호)
『대동지지』(김정호)
『대산읍관』(대산읍, 1991)
『동국세시기』(홍석모)
『동국여지승람』

『東平尉公私聞見錄』(정재륜 저 · 강주진 역, 양영각, 1985)
『명산고찰 따라』(이고운 · 박설산 저, 운주사, 1982)
『문의지』(문의면, 1992)
『문화유적분포지도』(충청남도·충남대학교 박물관, 1998)
『문화유적총람(사찰편)』(충청남도, 1990)
『문화유적총람(상)』(충청남도, 1991)
『문화유적총람(중)』(충청남도, 1993)
『문화유적총람(하)』(충청남도, 1993)
『미륵산의 정기』(익산군, 1982)
『백제 관련 설화자료집』(충청남도역사문화연구원, 2010)
『백제의 전설』(홍사준 저, 통문관, 1956)
『보은군지』(보은군, 1994)
『부여의 구비설화』(1) (김균태 · 강현모 저, 보경문화사, 1995)
『扶餘地名一括 · 扶餘風土記』(연재선생기념사업회, 2012)
『삼국사기』(김부식)
『삼국유사』(일연)
『서산민속지 (하)』(경희대학교 민속연구소 편, 시인사, 1988)
『세종실록』「지리지」
『순오지』(홍만종)
『신증동국여지승람』(민족문화추진회)
『아산군지』(아산군, 1983)
『여지도서』(국사편찬위원회)
『연기민속』(연기문화원, 1992)
『예산군지』(예산군, 1987)
『완주군사』(완주군, 1987)
『日本書紀』「皇極紀」
『조선읍지』「충청도」
『조선각도읍지』
『조선말구전설화집』(최인학 편역, 박이정, 1999)
『조선전설집』(이홍기 편저, 조선출판사, 소화19년)
『조선환여승람』(이병연)
『지명과 전설』(청양군, 1992)
『支石洞志』(宋榮龜 저, 필사본, 1946)
『진천군지』(진천군, 1994)

『천안의 구비문학』(천안문화원, 1994)
『청원군지』(청원군, 1990)
『청장관전서』 권63, 「서해여언」(이덕무)
『청주지명유래』(청주시·충북대 인문학연구소, 1999)
『충남의 전설』(한상수 저, 한일출판사, 1979)
『忠南傳說集 (上 · 下)』(최문휘 저, 1986)
『태안의 전설』(태안문화원, 1993)
『寒澗集』(김한록)
『한국구비문학대계』 3-1, 3-3, 4-6 (한국학중앙연구원)
『한국구전설화집12』 대전편 II (박종익 저, 민속원, 2005)
『한국구전설화』 충청남도 편 (임석재 저, 평민당, 1990)
『한국금석전문』「당평백제비」
『한국땅이름큰사전(하)』(한글학회, 1991)
『한국민간전설집』(최상수 저, 통문관, 1984)
『한국불교사화』(마명 저, 경서원, 1981)
『한국불교설화대전집 (상,하)』(한정섭 저, 이화문화사, 1991)
『한국불교전설 99』(최정희 저, 우리출판사, 1986)
『한국전설대관』(임헌도 저, 정연사, 1973)
『한국지명총람』 충남편 (한글학회, 1974)
『해동고승전』(각훈)
『향토연기』(연기군, 1989)
『한거잡록』(한국야담자료집성』 1)
『黃溪集』(박유동)

〈논문 · 저서〉

강우방, 「태안 백화산 마애관음삼존불고」, 『백제의 중앙과 지방』, 173쪽, 충남대학교 백제연구소, 1997.
강재철, 「한국 사서설화(蛇婿說話) 속의 비상인물화의 양상」, 『한중일 설화 비교연구』, 민속민속학회, 1999.
강진옥, 「마고할미 설화에 나타난 여성신 관념」, 『한국민속학』 25, 민속학회, 1993.
강현모, 「백제설화의 연구-저항 설화를 중심으로-」, 『비교민속학』20, 2001.
_____, 『한국 설화의 전승양상과 소설적 변모』, 역락, 2004.
고익진, 『한국고대불교사상사』, 동국대학교 출판부, 1989.
구중회, 「삼천궁녀의 민속학적 이해」, 『삼천궁녀제 연구』, 문덕사, 2000.

______, 「삼천궁녀제의 민속학적 연구」, 『삼천궁녀제 연구』, 한국샤마니즘학회, 2000.
권태원, 「성주사지의 사략에 관하여」, 『하산 정기돈 교수 정년기념논총』, 호서사학회, 1992.
길기태, 『백제 사비시대의 불교신앙 연구』, 서경, 2006.
김갑동, 「백제 유민의 동향과 나말여초의 공주」, 『역사와 역사교육』 3·4호 합집, 웅진사학회, 1999.
김균태, 「곰나루 전설의 변이와 의미」, 『설화와 역사』, 집문당, 2000.
______, 「공주 지역의 곰전설 고」, 『설태 박요순선생 화갑기념논총』, 1987.
______, 「부여 지역의 설화 연구」, 『역사민속학』 3, 역사민속학회, 1993.
김두진, 「백제 건국신화의 복원 시론」, 『국사관논총』 30, 1990.
______, 「백제시조 온조신화의 형성과 그 전승」, 『한국학논총』 13, 국민대 한국학연구소, 1991.
______, 『한국고대의 건국신화와 제의』, 일조각, 1999.
김병재, 『사회심리학』, 경문사, 1983.
김상기, 「한국사상에 나타난 건국설화의 검토」, 『건대 사학지』 5, 1964.
김성기, 「무왕조 · 서동요 배경담 연구」, 『한국언어문학』 46, 2001.
김수태, 「백제 의자왕대의 정치변동」, 『한국고대사연구』 5, 1992.
______, 「百濟 義慈王代의 太子册封」, 『백제연구』 23, 충남대학교 백제연구소, 1992.
김연옥, 『한국의 기후와 문화』, 이대출판부, 1985.
김영주, 「고려전기 言路様式으로서의 災異考」, 『言論思想과 言論史』, 나남, 1993.
김영태, 『한국불교사개설』, 경서원, 1986.
김용운 · 김용국, 「삼국사기의 일식기사」, 『한국수학사』, 과학과 인간사, 1977.
김정배, 「불교 전입 전의 한국상대 사회상」, 『숭산박길진박사화갑기념 한국불교사상사』, 원광대학교 출판국, 1975.
김종원, 『한국식물생태보감』, 자연과 생태, 2013.
김화경, 「견훤 탄생담의 연구」, 『설화와 역사』, 집문당, 2000.
______, 「백제 문화와 야래자 설화의 연구」, 『백제논총』1, 1985.
______, 「온조신화 연구」, 『인문연구』 4, 영남대 인문과학연구소, 1983.
______, 「인주설화의 연구」, 『전이와 수용』, 학문사, 1986.
나경수, 「남매일월설화의 신화론적 고찰, 『한국언어문학』 28, 1990.
______, 「진시황의 천하통일과 한국 신화의 변용」, 『아시아 문화』 제14호, 한림대 아시아문화연구소, 1999.
노명호, 「백제 건국신화의 형성과 성립배경」, 『백제연구』 20집, 1989.
______, 「백제의 동명신화와 동명묘」, 『역사학연구』 10집, 전남대 사학회, 1981.

노성환, 『한일 왕권신화 연구』, 울산대학 출판부, 1995.
노성환 · 노현송 · 조희철 · 최광우, 「韓日夜來者說話의 一研究」, 『연구논문집』 15, 울산대학교, 1984.
노중국, 「백제멸망후 부흥군의 부흥운동 연구」, 『역사의 재조명』, 한림과학원, 1995.
______, 『백제의 부흥운동사』, 일조각, 2003.
______, 『百濟政治史研究』, 일조각, 1988.
노태조, 「도미전승의 유통양상」, 『어문연구』 21, 1991.
도수희, 「백제 왕칭어(王稱語) 소고-어라하 · 건길지 · 구드래 · 구다라를 중심으로-」, 충남대학교 백제연구소, 『백제연구』 3, 1972.
______, 『백제어 어휘 연구』, 제이앤씨, 2005.
______, 『백제언어 연구 3』, 제이앤씨, 2007.
민영규, 「의상과 선묘」, 『사천강단 – 서여문존 2』, 우반, 1994.
박경희, 「한국 우렁각시 설화의 연구」, 단국대 국어교육학과, 석사논문, 2000.
박노춘, 『한국문학잡고』, 시인사, 1987.
박민경, 「무왕·의자왕대 정국운영의 연구」, 『한국고대사연구』 20, 한국고대사학회, 2000.
박상란, 「의자왕 전승의 역사적 맥락」, 『설화와 역사』, 집문당, 2000.
______, 「의자왕, 「해동증자에서 호색군주로 돌변한 사정」, 『우리역사 인물전승』, 이종찬 · 손병국 엮음, 집문당, 1997.
박순발, 「사비도성 공간구성 예찰」, 『호서지방사연구』, 경인문화사, 2003.
박은용, 「백제건국설화의 이두사적인 고찰」, 『이재수교수 환력기념논총』, 1972.
박현국, 「견훤설화고」, 『중앙민속학』 3, 중앙대학교, 1991.
배동신, 「원효의 대중교화와 사상체계」, 서울대학교 대학원 박사논문, 1995.
사재동, 「견훤 전설의 형성에 대하여」, 『어문논지』3, 1978.
______, 「무강왕 전설의 연구」, 『백제연구』 5·6호, 1974.
______, 「무녕왕릉 문물의 서사적 구조」, 『백제연구』 12, 충남대학교 백제연구소, 1981.
______, 「서동설화 연구」, 『장암지헌영선생 화갑기념논총』, 1971.
서대석, 「백제신화 연구」, 『백제논총』 1집, 백제문화개발연구원, 1985.
______, 「백제의 신화」, 『진단학보』 60, 1985.
성기열, 『한일 민담의 비교연구』, 일조각, 1979.
손진태, 『한국 민족설화의 연구』, 을유문화사, 1947.
송재주, 「서동요의 형성 연대에 대하여」, 『장암지헌영선생 화갑기념논총』, 1971.
신영명, 「백제 광복전쟁 이야기의 의미와 구조」, 『어문논집』 26집, 고려대 국어국문학과, 1986.
신형식, 「三國亡兆의 樣相(상·하)」, 『인문연구』5·6집, 영남대학교 인문과학연구소, 1984.

______, 『삼국사기 연구』, 일조각, 1981.

양기석, 「왕흥사의 창건과 변천」, 『백제 정치사의 전개과정』, 서경문화사, 2013.

양종국, 『백제멸망의 진실』, 주류성, 2004.

오세창, 「위례성」, 『향토연구』, 천안향토문화연구회, 1987.

유기준, 「백제사회의 고유신앙고」, 『충남사학』 4집, 1989.

유여종, 「경기도 안산 잿머리 마을신화 연구」, 이대 대학원, 석사논문, 1998.

유원재, 『백제의 역사와 문화』, 학연문화사, 1996.

이 훈, 「천방 유적 와요에 대한 일고-통일 신라 시대 와요를 중심으로-」, 『역사와 역사교육』 제 3·4합집, 웅진사학회, 1999.

이강래, 「舊三國史論에 대한 제문제」, 『韓國古代史 硏究』 5, 한국고대사연구회, 1992.

이경엽, 「전남무가 연구」, 전남대 대학원, 박사논문, 1997.

이기백, 『신라사상사 연구』, 일조각, 1986.

이내옥, 『백제미의 발견』, 열화당, 2015.

이도학, 「泗沘時代 百濟의 四方界山과 護國寺刹의 成立」, 『百濟佛敎文化의 硏究』, 충남대학교 백제연구소, 1994.

______, 『백제 사비성 시대 연구』, 일지사, 2010.

이두현, 「의상대사와 선묘설화」, 『삼국유사의 연구』, 동북아세아연구회, 1982.

이병도, 「서동설화에 대한 신고찰」, 『역사학보』 1, 1952.

______, 『韓國古代史硏究』, 일조각, 1976.

이수봉, 『백제문화권의 상례풍속과 풍수설화 연구』, 백제문화개발연구원, 1986.

이임범, 「인신공희 전설 연구-가옥제방·종 전설을 중심으로-」, 경희대 교육대학원 석사논문, 1990.

이종태, 「삼국시대의 시조 인식과 그 변천」, 국민대 박사논문, 1996.

이지영, 『한국 건국신화의 실상과 이해』, 월인, 2000.

______, 『한국 신화의 신격 유래에 관한 연구』, 태학사, 1995.

이한상, 「왕흥사 목탑지 일괄유물의 성격과 의의」, 『부여 왕흥사지 출토 사리기의 의미』, 국립부여문화재연구소, 2008.

이헌홍, 「夜來者傳承의 移住神話的 성격과 古代 韓日關係」, 『한국문학논총』 26, 2000.

李昊榮, 「百濟敗亡原因論」, 『경희사학』 14, 1987.

이홍직, 「高句麗秘記考」, 『역사학보』 17·18집, 1962.

______, 「백제 건국설화에 대한 재검토」, 『국사상의 제문제』 6, 1960.

이효성, 『정치언론』, 이론과 실천, 1989.

이희덕, 『고려 유교정치사상의 연구』, 일조각, 1984.

______, 『한국 고대 자연관과 왕도정치』, 혜안, 1999.

임기환, 「백제 시조전승의 형성과 변천에 관한 연구」, 『백제연구』 28, 1998.
임재해, 「민속 연구의 현장론적 연구」, 『정신문화연구』(봄호), 한국학중앙연구원, 1984.
______, 「백제 멸망 설화에 나타난 왕정의 모순과 국가의식」, 『역사민속학』7, 1997.
______, 「전설」, 『한국민속학의 이해』, 『문학아카데미』, 1994.
______, 『민속문학의 이해』, 문학아카데미, 1994.
______, 『민족신화와 건국영웅들』, 천재교육, 1995.
______, 『설화작품의 현장론적 분석』, 지식산업사, 1991.
전영래, 「주류성 백강과 부안지방」, 『웅진문화』 제12집, 1999.
정경희, 『한국 고대사회문화 연구』, 일지사, 1990.
정병헌, 「백제 설화의 유형적 고찰」, 『성곡논총』 25(하), 1994.
______, 「백제 용신설화의 성격과 전개 양상」, 『구비문학연구』 제1집, 한국구비문학회, 1994.
정재훈, 「부소산성의 조원적 의미」, 『부소산성을 다시 본다』, 주류성, 2016.
조명렬, 「익산 지역의 백제설화」, 『마한 백제문화』 3, 원광대 마한 백제연구소, 1979.
조법종, 「한국 고대사회와 용」, 『용 그 신화와 문화』, 민속원, 2002.
조수학, 「〈文虎王法敏〉條의 巨屍兆 연구」, 『삼국유사연구 상』, 영남대학교 출판부, 1983.
______, 「三國亡兆의 樣相(상, 하)」, 『인문연구』 5·6집, 영남대학교 인문과학연구소, 1984.
주강현, 『마을로 간 미륵 2』, 대원정사, 1995.
지병규, 「고대 건국신화의 계통적 연구」, 충남대 대학원 박사논문, 1993.
차하순, 『歷史의 本質과 認識』, 학연사, 1988.
최광식, 『고대 한국의 제사 연구』, 한길사, 1994.
최래옥, 「현지조사를 통한 백제설화의 연구」, 『한국학논집』 2, 한양대학교, 1982.
______, 『한국 구비전설의 연구』, 일조각, 1981.
최상수, 『한국 민족전설의 연구』, 성문각, 1985.
최완수, 「내포의 불교」, 『내포문화정보』 창간호, 내포문화연구원, 1997.
충청남도, 『백제의 종교와 사상』, 1994.
한재룡, 「한국의 고대 건국신화 연구」, 대구대 박사논문, 1997.
현승환, 「서동설화와 무왕의 등극」, 『설화와 역사』, 집문당, 2000.
현용준, 「한국신화의 구조에 대한 일고」, 『이숭녕선생고희기념 국어국문학논총』, 1977.
홍사준, 자온대와 구드래」, 『백제의 전설』, 통문관, 1959(단기4292).
홍석영, 「미륵사지의 연기설화고」, 『마한백제문화』1, 마한백제문화연구소, 1975.
홍윤기, 『일본 속의 백제 구다라』, 한누리 미디어, 2008.
홍재선, 「논산황화산성고」, 『고문화』 23, 한국대학박물관협회, 1983.
황인덕, 「'백제패망' 전설로 본 백제사, 백제사의식」, 『백제연구』 24집, 충남대학교 백제연구소, 1994.
______, 「구전 자료로 본 견훤 전설의 현지성과 역사성」, ≪전 견훤묘 학술조사 보고서≫, 충남대학교 백제연구소, 1997.
______, 「부여 낙화암 전설의 형성과 전개」, 『한국문학논총』 29, 한국문학회, 2001.
______, 「부여 사비강 '배돛대…' 이야기 연구-생태학적 관점에서의 접근-」, 『백제연구』 31, 2000.
______, 「사찰 전설로 본 백제 불교사의 전개」, 『국문학과 불교』, 한국고전문학회, 1997.
______, 「솟금산 전설의 유형성과 전승양상」, 『어문연구』 제29집, 1997.
______, 「식장산의 지리·역사적 배경과 식장산 전설」, 『어문연구』 28, 1996.
______, 「식장산의 지리·역사적 배경과 식장산 전설」, 『어문연구』 제28집, 어문연구학회, 1996.
______, 「의자왕 말기 망국예조 기사류의 예조담적 성격」, 『구비문학연구』 12, 한국구비문학회, 2001.
______, 「전설로 본 백제사, 백제사 인식」, 『백제연구』 제24집, 충남대학교 백제연구소, 1993.
______, 「천정대 전설의 역사성과 지역성-형성배경과 기록전설 자료의 고찰」, 『백제의 종교와 사상』, 충청남도, 1994.
______, 「천정대 전설의 지역성과 역사성(속)」, 『백제연구』 제25집, 1995.
______, 「충청지역 사찰전설의 유형 분류」, 『봉계남용호박사 화갑기념논총』, 1997.
______, 「전설로 본 원효와 의상」, 『어문연구』 제24집, 어문연구회, 1993.
황패강, 「서동요 연구」, 『신라문화』 3·4, 1987.
李岩齡 外 共著, 『中國宮庭禮俗』, 天津人民出版社, 1991.
熊谷 治, 「アジアの流れ島傳說について」, 『한국・일본의 설화연구』, 인하대학 출판부, 1987.
Linda Degh, Biology of Storytelling, Narratives in Society : A Performer-Centered Study of Narration, Academia Scientiarum Fennica, Suomalainen Tiedeakatemia, Helsinki, 1995.

찾아보기

ㄱ

ㄴ

ㄷ

ㅁ

ㅂ

ㅅ

ㅇ

ㅈ

ㅊ

ㅌ

ㅍ

ㅎ

〈수록 논문 게재 일람〉

1. 「백제설화 연구 성과의 점검과 전망」, 『백제연구』 35, 충남대학교 백제연구소, 2001. 8.
2. 「'백제패망' 전설로 본 백제사, 백제사 의식」, 『백제연구』 24, 충남대학교 백제연구소, 1994. 12.
3. 「천정대(天政臺) 전설의 역사성과 지역성」, 『백제의 종교와 사상』, 충청남도, 1994. 12.
4. 「천정대(天政臺) 전설의 역사성과 지역성(속)」, 『백제연구』 25, 충남대학교 백제연구소, 1995. 2.
5. 「부여 사비강(泗沘江) '배돛대…'이야기 연구 –생태학적 관점에서의 접근-」, 『백제연구』 31, 충남대학교 백제연구소, 2000. 12.
6. 「천방사(千房寺) 전설과 백제 말기 역사 상황」, 『백제연구』 32, 충남대학교 백제연구소, 2000. 8.
7. 「의자왕(義慈王) 말기 망국예조(亡國豫兆)류 기사의 예조담(豫兆譚)적 성격 일고」, 『구비문학연구』 12, 한국구비문학회, 2001. 6.
8. 「부여 낙화암 전설의 형성과 전개」, 『한국문학논총』 29, 한국문학회, 2001. 12.
9. 「부여 '자온대' 전설의 형성 배경과 후대의 변이」, 『백제연구』 66, 충남대학교 백제연구소, 2017. 8.
10. 「부여 '조룡대' 전설의 형성과 전개」, 『충청문화연구』 21, 충남대학교 충청문화연구소, 2018. 12.
11. 「부여 중정리 대왕포와 '낙화암' 전설 – 낙화암 전설 발단 지점 재고 - 」, 『백제연구』 69, 충남대학교 백제연구소, 2019. 2.
12. 「부여 '희녀대' 지명의 발생과 지명전설의 변조」, 『충청문화연구』 19, 충남대학교 충청문화연구소, 2017. 12.
13. 「의자왕 관련 전설의 전개 양상」, 『백제문화』 33, 공주대학교 백제문화연구소, 2004. 12.
14. 「전설로 본 위례산성과 백제사와의 관련성」, 『위례산성』, 서경, 2003. 7.
15. 「사찰전설로 본 백제 불교사의 전개」, 『논문집』 45, 충남대학교 인문과학연구소, 1995. 2.